柏桦 著

中国官制史

上册

北方联合出版传媒（集团）股份有限公司
万卷出版公司

ⓒ 柏桦　2020

图书在版编目（CIP）数据

中国官制史：上下 / 柏桦著．—沈阳：万卷出版公司，2020.12（2023.7 重印）

ISBN 978-7-5470-5497-0

Ⅰ. ①中… Ⅱ. ①柏… Ⅲ. ①官制—历史—中国—古代 Ⅳ. ①D691.42

中国版本图书馆 CIP 数据核字（2020）第 188880 号

出 品 人：王维良
出版发行：北方联合出版传媒（集团）股份有限公司
　　　　　万卷出版公司
　　　　　（地址：沈阳市和平区十一纬路25号　邮编：110003）
印 刷 者：辽宁新华印务有限公司
经 销 者：全国新华书店
幅面尺寸：160mm×230mm
字　　数：600千字
印　　张：38.5
出版时间：2020年12月第1版
印刷时间：2023年7月第2次印刷
责任编辑：徐茂彧
装帧设计：徐春迎
责任校对：高　辉
版式设计：万晓春
ISBN 978-7-5470-5497-0
定　　价：88.00元

联系电话：024-23284442
传　　真：024-23284448
E-mail：vpc_tougao@163.com
网　　址：http://www.chinavpc.com

常年法律顾问：王伟　　版权所有　侵权必究　举报电话：024-23284090
如有印装质量问题，请与印刷厂联系。联系电话：024-31255233

目 录

导 言 ··· 001

第一章　中国历代官制的形成和发展 ······························ 013
　第一节　原始社会出现的官制萌芽 ··································· 014
　　一、三皇五帝 ·· 014
　　二、原始社会氏族组织 ··· 019
　　三、从习惯到制度的转变过程 ······································ 028
　第二节　中国古代官制的发展历程 ··································· 031
　　一、早期国家的官制 ··· 031
　　二、争霸时期的官制 ··· 036
　　三、皇权专制制度下的官制 ·· 042
　第三节　中国近代的官制 ·· 048
　　一、中西制度的碰撞和抗争 ·· 048
　　二、清末新政与官制变革 ··· 052
　　三、清末制度变革的启示 ··· 056

第二章　王权和皇权制度 ·· 059
　第一节　王权制度 ··· 059
　　一、王权制度的形成过程 ··· 060

二、王权的体现形式 …………………………………… 063
　　三、对王权的制约 ……………………………………… 071
第二节　霸主和集权制度 …………………………………… 074
　　一、霸主的出现与权力体现形式 ……………………… 075
　　二、中央集权制度的形成与君权体现形式 …………… 077
第三节　皇帝制度 …………………………………………… 082
　　一、王朝的最高首脑——皇帝 ………………………… 083
　　二、皇帝的名位制度 …………………………………… 084
　　三、皇帝权限与行使 …………………………………… 094
　　四、皇帝制度的特点 …………………………………… 103
第四节　王位与皇位继承 …………………………………… 106
　　一、王位继承 …………………………………………… 106
　　二、皇位继承 …………………………………………… 108
　　三、选立继承人的标准 ………………………………… 110
　　四、君位继承的保护和防范措施 ……………………… 115
第五节　宗室制度 …………………………………………… 121
　　一、宗室分封——君主专制的痼疾 …………………… 122
　　二、宗室分封与管理 …………………………………… 123
　　三、宗室制度与君主专制 ……………………………… 125
第六节　后宫制度与外戚政治 ……………………………… 129
　　一、后妃制度 …………………………………………… 129
　　二、女官制度 …………………………………………… 131
　　三、后妃专权与外戚政治 ……………………………… 133
第七节　宫省制度与宦官政治 ……………………………… 144
　　一、宫省制度 …………………………………………… 144
　　二、宦官组织的形成和发展 …………………………… 149

  三、宦官专权的政治局面 …………………………………… 154
 第八节 君主专制向君主立宪的转变 ……………………………… 164
  一、咨议局和资政院 ………………………………………… 164
  二、《钦定宪法大纲》 ……………………………………… 167
  三、《宪法重大信条十九条》 ……………………………… 168

第三章 中枢辅政机构 ……………………………………………… 170
 第一节 贵族辅政制 …………………………………………………… 171
  一、夏商周三代的贵族辅政制 ……………………………… 171
  二、秦汉以后早期国家的贵族辅政制 ……………………… 174
 第二节 秦汉以后的辅政制 …………………………………………… 178
  一、宰相开府辅政 …………………………………………… 178
  二、宰相参议辅政 …………………………………………… 183
  三、宰相奉命拟旨辅政 ……………………………………… 193
  四、清末的责任内阁 ………………………………………… 199
 第三节 辅政制度发展规律及其特点 ………………………………… 202
  一、围绕君权而变化 ………………………………………… 202
  二、君权与辅政权的矛盾 …………………………………… 204
  三、社会发展与各种政治势力 ……………………………… 205
  四、统治集团自我调整 ……………………………………… 208

第四章 中央政务机构 ……………………………………………… 210
 第一节 先秦中央政务机构 …………………………………………… 210
  一、早期国家中央政务体制 ………………………………… 211
  二、两寮六大到文武分职 …………………………………… 214
 第二节 秦以后中央政务机构 ………………………………………… 216

一、三公九卿与中朝官尚书政务体制 …………………… 216
　　二、公省监台卿卫政务体制 …………………………… 221
　　三、以三省六部为核心的政务体制 …………………… 224
　　四、以一省制为中心的政务体制 ……………………… 227
　　五、以六部为主体的政务体制 ………………………… 228
第三节　变通与变革中央政务体制 …………………………… 231
　　一、以《周礼》为本的政务体制 ……………………… 231
　　二、诸使差遣负责制的政务结构 ……………………… 233
　　三、"因俗而治"的政务结构 ………………………… 235
　　四、晚清中央政务体制 ………………………………… 241
第四节　中央政务运行机制 …………………………………… 243
　　一、相府与诸卿政务系列 ……………………………… 243
　　二、相府、尚书诸曹与诸卿政务系列 ………………… 244
　　三、六部与寺监政务系列 ……………………………… 245
　　四、部院寺监政务系列 ………………………………… 246
　　五、中央政务体制的发展规律及特点 ………………… 247

第五章　地方行政机构 ………………………………………… 251
　第一节　历代疆土和地方行政区 …………………………… 251
　　一、历代疆土 …………………………………………… 251
　　二、行政区的名称 ……………………………………… 259
　第二节　地方行政机构 ……………………………………… 266
　　一、先秦地方行政机构 ………………………………… 266
　　二、秦以后的地方行政机构 …………………………… 270
　第三节　特别行政区与基层组织 …………………………… 287
　　一、京师行政机构 ……………………………………… 288

二、屯田与军政合一制度 ·· 292
         三、基层行政组织 ·· 295
   第四节 少数民族地区行政机构 ······································ 299
         一、西域都护和民族校尉 ······································ 299
         二、羁縻府州和都护府 ·· 301
         三、土官制度与改土归流 ······································ 303
         四、蒙藏地区的特别管辖 ······································ 305
   第五节 行政辅助人员 ·· 306
         一、胥吏制度 ·· 306
         二、幕僚与幕友 ·· 313
         三、家人与官亲 ·· 318

第六章 司法审判制度 ·· 325
   第一节 司法行政机构 ·· 325
         一、中央司法行政 ·· 325
         二、地方司法行政 ·· 329
         三、司法行政运行机制及特点 ·································· 333
   第二节 诉讼与审判 ·· 340
         一、诉讼制度 ·· 340
         二、拘捕与证据 ·· 351
         三、审判与执行 ·· 364

第七章 监察制度 ·· 381
   第一节 监察行政 ·· 381
         一、拾遗补阙的谏诤体制 ······································ 382
         二、监督弹劾的监察行政体制 ·································· 385

三、各级官府部门的监察行政 ………………………………… 394
第二节　监察的职能 ……………………………………………… 397
　　一、对上的谏诤 ………………………………………………… 397
　　二、对下的监督弹劾 …………………………………………… 400
　　三、对左右的牵制监督 ………………………………………… 402
第三节　监察的主要方法 ………………………………………… 403
　　一、检核簿册法 ………………………………………………… 404
　　二、举劾案章法 ………………………………………………… 405
　　三、连坐告密法 ………………………………………………… 406
　　四、遣吏巡行法 ………………………………………………… 407
　　五、牵制监督法 ………………………………………………… 409
　　六、密察侦缉法 ………………………………………………… 410
　　七、密奏传呈法 ………………………………………………… 412
第四节　监察制度的特点及其利弊 ……………………………… 413
　　一、职能完善而局限明显 ……………………………………… 414
　　二、注重素质而难除腐败 ……………………………………… 414
　　三、多种途径而融入党争 ……………………………………… 415

第八章　军事制度 …………………………………………………… 417
第一节　兵役制度 ………………………………………………… 417
　　一、郡县兵役制 ………………………………………………… 417
　　二、谪罪兵役制 ………………………………………………… 418
　　三、招募兵役制 ………………………………………………… 420
　　四、世袭兵役制 ………………………………………………… 421
　　五、发奴为兵制 ………………………………………………… 423
　　六、民壮兵役制 ………………………………………………… 424

第二节　军事编制与兵种配制 …………………………………… 425

　　　一、军事编制 ……………………………………………………… 426

　　　二、兵种配置 ……………………………………………………… 429

　　　三、军事装备与制造 ……………………………………………… 431

　　第三节　军事管理制度 …………………………………………… 433

　　　一、军事领导与指挥 ……………………………………………… 433

　　　二、军事后勤供应 ………………………………………………… 437

　　　三、军事刑罚制度 ………………………………………………… 439

第九章　财政经济机构 ……………………………………………… 441

　　第一节　财政管理机构 …………………………………………… 441

　　　一、中央财政机构 ………………………………………………… 441

　　　二、地方财政机构 ………………………………………………… 445

　　第二节　经济管理机构 …………………………………………… 447

　　　一、先秦国家的经济管理 ………………………………………… 448

　　　二、秦以后的经济管理 …………………………………………… 449

　　第三节　财政收支制度 …………………………………………… 452

　　　一、赋税制度 ……………………………………………………… 453

　　　二、徭役制度 ……………………………………………………… 457

　　　三、土贡制度 ……………………………………………………… 459

　　　四、财政的收支与管理 …………………………………………… 461

第十章　科技文教卫生等机构 ……………………………………… 465

　　第一节　科学技术机构 …………………………………………… 465

　　　一、天文历象机构 ………………………………………………… 465

　　　二、技术生产机构 ………………………………………………… 467

  三、图书管理和研究机构 …………………………………… 469
 第二节 文教卫生机构与学校 …………………………………… 471
  一、文化教育机构 ………………………………………… 471
  二、医药卫生机构 ………………………………………… 472
  三、学校教育 ……………………………………………… 474

第十一章 文书玺印符节制度 …………………………………… 481
 第一节 文书制度 ………………………………………………… 481
  一、诏敕与奏章 …………………………………………… 481
  二、国家机关之间的公文 ………………………………… 487
  三、文书管理 ……………………………………………… 492
 第二节 玺印制度 ………………………………………………… 494
  一、皇帝玺宝 ……………………………………………… 494
  二、官员印信 ……………………………………………… 496
  三、玺印的管理 …………………………………………… 498
 第三节 符节制度 ………………………………………………… 500
  一、调动符节 ……………………………………………… 500
  二、邮传符节 ……………………………………………… 501
  三、身份符节 ……………………………………………… 502
  四、专使符节 ……………………………………………… 503

第十二章 职官管理制度 ………………………………………… 507
 第一节 官吏选拔制度 …………………………………………… 507
  一、荐举制度 ……………………………………………… 507
  二、科举制度 ……………………………………………… 515
  三、征辟制度 ……………………………………………… 519

四、荫袭制度 …………………………………… 521

　　五、其他入仕途径 ……………………………… 524

　　六、官吏选拔制度的特点 ……………………… 527

第二节　任用制度 ………………………………… 530

　　一、任用种类 …………………………………… 530

　　二、任用方法 …………………………………… 532

　　三、任用限制 …………………………………… 534

第三节　考课制度 ………………………………… 536

　　一、考课期限 …………………………………… 537

　　二、考课内容和标准 …………………………… 538

　　三、考课行政 …………………………………… 541

第四节　奖惩制度 ………………………………… 544

　　一、惩处规制 …………………………………… 545

　　二、奖励规制 …………………………………… 547

　　三、历代奖惩制度的特点 ……………………… 551

第五节　等级和俸禄制度 ………………………… 557

　　一、等级制度 …………………………………… 558

　　二、章服乘舆制度 ……………………………… 565

　　三、俸禄制度 …………………………………… 567

　　附　录 …………………………………………… 575

第六节　休假退休和抚恤制度 …………………… 580

　　一、休假制度 …………………………………… 581

　　二、退休制度 …………………………………… 585

　　三、抚恤制度 …………………………………… 594

后　记 ……………………………………………… 600

导　言

中国有六千年文明史，有确凿史料记载的官制也已经有近五千年，在这漫长的发展过程中，中国官制沿革大体清晰，内容比较集中，特点也很突出。主要表现在：

第一，君主专制、个人集权与宗法血缘关系、婚姻裙带关系贯穿着官制史的始终。中国属于大陆国家，西部有高山，峰峦连绵；东南濒临海洋，万里海疆；北方有广阔的沙漠和草原，一望无际，形成天然的屏障。封闭的地理环境，在很大程度上支配着这一地区的社会历史进程。所以，中国初期的国家形成过程中，缺少像希腊、罗马及地中海沿岸国家那样的较为开放的地理环境和商业因素的作用，社会分工很不发达，农业始终是最主要的"本业"，畜牧业和手工业只是作为辅助性的生产部门存在。农业与畜牧业、手工业的结合，在相当长的历史时期内是人们的主要生活方式，这种生活方式在很大程度上决定社会组织的发展水平。建立在这种社会经济基础上的上层建筑，家长制家庭关系很自然地长期被保留下来。家长制家庭的特征是："它包括一个父亲所生的数代子孙和他们的妻子，他们生活在一起，共同耕种自己的田地，衣食出于共同储存，共同占有剩余产品。"① 封闭的地理环境还使"中国认为自己居于世界的中央，它的成就是其他国家无法比较的。正是这样一种文化的优越感，加上狭隘的自上而下的专制，使中国成为一个不图改进，怠于学习的国家，在工业化时代落后了"②。即便是如此，中国的发展也从来没有停息过，在顺应社会发展的情况下也会不断进行改进。

中国古代国家的形成道路，并不是在家长制家庭解体，个体家庭与私有

---

① 中共中央马恩列斯著作编译局：《马克思恩格斯选集》第4卷，人民出版社，1972年，第54页。
② ［美］戴维·S.兰德斯著，门洪华等译：《国富国穷》，新华出版社，2001年，第471页。

财产充分发展的基础上最后形成的，而是由家长制家庭公社内部的血缘关系和与之相辅相成的公社土地关系直接演变而来的。这也决定中国古代社会没有经历过像古希腊时期的城邦制度或古罗马人的共和制度，而是直接实行君主专制统治。君主专制和权力私有既是中国古代政治的根本特点，也是中国官制史应该关注的问题。

中国初期国家形成以后，父系氏族公社时期的父权家长和军事酋长的绝对权力便直接演变为专制君主权力，公社内部的各级家长，也演变为国家机器的各级掌权者，并控制了不同的部门权力，以血缘关系为纽带的家长制家庭关系国家化了，以婚姻为纽带而构成的家族关系也进入政治。因此，这样的体制必然带有浓厚的宗法性和原始性，并在专制主义政治体制发展的早期阶段起着支配的作用。春秋时代以后，原有的社会经济已经发生变化，原有的社会等级结构也在日益解体；在战国时代更出现了中央集权专制的国家，专制主义政治体制得到新的发展。然而，宗法制在新出现的中央集权专制国家中仍然起着持久的非常重要的作用，并且与国家法律制度密切结合和配合在一起。在当时的传统观念上，以君主专制作为统治的核心，以君主作为国家的象征和法定的权力主体，君主和百姓是君父与民子的关系。对此绝少有人敢提出怀疑或否定，所谓"天子作民父母，以为天下王"（《尚书·洪范》），"皇帝，至尊之称"（蔡邕：《独断》上）。当时许多人都认为，一切礼乐征伐都应该由君主决策和发号施令，没有君主，就犹如失去了首脑和主宰，所谓栖栖惶惶，天下不可一日无君，正是这种认识的反映。

正因为此故，中国官制史的发展变化，总是围绕着君主或权威这根主轴来运动，依据在位君主和权威的统治利益和运用方便为取舍的标准。其指导思想是尽可能维护和强化君主和权威的统治地位，体现和扩大君主和权威的权势，而宗法血缘关系、婚姻裙带关系常常成为维护君主和权威的权势及地位，制定伦常纲纪的重要依据。

第二，政权与神权相结合，以神权作为论证政权合理性的依据，以政权和神权为制定制度的标准，是一切剥削阶级政权的共同手段。

中国古代社会没有经历过神权政治或神权国家阶段，与此相应，宗教神学在中国古代社会也并不发达。虽然在当时也有天或天命的概念，但人们并不是以之用来论证神和上帝的权威，而是以之论证君主权力的来源，说明君主的权力至高无上和政权因革的合理性。因此，以天地神祇、皇天玉帝作为自己君临全国的后台，以天命所归作为一家一姓统治的依据，在历代统治者口中是绝无例外的。夏后启讨伐有扈氏时说自己是"恭行天罚"（《尚书·甘誓》），商汤伐夏时说"有夏多罪，天命殛之"，"予畏上帝，不敢不征"（《尚书·汤誓》），周武王伐纣时也说"商罪贯盈，天命诛之"（《尚书·泰誓》），而秦始皇"自以德兼三皇，功包五帝，故并以为号。汉高祖受命，功德宜之"（蔡邕：《独断》上）。就连篡位的王莽也声称："今予独迫于皇天威命。"以这种天人相通、天人合一的论说来证明王朝和君主乃是上天精心选择的。所以称为"天子"，既表示君主是顺应天意被派驻人间的政治代表，又表示唯有此人才是唯一的至尊，而天则是虚无缥缈而又人格化了的。翻阅史书，不难发现，许多君主是被有意识地渲染上一些神秘色彩，什么生而红光满室，梦龙而生，梦日入怀，梦神授子之类；什么仙女食朱果而生，食鸟卵而生，梦神而交之类；什么斩蛇起义，遇难呈祥，神明护体；什么怀胎一年、十四月，眉方口直，双手过膝，两耳垂肩等，最终都为了说明这些君主非同凡人，建立某一王朝或嗣位继统，是顺乎天、应乎人，是天命所归。

统治者的"仰则观象于天"，实际上是为了"俯则观法于地"（《易·系辞下》）。把"星辰之变"解释为"表象之应"，号称是"以显天戒"，实际上是"明王事焉"。例如，五星连珠、日月合璧，这本是一种自然现象，他们解释为"化由自然，民不犯匿"的结果。水火木金土是自然界的"五物"，他们推论：在天为五星（水、火、木、金、土），在地为五方（东、西、南、北、中），在时为五德（五行相克），在人为五常（仁、义、礼、智、信），在音为五声（宫、商、角、徵、羽），在彩为五色（青、黄、赤、白、黑），在山为五岳（东岳泰山、西岳华山、南岳衡山、北岳恒山、中岳嵩山），在身有五官（鼻、目、口、舌、耳），在味有五味（酸、甜、苦、辣、咸），在闻有五臭（膻、薰、香、腥、腐），在畜有五牲（牛、羊、猪、犬、鸡），在兽有五灵（麟、凤、龟、龙、白虎），在感有五情（喜、怒、哀、乐、怨），在生有五苦（生、老、病、死、爱），在体有五脏（心、肺、脾、肝、肾），人生有五福（寿、富、康宁、攸好德、考终命）。凡是这些五者，都是"王者之有天下"的"顺天地以治人"

之本，因此制定诸如在民有五民（士、农、工、商、贾），在爵有五爵（公、侯、伯、子、男），在属有五服(侯、甸、绥、要、荒。另指天子、诸侯、卿、大夫、士，或王、公、卿、大夫、士的服式。也指亲疏有别的丧服制度，即斩衰、齐衰、大功、小功、缌麻），在功有五品（勋、劳、功、伐、阅），在仪有五礼（吉、嘉、宾、军、凶），在亲有五宗（高、曾、祖、父、身），在观有五事（貌、言、视、听、思），在交有五伦（君臣、父子、兄弟、夫妇、朋友），在德有五教（亦称五义，父义、母慈、兄友、弟恭、子孝），交友忌五交（势、贿、谈、穷、量），劝君有五谏（讽、顺、规、指、陷），治国有五权（地以权民、物以权官、鄙以权庶、刑以权常、食以权爵），禁令有五禁（宫、官、国、野、军），戒令有五戒（誓、诰、禁、纠、宪），刑法有五刑（墨、劓、剕、宫、辟），审讯有五听（辞、色、气、耳、目），等等，旨在维护统治阶级的政治等级制度以巩固其统治。这种对自然现象做超自然的解释，或有意编造，或自圆其说，都是为了论证本身统治的合理，如果敢违忤，甚至反对当时的统治，当然就是逆天之举，理应受到诛灭，以昭天诛，以正天罚，实际都是人为的。

以神权说明政权的合理性的最终目的是受命于天，"听予一人之作猷"(《尚书·盘庚》)，以证明君主的权力的至高无上。由国家严密控制宗教，将宗教作为政权的附庸，利用宗教系统以宣扬现实的统治是神的意志表现，论证它是唯一合理而绝对不可侵犯的，借以抬高自己的权威，并以之配合暴力统治，这正是中国官制史的显著特点。

第三，政治制度与伦理道德相结合，钦定的儒家学术思想长期占统治地位，也影响与制约着官制的发展。

一般来说，伦理道德与政治制度是两个不同的领域，政治制度与伦理道德相分离，是社会政治发展的根本途径。然而，在中国历史上，这种分离始终没有完成。在中国传统政治观念中，社会等级关系往往就是家庭内部伦理关系的延伸，以"父慈、子孝、兄良、弟悌、夫义、妇听、长惠、幼顺、君仁、臣忠，十者谓之人义"，由父子推及君臣；"修身、齐家、治国、平天下"由个人、家庭扩大到国家、社会。传统的儒家思想从根本上体现为政治统治是建立在伦理道德的基础上，主张以道德治国，而实际上的政治统治却不是道德所能替代的。这种传统的伦理道德往往是流露在表面上,而骨子里却是权力在发挥着决定作用。

在中国古代社会,长期占据统治地位的政治思想是儒家思想,并被贯彻到官制中,因为儒家学说的精髓是尊卑有别,贵贱不可逾越,是宣扬三纲五常,对维护现实统治最为有用。自春秋以至于秦汉,统治阶级从各家学说中将之筛选出来,将之捧上统治思想理论的地位,是经过相当激烈的理论和实际的政治斗争才得以确定的。

春秋战国时期,在百家争鸣的形势下,当时的阴阳、儒、法、道、墨、名、纵横等家都积极要将自己的学说运用于政治领域,都要求将自己的理论观点作为制定或改塑当时的政治、法律制度的依据,没有统一的思想。秦始皇大力推行法家的主张,以严刑峻法治国,主要采用暴力镇压和强制的手段进行统治。他虽然成功地统一全国,但是却极大地激化了社会矛盾,造成难以平息的骚乱动荡,故不旋踵而覆亡。西汉初期政治曾经一度走向另一极端,尊崇道家黄老之学,主张"无为"、轻刑、简政、与民休息,但又出现国家统治功能减退、官吏怠惰、纲纪废弛的弊病,实难维持一个统一的大帝国统治。当时的儒家如贾谊、董仲舒等人先后发表政治见解,认为既要否定"以刑杀为威"的法家纲领,又要改变"小国寡民""无为而治"的道家主张,鼓吹以儒家的"有为"代替"无为",建立以德主刑辅的原则的"礼治",强化和完善各种政治制度。以汉武帝刘彻为首的西汉统治集团,在总结历史教训和权衡利弊的基础上,确认只有儒家才最符合自己的统治利益。公元前134年,宣布"罢黜百家,独尊儒术"。自此以后,钦定的儒家思想基本成为王朝的正统思想,并用以规范政治制度和政治方针的格局,进而基本支配了其后两千多年的中国历史。

钦定儒家思想与政治结合的特点,从根本上体现了政治统治建立在伦理道德的基础之上。在治国原则上,主张以道德治国,认为统治者先要修身、齐家,然后治国、平天下,要求统治者不仅对社会负有政治责任,是社会政治权力所有者;同时也要求统治者负有道德的责任,为伦理道德的表率,必须是贤君明主。按照理想的贤君明主条件,统治者必须对国家的一切政务做出决定,因而他应该是明智的政治家;统治者还必须对国家所有的重大案件做出判决，因而他应该是精通法律的法官；统治者对国家安危有不可推卸的责任，在维持国家安全的行动中，他理所当然是军事统帅，因而他应该是足智多谋的军事家；统治者对国家所有财政收入和支出有很大的责任，因而他应该是铢两必计的会计师；统治者有劝农桑、兴水利、发展国家"本业"的责任，因而他应该是熟悉农田水利的农技师和水利专家；统治者对抗灾自救也有不容推卸的责任，对水、旱、蝗等天灾，兵、乱、叛等人祸，都应做出相应的对策，因而他应是熟悉天地人情的荒政学家；统治者负有教化全国子民之要责，因而他应该是如父如母的教育家；统治者是封建伦理纲常的倡导和推行者，因而他应该是道德的楷模和伦理学大师；统治者还是科举考试的最高测试官，因而他应该是知识渊博的学者；统治者是国家的象征，其一举一动都为上下左右所注意，因而他应该是政治上的表率。要是所有的统治者都能成为理想的贤君明主，达到上述要求，担当起他们应有的责任，从理论上讲，他们治理国家应该是没有什么困难。

而实际上的情况却总与理想贤君明主的假设相悖，在统治者中不乏不学无术者，甚至有智力远远不及平常人的白痴，与理想贤君明主的假设相差甚远，甚至还不如普通人。理想的要求与现实的情况相脱离，只会拉大理想与现实的距离，使现实变得更加残酷。

钦定儒家政治理论的核心是"礼治"。所谓"礼"，并不是指一般性的交往礼节，而是泛指包括政治、法律、军事、教育、社会、家庭等在内的、严格的等级秩序，全社会的所有成员都必须按照自己的身份，区分开尊卑、亲疏、上下、贵贱、男女的地位来生活和相处，必须各守其分，不得僭越，更不允许犯上作乱。于是乎，礼被作为判断正邪是非的标准和必须恪守的唯一准则。所谓"辨莫大于分，分莫大于礼"（《荀子·非相》），"道德仁义，非礼不成；教训正俗，非礼不备；分争辩讼，非礼不决；君臣上下，父子兄弟，非礼不定；宦学事师，非礼不亲；班朝治军，莅官行法，非礼威严不行；祷祠祭祀，供给鬼神，非礼不诚不庄"（《礼记·典礼上》）。如此说来，一切社会规范和道德规范，所有人际的各种复杂关系、军国大政，都被"齐之以礼"（《论语·为政》）了。

能够真正做到"齐之以礼"，也就意味着现实统治权力的巩固和统治秩序的稳定，当然也就符合统治集团的利益。儒家将此发展成为"三纲五常"，并将"君为臣纲"列为首位，作为"礼治"的最高原则，将君主推崇为宗法和政治上的最高主宰，并在各项政治制度上予以保证推行。在统治方法上，以礼和刑相辅而成，礼防处于犯法之前，刑惩处于既犯法之后，当然比只简单地强调镇压更为有效。在以礼入法、以礼为政、以礼行制的前提下，官制也要被礼所规范。

第四，贵族特权和官僚政治伴随着中国官制史的始终，专制主义中央集权制度的日益加强，显示出官制的集权化、严密化、严酷化和任意化的特点。

氏族组织演变为国家机构，以公职活动为主，脱离生产的职业官吏群便应运而生了。伴随国家机器的强化，逐渐形成自中央到地方的职官体系，以实现对全国的统治。

所谓的"官"，最早的寓意是管理的意思，是负责维持秩序、督促生产、征收赋税和处理诉讼事件的人员，所以"官者，管也"，"朝廷治事处曰官"。官的数量，随着政务的复杂而逐渐增多；官的职任，随着体制的发展而分工愈细。这种分工又是严格按照等级区分，分别负责轻重不同的职务，被赋予大小不同的权力。他们代表统治阶级的利益，是执行统治功能的工具。

早期国家机器的各个环节是由氏族公社内部的各级家长演变而来的，因此，"大人世及以为礼"。"大人"是官吏的代称，"世及"即父死子继、兄终弟及。官吏世袭，依据血缘关系确定继承政治、经济权利，世卿世禄制度便得以长期保存。贵族拥有做官的特权，带有强烈的惰性家长制和严格的门第观念，构成了亲贵合一、官贵合一的贵族政治体制。这是家族统治的扩大，表现出特有的狭隘性、封闭性，这也是血缘关系在国家制度中的必然体现。采用新的官僚制度以取代贵族政治体制，是社会历史发展的必然，也是历史的巨大进步。然而，新兴起的官僚权贵阶层，仍然顽强地要求占有并试图永久保持一定的特权和利益，这在历代官僚制度中有明显的表现。

历代统治者都有意识地赋予官吏以一定的特殊权益，使他们合法地凌驾于人民群众之上，有意造成官民之间的对立。在史书上有不少《循吏传》《清官谱》之类的记载，对一些比较清廉正派，关心民生疾苦，直言极谏和刚正不阿的官吏进行褒扬，但他们终究是极少数，也绝不可能超越出自己的阶级局限。而绝大多数的官吏，不论是在体制、身份，还是在公务活动的社会效果上，都充分体现着对广大人民的压迫，拥有特殊的权势和地位。清代著名作家蒲松龄在《聊斋志异·夜叉国》中对腐败的官场和贪官酷吏进行了形象的揭露，认为："出则舆马，入则高坐；堂上一呼，堂下百诺；见者侧足立，侧目视，此名曰官。"更详细一点描述："冠带巍峨，官之容也；高车驷马，仆从如云，官之体也；高堂广厦，锦衣玉食，官之乐也；签拿票押，敲扑喧嚣，官之威也。"① 这些官吏无论是仪仗威风、生活享受，还是掌握权柄，在对黎民百姓的关系上，都处于"治人者"的地位。

官僚不同于贵族，他们仅仅是以君主仆役的身份来行使权力，没有世袭罔替的特权；但是，自他们跻身于宦途之日，就开始在君主那里合法地分享到一定的政治权力和经济利益，拥有一定社会地位和身份，并且随着升迁而不断扩大。所以，有些人在未入仕前百计求官，入仕后又竭力保官。在这种社会背景下所产生的官僚政治反过来对社会的影响是相当深远的。

所谓的官僚政治，乃是指一种与专制统治相结合的政治形态，是指当时官吏普遍以出任官吏作为固定职业，只对君主和上级负责而不问社会效益和民生疾苦，只知墨守成规，按例办事而不管实际情况的变化，遇事模棱两可，行动迟缓，推诿责任，甚至贪污受贿，营私舞弊，苟且偷安。为了一己的私利和升迁，有时不惜草菅人命，残民以逞。清代的民谚说："堂上一点朱，民间一路血"，正是对当时官民关系的真实写照，也是对那些昏聩贪虐、麻木不仁的官吏们的控诉，更关系到官制的具体实施。

专制政体存在一个带有普遍意义的矛盾：专制的政治形式不但要求官对君主和上司负有政治责任，还要求官本身负有政治责任，因此对官这一政治角色提出很高的要求。理想中的官应该是忠君爱民，尽善尽美，但现实的官却不可能无私无虑地做到尽善尽美。事实上，这些官不但存在着普通人所不可避免的缺点和弱点，甚至在有些方面还低于常人的水准。这种理想中完美的官与现实中平庸的官之间的差距，不但成为专制政体不可解决的难题，也成为滋生政治腐败的土壤。中国古代专制政体的形成、完善和衰败，一直与

---

① （清）姚大勋：《从政汇略》卷上《居官圭臬》，日本国立大阪大学图书馆藏清刊本。

这道解不开的难题相始终，统治者不但不能解开，反而越陷越深。

在中国古代官制的基本原则中，始终包含着两个截然不同的要点和三个不可解决的矛盾。两个要点：一是官必须拥有权力，主要表现在设官分职上；二是官不能拥有不受限制的权力，主要表现在自上而下的层层监督和由中央直接控制的监察制度上。三个不可解决的矛盾：一是行政权力支配一切与人治的矛盾；二是官僚分职任事与皇权专制的矛盾；三是统治阶层的权力和财产分配的矛盾。这些矛盾直接影响官场的风气。在一个新王朝建立之初，官僚秩序初建，君主和官僚均拥有很高的个人威信和名望，故这三种矛盾还不突出，官场风气还不至于败坏到不可收拾的地步。随着官僚秩序的巩固和官僚队伍的扩充，君主的威严还在，而官僚威信却随着人事的更替而变动，三种矛盾也就变得十分突出，官场的排挤倾轧、争权夺利也变得非常激烈，官场的风气也随之败坏，官僚们那种对权和利的欲望也从各方面表现出来。

官僚政治形态的出现和长期存在，与当时的官制密不可分。历代王朝为了维护自己的统治，在国家体制的各个方面，都非常讲究什么"以内驭外""以小驭大"，"内外相维，犬牙交错"，往往设置了新官而不撤消旧官，有意造成架床垒屋，以利于防范和牵制。于是，冗官冗吏充斥，管官的官多而管事的官少，甚至有时还重用宦官和外戚，以为此类人可以放心，无虞反侧，无虞被篡位夺权，实际上却事与愿违，只能起到严重腐蚀正规国家统治机器效能的作用。官吏们或则拉帮结派，党同伐异，互相倾轧咬噬；或则大力揣摩朝廷和上司的意图，致力迎合，不求有功，但求无过；或则只求符合朝廷定章和陈年案例，更不问是否违情悖理，他们只会"知利害不计是非"[①]。清代在嘉庆和道光两朝曾经历任内阁大学士、军机大臣的曹振镛，在总结自己宦途经历时，竟然得出"多磕头，少说话"的六字为官要诀。被目为宰辅重臣的人尚且如此，其他官吏的态度更可想而知了。这也是官僚政治的弊端所在。

第五，在高度君主集权制度下，行政权力包揽一切，在长期实行人治的情况下，中国官制史出现人治的特点。

在古希腊和古罗马的国家形成以后，很快地就形成了立法、司法、行政

---

① （明）叶子奇：《草木子》卷4下《杂俎篇》，中华书局，1959年。

三权分立的政治体系，而且还出现系统的神权政治。中国自国家形成之日起，首先确立的是独尊的专制王权，始终没有形成自成系统的神权，神始终是统治者用来维护统治的工具，并不存在独立于专制王权以外的神权，也没有神权的绝对统治。至于立法、司法、行政诸权，也都掌握在王权的手中。在专制王权的统一控制下，各级官府机构分别主管各方面的政务。这种在专制君主统一控制下的行政权力包揽一切的做法，贯彻在中国官制史的始终。

在行政权力包揽一切的情况下，各部门的职权及其活动都在行政权力控制之下。虽然在社会的发展进程中，逐渐形成司法、监察、军事、财政、文教礼仪、经济等工作系统，但在一般情况下，行政长官既是行政的负责人，又是同级的最高司法审判官，同时还兼有掌管军事、财政、经济、文教礼仪等方面的权力，并且负有督管辖区内所有官吏的权责。因此，行政官员的地位非常重要，历代统治者为确保自己最高权威，对行政权力的控制特别严格。

在行政权力包揽一切的状况下，长期实行的是人治而非法治，缺乏健全的法制。各机构因人而设，也因人而废，机构本身往往缺乏法律上的地位，它的功能可以随意予夺，官无常制、职无常守的现象普遍存在。这是君主专制政体下必然的滋生物，也是官制难以长期稳定的重要原因之一。

第六，法律公开承认不平等的原则，肯定社会等级差别，承认特殊权利阶层，对不同的阶层采用不同的对待方法，对官制史影响深远。

王子犯法与庶民同罪，这是中国人几千年来追求政治平等的呼声，可是在中国官制史上从来就没有平等，没有否定社会等级差别。但也不应该因此就否定中国官制史，把它说得一无是处。其实，中国古代能够公开承认不平等的原则是社会的进步，是适应社会发展需要的。与其宣称在法律面前人人平等，而在实施过程中不平等，还不如承认法律面前不是人人平等，按照不平等的法律去实施；这样不但可以平息人们的议论，减少抵触情绪，也能够显示出法律的公正性。

法律要求是公正，它并没有要求平等，因为平等往往会失去公正。在中国古代，明确规定着君臣、父子、兄弟、夫妇、长幼、尊卑、亲疏、上下、贵贱、男女等在法律上的差别，并且有意识保护这种差别，强调在上者地位和尊严，也努力去维护这种地位和尊严；突出在下者的义务，也在于强制他们履行义务。不应该否定这种差别明显不平等，应该去探寻这种差别是否具有合理性。如果在法律面前人人平等了，社会分工如何完成？没有人人都是总统的国家，也没有人人都是乞丐的社会。

社会存在着不平等，这些不平等是由自然的不平等和人为的不平等两方面构成的。人为的不平等由合理的不平等和不合理的不平等构成的。自然不平等是与人生俱来的，如身高、天资等。人为的不平等是一定社会环境、社会制度造成的，因此存在着合理不平等及不合理不平等两方面。合理的不平等就是不同类别的人享有某些不同的权利，如儿童与成年人、妇女与男人、残疾人与正常人之间不能不考虑一定合理的差别。不合理的不平等，主要是因差别对待而形成的特权，尤其是政治特权。平等的原则就是应该减少这种不合理的不平等，保护合理的不平等。

第七，中国一直是地域辽阔的多民族的国家，不论是以汉族统治集团为主，还是以其他民族统治集团为主建立的政权，都曾经实行"因俗而治"的制度。

统治阶级出于对自身控制能力的估计，以及对民族或者特别地区实际经济结构和传统生活方式的了解，往往在维护国家主要权力的同时，实行一些特别的法制，这实际上是一种非常明智的举动。

在历史上，以少数民族为主体的政权，常常是以国法治国人，以汉法待汉人，这是照顾到本民族的利益，也重视了汉族长期沉积的文化。在长期的交往过程中，两种制度交融在一起，逐渐形成更适应大多数人的制度。而以汉族为主体的政权，对少数民族也不完全是采用高压政策，往往是在注重民族习俗的情况下，让他们实行自治，同时也运用各种手段不间断地影响这些民族，使他们走向更加文明的道路。历史证明，凡是"因俗而治"政策实行比较好的，国家就比较安定，民族关系就比较融洽，而逆其道行之，国家分裂，民族仇杀往往就会接踵而至。

第八，中国官制史不仅是中国的宝贵财富，也是世界的财富，了解中国古代官制，既有利于继承和发扬中国优秀传统文化，也有利于理解官制与国家、政权、社会之间的关系。

综观历史，任何一个朝代的官制都有其独特性，政治、文化、社会与经济存在内涵十分丰富，其外延与影响深远。理解一个时代的官制的形成、演变及发生、发展过程，既可以了解该时代诸多政治人文、自然环境、社会经济、社会心理、科学技术等互动的结果，又可以发现时代的特点和规律。可以说不了解历史的官制，就很难理解现行国家机构。

官制是人们在社会政治生活、社会物质生活、精神文化生活中形成和完善的，既有人们对历史相沿积久而成的政治文化的传承，又有因时代变迁而导致新官制的形成和衍变，具有承传性、变革性、创新性等多元社会文化的特征。中国几千年的文明传统在一代又一代地承传、变革、创新，现代是历史的延续，新文明只有在旧文明基础上进行开拓才能有所发展。溯本求源，了解历史上的官制，不但可以提高认识事物的能力，而且可以改善知识结构。

第一章

中国历代官制的形成和发展

中国早在传说时代,就已经出现了政治文明。据传说记载,黄帝时期"内行刀锯,外用甲兵"(《商君书·画策》),并且"师出以律,否臧凶"(《易·师第七》),还设官有120员。有关刀锯、律和120名官员的具体内容和职掌,因为没有文字记载流传下来,仅凭一些难断真伪的传说,很难准确判断。公元前21世纪建立起来的夏王朝,情况就逐渐明朗了,据当今考古的新发现,已经基本可以确定有夏王朝的存在。夏王朝已经有国家机构,出现了一批以公职为特征的职业官吏,不但有了"禹刑"的"五刑之属三千"(《尚书·吕刑》),还有一定数额的官员。三代的官员"夏百二十员,殷二百四十员,周六万三千六百七十五员"[①]。官员的数目虽然不能说准确,也不能以之作为当时官制的基本依据,但官员不断增加的趋势确实是事实,也是符合国家发展规律的。

以前研究三代的官制时,主要依据尚有真伪争论的典籍,所以很难反映历史的真实面貌。随着考古新发现,以考古结合文献,以实物证实传说,走上了研究三代官制的正确道路。

春秋战国时期存留的文献较多,虽然各国官制不尽相同,但典籍能够提供许多线索,再结合考古新发现,就可以破解许多谜团。当时虽然存在不尽相同的官制,但其中也有相互吸收,因袭和创新,为了解先秦乃至三代的官制提供出比较可靠的依据。

秦统一中国,在全国范围内确立了君主专制中央集权制度,形成比较完

[①] (唐)杜佑:《通典》卷19《职官一》,中华书局,1988年。

整的官制。所谓"秦变周官,汉遵嬴旧,或随时适用,或因务迁革,霸王之典,义在于斯,既获厥安,所谓得其时制者也"。这是官制由分散而趋于统一,不断因循前代而创新,也符合社会发展的必然规律。

第一节 原始社会出现的官制萌芽

研究中国官制史,必须从华夏民族形成开始。民族的形成,阶级的产生,政权的出现,国家的形成,国家机器的不断完善,这是世界各个文明古国共有的历史发展过程。不溯其源,难清其流。

一、三皇五帝

任何一个民族对自己远祖早期的活动都有一定的传说,这些传说既有人物,又有时间和地点,而且还多与神话相联系,甚至包括开天辟地、创造人类、屠龙斩鲸、抗拒或控制宇宙等,可谓五光十色,似幻还真。骤然听闻,类似无稽之谈,难以称之为历史。但仔细考察,这乃是远古先民代代相传的重要遗留,不乏对真实历史的想象和加工重塑。

大致从春秋战国时开始,中国古代传说中的"三皇五帝",开始构成为远古历史的基本架构。传说当然不免有后人附会,进而掺杂一些神话和想象,使失实成分的比例增大。应该承认,传说乃是在真实的基础上产生的,虽然经过岁月流逝而使真实变成神话,但毕竟还保留有一些真实的痕迹,这也是学术界普遍认同的。

对于传说的资料,应该采取存其大体,注重其发展规律,而不要局限在具体的人和事的情节上。摩尔根曾经谈到应该如何对待传说中的人物和史实,"无论罗马那七位所谓的国王究竟真有其人或是神话人物,无论归功于他们的任何立法活动究竟实有其事或是出自虚构,这对于本文研究的问题来说均无关紧要",因为"人类进步的事件不依靠特殊的人物而能体现于有形的记录之中,这种记录凝结在各种制度和风俗习惯中,保存在各种发现和发明中"①。这无疑是打开神话传说之门的一把钥匙,因为把传说纳入社会发展的总体之中,并加以区别和检验,就可以排除各种误区和迷惘。其实,中国有关"三皇五帝"的传说,也是体现在有形的记录中,更是凝结到各种制度和风俗习惯中。

所谓"三皇",一种说法为天皇、地皇、人皇(泰皇),另一种说法为燧人氏、有巢氏、神农氏。前者说在宇宙中天、地、人最为可贵,故可以并列为皇,而人皇最贵;后说则反映人类最早经历过的几个重要发展阶段。所谓的"五帝",目前有三种说法:一说为伏羲(太昊)、神农(炎帝)、黄帝、尧、舜,另一说是黄帝、颛顼、帝喾、帝尧、帝舜,还有一说是少昊、颛顼、高辛、尧、舜。古人把"五帝"与天上五方之帝联系起来,天上有东方苍帝名灵威仰、南方赤帝名赤熛怒、中央黄帝名含枢纽、西方白帝名白招拒、北方黑帝名汁光纪,也有认为"五帝"就是太昊、炎帝、黄帝、少昊、颛顼的。这种说法不一和与天道观念的结合,反映出在国家形成过程中的冲突和战争,有着曲折和反复变化的复杂情况。

原来分散生活在黄河和长江中下游沿岸的先民,与其他地区的先民发展历程大体相同。他们都经过以渔猎和采摘植物果实为生,因为生产力低下,经常受到恶劣气候和猛禽野兽的侵袭。在饥饿和死亡的威胁下,他们往往群居在一起,以便增强防卫和猎食的能力。"其民聚生群处,知母不知父,无亲戚、兄弟、夫妻、男女之别,无上下、长幼之道,无进退揖让之礼。"(《吕氏春秋·恃君览》)为了生存而追逐水草果实和猎物,过着非常困苦的游荡生活,经历了原始社会中的前氏族公社、母系氏族公社、父系氏族公社三个阶段。他们从"男女杂游,不媒不聘"(《列子·汤问》),从父母与子女之间、兄弟姐妹之间杂乱性交的血亲婚配,发展为按照辈分来限定性交对象的血缘家庭,再发展为脱离原始群居的乱婚,禁止兄弟和姐妹之间及旁系亲属间的性交关系,实行族外婚。从乱交到有限制的内婚制、族外婚,每迈进一个阶段都意味着巨大的进步,渐渐走近氏族社会的边沿。这一过程大概开始于距今三四万年前,结束于五六千年前,历时数万年之久,大体上相当于传说中

---

① [美]路易斯·亨利·摩尔根著,杨东莼等译:《古代社会》,商务印书馆,1997年,第302页。

的天、地、人"三皇"时期。

燧人氏、有巢氏、神农氏，都以氏为名，明显地反映着先民生活和文化发展的几个重要阶段。称燧人、有巢、神农，显然是由于后人对某一阶段有代表性的先驱者的共同尊称，而不是对某一卓越人物的个人称谓。因为原始人群根据实际生活体会，用手兼用脑的摸索及选定某种生活和生产方式，都必然经过相当长的过程才能确定下来，不可能是某一个人所能凭空创造的。

燧人氏的传说，反映先民们从茹毛饮血到吃熟食的转变。生吃动物或植物果实，不但口味不好，而且容易引发疾病，甚至危害生命。先民们偶然取食到经过天然火灾烧烤过的动、植物，惊奇地发现，不论是味道还是对身体健康方面，远比生食优越。发现火到取得火和保存火种，是经过很漫长的过程的。"有圣人作，钻燧取火，以化腥臊。"（《韩非子·五蠹》）将这一发明和推广的事情放在某个"圣人"身上，正表明这是历史发展的一个过程。西方的传说中的上古时期，有普罗米修斯偷取天火到人间，改变了人们的生活，因此受到极大的赞颂和纪念。燧人氏就是中国的普罗米修斯，他比普罗米修斯更伟大，因为他不是偷火，而是自己取火，所依靠的是人类自身的聪明才智。

有巢氏的传说，反映先民们从没有定居的迁徙到半定居和定居的转变。原始人群长期为追逐食物而迁徙，栖息于丛林洞穴之中，随时都可能受到毒蛇猛兽的侵袭。火的发明，虽然使先民增强防御和进攻能力，但不能保证持久的安全。当时"人民少而禽兽众，人民不胜禽兽虫蛇，有圣人作，构木为巢，以避群害"（《韩非子·五蠹》）。先民们"构木为巢"，不但提高了安全的程度，而且使他们过上半定居或定居的生活。定居就有可能圈养禽兽而使之变为家畜、家禽，而采集的植物果实掉落在定居处附近，又有可能使他们发现种植和收获。伏羲氏、神农氏的传说，也是在这种半定居或定居生活中出现的。

传说中的伏羲氏是育成家畜、家禽的首创者，还发明渔网以捕鱼，制作八卦和结绳以记事。有人将伏羲氏列为"三皇"之一，把神农氏放在"五帝"之首。其实这样的划分并没有实际的意义，因为"一切的进步都要依靠社会整体的工作才能产生，但人们对此归功于个别人物者太多，归功于群众智慧者太少。总的说来，我们承认人类历史的实质与观念的发展有不可分割的关系，而观念是由人民创造出来的，它表现在人民的制度、风俗习惯和各种发现中"①。这些归功于"圣人作"的事情，主要反映先民们从蒙昧落后走向文明的一种过渡，并不是一个朝代。

"古之人民皆食禽兽肉。至于神农，人民众多，禽兽不足，于是神农因天之时，分地之利，制耒耜，教民农作，神而化之，使民宜之，故谓之神农。"（《白虎通议》卷一）定居使先民们有了比较安定的生活条件，人口自然会有增加。人口的增加，又必然会导致食物的不足，开发新的食物资源便成为先民们共同关切的问题。传说中的"神农尝百草"，就是先民们寻找和开发新的食物资源的实践过程。经过探索，先民们了解到各种不同作物的生长习性，开始进行栽培，在栽培过程中又发明和使用农具，这正是人类发展的一个重要历程。先民们在三四万年间的生存过程中，跨越了野蛮时代，从人类的初级阶段走向高级阶段，蒙昧晦暗的上古历史已经出现一线文明的曙光。

五帝虽然也是处于传说时代，但是古代的文献和史书对他们的事迹叙述较多，又有考古发现可以证实的内容，这就使人们具有条件去探寻这段历史的痕迹，探索中国古代走向文明社会的轨迹。

司马迁的《史记》之首便是《五帝本纪》，他以黄帝、颛顼、帝喾、帝尧、帝舜为五帝，没有把炎帝列入其中，但炎帝却是这段传说历史中颇具影响的人物。

中国原始社会末期的部族分野，大致有三大集团，一个是华夏集团，分别由三个亚集团组成，即黄帝和炎帝两大分支；近东方的华夏、东夷混合集团的高阳氏（颛顼）、有虞氏（舜）、商人支系；接近南方，与苗蛮集团融合的祝融氏等支系。另一个是东夷集团，由太皞、少皞、蚩尤等部组成。还有一个苗蛮集团，由三苗、伏羲、女娲、驩兜等部族组成②。这三大集团先后形成大联盟或大酋邦，传说中的黄帝时期有黄河流域下游的太皞、少皞部落联盟或酋邦，黄河中上游的黄帝、炎帝部落联盟或酋邦，黄河以南的苗蛮部落联盟或酋邦。这些联盟或酋邦内部及联盟或酋邦之间经常进行战争，经过几百年的发展，在黄河流域形成陶唐氏、有虞氏、有夏氏的部落联盟或酋邦，

---

① ［美］路易斯·亨利·摩尔根著，杨东莼等译：《古代社会》，商务印书馆，1997年，第302页。
② 参见徐旭生：《中国古史的传说时代》（修订本），文物出版社，1985年。

尧、舜、禹相继为这个联盟或酋邦的首领。

被列为"五帝"之首的黄帝，不论是拥有的资源、武装力量，还是活动区域，在当时都占优势。黄帝姬姓，又名公孙轩辕，传说他与炎帝都是少典氏的儿子，其后各自发展，分别兼并和融合了许多氏族，建立起强大的部落。黄帝部落最早活动在今陕西的北部，炎帝部落则发祥于今陕西的西南部，他们为了寻找更好的生存领地，分别由西向东发展。黄帝部落沿北洛河、渭水和黄河北岸，穿过中条山、太行山脉，延伸到今河北省西北部。炎帝部落则顺着渭水和黄河两岸，逐步发展到今河南及河南、河北、山东三省交界的地域。在向东发展的过程中，炎黄部落不断壮大，成为中原地区最强大的部落。

炎黄部落在迁徙过程中，不断与其他部落发生冲突，在冲突过程中有战争，也有联合，在联合过程中产生了部落联盟或酋邦。首先是炎帝部落与以蚩尤为首的东夷部落发生战争，炎帝一度不支，向黄帝部落求援，结成炎黄部落联盟或酋邦，合力与蚩尤决战于逐鹿之野，在暴风雨中进行了残酷的战斗，终于杀死蚩尤，取得胜利。战后，炎帝和黄帝部落因势力范围冲突而分裂，许多氏族弃离炎帝而归顺于黄帝，炎帝不服，便与黄帝大战于阪泉（今河北怀来县），黄帝获胜而统一中原，成为当时最大的部落联盟或酋邦，所以称"黄帝时有万诸侯"[①]。司马迁在叙述黄帝的事迹时指出："轩辕之时，神农氏衰，诸侯相侵伐，暴虐百姓，而神农氏弗能征。于是轩辕乃习用干戈，以征不享，诸侯咸来宾从。"[②] 由此可见，是经过战争征服，才有诸侯宾从，部落联盟或酋邦也就不断扩大。

部落联盟或酋邦是依靠强大的实力来维持的，当实力发生变化之后，联盟或酋邦的解体或重新组合是不可避免的。黄帝之后数百年，陶唐氏、有虞氏、有夏氏相继结成大的部落联盟或酋邦，尧、舜、禹分别为盟主或首领。

部落联盟或酋邦都有自己的势力范围。随着联盟或酋邦的扩大，势力范围也不断地扩张，经常爆发战争。一般说来，对外战争与内部矛盾之间有一种密切的联系，而对外战争与内部矛盾则是时代发生变化的动力。正是战争的推动力把部落联盟或酋邦引上国家的道路，而内部矛盾则促使联盟或酋邦

[①] （汉）司马迁：《史记》卷28《封禅书》，中华书局，1959年，第1393页。
[②] （汉）司马迁：《史记》卷1《五帝本纪》，中华书局，1959年，第3页。

组织转变为国家机构。

尧、舜、禹时期,与南方的苗蛮部落联盟或酋邦之间的战争持续不断。"尧伐欢兜,舜伐有苗"(《荀子·议兵》);"尧战于丹水之浦,以服南蛮"(《吕氏春秋·召类》);不久南蛮又不服,舜"乃修教三年,执干戚舞,有苗乃服"(《韩非子·五蠹》);这种"服"是在武力压迫之下的屈从,自然是暂时的,因此禹又"亲把天之瑞令,以征有苗"(《墨子·非攻》)。战争持续不断,弱小的氏族与部落被吞并了,强大的氏族与部落更强大了,而战争要求集中权力和资源。在这种情况下,联盟或酋邦的军事首领权力也相应增强了,这些"博得了声誉的军事首领,在自己周围集合一队贪图掠夺品的青年人"①,充当自己的亲信,出现所谓的"扈从队制度",而这种制度却导致了军事首领的性质发生变化。

对外战争使军事首领的地位得到提高,而军事首领地位的提高,必然会威胁联盟或酋邦首领的地位。尧、舜、禹"禅让"的传说,是后人对先祖的崇敬和美好叙述,但这样以礼"禅让"出权力和地位,本来是不存在的,事实上,新的符合众望的首领代替已经失去民望、阻碍历史进步的旧首领,本来是历史进步的标志。"舜偪尧,禹偪舜,汤放桀,武王伐纣,此四王者,人臣弑其君者也,而天下誉之。"(《韩非子·说疑》)当然,在内部矛盾冲突中,如果联盟或酋邦首领希望维持自己的权力,就必须有自己的扈从和听从他指挥调动的人,这就导致了联盟或酋邦组织发生根本性的变化。

二、原始社会氏族组织

恩格斯认为:"国家的本质特征,是和人民大众分离的公共权力。"②这种公共权力是在父系氏族社会时出现的,与人民大众分离的时期应该在部落联盟形成的同时,"当部落结为联盟,逐渐成为凌驾于社会之上的权力时,国家就从原始社会中脱胎而出了"③。这就明确了公共权力的出现是在父系社会,当

---

① 中共中央马恩列斯著作编译局:《马克思恩格斯选集》第4卷,人民出版社,1972年,第141页。
② 中共中央马恩列斯著作编译局:《马克思恩格斯选集》第4卷,人民出版社,1972年,第114页。
③ 郭沫若主编:《中国史稿》第一册,人民出版社,1976年,第138页。

这种权力与人民大众完全分离时,也就出现国家。

从考古发现看出,早在五十万年前,猿人就已经聚族而居。现代科学研究证明,在猿猴群中有首领,这个首领是经过拼搏获得的,它有指挥全群的权力,常常率领本群侵入别群的领地或与侵入领地的外群作战。猿猴首领是经常变换的,通常是由身强力壮的猿猴向首领挑战,胜者成为首领,败者则沦落到最底层,学者称之为等级森严的群体。高于猿猴的猿人群,最初也应该与猿猴群相同,首领要经过争夺才能取得,因为身强力壮,才能率领本群寻觅和开拓生存环境。猿人成为人,智商高于所有的动物,强壮的身体不再是争夺首领的唯一条件,能够谋划和率领本族群更好地生活,就演变成为充当首领的先决条件。传说中的燧人氏、有巢氏、神农氏、伏羲氏,从使用火、巢居、务农到捕鱼,都是勇气和智慧的结合,而重要的条件是智慧。智慧和勇气相结合的首领,容易为本人群所接受和推戴,因为他能够率领本人群开辟更好的生活环境。

原始人群是在血缘基础上形成的群体,一般称为原始氏族。原始氏族为了本族的生存,就要保护自己的生存领地,开拓新的生存空间,因此不可避免地要与外来和邻近的氏族发生冲突。在冲突过程中,有的氏族逃离、分散或消失,有的氏族则联合、结盟或合并。这种冲突导致原始氏族的发展,而血缘和婚姻的作用,使氏族扩大或分衍出另一氏族。这种因血缘或婚姻分裂结合的氏族,很容易结成联合体,形成胞族或姻族。胞族和姻族的发展使氏族活动空间进一步扩大,以至发展成为部落。在部落与部落相互争夺生活空间时,一些部落为自身利益相互联合起来,进而形成部落联盟或酋邦。唯物主义史观认为:氏族——胞族——部落——部落联盟,是原始社会组织发展的轨迹。人类学和社会学则认为:游团——部落——酋邦——国家,是社会演进的模式。

(一)原始氏族与游团

原始氏族作为原始社会的基本社会组织,发挥过重要的社会职能。氏族除了以当时的传统习惯和道德来调节氏族成员间的关系,维护氏族的利益,还设有相应的管理机关来履行氏族的社会职能。这种管理机关是由氏族全体成员选举产生的氏族酋长或首领、全体成员临时选举产生的临时军事酋长或首领、各家族首领（长老）组成的氏族议事会所构成的。氏族酋长负责领导生产、管理生活、处理氏族内部及外部关系，氏族军事酋长负责保护本氏族的生存领地和指挥对外战争，氏族议事会负责处理氏族内部和对外事务的谋议。原始氏族的重大事情，基本上是由氏族全体成年男女参加的民众大会来讨论决定，这就是人们常说的原始民主制。

游团是一种地域性的狩猎采集集团，"因为外婚和单方婚居这两个规则关系，游团常常是由一群彼此有亲属关系的男女及其配偶和未婚子女所构成的亲族"①。以中国文化分期来说，应该属于旧石期时代和中石器时代。

原始胞族是由两个以上氏族自然结合起来的联合体，是从一个氏族分裂而又重新组合起来的。原始姻族是通过联姻结合起来的联合体，是人类发展到族外婚时期产生的。胞族和姻族没有管理机关，但有胞族和姻族所公推的胞族长或姻族长，以及共同的祭司，具有一定的社会职能。胞族长和姻族长负责组织和主持胞族、姻族的节日和宗教集会，主持参加本胞族或姻族重要成员的婚丧活动，确认胞族、姻族内各氏族首领的选举，调解胞族、姻族内各氏族之间的纠纷，参加胞族、姻族内各氏族及部落的议事会，组织胞族、姻族各氏族之间的相互支援。

（二）原始部落与酋邦

原始氏族部落是氏族组织的联合体，由若干氏族、胞族、姻族联合而成，部落内部存在不同的血缘关系，有自己的名称和固定的领土范围，有共同的宗教信仰和语言，实际上是一个规模较大的亲族集团。部落设有酋长（或首领）、军事酋长（或首领）、部落议事会。早期的部落酋长是由部落议事会推选有威望的氏族首领担任，由部落全体成年人进行表决，后来演变为完全由部落议事会推选，乃至以实力争夺。传说时代的神话传说难以推断当时的情形，但一些发展较晚的部落可以提供佐证。如北魏始祖拓跋力微，最初依附于没鹿回部大人窦宾，取得窦宾信任，得以扩充所部，窦宾死后，拓跋力微杀窦宾二子，"尽并其众，诸部大人悉皆款服，控弦上马二十余万"②，最终以

---

① 张光直：《从夏商周三代考古论三代关系与中国古代国家的形成》，《中国青铜时代》，生活·读书·新知三联书店，1999年，第66页。
② （北齐）魏收：《魏书》卷1《序帝纪》，中华书局，1974年，第3页。

武力争得部落首领。部落是从游团演进而来的地方群,"实际上是靠氏族、年龄阶级、秘密结社、战士和宗教结社这一类与他们相交的团体而组合在一起的"。以中国文化分期来说,应该属于仰韶文化。

部落酋长负责处理部落的日常事务,召开部落议事会,实施议事会决定的事项,主持宗教祭祀和节日大典,对紧急事务有权进行应急处理。

部落军事酋长初期是由部落议事会临时推选有威望的氏族首领担任,后因部落之间的战争频繁,军事酋长逐渐成为固定的职位,权力日益增大,地位也极为重要,常常是部落酋长的争夺者。拓跋力微开始是窦宾部落的军事首领,后来以武力夺取部落首领的地位,而在拓跋力微临死时,控制力减弱,诸部大人叛逃,造成"诸部离叛,国内纷扰"①的局面,首领的地位险些落入他人之手。辽太祖耶律阿保机先"为本部夷离堇,专征讨,连破室韦、于厥及奚帅辖剌哥"②,以后又接连获胜而扩大势力,最终以军事酋长而取得部落首领地位。

部落议事会由各氏族的首领和胞族、姻族长组成。负责调节各氏族、胞族、姻族之间的关系,确认氏族、胞族、姻族首领的选举或推选,部落的重大事情,如战争、讲和、缔结联盟、推选部落首领等,都必须由议事会做出决定。如拓跋力微虽然基本控制了部落,但在与中原魏晋王朝交往的事件,也要遍告诸大人,通过议事会决定。初期的议事会成员一律平等,事务多用民主方式协商讨论;后期议事会成员开始有一定的分工。据文献传说记载:"少皞氏以鸟名官……凤鸟氏,历正也;玄鸟,司分者也;伯赵氏,司至者也;青鸟氏,司启者也;丹鸟氏,司闭者也;祝鸠氏,司徒者也;鴡鸠氏,司马者也;鳲鸠氏,司空者也;爽鸠氏,司寇也;鹘鸠氏,司事也","五雉为五工正","九扈为九农正"(《左传·昭公十七年》)。部落议事会出现分工,议事会的成员也就变成固定的贵族,以血缘世袭,乃是氏族贵族。部落议事会有相当重要的作用,常常能左右部落酋长,如金朝的先祖完颜石鲁在为部落首领时,以"生女真无书契,无约束,不可检制",便"欲稍立条教,诸父部人皆不悦,欲坑杀之"③。部落酋长与氏族贵族之间的矛盾斗争,自然导致部落

---

① (北齐)魏收:《魏书》卷1《序帝纪》,中华书局,1974年,第5页。
② (元)脱脱等:《辽史》卷1《太祖纪上》,中华书局,1974年,第2页。
③ (元)脱脱等:《金史》卷1《世纪》,中华书局,1975年,第4页。

权力结构发生变化。

部落民众大会是部落全体成年男女所参加的表决集会，父权制时期则是全体成年男子参加。表决多采取投票的方式，这种投票多用不同的草、石块、牛羊骨、鸟羽等来表示，最后由议事会来裁决。氏族社会的晚期，民众大会多受酋长的操纵，作用明显降低。

原始社会末期，恩格斯称之为军事民主制时期，是原始社会向国家的过渡时期。这个时期，部落之间的战争频繁，一些部落为了共同的利益，往往结成联盟，进而形成一种组织，就是部落联盟或酋邦。部落联盟设有联盟首领、联盟军事首领、联盟议事会、联盟民众大会，其作用与部落组织所设略同，只是民众的表决权逐渐被削弱以至丧失，代之而起的是由氏族贵族掌握实权。基于人类学和考古学的发展，中国史学界目前比较赞成中国原始社会到国家的过渡是经由酋邦制，而并非是军事民主制的部落联盟[1]。

酋邦制与军事民主制不同，它是一种尖锥体的分层社会系统，是以酋长为中心，"因为整个社会通常相信是一个始祖传递下来的，而且酋长这个位置的占据者是在从这个假设的祖先传下来的这个基础之上选出来的，所以在这个网内的每一个人都依他与酋长的关系的远近而决定其阶层"。例如，传说中的黄帝氏族与炎帝氏族同出于少典氏和有蟜氏，而尧、舜、禹的始祖都是黄帝。尧、舜时所设主要官员也都是出自一个始祖，并依据亲疏关系而分出远近和高低。酋邦制与部落联盟的区别在于酋邦首领议事的作用加强，没有通常所说的民众大会，而是各部酋长的议事会，有政治分级和亲属制度。酋邦是具有初步不平等的分层社会，"地方群组织成为一个尖锥体形的分层的社会系统，在其中以阶层的差异（以及其伴有的特权和责任）为社会结合的主要技术。这个分层式的系统以一个地位和位置即酋长为其中心"。以中国文化分期而言，应该属于龙山文化。国家是酋邦的发展继续，"是一种更大的社会，有更复杂的组织"。以中国文化分期而言，应该属于三代，常用历史分期则是奴隶社会[2]。

---

[1] 参见谢维扬：《中国国家形成过程中的酋邦》，《华东师范大学学报》，1987年第5期；《中国早期国家》，浙江人民出版社，1995年。童恩正：《中国北方与南方古代文明发展轨迹之异同》，《中国社会科学》，1994年第5期。

[2] 参见张光直：《中国青铜时代》，生活·读书·新知三联书店，1999年，第66—97页。

酋邦制是处于国家形成前夕的某些民族实际存在的制度和体制,"酋邦的特征是其联系经济、社会和宗教等各种活动的一个中心的存在。在若干较大复杂的酋邦里,这种中心里可能不但有长驻的酋长,而且有多多少少的行政助理(通常来自酋长的近亲)、服役人员,甚至职业性的手工匠"①。越来越多的考古发掘证明,"中国由史前到文明、由部落到国家也是经过酋邦制发展而来的"②。酋邦制的概念提出,"显然是人类学和民族学研究中的一项重要成就,它通过人类学中具体的民族实例,给我们展现了阶级社会之前的分层社会的一种具体情景,呈现了由史前向文明的转变过程中社会组织结构某些形态",而这些形态借助于考古学的发展,可以依据遗迹的地层叠压关系确定其时代的早晚和先后顺序,从而观察到社会的发展和变化"③。新的研究和理论既丰富了古代政治理论,又为国家出现以前的经济政治体制提供多点化观察和研究的经验。

部落联盟或酋邦时期,部落联盟民众大会和联盟或酋邦议事会的作用日渐消退。这一方面是由于部落联盟或酋邦活动的地域扩大,人口大量增加,召开民众大会愈来愈困难;另一方面,部落联盟或酋邦日益扩充和强大,先后以"五帝"为代表的联盟或酋邦首领的权威日益增强,以至被后人认为是最早的帝王,他们在许多事务已经可以独断专行,根本不用听取民众大会的意见,而由少数的氏族贵族组成的联盟或酋邦议事会,也逐渐为主要首领所控制,这些"帝"已经被认为是元首,传说黄帝已经区分君臣上下之义,并且"内行刀锯,外用甲兵"(《商君书·画策》)。所谓"内行刀锯",就是对本联盟或酋邦的各部落首领和民众拥有强制以至镇压之权。随着联盟或酋邦的发展,联盟或酋邦首领的地位及权威得以树立,相传禹在会稽大会诸侯(各部落首领),防风氏因为不来赴会,便被禹下令处死。

联盟或酋邦的事务增加,仅靠联盟或酋邦首领很难具体处理全部重要的事务,于是便产生出专门从事管理的部门和人员,出现了与人民大众相分离的公共权力,也就是具有国家雏形的社会组织。传说黄帝已经设官分职,"官

---

① 张光直:《中国青铜时代》,生活·读书·新知三联书店,1999年,第92页。
② 童恩正:《中国北方与南方古代文明发展轨迹之异同》,《中国社会科学》,1994年第5期。
③ 李学勤主编:《中国古代文明与国家形成研究》,云南人民出版社,1997年,第13页。

名皆以云命为云师。置左右大监,监于万国"。"云"应该是黄帝时期的图腾,左右大监应当是该部落联盟或酋邦的重要首领,那么"举风后、力牧、常先、大鸿以治民"①的传说,应该是该部落联盟或酋邦的各部落首领。传说黄帝曾经发动过多次大的战争,部落联盟或酋邦在取得战争胜利的过程中,都发挥过重大的作用。

尧、舜、禹时代是部落联盟或酋邦发展的成熟阶段,以公职为特征的管理机构的雏形,应该是在此一时期出现的。据传说,这时有主管农业的"稷",主管手工业的"共工",主管林、牧、渔、猎的"虞",主管教化的"司徒",主管刑狱的"士",主管祭祀的"秩宗",主管承上宣下的"纳言",以及分管十二州的"州牧",合计有22名主官。这些主官应该是各部落的首领或联盟或酋邦议事会的成员,虽然还不能算是国家机构,但已经出现了等级差别,有关"百官时序,宾于四门,四门穆穆,诸侯远方宾客皆敬"②的描述,基本上反映出当时的现实。古文献曾经描述舜看到百官尽忠职守,百业俱兴,喜而作歌云:"股肱喜哉,元首起哉,百工熙哉。"主管刑狱的皋陶则和而歌云:"元首明哉,股肱良哉,庶事康哉。"舜嘉奖大禹时说:"吁,臣哉,臣哉!臣作股肱耳目,予欲左右有民,汝辅之。"(《尚书·益稷》)这种君臣关系虽然是经后世儒家加以美化,但也不能够掩盖历史的真实,毕竟还有"舜臣尧,宾于四门,流四凶族浑沌、穷奇、梼杌、饕餮,投诸四裔,以御魑魅"(《左传·文公十八年》)的记载,具有国家雏形的社会组织已经有国家的职能。

部落联盟或酋邦首领由各部落酋长公推,但前提是该首领必须具有一定的实力作为后盾。如北魏始祖拓跋力微为部落联盟或酋邦首领时,"祭天,诸部君长皆来助祭,唯白部大人观望不至,于是征而戮之,远近肃然,莫不震慑"③。联盟或酋邦首领拥有实力,就能操纵联盟或酋邦议事会。传说"禹合诸侯于涂山,执玉帛者万国"(《左传·哀公七年》),正反映这种现实,而拓跋力微就是在诸部大人已经被震慑的情况下,把自己要与曹魏和亲的事直接告诉诸部大人,诸部大人再也没有敢反对的。

---

① (汉)司马迁:《史记》卷1《五帝本纪》,中华书局,1959年,第6页。
② (汉)司马迁:《史记》卷1《五帝本纪》,中华书局,1959年,第21页。
③ (北齐)魏收:《魏书》卷1《序帝纪》,中华书局,1974年,第3页。

部落联盟或酋邦首领既然是各部落公推的，在很大程度上要受到联盟或酋邦议事会的制约。传说中的舜，在重要事务决策上，都要征求联盟或酋邦议事会的意见。例如："禹、皋陶、契、后稷、伯夷、夔、龙、倕、益、彭祖自尧时而皆举用，未有分职。"舜欲进行分工，首先是谋于四岳，做出决定之后，还要征求被任命者的意见，最后才做出决策。

部落联盟或酋邦出现之后，民众的表决权渐渐丧失，即便有民众大会，往往只成为联盟或酋邦首领所操纵和利用的工具。例如，金朝先祖完颜乌乃古为生女真部落联盟或酋邦首领时，不想受辽王朝的控制，又不敢公然拒绝辽王朝的册封，乃诡使人扬言："主公若受印系籍，部人必杀之。"①民众的舆论和影响力，基本上受到首领的操纵。

传说时代的禹，当是中国原始氏族部落联盟或酋邦发展的顶峰。据《史记·夏本纪》所载："禹之父曰鲧，鲧之父曰帝颛顼，颛顼之父曰昌意，昌意之父曰黄帝。"从这个世系来看，禹的先祖世代为部落首领，该部落有一定的实力，这实力正是禹取得部落联盟或酋邦首领的重要条件。传说禹在担任联盟或酋邦首领前后，曾经负责治水、征三苗、分所属部落为九州、任土作贡，这些重大的工作成就使禹的威望提高，权力范围扩大，为世袭王权奠定基础，为国家的产生准备了必要的物质条件。

按照联盟或酋邦首领选举的习惯，禹死后应该让位给东夷部落首领"益"的，然而，禹的儿子"启与支党攻益而夺之天下"（《战国策·燕策》），将传统的联盟或酋邦首领选举制改变为世袭君主制，从此中国从"天下为公"的"大同"社会，进入"天下为家"的"小康"社会。

《礼记·礼运》讲到"大同"和"小康"的区别：

大道之行也，天下为公，选贤与能，讲信修睦。故人不独亲其亲，不独子其子。使老有所终，壮有所用，幼有所长，鳏、寡、孤、独、废疾者皆有所养。男有分，女有归。货恶其弃于地也，不必藏于己。力恶其不出于身也，不必为己，是故谋闭而不兴，盗窃乱贼而不作，故外户而不闭，是谓大同。

今大道既隐，天下为家，各亲其亲，各子其子，货力为己，大人世及以

---

① （元）脱脱等：《金史》卷1《世纪》，中华书局，1975年，第5页。

为礼，城郭沟池以为固，礼义以为纪，以正君臣，以笃父子，以睦兄弟，以和夫妇，以设制度，以立田里，以贤勇知，以功为己，故谋用是作而兵由此起，禹、汤、文、武、成王、周公由此其选也。此六君子者，未有不谨于礼者也，以著其义，以考其信，著有过，刑仁讲让，示民有常。如有不由此者，在执者去，众以为殃，是谓小康。

"天下为公"的"大同"社会与"天下为家"的"小康"社会的区别在于："大同"是无序而经济不发达的社会，"小康"是有序而经济得到发展的社会。古人所讲的"天下为公"的"大同"社会，实际上是指尚未出现财产私有的原始社会，这种社会是建立在生产水平低下的基础上，在物质匮乏，除勉强维持生活外，很难有剩余的产品可供私有的条件下，原始氏族的民主制和首领选举制，只能是奠立在领袖人物尚未能够享有特殊利益前提下的权力平等和平衡的基础上，也不可能出现专职的管理人员。古代的政论家和哲学家把这种尚未发生特权和私有的社会形态加以理想美化，实际上是发泄对现实社会的不满。他们忽略原始社会的落后、贫困和必然要进行根本性变革的发展规律，也没有看到社会在进步。"小康"是建立在经济发展的基础上，适应经济发展社会的需要，就要建立一定的制度以进行规范，这种制度是"治人之情，故失之者死，得之者生"，"天下国家可得而正也"（《礼记·礼运上》）。如果没有制度或制度不能正常执行，则"众以为殃"的动乱必然会导致社会的无序。"天下为家"的"小康"社会是历史发展的必然，私有财产制度与国家的出现，是适应社会发展潮流的必然结果，也是历史的巨大进步。

"天下为公"的"大同"社会与"天下为家"的"小康"社会的另一区别在于世袭君主的出现和公职机构的出现，以及对公职人员的管理。

相传舜在22名职官人选确定之后说："咨！汝二十有二人，钦哉，惟时亮天功。"三载考绩，三考，黜陟幽明（《尚书·舜典》）。要求这22人不可违误自然规律，按照天意办事，对他们三年一考查，三考分出高下，然后进行奖赏或惩罚。这种通过考核评定优劣的原则，可以看作是中国最早出现的吏律、吏法和职官管理制度。

在地方上，按照地域划分居民体制开始取代传统按血缘划分的旧制。据《尚书·舜典》所讲，舜时"肇十有二州，封十有二山"。这种划分实际上已经突破原有的按血缘划分居民的氏族部落领地，变成广大的地区。虽然这种大地区仍然是以血缘氏族为主要依据，大地区的"牧"也还是该地的部落首领，但终究是突破了血缘的界限。

相传部落联盟或酋邦时已经出现刑法，《尚书·舜典》："象以典刑（象，法也。法用常刑，用不越法），流宥五刑（以流放之法宽五刑），鞭作官刑（以作为治官之刑），扑作教刑（不勤道业则挞之），金作赎刑（出金以赎罪）。眚灾肆赦，怙终贼刑（眚，过。灾，害。肆，缓。贼，杀也。过而有害，当缓赦之。怙奸自终，当刑杀之）。"用刑罚来镇压"蛮夷猾夏，寇贼奸宄"，乃是当时社会发展的必然结果。

对外战争和公职人员的出现，就需要各种资源和人力，司马迁认为："自虞、夏时，贡赋备矣。"① 这基本上是适合当时社会发展状况的。考古发现这个时期已经出现非常精细的打制玉器及精致的瓷器，大型的夯土工程以及少数的铜器，而这些都是国家出现的重要经济前提。

部落联盟或酋邦时期出现的首领争夺、以公职为特征的管理机构以及对公职人员监督管理，实际上已经出现凌驾于社会之上的权力，已经具备了国家机关的雏形。联盟首领或酋邦从争夺变为世袭，公职人员从不明确的分工变为有明确分工的公职机构，原始社会向国家的过渡基本完成，王朝也就随之产生了。

三、从习惯到制度的转变过程

习惯是人们在社会生活中，经过长期实践而形成并共同信守的行为规范，它是人类社会普遍存在而又非常独特的文化现象，具有地缘性、民族性、传承性、社会性和自发性的特征。由于这些特征的存在，习惯可以通过国家的认可，变成制度和法律，但在没有得到国家认可的时候，习惯仅仅是一种习尚，还没有广泛的约束性。从民族的形成到国家的出现，也是部分习惯转变为制度和法律的过程。

原始社会的解体过程是动荡的历史，解体前的人们为生存而劳作，彼此

---

① （汉）司马迁：《史记》卷2《夏本纪》，中华书局，1959年，第89页。

相安而按照习惯的规则生活；解体中的人们为了私欲而奔忙，以是否有利于自己的私利为转移；解体后的人们为了贪欲而拼搏，追求权势而又必须屈服于权势。

原始社会解体过程中，平均主义被打破了，财富刺激了人们的贪欲，以掠夺财富和争夺经济领域为主要目的的战争此起彼伏，给各氏族、部落带来巨大的损失。战争获得胜利的一方取得对失败一方的支配权力，胜利方首领的威信也得到提高。战争需要强权，在战争中越战越强的部落联盟或酋邦首领变成强权代表，"天下有不顺者，黄帝从而征之"，高辛氏"仁而威，惠而信，修身而天下服"，尧"信饬百官，众功皆兴"①，舜在摄行天子之政时，就已经流四凶、举八恺八元，权力不断增大，王权的萌芽出现了。从表面上看，部落联盟或酋邦首领是凌驾于各个部落之上，是貌似公允的第三势力，实际上是以强权来建立新的社会秩序，出现了"不如言，刑从之"②，逐渐成为与民众相对立，拥有专制权力的首领，并向王权制度迈进。

部落联盟或酋邦首领以强权为基础，依靠宗教和军事力量来维持自己的强权，使神权与强权有机地结合在一起，并以之"总一海内而整齐万物"，于是"人道经纬万端，规矩无所不贯"③，对社会进行了重新规范，固有的习惯逐渐被改造，有些习惯在强权认可的情况下，开始具有制度的效用。

在氏族社会，氏族内部和氏族部落间的矛盾冲突，是依靠风俗习惯进行调解或通过战争加以解决的。随着私有制和贫富分化的出现，社会矛盾日益增加，氏族内部矛盾也日益复杂，氏族部落间的矛盾呈现扩大趋势，依靠固有的风俗习惯和无原则的战争，已经不足以解决矛盾。于是两种势力开始对变化了的社会起到规范作用，这就是强权的暴力和神明的威慑力。

中国历史的发展不是神权与政权分立，而是两者完美地结合，政权利用神权来为自己服务，神权借助政权的力量而存在。基于此，政权不是顺从神权，而是改造神权，如黄帝"制服蚩尤，以制八方。蚩尤没后，天下复扰乱不宁，黄帝遂画蚩尤形象以威天下，天下咸谓蚩尤不死，八方万邦，皆为殄

---

① （汉）司马迁：《史记》卷1《五帝本纪》，中华书局，1959年，第17页。
② （汉）司马迁：《史记》卷2《夏本纪》，中华书局，1959年，第81页。
③ （汉）司马迁：《史记》卷23《礼书》，中华书局，1959年，第1157页。

伏"①。颛顼"乃命南正重司天以属神，命火正黎司地以属民，使复旧常，无相侵渎，是谓绝地天通"(《国语·楚语下》)。对于习惯也是一样，不是完全摧毁习惯，而是逐步改造习惯，使之有利于政权。例如，舜时"历山农者侵畔，舜往而耕者让；河滨渔者争坻，舜往期年而渔者让；长东夷之陶者窳，舜往期年而器以牢"②。"原始习惯并未经过国家机关大规模整理、认可，而是继续作为社会的平衡器，在国家状态下发生作用。"③原始习惯延续时间很长，在制度中往往能够看到遗留的痕迹。比如说神明裁判，在中国远古传说中有一种名叫獬豸的神兽，据说能够判断是非曲直，在五帝时期曾经用来担任裁判。东汉人王充针对儒者所讲"觟䚦（即獬豸）者，一角之羊也，性知有罪。皋陶治狱，其罪疑者令羊触之，有罪则触，无罪则不触"的事情，进行辩驳说："或时觟䚦之性，徒能触人，未必知罪人，皋陶欲神事助教，恶受罪者之不厌服，因觟䚦触人则罪之，欲人畏之不犯，受罪之家，没齿无怨言也。"④进入文明社会的门槛，出现执法人员以后，在很长时间内还沿用这种方法办案，既可见是国家机关对原始习惯的因袭和利用，也可以看到习惯还在发挥作用。后世的执法官吏所戴的帽子，称为獬豸冠，仍然是这种习惯的遗留，仅是作为国家状态下的一种习惯的象征而已。

　　从中国官制起源来看，都是在旧有的习惯上发展起来的，起着调整社会的作用，具有传承性、社会性和自发性的特征。在强权的暴力和神明的威慑力的双重作用下，官制就具有了突变和创新。因为这种创新是在强权下出现的，所以重点体现在政治权力和刑罚上。政权主要致力于维护政治权力和完善刑罚制度，社会生活的矛盾则用从习惯发展起来的礼治去调解，也就决定中国古代官制走向以政治权术为中心，以刑罚体系为重点，走上重人治、轻法治的道路。

---

① （宋）李昉等：《太平御览》卷79《皇王部》引《龙鱼河图》，中华书局，1960年。
② （宋）李昉等：《太平御览》卷81《皇王部》引《朝子》，中华书局，1960年。
③ 叶孝信主编：《中国法制史》，复旦大学出版社，2002年，第3页。
④ （东汉）王充：《论衡·是应篇》，上海人民出版社，1974年，第270页。

第二节　中国古代官制的发展历程

中国早期国家没有经历过像古希腊时期的城邦制度或古罗马人的共和制度，而是直接实行君主制，建立起王朝。所谓的"王朝"，是中国历史上一代政权的简称，也是阶级社会所必然发生的政治现象。王朝的基本结构是具备一定数量的武装力量，拥有一套维护统治阶级利益的政治机构和法律制度，君主作为王朝最高的政治代表和权力执掌者，高踞于社会之上，并且由一家一姓世代相袭。在君主家天下的前提下，君主专制制度不断完善；在因循前代的基础上，"其所制名，多依前代之法"①。可以说中国古代官制虽然代有变化，但是沿革清晰。

一、早期国家的官制

夏、商、周三代是中国国家形成到完善的时期，从部落制母胎中脱离出来的国家，遗留有较深的原始氏族社会的痕迹，作为国家管理重要组成部分的官制，是在逐渐消退那种痕迹的情况下不断完善起来的。

一些夏史专家的研究成果认为："夏代已是成熟的国家，有统一的国王和百官，有统一的刑律和贡赋，有统一的常备军；有广阔的国土供民安居，并可实行分封；夏中央王朝直接控制着广阔的地域；外族方国入朝面君比较容易。"②遗憾的是至今还未能发现完整的夏文字，这就给今天的人们了解夏朝社会的情况增加了困难，但夏朝作为中国第一个国家形态已经成为定论，虽然不能准确无误地描绘出夏代官制的情况，但也能够通过古文献和考古发掘勾画出大概情况。

公元前16世纪，商汤攻灭夏朝，建立了商王朝。司马迁《史记·殷本纪》所叙述的商朝帝系中的各帝，在甲骨文中都得到印证。以史籍结合甲骨文字，

---

① （唐）魏徵：《隋书》卷28《百官志下》，中华书局，1973年，第773页。
② 李绍连：《夏是中国历史上第一个统一的奴隶制大国》，《夏商文明研究》，中州古籍出版社，1955年。

研究商王朝的官制，仍是当代学者努力探索的问题之一。

公元前11世纪，武王联合西部各部落，大举伐纣，一举灭商而建立的周朝，无论是古文献还是考古发现，都有着明确的记载，早期国家的官制也在此时期得到进一步的发展和充实。

早期国家存在着严重的宗法性。宗，就是人们对共同祖先的崇拜，这是国家从血缘关系发展为政治关系所产生的一种必然现象。在这种情况下，"立爱惟亲，立敬惟长，始于家邦，终于四海"（《尚书·伊训》）的统治原则得以确立。早期国家的官制就是在宗法制的"亲贵合一"前提下出现的。

早期国家的君主专制制度并不完善。夏代的"启伐有扈""五观之乱""太康失国""少康中兴""孔甲乱夏""夏桀陨国"等事件证明，夏代君主虽然集政治、军事、司法、财政大权于一身，但也受到多方面的制约，继承制度还处在混乱状态之中。商代的"伊尹放太甲于桐宫""殷有九世之乱""盘庚迁殷""武丁中兴""殷纣亡国"等事件证明，商代的君主比夏代君主的权力要集中，虽然也受到某些制约，但在摆脱制约的同时，君主专制制度趋于成熟。

作为公共权力主要执行者的官员，是与国家同时产生的。相传夏后启讨伐有扈氏时，"乃召六卿"。"六卿"亦称"六事之人"，是王委任的至亲贵族，他们分别掌管各方面的政务。据文献记载，六卿为司空（主土木工程）、司徒（主民政财政）、士正（主司法）、共工（主百工）、虞（主山泽）、秩宗（主祭祀）、纳言（主承上宣下），也有称为天、地、春、夏、秋、冬六官的。无论是六卿还是六官，都是后人根据《尚书》的记载和结合其他古文献而推论的，现在没有考古印证，存在与否，都不能确定。不过《尚书》许多篇章是后人据传说追记，事有出入，但亦不可以因此全然否定其中所记官名官制的存在"①。夏代形成国家，在这一点已经基本能得到共识，既然是国家，作为国家基本特征的公共权力就应该存在，而作为体现公共权力的官制也应该存在。比如说，掌管农、畜牧业的"牧正"，掌管车辆制造的"车正"，管理王族饮食后勤的"庖正"，主管税收的"啬夫"等官员的出现，应该是与当时的社会生产力发展水平一致的。

---

① 聂崇岐：《中国历代官制简述》，《宋史丛考》上册，商务印书馆，1947年，第30页。

商代的职官名称及其职掌，在文献中和甲骨及金文中多有反映，基本上能够勾画出商代官制的架构。

商代的职官有"内外服"之分，在朝廷和商王直接统治的区域里担任官吏的，称为"内服"；在商王直接统治区域以外的地方诸侯、伯、甸等和地方官吏，称为"外服"。作为中央王朝的职官的"内服"官主要有宰、卿事、多尹、御事、事、巫、卜、臣等，按照不同的业务可以分为三个类别：

第一类是国家政务官员，如卿事、尹等。其中卿事还划分几个部门，如司徒、司马、司空等，号称"六大五官六府六工"①，他们是国家的主要行政官。主要行政官下辖一些事务官，如御事、事、多尹和众多的小臣等，分管各项具体的事务。

第二类是宗教事务官，即巫、卜等职，设有太卜、太祝等机构，以体现"国之大事，在祀与戎"（《左传·成公十三年》）的治国方针。甲骨卜辞中有许多是反映占卜人员参与事务决策的，有人便据此说商朝是"神权政治"，但他们忽略占卜最后裁决的人是王而非巫、卜，何况同一件事参与占卜的并不限于一人，占卜的结果也不相同，这就给裁决者以选择的余地。留给裁决者决定，也就不能说完全是神来左右，实际上占卜者的占卜只是供裁决者参考，不能起决定作用，更兼在权势的作用下，占卜者往往也是顺从或窥测权势，很难起到决定作用。

第三类是王家服务官员，如宰职是王家服务官员的主管，下辖一些主管音乐的师、宗工，管理酿造以供应王室酒醴的酒正，分管各种杂事的小臣们。王家服务官员因常在王左右，容易取得王的信任和重用，常有僭越本职而侵夺国家政务的事。如商汤时的伊尹，太戊时的伊陟，武丁时的傅说，都是因为接近王而取得信任，成为重要的辅政大臣的。

有关西周的官制，前人多依据《周礼》，实际上《周礼》只不过是战国时代的儒生参照古制，并加以主观臆断而编造的一部管理国家的蓝图，在没有得到新的考古发掘资料加以证实之前，还不能据以为信，应该依据金文中出

---

① 《礼记·曲礼下》："天子建天官，先六大，曰大宰、大宗、大史、大祝、大士、大卜，典司六典。天子之五官，曰司徒、司马、司空、司士、司寇，典司五众。天子之六府，曰司土、司木、司水、司草、司器、司货，典司六职。天子之六工，曰土工、金工、石工、木工、兽工、草工，典制六材。"

现的官名,参考一些历史文献来探讨西周官制。

西周的官制实际上是在商代的基础上完善的,按不同的业务分工,也应该分为三类。不过,西周在制度上把宗教事务纳入行政系统,宗教事务官的地位和作用明显降低,不能单独成为一类,实际上只有两类。

第一类是政务官。西周早期是由"卿事寮"和"太史寮"执掌国家各项政务。卿事寮之下有司土(徒)、司马、司工(空),号称"三右",也称"三事大夫",分管国家民政、军政和手工业等事务。太史寮之下有太史、太祝、太卜,号称"三左",分管宗教祭祀及文字册命等事务。三右三左合称"六大",也称"六卿",是国家主要的政务官员。"六卿"之下各有一定的僚属,分管各项具体事务。早期的两寮不分伯仲,共同掌管国家政务,如周公为卿事寮之首,召公为太史寮之首,共同辅政,但到中晚期,卿事寮的作用显著提高,三事大夫已经称为"三有司",下辖的机构渐渐增多,僚属人数也远远超过太史寮,尤其是在卿事寮之下增加"司士"一职,拥有监督百官的权力,太史寮所属也在其监督范围之内。卿事寮的权限扩大,导致太史寮的地位下降,也说明巫、史、卜、祝等宗教神职的作用降低。当社会进入更文明阶段时,实际社会行政事务的重要性就会超过宗教神灵,虽然宗教神灵在一定程度上还有影响,但它已经不能起主要作用。

第二类是王家事务官。西周的王家事务总管也是宰,下辖史、士、御、守宫、小臣等一批官吏和机构。王家事务官因接近王,在王权不断加强的情况下,他们的地位也日渐引人注目。西周王家事务官属不断增多,尤其是内史尹的设置,将册命和监察权收归内廷,而原来主管此事的太史寮则成为一般册命和文书保管的机构。王家事务官的地位提高和大量侵夺国家各项政务,反映出王权的增长。

据《史记》讲,赋税制度从舜、禹时就已经出现,至夏王朝时已经完备,这也是国家的特征,"为了维持这种公共权力,就需要公民缴纳费用——捐税。捐税是以前的氏族社会完全没有的。但是现在我们却十分熟悉它了"[①]。《尚书·禹贡》序云:"禹别九州,随山浚川,任土作贡。"这是根据九州土地不同的

---

① 中共中央马恩列斯著作编译局:《马克思恩格斯选集》第4卷,人民出版社,1972年,第167页。

情况而制定的不同税收标准。此外，诸侯和各方国也要向夏王朝贡献土特产，是"禹成五服，齿革羽毛器备"。《孟子·滕文公上》："夏后氏五十而贡，殷人七十而助，周人百亩而彻。其实皆什一也。"注云："民耕五十亩，贡上五亩。耕七十亩，以七亩助公家。耕百亩者，彻取十亩以为赋。虽异名而多少同，故曰皆什一也。"此外还有手工业和商业税收，如调均和关市之征等，说明贡赋制度不断完善。

军队是国家的重要支柱，从夏后启用车兵攻伐有扈氏，到少康有众一旅[①]，军队无论是在装备和编制上都有很大的发展。早期国家的军队编制和士兵的征集，大多是按照族群和所辖领地，除少数常备用于护卫的武装之外，士兵只有在战争中才临时征集。如《尚书·汤誓》，"我后不恤我众，舍我穑事，而割正（征）夏"，反映出在伐夏战争中征集军人的情况。这些征集的军人虽然不是脱离生产的职业常备军，但他们在农闲要进行军事训练，军事管理也是由贵族来担当，承担着支撑国家的作用。

"夏有乱政，而作禹刑"，"商有乱政，而作汤刑"，"周有乱政，而作九刑"，这些"刑"的具体内容现在还无法了解，但无论是从文献上还是考古上，都可以确定当时有比较系统的刑罚制度，而墨、劓、剕、宫、大辟五刑至少在商代已经形成，故后人认为"刑名从商"（《墨子·尚贤下》）。在西周时，国家制定法律已经针对不同政治条件来区分成轻、中、重三典，"刑新邦（新征服的地区）用轻典。刑平邦（周故地和早已征服的地区）用中典，刑乱邦（殷贵族反叛和奴隶、平民反抗的地区）用重典"（《尚书·吕刑》郑玄注）。不但有了完整的刑罚制度，而且有了"卿制大极而神民不违"（《墨子·非攻下》）的职官管理制度。随着国家的巩固和发展，国家对职官的管理也日益加强，"用命，赏于祖；不用命，戮于社"（《尚书·甘誓》），以刑赏为主要控制手段的职官管理制度也日益完善和成熟起来。

早期国家的官制是建立在亲贵合一的基础上的，血缘亲族是任官从政的先决条件，世袭罔替，代代相承。在贵族参政、议政、辅政的情况下，官员的权力界限也不分明。例如，西周主管政务的卿事寮可以辅政，也可以将兵

---

① 《尚书·甘誓》："左不攻于左，汝不恭命；右不攻于右，汝不恭命；御非其马之正，汝不恭命。"这是针对车兵所下的训令。关于少康有众一旅，各家注释都为军事组织，其编制为500人。

作战，还可以主持重要的祭祀大典；而太史寮也可以辅政、将兵。官员有一定的分工，但没有清楚的职权界限，这是贵族政治的必然现象。另外，一些原本不是贵族的人，因为接近权力中心，取得王的信任，也可以逐步参与政务，如周厉王信任卫巫，"使监谤者，以告，则杀之"①。这种由君主直接使用的人不断增多，渐渐打破亲贵合一的界限，使政治结构发生了变化。

二、争霸时期的官制

公元前770年，周平王在西方戎、狄的威胁下，迁都于雒邑，周天子的"共主"地位也就一去不复返，代之而来的是春秋时代的霸主政治和战国时代的群雄政治。

春秋初期，在中国还存在140多个诸侯国，其中较为强大的有齐、晋、秦、楚、鲁、郑、宋、卫、陈、蔡，春秋后期，江南的吴、越势力也进入中原角逐，这12个诸侯在春秋时代互相争夺霸主的地位，进行兼并战争。当时"政出方伯"，大国争霸，礼乐征伐不再由天子出，霸主的权力取代天下共主的周天子，君主专制的雏形出现了。

公元前403年，"三家分晋"②，齐、燕、赵、魏、韩、秦、楚七雄争战的局面基本形成。社会生产的发展和大动荡，迫使各国进行社会改革。改革的结果是大大加强了君主的权力，以君主为中心的专制集权体制确立。

从霸主到君主，是专制主义中央集权制形成到确立的过程。在周王朝统治下，"天子立国，诸侯建家，卿置侧室"（《左传·桓公二年》），诸侯国对天子之国有拱卫、纳贡的义务，是天子的屏藩，卿则是诸侯的屏藩。然而，平王东迁，天子的力量微弱已经显而易见，不尽义务的诸侯也就日见增多，而一些强大的诸侯却乘机而起。齐桓公（前685—前643年在位）首倡"尊王攘夷"，在位期间"兵车之会三，乘车之会六，九合诸侯，一匡天下"③，称起霸主。而后晋、楚、吴、越，相继"为强伯"，号称"春秋五霸"。这些霸主从

---

① （汉）司马迁：《史记》卷4《周本纪》，中华书局，1959年，第142页。
② 春秋战国的分期，目前有三种说法。一是以孔子所作《春秋》为准，即公元前722—前481年为春秋，而后为战国，但大多数人还是以平王东迁为春秋之始。二是依据《史记·十二诸侯年表》结束的公元前476年，或《史记·六国年表》开始的公元前475年为战国之始。三是以韩、赵、魏"三家分晋"为战国之始。
③ （汉）司马迁：《史记》卷32《齐太公世家》，中华书局，1959年，第1491页。

以"尊王攘夷"的名义为号召以聚合各弱小的诸侯，到把自己的意志强加给弱小的诸侯国，对不顺从者则以武力征服，甚至将之吞并。

霸主们为了完成霸业，急于取用具有文韬武略的人才，故此在任官用人上毅然打破世卿世禄制，大力起用认为有才能和可靠的人。如齐桓公用管仲，晋惠公及晋文公重用宦者履鞮，三年不鸣、一鸣惊人的楚庄王"听政，所诛者数百人，所进者数百人"①。在这种情况下，这些霸主除会合诸侯而称盟主之外，在本国已经确立起自己至高无上的地位，开始走向君主专制的舞台。

春秋时代的霸主们，虽然已经显示出自己的实力，但还没有完全摆脱宗法制的束缚，主要政务还是依靠身为贵族的卿大夫，在"政逮于大夫"的情况下，就会出现"社稷无常奉，君臣无常位"（《左传·昭公三十二年》）的政治现象，宗法政治体制不但限制君主的权力，而且威胁着君主的位置。因此，一些夺取政权的卿大夫，便以史为鉴，逐渐摆脱宗法制的束缚，任用自己信任的人掌握要职而不再给予分封，减少世袭官员，出现非世袭的职业官吏群体，君主的权力逐渐集中，君主专制的倾向也日见显著，"礼崩乐坏"的局面催生了新制度。

所谓的"礼崩乐坏"，即是原来的以血缘构成的宗法制受到破坏，原来的社会意识已经不适应社会的发展，而新的社会意识已经深入人心，并通过权力使之达到合法化，新的政治治理形式也不可避免地出现，并且显示出强大的威力。

战国时代，七雄并争，他们为扩充或保卫疆土，就必须扩充财源、动员人力，而财源和人力分别掌握在贵族手中。作为君主，如果想保持其权力，就必须拥有他自己的资源、军队和职官，必须将分散在各贵族手中的财力和人力夺取过来，更需要集中权力。正是这种连绵不断的战争，促使战国七雄都无例外地进行社会改革和政治改革。

战国七雄政治改革的重点，就是废除以分封制为代表的世袭制，由君主直接掌管官吏的任免权，推行郡县制，以消除贵族在地方的世袭统治权。在这种情况下，以中央集权为特征的官僚政治体制初步形成，君主的权力空前

---

① （汉）司马迁：《史记》卷40《楚世家》，中华书局，1959年，第1700页。

提高，逐步向统一的中央专制主义集权政治体制靠近。在"兵刑合一"的前提下，将法律条文公开向人们宣布，这就是成文法的公布。

所谓的"兵刑合一"，也就是将暴力统治赤裸裸地显示出来，镇压无论是来自新的还是旧的反抗，实际上是巩固"礼崩乐坏"后所出现的社会新秩序。在这种情况下，以法律来确定合法化的问题显得突出。成文法的颁布是在这种社会变革中出现的，尤其是李悝的《法经》的出现，改变了原来以"五刑之属三千"的以刑来确定罪名的传统，确立了根据罪行大小判刑轻重的法律体系，实现了"刑"向"法"的转变。

从刑到法的转变，表明中国古代立法技术上有了明显的突破。以前是以刑罚来判定罪名，现在是以罪名来判定刑罚，无疑是重大突破。这一突破还表明法律作为一种理性化、常规化的合法方式，来改变"兵刑合一"的军政体制，并以合法公开的形式来维持国家秩序，使国家与社会走向分离。本来"法"与"刑"都是维护统治秩序的手段，但两者有着根本上的不同。

刑只是作为维持现存等级秩序和利益分配的暴力，因此在社会急遽发展时，既跟不上社会的变化，也难以规范已处在变化中的社会，而法则是可以先于社会而设置。虽然法有时也跟不上社会的变化，但它可以进行调整更订，借以保持规范社会的职能，使国家组织凌驾于社会之上。也正因为如此，法家所宣传的"法治"和"霸道"深受各国的青睐。于是乎，秦有了《秦律》，齐有了《七法》，楚有了《宪令》，赵有了《国律》，韩有了《刑符》等。

在诸强争霸，战争频仍的社会，法家的"法治"和"霸道"思想确实给一些国家在竞争上带来优势，但这种适应于乱世的思想及治理方式，是很难在和平局面下通行的。国家总不能始终处在战争的烈火之中，即使是在战火之中，也需要有一个喘息和积蓄力量的时间。法家思想的缺陷，给人以攻击的把柄，"百家争鸣"则从各方面探讨"治道"，为君主专制中央集权制度提供了理论依据。

春秋时代，诸侯争霸，各诸侯为了能在竞争中保持优势，便因时因地因人因事地对本国官制进行较大的权宜变更。

齐、鲁、蔡等原为周的封国，官制也仿照周王室，一般都有"三有司""史""宰"三个主要系统。在竞争环境下，权力集中更便于应付紧急事态，因此，原为周王朝封国的各诸侯，毫无例外地扩大辅臣的权力，使他们能够控制和协调三个系统，以辅臣为主体的辅政机构便应时而出现。

宋、楚等不是周王朝直系的诸侯国，各自按照原有的习惯设立官职。如宋"六卿三族降听政，因大尹以达"。所谓六卿是大司马、太宰、司徒、司城、右师、左师，他们是由至亲贵族担任的。所谓的三族是一般贵族，分别担任各种事务性的职务。大尹则是重要辅臣，必须是君主信得过的至亲贵族。楚国主要执政是莫敖，由宗室成员担任；后又增设令尹以主行政，司马以主军政。令尹和司马是重要的职位，由楚王任命，其人选并不局限于宗室贵族。

三代的官员职责并不分明，春秋仍然没有显著的改变。比如说三有司，既管理政务又统兵作战。楚国的令尹和司马在表面上是有分工，而在实际上也是军、政不分。如楚康王（前559—前545年在位）时，"公子围为令尹，主兵事"①，而另一位公子弃疾（楚平王）虽为司马，但其所作所为却大都是行政事务。值得注意的是，在春秋末年已经出现将、相的区别，官分文武的趋势已经显现。

在贵族世袭制下，高级职务基本上是世袭，但一些重大的政务运作，不是高级职务本人所能完全办理，他们之下有一批职务不显赫，却负责具体事务的人，掌握着政权运作不可缺少的重要环节。这些人是"小宗"或庶子，也就是"士"。这些"士"可以称为小贵族阶级，早在西周就出现从"士"中选拔职官的制度，而春秋时代的一些诸侯开始从这些"士"之中选拔一些人充当要职，战国时代的国君则无不从这些"士"中选拔人才。这些原本没有世袭特权的"士"进入高级统治层，也就打破传统的世袭体制。这种经过选拔，不享受世袭，领受俸禄的职官的出现，最终导致官僚制度出现。

"士"是有知识有才能和善谋断的人，在那个时代，他们的主要知识是掌握"礼乐"，自然就成为传统文化的承担者。"士"也是多方面文化和历史的创造和承传人，如谋士、勇士、力士、斗士、战士、侠士、武士、儒士、道士、壮士等。随着社会的发展，社会分工也逐渐发达，原来从事各种事业的人，逐渐演变成各种专门的职业，成为各行各业的人。各行各业有父子相传

---

① （汉）司马迁：《史记》卷40《楚世家》，中华书局，1959年，第1703页。

的，也有师徒传授的，唯独那些掌握"礼乐"知识的士人，他们所学不足以为生，只有为国家所用，才是他们的出路。因此，他们最关心国家大事，希望国家采用见解并让他们付诸实行。国家也需要这些人出主意和效力，因此出现各种各样的选拔人才的制度。也正因为国家的重视，士人有了出路，他们的知识得以运用和传承，进而成为一种群体，也就是所谓的"士人"，而现在的人们习惯称之为"知识分子"。实际上古代的"士人"与现代的知识分子有很大区别，因为现代的知识分子是掌握各方面的知识，可以应用到社会各个方面的，而不只是局限于读书做官。

士人脱离不开国家，自然也就关注国家，不希望国家变成只有不讲情面的法律，而没有发展眼光的思想，更不愿意法律脱离社会现实。于是，这些文化的创造和传承者，便积极参与国家事务，纷纷提出自己的看法，出现了百家争鸣的局面。在百家争鸣中，最能影响国家的也不过是儒、法、道、墨、杂、阴阳、名、兵、纵横等几家而已，而关系到国家能够长治久安的，实际就是儒、法两大家。儒、法之间斗争是最激烈的，在激烈的斗争中，儒家与法家提出针锋相对的看法。比如说，法家要崇法，儒家要正名；法家讲治法，儒家讲治人；法家为霸道，儒家为王道；法家尚政统，儒家尚道统；等等，在相互斗争中，它们中间也产生共同点，而且也互相渗透。

法家在争霸时期占了上风，它通过国家采用法律形式作为强硬手段，把国家的意志全面渗透到社会中，实现国家对社会资源的全面控制，最终实现"富国强兵"，法家成为统一天下的成功者。法家运用法律改变社会，集中资源以实现国家意志，而违反国家意志则受到严厉的镇压。商鞅变法实施的郡县制和军功制，正是依靠法律合法推行的模式而取得成功，并使秦统一天下，建立中央集权帝国。

西周建立起来的天子—诸侯—卿大夫的分封等级制度，在春秋时代尚未得到改变，诸侯之下的卿大夫都拥有采邑，在自己的采邑内享受世袭统治权，这也是卿大夫能与国君相抗衡的权力来源和根本。作为君主，要想巩固自己的权力，就必须削夺这些卿大夫的权力，而削夺的最好办法是除掉其来源和根本所在，那就是将这些采邑收归国有，于是便产生了地方行政系统——郡县制。

据史所载，最早把县作为一级行政单位的，应该是在公元前688—前687年之间。一是秦武公十年（前688年）灭掉邽戎和冀戎，设立上邽县（今甘肃天水市西南）；次年灭掉杜、郑，设立杜县（今西安市东南）和郑县（今陕西华县）。二是楚文王二年（前688年）灭掉申国，以之为县（今河南南阳）。这时的县具有由王直辖的性质，虽然不久也有一些县恢复为世袭采邑的倒退，总的说来，还是摧毁了原有的世袭体系，开创出地方政治管理体制的新格局。一种重要的行政制度在其奠定过程中，有过一些反复，乃是正常现象，但它绝不可能导致旧制的全面复辟，郡县制的推行是无法阻遏的。当君主的权力足以控制政治局势，就会把这些实用而先进的创例推广到全国，这就是秦孝公（前361—前338年在位）时的商鞅变法（前356年）所全面推行的地方行政制度——郡县制。这时的郡县长官已没有世袭特权，完全受中央节制，他们的权力只是作为中央权力的延伸。把领土制改变为行政区，中央集权体制也就形成了。秦国设立郡县行政区的做法，很快便传播到各国，除齐国之外，其余诸雄毫无例外地设置了地方行政区。

在中央权力延伸到所有的国土时，一批职业的官吏在"主卖官爵，臣卖智力"的前提下进入官府，作为政权主宰的君主，不可能以个人能力而事事亲躬，需要有人来辅助他管理这些官吏。在魏文侯（前445—前395年在位）和秦惠文王（前337—前325年在位）时，出现一种身为百官之长的"相"职及统领诸军的"将"职[①]，随着这种职务的出现，以系统的方式分别统率文武官吏的制度形成了。如文官"相"之下有御史（史官）、执法（司法）、司徒（农业）、司空（工程）、廷尉（刑罚）、少府（财政）等；武官"将"之下有国尉（中央武官）、都尉（地方武官）、中尉（京城武卫）、司马（军事和军事行政）等。官分文武，不但便于中央管理，充分发挥其职任，而且给君主全面控制国家机器提供便利。

当权力高度集中在君主手上之时，靠近君主的人，因为接近权力中心，就比较容易获得大小不同的职位和权力，乃至利用君主的权力而胡作非为。春秋战国时期，在官廷内部服务的宦者及接近君主的后妃干政行为和活动，

---

① "相"和"将"在此之前就已经出现，但作为全国性最高文武官职，应该在战国时代。

已经引起当时社会的瞩目。

春秋战国时期政治制度发展的动因是来自各国对改进本身军政、民政、财政工作的考虑,也来自互相兼并战争的需要。战争是当时社会发展的动力,战争需要资源、人力,需要能够指挥运用军队的将领,需要提高官府的工作效率,因为战争的胜利,不但需要掌握战机韬略,也需要拥有更多的人员和有充足资源及粮食储备。春秋战国时期的经济和社会的迅猛发展与战争密切相关,而经济和社会的发展也必然促进官制的发展。

三、皇权专制制度下的官制

公元前221年,秦国兼并六国,建立起一个"地东至海暨朝鲜,西至临洮、羌中,南至北向户,北据河为塞,并阴山至辽东"[①]的统一的大国。为了统治这个幅员辽阔的国家,秦始皇建立了更加完备的君主专制主义的中央集权制度。这个制度基本上为以后各个朝代所因袭,并且不断地得到完善。

秦以后各朝代的政治结构共同特点主要是皇权专制,专制皇权无所不及。皇权是以皇帝独裁专制行使最高统治权的政治概括,是由一套能够保证皇帝顺利行使权力的制度所构成的。这套制度保证皇权至高无上,使之具有绝对的权威性和独断性。

保证皇权顺利行使的制度是在集中当时社会文明所能及的各种政治、经济、文化、伦理道德等各方面制度和思想的情况下制定的,随着社会的发展,保证皇权顺利行使的制度也在不断地完善。

皇权的主体是皇帝,皇权专制本来是皇帝专制。在理论上,皇帝可以随心所欲地行使自己的权力,独裁决断一切军政大事,主宰着每一个人的生死,而在事实上,不是所有的皇帝都能随心所欲。他们当中有受制于权臣、外戚、宦官、母后、强藩的,有懦弱无知而智力不健全的,有荒淫放荡而不理政事的,各有不相同的经历和素质,掌握和控制政权的能力差距很大,再加上各种限制皇权任意行使的制度规范,皇帝也不可能为所欲为。皇帝制度在中国存在过两千余年,虽然表现各有不同,但却一直发挥着举足轻重的作用,这

---

① (汉)司马迁:《史记》卷6《秦始皇本纪》,中华书局,1959年,第239页。

种作用就是皇权。

　　皇权是专制政体的核心，由各种制度来保证其行使，因此，皇权是不可超越的，神威是不可测的，但人为的因素，又使皇帝周围的各方面政治势力染指其间，即使是庸才儒夫，只要借制度之便而能够利用和控制皇权，就能一呼百应，为所欲为，左右当时的政治。历史上有许多皇帝没有控制政权的能力，出现过许多权臣当道、外戚专权、宦官弄权、女主专政等情况，但这并不意味着皇权的消失，而是皇权的一种变态形式。也就是说，秦以后的官制是以皇权为中心，是围绕着皇权制定和运转的，只有弄清皇权的本质和具体作用，才能真正理解中国古代官制。

　　秦统一中国，建立起比较完整的官制，这套官制从皇帝及于中央朝廷，从中央朝廷下达到地方政权，形成一个结构严密、完整的管理体系，并且直接影响以后各朝代的官制。

　　秦以后的地方行政区划，有过郡县或州县两级制；有州、郡、县或路、府（州）、县，道、府（州）、县三级制；有省、路、府（州）县或省、道、府（州）、县（州）四级制。地方行政区划从两级制到四级制，由大及小的层层划分，是官制日益完备的表现。自秦以后，县一直作为基础行政区存在，县以下的乡里、里甲、保甲、乡镇等基层行政组织，历代都没有纳入行政区划内，其实这些基层组织也有一定的管辖区域，在古代政治中发挥着巨大的作用。

　　秦的法律曾经大力推进它的统一和强大，但因为过分采用残暴镇压，过分苛刻，难以为社会持久服从和接受，因此在反秦大起义过程中，曾经遭受到毁灭性的摧毁和唾弃。经过西汉王朝百余年的发展，总结秦的勃兴和覆败的原因，才确立起钦定的儒家政治模式。秦朝的迅速崩解，说明单纯依赖于法律的合法暴力是不足以建立稳定社会秩序的，而稳定的社会秩序需要有一种社会基础，而这种基础则是社会的结构。中国古代的社会结构是建立在自给自足的小农经济基础上的，生老病死于自然村很少迁徙的人们，习惯于本地的生活，也习惯于本地的风俗，血缘关系和长老权威发挥很重要的作用。因此，适应这种社会结构的思想意识形态便显得非常重要。而儒家思想恰恰就是在继承传统中出现，并且是在这种社会结构中得以发展升华的。

儒家不同于法家，它是在维护原有社会结构和批评暴力统治的过程中形成的理论。从孔子、孟子对暴君的严厉批评，对苛政的切齿痛恨，可以看出儒家重视社会民生；从荀子的王道与霸道的评判中，可以看到儒家更重视道德的作用。董仲舒的天人感应论把法家崇尚的政统纳入道统当中，说明汉儒已经把法家的一些思想吸收进来，但加以改塑柔化，经过废黜百家、独尊儒术，当时的儒术已经不是传统的儒家，而是经过融合后又经朝廷认可的钦定儒家思想。正是在这种钦定的思想指导下的政治模式，规范了两千年的中国社会。

钦定的儒家思想虽然与"法家模式"有很大的区别，但也兼容了法家一些内容。钦定的儒家思想认为国家的主要目的是支持和维护道德、社会和文化秩序，最终达到天下和谐、天下太平。为了这个目的，要求统治者先要修身、齐家，然后治国、平天下，要求统治阶级具有德行。与此同时，还要求统治阶级节制欲望、节俭生活、抑制对外扩张的野心。另外，还要求减轻人民的负担，使人民在和谐太平的气氛中去关心自己的基本生活需要，而不是反对和干预社会。这样，人民便会被引导到遵守国家提倡的行为规范准则上，不管他们是否明白规范准则的具体内容，只要求他们不生事、不闹事，成为国家的顺民。

钦定的儒家思想希望出现一种"儒家模式"的管理形式，即国家对社会的管理主要在维持社会治安、对外进行军事防御。为了保证国家财政收入的稳定，维护国家的"本"业，也就是农业，实行一些丈量土地、水利、户口登记。即便如此，钦定的儒家思想还认为这些不过是不得已为之的辅助手段，仍然要限定到一定的范围，必须实行轻徭薄赋与休养生息。由此可见，钦定的儒家思想所希望达到的管理，仅是以维持社会秩序为目的，可以说没有更为积极的目标，这样就给民众社会留下很大的空间。因为国家主要通过意识形态，而不是用制度组织将国家与民众社会整合在一起。如果严格按照"儒家模式"，就会出现国家正式政治制度只能消极地规范社会，属于保守型而不是进取型，只有在意识形态规范不了的情况下，才允许采取强硬的手段，是以礼防范于未犯法之前，用刑惩处既犯法之后。这种"儒家模式"，主要依靠道德礼教来维持社会本身的秩序，因此在一些地方出现所谓户婚、田土、钱债等纠纷,都被认为是小事,只要不告到官府,也就是民不告而官不究,允许民众用自己习惯的方式去解决,如某些家法、族规、乡规民约等,还会被官府所支持。提倡饿死不做贼,冤死不告状。民众没有诉讼,是官府所期望的,不使用国家的法律来制裁则是最理想的社会。

尽管希望建立一种"儒家模式"的管理制度,但在实际上还不得不与"法家模式"交织在一起。在"儒家模式"的管理下,国家与民间社会的联系和交涉,往往是通过宗族、豪族、士绅阶层的中介,宗族、豪族、士绅阶层在很大程度上控制一定范围的意识形态,左右着政治制度一定程度的正常实施,出现"宁负二千石,无负豪大家"[1]的局面,甚至这些宗族、豪族、士绅阶层"凌虐平民,肆行吞噬,有司稍戢,则明辱暗害,无所不至"[2]。国家虽然在很大程度上是依靠宗族、豪族、士绅阶层来维持社会的正常秩序,但也不能够听任宗族、豪族、士绅阶层坐大而不顾。在可能的情况下,国家总是要完善乡里、村社、里甲、保甲等地方基层组织,适当的时候还采取打击豪强的措施,尤其是每一个新王朝的初期,都是采取强力镇压的方式,企图将国家的权力直接强加到每一个人,使全社会纳入国家操作范围。那么摧毁有一定程度自治的乡村社会,建立起不受怀疑和挑战的合法性统治秩序,便是一个王朝强大的重要标志。

由于王朝的合法统治秩序是建立在以地缘关系结合血缘关系的乡里组织基础上,血缘关系则变得十分重要。地缘和血缘在先秦的区别并不大,只是在生产发展,人口迁徙,同一村落居住的人不一定同属一个宗族的情况下,地缘组织才相对独立起来。秦汉的乡里组织是在地缘和血缘相结合的情况下建立起来的。这种组织一是靠自然形成的长老权威来推行教化,二是通过行政权威来进行组织,刑德兼用,再加上当时人们主要是依靠土地谋生,很少迁徙,乡里组织比较稳定。因为血缘关系占有相当重要地位,所以乡里的宗族豪右势力相当强大。这些宗族豪右兼并土地,建立庄园,收养私从佃客,当社会动乱时,更进一步建立坞堡,荫庇人口,私建武装。宗族豪右的势力发展必然严重冲击乡里制度,从而与国家利益发生直接冲突。因此,国家在

---

[1] (东汉)班固:《汉书》卷90《酷吏严延年传》,中华书局,1962年,第3668页。
[2] (明)张萱:《西园闻见录》卷97《恤民·前言》引赵南星曰,哈佛燕京学社,1940年。

力所能及的时候，便强制恢复和加强乡里制度，并使之与政权能够控制的豪右权威相结合。正如王夫之所说："隋令五百家而置乡正，百家而置里长，以治其辞讼，是散千万虎狼于天下，以攫贫弱之民也。"[1]当然，国家是不能坐视豪右拥有强权的，因此，宋代在收回乡里初级审判权时，也就收回行政管理权。元明清乡里组织一如宋代，其组织不纳入行政系统，却在地方上发挥实际的行政效能，时人称此制有息盗贼、广教化、移风俗等"三善"[2]，"凡禁暴戢奸，化民成俗，皆由于此"[3]。构建能够由官府控制的乡里基层组织，也是王朝强大的重要标志。

乡里组织遵照地方官府的政令以管辖部民、完纳赋役、清查户籍、维持地方治安，并把族规家法糅合于乡规民约之中，同样起着不容忽视的政治效能。地方官府不但承认这些乡规民约，还大力提倡。除关系到国家治乱的盗贼案件，乡里宗族对一些事关风化的民事纠纷，尤其是婚丧事件，有权以乡约族规来处置，甚至可以判处族人死刑（如沉塘、压土袋等），不必经官，这在当时被认为是合乎情理的事情。这种地缘与血缘相结合的基础组织，在国家权力和族长权力的双重作用下，很容易走向一种豪强与官府结合又默契配合的统治形式，宗族豪族士绅阶层等所谓的地方精英，实际上发挥着很大的作用。这也正是如西方评论中国古代王朝总是从"治理模式"转向"控制模式"的一种原因，因为"控制模式"依赖于在公共领域中稳定的宗族、豪族、士绅阶层来控制广大的农村社会。

"控制模式"的官府，允许民间、民族按照自己的方式约束自己，因此常常会出现"因俗而治"的管理形式。在这种政治管理形式之下，总的前提是维护亲亲谊谊、尊卑上下等级，长老的地位也因此得到确立，所以在官方

---

[1]（清）王夫之：《读通鉴论》卷19《隋文帝》，中华书局，1975年。
[2]（明）张萱：《西园闻见录》卷98《缉奸》引吴应宾曰："愚以为保甲之行有三善焉。夫盗贼之所以滋者法网疏，而奸宄之出入靡所稽也；今使同保之中钩校而互察之，捕奸者有赏，不发奸者有罚，人情鲜不自爱，谁肯苟容者？如是则奸宄何所入？奸宄无所入则盗贼不禁而自息；保甲之善一也。民生无常业则纵，纵则易去而为奸；今保甲既行，令各开其丁男之数与其衣食之业、出入远近之期，悬书于门，即有游惰作奸，不得而隐；保甲之善二也。无事而相与励众、读法、劝善、规过，足以成礼俗而消讼争，有事则相望相助，患难相恤，亲睦之情既洽，则德让之化可兴；保甲之善三也。"
[3]（清）徐栋：《保甲书》卷2《成规上》引叶佩荪《饬行保甲》，清道光二十八年（1848年）楚兴国李氏刊本。

颁行的制度和政令与民间风俗习惯相交会的领域里，常常柔性地采用民间风俗习惯来进行调处，而这种调处在原则上也是为国家所默许和支持的。至于民族方面，这方面的自主权力就更大了，他们可以遵从本民族的习惯，按照自己的方式处理本民族的事务，即使他们的方式和习惯的内容与国家政制有冲突，国家也不会使用强力去干涉。这是历来被认为对中央政权和有关民族都有利的高明策略。当然，某一民族如果威胁到国家的主要利益，触动国家不容许染指的根本政治制度，即危害到国家安全，国家也不会坐视不理。发生这种情况，民族问题大多是以暴力形式来解决，将之纳入镇压或强行改变的范围，历史上的改部落为州郡，改羁縻府州为国家府县，改土归流等，都是在这种冲突中产生的，虽然是历史的进步，却也有变革的阵痛。当然，也有在文化交融中而顺其自然改变的，历史上的以汉法制汉人，以夷法制夷人，逐渐融合为一，就是这种形式。

  在皇权专制下，王朝的更迭初期通常是采用法家的"治理模式"，在政权稳定后，又会逐渐转向推行儒家的"控制模式"，即所谓马上得天下，不能以马上治之。这种钦定的儒家"控制模式"依赖着宗族、豪族、士绅阶层来控制广大的乡村社会，而恰恰是这样的乡村社会结构维持着古代官制的存在，是统治赖以奠定的社会基础，也是中国两千年官制虽然代有因革，但万变不离其宗的主要原因。

  进入19世纪，儒家"控制模式"受到西方政治文化的冲击。除了外力的因素外，中国内部也发生变化，因为支持着儒家"控制模式"的宗族、豪族、士绅阶层中的一些精英也开始发生变化，并逐渐形成具有影响力的政治阶层，期望使用他们的方式改造社会，或用革命来变革社会。儒家"控制模式"在危机四伏的情况下，不得不寻找新的出路，"变亦变，不变亦变。变而变者，变之权操诸己，可以保国，可以保种，可以保教。不变而变者，变之权让诸人，束缚之，驰骤之"[①]。无论是统治者自愿还是不自愿，社会的变革是不可避免的，官制也必然发生质变。

---

  ① 梁启超：《变法通议》，见郑振铎编《晚清文选》卷下，中国社会科学出版社，2002年，第56页。

第三节　中国近代的官制

1840年，鸦片战争的炮火将中国卷入世界的潮流，伴随着世界形势的发展，清末开始改变已经延续两千年的政治制度，这既标志着中国本土的政治制度开始动摇，也标志着中国古代官制开始向近代国家治理体系的转变。

一、中西制度的碰撞和抗争

中国与西方世界的交往历史悠久，闻名世界的"丝绸之路"，不仅是中西交通史上的佳话，也是极其重要的经济和文明交流。唐代的长安是国际化的大都市，西货充盈，胡贾塞路，使者道路相望，太学留学生满室。元代的驿站四通八达，欧亚大陆交通畅通无阻，商人、使者络绎不绝。明初郑和下西洋，最远到过非洲南端的马达加斯加岛。可以说在16世纪以前，中国与外部世界的接触一直处于主动的地位，中国的物质财富和科学技术也领先于西方。然而，自16世纪以降，中国却推行闭关锁国的政策，而西方社会由于文艺复兴和宗教改革的推进，科学文化和物质财富获得空前发展，与此同时又滋长着物欲横流和扩张征服的野心，西方人凭借船坚炮利而来到中国，不仅取得了对中国交往的主动权，谋取到巨大的经济利益，而且还企图将自己的意志强加给中国，中西制度的碰撞和抗争也就开始了。

中西制度的碰撞应该从葡萄牙进入澳门开始。葡萄牙人在1557年前后获得中国地方当局的许可，在澳门建立起居民点，并凭借贸易的优势迅速发展起来。明王朝不承认澳葡地方的存在，本能地拒绝与之交往，1574年在莲花茎设立一道闸门，"那道葡萄牙人称为'困门'的闸门定期开放，以便将粮食运入澳门。那里，人们在一个用栅栏围围起来的集市中出售这些粮食。集市结束后，闸门又关闭起来，并在上面贴上六张盖有大印的封条。闸门上铭刻着华文'畏威怀德'四字。这个定期集市每五天举办一次，后来改成两星期一次。中国人凭借对粮食的控制，成功地使葡萄牙人不敢越轨"。然而，在1582年时，两广总督戴燿接受贿赂，"这戏剧性的一幕对中国官僚来说是无耻的，因为他们给予澳门的葡萄牙殖民地以合法地位"①。为了应付这种情况，明王朝针对澳门，一方面加强地方管制，由香山县丞专管澳门事务；一方面派参将统领两千兵丁进行防范，并且责成"海道每年巡历濠境一次，宣示恩威，申明禁约"②。故此"终明之世，此番固未尝为变也"③。在中澳交往过程中，中方一直占有主动。

鸦片战争之后订立了许多不平等条约，在这些不平等条约中，列强们无不要求享有领事裁判权。对于这种领事裁判权，开始清王朝并没有认识到是什么屈辱，因为"在道光时代的人眼光中，不过是让夷人管夷人。他们想那是最方便、最省事的办法"④。然而，随着列强的军事渗透和领事裁判权的扩大，西方人的傲慢使中国人感到极大的耻辱。西方人"一旦移居东方，则视人如豕，偶不如意，即拳足相加。其意若曰：'此乃苦力国也，殴一苦力，与殴一人类不同。'于是积习成性，居中国越久，离人道益远"⑤。一些蛮横的西方人，利用军事力量和领事裁判权来欺侮中国人，向清朝廷的权威提出挑战，而清王朝迫于列强的势力，只得顺从列强，上下官吏唯洋人马首是瞻，如"太原一郡之州县官无他政之可办，惟是办理教案，听教民之指挥而已。当此之时，差役四出，恫吓乡民，乡民恐惧，贿役求免，而役遂出无厌之求，闾巷何以能安乎？"⑥列强在与中国的冲突中，西方的民族、国家和主权的观念也影响中国，领事裁判权变成了中国国家和民族的耻辱，各阶层的顽强抗争遂无可避免。

西方的冲击也带来了西方思想，这种思想导致国人传统思想发生变化，逐渐从传统中分化出反传统的新式知识分子，原来对清王朝的忠诚，开始转为对朝廷和现行制度的怀疑失望，甚至批判。

自鸦片战争以来，随着国内社会政治危机日益加深，一些有识之士的忧患意识也日益发扬，他们不忍国家和民族沉沦，不甘忍受侵略的欺凌，或效

---

① 张天泽：《中葡早期通商史》，香港中华书局，1988年，第113—115页。
② 《明神宗实录》卷557，万历四十五年五月辛巳条。
③ （清）张廷玉等：《明史》卷325《外国佛郎机传》，中华书局，1974年，第8434页。
④ 蒋廷黻：《中国近代史》，长沙商务印书馆，1938年，第27页。
⑤ 杨荫杭：《老圃遗文辑》，长江文艺出版社，1993年，第741页。
⑥ 刘大鹏：《退想斋日记》，山西人民出版社，1990年，第97页。

命于疆场以致力抵抗，或著书立说以希望唤起社会的共识，或倡导兴办工商业以图实业救国。在艰难的摸索过程中，一些具有政治敏感性的中国人已经感觉到形势的严峻和险恶：内则国势陵夷，吏治腐败，财政拮据，法律黑暗，社会风气颓废；外则强敌屡逼，战端迭开，丧权辱国，割地赔款，列强瓜分在即；无论是内还是外，都需要讲究自强和御敌之道。

鸦片战争的惨败，烽烟未息，相继又爆发了第二次鸦片战争，国内爆发了太平天国运动，清王朝陷入内外交困的地步。面对前所未有的严峻形势和新出现的问题，统治集团不得不考虑如何镇压国内的反抗和应付外来的侵逼，尤其是一部分掌握实权的人物，从自己参与指挥镇压和对外交涉中逐渐体会到，有必要从西方敌手中讨取先进武器和技术，兴起师夷之长技的洋务运动，借以实现中兴王朝的愿望。由于他们仍然坚信中国传统的制度有无可比拟的优越性，学夷之技，绝不能用夷法来变华夏，只能用华夏之法来变夷。他们认为，只要引进吸收西方某些先进的军事、经济、科学技术，将之依附在中国原有王朝体制下，便可以重振天朝威风。这种以官方主持的洋务运动，虽然收效不大，但毕竟开展了中西的交流。

洋务运动历经三十余年，虽然开了一时风气，并为中国近代工商业奠定一定基础，而且中国民族工商业也有了一些发展。但国势却未见起色，官吏贪污腐化，吏治腐败，民族工商业常常受到内外两方面的压力。基于此，出现一些早期的改良主义者，他们痛心于官商的垄断、洋商的倾销，痛心于国内的政治腐败和经济凋敝、列强吞噬中国和瓜分利益，愈来愈希望能够改变现状，希望开辟一条能够走向富国强民的道路，进而在政治上出现一种要求改良的思潮，即早期的改良主义。

早期的改良主义者中的一些代表人物，经历着从旧式的士大夫向近代化知识分子转变。他们目睹时事的艰难，个人又经历坎坷曲折，逐渐从依赖清王朝和洋务救国的失败中认真反思，并由表及里地，对中国的国情与外国的社会经济、政治制度进行权衡比较，痛感某些传统的"经世济民"的措施已经无力适应变化了的时局，以旧式的官僚作风主持洋务运动也难以振作，因此从新的视角提出一些医国的方案。他们的看法已经触及政治学说、政治制度的一些重要方面，要求除去偏见，仿行新法，改弦更张，这在当时是有很大的感染力的，无论是在胆识还是见解上，都难能可贵。他们的看法影响深远，不但改变了传统观念，而且为以后的维新运动做好了舆论准备。虽然他们还没有摆脱尊崇君上的理念，甚至对西方政治有本能上的畏惧，但他们的宣传已经使更多的人认识到唯有变法才有出路。

这些人都怀有爱国之心，痛恨国家积弱积贫，反复警示说，若不图挽救，则"国将不国"，亡国灭种的厄运将迫在眉睫，呼吁有"一息尚存，尚思报国"①，希望图强、御侮，振奋民族精神。他们都有从政和办理洋务的经历，对西方社会了解较多，能够看到"循西洋之法以求日进于富强"的维新道路，但也不能放弃"天朝上国"的威严，因此进一步提出"中学为体，西学为用"的口号。他们也都看到当时的官府机构臃肿，吏治腐败，机构重叠，职权责利的界限不清，也最容易造成官吏们弄权作弊，扰乱社会经济。指出在一个衙门之内，官员、幕友、书吏、衙役，人人只知道营私谋利，有法不依，"惟知耗民财，殚民力，敲骨吸髓，无所不至，囊橐既饱，飞而扬去"②。尤其是遇到词讼，官吏们唯视当事人有无关系权势，案件有无油水，在繁杂如牛毛的律、例、条、令中，他们可以上下其手，以谋私利，以取民财。他们认为必须大力整治，"无论君主君民共主，一言以蔽之，以法治国而矣，此固古哲先王之所不料，抑亦后世法家所不能知者矣"③。提出"以法治国"的维新纲领，"草成明治维新史，吟到中华以外天"④，希望能够仿照日本一样维新图强。

1894年，中日甲午战争清军惨败，洋务派苦心经营三十余年的军事势力竟然不堪一击，不但没有以洋务争回权利，反而更加丧权辱国；不但列强驻军于中国腹里地区，而且舰艇横行于中国内河，海关也控制在洋人之手。在这国将不国，民将为亡国奴的关头，酝酿三十余年的改良主义，终于在戊戌变法的运动中走上历史舞台。

戊戌变法的代表人物是康有为（1858—1927年）、梁启超（1872—1929

---

① 王韬：《弢园尺牍》，中华书局，1959年，第93页。
② 王韬：《弢园文录外编·除弊》，上海书店出版社，2002年。
③ 黄遵宪：《日本国志》卷5《刑法志》，上海古籍出版社，2001年。
④ 黄遵宪：《奉命为美国三富兰西士果领事留别日本诸君子》，中华书局，2008年。

年)。他们建议在君主立宪的前提下实行三权分立,即立法、司法、行政,由不同的部门掌管,分别履行职权和承担责任,并且相互制约。方案是效仿日本明治维新,建立一个君主立宪的国家体制。在光绪皇帝的支持下,康有为建议设立制度局,下辖法律、税计、学校、农商、工务、矿政、铁路、邮政、造币、游历、社会、武备等12个分局,用以具体筹办政制的事务。但这种设想还没有来得及实践,就被以慈禧太后为首的顽固保守势力镇压下去,百日维新梦想被粉碎,以光绪瀛台泣血,康、梁流亡海外,义士血染菜市口刑场的结果而告终了。

戊戌变法虽然失败,但教育了人民,也使这些知识分子分化,发展为革命和保皇两派,新的斗争开始揭开中国近代史上的光辉一页。戊戌变法标志着中国人第一次全面提出近代化的纲领,是一次重要的改良性质的实践,它恰似漫漫黑夜里的一声惊雷,惊醒了沉睡的人们,引发起深思,众见咸同,认为必应振发而起,挽回颓败已极的国运。一时思潮澎湃,各抒己见,并且分别见诸行动。传统的势力虽然在抗争中暂时获胜,但恰恰是他们失败的开始。

从鸦片战争到戊戌变法这六十多年间,中国传统君主专制的政治体系受到前所未有的冲击,风云急转,它的基础已经受到前所未有的震撼,绝难逃避崩解的命运了。

中西政治制度优劣比较的冲突,使中国传统政治原则的合法性受到冲击。政治、军事、外交上的接连失败,使"天朝"的威严扫地;农民起义和统治阶层内部的分离倾向,都使朝廷的尊严受到挑战,"钦定儒家模式"在制度上的缺陷越来越明显了。太平天国和捻军起义持续十九年,波及中国大部分地区,因为镇压起义,不得不倚靠以汉族官僚地主组成和指挥的湘军、淮军,中央集权的专制体制已经难以约束地方豪强,地方势力不断增强,军队和财政体制也发生变化,王朝统治的绝对化遇到挑战,"钦定儒家模式"已经出现严重的危机,变亦变,不变亦变,已经不是统治集团所能够左右的了。

二、清末新政与官制变革

清王朝镇压了戊戌变法以后,又与外国势力一起镇压了义和团运动。以慈禧太后为首的清王朝不惜牺牲国家的利益,竟然以"量中华之物力,结与国之欢心"的无耻行径,签订了丧权辱国的《辛丑条约》,赔款额4.5亿两白银,加上利息已近10亿两白银。为了摆脱屈辱,保存已经岌岌可危的政权,也为了安抚国内的情绪,以老谋深算、富有统治经验的慈禧太后为首的清统治集团,不得不匆忙将六年前被血腥镇压的戊戌志士变法主张接过来,改口说也要推行新政,实际上是要捞一根救命稻草,赚取一剂赎命救身汤。故此,还在西安流亡时(1901年1月29日)便颁布了一道"变法革新"的上谕,内言:"法令不更,痼习不破,欲求振作,当议更张。著军机大臣、大学士、六部九卿、出使各国大臣、各省督抚,各就现在情形,参酌中西政要,举凡朝章国故、吏治民生、学校科举、军政财政,当因当革、当省当并,或取诸人,或求诸己,如何而国势始兴,如何而人才始出,如何而度支始裕,如何而武备始修。各举所知,各抒己见,通限两个月,详悉条议以闻。"这道上谕颁布,标志着清末宣布实行新政,各种制度也要逐步进行改革。从1901年到1911年,清王朝新政内容主要有:

1.政治制度方面。中心的内容是宣布预备立宪和进行国家政体和官制的改革,允诺改变沿袭数千年的君主专制制度,逐步改行君主立宪制度。之所以这样做,有着严峻的背景。一是国势危殆,海内外有识之士,要求改革和仿行外国立宪体制的呼声高涨;二是要求从根本上推翻清王朝腐朽统治的言论四起,特别是自1905年孙中山先生倡建的革命同盟会成立以来,相继发动了多次革命和暗杀活动。当此革命派和立宪派崛起,已发展为未可轻视的政治力量,全国人心动荡,统治岌岌可危的时期,清王朝不得不采取宣布立宪以搪塞,并由于形势的急遽发展,被迫采取和陆续补充了一些措施,加快了进行立宪的表态。在发布上引谕旨之后,清王朝先是派遣考察政治五大臣出国,其后又正式宣布预备立宪和改革官制,成立宪政编察馆,颁行《钦定宪法大纲》和《九年筹备清单》,成立各省咨议局和全国性的资政院,等等。

2.军事制度方面。淘汰绿营、防勇等旧式军队,编练新军,颁定新军制,划分兵种,制定了招募、训练、给养、军器等制度,开设武备学堂和各种军事学堂,派遣大量留学生出国学习军事,首次设置海军部。改革的本意在加强军事势力以巩固政权，但军事离不开政治。由于清王朝的政治腐败，各级官僚均结党营私，所编练的新军基本上成为各省督抚手中的工具，新军不但成为清王朝的掘墓人，也成为军阀割据的本钱。

3. 行政制度方面。从建立外务部开始，陆续设立商部、巡警部、学部、邮传部等，废除满汉复职制度，实行单一领导，其后，又成立责任内阁，设立总理大臣，使行政机构有了一些近代的迹象，但清王朝并没有放弃任何带实质性的统治权力。在内部权力再分配的情况下，中央朝廷出任重要实职的大臣，皇族亲贵和满族官员的比例，不但没有削减，反而更有增加。在中央朝廷与各省地方实力派总督、巡抚等的关系上，又极力要削弱地方权力。当时，内廷外朝的关系极为复杂和微妙，钩心斗角，使用阴谋诡计，无非都是要在权力分配上各自做自己的文章。这种行政的改革，只能增加财政支出，清王朝为了解决财政以及权限分割等一系列问题，又极力加强对地方的控制，因而激化了中央与地方的矛盾，地方的离心力逐渐扩大。辛亥革命枪响，各省纷纷独立，清王朝完全失去地方的依托。

4. 教育制度方面。宣布废除八股文和科举制度，使新式学堂教育快速发展，学堂教育不但成为选拔官吏的重要途径，而且逐渐制度化、正规化，文教事业开始迅速发展。选派留学生出国，鼓励自费留学，学成归国者给予功名，新型人才逐渐融入社会。1905年科举制度的废除，标志着传统社会政治人事制度的解体，促使新式学堂教育迅速得到发展。教育制度的改革，使新式知识分子不断增加且社会地位提高，成为近代新知识、新观念的载体，也成为推动中国社会向近代化转变的主力军。

5. 法制方面。参照西方各国的法律，先后修订了《大清刑律草案》《大清现行新刑律》《大清商律草案》《大清民律草案》《大清刑事诉讼法》《大清民事诉讼法》等法律。中国自古以来一直是以行政法和刑法作为主要法律，对于商法、民法，从来没有专门的单独法律。清末的法律修订，改变了传统的法律结构。实行司法与行政分离，推行司法独立，将刑部改为法部，专管司法行政，将大理寺改为大理院，专管审判，同时在地方也拟筹建高等、地方、初级审判厅作为专门审判机构，又设立法政学堂，用以培养专门人才。与此同时，又配套实行监狱改良，变革监狱功能，设立罪犯习艺所，废除刑讯制度等。这种依照西方进行的改革，实际上只是一种被迫移植，看上去是改变了中华法系的结构，实际上并没有触动其实质，要改变已沿袭数千年的司法制度，绝不是颁行几部新法律条文而能见效的。各地的执法人员绝不肯轻易放弃权力，当时不少"离省僻远之州县，恃大府之耳目难周，竟有恣意酷虐，变本加厉者矣"[①]。而为了镇压革命，清朝廷也一再要求"州县治盗，格杀勿论"；"就地正法，便宜行事"。酷刑依旧有，惨况依然在，邹容毙命于狱中，徐锡麟被剖腹挖心，州县官乃至乡绅都可以断人生死、屠灭门户，在广阔的中华大地，除了几个大城市渲染出有限的新法气象外，更多的地区尚不知新法为何物。

6. 奖励实业方面。晚清朝廷宣布实行新政，一方面是富强的国家主义意识已经成为共识，另一方面是绅商阶层的势力和民权意识的日益扩大，保护工商业和民权成为绅商阶层一致的要求，而且当时的绅商阶层已经初步构成自己的保护网。例如，有些商会自己成立的商事裁判所规定："凡商号一切诉讼案件，概归商务裁判所办理。""以和平处理商事之纠葛，以保商规"，使商人"免受官府之讼累，复固团体之感情"[②]，基本上达到"商会有评论曲直之权，无裁判商号诉讼之权，今若如此，俨然公庭"[③]。没有刑讯，以查清事实，实行调解为主，已经接近现代的诉讼制度。在地方自治的风潮下，有些商会竟然组建起自己的武装，成立商团。正因为绅商阶层的压力，商事的立法得以颇为顺利地取得进展。与此同时，清朝廷还颁布了一些奖励章程，对创办实业有卓越贡献的人赐以爵位。由于工商实业的政治和社会地位不断提高，很快发展起一些仿照西方资本主义模式的股份制公司，翻译引进了一些西方商业经营运作的理论，民族资本主义得到明显的发展。

围绕着新政，必然产生空前的治国理论的冲突和实力的较量，除了革命派坚持彻底推翻清王朝统治之外，在推行立宪运动上还组合为三方面的力量：一是清朝廷的顽固派，二是朝廷和地方官府中倾向于立宪的实力派，三是新兴的绅商阶层和海内外坚定主张实行君主立宪制的立宪派。在三方面矛盾冲

---

① 编辑部序论：《论治外法权不合于国际法理》，《东方杂志》第3卷第9号，1906年。
② 《四川成都商会商事裁判所规则》，《华商联合报》第17期，1910年。
③ 《保定商会设所裁判讼案》，《华商联合报》第8期，1909年。

突中，实力派为了战胜顽固派，就与绅商阶层和海内外立宪派建立联合，正是这种联合，才会出现规模庞大，风起云涌的请愿活动，借以对朝廷和顽固派施加压力。请愿活动的发展，又促使各种民间团体纷纷兴起，政党的雏形出现了，使一些工人、农民、商人、知识分子也参加到推行新政这一政治领域中。

三、清末制度变革的启示

清末新政是清王朝在内外交困的形势下迫不得已而进行的，是想仿效日本的明治维新，通过君主立宪以挽救传统的政治权位，希望以此得到西方列强和国内各阶层的认可，以确保君主统治的合法性。近代化政治制度变革的结局不以统治者的意志为转移，反而促进了传统社会向近代社会转变，使传统政治制度走上崩解的历史不归路。

清末由朝廷主持的立宪运动是以传统政治权威的合法性为基础，通过传统的官僚政治手段而进行的自上而下并有限度的变革，其本身的局限性和绝不可能进行彻底的自我完善，给人们留下了几点启示：

第一，以官方为主导的新政是在世界形势的推动下进行的，原本就带有被动的性质。在民族危机下，强国成为上下的共识。强国需要借助国家的权威力量来集中分配社会资源，以适应近代化的发展和缓解列强的欺凌，这就给传统的专制体制的自我完善带来机遇，带来某些变革转型和自我完善的奢望，出现以清朝廷为主体的自上而下的政治制度变革有其客观的必然性。近代因素的成长和新的社会力量的出现，不但暴露传统的政治体制的弊端，而且使新的社会力量扩大政治参与的要求日益强烈，他们要求进入政治领域，以群策群力的方式融入政治体制改革，希望参与政治决策。传统政治体制与近代政治在民族存亡问题上的共同点上达成一致，但在政治体制上的矛盾却格格不入。维持和加固皇权统治，维护中央集权政治体制，与近代化形势背道而驰，不但人民不会答应，也得不到列强的支持，清末的"皇族内阁"的惨败正宣示传统的政治体制已经无力进行自我完善。扩大人民的民主权利，偏重于民权建设，却在近代化影响还不充分的情况下展开，国民素质还没有达到近代化的要求，革命派曲高和寡，而其他各种政治势力又各怀野心，也没有建立民权的有力行动，最终只能导致社会的无序，清王朝覆亡以后的军阀混战则表明了这一点。

第二，自上而下的政治体制改革需要中央能够集中权力，以便有效地统筹规划，合理地分配社会资源，对改革中遇到的问题进行具体干预，这就需要强大的财政支持。在强国的前提下进行政治体制改革，对列强的利益是一种威胁，列强不希望有一个强大的中央集权大国成为与自己抗衡的势力，也就不可能在财政上予以支持。近代化的发展已经使各地在经济发展上出现不平衡，形成不同的地方利益，地方分权的倾向已经很严重，列强出于自身的利益，又在很大程度上支持不同的地方势力，使地方势力快速发展。清王朝在缺乏财政的情况下，不考虑实际情况，急于借政治体制改革来削弱地方权力，而地方势力为了扩大权力也竭泽而渔地扩大财政收入，中央和地方都在增加苛捐杂税，不但加剧工商业者经营危机和不满情绪，也激起人民的强烈反抗。清王朝非但没有达到集权的目的，反而使地方势力分离倾向加剧，不但没有取得列强的谅解，还失去地方势力的支持，政治体制改革的效果实际上成为泡沫，内外矛盾也日益激化。

第三，政治体制改革需要社会力量的支持，在传统政治体制弊端日益显露的情况下，需要政治体制改革，而改革必然需要新的社会力量支持。清朝廷支持的近代政治体制改革却不是努力吸收和鼓励新的社会力量，而是试图整合规范新的社会力量，控驭之并使之融入传统社会旧统治体系之中。比如说，清朝廷实行新政时曾经痛感人才的贫乏，大力兴办新式学堂，派遣士人出洋留学，客观上造就了新式知识分子，但却将这些新式人才安插于传统的政治体制下，不但使新式人才无法融入近代政治体制改革当中，而且激使他们转而成为现政权的反对力量。近代政治体制改革毕竟不同于传统的政治体制，编练新军，成立自治会、咨议局、资政院，废除科举，奖励实业，修订法律等，虽然是在传统政治体制下进行的，但毕竟有近代化的特点，这些新型部门和制度必然会从根本上动摇传统社会的政治基础，不但未能成为官办立宪的支柱，反而演变成为瓦解旧统治秩序的力量。既然清王朝无力使政治体制改革回归到传统体制控制内，也不可能使新式人才融入传统政治秩序当中，新的社会力量与传统社会的分离对立，使清王朝无力招架，最终被由政治体制改革所引发的各种政治势力合力推翻。

在传统的政治体制下进行的近代化政治体制改革,新与旧的矛盾是不可避免的,能否处理好新与旧的矛盾是改革的关键。清王朝没有把握机遇和妥善地解决这些矛盾,一味地追求制度上形式的改革,仍然借改革谋苟延统治的私利,也就决定它的政治体制改革不可能成功。

第二章

王权和皇权制度

从夏代创建王权制度到秦统一中国建立皇帝制度，王一直是最高统治者的专称。王权制度在我国实行了1800余年，它的发展充分而影响深远，体现着中国古代以王权为中心的政治体系长期延续的特点。

公元前221年，秦始皇在战国群雄的兼并战争中取得最后胜利，把中央集权制度推向全国，使中国这样一个地域辽阔、人口众多的大国置于皇权专制统治之下。专制主义中央集权制度趋于定型，以后历代王朝无不沿袭，成为中国古代政治的核心内容和相沿不替的传统。

第一节　王权制度

夏、商、周，号称"三代"，是紧随着以黄帝、炎帝、尧、舜、禹为代表的"五帝"之后的另一历史阶段。以"三代"代替"五帝"，意味着仅具有国家雏形的部落联盟或酋邦组织已发展为具有鲜明的阶级统治性质、组成比较严密的国家政治实体。"王和帝代表着两个不同的历史时期。黄帝的帝和帝尧、帝舜的帝一样，实际上是中国原始社会部落联盟军事首长的称谓；而夏、商、周的王则是奴隶社会的专制君主。"[1]也就是说，王权的形成和发展，乃是夏、商、周三代的主要标志。

---

[1]　金景芳：《中国奴隶社会史》，上海人民出版社，1983年，第2页。

一、王权制度的形成过程

夏、商、周三代都是实行王权专制。作为一种制度,它并不是一朝一夕所能出现的。在王权确立之前,有一个漫长的形成过程。

夏初的一百多年,国家的体制尚未完全稳定,依然保留部落联盟或酋邦制的某些特点。从"帝"演变为"王",其权威又远远超过"帝",就必须废弃旧传统而树立新体制,在新旧交替的过程中,也必然会出现反复。

据古文献记载,夏启在正位之前,曾与另一主要竞争者伯益互相攻击,启取得了大多数部落首领的拥戴,联合一起攻打伯益,终于杀掉伯益,分其人民,启才堂而皇之地"即天子之位"。这种行径引起部族内外另一些首领的不满,首先发难的竟是夏本族的有扈氏,他要求启放弃世袭最高统治权。启当然不肯放弃已攫得到手的权力,便率领部众讨伐有扈氏。双方大战于"甘"地,以启大获全胜而结束。此举震慑了本来还不顺服的一些部落,他们也不得不表示顺从,于是"天下咸朝",从而使夏王朝基本立住根基。启在位十余年去世,儿子太康即位,因每日宴饮游乐,不恤民间疾苦,民怨沸腾,东方的有穷氏首领后羿乘机攻入夏朝,"因夏民以代夏政"(《左传·襄公四年》),迫使太康出逃,出现"太康失国"。后经仲康、相、少康三代人的发展才渐渐复苏,少康趁后羿的臣子寒浞杀死后羿引发内乱之际,率军攻破寒浞,并将之杀死,才重新恢复夏王朝的统治地位,史称"少康中兴"。

有扈氏逆社会发展潮流,顽固地要保留已经不适应社会发展潮流的联盟首领"禅让制",故《淮南子·齐俗训》说:"昔有扈氏为义而亡,知义而不知宜也。"这句话说得很好,不识时宜而恋栈于所谓的"义",当然是失道寡助,必蹈身死族灭的厄运。后羿则是在夏王朝尚未巩固之际,凭借自己的军事实力夺取了政权,但得位之后便忘乎所以,"不修民事而淫于原兽",耽于享乐和射猎,最终被自己的亲信寒浞杀死。而寒浞"恃其谗慝诈伪而不德于民"(《左传·襄公四年》),又导致众叛亲离。少康既拥有自己祖先禹和启的光辉为旗帜,又有自己所辖的"一旅之师"和姻亲部族的支持,明智地高举起伸张正义、讨伐淫乱的大旗,比较容易地取得夏朝遗民和原来从属于夏的各部族支持,故能重新夺回政权。

自少康以后，夏王朝传世十二代，直到桀时为商汤所灭，王位传承没有大的变故，王位世袭制的王朝也就从此确立起来，再经商、周两代的完善，王权已经得到制度的保障。

夏朝初建，最高统治者被称为"后"，如"夏后启""夏后相"，或者直接称为"夏后氏"。"后"，当初的意思是生育，亦即祖先的意思。唐兰先生认为：《白虎通·杂录》说："夏称后者，以揖让受于君，故称后。"《孟子·滕文公上》赵岐注也说："夏禹之世号夏后氏。后，君也。禹受禅于君，故夏称后。"儒家从"禅让"说出发，解说"后"为"君"王。《说文》："后，继体君也。"段玉裁注说："《释诂》《毛传》皆曰：后，君也。许（慎）知为继体君者，后之言后也，开创之君在先，继体之君在后也。析言之如是，浑言之，则不别矣。"许氏谓后乃后之假借，即开创之君在先，继体之君在后，后即后，为君后。虽然前人释"后"为君，尚保存古义，但未详"后"何以为"君"之本意。按殷墟甲骨文有"毓"字，常有"上甲至于多毓"用语，学者解释"毓"为"后"，即殷祖先上甲至多位殷王的集称。"毓"甲骨文写作"𘘮"，乃女人产子并有水液之状，其造字本义来源甚古。在民知其母不知其父的原始社会，年长而有威望的老祖母——众人的"毓"者，为氏族的生存和繁衍做出了贡献，自然成了氏族的核心而被拥戴为"毓"（即后），成为氏族的首领。随着女权制的倾覆和父权制的确立，"毓（即后）"作为氏族部落首领的专用语仍被沿用下来，只不过是巾帼让了须眉，即后（毓）改由男子担任了，内容发生了深刻变化而已。诸如一些父系氏族部落首领，如"后稷""后羿"等，"后"又成了父系氏族首领的专称。进入阶级社会以后，夏王朝的最高统治君主袭用了"后"的称号，但此时的"后"已完全失去了植根于民众之中的民主精神，转变成为高踞于民众之上的阶级社会世袭君主了[①]。夏朝最初几个君主不称"王"而称"后"，反映出国家刚刚从氏族社会组织脱胎出来，还带有浓厚的氏族社会组织的痕迹。当时的君主称"后"，是以祖宗的身份来行使统治权力，号令各部族，依然保留着部落联盟时期的某些特点。因此，无论是在夏内部还是其他部落，为争夺最高统治地位而进行的斗争都是相当激烈的。直

---

① 参见《安阳殷墟五号墓座谈纪要》唐兰先生发言，《考古》，1977年第5期。

到少康重建夏朝，国家才完全确立起来，至此，夏的最高统治者才进一步称"王"。

从历史发展来看，专制主义起源于人类氏族社会。氏族社会晚期出现的部落联盟，其军事首领就是专制君主的前身。由于社会生产力的发展，剩余产品的增加，以掠夺为目的的部落战争"成为经常的职业"，就使军事首领的权力不断加强，这些"博得了声誉的军事首领，在自己周围集合一队贪图掠夺品的青年人"，充当自己的亲信，出现了所谓的"扈从队制度"①，进而促进王权的产生和巩固。

从"王"字形成来看，它在周代钟鼎铭文中像战斧之形，古文字学家吴其昌解释为："王字之本文，斧也。"②可见战斧是军事统帅权的象征，也表明军权是王权的主要构成。所以"夫王者，能攻人者也"（《韩非子·五蠹》），"制生杀之威，谓之王"（《战国策·秦策三》）。王同军事密切相关，一是说明最早的君主是由部落联盟的军事首领转化过来的，二是说明早期的国家的重要职能是"唯祀与戎"，祭祀祖先和率军作战被并列为"国之大事"，是家长制和军事实力相结合的产物。

王权又起源于父权社会，恩格斯认为："由子女继承的父权制，促进了财产积累于家庭中，并且使家庭变成一种与氏族对立的力量。"以财产私有出现为特点的父权制，是王权产生的经济基础。我国古代君主之所以称为"君"，就是父权制的集中反映。从文字学的角度来看，"君"字从"尹"从"口"，表示他是诸尹中最尊贵者，可以用口指挥。"尹"字在甲骨文中与"父"字近形，父而执杖，则代表权力。

王也称为"天子"，表示自己是上帝的元子，元子只有一人，故王经常自称"余（予）一人"，"自殷武丁以迄帝辛，'余一人'与'一人'者，已为国王一人所专用的称号"③。宗教神学在中国古代社会并不发达，也从来没有过神权政治或神权国家，但有"天"和"天命"的概念，可是这个概念并不是用以论证神和上帝的权威，而是作为君主权力的源泉的。夏后启讨伐有扈氏，

---

① 中共中央马恩列斯著作编译局：《马克思恩格斯选集》第4卷，人民出版社，1972年，第104页。
② 周法高主编：《金文诂林》，香港中文大学出版社，1974年，第206页。
③ 胡厚宣：《释"余一人"》，《历史研究》，1957年第1期。

说自己是"恭行天罚"(《尚书·甘誓》);商汤伐纣,说"有夏多罪,天命诛之","予畏上帝,不敢不征"(《尚书·汤誓》);周取代商是"皇天上帝,改厥元子"(《尚书·召诰》)。他们都是天子,"天子作民父母,以为天下王"(《尚书·洪范》),就使王具备了上帝元子和民之父母的双重身份,理所当然是最高权力执掌者。

因为中国没有形成像西方教会那种无所不包、无所不管的神权系统,所以"王"很快地被推到与神并列的位置,甚至本身就是神。人类对神的崇拜是属于原始宗教的范畴,但神的崇拜和国家发展联系起来以后,人们观念上的神便与人间世俗的统治相结合了。正因为有了人间的君主,才有了神间的上帝。孔子曾经说过:"夏道尊命,事鬼敬神而远之","殷人尊神,率民以事神","周人尊礼尚施,事鬼敬神而远之"(《礼记·表记》)。神逐渐成为君主权力的一部分,乃至被君主所利用。君主受命于天和上帝,更加神圣不可侵犯。

早期国家的重要政治活动是祭祀,但祭祀的对象主要是宗庙社稷。宗庙是古代帝王、诸侯、大夫、士为维护宗法制而设立祭祀祖宗的场所。王的宗庙建立在国都的中心。社稷是土地神和谷神,代表着人们赖以生存的土地和食物,也建立在国都的中心。所谓的祭天、祭地、祭祖先,其实是包括了天、地、人。由于王权专制程度不断加强,导致"王"的字义内涵不断增加。这时的"王",三横代表天、地、人,一竖则是一个贯通于天地人之间、合神人于一体的人,这个人就是"王"。也就是说,天地人间都属于王,只有他才能通天地而治人民,故"王,天下所归往也"(《说文解字》)。在这种情况下,王被认为是天地人的主宰,是最高权力的象征。因此,"夫擅国之谓王,能专利害之谓王,制生杀之威之谓王"(《战国策·秦策三》)。在王被认为应该拥有至高无上的权力,国家和臣民都是王的私有财产和附属物时,王权的绝对专制也就形成了。高度发展的王权,是在国家进入成熟阶段出现的。

二、王权的体现形式

王是早期国家的最高统治者,是国家的代表和象征。在原则上,王可以对国家大政做出最终决断,这主要表现在命官分爵、征收赋税、指挥军队、裁决大政、判决重大刑罚、对贵族和全体臣民的奖惩生杀,对后嗣和后妃的废立等方面。此外，对诸侯国具有宗主地位，有权调遣诸侯方国的首领，对不服从的诸侯方国进行征伐。

为保证王权的行使，一套围绕王权形成和发展的统治机构也逐渐建立和完善起来，王通过这些统治机构和所属人员，按照一定的工作程式来行使自己的权力，主要体现在如下几个方面：

第一，王自称是被上天和祖宗授予统治权的人间代表。

夏、商、周三代的"王"都十分强调"君权神授"，都有意将神权、宗法权和王权紧密地联系在一起。王号称"天子"，表示自己是上帝的元子，如果是改朝换代，则是"皇天上帝，改厥元子"(《尚书·召诰》)，这是因为"天与贤则与贤，天与子则与子"(《孟子·万章上》)，无论何种选择，都是上天的意志。王也号称为"天下父母"，表示自己是所有人的长辈，"天子作民父母，以为天下王"(《尚书·洪范》)。就是说，高踞王位的人是由上天选择的，是任何人也不能抗拒的，如果反抗，就是"逆天"，要受到天诛地灭；而充当王的人又是全体臣民的"父母"，作为子女的臣民是不能违反父母的君主之命的，如果违反，就是有悖天理，有失人伦，必须受到严酷的惩罚。

由于原始社会的自然崇拜与祖先崇拜往往混而为一，故此，当时的敬神和敬祖是密不可分的。中国古代由于地理和社会发展等方面的原因，对于神的崇拜往往侧重于对生殖、祖先等具体的崇拜，而又特别看重血缘关系。对血缘关系的重视顺理成章地发展为宗法制，这种与统治权力密切关联的宗法制在早期国家中占有重要的地位。由血缘关系衍生为政治关系，血缘与政治相结合，更是中国早期国家所独具的特点之一。

早期国家的重要政治是祭祀，但所祭祀的主要对象是天地、宗庙、社稷。天地是自然存在，"天子祭天，诸侯祭土"(《公羊传·僖公三十一年》)；"天子祭天地，诸侯祭社稷"(《礼记·王制》)，天地支撑着王权的神圣。而得到祖宗的支持和庇护，正是王赖以存在的精神支柱和权力来源。社稷是人们赖以生存的物质象征，是王的统治基础和权力的保障。夏后启讨伐有扈氏的誓师词说："用命，赏于祖；不用命，戮于社。"(《尚书·甘誓》)实际上已经把祖、社归纳为主宰一切的"天"之内，而"天"又是王命所在的精神源泉。盘庚迁殷，国人反对，盘庚以"天其永我命于兹新邑"(《尚书·盘庚》)，就是说，这样大规模的移民，是奉天命而行的，不容许有异议或抗拒，因此实行强制迁移。正如朱凤瀚先生所推论的："上帝与祖神的关系是宾主关系，且多临时性质。上帝的权威似没有能统率商人的祖先神灵，上帝只是在神格上高于祖神而已。"也就是说，"商王创造了上帝，却没有充分地利用上帝的权威来为自己的统治服务。因此，商王对上帝只有贞卜而没有祭祀"①。在祖先和"天"并列的夏商，祖先似乎高于"天"，但到祖先已经不能为改朝换代提供充分理由时，"天"便成为最好的权力来源。夏、商、周三代统治者无不侈谈"天命"，至西周则成为神化政权的最重要理论工具。

统治者创造了"天"，带领臣民敬天。他们的一切言论都表明，王不仅是为了"天"或"天命"才降生于人间，而且是"天"或"天命"作为王的守护神而存在于虚无缥缈的幻境之中，完全是为了证明王权神圣。以神权为政治服务的"天"或"天命"观，对后世影响极为深远，周以后历代王朝统治者无不将"天"或"天命"奉为法宝。

第二，王以宗族长兼国家元首的身份实行统治，并且在强化宗法制的基础上巩固自己的统治地位。

宗法"乃是一种宗庙之法，必然与宗庙制度、祖先崇拜、血缘关系、尊卑制度有关"②，是由原始的父系家长制血缘组织质变和扩大而成的制度。宗法制在夏、商、周的政治体系中占有极其重要的地位，这是国家从血缘关系发展为政治关系所出现的必然现象。

综观夏、商、周三代宗法制的发展，一直是随着王权的加强而且不断向系统和严密方面发展的。

夏王朝是姒姓家族占据统治地位。《史记·夏本纪》说："禹为姒姓，其后分封，用国为姓，故有夏后氏、有扈氏、有男氏、斟寻氏、彤城氏、褒氏、费氏、杞氏、缯氏、辛氏、冥氏、斟戈氏。"至于夏代是否已存在分封，迄今还是有争论的问题，但谁也不能否认夏代存在宗族制。也就是说，上述诸姓都是夏的宗亲，有些辅助夏王朝以分理诸事，另一些则作为屏藩，拱卫着夏王朝，并拥有一定数量的土地和人民，有一定军政实力。如夏后相被后羿夺

---

① 李瑞兰主编：《中国社会通史·先秦卷》，山西教育出版社，1996年，第523页。
② 王玉哲：《中华远古史》，上海人民出版社，2000年，第566页。

位之时，破墙出走而投奔同姓斟寻氏，并得到保护，后羿也没有能力逼迫斟寻氏交出后相，而相之子少康也是靠同姓的支持而重建夏王朝的，说明宗族制在当时起到很重要的作用，是王权的重要支柱。

商朝是我国现在第一个有确凿文字记载的朝代，由于商朝与夏朝基本上处于同一历史发展时期，有着基本相同的特征和较多的共性。甲骨文中有不少"族"的名称，诸如王族、子族、多子族等。他们都是以血缘为基础的集团，亦是商朝的基本社会组织。族的族长称族尹，其职位是世袭的。族之内又有宗氏、分族和类丑等几个层次。宗氏是嫡长房的族众，即大宗；分族是长房以外的诸庶弟的族众，即小宗；类丑是附属于他们的奴隶[①]。也有人说类丑是支族，因为在《左传》杜预注云："丑，众也。"孔颖达疏云："将其族类人众。"一个宗族繁衍滋生，必然会分化为若干支族。这样的等级构成一种族属关系，也就是亲疏远近的关系，因此，"商王国内的基本社会组织不是农村公社，而是父权宗族组织"[②]。这种宗族组织乃是西周时期出现层次分明而等级森严的宗法制度的起源。

宗法制度与政治统治密切结合，规章齐备，并取得预期效果，正式开始于西周时期。

西周初期，因周武王猝死，其弟周公旦摄政。周公大力推行分封诸侯以组成分布全国的统治网络。周公以王的名义，将王族的兄弟叔侄及其他贵族、异姓亲属、元老功臣和臣服的异族贵族，分封到指定的区域进行统治。其中，管、蔡、郕、霍、鲁、卫、毛、聃、郜、雍、曹、藤、毕、原、酆、郇等16国，都是周文王的儿子；邘、晋、应、韩等4国，则是周武王的儿子；凡、蒋、邢、茅、胙、祭等6国，乃是周公的后代。据说，当时分封71国，姬姓独占了53国，而且主要分封在沿黄河两岸的腹要之地。此外，分封最重要的功臣姜尚在夷人故地齐营丘，以阻挡和镇压东夷。西周所以将王族贵胄等分封到各地，掌握地区性的军政实权，最重要的目的是要求他们拱卫中央王朝。出于同一目的，对商代遗留，主要是武王伐纣时采取观望和支持态度的一些部族进行分化瓦解，也分封一些国家，使他们继续"居其宅，田其田"和"宅

---

① 杨伯峻：《春秋左传注》，中华书局，1981年，第1536页。
② 朱凤瀚：《商周家族形态研究》，天津古籍出版社，1990年，第216页。

尔邑，继其居"(《尚书·多士》)，但同时把王族管叔、蔡叔、霍叔分封到殷人腹地，对他们分而监管之。那些曾经抵抗周进军的商代嫡亲贵族的族众则被分散到各个姬姓诸侯国，成为各诸侯国的属民。可见，西周初年实行的分封制，首先是着眼于政治，着重在稳定统治地位。

宗法制的特点在于区分嫡庶长幼、大宗小宗和昭穆顺序的宗庙制度。嫡长子继承在商代后期已经确立，这种嫡长子继承制的出现，使政治上一人独尊的专制制度更加巩固。大宗的地位在宗族中最高，是嫡长相传的，负有专责祭祀祖先和承袭祖先的财产，大宗统于上，小宗统于下，大宗的社会地位最高；周代制度，只要是天子，就是大宗[1]。宗庙制度是对祖先祭祀和宗族成员地位的规定，按昭穆顺序在宗庙排列先祖的排位，在太祖之下，昭为子辈在左，穆为孙辈在右，"所以别父子远近，长幼亲疏之序，而无乱也"(《礼记·祭统》)；按规定，所有的重要礼节和政治上的重大典礼都要在宗庙内举行，所有的政治和军事的大政都要在宗庙内请示和报告，"无非表示听命于祖先，尊敬祖先，并希望得到祖先的保佑，得到神力的支持"[2]。在宗法制下，宗族组织与国家政权的结合更加紧密，周王集君统、宗统于一身，王权制度也随之巩固和发展起来。

第三，王通过使用誓、诰、命、令等文书或口谕以行使王权。

誓、诰、命、令等，是王通过文书或口头的形式下达，用以宣示意图，推行决策，以及对诸侯和官吏人等进行动员或训勉惩戒。在"五帝"时期，广泛使用这样的形式的条件还未具备，而三代则日趋普遍，并且形成制度。

誓、诰、命、令是针对不同的对象，从不同的角度而分别使用的命令指示方式。

誓，主要用于进行大规模军事行动之前或在战况激烈之际，对将士进行激励动员和告诫的言词。在《尚书》中收载有《甘誓》《汤誓》《泰誓》《牧誓》等，是夏、商、周三代在进行最重要的军事行动时，由王发布的誓师词。

---

[1] 王国维：《殷周制度论》："天子、诸侯，虽无大宗之名，而有大宗之实。笃《公刘》之诗曰：食之饮之，君之宗之。《传》曰：为之君，为之大宗也。《板》之诗曰：大宗维翰。《传》曰：王者，天下之大宗。又曰：宗子维城。《笺》曰：王者之嫡子，谓之宗子。是礼家之大宗限于大夫以下者。诗人直以称天子、诸侯，惟在天子、诸侯，则宗统与君统合，故不必以宗名。"见《观堂集林》，中华书局，1959年，第461—462页。

[2] 杨宽：《西周史》，上海人民出版社，1999年，第433页。

如禹征伐三苗，"乃会群后，誓于师曰：'济济有众，咸听朕命'"（《尚书·大禹谟》）。启与有扈氏大战于甘，"乃召六卿"（《尚书·甘誓》）而立词誓师；商汤伐纣，公开宣称"有夏多罪"（《尚书·汤誓》），颁布誓师词；周武王攻商，"乃作《泰誓》，告于众庶"（《尚书·泰誓》），至商郊牧野，"武王左杖黄钺，右秉白旄"[①]，发布《牧誓》。总而言之，都是为了强调进行战争的必要性，坚定将士们的信心，调动将士们的战斗积极性。

诰，主要用于申明意图，贯彻政策，并对所属进行训诫。西周初年所使用的诰文很多。武王伐纣，高举顺应天意的神幡说："天休于宁王，兴我小邦周"（《尚书·大诰》）；在取得胜利之后，分封康叔于殷地之前，摄政的周公告诫他必须保持文王的施政方针，"明德慎刑"，要敬德保民，切记"天乃大命文王殪戎殷，诞受厥命越（与）厥邦厥民"（《尚书·康诰》）的艰辛。周公摄政，实际上是代行王权，他发布的诰文主要是针对各级诸侯，当然也包括未成年的周成王在内。周公反复引证历史为鉴，要求成王和各宗亲们必须吸取夏桀、商纣因骄奢淫逸而蹈于覆亡的教训，强调"我不可不监（鉴）于有夏，亦不可不监于有殷"（《尚书·召诰》）。特别要记住殷末时期自纣以下"荒腆于酒"，导致"天降丧于殷"（《尚书·酒诰》）的下场，必须珍惜来之不易的政权，保持周祚的长久不衰。凡此种种，都说明诰文涵盖的内容是重要而广泛的。孔子在编纂《尚书》时，收录这些诰文，并就其内容说："周监于二代，郁郁乎文哉！吾从周。"（《论语·八佾》）

命，主要用于是"册命"，即授予诸侯、卿大夫、士等一定职衔的文书。经过周王册命之后，贵族内部的等级关系便得到确定。根据各级贵族不同的等级地位，册命的仪式手续，以及因而享受的待遇都有明确的规定，尊卑不容混淆。《周礼·春官·典命》在记述贵族等级方面，"上公九命为伯，其国家宫室车骑衣服礼仪，皆以九为节；侯、伯七命，其国家宫室车骑衣服礼仪，皆以七为节；子、男五命，其国家宫室车骑衣服礼仪，皆以五为节"。至于周王及公、侯、伯、子、男属下的臣子，亦因所服务的贵族尊卑和本人的身份而受不同的册命，"大国三卿皆命于天子"；"次国三卿，二卿命于天子，一卿

[①] （汉）司马迁：《史记》卷4《周本纪》，中华书局，1959年，第122页。

命于其君";"小国二卿,皆命于其君"(《礼记·王制》)。《周礼·春官·宗伯》云:"王之三公八命,其卿六命,其大夫四命";"公之孤四命","其卿三命,其大夫再命,其士一命";"侯、伯之卿、大夫、士亦如之";"子、男之卿再命,其大夫一命,其士不命",等级极为森严。周王对近臣和大小诸侯及其官属的管理,就是通过这种册命来控制的。

令,就是王采取命令的方式,用以处理国政,有时也用于指派某些人员担任某些职务,范围相当广泛。例如,周成王时,周公年老退休,由周公的儿子"明"来接替职务,当时任命的命令被铭刻在器皿上,称为《矢令彝》。铭文云:"王令周公子明保尹三事四方,受卿事寮。"这是王的命令,而"明公朝至于成周,出令:舍三事令,众卿事寮,众诸臣,众里居,众百工,众诸侯,侯,田(甸),男,舍四方令",这是"明"所发布的命令。

除了上述几种形式之外,还有训、召、呼等文体或口谕。政令文书的出现和形成制度,说明西周上承夏商,下启后世,已经发展为一个成熟的国家,王朝体制也基本成型。夏商史迹尚多掩映在考古文化之中,而西周的物质文明和政治制度,不但为人们所熟习,而且直接影响到后世。

第四,通过"会盟""巡狩""朝聘"等方式以控制各诸侯国。

"会盟",是夏商周三代的王权重要表现形式之一。王发布命令,召集各诸侯到指定的地点来接受王的指示和安排。相传"禹朝诸侯之君于会稽之上,防风之君后至,而禹斩之"(《左传·成公三年》),在这一次会盟,禹宣布了朝贡的内容和方式,并因斩防风君首级而建立起来威信,有效地震慑来朝的各诸侯。夏商周三代的会盟很多,如"夏启有钧台之享,商汤有景亳之命,周武有盟津之誓,成有岐阳之蒐,康有酆宫之朝,穆有涂山之会"(《左传·昭公四年》),都是有名的大会盟。这种会盟"皆所以示诸侯礼也,诸侯所由用命也"(《左传·昭公四年》)。通过会盟来申明王对诸侯的君臣名分,明确宗主关系,确定朝贡义务,对不服从者加以声讨乃至进行征伐,可见会盟的主要目的是加强王国的统治。会盟成功与否,要看王朝当时的政治、军事实力,夏启、商汤、周武王时,王朝势力强大,各诸侯不敢不恭谨赴会,接受王的盟誓,听从王的约束和驱役;当王朝势力出现衰败的征象,诸侯们就不会俯首帖耳,有的甚至抗拒王朝。如"夏桀为有仍之会,有缗氏叛之;商纣为黎之蒐,东夷叛之;周幽为大室之盟,戎狄叛之"(《左传·昭公四年》)。这三个君主在位时国势已衰,君主的权威也有所下降,虽然还在发号施令,但已经是政令不出家门,势力范围已经缩小了。

"巡狩"也是夏、商、周三代体现王权的重要内容。《白虎通》曰:巡者循也,狩者牧也,王者为天循行以牧人也。恐远近不同化,幽隐有不得所者,故必视见。五年再闰,天道大备,故五岁一巡狩。"五岁一巡狩在三代是否成为持久的制度,现在尚无确切的证据,但古代帝王巡狩的事例很多。古代的类书把巡狩的功效归纳为省方、述职、观风、展义、布德、施教、考职、赋政、陈诗、观礼、风行、雨施、天动、神行、四维、五载、祀四岳、柴三辰、巡东作、秩西成、审铨衡、同律度、祀五帝、禋六宗、备天官、运法驾、修五礼、问百年、宣声教、抚黎元、同遐迩、察风俗等众多事类[①]。一般讲巡狩之源,都从《尚书·舜典》的"岁二月,东巡守"开始,巡狩的目的主要是视察地方工作情况,并且实施奖惩,其视察和监督的内容,可谓无所不包,部落联盟首领或酋邦盟主的权力已经渗透到各个层面。这种制度为三代所承袭,"天子巡狩诸侯,不仅掌握了地方侯、伯的情况,而且大规模兴师动众,也是镇慑方国的军事大演习"[②]。巡狩在三代并没有形成严格而定期的制度,虽然《周礼》讲周王五年一巡狩,视察诸侯所驻守的地方,但是否严格执行是值得怀疑的。历史记载周王巡狩的事例很多,如周昭王的南巡狩,周穆王的西巡狩,周共王的泾上游等。因为巡狩具有军事性质,因此常常具有征讨地方反叛势力,扩张王朝统治区域的内容。例如,昭王南巡狩,主要是南征荆蛮,"昭王南征而不复"(《左传·僖公四年》),死在路上,故《诗经·小雅·采芑》有"蠢尔蛮荆,大邦为雠"的记载。周穆王西巡狩,主要征伐犬戎,"得四白狼四白鹿以归"[③],有研究认为"白狼""白鹿"是犬戎部落的图腾,也就是说周穆王掠获了八个部落。也有一些王是借巡狩为名以嬉游纵欲的,如周共王巡狩,主要是游玩,他在泾上游时,因为与密康公争夺三个女人,不但

---

① (唐)徐坚:《初学记》卷13《礼部上·巡狩第七》,中华书局,1962年。
② 李学勤:《中国古代文明与国家形成研究》,云南人民出版社,1997年,第380页。
③ (汉)司马迁:《史记》卷4《周本纪》,中华书局,1959年,第136页。

杀掉密康公，而且还灭掉密国①。

"朝聘"，是天子与诸侯、诸侯与诸侯之间的一种政治交往方式。诸侯亲自觐见天子称为"朝"，派遣卿觐见天子称为"大聘"，派遣大夫觐见天子称为"小聘"。春秋时礼崩乐坏，诸侯之间的交往也开始称为朝聘，而在西周时是不被许可的。西周的朝聘有严格的制度，"诸侯朝于天子曰述职，一不朝则贬其职，二不朝则削其地，三不朝则六师移之"（《孟子·告子下》）。当时规定："诸侯之于天子也，比年一小聘，三年一大聘，五年一朝。"（《礼记·王制》）另一说是西周外服有侯、甸、男、采、卫、要六等，侯服一年一朝，甸服二年一朝，男服三年一朝，采服四年一朝，卫服五年一朝，要服六年一朝（《礼记·王制》郑玄注）。朝聘具有一套庄严而烦琐的礼节，用以区别尊卑上下，但主要目的还是向王朝汇报工作，接受王朝的考核及指示。因此，朝聘是体现王权的最重要的组成部分，一旦诸侯不朝，王朝的地位也就发生危机。例如，周穆王西征而失去西方各部族的支持，"自是荒服者不至"。周厉王实行专制，"诸侯不朝"。周幽王烽火戏诸侯，"诸侯益亦不至"②，而申侯竟联合犬戎进攻王国，杀死幽王而另立新王。

三、对王权的制约

不论是在正常统治，还是处于非常时期，王权都会受到各种制约。各方面的制约有时使王失去应有的权力，有时会使王权的威望受到限制和削弱而徒为形式，有时甚至导致王朝的覆灭和更替。

第一，王权受到原有和相继发展起来的地方势力的制约。

夏、商、周三代基本上是建立在"天子立国，诸侯建家，卿置侧室"（《左传·桓公二年》）基础之上的。夏王朝是建立在得到原来大多数氏族首领拥戴的基础之上，王朝的存在并没有改变他们内部原有的自治形式，氏族首领仍然拥有一定的政治势力范围，王朝只是依靠军政力量的绝对优势把他们聚集

---

① （汉）司马迁：《史记》卷4《周本纪》："共王游于泾上，密康公从，有三女奔之。其母曰：'必致之王。夫兽三为群，人三为众，女三为粲。王田不取群，公行不下众，王御不参一族。夫粲，美之物也。众以美物归女，而何德以堪之？王犹不堪，况尔小丑乎！小丑备物，终必亡。'康公不献，一年，共王灭密。"中华书局，1959年，第140页。

② （汉）司马迁：《史记》卷4《周本纪》，中华书局，1959年，第148页。

在自己的旗帜下，变成王朝的附属国家，也就是侯、伯等方国。王朝有时把他们的首领废除，用武力夺取他们的土地和人民，侯、伯之国相互进行兼并也是常有的现象。在相互兼并的过程中，王朝和一些方国所统治的疆域不断扩大，彼此的军政财力也不断地集中。相传"禹会诸侯于涂山，执玉帛者万国"（《国语·鲁语下》），但其后"万国"的数量不断减少，夏王朝就是建立在这种高度分散而又不断集中的方国基础上，至商汤建国，已经变成3000诸侯；到西周初年，则兼并成1800余国，及至西周末年则减为1200国，这是必然的趋势。在战争、仇杀、联姻、联盟的交替变换之中，有的方国通过兼并和联盟而发展壮大起来了，有了与王朝相抗衡的政治军事势力。

三代王朝是建立在诸侯对天子拱卫、纳贡、听从调遣的政治基础上，要保持这种关系，就要求王朝拥有绝对的政治军事优势，当发展起来的诸侯拥有了与王朝相抗衡的政治军事势力时，这种不稳定的隶属关系就会导致敌对关系。如商汤原本只是拥有方圆70里土地的小诸侯，能动员的人力物力有限，但在战争、联盟的情况下发展壮大起来，竟打着"天命"的旗帜，联合500诸侯进攻夏王朝而建立新王朝①。周灭商也是沿着这个轨迹，以一个百里"小邦周"，发展成有800诸侯归附的大方伯，也是打着"天命"的旗帜进攻殷王朝而建立新王朝。

早期国家有着较多的原始氏族社会残存内容，但原来部落制时期盛行的民主在很大程度上还得以保留，因此，诸侯国君对王朝的政治有一定的参与权，王有听取诸侯国君建议的道义上的责任，对重大事务的决策也有协商的制度，所谓"君所谓可而有否焉，臣献其否以成其可；君所谓否而有可焉，臣献其可以成其否"（《左传·昭公二十年》）。当然以君主的意志为主是协商的重要前提，但当诸侯拥有与王朝相抗衡的实力时，诸侯的建议往往会左右君主的意志。

早期国家的王权自建立之日起，就受到潜藏的地方敌对势力的威胁，而彼此政治军事势力的消长是决定王权能否充分发挥的重要因素。王朝的更替，并不意味王权的消失，而是反映着新王朝拥有着远超过旧王朝的实力和威权，

---

① （西晋）皇甫谧：《帝王世纪》："夏桀无道，罪谏者，汤使人哭之，桀囚汤使于夏台而后释之。诸侯由是咸叛桀附汤，同日供职者五百国，三年而天下咸服。"

新的王权在不断削弱地方敌对势力的基础上更加强化。

第二，王权受到贵族元老的制约。

三代都是从原始社会脱胎出来的，所以"五帝"时期存在的公众议事和首领议事的习惯仍有部分保留，故此三代的王还不可能像后代的皇帝那样专制。如夏后启在决定讨伐有扈氏之前，先要召集"六卿"会议；商王盘庚决定迁都时，曾经分别召集大臣会议和民众会议，对他们"敷心腹肾肠"，披肝沥胆地说明迁都的必要和正确性。

在宗法制盛行的当时，亲贵的势力在王朝政治中发挥着重要作用，有时亲贵的权力竟高踞于王之上。例如，商初的开国元勋伊尹，以嗣位王太甲的行为不正、德行有亏、不能遵守乃祖汤的遗训为名，把太甲囚禁在"桐宫"，令其悔过，伊尹自己摄行王权；三年之后，太甲"悔过自责反善"，愿意改过自新，伊尹才把他接回王宫，交回权力。在帝武丁时，有贤臣祖己"训王"，要武丁修政行德，达到"殷道复兴"[①]。西周初年，周成王因年纪幼小，尚缺乏裁夺政事的能力，周公旦"乃摄政当国"。周厉王被国人所逐，召公和周公共同摄政，号称"共和"；一说公伯与和伯代行天子政[②]。这些事实说明，勋贵参与政治的制度在很大程度上曾制约着王权，使王不能"一人肆于民上，以从其淫"（《左传·襄公十四年》）。勋贵摄政并不意味王权的消失，而是王权的一种补充形式。

三代的勋贵对王的行为活动和施政方针，可以提出不同的意见，其最普遍方式就是"谏诤"，能否生效，则取决于王是否接受或采纳。夏桀骄奢淫乱而好杀，不少大臣提出谏诤，而桀置若罔闻，概不接受。当诸侯纷纷反夏，形势极为险恶之时，大臣关逢龙拿着王家的历史档案图籍向桀进谏，竟被桀处死；太史令终古当进谏无效之后，便携带那些王家历史档案图籍投奔商，为商灭夏提供重要的情报。殷纣步夏桀后尘，杀戮和放逐谏诤的大臣。周厉王则以死罪止谤，"防民之口，甚于防川"（《国语·周语》），听不得反对意见。虽然这三位君主的下场都不好，但是可以看出贵族议政制已经不能起到决定作用的发展趋势。

---

① （汉）司马迁：《史记》卷3《殷本纪》，中华书局，1959年，第103页。
② （汉）司马迁：《史记》卷4《周本纪》，中华书局，1959年，第144页。

第三，王权受到天地、鬼神、祖先等宗教信仰的限制。

三代的君主都利用权力控制宗教，使宗教为自身统治服务，但宗教还没有和王权融为一体，神权有时还处在与王权平行，甚至高于王权的位置。在这种情况下，一旦有人把天地、祖先、上帝搬出来，往往会影响王的决策，制约王权的行使。例如，殷帝武乙因为不敬事天神而遇祸，被广泛地宣传，乃是，"帝武乙无道，为偶人，谓之天神。与之博，令人为行。天神不胜，乃僇辱之，为革囊，盛血，命曰射天。武乙猎于河渭之间，暴雷，武乙震死"[①]。再如，商太甲是以"不遵汤法"，被伊尹放逐桐宫；周武王以纣"自弃其先祖肆祀不答"[②]为理由起兵；周穆王要西征，祭公谋父也是搬出"先王"之制来加以劝谏的。

王权与宗教之间是既相适应又相矛盾的，宗教虽然在一定程度上可以限制王权的发挥，但王对宗教的利用却往往能增强王的权威。例如，盘庚迁殷，部众曾经以祖制来阻拦，盘庚以"今不承于古，罔知天命"（《尚书·盘庚上》）为由，力排众议，果断地迁了都，以天命与祖先争，王取得胜利。"天命"是虚无缥缈的，王命才是实实在在的，"尔尚敬逆天命，以奉我一人"（《尚书·吕刑》）。这种天命系于人事的思想，成为后世论证君主权力的来源，也是君主权力至高无上的根据。

王权在发展过程中受到诸方面的制约是历史发展的必然，随着社会的发展和国家制度的演变，王权在逐渐摆脱各种束缚中得到加强，向君主专制体制迈进。

第二节　霸主和集权制度

春秋战国时期的政局特点是王室衰微，西周王朝鼎盛一时的美好时光已经消逝，仅存徒有虚名的"天子"称号。而一些诸侯国却发展壮大起来，他们当中有些打着"尊王攘夷"的旗帜开始争霸，在建立霸业的同时逐渐形成

---

① （汉）司马迁：《史记》卷3《殷本纪》，中华书局，1959年，第104页。
② （汉）司马迁：《史记》卷4《周本纪》，中华书局，1959年，第122页。

霸主政治。在频繁的战争中，一些诸侯国出于生存和发展的原因，纷纷变法以加强国力和集中权力，中央集权制度在孕育发展之中。

一、霸主的出现与权力体现形式

周平王在诸侯的护卫之下，来到成周，虽然还残存有方圆六百里的国土，但已远不及原来的王畿千里，更何况诸侯已经看到王室的衰微，纷纷向王室索求，至周襄王(前651年—前619年在位)时，"王所有者，河内、武陟二县，及河南府之洛阳、偃师、巩县、嵩、登封、新安、宜阳、孟津八县，汝州之伊阳、鲁山，许州府之临颍县，与郑接壤而已"(《春秋大事表》)。按西周分封制度，"天子之地一圻，列国一同"(《左传·襄公二十五年》)。一圻是方千里，一同是方百里，西周初期分封的诸侯领地都没有超过方百里的，而现在的诸侯自相兼并，疯狂扩展领土，其中齐桓公并国三十有五(《荀子·仲尼》)，晋献公并国一十七、服国三十八(《韩非子·难二》)，楚庄公并国二十六、开地千里(《韩非子·有度》)，秦穆公兼国一十二、开地亦千里(《韩非子·十过》)，这些大国竟然拥有数圻土地，占地十倍于王室，甲兵更雄武过于周王六师，王和诸侯的实力已经颠倒过来。但是西周几百年的制度，影响还是很深远的，强大的诸侯国虽然拥有傲视王室的实力，但诸强并立，互相制衡，他们之中，任何一个要想取代王室，必然会成为众矢之的，因此都标榜"尊王"，而实际上，取代王权的霸主相继出现了。

首先是齐国桓公任用管仲为辅佐，整顿内政，发展经济，国力得到充实。在管仲的建议下，齐桓公打出"尊王攘夷"的旗帜，把一些小国从戎狄蹂躏下拯救出来，又抵挡楚国的北进。因此，得到诸侯们爱戴。公元前651年，齐桓公大会诸侯于葵丘(今河南兰考县)，周天子也派人参加。会上歃盟立誓，词曰：

> 初命曰：诛不孝，无易树子，无以妾为妻。再命曰：尊贤育才，以彰有德。三命曰：敬老慈幼，无忘宾旅。四命曰：士无世官，官事无摄，取士必得，无专杀大夫。五命曰：无曲防，无遏籴，无有封而不告。曰：凡我同盟之人，既盟之后，言归于好(《孟子·告子下》)。

这份盟词以遵守伦理，关切民生，尊重和重用人才等美德为名，要求各诸侯歃盟共守，实际上是以申明天子禁令为名而推行盟主的权威，体现出盟主具有裁断和强制的权力。从盟词上还可以看到，齐桓公是无可争议的盟主，对诸侯可以称"命"，俨然是以上临下，名实相副的霸主自此产生了。继齐桓公之后，晋文公、秦穆公、楚庄王、晋悼公、吴王阖闾、越王勾践等相继称霸。

霸主的权力体现形式与王权体现形式有相同之处，也有不同之点。相同之处是把"礼乐征伐自天子出"，变为"礼乐征伐自诸侯出"，这样，霸主实际上就基本取代了王应该拥有的权力。不同之点是霸主还必须"挟天子以令诸侯"，而且地位也不稳定，总是随着经济和军事实力的兴衰而更迭。

霸主的权力是不断发展的，齐桓公称霸时，强调"仁"，以道德的力量来维持同盟国的关系，一般不把自己的意志强加于人。故此，齐桓公与鲁庄公会于阿（今山东东阿）时，鲁国武士曹沫挟持齐桓公订立盟约，让他退回强占鲁国的土地。齐桓公在胁迫下订立了盟约，脱离险境之后并未毁约，还是信守盟约，没有采取报复行动。而在公元前597年，楚庄公击败晋军之后，霸主的权力便发生根本的变化，他们不再以什么"仁义"来召集盟友，而是把自己的意志强加给弱小国家，在武力威胁之下举行会盟，对不服从者，索性征服吞并。

霸主一方面争取在更广阔的范围内取得霸权，一方面又在自己的统治区域里谋求发展，而这些都是建立在实力之上，实力又必须由霸主自己掌握，那就要集中权力。从齐桓公宣称"士无世官，官事无摄，求士必得"开始，原有的世官世族世禄制就发生危机。新的选用人才方式的出现，与原有的世官世族世禄制的冲突则日益激化。整个春秋时代，以臣弑君者有36起，以臣逐君者有13起，一些原为霸主的国家被实力强大的世族控制了，乃至瓜分国土或取代原有的君主。例如，晋国统率三军的六卿火并，相互屠杀，他们之间的斗争导致了公元前453年瓜分晋国，并成为三个政体，即赵、魏、韩三家统治；齐国的田氏，在齐景公去世后，以武力废除嗣君，另立新主（齐悼公），公元前386年，齐国的君统世系终究被田氏所篡夺，绵延数百年的姜尚世系不再血食。

内讧和篡权是春秋时代的特点，它预示着未来的变化，那就是权力必将集中到君主一人手中，所实行的乃是中央集权制度。

二、中央集权制度的形成与君权体现形式

春秋时代的社会变革有如急风暴雨，旧传统和新风尚、旧制度和新规定、旧观念和新意识，在暴风雨中混杂一起。战国时代的社会变革则有如大浪淘沙，在荡涤污泥浊物之后，也就使三代的传统社会退出了历史舞台，一个新的社会模式出现了。

战国时代是中国社会经济飞速发展的时代，铁器和牛耕、水利和土地开垦、商业发达和手工业进步、人口增加和民族融合，都是社会经济发展的重要因素，而经济的发展必将决定性地促进社会结构的变化。

经济发展是战国社会变革的动因，而它的动力则是战争。战国时代，各国之间相互兼并，以强凌弱，弱肉强食的现象，令人触目惊心。各国"争地以战，杀人盈野；争城以战，杀人盈城"（《孟子·离娄上》）。交战双方常常是以数十万军队激战于一地，死亡率高得惊人。如公元前293年，秦将白起大破韩魏联军于伊阙，斩首24万。公元前279年，秦攻楚，主将白起引水灌鄢城，"水溃城东北角，百姓随水流，死于城东者数十万，城东皆臭，因名其陂曰臭池"（《水经注·沔水注》）。公元前273年，白起败魏军于华阳，斩首15万。公元前260年，秦赵长平之战，秦军坑杀赵卒40余万。为了战争，各国动员了所有能动员的人力、物力，秦、楚最为强大，各有带甲百万、车千乘、骑万匹，其他国家也有数十万军队。大规模的战争需要专门的指挥人才和训练有素的军队，还必须有充实的物质基础。在这种情况下，拥有战车和武器而具有贵族血统的武士们，无论是数量还是质量，都不可能适应大规模的战争。那些世袭的贵族们也显然担当不了战争的指挥责任，世卿世禄所分散的物质储备，也显然不利于集中使用。战争逼迫各国寻求新的出路，变法迫在眉睫。

首先变法的是魏国，魏文侯（前445年—前396年在位）在强敌包围之下，不惜重赏以招揽人才，一时间如子夏、田子方、段干木、李悝、吴起、西门豹、乐羊子等，都投到他的麾下。魏文侯不仅延揽人才，并积极听取他

们的意见。他师事段干木,"立倦而不敢息"(《吕氏春秋·下贤》)。采纳李悝"夺淫民之禄,以来四方之士"的建议,按照"食有劳而禄有功"(《说苑·政理篇》)的原则来选拔官吏。"淫民"就是指世卿世禄的贵族们,他们无功无能而拥位受禄,只有毅然剥夺他们世代承袭的爵禄来招聘人才、赏赐功劳,才能实现"有功必赏,有罪必罚"的治国原则。李悝还作《法经》六篇,实行以法治国,刑罚不分高低贵贱。使用吴起改革军事制度,招募士兵,采用新编制和考核训练制,实行军功受赏入仕制度。这样,军人不再是具有高贵血统武士的专职,庶民也可以从军,并可以在夺取胜利和征服领土的过程中立功受赏,既可以改变身份,又可以获得财富,在名利的刺激下,军人作战勇敢,军队战斗力提高。任用西门豹为邺(今河北临漳县西南)令,兴修水利而发展农业,既增加国家粮食储备,又把采邑改变为地方行政区。经过这些变制改革,魏国在政治、军事、经济上都得到较大的发展,成为战国初期强盛的国家。

其次变法的是楚国。楚悼王(前401年—前381年在位)任用从魏国逃难而来的吴起为相,采用在魏国曾经行之有效的变法,压制贵族,强制剥夺一些贵族累世享有的特权,贬废一些贵族,并把他们迁移到边远荒凉地区,规定贵族的封邑再传三代之后即收归国有。选练能战之士,与士卒同甘共苦。整顿吏治,要求官吏"私不害公,谗不蔽忠,言不取苟合,行义不顾毁誉"(《战国策·秦策三》)。收权、强军、清官场,楚国的国力因此迅速增长。是时楚国围魏救赵,大败魏军,接着"南平百越,北并陈蔡,却三晋,西伐秦"[①],曾经风云一时。

此后,变法图强便成为各国共同的特点。例如,韩昭侯(前362年—前333年在位)任用申不害为相,委任他主持改革,推行"建功而与赏,因能而受官"(《韩非子·外储说上》)的任官授赏制度;齐威王(前356年—前320年在位)任用邹忌为相,田忌、孙膑为将,大力改革政制军制,为齐国能在东方称"帝"打下基础;赵武灵王(前325年—前299年在位)进行军事改革,改用胡服,重视骑射,灵活机动的骑兵使赵国扩展许多领土;燕昭王(前311年—前277年在位)任用乐毅为亚卿,实行"察能而授官",采用"不以禄私

---

① (汉)司马迁:《史记》卷65《吴起列传》,中华书局,1959年,第2168页。

其亲，功多者授之；不以官随其爱，能当者处之"（《商君书·强民》）的办法，提高了统治效能，使原本衰弱的燕国强盛起来，曾经一度攻下齐国七十余城。

七国之中，秦国变法最彻底，这并非偶然。一是因为秦国所处之地很少受到外来攻击，社会生活比较稳定；二是因为秦国所处的地区经济并不发达，基本上是依靠垦殖而扩大管辖区域；三是本国贵族势力也并不强大，没有与君主抗衡的能力。在这种情况下，秦国的改革就阻力较小，比较容易实施。早在秦穆公（前659年—前621年在位）时，就曾经任用虞人百里奚、晋人由余等为谋士，向东西发展，扩地千里，成为雄踞西北的强国。不拘资格，不问来历地使用人才，可以说是秦国的传统，而当改革的大潮来临时，这些人才都发挥着至关重要的作用。

商鞅变法，是历史上有名的重大事件，也是秦国告别传统而开拓新道路的重要转折点。一个失意落魄的卫国公子来到秦国寻求发展，偶然的机遇使他得到秦孝公（前361年—前338年在位）的赏识，并在秦孝公的支持下，开始大规模的两次变法。第一次约是在公元前359年实施，重点内容是建立起什五为编制的户籍制度，实行连坐法，把全民编组成准军事组织，而以每一家庭作为税收的基础。创立军功爵位等级制度，鼓励垦荒和农业生产，把在战争中没有立过战功的贵族贬为庶民乃至奴婢，而对立有战功者，即便不是贵族，也是赏赐爵位、土地、住宅、钱财、奴婢等。第二次大概在公元前350年，即迁都咸阳后实施的，这次宣布废除不分家的大家族制，以增加国家的编户；建立县制，重新划分疆土，统一度量衡。商鞅变法把全国上下都纳入战争的体制，虽然商鞅本人受到旧勋贵保守势力的迫害，被车裂而死，但他的变法方略却无法被取缔，仍然被奉为国策。秦国的战争体制成为争胜之本，此后，秦国北征匈奴先去后顾之忧，南下巴蜀而进逼楚、魏，步步为营，开拓疆土，吞并六国已成必然之势。

综观战国列强的变法，虽然各有不同，但基本趋向却是一致的，那就是要求建立中央集权制度。

中央集权制度构成的三个主要条件是：君主独揽大权而君权至高无上，以中央政权有力管辖的地方行政制度，以君权强力统率的官僚制度。

战国时代的各国君主，完全摆脱共主的束缚，从独霸一方到公元前323

年分别称王，根本没有把周天子放在眼里。公元前249年，秦国吞并了东周，周代王国的世系便告结束。兼并战争使各国不约而同地加强对军民的统一指挥调动权，以便充分使用本国的人力物力。在这种情况下，君主的权力得到空前的提高，"夫擅国之谓王，能利害之谓王，制杀生之威之谓王"①，君主独揽军政大权，不再受任何法律制度和政治行为的约束。

地方的行政区划分和行政官员的任免权均控制在中央而集权于君主。郡县制与分封制有着根本的区别，它不是世袭的领地，而是作为国家政权的延伸，必须接受中央朝廷的考核、检查和监督；郡县长官不是世袭的世卿，无论是功还是过，都会导致他们的上下流动，或留任升迁，或罢职免官，职权没有永久性。郡县长官只有按中央的命令征集赋税和训练地方军队的权力，没有支配赋税和调动军队的权力。郡县不是采邑，而是国家的行政区，不是依靠族群来管理治下之民，而是依靠户籍和乡里基层组织来统辖所属人民。

官僚制度不同于世官制，官僚没有世袭的特权，他们是在"主卖官爵，臣卖智力"（《韩非子·外储说右下》）的情况下卖身投靠的，在"臣尽死力以与君市，君垂爵禄以与臣市"（《韩非子·难一》）的买卖和雇佣关系下，他们只能沦为君主的臣仆。这种买卖和雇佣关系不是公平的，君主掌握选拔、使用和赏罚权力，官僚只有尽力、效忠和接受委任，主动权完全操在君主手中。

官僚制度和地方行政制度是维系君主专制和中央集权的两大支柱，在这种情况下，君权的体现形式发生很大的变化。主要表现在如下几个方面：

第一，"官分文武，王之二术"（《尉缭子·原官篇》），君主通过设官分职以控制官僚机构。战国时代，各国基本上完成文武分职的设官制度，这种制度不但适应当时军政事务增加的需要，更重要的是构成文武相互监督的态势以便于君主控制。文武分职使总理军政大权的权臣难以形成势力，而君主却便于利用和制造他们之间的矛盾，运用"君临之术"以驾驭他们。

第二，制定符节玺印制度，以便于控制军队和官僚。所谓"符节"，乃是政治和军事的凭证信物，有若干种类，用于调动军队、发布命令、出征出使、证明身份等。所谓"玺印"，乃是君主和官员的权力凭证，君主的印信称为玺，

---

① （汉）司马迁：《史记》卷79《范雎列传》，中华书局，1959年，第2411页。

官员的图章称为印。这种制度的出现，使君主更便于行使权力，也便于对官僚实行控制，即便是那些"怀黄金之印，结紫绶于要（腰）"的宰相、公侯、将军等显赫人物，如今也要"揖让于人主之前"[①]。一旦被解除印绶，便立即成为庶民，甚至沦为罪囚。符节玺印乃是中央集权制度的重要体现形式，以后各代都不断加以完善，成为官制的重要构成内容之一。

第三，完善考核赏罚制度以约束和控制官僚和军队。战国时代各国以西周、春秋时代的朝聘、巡狩制度为基础，制定一套自上而下的考核制度，最为突出的是"上计"制度，也就是各级行政官员率先考察下属，并把本部门或本地区发生的各种事情填写在"计书"上，岁终派人送到中央，接受君主和辅政大臣的考核，然后按功过进行奖惩，是所谓"岁终奉其成功，以效于君，当则可，不当则废"（《荀子·王霸》）。君主掌握考核奖惩大权，便能有效地控制官僚机器。

战国时代，不但在制度上保证君主权力，在统治手段上也形成一整套理论，这就是所谓的"君临之术"。所谓"君临之术"，乃是指君主驾驭和考察群臣的手段。对于"君临之术"，集法家大成的韩非有系统的论述，他认为："术者，因任而授官，循名而责实，操生杀之柄，课群臣之能者也，此人主之所执也。"（《韩非子·定法》）君主只要站稳文、武、威、德"四位"，握紧生、杀、富、贫、贵、贱"六柄"的根本，运用"众端参观，必罚明威，信赏尽能，一听责下，疑诏诡使，挟知（智）而问，倒言反事"等"七术"（《管子·任法》）；观察政治上的"权借在下，利异外借，托以似类，利害有反，参疑内争，敌国废置"等"六微"（《韩非子·内储说上》）；以"亲爱习莫之得闻"（《韩非子·难三》）的隐秘幽深而变化莫测的"术"临视天下，便可以成为一条张牙舞爪而凶恶可怕的"龙"。秦始皇使用了，诛强臣、逐太后、杀嫪毐，牢牢把握大权，最终统一全国。龙本身有很大的弱点，"夫龙之为虫也，柔可狎而骑也。然其喉有一逆鳞径尺，若有人婴（撄）之者，则必杀人。人主亦有逆鳞，说（悦）者能无婴人主之逆鳞，则几矣"（《韩非子·说难》）。如龙的君主看起来凶猛无比，也有他的致命的弱点，正是这个弱点，使君主身边的各种政

---

① （汉）司马迁：《史记》卷79《蔡泽列传》，中华书局，1959年，第2418页。

治势力得以乘虚而入。"人臣有五奸，而主不知也。为臣者，有侈用财货以取誉者，有务庆赏赐予以移众者，有务奉下直曲怪言伟服瑰称以眩民者。"（《韩非子·说疑》）这就不得不使君臣关系陷于微妙紧张而互相猜疑防范的气氛当中，既不能用言语沟通，又不能以坦诚相待。君主身边的政治势力还利用"同床、在旁、父兄、养殃、民萌、流行、威强、四方"之"八奸"（《韩非子·八奸》）来壅蔽、眩惑、欺骗、驱谴君主。以此之故，在君主专制形成之时，就出现后妃、外戚、权臣、宦官等擅用君权以谋私利，甚至颠覆君主的现象。伴随着君主专制程度的加强，这些现象更加日益突出，乃至成为君主专制的一种滋生形式。

集权制度出现有其政治、经济和历史背景，也有"人的恶劣的情欲"。"在黑格尔那里，恶是历史发展的动力借以表现的形式。这里有双重的意思，一方面，每一种新的进步都必然表现为对某一神圣事物的亵渎，表现为对陈旧的、日渐衰亡的，但为习惯所崇奉的秩序的叛逆；另一方面，自阶级对立产生以来，正是人的恶劣的情欲——贪欲和权势欲成了历史发展的杠杆。"① 那些贪图权势，追求个人利益的人们把君主推到权力的顶端，而自己从君主那里尽可能分惠到合法或非法的利益；君主本人则为了扩大自己的权力，辟土地、兼天下、成王业，表现出更大的贪欲。他们的贪欲把千百万人驱入战场，让他们去寻求赏赐和荣誉。"统治者的目的是要保全自己的权势，无暇多顾为人民谋福的事。法家压根儿就没假设过统治者与子民之间的利害协调。"② 法家的成功，既加强了君主专制，也成就了中央集权，却没有解决长治久安的问题。

第三节　皇帝制度

秦始皇"建皇帝之号，立百官之职"③，使得"海内为郡县，法令为一统"④，

---

① 中共中央马恩列斯著作编译局：《马克思恩格斯选集》第4卷，人民出版社，1972年，第233页。
② ［美］费正清：《费正清论中国》，台北：正中书局，1994年，第55页。
③ （东汉）班固：《汉书》卷19上《百官公卿表上》，中华书局，1962年，第722页。
④ （汉）司马迁：《史记》卷6《秦始皇本纪》，中华书局，1959年，第236页。

不但具有划时代的意义，而且也为后代奠定了一个基本的政治体制格局。自秦以后两千余年的中国历史，尽管因为朝代更换而在制度上也迭有增补甄汰，但秦朝制定的君主专制中央集权体制却基本未变，梁启超所讲"二千年之政，秦政也"，大体上是合乎事实的。

一、王朝的最高首脑——皇帝

提起古代官制，绝不能回避开各该时期的皇帝。皇帝这个怪物在中国政治制度史上占有不可替代的地位，是由当时的历史条件，特别是由当时的社会情况所决定的。皇帝高踞国家机器的最顶端，是一切统治权力的象征和执掌者，一切文武官位的设置或撤除，各级官府的架构规模、权限、典章制度的颁布和修订，一切文武大小官员的任命、管理、监督、奖惩及执行的尺度，都要通过皇帝才能拍板裁定。从理论上讲，皇帝是专制王朝的核心和主宰，享有号令臣民，控制和指挥全副国家机器的权力。

在中国历史上曾经出现过多少皇帝？由于计算统计的标准不同，所得出的数字也有差别。据粗略的统计，从秦始皇到末代皇帝宣统，共有280多人①。这280余人中，掌权的时间长短各有不同，有些人执政年月较久。例如，秦始皇嬴政在位三十七年，西汉武帝刘彻在位五十四年，梁武帝萧衍在位四十八年，唐玄宗李隆基在位四十三年，北宋仁宗赵祯在位四十一年，南宋理宗赵昀在位四十年，明太祖朱元璋在位三十一年，明世宗朱厚熜在位四十五年，明神宗朱翊钧在位四十八年，清圣祖玄烨在位六十一年，清高宗弘历在位六十年，还当了三年掌握实权的太上皇。但也有不少短命皇帝。例如，秦始皇的孙子公子婴继位刚46天便国亡人降；西汉末帝刘婴，2岁登基，5岁便被王莽废黜；唐顺宗李诵在位8个月而夭亡；唐敬宗李湛在位二年而被宦官刘克明等人杀害；明仁宗朱高炽在位8个月而亡，明光宗在位仅1个月便一命归西，末代皇帝溥仪的宣统年号不过存在三年。

由上可见，有些皇帝主政长达半个世纪上下，其在历史上所起的作用当然会大一些。至于那些被弑、被篡、被废立或早殇的皇帝，在位多者二三年，

---

① 据齐召南：《历代帝王年表》，万国鼎：《中西对照历代纪年图表》，翦伯赞：《中外历史年表》统计，各说不同，数字各有差异，应该以确实发挥皇帝作用者为准。

少者一二月，其影响和作用自然会小得多。当然，这不过是从统治时期的长短来看，更重要的应该是看他们实际掌握的权力，看他们运用权力的手段和社会效果。

回溯历史，对曾经拥有皇帝位号的人物逐一进行查考评价，就不难发现，确有少数皇帝在他掌权期间，既有武功，又有文治；既有雄才大略，又有安邦定国之谋；他们能够较好地驾驭国家机器，在一定程度上尚能符合当时社会发展的要求，或多或少推动过历史的前进，史家称颂有关时期为"治世"，有什么"文景之治""贞观之治""仁宣之治""康雍乾之治"等。有极少数皇帝，甚至能够因时变法，维新改革，其中有的即使终归失败，赍志以殁，仍然不愧是统治集团中较有识见、较有胆略的政治代表。绝不应因为这些人身为皇帝，便简单地将他们定性为反动分子。当然，历史上多数的皇帝，或是昏聩荒唐，或是庸碌无为，或是颟顸无能，或是骄奢淫逸，甚至是酷虐嗜杀，残民以逞，顽固地推行保守反动的政策，悖逆社会发展的潮流。至于那些甘心卖国求荣，甘为儿皇帝，甘为傀儡的人，则是公认的民族败类，难逃史家的斧钺。

二、皇帝的名位制度

名是名号、名义；位是地位、位置，实际上乃是将名加以物化的具体措置。以此来看，皇帝的名位制度应该包括皇帝的名号以及将皇帝的地位加以神化的各种物化表现形式。

（一）皇帝的名号

公元前 221 年，秦兼并了六国，实现了全国的大统一，秦王嬴政认为王的名号对他已经不适用，于是令丞相、御史曰："寡人以眇眇之身，兴兵诛暴乱，赖宗庙之灵，六王咸伏其辜，天下大定。今名号不更，无以称成功，传后世。其议帝号。"当时的丞相王绾、御史大夫冯劫、廷尉李斯等大臣与博士商议之后，上书称："今陛下兴义兵，诛残贼，平定天下，海内为郡县，法令由一统，自上古以来未尝有，五帝所不及。臣等谨与博士议曰：'古有天皇，有地皇，有泰皇，泰皇最贵。'臣等昧死上尊号，王曰泰皇。"嬴政在审议群臣的上书之后下令："去泰，著皇，采上古帝位号，号曰皇帝。"并且重申："朕为始皇帝。后世以计数，二世三世至千万世，传之无穷。"① 可见，议定皇帝的名号，乃是嬴政的起意，经过群臣和博士们的讨论和建议，最后由嬴政个人裁定的。至于自他为始皇帝而传之千万世，无非是他个人的意愿，实际上刚及二世便国破家亡了。

秦始皇"自以德兼三皇，功包五帝"（蔡邕：《独断》上），将三皇五帝名号合而为一，号称"皇帝"，这是旷古以来所未有，被认为是最崇高的名号，一经出现，便被历代王朝所接受，一直沿用了两千余年。

皇帝已经是最崇高的尊号，但高踞于皇位的统治者并不能以此为满足，他们希望取得更尊贵的推崇，而皇帝底下的官僚们，出于本身利益上的动机，便在适当时机就会顺应皇帝的欲望，公开进行吹捧，使皇帝的名号又增加新的内容，那就是尊号，也称为徽号。

尊号出现在唐高宗李治当政时期②，当时社会正发生相当大的变动。陈寅恪先生认为："自高祖、太宗创业至高宗统御之前期，其将相文武大臣大抵承西魏、北周及隋以来之世业，即宇文泰'关中本位政策'下所结集团之后裔也。自武曌（则天）主持中央政权之后，逐渐破坏传统'关中本位政策'，以遂其创业垂统之野心。"③旧的集团政治势力在一定程度上受到摧毁时，新的集团政治势力便会兴起。旧集团政治势力希望能保住他们的既得利益，新的集团政治势力则希望取得和扩大自己的利益。他们都要追求个人的权益，都有求宠于皇权，都谋求取得皇帝的青睐和重用。在这种情况下，新旧集团政治势力都会不约而同地拜倒皇权脚下，献计献策，而谄媚吹捧则是他们在争夺自身利益时共同使用的手段。

唐高宗李治接受群臣的公开吹捧，被尊为"天皇大帝"。"皇者，天人之总，美大之称也。""帝者天号也，德配天地。"④"皇者，煌煌也，道烂然显明；帝者，谛也。""皇，君也，美也，大也，天人之总，美大之称也。"⑤本来皇帝

---

① （汉）司马迁：《史记》卷6《秦始皇本纪》，中华书局，1959年，第236页。
② 西汉哀帝在位时，曾经自称陈圣刘太平皇帝，被认为是尊号之始。尊号不是自称的，是群臣尊奉的，故以此为始。
③ 陈寅恪：《唐代政治史述论稿》，上海古籍出版社，1980年，第18页。
④ （唐）徐坚：《初学记》卷9《帝王部·总叙帝王》，中华书局，1962年。
⑤ （宋）李昉等：《太平御览》卷76《皇王部·叙皇王上》，中华书局，1960年。

已经拥有至尊至贵的称号了，但无有底止的虚荣心和无可遏制的权力欲，促使他们不满足所有的君主都能称呼的皇帝名号，总想在皇帝行列中突出自己，总想尊上加尊、荣上加荣，而善于观风使舵的官僚们自然会不遗余力地竭尽迎合之能事。武则天以女主自为皇帝，为了保住皇位，她残酷地剪除异己，甚至不惜屠戮自己的亲生骨肉。虚荣心使她喜欢亲幸们对自己的吹捧，权力欲使她不择手段地巩固自己的地位，而那些希望谋取私利的臣僚们，正好乘隙而进。688年，武则天被尊为"圣母神皇"；690年，又被尊为"圣神皇帝"；693年，再被尊为"金轮圣神皇帝"；694年，更被推为"越古金轮圣神皇帝"；695年，续加号"慈氏越古金轮圣神皇帝"和"天册金轮大圣皇帝"；705年，被赶下台的武则天被上尊号为"则天大圣皇帝"。自此以后，群臣上尊号便成为一种制度。

唐玄宗李隆基以后，在位的皇帝常常多次接受群臣奉上的尊号，唐玄宗本人就被6次奉上尊号，开元元年（713年）上尊号为"开元神武皇帝"，开元二十七年（739年）加尊号"开元圣文神武皇帝"，天宝元载（742年）再加为"开元天宝圣文神武皇帝"，天宝七载（748年）又加为"开元天宝圣文神武应道皇帝"，天宝八载（749年）续加号为"开元天地大宝圣文神武应道皇帝"，最后在天宝十三载（754年）加至"开元天地大宝圣文神武证道孝德皇帝"。每次增加两字，也是务求一尊再尊，荣上加荣。上尊号制度盛行于唐、五代、宋、元，因此在位皇帝常常多次被群臣上尊号，累加至数十字的也不罕见。

尊号实际上是谥号延伸到活着的皇帝，既能够满足在位者的虚荣心，又给臣下以巴结求宠而捞求名利的机会。因此，每逢元旦或喜庆之日，便由群臣上书奉上尊号，皇帝假意推辞，乃至书三上、五上，方才应允。在上尊号的过程中，一些富裕的百姓也曾经参加奉上尊号的行列，如武则天时就有"魏王武承嗣等二万六千余人上尊号"[①]。宋徽宗时，还曾经出现富民为上尊号而五上书的事情，在推请和谦辞"继天兴道敷文成武睿明皇帝"尊号的过程中，金人的铁骑已经进入河北，徽宗和钦宗俱被俘虏囚押往东北，最后的下场竟

---

① （宋）司马光：《资治通鉴》卷205《则天后延载元年（694年）》，中华书局，1956年。

是身死在五国城。

由于尊号与谥号有相同之处，实际上也有对皇帝在位时进行评价的意义，虽然这些评价都是肉麻的吹捧，但还是有品评皇帝在位功过是非的味道。但以臣下来品评君主的功过是非，这对于高度集权的皇帝来说，已是绝对不能够容忍的事。因此，到明代朱元璋当了皇帝，便宣布废除上尊号的制度。清入关以前，努尔哈赤曾经被上尊号为"覆育列国英明皇帝"；皇太极曾经被上尊号为"宽温仁圣皇帝"。入关以后则因明制，上尊号制度只行于皇太后及皇太妃等。康熙在位，不但群臣多次请上尊号，蒙古王贝勒、达赖喇嘛、礼部、廷臣、王大臣等也迭次请上尊号，康熙帝都未应允，因为他明白"君臣之间，全无功绩可纪。倘复上朕尊号，加尔等官秩，则徒有负愧，何尊荣之有"①。"若称尊号，颁赦诏，即入于矜张粉饰矣。"②因为"帝王事业，贵始终如一，不以徽号为贵。上世无论矣，即明代亦无受尊号者，后人并不非之"③。身为帝王，"若夸耀功德，取一时之虚名"④，实际上是自取其辱。"至于请上尊号，特虚文耳，于朕躬毫无裨益。史书所载加上尊号等事，徒为先儒所讥，有何善处而欲行之。"⑤况且帝王"若侈陈功德，加上尊号，以取虚名，无益治道"⑥。当康熙帝年及七十，而在位六十年时，内外群臣再次上"圣神文武钦明浚哲大孝弘仁体元寿世至圣皇帝"尊号，但他并没有糊涂，批驳群臣曰："从来所上尊号，不过将字面上下转换，此乃历代相沿陋习，特以欺诳不学之人主，以为尊称，其实何尊之有？当时为臣下者劝请举行，以致后人讥议往往有之。"对于请上尊号者，康熙帝则认为："微贱无耻之徒，谓举行庆典，必有殊恩，邀望非分。若奸诈辈得邀殊恩，则军前功罪，轻重颠倒，钱谷混乱不明。更有甚者，人知六十年庆典，必有殊恩，故杀故犯者不少。"⑦康熙帝可谓明白人，始终没有接受尊号，也看出请上尊号的人们各自怀有私心。此后乾隆帝与道光帝都曾经被群臣上尊号，因为康熙帝没有接受，他们自然也不

---

① 《清圣祖实录》卷99，康熙二十年十二月癸巳条。
② 《清圣祖实录》卷112，康熙二十二年九月丁未条。
③ 《清圣祖实录》卷183，康熙三十六年夏四月癸卯条。
④ 《清圣祖实录》卷210，康熙四十一年十二月壬辰条。
⑤ 《清圣祖实录》卷245，康熙五十年三月庚寅条。
⑥ 《清圣祖实录》卷252，康熙五十一年十一月己亥条。
⑦ 《清圣祖实录》卷291，康熙六十年三月乙丑条。

敢接受。

上尊号的传统长盛不衰，其间既反映出皇帝制度下的君臣关系，也可以看到麇集在皇帝周围的各种政治势力，无不从尊号上谋求政治与经济利益。作为皇帝，通过尊号得到的是"天王圣明"的形象，而上尊号者，则在"天王圣明"之下以满足自己的私欲和野心。

（二）皇帝的名位

名位不同于名号。名号只是一种称呼，仅有尊敬的意义，没有具体内容。名位则是具有实在的内容，是旨在突出名号的尊严，将名号延伸为现实的政治统治。名位的内容既广泛又具体，在国家政治和社会现实中发挥着极为重要的作用。

秦始皇时，丞相王绾、廷尉李斯等在奉上皇帝的名号时，就提出"命为制，令为诏，天子自称曰朕"等具体内容，以突出君主神圣的地位，保证皇权的行使，这就是始创名位制度的滥觞。

名位制度在汉代得以确立和充实，当时规定："汉天子正号曰皇帝，自称曰朕。臣民称之曰陛下。其言曰制诏。史官记事曰上。车马衣服器械百物曰乘舆。所在曰行在所。所居曰禁中，后曰省中。印曰玺。所至曰幸。所进曰御。其命令一曰策书，二曰制书，三曰诏书，四曰戒书。"（蔡邕：《独断》上）由此可见，这些内容都是皇帝至尊至贵身份地位的具体表现形式，亦为皇权行使至尊权力提供制度上的保障。从秦始皇到汉高帝，不过短短二十几年时间，中间还经历秦末农民大起义，皇帝名位制度就得以确定，并且基本上为以后历代王朝所承袭，足见这套制度是多么适应皇权专制体制的需要。

皇帝名位制度主要包括三个方面内容：一是称谓方面的专用词语，借以表现皇帝与众不同的崇高地位。二是衣食住行方面的专用名称和格式，借以突出皇帝的神圣。三是政令运作上的专用凭据，如玺印、诏书、口谕等的规制，借以保证皇权的行使。这三个方面实际上也是皇帝制度的重要构成，与当时的社会和政治有着密切的关系，更关系到历代王朝的政治制度变化。

皇帝名位制度是旨在突出皇帝的权威，确认皇帝统治的合法性，保证皇权的顺利行使。因此，在皇权专制的情况下，名位制度得到不断扩大和发展。

第一，与皇帝有血缘和婚姻关系的人都有了专用的称呼。例如，皇帝的父亲称"太上皇",母亲称"皇太后",祖母称"太皇太后",妻称"皇后",妾称"妃、嫔、贵人",子称"皇太子""皇子",姑称"大长公主",姐妹称"长公主",女称"公主",孙称"皇孙",皇族子弟称"宗室",女婿称"驸马"等。这些称呼虽然历代都有一些变化,尤其是少数民族政权,因为语言习惯等方面的原因,称呼和书写也迥异,但其实际意义却是相同的。第一家庭、第一家族的所有成员,都被赋予尊崇而突出的专用称谓,实际上是为了突出皇帝的尊严。

第二,年号的出现和更改。年号是历代帝王纪元所确立的名号。汉代以前的帝王没有年号,一般认为它是创始于汉武帝建元元年(前140年),"自古帝王,未有年号,始于此也"①。也有认为"自元鼎(前116年—前111年)以前之年,皆有司所追命;其实年号之起在元鼎,故元封改元(前110年)则始有诏书也"②。不论"元鼎"还是"元封",都说明年号制度是创始于汉武帝,自此以后,如果有所谓祥瑞,或发生重大变故以及新皇帝即位,都要立号改元,有的皇帝在位时曾经改元十余次,也有的一年之间数次改元,没有什么严格的限制。年号制度初创时期,制定和更改年号多集中在出现祥瑞和自然界有较大变故的时候,随着社会的发展,年号的设定逐渐与当时的政治联系在一起。如汉武帝在位时期采用过的建元、元光、元朔、元狩、元鼎、元封、太初、天汉、太始、征和等年号,大多是因为有祥瑞出现;后汉时期的建武、永平、永元等年号,则与当时求取兴盛升平的政治观点有一定的关系;唐宋时期的贞观、太平兴国、靖康等年号则完全依据不同时期不同的政治情况。年号与当时的政治情况密相联系,往往反映出当时的时局和皇帝治理国家的意向和心理动态。如明清时代,年号已经固定在一帝一号。明英宗先为正统,复辟后为天顺,是因为经过土木之变,景泰帝代位,英宗复辟的事变,是特别例子。因此每当原来的皇帝去世,便由嗣位皇帝与权贵大臣们审时度势,制定并颁布新的年号,这时的年号与皇帝的实际地位、政治统治意图、国家形势等的联系更为密切。例如,明太祖朱元璋的年号定为"洪武",体现他以

---

① (东汉)班固:《汉书》卷6《武帝纪》颜师古注,中华书局,1962年,第156页。
② (宋)司马光:《资治通鉴》卷17《汉武帝建元元年(前140年)》胡三省注,中华书局,1956年。

武定国的尚武思想;而继位者朱允炆定年号为"建文",则意在建立文治;明成祖朱棣夺取帝位,定年号为"永乐",意想造就永远安乐的局面。又如,清文宗奕詝去世,其子穆宗载淳年幼即位,由慈安、慈禧两太后垂帘听政,因此确定年号为"同治"。由此可见,皇帝年号的内涵和更替,与各该时期的政治局势、皇帝本人的处境和特点,以及皇帝的统治意向等都有一定的联系。

第三,庙号、谥号、陵寝号等制度,把名位制度延伸到死去的皇帝和皇帝的祖先,以表示皇位的正统和延续性。

庙号是皇帝死后受到后世祭祀、在太庙中位置的称号。按照古代的宗庙制度,是对同受祭祀的前几代先祖建立的庙堂,即所谓的九庙、七庙等。"庙以藏主,列昭穆",被称为祖先的神位设在庙堂之中,以接受后裔和群臣的朝拜、祭祀和乞求保佑,这是宗法制的体现。庙号是按嫡传世系编排的,"祖有功而宗有德",能够享有庙号,就意味着被推崇入帝统系列。西汉时期,刘邦因为建朝立国,所以"功最高",因此被尊庙号为"高祖";汉文帝兴礼修文,与民休息,德高而安汉室,故被尊庙号为"太宗"。因为太庙中的神位有限制,并不是每一位死去的皇帝都能得到这种庙号的"殊荣"。西汉12帝,被称为"祖"或"宗"者仅5帝。东汉13帝,被称为"祖"或"宗"者仅7帝。两晋前后15帝,被称为"祖"或"宗"者仅6帝。可见当时对庙号的要求比较严格。并不是每一位皇帝都能建宗立庙的庙号制度,除了表明帝统之外,还在某种程度上对已经死去的皇帝政绩和行事的一种评价,同时也用来告诫在位的皇帝,如果没有突出的政绩,死后可能会不能进入帝统,接受不了后人的祭祀。这种在庙号待遇上有所区别的做法,当然会招致在位皇帝的猜疑和反对,因为他们对自己死后能否取得庙号和在太庙中的位置感到担心,也认为是与皇帝至高无上的权位相悖的,必然会采取各种办法加以限制或取消这种做法,最后不得不走向折中。隋唐以后,皇帝的庙号制度发生了根本的改变,那就是所有的皇帝都能取得庙号,开国者或有重大贡献者,称"祖",其余全部称"宗",不再按世系和政绩来排位,用以加强皇帝的绝对权威,确立在位皇帝皆不容指摘的绝对地位。所有的皇帝都能取得庙号,意味着庙号的贬值,但它依然是皇帝确立正统的重要工具。例如,明朝嘉靖皇帝因正德皇帝无子,以近支宗室被拥立为帝,为了确认正统,便追尊原为兴献王的先父为"兴献皇帝"，强加庙号为"睿宗"，将一个死藩王硬挤入先皇序列，用以衬托外藩列入帝统的正当；嘉靖还将以"靖难"篡位的朱棣庙号，从"太宗"提升为"成祖"，实际上也是为了借朱棣篡统的历史事实来确认自己的正统。清代虽然出现太祖（努尔哈赤）、世祖（顺治）、圣祖（康熙）三个"祖"的庙号，却倒是严格按照开国和有重大贡献的准则实施的，体现庙号制度进入完善的时期。

谥号在西周时期就已经盛行，是人死后按其生平事迹进行评价褒贬给予的称号，"谥者，行之迹也；号者，功之表也"（《逸周书·谥法解》），当时并不是只有帝王才能专用的。但秦始皇认为："如此，则子议其父，臣议其君也，甚无谓。朕弗取焉。自今已来，除谥法。"①实际上是为了捍卫帝王的尊严，不许群臣和后人对他随便加以评议，更不容指摘自己的过失。西汉时期，吕后当权，为了确立自己的正统地位，便恢复原来谥法，在吹捧自己的丈夫刘邦的同时，也提高自己的地位。按当时的规定，帝王的谥号先由礼官进行初议，再由群臣会议。上奏以后，由嗣位皇帝进行裁定颁布。隋代以前，给帝王追加的谥号，多少还保留一些古风，虚夸的成分较少。如西汉孝惠皇帝，依据《谥法》："柔质慈民曰惠"，而"孝子善述人之志，故汉家之谥，自惠帝以下皆称孝也"②。这种评价不但符合汉惠帝的生平，也突出汉代"以孝治天下"的特点。隋炀帝的"炀"是烘干和火烧得很旺的意思，转申为佞幸当政，蒙蔽国君③，其取意却与隋炀帝本人的事迹相差不多，只是用奸臣蔽主的意思，委婉地为隋炀帝开脱。也就是说，隋以前的谥号基本上还能反映已故帝王一生的功过和个人行为特点，只是用词比较隐晦，字数也仅有一二字。唐代以后，谥号不再局限于一二字，比较隐晦的词变得更加隐晦。大量使用溢美的谀词和颂扬的语句，谥号中保留的古风已经荡然无存。如酿成安史之乱，使唐王朝走下坡路的唐玄宗李隆基的谥号竟然是"至道大圣大明孝皇帝"，根本

---

① （汉）司马迁：《史记》卷6《秦始皇本纪》，中华书局，1959年，第236页。
② （宋）司马光：《资治通鉴》卷12《汉惠帝元年》，胡三省注引应劭、师古曰，中华书局，1956年。
③ 《战国策·赵策三》：卫灵公近雍疽、弥子瑕。二人者，专君之势以蔽左右。复涂侦谓君曰："昔日臣梦见君。"君曰："子何梦？"曰："梦见灶君。"君忿然作色曰："吾闻梦见人君者，梦见日。今子曰梦见灶君而言君也。有说则可，无说则死！"对曰："日并烛天下者也，一物不能蔽也。若灶则不然，前之人炀，则后之人无从见也。今臣疑人之有炀于君者也，是以梦见灶君。"君曰："善！"于是因废雍疽、弥子瑕，而立司空狗。

看不到"率情背礼，取乐于身。夷涂不履，覆辄攸尊"①，多情纵欲皇帝的原貌。亡国之君宋徽宗的谥号居然是"体神合道骏烈逊功圣文仁德宪慈显孝皇帝"，除了"逊功"之外，全是颂扬之词。明武宗是一个典型的浪荡皇帝，一生不务正业，"耽乐嬉游，昵近群小"②，建豹房，蓄蕃僧，自号大庆法王，可谓劣迹昭彰，但所得的谥号却是"承天达道英肃睿哲昭德显功弘文思孝毅皇帝"。继武宗之后的世宗，一生揽权好猜疑，性好杀戮，又特别迷溺祥瑞神仙，宠信方士神棍以干政，"若其时纷纭多故，将疲于边，贼讧于内，而崇尚道教，享祀弗经，营建繁兴，府藏告匮，百余年富庶治平之业，因以渐替"③，他的谥号竟然是"钦天履道英毅圣神宣文广武洪仁大孝肃皇帝"。明穆宗"未能振肃朝纲，矫除积习"④，谥号为"契天隆道渊懿宽仁显文光武纯德弘孝庄皇帝"。谥号字数愈来愈冗长，用词愈来愈浮夸。诸如此类的谥号，实际上是在搞文字游戏，不但悖离古代立谥以劝惩的本意，而且助长阿谀奉承的风气。即便如此，有些谥号在盖棺论定方面的内涵还多少有保留，有时还能曲折地反映出已故皇帝的功过和特点。

陵寝号是加给安葬皇帝陵墓的称号，一般是根据皇帝生前的功过和世系加以命名。开国的皇帝一般称"长陵"，以后的皇帝则要参照其生前事迹和世系来命名，尊崇安泰的内涵较多，如茂、义、昭、乾、康、景、显节、高平等陵。也有以所处之地命名的，如汉文帝的霸陵、魏文帝的首阳陵、东吴孙权的蒋陵等。死去的皇帝对现行的政治已经没有干涉能力，但陵寝号的确定却与在位皇帝的正统地位息息相关。例如，明太祖朱元璋的陵寝号为"孝陵"，而明成祖朱棣的陵号却为"长陵"。这位原本为燕王的朱棣，在夺嫡称帝之后，就把乃兄朱标原来的"孝康皇帝"的谥号改变为"懿文皇太子"，把朱标的"兴宗"庙号也取消了，陵寝号也被剥夺了，实际上是确立自己的正统地位。朱棣俨然以正统自居，其后人又把他的陵寝号定为"长陵"，一百多年以后又被追认为"成祖"，许多现实和历史的政治背景蕴藏在其中。

---

① （后晋）刘昫：《旧唐书》卷7《睿宗纪赞》，中华书局，1975年，第162页。
② （清）张廷玉等：《明史》卷16《武宗纪》，中华书局，1974年，第213页。
③ （清）张廷玉等：《明史》卷18《世宗纪二》，中华书局，1974年，第250页。
④ （清）张廷玉等：《明史》卷19《穆宗纪》，中华书局，1974年，第258页。

皇帝的名位制度涉及的范围是广泛的，所有的专门称呼和实际表现，都是以突出皇帝至高无上的地位为宗旨，对死去的皇帝的尊崇，实际上也是为了突出在位皇帝，历史为现实服务，在每朝每代都有它新的寓意和内容。

（三）皇帝名位制度的特点

皇帝名位制度涉及了当时社会生活的各个方面，一般是从多角度对皇帝进行推崇，实际上是为了确保皇帝的绝对权威，其特点既鲜明又突出。

第一，皇帝名位制度集中反映了皇权专制的本质。皇权专制最主要的特点就是规定由一人独制天下，而名位制度则是从各个角度上尽可能加以强调。皇帝是至尊的称号，皇帝所使用的语汇名词和使用的器物都有独占的专用称谓，任何人都不允许僭越，否则就要受到严厉的制裁。这种旨在利用皇帝的名位制度，表明皇帝其人既立足于社会，又凌驾于社会之上，具有特殊的权势和地位。

第二，皇帝名位制度渗透了天命观念，以天人合一来证明皇帝是唯一至尊，并且有意营造皇权专制神秘化。它不厌其烦地从天命的角度来论证皇权的合理，把皇帝的统治意图和一应措置都诿称为上天的意志，仗天命以立威严，借天命以成人事，挟天命以制臣民。因为有了天命，皇帝就可以用奉天伐罪的名义去诛杀异己，就可以用承天践祚的理由来作威作福。在皇帝的年号、谥号、尊号、宫省等名位制度中，几乎都使用天、地、运、道等词语，借以表明皇帝既是奉天承运来行使权力的，又是天命所归的。在人民群众尚处于未觉醒的情况下，借助神秘的迷信来加强皇权专制的统治，不但具有一定欺骗作用，而且影响是很大的，"就直到二千年后的今天，对于'老天爷'的信仰也依然是根深蒂固地存在于民间，只要有一'替天行道'的狂信者出现，便立刻可以造成一种教派"[①]。

第三，皇帝名位制度全面灌注了以君臣父子、等级上下为中心的礼法思想，以三纲五常等伦理学说作为重点内容。西汉有名的政论家贾谊在他给皇帝上的《治安策》中讲道："人主之尊譬如堂，群臣如陛，众庶如地。故陛九级上，廉远地，则堂高；陛亡级，廉地近，则堂卑。高者难攀，卑者易陵，

---

① 郭沫若著作编辑出版委员会编：《郭沫若全集·历史编》第一卷，人民出版社，1982年，第362页。

理势然也。故古者圣王制为等列，内有公、卿、大夫、士，外有公、侯、伯、子、男，然后有官师小吏，延及庶人，等级分明，而天子加焉，故其尊不可及也。"皇帝无可置疑地被推到社会等级的最顶端，把握最高权力，"所持以别贵贱、明尊卑者，等级、势力、衣服、号令也"①。皇帝名位制度正是严格地按照权力和等级规定而制定的，从言语到行止、居处到用具、章服到诏令、玺印到文书，无不确定有专用名称。从皇帝名位制度中的年号、尊号、谥号等经常采用天、德、圣、孝、仁、义、智、文、武等精选的文字来看，都是按照儒家的伦理道德标准，集中体现了君臣、父子、夫妇之间服从和被服从的政治伦理关系。皇帝名位制度极力渲染皇帝不仅是专制权力的拥有者，而且也是伦理道德的表率，竭力塑造"天王圣明"的形象。

总之，皇帝的名位制度不仅具有礼节仪式方面的作用，而且还集中反映着皇帝特有的身份地位，把皇帝塑造成"天王圣明"的超人，实际上都是围绕着如何拱卫皇帝的政治权力。这样多种意义的综合，乃是皇帝制度的外部表现形式，也是皇帝制度不可分割的重要组成部分。

三、皇帝权限与行使

在皇权专制制度下，皇帝的权力被宣称是无限的。在通常的情况下，一切行政、军事、立法、司法、文教等大权，无不由皇帝掌握运用；对一切文武官员和勋贵人等的任免、赏罚、生杀予夺大权，也无不取决于皇帝，是"天下之事无大小皆决于上"②。皇帝的权威虽然是无所不统，但在行使权力时，还是必须通过一定的人员和机构，并按照一定的程式进行，这就要求必须建立一套能充分行使皇权的办事机构和规章。

（一）皇权的行使方式

皇帝行使权力主要是采用批答章奏，对臣僚奏事采用审议复核的方法。在贯彻意图方面，则使用诏、令、谕、旨等专用文书形式，由一定的承传机构下达发布，交各职能部门执行。为保证各职能部门严格执行皇帝的旨意，又设有一套层层监控的监督和监察网络。

---

① （汉）贾谊：《新书》卷1《等齐》，中华书局，1912年。
② （汉）司马迁：《史记》卷6《秦始皇本纪》，中华书局，1959年，第258页。

审阅和批答奏章是皇帝掌握社会和了解军政讯息、进行决策的基本途径，也是皇帝处理军国事务的主要方式，工作量极大。例如，秦始皇每天要处理120斤重的竹简文书，明太祖朱元璋每天处理文书上千件。清世宗雍正皇帝在位近十三年，其亲手批示的奏章现存竟有数万件之多。奏事有章、奏、书、启、表、册、记、疏、议、行状、札子、揭帖、题、封事等文种的区别。不同的文种各有不同的使用范围和作用，不允许混淆错用。

奏事的文件形成于被规定有上奏权的官府部门和文武官员、勋臣贵戚之手，通过指定的途径呈交给皇帝，经皇帝审议批示后，再使用诏、令、谕、旨、朱批，乃至于口谕等形式下达或公布。

除了使用文件上奏之外，一定范围的文武大臣和勋臣贵戚还可以面奏，即当面向皇帝反映情况和陈述意见，以供皇帝参考或采纳。

奏事有不实之处，皇帝可以随时指定有关部门或直接派人进行"簿责"，即按照皇帝的批示对所奏之事进行核实和驳斥，甚至给予严厉的处罚。

对于重要的政事，皇帝难以抉择的时候，可以召集与这些政事有关的大臣，举行规模大小不同的会议讨论，称为"朝议""廷议""会议""集议"等，由与会者提出不同的参考意见，然后由主持会议的大臣具衔上奏，听由皇帝裁决。有的皇帝也亲自主持或参加朝议和廷议，如果皇帝当时能够裁决，即当场拍板，发布指令；不能马上裁决的，将众人意见"留中"，留待以后处理。

按制度规定，皇帝应该定期举行"常朝"，接受群臣奏事，当面发布指令。常朝的时间，历代有不同的规定，或五天，或十天，或半月，或一月一朝。勤奋的皇帝往往是每天召见群臣，而懒惰的皇帝往往至期便宣布"免朝"。长时间不见群臣的皇帝，在历史上也很多，但政务照样要以皇帝的名义处理，这样，作为协助皇帝处理文书的机要秘书人员和部门的重要性便显得十分重要。

（二）保证皇权行使的组织机构

皇帝为了顺利地行使统治权，必须设置一定的行政组织机构，这些机构主要包括顾问、辅政、机要和秘书机构，日常行政事务机构，监察机构等。

顾问、辅政、机要和秘书机构是辅助皇帝处理各种事务，负责上承下宣、传达和贯彻执行皇帝指令的关键所在。任何皇帝以个人的体力和精力，即使是"衡石量书",昼夜不眠地日理万机,也绝不能亲自处理完所有的军、政、财、文、法等事务,故此必须设置辅助办事的部门或人员。这些部门或人员是皇帝的辅助和信息政令的中枢,他们参与和掌握机密,负责推行有关全局性的政令,有时还被授权(或篡权)直接处理重大要政。但中枢的权力膨胀,往往会对皇权构成威胁,乃至成为对抗或取代皇权的政治势力。因此,他们既是皇帝最信任和重用的,又是皇帝最不放心和严格控制的机构和人员。

身居九重深宫的皇帝,要实现对疆域辽阔帝国的全面监控,确保自身的独断权力,就必须绝对统率和指挥从中央朝廷到各级地方行政系统的一应官吏和庞大的军队。要实现对全副国家机器的控制,又必须首先提纲挈领地严密掌握住御前的辅政机构和人员,要求他们保持绝对的忠诚,能够彻底贯彻自己的意志和指令办事。对于皇帝来说,能否有效地控制政令中枢的辅政机构,便成为能否维护和强化皇权的最基本标志。皇帝与辅政之间存在着权力划分和增减,有着既相统一又相矛盾的关系。为此,历代执政者苦心孤诣地设计了许多应对的办法,以期皇帝能最有效地控制中央枢机。从秦汉的三公到明清的内阁和军机处这两千多年的中枢宰辅制度演变过程来看,皇帝控制这套班子的办法是:有意识地削夺和分散宰辅的实际权力,使他们相互牵制和制约;使用品位较低的官员和亲信侍从来参与机要,在中央政务处理上构成内外相互制约的两套政令班子,并且充分利用这两套班子之间的矛盾来实现对全体臣僚的控制。

行政事务机构是办理国家各种日常事务的部门,负责将皇帝的指令付诸具体实施。秦汉的九卿,隋唐的六部、九寺、五监,明清的部、院、寺、监、府等中央行政和事务机构,就是这样的部门。政令、行政、事务,三者本来是一个完整的整体,是有机配合的关系。然而,历代统治者却总是在防止臣僚擅权的前提下考虑设官分职,有意识地将三者割裂开来,使任何一个部门都不可能拥有真正独立的职权。各部门之间又缺少明晰的权责划分,使他们相互之间构成一种相互制衡的关系,有意造成机构重叠、职权交叉、相互渗透的态势,以便于皇帝控制和掌握,这乃是中国古代日常行政事务机构设置的重要特点。

监察机构是用以监督、检察中央和地方各级官府及官员是否恪守国家政纪法纪，有无滥用职权、渎职、失职，有权对他们进行弹劾和奏请处分的部门。监察系统是单线垂直型的，由皇帝直接控制和掌握。监察机构与行政、司法、军事等部门分立，但又紧密地结合在一起，从监察的角度介入和配合各部门的工作。监察人员直接对皇帝负责，不但加强了皇帝对臣僚们的监控，而且在一定程度上减少统治集团内部的腐败，成为国家机器有效运行的润滑剂。

（三）君临之术

皇帝要想牢固保持并充分行使权力，既不容许削弱或废弃上述机构，但又绝不容许它们越权，绝不容许侵扰到行使皇权，极力防范被架空，以致权柄他移，就必须采取一些手段。

机构的设置，只是在制度层面上保证，而在实际运作过程中，还存在如何运用、控制和防范的问题。为此，历代忠于皇权利益的政治家、思想家，无不对此耗费苦心。他们经过不断的实践和总结，不约而同地将之集中到"权"和"术"之上，认为"天下所以尊者君也，君之所以尊者权也"[①]，权力是中心。君主若失去权力，也就不能成为真正的君主，有了权力而不会运用，仍然不是真正的君主。

对权力的运用称为"术"，所谓"术者，因任而授官，循名而责实，操生杀之柄，课群臣之能者也，此人主之所执也"（《韩非子·定法》）。也就是说，君主的统治地位是奠立在牢固执掌权力的基础之上，没有权力，也就丧失了至尊的地位；若是不会运用权力，权势也必然旁落，至尊的地位也必然被削弱甚至架空。这种权力的运用方法和手段，被称为"君临之术"。

所谓的"君临之术"，在皇权专制统治中起到重要的作用：

第一，可以及时了解和掌握政治全局，调整官制，予夺权势。

尽可能地集权于上而巧妙地分权于下，是皇权专制的一贯原则。按此原则为取舍，就需要不断地调整官制和修改工作规章制度，力图防止任何部门或个人专擅权力，尽可能杜绝任何可能与皇权统治相抗衡的势力出现，并且有意识地使各部门之间的职、权、责混淆不清，以造成相互牵制的态势。历代存在的官无常制、职无常守、一职多官、一官多职，职衔与实际权责相脱

---

① （宋）吕祖谦编：《宋文鉴》卷93，徐铉《持权论》，中华书局，1992年。

离的政治现象，主要是由于皇帝一再调整官制、重新分配权力所造成的。

皇权专制政体所实行的是"人治"而不是法治，各机构因人而设、因事而立，也因人而废、因事而除。在皇权运用过程中，皇帝往往使用身边亲近信任的人担负实际责任，以掣肘国家正式机关，乃是常见的现象。在中国古代历史中，经常出现以内侍、贵戚来监督和逐渐取代重臣，以近侍部门取代或削夺一些国家机关的职能，以至逐渐演变为新的国家机关，甚至取代一些原有的机关。如此循环往复，几乎成为一种规律性的表现，就是以皇帝为核心控制权力做法的体现。

在皇权专制与官贵集团之间以及官贵自身之间存在着各种矛盾，皇帝便利用手中的权力，将荣誉、地位、俸禄与实际权势分离开来，安抚一部分旧官贵，笼络一批新官贵，以换取他们驯服和共同支持；又利用和制造官贵之间的矛盾，以便在矛盾中加以控制。这是善于运用权术的皇帝惯用的手段。

第二，采取各种手段来实现君主对社会全体臣民的全面监控。

皇帝除掌握监察权力，用层层监督的手段监视和控制内外官吏，还普遍建立特种稽查部门，采用连坐告密、遣吏巡行、特别侦缉、密奏传呈、检核簿册、举劾案章等监察方法，运用各种政治手段和讯息渠道来刺探和检查臣僚中的朋党集团和异己力量，了解和掌握人民群众的不满和反抗活动，对之进行严厉的惩处和镇压。在此基础上，监察制度不断完善，监察的职权和对象也日益扩大，形成分别以监察中央各级官吏、地方官吏、刑狱、军事、财政、文教等为主的，针对各个不同对象和重点，禁网严密的监察体系。这种监察体系在皇帝直接控制之下，时常制造政治恐怖，使人人自危，道路以目。

第三，使用严刑峻法，强迫各系统各部门绝对按照皇帝的意志和指令办事；倡导纲常伦理，以维护政治统治秩序。

一切由皇帝发出的诏、令、谕、旨、诰等，都是神圣不可侵犯的，臣民只有无条件地服从，不允许有任何违反和异议，"敢有议诏及不如诏，皆腰斩"[①]。以严刑峻法来维护皇权统治，迷信暴力统治，是皇帝们惯用的手段。这种手段虽然可以维持暂时的政治稳定，但难以长治久安。因此，"德主刑辅"

---

① （宋）王应麟：《西汉会要》卷17《诏令章奏》，上海人民出版社，1977年。

便成为皇帝们必须掌握的权术,这种权术是说起来浅显、用起来高深的统驭学问。朱元璋曾讲过:"为治之道有缓急,治乱民不可急,急之则益乱;抚治民不可扰,扰之则不治。故烹鲜之言虽小,可以喻大,治绳之说虽浅,可以喻深。"①水可载舟,亦可覆舟的道理,虽然是浅显易见,却又是很高深的权术,是谋求长治久安的治理之道。

"君临之术"强调君主单方面的绝对控制,是以暴力为基础,以伦理道德为辅,再添加各种权变手段,就成为一门高深的学问。如果使用不当,往往是负面作用突出,所谓弄巧成拙,画虎不成反类犬。在皇权专制下,君臣之间、大小官僚之间、各种政治势力之间,总是存在着各种矛盾和冲突。君主建立的各种制度,采取的各种措施,都有可能为臣僚所利用和破解,甚至反过来损害君主专制。君用权必使臣,臣有权必由君;君统臣以权术,臣事君以权变,正是当时君臣关系的写照。在皇权专制下,君臣、上下、左右的政治和人际关系网络中,到处是陷阱,步步有危机,无论是君还是臣,略有松懈疏忽,便有罹难致祸的危险。集权与擅权夺权,保位与篡位,颠覆与反颠覆,总是层出不穷。

(四)皇权的运用

皇权专制政治的特点是以一人独制天下。从秦始皇开始,皇帝对统治大权就抓得很紧,所谓"履至尊而制六合,执棰拊以鞭笞天下"②,不肯放弃丝毫的权力。他们自视为天下之主,认为:"非人君之治,斯民亦何措安?其育之之道大,在人君持守断行焉。"③要求所有的臣民,一定要知道"君臣大器,千古名节,时刻不可忘"④。他们千方百计独揽大权,"太阿从不下移"⑤。深知一旦大权旁落,皇位即将不保,祖宗也将不血食,皇族则会流离失所。因此,保持权力和运用权力便成为历代皇帝最关注的问题之一。

皇权,历来被古代的政论家、史学家们解释为至高无上而无所不统的绝对权力,全体臣民都是皇权统治和奴役的对象,没有平等可言,因为在中央

---

① (明)余继登:《典故纪闻》,中华书局,1981年,第87页。
② (汉)司马迁:《史记》卷6《秦始皇本纪》,中华书局,1959年,第280页。
③ 张德信、毛佩琦主编:《洪武御制全书》,黄山书社,1995年,第164页。
④ 中国第一历史档案馆藏:《朱批奏折》,雍正三年十二月在河南道员沈廷正奏折上的朱批。
⑤ 赵尔巽等:《清史稿》卷319《于敏中传》,中华书局,1977年,第10751页。

集权制度下，一切制度都是按照"君者，出令者也。臣者，行君之令而致之民者也。民者，出粟米麻丝、作器皿、通财货以事上者也"①。这样的权力和义务分配原则，要求下级服从上级，地方服从中央，最后一切听命于君主，否则便是"有违行君之令"和"欺君乖上"，而罪不容诛。国家官员在君主面前，永远是处在被管理和被驱策的地位，绝不能按自己的意图或根据客观条件而运用独立的治理权，皇帝却可以无限制地滥用权力，以至"屠毒天下之肝脑，离散天下之子女"②。因此，中国古代官制的演变史，实际上就是皇权意志不断膨胀的过程。

正因为对皇权缺乏有效的制约和限制，在历史上才会出现不少皇帝滥用权力，给社会造成巨大的危害。当然，皇权滥用的结果又多是使皇帝本身及其政权受到历史的惩罚。

首创皇帝制度，实现大一统，曾经对历史进步做出过巨大贡献的秦始皇，在踏平六国之后，仍然满足不了极度膨胀的政治野心，而"内兴功作，外攘夷狄，将泰半之赋，发闾左之戍"。十多年间，巨大的征发劳役不断：击匈奴，修长城；开灵渠，戍五岭；修筑驰道、直道、五尺道；修建阿房宫、骊山墓以及空前规模的迫迁豪民。为了炫耀权威和满足私欲，不恤民力，过度征调赋税和徭役，迅速激化了社会矛盾。为了镇压人民的反抗，使用诸如夷三族、枭首、车裂、剖腹、镬烹等惨酷刑罚，"连相坐之法，造参夷之诛"。"偶语诗书者弃市，以古非今者族"③，开创中国文字狱的先河。秦始皇一连串的暴政，使他置自身于即将爆发的火山之上，尸骨未寒而烽烟四起，秦之速亡，实与秦始皇滥用权力有关。

隋文帝杨坚建立大一统的王朝，国家昌盛，人民富足，史称当时太仓之粟足支国用五十年。而继位的隋炀帝穷奢纵欲，迷溺酒色，又喜好游幸，在全国各处建立许多离宫，营建东都洛阳，应征劳役常在二百万以上，而死者十占四五；又不考虑实际情况，几乎同时下令开凿广通渠、通济渠、邗沟、江南河、永济渠等5条运河；再发河北十余郡丁男凿太行山，发丁男百余万

---

① （唐）韩愈：《韩昌黎先生集》卷11《原道》，上海中华书局，1920年。
② （清）黄宗羲：《明夷待访录·原君》，北京古籍出版社，1955年。
③ （汉）司马迁：《史记》卷6《秦始皇本纪》，中华书局，1959年，第255页。

筑长城，不顾民生，极粗暴地使用民力；另一方面，他又先后3次调动百余万军队出征高句丽，"旌旗万里，征税百端，猾吏侵渔，人不堪命"；人民流离失所，转死沟壑，忍无可忍，纷纷起来反抗。"于是相聚萑蒲，鼫毛而起，大则跨州连郡，称帝称王；小则千百为群，攻城剽邑，流血成川泽，死人如乱麻，炊者不及析骸，食者不遑易子"①。最后隋炀帝本人被臣下宇文化及杀死，王朝也随之倾覆。隋由极盛而陷于速亡，治局急转为乱局，实与隋炀帝滥用皇权而倒行逆施有直接的关系。

自秦始皇实行文化专制以来，历代都有文人因文字触犯统治者某些忌讳而惹祸杀身。兴文字大狱，其出发点也在于维护皇帝的权威和自尊。朱元璋把群臣贺表之中的"作则垂宪""仪则天下"的"则"读为"贼"，竟把原本出自阿谀的人一一杀戮，实际上是由他疑神疑鬼自尊兼自卑的心理所致。清初的几起重大文字狱，主要是为了摧残汉族知识分子及人民的反清意识；至于雍正皇帝制造的文字狱，则重点在打击政敌；乾隆皇帝所罗织的文字狱，则要表现他高明过人的"君威叵测"。不管他们的动机出于什么，都是滥施皇权，毁坏中国文化。

清初思想家唐甄痛恨专制政治，对皇权滥施所造成的罪恶痛心疾首。他说，"自秦以来，凡为帝王者，皆贼也"，他们在"天下既定，非攻非战"的情况下，却造成"百姓死于兵与因兵而死者十五六"的场面，而"暴骨未收，哭声未绝，目眦未干，于是乃服衮冕，乘法驾，坐前殿，受朝贺，高离宫，广苑囿，以贵其妻妾，以肥其子孙，彼诚何心，而忍享之！"②他痛快淋漓地指出，皇帝滥用权力曾经给社会带来过极大的灾难，而不顾人民的死活，最终也会得到报应。

除滥用权力的皇帝之外，也有一些皇帝在运用权力中出现过严重失误，不但使本王朝的统治受到损害，而且给社会带来灾难。例如，汉高帝刘邦、晋武帝司马炎、明太祖朱元璋，在他们夺取政权之后，都曾经错误地认为秦的速亡是由于未分封皇族分镇要地，以至在反抗朝廷的变乱出现之时，没有人来相助。于是便分封兄弟子侄为藩王，赐给他们要地和重兵，却都没有料

---

① （唐）魏徵：《隋书》卷4《炀帝纪下》，中华书局，1973年，第96页。
② （清）唐甄：《潜书》卷上《室语》，古籍出版社，1955年。

到这种血缘关系在权力欲望面前会变得更凶残，野心更炽烈。刘邦死后，吴王刘濞等"七国之乱"的烽火即在江南燃起。司马炎死后，连续十六年的"八王之变"更断送了西晋王朝。朱元璋死后，燕王朱棣发动的"靖难之役"激战了四年，终于改变了皇统，而兄弟之间猜疑也导致皇族内部矛盾重重。

  在中国历史上，并不是每一位皇帝都能把握和运用自己应该有的权力，在皇位被架空的情况下，皇权往往被他身边的各种政治势力所窃据。统治集团的内部构成是相当复杂的，他们为了各自的经济利益和不同的政治目的，麇集在皇帝周围，构成各种政治势力。这些政治势力，既是皇权的支持者，有时又是皇权的觊觎者，皇帝与这些政治势力之间有着一种相互利用和制约的关系。这些人要想发展自己的政治势力，满足自己的私欲和野心，就必须依附于皇权。但他们当中有一些人野心膨胀，竟然图谋瓦解分割，甚至篡代皇权。而对于皇帝来说，发觉各种政治势力是对皇权的潜在威胁时，就必然采取手段对付。皇帝往往通过扶植一种政治势力以牵制另一种政治势力，作为在现实政治斗争中巩固自己地位的必要权术之一。如果皇帝能够在统治集团内部保持各种政治势力的平衡，能维系一部分对他效忠而又有力的人佐助，政局就相对稳定。如果皇帝不能使各种政治势力保持平衡，明显地偏袒、迷惑或受制于一方，就会造成权力的倾斜。正如韩非子所讲："乱之所生六也，主母、后姬、子姓、弟兄、大臣、显贵。"（《韩非子·八经》）这些人无时无刻不在觊觎皇帝手中的权力。两千多年来，他们之中的一些具有代表性的人物，都曾经在政治舞台上扮演过弑君篡位的角色。

  秦始皇自以为可以延续皇统于千秋万世，孰料身死沙丘之后，宦官赵高便挟持丞相李斯，发动宫廷政变，逼杀他的长子扶苏，扶立胡亥为二世。赵高"指鹿为马"，残杀不顺从的文臣武将，变本加厉地继续推行虐民政策，把秦王朝推上迅速覆灭的道路。汉高帝刘邦死后，吕后垄断权力；汉武帝晚年，"数宴后庭，或潜游离馆，故请奏机事，多以宦人主之"[①]；此后，外戚、宦官政治几乎成为两汉政治的重要特征。军阀混战、权臣当道，政治势力对比发生巨大变化，挟天子以令诸侯，在拥兵于阙下的情况下，皇帝只能战战兢兢、

[①]（南朝宋）范晔：《后汉书》卷78《宦者列传序》，中华书局，1965年，第2508页。

忍气吞声地活着，甚至不得已而发出"禅让"的诏令。权臣、后妃、宗室、外戚、宦官专权，是皇权专制政治体制下孵育出来的特殊政治势力，又是皇权专制的一种变态形式，与皇帝制度有着密不可分的关系。

四、皇帝制度的特点

皇帝制度化，使皇帝拥有至高无上的权力，而作为制度化的首脑，也要受到制度的制约，诸如官僚制度、贵族势力、法律制度、军事制度等。除此之外，也不能够脱离社会，而社会习俗、宗教信仰、政治理念、人民群众等，也能够限制皇权的发挥，故此皇帝制度的特点十分鲜明。

第一，神权被皇权进一步利用，借用神的威灵，突出皇帝至高无上的至尊地位。

秦统一六国，秦始皇自称是"赖宗庙之灵"，进而又采用邹衍"五德之运"的学说，利用天人感应论，"以为周得火德，秦代周，从所不胜，为水德"[1]。自此，五行相克的学说便成为新王朝取代旧王朝的政治理论依据，"帝王之兴，必俟天命；苟有代谢，非人事也"[2]。汉武帝时，董仲舒发展了儒家的君权神授说，给皇权披上一层神秘的外衣。君权与神权的结合，加强了皇权不可侵犯的神圣性。侮君、轻君即等于侮神、轻神，是理应受到诛灭的。当时一般社会意识都认为皇帝是真龙天子，是秉承天命的圣哲；皇帝本人更是对此大力宣扬。凡登上皇帝宝座的人，都是"奉天承运"，是皇天上帝授权处理人间政务的最高代表，他们"上为皇天子，下为黎庶父母，为天牧养元元"[3]。因此，这些皇帝总是有"龙德在田，奇表见异"，他们夺得皇帝宝座又是"斯乃非止人之谋，抑亦天之所赞也"[4]。一切说教都是为了论证皇帝权力理应独尊无二，皇帝理应成为天下的"至尊"。在反复论证之后，皇帝之上除了有一个虚无缥缈而又人格化了的"天"之外，再不容许有敢于超越或干扰其权力的任何力量存在。

---

[1]（宋）司马光：《资治通鉴》卷7《秦始皇帝二十六年（前221年）》，中华书局，1956年。
[2]（晋）干宝：《晋武革命论》，《全上古秦汉三国六朝文》卷127，中华书局，1958年。
[3]（东汉）班固：《汉书》卷72《鲍宣传》，中华书局，1962年，第3089页。
[4]（唐）魏徵：《隋书》卷2《高祖纪赞》，中华书局，1973年，第55页。

  基于皇帝"至尊"的地位,当时的社会物质文明和精神文明都用来集中体现皇帝的尊严。规模宏大的都城,雄伟壮观的皇宫,重檐高基的宫殿,富丽开阔的苑囿,肃穆庄严的陵寝,华美精致的手工艺品,威武雄壮的仪仗,十二旒倒垂的冠冕,昂首盘绕的龙袍,等等,从特殊建筑物到一切吃穿用具,都成为伸张皇帝权力的象征。

  精神文明是人类精神生产和精神生活的结晶,历代统治者无不对它加以改造利用,大力宣传顺昌逆亡,灌输尊君奉上的理论。凡是与统治密切关联的政治思想、伦理道德等,更是在统治阶级严格控制之下。从秦始皇"焚书坑儒",到明清"文字狱";从汉代的"儒术独尊",到明清严禁"异端邪说",都说明极端专制政体与文化专制是不可分割的整体。文化专制是用来欺骗和愚弄人民群众,压制任何异己思想,以保证皇帝政治上的绝对权威和永恒性;而极端专制政体又必然使用一切权力和手段以推行文化专制,企图倚仗之并作为阻遏异端思想泛滥的堤防,维持万马齐喑式的"稳定"。

  第二,皇帝在全国范围内拥有"至高无上"的权威和"绝对"的权力。

  皇帝独一无二的名号确立后,即宣布在全国只能有一个君主。"天无二日,民无二主",皇帝自置于至高无上的尊贵地位,拥有政治上的独断权。"天下事无大小皆决于上",为了维护权力,秦始皇甚至"以衡石量书,日夜有呈,不中呈不得休息"[①]。其所以这样做,无非是为了严格掌握和运用权力,以期维持"乾纲独揽","太阿不可倒持","臣下唯面奏取旨"[②]的绝对专制局面。所追求的乃是"令出惟行,大权从无旁落"[③],乃以至于成为"家法"。如清乾隆帝所讲:"况乾纲独断,乃本朝家法。自皇祖皇考以来,一切用人听言,大权从无旁假,即左右亲信大臣,未有能荣辱人,能生死人者。"[④]当然,任何事情都不是绝对的,现实政治并不可能完全遵照主观理想而运行。从秦到清的两千多年中,也出现过不少皇帝权力受凌夷,无力或无能执行权柄的现象。这些人或由于年幼庸弱,或由于当时的形势和政治力量对比的变化,因而受制

---

① (汉)司马迁:《史记》卷6《秦始皇本纪》,中华书局,1959年,第258页。
② (明)黄佐、廖道南:《殿阁词林记》卷9《几务》,文渊阁四库全书。
③ (清)梁章钜、朱智撰,何英芳点校:《枢垣纪略》卷14,中华书局,1984年。
④ 《清高宗实录》卷323,乾隆十三年八月辛亥条。

于母后、外戚、宦官、权臣、地方割据势力，导致权力萎缩或丧失。但这并不是皇权制度整体的消亡，而是高度皇帝集权的滋生物。由于皇帝是一切权力的化身，母后、外戚、宦官、权臣、地方割据势力，只要能控制或挟制皇帝，便可以呼风唤雨，窃权弄柄，乃至左右全国政局。

第三，全体官僚都是皇帝的臣仆，庞大的官僚机构都是执行皇帝意旨的机构。

作为最高统治者的皇帝，拥有至高无上的政治权力，主要表现在对全国一切土地资源人口财富的完全占有，"天下一家，何非君土，中外之财，皆陛下府库"①。皇帝视全国全社会为自己一姓一家的"莫大之产业"②，拥有绝对的支配权，全体臣民必须无条件服从。然而，天下如此之大，事务如此之多，无论皇帝是何等的"超人"，也不可能事事"钦定"亲裁。因此，建立一套以皇权为中心的，从中央到地方层层控制的统治机构，并要求这套机构和全体臣僚绝对听命于皇帝，使他们即使"远在千里之外，不敢易其辞"（《韩非子·有度》），便成为履行皇权统治必不可少的一环。

在皇权专制下，所有的国家政权机关都是皇帝实行统治的大小不同的重要工具，设置和使用各级官吏以保证国家机关的运转，也就成为体现皇权统治的必然形式，官僚政治就是在这样的基础上恶性发展起来的。"在这种形式下，官僚或官吏，就不是对国家或人民负责，而只是对国王负责。国王的语言，变为他们的法律，国王的好恶，决定了他们的命运（官运和生命）结局，他们只要把对国王的关系弄好了，或者就下级官吏而论，只要把他们对上级官吏的关系弄好了，他们就可以为所欲为地不顾国家人民的利益，而一味图所以自利了。"③君主专制与官僚政治相结合的现象，一直与皇帝制度相始终。

皇帝制度中的一切规定和程序，都是为了保证皇权的顺遂运行。皇权在理论上并不受任何规定和程序的约束，在实际上也没有真正有效的措置来防范和制约它的滥用，这就造成皇帝个人在一定的历史发展阶段中起到过难以代替的正面的或负面的作用，有时甚至影响到历史发展的进程。因此，对于

---

① （清）顾炎武撰，（清）黄汝成释：《日知录集释》卷10《财用》，花山文艺出版社，1990年。
② （清）黄宗羲：《明夷待访录·原君》，北京古籍出版社，1955年。
③ 王亚南：《中国官僚政治研究》，时代文化出版社，1948年，第8页。

皇帝制度，必须因时因事因人进行有根有据的具体评价，必须将典章制度、人物、事件等有机结合起来，做动态而非静止的研究，乃是研究皇帝制度的基本出发点。

第四节　王位与皇位继承

"五帝官天下，三王家天下。家以传子，官以传贤。"① 家天下的特点就是世袭罔替。历代统治者相继完善的王位和皇位继承制度，既有从家天下方面考虑来保护君位继承的一面，也有从维护君主自身统治权力传承方面考虑严格限制继承者身份的一面，更有安抚国家各阶层利益以稳定政局和社会的一面，这就使继承制度除具有极其重要内容之外，还有复杂的政治关系。

一、王位继承

自夏朝以后，中国历史开始了"家天下"的局面，作为家天下的重要内容之一，就是建立了王位继承制度。

夏代从启至桀，共历13代16王。从王位继承顺序来看，有的是传子，有的是传弟，基本上是以传子为主。传子是不是传长子、嫡子，由于资料匮乏，尚难以推定。

商代从汤至纣，共历17代31王。汤制定了兄终弟及再传兄子的制度，即兄死后由弟继承，弟死后由少弟继承，直到同辈诸弟全不在世，再由长兄之子继承。这一制度本身存在严重的缺憾和危机，不切实际。首先是兄王去世之后遍传同辈诸弟，等到传遍诸弟，长兄之子一是可能来不及等待，二是很难得到叔辈的青睐，三是叔辈是否还允许可能即位的长兄之子存活。其次是最高统治权力遍传各人之手，各人是否都能够恪遵规定，和平地将权位递交给下一传人，在权力具有独占性及排他性的情况下，也是很难实现的。果然，汤死后，继承王位的诸弟就不肯把王位交还长兄的儿子，而直接传位给自己

---

① （东汉）班固：《汉书》卷77《盖宽饶传》引《韩氏易传》，中华书局，1962年，第3247页。

的儿子。因此，争夺王位继承权的激烈斗争造成了"九世之乱"，直到帝康丁以后，才基本确立传子制度，后来又发展为嫡子继承制。嫡子继承制之所以能顺利推行，因为它能有力地保证王位继承的顺利，减少因王位继承而引起的纷争。在商代后期，在位的王于生前就确定自己的继承人，称为"小王"。

周代的王位继承制度基本是承袭商制，但有了比较重要的发展，就是在"文王世子制"的基础上确立了嫡长继承制度。所谓的"文王世子制"，就是周文王在位时确立武王为世子，文王不在国内，武王便以世子的身份代行王政。这种世子制度在当时还处在初创阶段。武王死后，由周公旦摄政六年，返位于成王以后，嫡长子继承和预先册立太子的制度才得以确立。

根据嫡长子继承制度，择立太子的标准是："立嫡以长不以贤，立子以贵不以长。"（《公羊传·隐公元年》）也就是说，在后妃所生的诸子中，必须确定嫡后所生诸子的优先继承地位，而且要确定嫡后所生的长子作为首位继承人；如果嫡后没有生子，则在众多妃嫔所生的庶子之中选择，其优先考虑则是妃嫔的家世和本人的素质，而不考虑其是否年长。这种嫡长子继承制的确立，是王位传承制度的完善，具有重大的积极意义，使政治上"家天下"而又一人独尊的专制制度更加巩固。因此一经出现，便在其后约三千多年的时间内一直被遵为正统的定规。

世子确立以后，一定的教育培养措施也随之出现。比如说，由王选择有才能的重臣担任师、傅，负责对世子的教育，传授"治道"；设立一定的东宫官属，作为世子日后即位的官员储备等，以期保证世子能够顺利继位。

王位继承顺序的演变过程，反映统治集团是在不断地总结有关的经验和教训，力图摸索出一种既能够保持最高统治权力的顺利交替，又能够避免因内部交讧而引起动乱的有效办法。然而，王位继承同王权归属问题一样，必然成为政治斗争的焦点，王身边的各种政治势力，在觊觎王手中权力的同时，也无时无刻不在极度关注着王位的传承，以及由此对本身利害权益的影响。在权欲面前，那种"父慈、子孝、兄良、弟悌、夫义、妇听、长惠、幼顺、君仁、臣忠"（《礼记·礼运》）的政治伦理和社会道义，往往被抛于脑后。所以，伴随着王位继承而出现的父子反目、兄弟相残、宫闱喋血、诸侯交攻、宫廷内讧，始终没有停息过。

二、皇位继承

皇位继承是历代统治者最关心的问题之一，因为它关系到政权的连续和稳定。皇位继承局限于血缘系统范围，嫡长继承应该是最优先的选择。然而，历史往往不按人为规定的轨道行进。皇位继承意味着接替最高权力，在权欲的驱使下，血统并不能禁绝对权力觊觎的野心，也阻止不了各种因争夺皇位继承而出现的阴谋活动，更阻止不了各种政治势力的角逐。

秦始皇嬴政将皇帝名位制度化，但他本人刚死，宦官赵高即挟持丞相李斯伪造遗诏，迫令理应继位的长子扶苏自杀，拥立容易受控制的少子胡亥为二世皇帝，率先冲击嫡长子继承制。汉代开国皇帝刘邦，由于宠幸戚夫人，也动过废长立幼的念头；汉武帝刘彻因有人诬陷太子刘据"蛊惑"，竟然逼杀之，还加以恶谥为"戾太子"。两汉外戚专权，多贪立幼子以便于自己控制。魏晋南北朝的权臣当道，也无不废长立幼，以期控制或逼迫其"禅让"。唐代宦官专权，"立君、弑君、废君，有同儿戏"①，先后当权的宦官居然拥立过7帝（穆、文、武、宣、懿、僖、昭），谋杀4帝（顺、宪、敬、文），占整个唐代皇帝总共20帝的半数以上。

为了取得皇位继承权，不但继承顺序被打乱，而且血亲之间的残杀也变得异常凶残，父子、兄弟、夫妇等人伦关系被抛之九霄云外，而且互为仇雠，不共戴天。例如，南朝刘宋文帝刘义隆被太子刘劭杀死；其三子孝武帝刘骏则自立为皇帝，率兵征讨其兄，不但杀死刘劭，连刘劭4个未成年的儿子也未能幸免，都暴尸于市，投尸于江，以致刘劭死前感叹说："不图宗室一至于此！"②刘骏之子刘子业因其父管教较严，竟怀恨在心，继位之后竟欲掘其父陵而暴其尸；刘子业被废，文帝十一子明帝刘彧被拥立，竟残杀孝武帝的14个儿子和自己的4个弟弟。南齐的萧昭业为皇太孙时，令女巫诅咒其祖父早死；东昏侯萧宝卷用草编成其父的模型，北向而斩之，并悬首于苑门。隋炀帝杨广为夺帝位而弑其父，再杀其兄逐其弟。唐太宗李世民不但杀死其兄太子李建成和其弟李元吉，还把他们的后代斩尽杀绝。武则天不但诛杀他妃所

---

① （清）赵翼：《廿二史札记》卷20《唐代宦官之祸》，中国书店，1987年，第262页。
② （梁）沈约：《宋书》卷99《二凶刘劭、刘濬传》，中华书局，1974年，第2439页。

生的皇子，还将自己生育、相继被立为太子的儿子李弘和李贤也杀害。北宋太祖赵匡胤是否被其弟（太宗）赵光义杀死，至今还是千古疑案。西夏和辽代的后族和皇族争权，相互残杀，更是史不绝书。南宋高宗赵构为保持皇位，拒绝迎回被金兵掳去的父兄（徽、钦二帝）。金代海陵王（废帝）完颜亮杀堂弟完颜亶（熙宗）而自立，其弟完颜雍（世宗）又趁完颜亮南征之际而自立。元世祖忽必烈为争夺汗位，与其弟阿里不哥血战漠北。明成祖朱棣以"靖难"为名夺得皇位，而他的儿子汉王朱高煦为争夺继承权而发动叛乱，导致其孙宣德皇帝不得不亲自率领大军征讨，叔侄兵戎相见；正统皇帝朱祁镇因"土木之变"被瓦剌也先俘虏，其弟朱祁钰（景泰帝）被拥立为帝，但得位后便废兄子而立己子，阻挡也先送回朱祁镇，不遂，便将朱祁镇禁锢在"南宫"，而朱祁镇又趁朱祁钰病危，在一些臣僚的簇拥下复辟，再立己子朱见深（成化帝）为继承人。清代康熙皇帝一度立长子为皇储，又因其"肆恶虐众，暴戾淫乱"，而宣布废储，此后废而复立，复立而再废，犹豫不定，致使其他诸子纷纷竞争，进而引发雍正时期的兄弟相残，也导致皇位继承制度发生根本变化。

由上可见，历代都存在争夺皇位继承的斗争，而在争夺中，谁也没有把宗法规定放在眼里，嫡长继承制并未成为制止动乱的堤防。在权欲的作用下，什么父子、夫妇、兄弟、叔侄等亲亲之谊，三纲五常的伦理道德，全被踩在脚下，肆意蹂躏。

如果从另一角度来观察，不难看到皇位继承采用嫡长制的原则，其本身也存在着严重的缺憾。因为法定只有皇帝最亲近的血亲才有继承皇位的资格，而这些所谓嫡系的"龙子龙孙"，几乎都是生育在宫禁之中，长成于阉宦之手，自幼习惯于骄奢享受，对社会和民生休戚一无所知，对兵韬政略更是一窍不通。让这样的人担任统一中央集权的帝国首脑，要求他们妥善地处理国家政务，实在是极不容易。"童昏狂暴，接踵继出"①，当然和他们的成长环境有关。清初的思想家唐甄曾经指出："帝室富贵，生习骄恣，岂能成贤！是故一代之中，十数世有二三贤君，不为不多矣！其余非暴即暗，非暗即辟，非辟即

---

① （清）赵翼：《廿二史札记》卷11《宋齐多荒主》，中国书店，1987年，第143页。

懦。"具体的区别是"懦君蓄乱，辟君生乱，暗君召乱，暴君激乱"。这些懦、辟、暗、暴君的存在，最终会影响政局，"其如斯民何哉！"乃是人民深受其害，而纵观历史，"治世十一二，乱世十八九"，因此"君之无道也多矣，民之不乐其生也久矣"①。无道之君居多，与皇位继承制度息息相关。

以血缘为基础的皇位继承制，其消极方面是很明显的，而突出嫡长子的地位，使之成为天经地义的皇位继承人，则更加深了上述的恶果。如果这位嫡长是婴幼病弱、低能白痴，或者昏聩糊涂、暴戾狂狷，让他接替皇位，必然是对王朝根本利益的损害，也会给社会民生带来危害。由于嫡长子以"小天子"自居，大多不求上进，唯知佚情享乐，殷殷企望早日正位，视尚居皇位的父祖为仇敌，许多宫廷丑剧、悲剧、闹剧，多是由此而演出的，许多暗主昏君也是沿着这条轨道而成长定型的。

三、选立继承人的标准

因时代不同，各王朝选立皇位继承人的标准也有所不同，对皇位继承人应具有的素质和社会政治等条件也各有差异。总的来看，选定的标准和条件主要有如下几个方面：

第一，按照"立嫡以长不以贤，立子以贵不以长"的传统原则和本民族的风俗习惯来择立皇位继承人。

按照儒家的政治理论，皇权既然是由天授予，当然是终生的、世袭的，皇统是不能随便改变的"万世一系"。"家以传子，官以传贤"②，这是家天下的根本原则。这种原则与宗法制度紧密结合，便确立了嫡长子继承制。历代王朝基本上接受了这项原则，即在皇帝正妻皇后所生诸子中，确立长子为继承人；如果嫡长子早殇而有子，则立长子之子；长子无子则由嫡次子顺序继承；在皇后无子的情况下，选择庶子中的长子为继承人；皇帝无子，则依照亲疏昭穆顺序选立继承人。在当时朝野上下，都认为这样可以避免纠纷，保持继承顺序的稳定。

中国是一个多民族的国家，每个民族历史的发展进程并不相同，各有着

---

① （清）唐甄：《潜书》卷上《鲜君》，古籍出版社，1955年。
② （宋）李昉等：《太平御览》卷146《皇亲部》引《韩诗外传》，中华书局，1960年。

本民族固有的特点。当由少数民族统治中国部分或全部地区时，无可避免地要把本民族的习俗保留或移植过来。在皇位继承问题上，各少数民族本身的传统习惯曾起过相当重要的作用。例如，北魏初期的皇位继承采取八部大人推举制；辽代的皇位继承在相当长时期内保留氏族社会选举首领的习俗；金代初期曾实行兄终弟及、弟再传兄子的制度；蒙古建国，依照蒙古族少子守家的习俗，保留少子继承汗位的制度；满族入关前，汗位由固山王、贝勒等亲贵公推。上述事例说明，在这些少数民族中，原始氏族军事民主制的遗存还很浓厚，只有在他们进入中原，接受了汉族的传统文化后，才逐步改变原有的皇位继承习惯。

历史并不会按照任何人主观规定的轨道发展。因为皇位继承意味着接替最高权威和荣华富贵，而皇权的独占性和绝对的排他性，又不能使权力占有欲顺从固有的传统。因此，任何礼教的、宗法的、传统的全部规定，都无法遏制觊觎皇位者的野心，无法限制住各种争夺阴谋的产生。历史上因皇位继承而引起的宫闱喋血、骨肉相残，乃至军事政变和社会的动乱层出不穷，正说明在权欲面前，并不讲究什么亲亲之谊。以礼教、宗法、伦常和传统习俗混合编成的继承顺序，在权力的争夺中显得十分脆弱。

第二，根据本王朝的政治需要，从王朝本身的存在和发展考虑，择立堪任政事和胜任统治的继承人。

"天下之命悬于太子。"有些比较明智的统治者，能着眼于本王朝的根本利益，为维护"祖宗基业"，有时能够打破传统的继承顺序，在诸子中选择才能较为出众、堪任政事、胜任统治的皇子为继承人。这样的例子在历史上间有出现。如北魏太武帝拓跋焘，册立太子拓跋晃之后，经常带领他参加征战，经过多次考察，才最后确立他的继承地位。"自是太子所言军国大事，多见纳用，遂知万机"①，此后又常常让太子监国理政。又如，北宋仁宗赵祯，本来自有子嗣，却选中其身份仅为宗子的赵曙（英宗）为继承人，因为赵曙"好读书，不为燕嬉亵慢，服御俭素如儒者"，把赵祯所赐赠的教言，都"书之屏风以自戒"，因此被赵祯看作"贤知可付者"②，赵祯居然不顾群臣的反对，毅然选定

---

① （唐）李延寿：《北史》卷2《魏恭宗景穆帝纪》，中华书局，1974年，第64页。
② （元）脱脱等：《宋史》卷13《英宗纪》，中华书局，1977年，第253页。

这位侄子为皇位继承人。当然，能够割舍私恩，选立贤良为继承人的皇帝毕竟是极少数，但他们这种举动，无论从本王朝的利益，还是实际的社会效果，都是一种明智之举。因此，引起一些有识之士的高度重视，认为"授子以贤"，是"或图长久"的"古今不易之典令"[①]。赞扬改变传统的继承方式，但在传统高压下，能够取得成功者很少。

建立皇储是从维护王朝统治秩序的安定，政权的延续以及消除内乱等角度来考虑的。然而，历史上由于争夺皇位继承而引起的动乱从来没有停息过，往往威胁到王朝的统治，而统治者却找不到适当的方法来消弭祸患于萌芽之中，直到清代雍正时期，才建立起一种秘密建储制度[②]。

雍正帝是经过异常酷烈的皇族内部倾轧斗争才跻身于皇帝之位的。在他即位之前，对于历代王朝沿用的嫡长继承制的弊端和危害，就有较为深刻的认识。因此，在即位之后，除了采用非常残忍屠戮迫害的办法来锄灭作为政敌的诸弟之外，还从根本上废除了以嫡长制为前提的公开预立皇储制度。雍正帝认为，预立皇储不但未能起到加强统治的作用，而且流弊甚大。如果嫡长子在婴幼时期即被册立为太子，长成后发现他原本是庸碌荒唐的人，不可能承担重任，也不能够驾驭全局，更难以进行更改。揆诸旧史，被立为太子的人，由于已经成为法定的继承人，大多数失去激励上进之心，再加上臣下阿谀奉承，更助长其骄纵怠懈之习，还会使皇族内部的父子兄弟之间的矛盾激化，攻讦猜疑更难遏止。

雍正帝为了消除历史上皇室中相继发生过的诸子争立，相互结党倾轧，甚至演成残杀内讧的弊端，也为了本王朝的根本统治利益和加强皇帝绝对的权力，采用了经过认真审核甄别，然后确定继承人的办法，那就是秘密建储制度。这项制度是由在位的皇帝在诸子中选定一人为继承者，预先亲自写好册立名单的密旨两道，密储在特别制作的锦匣内。其中一道保藏在紫禁城乾清宫正中高悬的"正大光明"匾额后面，另一道随身携带，作为必要时勘对

---

① （北齐）魏收：《魏书》卷4下《太武帝纪》，中华书局，1974年，第96页。
② 对于目前流行的秘密建储制度是雍正皇帝首创的说法，有人提出质疑，并引用《魏书·西域传·波斯国》《旧唐书·西戎传·波斯国》中记载，以证明秘密建储制度是很早前在波斯实行过的制度，认为秘密建储制度应该是世界文化交流的结果。参见王光尧：《对秘密建储制度发明权的质疑》，《明清论丛》第4辑，紫禁城出版社，2003年，第427—429页。

之用。在选择过程中,任何人不得参与,被选人也不分嫡、庶、长、幼,完全由在位皇帝本人决定。这份密旨要等到皇帝临去世或去世后才予公布,新皇帝随即宣布登位。雍正帝决定由本人开始实行,责令后世的皇帝必须恪守。

密建皇储制度从根本上否定长期通行的嫡长继承制度,对典制规章和传统的礼俗观念是一次重大的变革。从其政治效果来看,这种制度有着明显的优越性。首先,取消宗法制在皇位继承问题上的决定作用;其次,皇帝对继承人的选择范围扩大,强调品德才能,对所有的皇子都有激励上进的作用;再次,基本上消除因皇位继承所发生的政治纷争。清代从雍正以后几届政权交替,乾隆、嘉庆、道光、咸丰,都没有发生什么倾轧争夺皇位的事件,交替过程也没有发生什么重大政治风波。可以说,这是在总结中国历史上皇位继承问题的经验教训基础上,具有新意和开创性的突破,也比较适应极端君主专制政治的需要。雍正帝不失为皇位继承制度的卓越改革者。

第三,迫于形势,不得不以所谓"有功于社稷",已经拥有重大军政实力的皇子为继承人。

在皇帝诸子当中,有的曾经佐助其父夺取天下,或曾经帮助其父平定内乱外患,他们在未被确立为继承人之时,就已经参与或主持军国大事,建立了引人注目的功勋,这样的皇子往往会被"认定"为继承人。例如,隋炀帝杨广在为晋王时,曾为行军元帅,在大举伐陈的战役中克敌制胜,并能妥善处理善后事务,把被认为是陈国奸邪的罪魁,凡是"有害于民,斩之右阙下,以谢三吴"[1],博得贤明的声誉。正是在这样的基础上,他才能与权臣杨素合谋,成功地陷害皇太子杨勇,夺取得皇位继承权。唐太宗李世民以秦王的身份,"数平剧寇,功冠天下",唐高帝李渊"屡许以为太子"[2],用以安抚和鼓励,而与此同时,实际上又已经确立了嫡长子李建成为太子。李渊为此犹豫不决和态度暧昧,终于造成骨肉相残的"玄武门之变",最后不得不承认李世民为继承人的既成事实。唐玄宗李隆基是睿宗李旦庶出第三子,但在诛除韦后、平定内乱和拥立李旦继位等大政上,均建立了殊勋,并且掌握了军政实权,当时的太子李宪知道无法与之抗衡,被迫自请让位给李隆基。在文武大

---

[1] (唐)魏徵:《隋书》卷3《炀帝纪》,中华书局,1973年,第60页。
[2] (宋)欧阳修、宋祁:《新唐书》卷2《太宗纪》,中华书局,1975年,第26页。

臣阿附，大势已定的情况下，李旦只好以"圣庶抗嫡"的名义易储。由此可见，功勋卓著，实力雄厚而拥有人望的皇子，往往可以凭借实力优势而打破嫡长继承的常规。

从各民族发展来看，在他们进入中原前后的统治时期内，尚处于原始军事民主制或早期国家的形态，在由弱到强的发展过程中，军事势力的有无或大小，自然成为能否取得最高统治权的重要先决条件。如辽代初期的世选制，蒙古忽里勒台推选制，满族的议政王大臣公推制等，都是以势力为后盾的。例如，辽代开国皇帝耶律阿保机去世，由皇后述律氏主持的"世选"，是在她与次子德光指挥的宫卫包围下举行的。是时，皇后述律氏让阿保机二子"倍"和"德光"乘马立于帐前，令各部酋长"择其可立者执其辔"①，在强势力的压迫下，各部酋长只有争相为德光执辔。倍落选后并没有服气，他的儿子兀欲（辽世宗）便以武力夺回皇位，正是这场斗争的继续。再如，成吉思汗选定拥有一定势力而又有才能的窝阔台为继承人，并交"忽里勒台"议定，但同时又考虑到蒙古的习俗，把大部分军队交给最小的儿子拖雷，成为以后拖雷一支争夺汗位的本钱。满族入关前，议政王大臣推选势力雄厚的努尔哈赤第八子皇太极承继汗位。这些都是根据实力而决定的，经历过复杂的政治斗争。

第四，"内援外助"是保证皇位继承的重要条件，也是择立继承人的主要标准。

在几个国家政权同时并存的情况下，各国之间经常以婚姻的形式结成盟好。因此，选择对方国家嫁过来的女子所生的儿子为继承人，就往往成为插手对方国家政务，保持双方良好关系的政治手段。继承人因有母家势力为后盾，其他要争夺继承地位但缺乏强大背景的诸子，就不得不考虑实力对比悬殊的不利因素，不敢持续对抗。当然，这种选择是在对方国家强大的前提下才能成为先决条件，若是对方国家弱小，这种条件便不存在了。册立对方国家嫁过来的女子所生的儿子为继承人，往往要通告对方，有时还会进行各种密谋策划。

在国内几种政治势力的角逐中，皇位继承者总要得到其中最强大政治势

---

① （宋）司马光：《资治通鉴》卷275，后唐天成元年（926年），中华书局，1956年。

力的援助。例如，汉高帝刘邦欲改易太子，改立宠妃戚夫人之子赵王如意以代替早已确立为太子的刘盈，但受到重臣们的一致反对，刘邦只有无可奈何地对宠妃戚夫人说，太子"羽翼已成，难动矣"。并且作歌云："鸿鹄高飞，一举千里。羽翼以就，横绝四海。横绝四海，又可奈何？虽有矰缴，尚安所施。"①在掌握有军政强大实力的功勋集团的支持下，太子刘盈终于保住嗣君的位置。历代的权臣、外戚、宦官等势力，往往为巩固和扩大自身的政治利益而谋策立太子，扶立新主。这说明，册立太子，选择继承人，绝不是皇帝一人的家事，也绝不是定章成规所能束缚的，而是关系到内外政治形势和各方面政治势力的消长。

在历史上，有些皇帝能够凭自己好恶来决定继承人，这是由于在位皇帝具有控制全局的实力，无须顾忌各种政治势力反对。然而，在储位未定或难定之际，各种政治势力又无不对皇帝施加影响，诸如权臣欺君擅权，后妃以色惑主，外戚把持朝纲，宦官挟君弄权等，因为各有所属，各有所亲，各有所谋。因此，"听哲妇之言，惑邪臣之说，溺宠废嫡，托付失所"②的事情便经常发生；"定策帏帝，委事父兄，贪孩童以久其政，抑明贤以专其威"③的事例也不绝于史册；权臣当道，擅行废立，史亦不乏其人；为争夺皇位继承而造成的骨肉相残，父子相疑，宫闱妒忌，朝臣分党，乃至兵变、政变，亦不乏其事。这表明，皇位继承问题一直是各种矛盾斗争的焦点，实际上反映着极其复杂的政治背景和各种政治阴谋的较量。

四、君位继承的保护和防范措施

在历史上，君主"驾崩"前后到新主即位这一新旧交替时期内，宫城内往往紧锣密鼓地上演君位争夺的政治格斗戏，激烈而残酷。诸血亲、后妃、宦官、权臣中怀有野心者，无不把这段时间作为攫取君位或控制君主的大好时机。他们策划拥立、废立的政变，制造伪诏假谕以欺骗视听，或勾结外国和军阀，或调遣心腹死党，不惜血腥屠戮。其中著名于史籍的事件，诸如，

---

① （东汉）班固：《汉书》卷40《张良传》，中华书局，1962年，第2036页。
② （唐）魏徵：《隋书》卷2《高祖纪赞》，中华书局，1973年，第55页。
③ （南朝宋）范晔：《后汉书》卷10《皇后纪序》，中华书局，1965年，第401页。

春秋齐桓公得病时，"五公子各树党争立。及桓公卒，遂相攻，以故宫中空，莫敢棺。桓公尸在床上六十七日，尸虫出于户"①，乃是"尸染蛆虫"；战国楚悼王死，"宗室大臣作乱而攻吴起，吴起走之王尸而伏之。击之徒因射刺吴起并中悼王"②，则是"尸箭如猬"；赵武灵王时诸公子争夺继承权，公子成和李兑围赵武灵王主父于沙丘宫，"主父欲出不得，又不得食，采爵鷇而食之，三月有余而饿死沙丘宫"③，是"饿死沙丘"；秦代宦官赵高伪造遗诏，拥立少子胡亥为秦二世，为"胡亥诈立"；西汉吕后专权，封吕氏为王，几乎改变皇统，为"诸吕乱政"；霍光迎立昌邑王刘贺，又因刘贺不唯命是听而废之，迎立汉宣帝，为"霍氏废立"；公元6年，王莽拥立孺子刘婴而实际窃据皇位，为"王莽居摄"；东汉外戚、宦官"定策帷帘""贪立幼主"；西晋有皇族为争夺政权而引起的动乱，自291年至306年，历经十六年的"八王之乱"；东晋南北朝的世家大族，凭借自身的势力，常常挟制皇帝的"权臣挟主"；南北朝时，为争夺和维护皇权，经常杀戮宗室，如南朝刘宋孝武帝有28个儿子，被明帝杀死16个，以后又被后废帝刘子业杀死12个，就连年仅4岁的东平王刘子嗣也未能幸免，乃是"宗室绝嗣"；隋炀帝杨广杀父篡位，残兄害弟，不容至亲一人与之并存的"杨广弑父"；618年，隋炀帝在江都被禁军将领宇文化及等杀死，拥立秦王杨浩为帝，不久又杀杨浩而自立为帝，改国号为许的"宇文弑君"；626年7月2日，李世民率领尉迟恭等在皇宫北面的玄武门发动政变，杀死太子李建成、齐王李元吉和他们的子嗣，争得皇位继承权的"玄武门之变"；唐太宗李世民在自己继承人的问题上，几度陷入苦恼，曾经从床上"自投于地"；武则天先后立自己儿子中宗、睿宗为帝，690年则自立为帝，改国号为周，是为"武氏建周"；唐代中后期，皇帝多被宦官拥立，是"宦官拥立者十帝"，占唐代皇帝的半数；宋太宗赵光义是否杀死乃兄宋太祖赵匡胤，至今还是历史疑案的"烛影斧声"；1224年，权臣史弥远诈称遗诏，拥立宋理宗为帝的"史弥远称诏"；金、元两代，凡被册立为太子者，没有一个能继承皇位，是"太子无一享国者"；1399年，朱元璋第四子燕王朱棣自称"靖

---

① （汉）司马迁：《史记》卷32《齐太公世家》，中华书局，1959年，第1494页。
② （汉）司马迁：《史记》卷65《吴起列传》，中华书局，1959年，第2168页。
③ （汉）司马迁：《史记》卷43《赵世家》，中华书局，1959年，第1815页。

难"而起兵，四年后夺得皇位的"靖难之役"；1457年，明英宗在宦官曹吉祥、将领石亨、官僚徐有贞等的支持下，趁景帝重病，发动政变，夺宫门而登奉天殿复辟的"夺门之变"；清代康熙诸子"结党争立""慈禧立幼"等，可谓史不绝书，而所有这些历史热点，都是在君位继承这个特定的时期和条件下发生的。新旧交替，乃是各种政治势力重新组合，也是夺取最高统治权而进行殊死斗争的关键时期。长期酝酿的矛盾一旦爆发，胜利者登基嗣位，失败者则沦为逆子蟊贼，难逃囚禁和诛灭。

一连串的骨肉相残、夺权乱政的事件，使在位的统治者感到心惊胆战。清康熙帝甚至预言，自己尸骨未寒，诸子或已弄兵于乾清宫外。作为统治者，他们总想防范或消除这些祸乱，维护正常的统治秩序。为此，采取过一些相应的措施来加以防范。

第一，重视对太子的教育和培养，为太子选定师、傅，设立东宫官属，并给予一定从政实践的机会。

"太子之善，在于早谕教与选左右。"① 自西汉时起为太子设立太傅、少傅，至西晋以后形成以太子太师、太傅、太保、少师、少傅、少保的"三师三少"东宫师傅制，历代变化不大。师、傅的职责在于辅导教育太子，传授知识和"治道"原则，提高其素质，以期使之成为理想的继承人。除师、傅之外，历代还为太子设立一套模仿朝廷的东宫官属，一般有詹事、春坊、寺、卫率府等侍从、护卫人员。设置这些东宫官的目的，是让太子熟悉政情，掌握为君之道。一旦继位，这套班子往往很快地会转为新皇帝的重要辅佐亲信。有时，太子还招揽一些有才能的人为宾友，依托宾友的声望来扩大自己的影响，使自己地位得到巩固。例如，汉高祖刘邦的太子刘盈用张良之计，卑词安车请来商山四皓，使刘邦认为刘盈羽翼已成，打消废立太子的念头。为培养太子的理政能力，有些皇帝还有意识地让太子参与一些军国事务，采取监国、将兵、参政、任职等方式，让太子得到从政的实践经验。

以上措施对太子地位的稳定、培养和提高实际治理能力有一定的积极作用，也有利于维护新老交替的稳定和基本国策能继续推行，太子也会因上述

---

① （东汉）班固：《汉书》卷48《贾谊传》，中华书局，1962年，第2251页。

措施而扩大势力，博取声誉，熟悉政务，从而掌握实权。但太子的势力过分膨胀，声名过隆，插手政事过多，又往往会引起在位皇帝的猜疑，害怕儿子抢班夺权，害怕发生逼宫和强迫"禅让"。在权力的作用下，在位皇帝对权位的考虑，往往会超过父子之情，因此也出现了许多限制措施。例如，有些皇帝对东宫官进行限制，所谓"储闱之建，随宜制官，以备僚寀，多以他官兼领"，实际上就是不让太子拥有自己强有力的谋士集团，故此"惟以监门率府副率为环卫阶官"①，注意削弱太子的护卫力量，不允许发展成为可观的武装力量。在位皇帝之所以不愿意太子拥有一定实力和影响力的东宫官属，实际上是不愿意在朝廷之外再出现一个带有威胁性而等待接班的"小朝廷"。基于此故，宋代以后的东宫官属实际上仅具虚名，太子的三师三少也成为褒奖功勋臣僚的虚衔，不赋予实权，也没有教育太子的实在职责；同时还规定东宫官不许向太子称臣。清代建立秘密建储的制度，也就没有太子之位，东宫官已经变成国家机构，如詹事府成为中央朝廷的学术研究和储才机关，诸皇子同受教育，专门辅导太子的职位已不复存在。

对太子进行教育，乃是很难的事情，即便是在位君主选定的师傅，这些师傅面对未来的君主，当然是心存顾忌，而太子也必然轻视师傅，正常教育也就难以实行。唐甄认为对太子的教育应该严厉，"凡教太子，有过必挞。臣待师傅，亢不受命，则挞之；不敬大臣，不礼群臣，则挞之；今日闻言，明日不能行，则挞之；出而荒游，不知农事，则挞之；出而荒游，不知民穷，则挞之；出而荒游，不知物土，则挞之；出而荒游，不知人劳，则挞之"②。他希望君主用鞭挞的方法教育太子，便能够严父出孝子，有利于江山万代，殊不知君主也是人，具有人的弱点，护犊心切，岂肯鞭挞，而师傅更不敢显示出师道尊严，若是严师，则有可能教育不成，反而积成仇恨，如张居正为万历帝师傅，曾经严厉对待，而张居正死后的清算，未尝没有当年受到师傅责难的怨恨，故此太子教育成功的不多，也难怪嗣君多昏主了。

第二，托孤、建藩，以期匡正和藩卫新主。

在太子年幼或低能的情况下，皇帝经常采取"托孤"的形式，委任大臣

---

① （元）脱脱等：《宋史》卷162《职官志二》，中华书局，1977年，第3826页。
② （清）唐甄：《潜书》卷上《太子》，古籍出版社，1955年。

辅佐新主。从汉武帝刘彻立幼子刘弗陵，使霍光"行周公之事"，辅助幼主即位，到明代弘治皇帝临终前夕，亲自嘱托大学士刘健、李东阳、谢迁三人为"顾命大臣"；清代咸丰皇帝遗诏任命载垣、端华、肃顺等"摄政八大臣"，几乎代代都有"托孤"之举。托孤对于新主即位后的地位稳定和维持原有的政策方针是非常必要的。例如，诸葛亮辅佐蜀汉后主刘禅，"鞠躬尽瘁，死而后已"，保证了蜀汉政权的延续。如果托孤非人，也给篡权者提供可乘之机，王莽代汉、司马篡魏、隋杨代周，都是显例。"辅政者，危亡之本，恶得托周公之义，以召祸于永世哉。"① 不少受命托孤之臣，不是包揽权势，挟制新主，便是被斥贬杀戮，非此即彼，权势不可假人，在此表现得极为突出。

鉴于秦"孤立而亡"和权臣专擅朝政，汉、晋、隋、唐、明等朝代初期，都曾经大封同姓和诸子为王，分藩镇抚天下，试图"用宗室以为天子屏藩"②，期望他们拱卫皇室，维护中央集权，使新主能得到宗亲的支持和保护。依靠宗亲，是早期国家的特点，辽、金、元等朝的早期，无不赋予宗亲较大的军政实权。事实证明，在确定皇位继承的同时，又大力培植和加强宗亲的军政力量，乃是一项在根本上造成互相冲突的政策。这些宗亲往往依恃其政治、经济、军事势力以威胁中央，架空朝廷，甚至阴谋取而代之，直至发动兵连祸结的大动乱。

第三，消除妨碍君位继承的政治势力，以期继承者能在安定的环境下实行统治。

各种政治势力在君权的卵翼下，除了不断发展自己的政治实力以外，在一定程度上还会对君权构成威胁，威胁到君位继承人的顺利继位。对此，历代统治者曾经采取过一些防范措施。

母后、外戚、宦官、宗亲、权臣、功臣等，都是依附于君权的。在依靠君权的前提下，他们又各自形成政治势力。在新旧交替时期，这些政治势力总希望能拥立对自己有利的新君，以期保持或扩大自己的政治和经济利益。有鉴于前史的惨痛教训，如何限制和制衡这些现存的势力，便成为在位君主最为焦灼和头痛的问题。

---

① （清）王夫之：《读通鉴论》卷10《蜀先主》，中华书局，1975年。
② （清）顾炎武撰，（清）黄汝成释：《日知录集释》卷22《郡县》，花山文艺出版社，1990年。

对于母后和外戚，许多朝代都曾经明令禁止他们干政。例如，魏文帝曹丕就曾下诏曰："夫妇人与政，乱之本也。自今以后，群臣不得奏事太后，后族之家不得当辅政之任，又不得横受茅土之爵。以此诏传后世，若有背违，天下共诛之。"① 以后各代君主虽然都承认这项原则，并表示遵守，但由于各时期不同的历史背景，也有由于母强子弱，或企图依靠外戚以制衡权臣等原因，后世母后和外戚干政的事件仍然不断发生。

对于女主，有些皇帝曾经采取过极端的措施。例如，汉武帝刘彻立幼子刘弗陵为太子，又怕"主少母壮，女主骄蹇，淫乱自恣，莫能禁"②，决定先将其母赐死。北魏道武帝拓跋珪效法汉武帝，立子嗣必先杀其生母，他认为："昔汉武帝将立其子而杀其母，不令妇人后与国政，使外家为乱"的做法乃是"为长久之计"③。为杜绝母后擅权，采取杀戮嗣君生母的残忍手段，原来是以一套奠安社稷、消除隐患于未然的政治理论为依据的。这种做法虽然在中国历史上比较罕见，但却反映出统治者对女主干政的高度警惕和不惜采取极端手段加以限制的思想。

对于诸皇子和宗亲，采取崇其位而削其权的办法，对他们"分封而不锡土，列爵而不临民，食禄而不治事"④。认为这样就可以减少他们对皇位的觊觎。对于宗亲实行分藩还是削藩，统治者经常陷入自我矛盾之中，这也是"家天下"无可回避的问题。

对于宦官，往往采取限制他们的官爵，禁止他们干预政事的措施。如朱元璋铸铁牌于宫中，明令"内臣不得干预政事，预者斩"。而东汉和唐代末年，都曾经大杀宦官，殃及一些没有胡须的无辜者也遭受杀戮。不过，许多皇帝还是认为："中人无外党，精专可信，遂委以政。"⑤ 东汉中叶、唐代中叶、明代中叶以后，许多宦官受到重用，他们擅权、弄权，乃至专权，宦官政治成为当时的特点。

新皇帝即位之际，与其共事的往往都是老一辈的文武大臣及皇族长辈，

---

① （晋）陈寿：《三国志》卷2《魏书·文帝纪》，中华书局，1959年，第80页。
② （宋）司马光：《资治通鉴》卷22《汉武帝后元元年（前88年）》，中华书局，1956年。
③ （宋）李昉等：《太平御览》卷148《皇亲部》引《后魏书》，中华书局，1960年。
④ （清）张廷玉等：《明史》卷120《诸王传赞》，中华书局，1974年，第2659页。
⑤ （东汉）班固：《汉书》卷93《佞幸·石显传》，中华书局，1962年，第3726页。

这些人从资历、经验、权势以及政治影响来说，都远胜过新君主，新君主驾驭他们显然存在困难。正如汉高帝刘邦拟派太子领兵攻打叛乱的英布，有人就认为诸将与刘邦的资历差不多，使太子率领他们，"无异使羊将狼"[①]。唐太宗李世民对太子李治说："李世勣才智有余，然汝遇之无恩，恐不能怀服。"[②]充分反映统治者对功臣宿将们的猜疑。朱元璋曾经让太子朱标拾捡扔在地上布满棘刺的木杖，太子朱标有些为难，朱元璋便从除去棘刺而便于拾起讲起，说自己屠戮诸臣，就是为他除棘刺。对这些功臣宿将，君主既不能不有所倚重，又不能不随时随事而怀疑戒备之，恐怕他们一旦尾大难掉，势力坐大，绝不能授人以柄。老君主健在，对功臣宿将们，基本上还能控制，但一旦老君主去世，继位的新君主则往往难以控制。在"一兵之籍，一财之源，一地之守，皆人主自为之"[③]的情况下，不允许有君主控制不住的势力来左右形势。出于对自身地位和"家天下"的考虑，有些君主便采取大批诛戮功臣的极端做法，以期解决此一特定难题。西汉初、明初所演出的屠戮功臣的历史悲剧，就是在这样的背景下出台的。当然，也有些君主采取了比较温和的手段，用只崇其位而削其权，厚赐美女财帛，给他们以优厚的政治和经济待遇，却不许功臣再握重兵，再掌大政。北宋初年宋太祖赵匡胤"杯酒释兵权"的故事就是这样的典型。

第五节　宗室制度

宗法制度与古代政治有着千丝万缕的联系，其中，又与继承制度、君主专制的联系最为密切。所谓的"宗"，就是人们对共同祖先的崇拜，进而成为具有血缘关系的宗族体系。"立爱惟亲，立敬惟长，始于家邦，终于四海"(《尚书·伊训》)的统治原则的出现，是国家从血缘关系发展成为政治关系产生的必然现象，而以宗法为基础的宗室分封制度正是最重要的体现，它在中国历

---

① （东汉）班固：《汉书》卷40《张良传》，中华书局，1962年，第2034页。
② （宋）王谠：《唐语林》卷5《补遗》，中华书局，1958年。
③ （清）顾炎武撰，（清）黄汝成释：《日知录集释》卷8《法制》，花山文艺出版社，1990年。

史上曾经发生过重要的影响。

一、宗室分封——君主专制的痼疾

西周灭商，推行"封建"制度。所谓的封建，就是"封诸侯、建藩卫"。为了与社会发展史上的封建制度相区别，这里行文用分封制度。西周确立王位由嫡长子继承之后，为了抑制兄弟之间的争端，便确立其分封制度。"封建亲戚，以藩屏周"（《左传·僖公二十四年》），所分封的诸侯在封国内享有世袭的特权，对天子有朝贡和提供军赋、力役的义务，有责任拱卫王室。

据说西周初期分封四百余国，臣服八百余国，藩服、荒服的有近六百余国，是"周初尚有千八百国"。分封国中有天子同姓、功臣勋戚、前代后裔，臣服国则是被征服的周边小国，藩服、荒服乃是边远之国。后来经过不断兼并，"而见于《春秋》经传者，百有七十焉"（《左传·哀公七年》）。这百七十余国，与天子同姓者十之六，天子勋戚十之三，前代后裔十之一，宗室分封占有的比例最大。

西周宗法分封的目的在于建立以天子宗族为主干，以天子勋戚为辅翼的政治体系，以期利用宗亲关系来维护天子的正统地位。他们认为："立天子，不使诸侯疑焉；立诸侯，不使大夫疑焉；立嫡子，不使庶孽疑焉。疑生争，争生乱。是故诸侯失位，则天下乱；大夫无等，则朝廷乱；妻妾不分，则家室乱；嫡孽无别，则宗族乱。"（《吕氏春秋·审分览·慎势》）因此在确立宗法的基础上实行分封制，以期达到"求定息争"的效果。然而，事与愿违，诸侯凭借自己相对独立的统治权，经常与天子发生冲突。周平王东迁之后，天子尊严不复，诸侯之间的兼并战争持续了五百余年。

秦灭六国，取消分封制度，实行郡县制度，宗室失去封国的政治依托。汉高祖刘邦在统一以后，却错误地认为，秦没有分封宗室以为屏藩是它孤立速亡的原因之一。因此，他专门分封了一批同姓诸侯王，让他们领兵分据各战略和赋税要地，借以控制郡县，要他们成为中央王朝的捍卫力量。为此与群臣约定，"非刘氏不王，若有亡功非上所置而侯者，天下共诛之"[①]，有意加

---

① （东汉）班固：《汉书》卷18《外戚恩泽侯表》，中华书局，1962年，第678页。

强宗室的力量,提高宗室的地位。自此以后的两千余年间,历代统治者为了笃厚"亲亲之谊"和"屏藩王室",或大封宗藩,或厚给岁禄,以保证子孙繁衍,进而形成一支庞大的宗室藩封队伍。

这种以血缘为纽带,以政治统治为依托的宗室分封制度,既不能实现统治者"求定息争"和"捍御侮者,莫如亲亲"(《左传·僖公二十四年》)的政治设计,又不能使血缘关系起到"维城宗社"的作用,更不能够实现"敦厚亲谊",反而成为君主专制政体的痼疾。

二、宗室分封与管理

分封宗室是依照宗法制的原则,由亲及疏,但历代的方法不一。有的朝代依据嫡长世袭的原则,世代相传;有的朝代则采取比较节制的逐代降等方法,一般都是以五世为度。例如,唐代宗室分封有九等,以王、郡王(嗣王)、国公、开国郡公、开国县公、开国县侯、开国县伯、开国县子、开国县男为顺序。"皇兄弟、皇子,皆封为亲王;皇太子子,为郡王;亲王之子,承嫡者为嗣王,诸子为郡公,以恩进者封郡王;袭郡王、嗣王者,封国公。"① 依此顺序,一世为国亲王,按嫡传二世为嗣王,三世为国公,四世为郡公,嫡传九世而降为庶民。非嫡传者,二世为郡公,三世为县伯,四世为县男,五世而降为庶民。女系方面:皇姑为大长公主,姊妹为长公主,女为公主,皇太子女为郡主,亲王女为县主。

嫡长世袭相传是一种恩荫世袭制。例如,明代的制度:皇帝之子皆封为亲王,亲王嫡世相传;亲王诸子封为郡王,郡王亦嫡世相传;郡王诸子授镇国将军,再嫡世相传;镇国将军诸子授辅国将军,再嫡世相传;辅国将军诸子授奉国将军,再嫡世相传;奉国将军诸子授镇国中尉,再嫡世相传;镇国中尉诸子及后世,世授奉国中尉。也就是说,凡是宗室都有封爵,并享受国家的宗禄。另外,亲王之女封郡主,郡王之女封县主,镇、辅、奉国将军之女封郡君、县君。由此一再翻番,使享有宗爵而食宗禄的人数急剧增加。仅明太祖朱元璋的第五个儿子周王朱橚,到明代后期,其世系就有亲王1位,

---

① (宋)欧阳修、宋祁:《新唐书》卷46《百官志一》,中华书局,1975年,第1188页。

郡王46位，镇、辅、奉国将军1349位，中尉2559位，郡、县主君1265位，庶人（因故被废）15名。朱元璋有24个儿子，除皇太子朱标及燕王（永乐帝）以外，到明后期，这22个王已经繁衍2万多名男性宗室，再加上其他皇帝的诸子支系，宗室食禄人数已经有十余万[①]。如何供养这些宗室，便成为明代非常大的财政和社会问题。

有些朝代是采取逐代降等和世代承袭相结合的方法，是吸取前代滥封痼疾，适当进行节制的明智做法。例如，清代的制度：分和硕亲王、多罗郡王、多罗贝勒、固山贝子、奉恩镇国公、奉恩辅国公、不入八分镇国公、不入八分辅国公、镇国将军、辅国将军、奉国将军、奉恩将军12等，有功封、恩封、考封之别。功封是有特殊功勋的极少数亲王，可以世袭罔替。恩封是国有大庆时，对一些宗室进行的升等加封。考封是按照世系依次降等，以至降为不入等的"闲散宗室"，其待遇仅比一般满族人略高。因此，清代宗室的繁衍速度和数量都远较明代为低，高级宗爵数量一直受到限制，拥有亲王、郡王衔的更少。据统计，宗室人数从努尔哈赤时的6人到乾隆朝为4067人，只有8名世袭亲王。

宗室根据分封的不同等级，可以享有不同的政治和经济待遇。例如，唐代亲王都开府设官，配备有傅、咨议参军、友、文学、东西阁祭酒、长史、司马等数十人的属官编制。领兵的亲王还另设亲事府，配置典军、副典军等军官，统领亲事军和帐内军等千余人。郡王、国公、公主等也有一定的属官编制。在经济上，宗室主要是享受食邑，从万户至三百户，共分为九等，所属人户的赋税收入归其所有。再如，明代的亲王除王府设官之外，还有护卫甲士3000~19000名不等，如果收回护卫，就是对亲王很大的处罚。按照洪武二十八年（1395年）规定：亲王岁给禄米10000石，郡王2000石，镇国将军1000石，辅国将军800石，奉国将军600石，镇国中尉400石，辅国中尉300石，奉国中尉200石。

历代在中央都设有宗正官，分别称宗正、宗正寺、大宗正府、宗人府等，主管宗室事务。宗正官的主要职责是"掌皇九族之属籍，以时修其玉牒，书

---

① （明）王世贞撰，魏连科点校：《弇山堂别集》卷1《宗室之盛》，中华书局，1985年。

宗室子女嫡庶、名封、嗣袭、生卒、婚嫁、谥葬之事。凡宗室陈请，为闻于上，达材能，录罪过"①。历代宗正官的职权变化不大，职官排位也都在最前列，乃是尊崇皇宗。宗室有犯罪的，司法部门不能单独审理，要先通报宗正官，由宗正官派人会同司法部门审理。有些朝代还规定由宗正官单独审理，并在各地设立宗师官专门管理宗室事务。在制度和实际上，有些朝代赐予宗室以优先入仕的特权，但也有一些朝代则规定，除特别允许之外，宗室不得入仕或从事工、农、商等职业，让他们过着纯粹的寄生生活。

三、宗室制度与君主专制

历代统治者为保证自己的国祚长久，常常寄希望于宗亲相爱的宗法制，分封同姓，尤其是亲生儿子为王，将他们立为外藩，要求这些藩国屏卫王室。但事与愿违，在权欲面前，这种血缘关系往往是最不足依靠的，并且经常导致骨肉相残。如何解决这个矛盾，在统治阶级内部曾经引起长期的争论。

第一，主张封国建藩有利于国者。他们认为："前代国祚所以长久者，莫若封诸侯以为盘石之固。秦并六国，罢侯置守，二代而亡；汉有天下，郡国参建，亦得年余四百。魏、晋废之，不能永久。封建之法，实可遵行。"②以为是"众心未附，利建同姓，维城宗社"③。应该承认，在历史上，宗室诸侯王维护正统，在反对篡权的斗争中曾经起到一定作用。例如，西汉宗室诸侯王与功勋集团合谋铲除诸吕；唐中宗时，韦后内乱，临淄王李隆基与太平公主联合，率禁军诛除韦后党羽，立睿宗李旦为帝，宗室亲王在这次政变中曾经起到重要作用。在西汉、隋、唐、明等朝代初期，大封宗亲镇抚各地，对平定动乱，镇压旧政权的反抗也曾经起到一定作用。有些史学家认为东汉、曹魏、唐、宋等朝的灭亡，是因为没有宗室的佐助，是削藩造成的，因为"强藩尽而又无以制异姓之奸"④，进而赞扬封国建藩。

第二，主张封国建藩不利于国者。他们认为三代分封是出于不得已，"非

---

① （清）张廷玉等：《明史》卷72《职官志一》，中华书局，1974年，第1730页。
② （后晋）刘昫：《旧唐书》卷63《萧瑀传》，中华书局，1975年，第2401页。
③ （唐）魏徵：《隋书》卷43《宗室王传赞》，中华书局，1973年，第1218页。
④ （明）方孝孺《逊志斋集》卷4《周官》，上海中华书局，1936年。

公之大也，私其力于己也。秦革之者，其为制，公之大者也。其情私也，然而公天下之端自秦始"。认为历史上"有叛国，无叛郡"①。再加上"若封建诸侯，则卿大夫咸资俸禄，必致厚敛"②，更何况"封君列国，藉庆门资，忘其先业之艰难，轻其自然之崇贵，莫不世增淫虐，代益骄侈"③。他们不但奢侈腐化，而且争夺权力。例如，西汉诸侯王因封地辽阔，能支配的人力物力雄厚，稍加限制便联合兴兵，酿成"七国之乱"；西晋大封同姓，却出现十六年的"八王之乱"；隋代杨广夺嫡杀父，唐朝李世民发动"玄武门之变"杀兄戮弟，明朝燕王朱棣的"靖难之变"等，致使这一派论者以为应该以史为戒，"古之法不可用于今，犹今之法不可用之古也"④。他们认为分封有百害而无一利，主张摈弃封国建藩的制度。

第三，认为宗室不可能不分封，关键在于如何管理。他们认为："救土崩之难，莫如建诸侯；削尾大之势，莫如置守宰。"⑤对那些强大的宗藩，"不削，朝廷纲纪不立；削之，则伤亲亲之思"⑥。所以他们主张采取折中的办法，"欲天下之治安，莫若众建诸侯而少其力"⑦。这些"宗王襁褓即裂土而爵之。然名存实亡，无补于事"⑧。可以给宗室以很高的政治和经济待遇，但不能给他们实际的军政权力，这样便可以使"宗室子孙莫虑不王，下无倍畔之心，上无诛伐之志"。既保全了"亲亲之厚谊"，又达到"诸侯之君不敢有异心辐辏并进而归命天子"⑨的目的。

上述论点都涉及宗室制度与君主专制之间的共同利益和必然存在的矛盾，而任何一种看法和措施，都不能从根本上妥善处理宗室与君主专制之间的关系和矛盾。在受宗法制度影响极为深刻的中国古代社会，对于最高统治者来说，宗室问题恰似一把三刃剑，既可以为利，又可以为害，如果处理得当则

---

① （唐）柳宗元：《柳河东集》卷3《封建论》，上海人民出版社，1974年。
② （宋）司马光：《资治通鉴》卷193《唐太宗贞观五年（631年）》，中华书局，1956年。
③ （后晋）刘昫：《旧唐书》卷72《李百药传》，中华书局，1975年，第2574页。
④ （宋）范祖禹：《唐鉴》卷4《太宗二》，上海古籍出版社，1980年。
⑤ （宋）欧阳修、宋祁：《新唐书》卷78《宗室传赞》，中华书局，1975年，第3538页。
⑥ （清）张廷玉等：《明史》卷143《高巍传》，中华书局，1974年，第4058页。
⑦ （东汉）班固：《汉书》卷48《贾谊传》，中华书局，1962年，第2237页。
⑧ （元）脱脱等：《宋史》卷244《宗室传序》，中华书局，1977年，第8665页。
⑨ （东汉）班固：《汉书》卷48《贾谊传》，中华书局，1962年，第2237页。

会趋利避害，而趋利避害乃是最重要的，即便是基于一家一姓统治的考虑，也应该建立在有利无害的基础上。

因为君主拥有至高无上的权威，所以君位便诱发某些人觊觎的野心，在历代的夺位篡权斗争中，宗室近亲又往往扮演着重要的角色。在争夺最高权力的厮杀中，宗族血亲们所表现出来的凶残，令人难以想象。王莽有4个儿子，除1个早死，其余3个均被其亲手杀死，还杀掉了孙子和唯一的侄子。西晋"八王之乱"，司马氏"三十六王咸陨身于锋刃。祸难之极，振古未闻"①，有些王还遭受肢解、火烤等酷刑折磨。南朝刘宋孝武帝有28个儿子，经过子孙们的互相残杀，就连年仅4岁的东平王刘子嗣也未能幸免，结果无一幸存。南朝齐明帝将高帝萧道成、武帝萧赜的子孙差不多被斩杀殆尽，毒酒、屠刀、酷刑，无所不用其极。隋炀帝杨广弑父杀弟，不容兄弟一人与之并存。唐太宗李世民射兄杀弟，不容有实力的至亲存在。贵为皇后的唐中宗韦后和女儿安乐公主被枭首于市，以皇后、公主之尊，竟被悬首暴尸，成为绝无仅有之例。曹植在其兄魏文帝曹丕的逼迫下，哀痛欲绝地写下"煮豆燃豆萁"的著名《七步诗》，但他并未完全道出兄弟相煎何急的根本原因，清代史学家赵翼却一语破的说："其意但贪帝王之尊，并无骨肉之爱也。"②在权力面前，即便是父子兄弟，往往也会反目成仇。

争夺皇位和皇权的斗争，是具有全局性质的重大政治事件，往往会因此酿成全国性的大动乱，给社会带来巨大的灾难。西汉吴楚七国之乱，吴王刘濞下令征国中62岁以下、14岁以上的所有男子参战，共计征发20余万众，结果一半死于战场，另一半被中央朝廷军队擒杀，战区的人民死于沟壑者难以数计。西晋"八王之乱"，持续了十六年，"数十万众，并垂饵于豺狼"③，人民流离失所，不但破坏了北方地区的社会经济，并直接引起此后三百多年的战乱和分裂。

对于宗室采用厚给其禄，不给其权，虽然能在一定程度上防止宗亲对最高权力的觊觎，但会给专制王朝带来很大的经济负担。以明代为例，宗室大

---

① （唐）房玄龄：《晋书》卷59《诸王传论》，中华书局，1974年，第1627页。
② （清）赵翼：《廿二史札记》卷3《王莽自杀子孙》，中国书店，1987年，第45页。
③ （唐）房玄龄：《晋书》卷59《诸王传论》，中华书局，1974年，第1627页。

量繁衍，国家给宗室提供的禄米也不断增加。例如，嘉靖四十一年（1562年），地方每年供应京师的粮食为 400 万石，在京的宗室禄米却应该支付 853 万石，亏空多达一半；山西存留粮为 152 万石，宗禄应该支付 312 万石；河南存留粮为 84.3 万石，宗禄应该支付 192 万石。中央和地方官府渐渐支付不起迅猛增长的宗禄，常常出现拖欠。那些宗藩们依恃特权，又无生计，对所在地官员施展淫威讹诈需索的现象也日益增多。例如，万历时"潞城府将军俊堹、俊柳，因事食粮大同，知县朱可进有所左右，俊柳不忿，纠各宗打入县门。可进越墙奔诉军门，各宗即将(巡抚)张志孝围住，具逼志孝责治可进，众汹汹喧呶，欲打志孝"[①]。宗人的人数增加，"有众居一城之中，而不得从四民之业；富贵逸乐，固罕遵乎礼法；疏远固穷，多混迹于舆台；生计窘于无聊，而骄心生于有恃，其势足以自逞；而贫之不能自安，故奉法循礼者固有，放辟邪侈者尤多，往往胁制官府，鱼肉小民，恬然以为分固然。而绳之则有投鼠之嫌，纵之又成骑虎之势"[②]。那些低层宗室"常号呼道路，聚诉有司。守土之臣，每惧生变。夫赋不可增，而宗室日益蕃衍，可不为寒心"[③]。明朝廷捉襟见肘，处于两难，增赋则民不堪，必奋起反抗；减禄则宗室不服，亦必激起事端。

历代统治者重亲亲之道，善待宗室，却"位重而愈疏，禄多而愈贫"，不但使绝大多数低下层宗室的正常生活受到限制，而且使他们无可避免陷入贫困化，以致"为宗属者大抵皆溺于富贵，妄自骄矜，不知礼义。至其贫者，则游手逐食，靡事不为，名曰天枝，实为弃物"[④]。由于朝廷阻塞他们竞争和谋生的道路，使他们的聪明才智得不到发挥。为了生存，他们当中有"假冒民人，带同妻女卖身为奴，甘心下贱"（《内务府奏案》）者。"亲亲之谊"已经变为专制王朝的政治和经济的沉重包袱，成为君主专制政体自身难以克服的痼疾，统治者面对两难之局，实在是一筹莫展。

---

① （明）张萱：《西园闻见录》卷 47《宗藩后·住行·宁府将军》，哈佛燕京社，1940 年。
② （明）张萱：《西园闻见录》卷 47《宗藩后·前言》引林秉汉曰，哈佛燕京社，1940 年。
③ 孟森：《明清史讲义》，中华书局，1981 年，第 95 页。
④ （清）顾炎武撰，（清）黄汝成释：《日知录集释》卷 9《宗室》，花山文艺出版社，1990 年。

第六节　后宫制度与外戚政治

古代社会是以男子血统为中心，构成宗法家支关系，以婚姻为纽带构成亲戚关系。帝王和贵族们实行的是一夫一妻多妾制，这种制度既表明男女之间的社会地位不平等，又保证帝王和贵族们由政治权力衍化而来的对妇女人身的占有及纵欲享乐的合法特权，更重要的是要保证本身血统的繁衍延续。帝王和贵族们妻妾成群，为维护独占成群妻妾的特权，在把妻妾视为自己占有物的同时，又要求她们对自己忠贞不贰。帝王贵族和他们亲属的生活是穷奢极侈的，为此，他们必须役使大批男女奴隶为自己劳作和服务，还要保证这些劳作和服务的男人在同自己的妻妾接触时不发生不正当的性关系。于是，便采取宫刑的办法，专门使用丧失性能力的奴隶作为役使的对象。

一、后妃制度

私有制出现以后，对女性的占有数量多少便成为特权大小的标志，故早期的婚姻目的是以经济、政治为主，其次是生殖，最后才是恋爱。当血统继承占主要地位时，生殖渐居首位，政治和经济则居其次，恋爱仍是最次。只有在社会高度发展的情况下，才会将恋爱放在首位，其次才言及生殖、经济、政治。这就是社会学家所宣称的婚姻发展的三个阶段[①]。中国古代是宗法社会，婚姻主要目的是广延血统、繁衍子孙，其间虽也常有一些恋爱的插曲，但被认为不是婚姻关系的主流。在宗法血缘关系基础上，将女性的嫡庶地位区别开来，则是婚姻与政治、经济、生殖融合在一起的具体安排。

妻，齐也，与丈夫齐体也，在名义上有与丈夫基本相同的地位；妾，接也，则是一种补充。两者地位截然不同，必然导致她们的子女在身份、权益和继承地位上的差异。

早期国家由于王位继承的规定还没有完全确立，对嫡子和嫡后的规定也

[①] 陈顾远：《中国婚姻史》，商务印书馆，1936年，第6页。

不十分严格,天子二妻并列的现象是常见的。例如,夏少康出逃到有虞氏,虞思把两个女儿同时嫁给少康,并没有什么嫡庶之分。在商代,有王的妻妾参与政事的记录,并出现"妇好"那样领兵的将帅。然而,在商末却出现"启母贱,不得嗣。少子辛(纣),辛母正后,辛为嗣"①,已经存在明显的嫡庶贵贱之分。可见在嫡子继承制确立的同时,等级分明、身份有别的后宫嫡庶制度也随之建立起来。

一般说法,周代开始制定六宫,形成三夫人、九嫔、二十七世妇、八十一御妻,加上正后,共计121人的后宫制度。此制是否实行,目前尚难以定论。不过,从西周至战国所出现的后宫位号中的后、妃、夫人、嫔、世妇、女御、姬、七子、八子、女史等名号来看,后宫已经具有一定规模,嫡庶制度也是十分严格的。

按照礼制规定:"天子之与后,犹日之与月,阴之与阳,相须而后成者也。"因此,"天子听男教,后听女顺;天子理阳道,后治阴德;天子听外治,后听内职",才能达到"教顺成俗,外内和顺,国家治理"(《礼记·昏义》)的目的。后的高贵地位,是妃、嫔们所不可比拟的。

在母以子贵、妻以夫荣的社会里,妇女的法定地位只能被限于对男性的依赖之上。帝王为了满足自己的淫欲和出于广延后嗣的考虑,多纳后妃被认为是理所当然,以为只有这样才能"阴教聿修,继嗣有广",而"广继嗣,孝也;修阴教,礼也"②。从继承制度上考虑,必须保证君主后嗣不断,还要保证继承人有秩序地排列。因此,区分众后妃的尊卑贵贱等级,被认为是"正嫡庶,广继嗣,息妒忌,防淫匿,塞祸乱"(《白虎通义》卷4《嫁娶》)的必要措置。

"古者天子后立六宫、三夫人、九嫔妃、二十七世妇、八十一御妻"(《礼记·昏义》)的后妃设置,是将后比拟为君主,夫人比拟为三公,嫔妃比拟为九卿,世妇比拟为二十七大夫,御妻比拟为八十一元士。可见,宫内后妃的等级区别无非是朝廷君臣的等级区别的折射,都是以君主为核心,以君权为依托,以政治身份地位为主要标志来排列的。

---

① (汉)司马迁:《史记》卷3《殷本纪》,中华书局,1959年,第105页。
② (北齐)魏收:《魏书》卷18《临淮王孝友传》,中华书局,1974年,第423页。

君主是专制政体的核心,后宫则是突出君主最高特权的重要表现形式之一。秦灭六国,将"所得诸侯美人钟鼓"①充入后宫,规定"帝母称皇太后,祖母称太皇太后,適称皇后,妾皆称夫人"②。按规定,皇后和太后可以像君主一样取得尊号、谥号,有统率妃嫔和女官、执行宫中纪律的权力,但不能干预朝政。然而,在皇帝幼小、昏庸、懦弱或皇嗣中断的情况下,太后有权以监护人的名义,监督和选立后嗣,甚至临朝称制、垂帘听政。太后临朝称制,其权力与皇帝相等,是合法地暂时代行皇权。从秦昭襄王母宣太后"始摄政事",到清末慈禧太后"垂帘听政",两千多年间,出现一些有名的临朝称制的母后,她们短则临朝几年,长则达几十年,在历史上产生过很深远而实际的影响。也有些后妃在皇帝昏庸、荒淫、疏懒的情况下,凭借专房之宠,直接或间接侵夺皇权,"挟天子之威福,胁制四海",乃至制造出许多蛊惑倾陷、宫廷妒杀的政治变故。这些都必然与当时的政治斗争密切相关,后妃们的特殊政治身份和所生活的特定环境,给她们创造了政治机遇。

历代的妃嫔名号前后出现过千余种,并且根据名号的不同,区分成若干等级。不同的等级享有不同的政治、经济、礼仪等方面的待遇。有子女的妃嫔,在君主死后,可以随有封爵的子女一起生活,享受原在宫中的等级待遇,并加封号为王太妃或太夫人。没有子女而已经取得一定封号的妃嫔,在君主死后,要固守宫中或到陵寝去伴灵守位,直到死后才可以在君主陵寝周围得到一抔土安葬。在历史上,曾经有一些"开明"的君主在"晏驾"之前,或新君主即位之初,将自己或先君的妃嫔中所谓"后宫无子者"遣出另嫁,但也只限于所谓"世妇"之列以下。有不少朝代,甚至保留有妃嫔殉葬的陋习,一些妃嫔往往被迫接受生祭或随葬。由此可见,在封闭的后宫之内,不但体现着严格的等级制度和政治内涵,而且反映着专制统治的残酷暴虐和灭绝人性。

二、女官制度

为使皇后能够"母仪天下",把后宫之内的妃嫔和宫女们组织起来,设置

---

① (汉)司马迁:《史记》卷6《秦始皇本纪》,中华书局,1959年,第239页。
② (东汉)班固:《汉书》卷97上《外戚传序》,中华书局,1962年,第3935页。

了一定的女官机构进行管理,以保证"内治"的稳定,乃是历代的共同点。

后宫妃嫔除了应该严格遵守规定的等级生活之外,还各有一定的职事的分工,以保证"内治"原则的实现。所谓"夫人"一级,是佐助皇后,"坐而论妇礼者也,其于内则无所不统",其位置则如外朝的三公;所谓"嫔妃"一级,是"掌九御四德",分管诸事,其位置则如外朝的九卿;婕妤、美人、才人等"世妇"一级,则分管"赞导后之礼仪","掌率女官修祭祀宾客之事","掌序宴寝"等事,其位置则如外朝的大夫;七子、八子、女御等"御妻"一级,则分管各种具体的操作事务,其位置则如外朝的元士[①]。这种设计和分工,一如外朝的百官设置,地位也是类比,还不能算是明确的女官。

秦汉时期,后宫中的女官名目只有女御长、宫长、中宫学事史、女史等为数不多的官职,具体分工和职掌也未有明确的记载。魏晋以后,"拟外百官,备位置内职"[②],使后宫之内的妃嫔、宫女等递相统摄,管理宫廷内部之事。对女官设置有明确的记载和规定,诸如:官一品的"后宫通尹、准录尚书、紫极户主、光兴户主";官二品的"后宫列叙、准尚书令、铨六宫";官三品的"后宫司仪、准左仆射、铨人士;后宫司政、准右仆射、铨人士";官四品的"后宫都掌治职,置二人准左右丞,位比尚书,铨人士";官五品的"后宫通关参事";官六品的"中台侍御执卫";官七品的"合堂帅、御清帅、监夜帅"等,其定额多达数百人,还有许多无定数者。这些女官统领诸多宫女,模仿外朝,办理后宫之内的各种事务,自此以后女官制度渐趋完备。

隋唐时期,以妃为正一品,以嫔为正二品,以美人为正三品,以才人为正四品,这些乃是皇帝所幸过的妃嫔,而模仿朝廷六部二十四司,则不是皇帝所幸过者,乃是佐助后妃办理后宫各种事务。例如,尚宫辖司记、司言、司簿、司闱四司,"掌导引中宫";尚仪辖司籍、司乐、司宾、司赞四司,"掌礼仪起居";尚服辖司宝、司衣、司饰、司仗四司,"掌供内服用采章之数";尚食辖司膳、司酝、司药、司饎四司,"掌供膳羞品齐之数";尚寝辖司设、司舆、司苑、司灯四司,"掌燕寝进御之次序";尚功辖司制、司珍、司彩、司计四司,"掌女功之程课"。其制与外朝六部等通,并仿外朝御史台,设立

---

① (唐)魏徵:《隋书》卷36《后妃传序》,中华书局,1973年,第1106页。
② (梁)沈约:《宋书》卷41《后妃传序》,中华书局,1974年,第1270页。

官正,"掌戒令、纠禁、谪罚之事"。这六局二十四司及官正司,共拥有正五品至正七品的女官183名、女史89名的编制,并且各有官印和办公衙署,有较为严格的运行规制,俨然是宫内的一个微型官府。

这种六局二十四司外加官正司的女官制度,曾经长期因循,只是各朝代在人员编制上各有增减。明代永乐以后,重用宦官,把许多女官之职并入宦官衙署,仅存尚服一局及所统辖的司宝、司衣、司饰、司仗等4司。清代取消女官之职,宫中事务由内务府管辖,女官事务也由宦官接替。

三、后妃专权与外戚政治

宗法社会的婚姻关系,是将政治、经济、生殖结合为一体的行为。就君主而言,广继嗣是多纳后妃的原因之一,而被册立为后妃的家族,大多数在社会上都拥有了一定的政治和经济地位。就后妃而言,自身家族的兴衰和本人的子嗣前途都系于一身,自然极力争取君主的宠幸。在这种情况下,君主对得宠后妃及其家族的信任,往往超过自己的血亲。

从后宫的角度看,后妃属于离君主最近的人。后宫设禁防嫌,除君主一人之外,不允许成年男子留宿。基于防嫌和为君主、后妃们生活服务的需要,后宫内有众多的宫女和宦官进行服务和管理。封闭的后宫禁苑,给后妃们影响君主提供了方便,而君主专制又为后妃们参政或专权创造了条件。

从后妃对君主的影响来看,后妃参政或专权,只有在下述情况下才有可能:一是"狐媚偏能惑主"[①],后妃在以色得宠的情况下参政或专权。二是太后"欲久国政,贪立幼年"[②],在君主幼小、昏庸、懦弱或君嗣中断的情况下,太后便可以监护人的名义,监督或选立后嗣,甚至临朝称制,垂帘听政,合法地暂时代行君权。三是具有强盛的家族,因家族的支持,比较容易参政或专权,"自古帝王及其继体守文之君,非独内德茂也,盖亦有外戚之助焉"[③]。

后妃参政或专权,往往要与外戚政治联系在一起,在共同利益的驱使下,互相勾结。后妃依靠外戚的政治势力而专权用事,外戚则攀龙附凤而仰仗后

---

① (唐)骆宾王:《骆宾王文集》卷10《代徐敬业以武后临朝移诸郡檄》,上海古籍出版社,1994年。
② (南朝宋)范晔:《后汉书》卷10《皇后纪序》,中华书局,1965年,第401页。
③ (东汉)班固:《汉书》卷97上《外戚传序》,中华书局,1962年,第3933页。

妃的荣宠得以入朝参政。有些外戚凭借裙带关系获得权势,进而吸引一些依附的官僚吏属和私家门客,构成较为强大的政治势力。这种因色宠和裙带关系而出现的后妃专权和外戚干政,因其本身的局限,在政治上的表现往往是比较狭隘,其特点也非常明显:

第一,官闱争宠献媚不但助长统治者的生活腐化,而且加剧政治上的腐败,同时还会极大程度地扭曲人的本性。

中国古代传统观念是反对或禁止妇女参政,所谓"牝鸡无晨,牝鸡司晨,惟家是索"(《尚书·牧誓》)。后妃也不例外。设立皇后,是"后,君也,天下尊之,故谓之后"(《白虎通义》卷4《嫁娶》)。其目的不在尊崇皇后,而是在于尊崇皇帝。皇后之所以别于妃嫔,是为了"嫡庶之别,所以辨上下,明贵贱"①。皇后之所以称后,是"后之言,后也,言在夫之后也"(《礼记·昏义》郑玄注)。设立众多妃嫔,不仅是为了"广继嗣之统",也是为了满足君主的淫欲。后妃的设置带有强烈的依附性,自始至终处于被支配、被奴役和被玩弄的地位。她们深居后宫,被锁困在宫墙之内。然而,在实际生活中,她们不可能没有自己的思想愿望,也会不甘于仅作为泄欲和传宗接代的工具。妃嫔们的等级高低是与她们家族的荣辱、子嗣的有无和安危连在一起的,这些问题无时无刻不在缠绕着她们的身心,使她们自觉或不自觉地卷入宫廷政治的旋涡之中。

在"母以子贵,妻以夫荣"的古代社会,能具有临朝称制权力的只有太后。要谋取太后的资格,一是必须保持皇后的位置而不被废黜,二是争取自己所生的儿子成为皇位继承人而能顺利即位,这两者都需要取得君主的支持。

综观历史,皇后能保持爱宠、能保住位置自始至终者不及一半,而被废黜、逼死者却占一半以上。身为皇太子而能平平安安,不经曲折而继位者也不是很多。这主要是由于帝王多是喜新厌旧,有人进谗诋毁,也有后妃之间的争宠妒忌和各种政治势力的影响,但很大程度上是取决于后妃的美色和取得欢心的手段。汉武帝刘彻以一曲"北方有佳人,绝世而独立,一顾倾人城,再顾倾人国"的新声,而将李延年的妹妹召入宫中,册为夫人。这位李夫人

---

① (唐)房玄龄:《晋书》卷3《武帝纪》,中华书局,1974年,第63页。

生子不久而病，刘彻前去探望，她蒙被不见，却把自己的儿子和兄弟托付给刘彻。李夫人的妹妹对李夫人这种做法加以责怪，说她不顾家族。李夫人说："所以不欲见帝者，乃欲以深托兄弟也。我以容貌之好，得从微贱爱幸于上。夫以色事人者，色衰而爱弛，爱弛则恩绝。上所以恋恋顾念我者，乃以平生容貌也。今见我毁坏，颜色非故，必畏恶吐弃我，意尚肯复追思闵录兄弟哉！"① 以色邀幸争宠，是后宫内的一种必然现象。

在君主专制制度下，君主的行为和在后宫发生的事情，往往会涉及国民生计和社会安定，甚至引发为政治动乱，进而给社会带来危害。因为君主在"云鬟花颜金步摇，芙蓉帐暖度春宵。春宵苦短日高起，从此君王不早朝"（白居易：《长恨歌》）的情况下，必然导致国事的荒废。在"第裯既交，则情与爱迁；颜辞媚熟，则事为私夺"②的情况下，又很容易导致权移外戚，甚至引起战乱。例如，唐代中期以后诸帝，"色荒志怠，惟耽乐之从。是以任用非人而不悟，酿成大祸而不知，以至渔阳鼙鼓，陷没两京，而河朔三镇，从此遂失。唐室因以不竞，追其祸始末，始非色荒之贻害也"③。

在历史上，几乎每个朝代的中衰和灭亡，都或多或少地被指有"女祸"因素。作史者为尊者讳，便将罪魁之名强加于后妃，这固然是一种偏见，但也不能否认，有些后妃确在衰败亡国过程中起到过消极的有害作用。如夏代，"桀既弃礼义，淫于妇人，求美女积之于后宫，收倡优、侏儒、狎徒能为奇伟者，聚之一旁。造烂漫之乐，日夜与妹喜及宫女饮酒，无有休时，置妹喜于膝上，听用其言"④。殷纣王"好酒淫乐，嬖于妇人。爱妲己，妲己之言是从"⑤。周幽王宠幸褒姒，"褒姒不好笑，幽王欲其笑万方，故不笑。幽王为大鼓，有寇至则举火。诸侯悉至。至而无寇，褒姒乃大笑"⑥。隋炀帝"所至唯与后宫流连沉湎，惟日不足，招迎姥媪，朝夕共肆丑言，又引少年，令与宫人秽乱，不轨不逊，以为娱乐"⑦。皇后萧氏"见帝失德，心知不可，不敢厝言"。一味

---

① （东汉）班固：《汉书》卷97上《外戚传序》，中华书局，1962年，第3952页。
② （宋）欧阳修、宋祁：《新唐书》卷76《后妃传序》，中华书局，1975年，第2468页。
③ （清）赵翼：《廿二史札记》卷19《唐诸帝皆有女宠》，中国书店，1987年。
④ （汉）刘向：《列女传》卷7《夏桀妹喜传》，江苏古籍出版社，2003年。
⑤ （汉）司马迁：《史记》卷3《殷本纪》，中华书局，1959年，第105页。
⑥ （汉）司马迁：《史记》卷4《周本纪》，中华书局，1959年，第148页。
⑦ （唐）魏徵：《隋书》卷4《炀帝纪》，中华书局，1973年，第95页。

顺从炀帝，在国势不支、人人欲反的形势下，她不但不规劝炀帝，反而劝别人说："天下事一朝至此，势已然，无可救也。何用言之，徒令帝忧烦耳。"①这几个亡国之君，生活上淫邪放荡，为满足自己精神上的任性和愉悦，不惜玩弄他人命运于掌中，主宰他人生死祸福于瞬间。夏桀诛关逢龙、叱责终古；商纣王醢九侯、脯鄂侯、剖比干、制炮烙之法；周幽王废申后、逐太子、戏诸侯；隋炀帝锄诛骨肉、屠戮忠良、驱除谏官。在权欲的驱使下，他们恣意妄为，滥用民力。夏桀筑倾宫、饰瑶台、作琼室、立玉门、酒池行舟；商纣王聚戏于沙丘苑台，注酒为池，悬肉为林，使男女裸逐其间，以为长夜饮；周幽王裂绢撕帛、杂列百戏，以博褒姒一笑；隋炀帝筑周圆二百里之西苑、裁帛为花叶，东西游幸，役民常过百万……他们之所以这样做，在很大程度上是为了在后妃面前炫耀自己至高无上的权力，这种炫耀不但导致他们亡国，也给社会带来很大的破坏。有些后妃一方面作为被摆布和被玩弄的对象，另一方面也起到腐败和动乱的催化作用。

"后宫粉黛三千色"，怎样才能"三千宠爱在一身"呢？在君主喜新厌旧而又喜怒无常的情况下，后妃们便各自施展手段，使几千年来的后宫里的媚道蛊惑、妒忌仇杀等凶残丑闻不绝于史册。值得注意的是，后妃们在争宠夺爱的过程中，绝少有人敢于触犯使她们备受凌辱的君主，却将刻骨妒恨加之于自己的同类，而且手段之凶酷残忍，常常令人发指。例如，汉高帝吕后"断戚夫人手足，去眼熏耳，饮瘖药，使居鞠域中，名曰'人彘'"②；晋惠帝皇后贾南风"性酷虐，尝手杀数人。或以戟掷孕妾，子随刃堕地"③；武则天争夺皇后位置，竟然亲手杀死亲生女儿以诬陷王皇后，导致王皇后和萧良娣被废为庶人而囚禁冷宫，武则天再令人将她们各杖一百，"截去手足，投于瓮中，曰：'令此二妪骨醉！'数日而卒"④；宋光宗皇后李凤娘，性妒悍，"帝尝宫中浣手，睹宫人手白，悦之，他日后遣人送食盒与帝，启之，则宫人两手也"⑤；比明宪宗朱见深大19岁的万贵妃，因为自己不能生育，却嫉妒别人生育，使"掖庭

---

① （唐）魏徵：《隋书》卷6《后妃传》，中华书局，1973年，第1113页。
② （东汉）班固：《汉书》卷97上《外戚传序》，中华书局，1962年，第3938页。
③ （唐）房玄龄：《晋书》卷31《后妃惠贾皇后传》，中华书局，1974年，第964页。
④ （后晋）刘昫：《旧唐书》卷51《后妃高宗废后王氏传》，中华书局，1975年，第2170页。
⑤ （元）脱脱等：《宋史》卷243《后妃光宗李皇后传》，中华书局，1977年，第8654页。

御幸有身，饮药伤坠者无数"①。凡此等等，见于史册者不在少数。

后宫秽乱，后妃争宠夺爱，助长了君主生活的腐化，而生活的腐化往往会导致政治上腐败。晋武帝司马炎在"平吴之后复纳孙皓宫人数千，自此掖庭殆将万人。而并宠者众，帝莫知所适，常乘羊车，恣其所之，至便宴寝。宫人乃取竹叶插户，以盐汁洒地，而引帝车"②。皇帝荒淫至此，哪还有什么心思和精力去处理政事！

当然，君主喜怒无常并持有最高权势，后妃们的荣辱性命和家族安危，都系于君主爱憎一念之中，后妃们迫于皇威，采取阿媚取宠多是不得已而为之。例如，北齐武成帝高湛逼迫其嫂文宣帝皇后李祖娥和他发生性关系时说："若不许我，当杀尔儿！"后来李祖娥怀孕，经不起惊吓和羞辱，生女不举，高湛横刀诟曰："尔杀我女，我何不杀尔儿！"当着李祖娥的面把她的儿子杀死，"后大哭，帝愈怒，裸后乱挝挞之，号天不已。盛以绢囊，流血淋漓，投诸渠水，良久乃苏"③。北周宣帝宇文赟皇后杨丽华，"性柔婉，不妒忌，四皇后及嫔御等咸爱而仰之。帝后昏暴滋甚，喜怒乖度。尝谴后，欲加之罪。后进止详闲，辞色不挠。帝大怒，遂赐后死，逼令自引决"④。唐高宗李治的王皇后和萧良娣被废，"后母柳氏、兄尚衣奉御全信及萧氏兄弟，并配流岭外"⑤。正是："宫殿沉沉夜欲分，昭阳更漏不堪闻。珊瑚枕上千行泪，不是思君是恨君。"（唐·刘皂：《长门怨》）这些不幸的妇女，虽然形式上曾处于宫闱高位，但其实又因生活在帝王身边，所受凌辱、迫害又最深，她们必须将自己的真情和心性隐藏起来，被迫接受各种不测的命运，无处申诉，亦无从控诉，这正是君主专制和不合理的后妃制度所促成的。

第二，太后临朝称制，有时是由于越位揽权，有时是为了维持君主专制政体的需要。但在权势的诱惑下，她们贪立幼主，擅行废立，使用各种阴谋诡计，力图保持临朝称制的格局，继续掌握大权，往往演变成为引起政治和

---

① （清）张廷玉等：《明史》卷113《后妃万贵妃传》，中华书局，1974年，第3524页。
② （唐）房玄龄：《晋书》卷31《后妃武帝胡贵嫔传》，中华书局，1974年，第962页。
③ （唐）李延寿：《北史》卷14《后妃北齐文宣皇后李氏传》，中华书局，1974年，第521页。
④ （唐）李延寿：《北史》卷14《后妃北周宣帝皇后杨氏传》，中华书局，1974年，第529页。
⑤ （宋）欧阳修、宋祁：《新唐书》卷76《后妃高宗废后王氏传》，中华书局，1975年，第3473页。

社会的动乱。

太后,这个位置来之不易。由争宠夺爱力保住皇后位置不失,更保护住子嗣不被别人陷害,直到君主驾崩、儿子继位,才能正位为太后,中间的苦辛实在太多,对已取得的特权绝不肯轻易割弃。于是乎,贪立幼主便成为她们保持尊位的最佳选择。例如,西汉元帝皇后王政君,"历汉四世为天下母,飨国六十余载,群弟世权,更持国柄"①。她在成帝去世后,一立庶孙刘欣,是为哀帝,再立9岁的庶孙刘衎,是为平帝,三立曾孙刘婴,竟是两岁的孺子,由王莽居摄。东汉自章帝以后的10位皇帝,即位的年龄都很小,大者十余岁,幼者出生仅百余日,太后立幼的用心可谓昭然若揭,故史论东汉"皇统屡绝,权归女主,外立者四帝,临朝者六后,莫不定策帷帘,委事父兄,贪孩童以久其政,抑明贤以专其威"②。再如,北魏宣武皇后胡氏为太后,"内为朋党,防蔽耳目,明帝所亲幸者,太后多以事害焉"。因此,母子之间"嫌隙屡起"。胡太后为自安计,竟然毒死自己亲子明帝,改立年纪未及三岁的临洮王子钊为帝,这样泯灭人性、蔑弃人伦的非常做法,既残忍又不择手段,使"天下愕然"③。清代慈禧太后在自己儿子同治皇帝载淳死后,选定年仅4岁自己的姨甥兼侄子的载湉嗣位,即光绪帝。她在衰病之年,仍不肯选立长主,却定策选立年仅3岁的溥仪继位,是为宣统皇帝。由此可见,太后立幼是为了自己把持朝政,继续保住权势,是她们深思熟虑的选择。

太后临朝称制是君主专制政体在必要时采取的一项重要制度,它关系到最高统治权力在新旧交替时期的稳定和本姓王朝的国祚延续。基于这种考虑,史家对太后临朝的评价也是着眼于政治大局,在权衡利害的情况下,采取具体史实具体分析的态度,着重对具体人物,即某一太后临朝功过进行客观评价,而鲜及太后专权的政治手段。例如,西汉吕后专权,曾经不择手段地采用残酷的铁血政策,而司马迁评论说,"孝惠皇帝、高后之时,黎民得离战国之苦,君臣俱欲休息乎无为,故孝惠垂拱,高后女主称制,政不出房户,天

---

① (东汉)班固:《汉书》卷98《元后传》,中华书局,1962年,第4035页。
② (南朝宋)范晔:《后汉书》卷10《皇后纪序》,中华书局,1965年,第401页。
③ (唐)李延寿:《北史》卷13《后妃北魏宣武皇后胡氏传》,中华书局,1974年,第505页。

下晏然。刑罚罕用，罪人是希。民务稼穑，衣食滋硕"①，将其列入《本纪》，承认其君主的地位。对身处国势危弱，内忧外患频仍，垂帘听政时期，确曾一再屈服于洋人，签订过许多丧权辱国条约的慈禧太后，《清史稿》论曰："及文宗末造，孝贞、孝钦两皇后躬收政柄，内有贤王，外有名将相，削平大难，宏赞中兴。不幸穆宗即世，孝贞皇后崩，孝钦皇后听政久，稍稍营离宫，修庆典，视圣祖奉孝庄皇后，高宗奉孝圣皇后十不逮一，而世顾窃窃然有私议者，外侮迭乘，灾祲屡见，非其时也。"②对她的所作所为，置于当时的国内国际大环境之中，持论平和，还是比较公正的。

　　史家对太后临朝制度未持截然否定的态度，这是因为深切了解这种制度乃是君主专制制度的组成部分，是必要时的补充，实关系到政权的延续，其利弊与君主专制制度密不可分。不过，女主专权临朝在传统观念下终究是名分不正。在名不正则言不顺，言不顺则事不成的社会舆论下，女主专权临朝必然非常困难，有时不得不采用强制或阴谋手段。例如，东汉安帝死，阎太后"欲久专国政，贪立幼年，与（兄弟阎）显等定策禁中，迎济北王子北乡侯懿为嗣"，是为少帝。不久，少帝病死（乃是疑案），太后与阎显"秘不发丧，更征诸王子，闭宫门，屯兵自守"③，他们反复权衡，考虑更立何人对自己最为有利。东汉冲帝死，外戚梁冀也"与太后定策禁中"④，拥立年仅8岁的质帝。但质帝少而聪慧，不甘受人控制，当面指斥梁冀为"跋扈将军"，结果被梁冀毒死，另立桓帝。一年之内，三易其主，当然要引发起政治危机。桓帝死，外戚窦宪也与太后"定策禁中"，拥立年龄不足12岁的灵帝。在一连串政治阴谋之下，政局极为混乱，东汉衰亡已无可挽救。

　　密谋禁中，定策帷帘，矫造遗诏，策立懦弱，稍有不慎，就有可能引起政治反弹，动乱波及全社会，给人民带来灾难。例如，东汉临朝六后，贪立幼主，都重用外戚和宦官，激起反复剧烈的权力争夺，使人心浮动，不知所从，动乱四起，社会不堪重负，东汉王朝也终于走上土崩瓦解的道路。西晋

---

① （汉）司马迁：《史记》卷9《吕太后本纪》，中华书局，1959年，第412页。
② 赵尔巽等：《清史稿》卷214《后妃传论》，中华书局，1977年，第8933页。
③ （宋）司马光：《资治通鉴》卷51《汉安帝延光四年（125年）》，中华书局，1956年。
④ （宋）司马光：《资治通鉴》卷52《汉冲帝永嘉元年（145年）》，中华书局，1956年。

贾后专权，以太子非自己所生而将之杀死，成为诸王兴兵的理由，进而引发长达十六年的"八王之乱"，混战不休，"祸难之极，振古未闻"①。武则天临朝，徐敬业等在扬州起兵，几乎造成一场大规模的战乱。辽代后族与皇族的激烈火并，"祸及皇子王孙，殃及社稷江山"②。

　　女主专权不应一概否定，但在男尊女卑观念极深的古代社会，女主专权又很难为社会所接受。对女主来说，处处隐藏着危机。要巩固自己的权力，保住自己的地位，对于反对者，或者以高官厚禄安抚之，或者以身家性命迫胁之。但过多施用高官厚禄，又容易使权贵臣僚们认为女人好欺，一再讹诈索取，欲壑难填；而实行强权，却能掩盖自己的所谓名分不正，对社会也有一时震慑作用。例如，西汉元后以母后的身份主政，便"世禄去王室，权柄外移，是故临朝娄（屡）诛大臣，欲强主威"③。为了除掉反对者，女主们往往诛戮大臣以立威。这样，既清除了政敌，又防堵官民之口。例如，东汉质帝被毒死，太尉李固等朝廷重臣们竟"伏尸号哭"，非要弄个水落石出。这样，不但引起太后的不满，连外戚梁冀也心神不安，便对李固下手，先免其官，再捕之下狱，一时间"朝野丧气，群臣侧足而立"④。再如，清同治初年，载垣、端华、肃顺等顾命赞襄政务王大臣，阻挠慈禧太后垂帘听政，慈禧便以同治皇帝的名义颁发上谕云："总因朕冲龄，皇太后不能深悉国是，任伊等欺朦，能尽欺天下乎？又何以服天下公论？"⑤先将三人解职，再断然议罪处死，使臣下悚惧忧惶，连手握重兵的曾国藩也不得不表示"服皇太后之英断，为自古帝王所仅见"，并且"钦悚久之"⑥。作为女主，屠戮最甚者，则非武则天莫属了。武则天初谋皇后之位，即将开国元勋长孙无忌、褚遂良、于志宁、上官仪等人一一逐杀；改制称帝后，更顾虑人心不附，"乃阴恶鸷害，肆斩杀怖天下。内纵酷吏周兴、来俊臣等数十人为爪吻，有不慊若素疑惮者，必危法中之。宗室侯王及它骨鲠臣将相骈颈就铁，血丹狴户，家不能自保"⑦，"其贤士

---
① （唐）房玄龄：《晋书》卷59《八王传论》，中华书局，1974年，第1627页。
② 蔡美彪：《辽代后族与辽季后虺三案》，《历史研究》1994年第2期。
③ （东汉）班固：《汉书》卷11《哀帝纪赞》，中华书局，1962年，第345页。
④ （宋）司马光：《资治通鉴》卷53《汉质帝本初元年（146年）》，中华书局，1956年。
⑤ 故宫博物馆明清档案部：《清代档案史料丛编》，中华书局，1978年，第一辑，第102页。
⑥ （清）曾国藩：《曾文正公手书日记》，咸丰十一年十一月十七日，凤凰出版社，2010年。
⑦ （宋）欧阳修、宋祁：《新唐书》卷76《后妃武则天传》，中华书局，1975年，第3481页。

大夫不免者十八九"①。又广开密告之门,鼓励告密攻讦,使"人人屏息,无敢议",就连她亲生儿子李弘和李贤,也被她因利害冲突而处死。

第三,以血缘和裙带关系构成的后妃和外戚集团,具有很大的狭隘性和排他性,他们把持政权,不惜造成"名贤戮辱、便孽党进"的政治局面,加速了专制王朝腐朽的进程。

太后临朝称制,一般是不直接面对百官,故有"垂帘听政"之说。在这种情况下,她们"称制下令,不出房闱之间"②,不是委信于亲党外戚,便是寄命于宦官或权臣,这样间接地发号施令,难免存在隔阂,造成权柄他移,古代史家认为:"三代以来,《春秋》所记,王公国君,与其失世,稀不以女宠。汉兴,后妃之家吕、霍、上官,几危国者数矣。"③专制的君主们也认为:"夫妇人与政,乱之本也。"④究其主要原因,也就在于后妃参与政治容易使权柄他移。

权柄他移在君主专制制度下极容易酿成祸乱。西汉元帝王皇后四世专权,王姓外戚的势力也由此不断扩大,造成"王莽篡汉"。由于王莽推行违反历史发展规律,违背人民意愿的改制,造成"四海之内嚣然丧其乐生之心,中外愤怨,远近俱发,城池不守,支体分裂,遂令天下城邑为墟"⑤的纷乱局面。东汉临朝六后,不是委事父兄,便是寄命刑人,使外戚和宦官势力恶性膨胀,相继擅权,促使政治更加黑暗,社会危机日益加深。

古代妇女大多被禁锢于家庭之内。尤其是后妃,她们幼时养育于父母之家,足不出户,接受的是驯顺从夫的教育。未及成年,又被选入宫中待召,接受的是柔媚侍奉人君的训导。深宫幽闭,使她们很少接触社会,难免孤陋寡闻,缺少政治主见。因此,她们一旦大权在握或荣宠及身,很容易想到的是自己生活圈内接触最多和最熟悉的人,那就是娘家的父兄子侄和宫中为她服务的宦官侍女。在处理重大或危难问题时,只好"定策帷帘,委事父兄",

---

① (宋)欧阳修、宋祁:《新唐书》卷3《高宗纪赞》,中华书局,1975年,第79页。
② (南朝宋)范晔:《后汉书》卷78《宦者列传序》,中华书局,1965年,第2509页。
③ (东汉)班固:《汉书》卷98《元后传》,中华书局,1962年,第4035页。
④ (晋)陈寿:《三国志》卷2《魏书·文帝纪》,中华书局,1959年,第80页。
⑤ (东汉)班固:《汉书》卷99《王莽传赞》,中华书局,1962年,第4194页。

或是"委用刑人，寄之国命"①，进而造成权柄他移。

君主对宠后艳妃家族的信任，往往比对自己的血亲更信任，这是婚姻政治行为的体现。外戚恃后妃之亲而获得显贵地位，又因"椒房之宠"入朝参政，依靠的是裙带关系。裙带关系本身具有狭隘性，属于极端自私的范畴。在这种情况下，外戚封官受爵，握权干政，并不需要什么真才实学。例如，汉文帝窦皇后之弟窦安国，"年四五岁时，家贫，为人所略卖，其家不知处。传十余家至宜阳，为其主人入山作炭"②，从小为奴，本身缺乏教育，更谈不上有什么才能，但因窦皇后之故，不但脱离了奴籍，而且被封为章武侯，步入权贵的行列。唐代的杨国忠，本来是一个市井无赖，仅仅因堂妹杨玉环受唐明皇之宠，就被任命为宰相，身领四十余使而"居朝廷，攘袂扼腕，公卿以下，颐指气使，莫不震慑"③。由于他们自身的狭隘，一朝得势，便大刮裙带之风，宠树亲党，以至任人唯亲、任人唯佞。例如，西汉元后临朝，重用王氏子弟，兄弟"五人同日封，故世谓五侯。太后同产唯（王）曼蚤卒，余毕侯矣"。不但封爵，而且授以实权，"王氏子弟皆卿大夫侍中诸曹，分据势官满朝廷"④。东汉和帝时，外戚窦宪专权，"窦氏父子兄弟并为卿、校，充满朝廷"⑤。桓帝时，外戚"梁冀一门，前后七侯，三皇后，六贵人，二大将军，夫人、女食邑称君者七人，尚公主者三人，其余卿、将、尹、校五十七人"⑥。转相连引，仅梁冀妻孙寿一门，"孙氏宗亲冒名为侍中、卿、校、郡守、长吏者十余人"⑦。

以裙带关系构成的政治集团，不但狭隘，而且极端自私，更表现出异乎寻常的贪婪。例如，梁冀专擅威柄，"其四方调发，岁时贡献，皆先输上第于冀，乘舆乃其次焉。吏民赍货求官、请罪者，道路相望"⑧。杨国忠秉政，"远近馈遗阉稚、歌儿、狗马、金贝，踵叠其门"⑨。他们不但公开受贿，而且千方

---

① （南朝宋）范晔：《后汉书》卷78《宦者列传序》，中华书局，1965年，第2509页。
② （东汉）班固：《汉书》卷97上《外戚传》，中华书局，1962年，第3944页。
③ （宋）司马光：《资治通鉴》卷216《唐玄宗天宝十一载（752年）》，中华书局，1956年。
④ （东汉）班固：《汉书》卷98《元后传》，中华书局，1962年，第4018页。
⑤ （宋）司马光：《资治通鉴》卷48《汉和帝永元四年（92年）》，中华书局，1956年。
⑥ （宋）司马光：《资治通鉴》卷54《汉桓帝延熹二年（159年）》，中华书局，1956年。
⑦ （宋）司马光：《资治通鉴》卷53《汉桓帝和平元年（150年）》，中华书局，1956年。
⑧ （宋）司马光：《资治通鉴》卷54《汉桓帝延熹二年（159年）》，中华书局，1956年。
⑨ （宋）欧阳修、宋祁：《新唐书》卷206《外戚杨国忠传》，中华书局，1975年，第5849页。

百计敲诈勒索，中饱私囊。例如，武则天时，武攸宁、武三思当国，"置匀使，苛取民赀产，毁族者凡十七人，呼天白冤"①。为了攫取财富，他们不惜使用暴虐手段。梁冀与妻孙寿等亲党，"各遣私客籍属县富人，被以它罪，闭狱掠拷，使出钱自赎，赀物少者至于死徙"。又"遣客出塞，交通外国，广求异物。因行道路，发取伎女御者，而使人复乘势横暴，妻略妇女，殴击吏卒，所在怨毒"。还"或取良人，悉为奴婢，至数千口，名曰'自卖人'"②。他们疯狂地追逐财富，过着奢侈腐化、荒淫糜烂的生活。西汉王氏外戚，"五侯群弟，争为奢侈，赂遗珍宝，四面而至；后庭姬妾，各数十人，僮奴以千百数，罗钟磬，舞郑女，作倡优，狗马驰逐；大治第室，起土山渐台，洞门高廊阁道，连属弥望"③。梁冀与其妻孙寿，"对街为宅，殚极土木，互相夸竞，金玉珍怪，充积藏室"；又"多从倡伎，酣讴竟路，或连日继夜以骋娱恣"④。杨国忠姐弟五家，"竞开第舍，极其壮丽，一堂之费，动逾千万；既成，见他人有胜己者，辄毁而改为"⑤。这样竞奢斗侈，必然更贪污腐化，败坏朝廷风气，激化社会矛盾，进而给朝政和社会带来无穷后患。

以裙带关系构成的政治集团，在极端自私的情况下，又带有强烈的排他性，这表现为嫉贤妒能、排斥异己。他们一方面"贪孩童以久其政，抑明贤以专其威"⑥；一方面"附顺者拔擢，忤恨者诛灭"⑦。在东汉临朝多年，颇有贤名的和熹邓太后，尚且"擅国昵私"，郎中杜根、成翊世上书劝她归政于安帝，她竟"令盛以缣囊，于殿上扑杀之"⑧，而"张禹、尹勤、梁鲔、徐防、张敏、李修、司马董、马英，皆以庸劣之才，取容邓氏，而致三公"⑨。这种"名贤戮辱，便孽党进"的政治现象，即体现出后妃专权和外戚集团的狭隘和自私，以及强烈的排他性，这是他们共有的特性。

---

① （宋）欧阳修、宋祁：《新唐书》卷206《外戚武三思传》，中华书局，1975年，第5840页。
② （南朝宋）范晔：《后汉书》卷34《梁冀传》，中华书局，1965年，第1182页。
③ （东汉）班固：《汉书》卷98《元后传》，中华书局，1962年，第4023页。
④ （宋）司马光：《资治通鉴》卷53《汉桓帝和平元年（150年）》，中华书局，1956年。
⑤ （宋）司马光：《资治通鉴》卷216《唐玄宗天宝七载（748年）》，中华书局，1956年。
⑥ （南朝宋）范晔：《后汉书》卷10《皇后纪序》，中华书局，1965年，第401页。
⑦ （东汉）班固：《汉书》卷99《王莽传》，中华书局，1962年，第4045页。
⑧ （宋）司马光：《资治通鉴》卷50《汉安帝建光元年（121年）》，中华书局，1956年。
⑨ （清）王夫之：《读通鉴论》卷7《汉和帝》，中华书局，1975年。

女主专权、外戚与政,在历史上被称为"女祸""外戚之祸",因为后妃专权、外戚与政的结果,轻则出现政治昏暗,使国势由盛转衰;重则出现国祚倾移,乃至改朝换代。因此,一些明智的统治者对他们严加防范,但并不能从根本上消除这种现象,这也是君主专制政体难以克服的弊病。

第七节　宫省制度与宦官政治

在中国古代丰富的历史文化遗产中,气势恢宏、金碧辉煌的帝王宫殿建筑群,可谓是具有特色的文化。这些巍峨耸立的禁城深宫,既是帝王们至高无上的地位和权力的物化象征,也是朝廷号令的策源地,同时也是帝王与后妃们生活行乐的场所。正因为这是政治的中心,一套完整的宫省制度起到至关重要的作用。宦官伴随着宫省制度的形成而出现,随着君主专制制度的不断强化和宫省制度的完善,作为一种腐朽的政治势力而登上历史舞台,并且成为专制主义中央集权政治的重要组成部分。在各种政治势力角逐中,宦官凭借接近君主的优势,取得君主信任,权力不断扩大,乃至窃权弄柄,成为"手握王权,口含天宪"的掌权者。宦官以君权为后盾,以宫省制度为依托,以依附的文武官僚为党羽,形成特殊的势力,挟以参与各种政治斗争,往往打破各种政治势力之间的平衡,使政治斗争更加复杂多变。

一、宫省制度

宫省是宫城的建筑,这种建筑的特殊格局在于突出君主至高无上的地位。崇宫室以威四海,是统治者建筑宫省的本义,以宫省为核心而建立起来的制度,则又是炫耀权力的象征。

宫省,按照现在一般解释是:设于皇宫内的官署或宫中禁卫。这种解释过于笼统,而且忽略了它的重要内涵,那就是宫是皇宫的前部,省是皇宫的后部,而前后部的明显界限的出现与君主专制的发展有密切的关系。

根据考古发掘,河南偃师二里头宫殿遗址,当数我国现今发现的最早宫殿遗址,虽然现今尚未能确定这个遗址是属于夏文化还是早商文化,但从已发现的主体殿堂来看,中间可能是统治者处理日常政务的场所,东西两厢为居处寝室,这与后代各王朝的前朝殿、后寝官的建筑格局有很大区别,也就是说,还没有官和禁的区别。

商代的宫殿遗址多有发现,尤其是安阳小屯村遗址所发现的遗址,是"沿着与子午线大体一致的纵轴线,有主有从地组合为较大的建筑群。后来在中国封建时代的宫室常用的前殿后寝和纵深的对称式布局方法,在奴隶制的商朝后期宫室中已经略具雏形了"[1]。也就是说,至少在商代中期,王官已经分成前后两个部分,在前面部分设有殿堂和庭院,称为前庭,是商王召集会议、举行祭祀和处理政务的地方。后面部分有宫室和廊庑,是王与后妃居住的地方,为他们服务的亲信随从也居住在内。这些亲信随从因为常在王和后妃的左右,容易取得信任,这其中曾有人以内廷人员的身份介入政治。

周代进一步完善宫室制度,使之融合于礼制之中。由于现在西周的宫室遗址尚未勘探,故多以《周礼·考工记》《春秋三传》《礼记》等书的记载来谈周代的宫室建制。认为天子之官,"左祖右社,前朝后市","内有九室,九嫔居之","外有九室,九卿朝焉"(《周礼·冬官·匠人》)。对外有进行防御和揭示政令的阙(如故宫的午门),向内依次为皋门、库门、雉门、应门、路门。王在官内处理政务,分为大朝、外朝、内朝,其内朝又有君主与群臣治事的"治朝"和君主平日治事的"燕朝",燕朝之后是六寝、六宫。六寝是君主与后妃饮食起居处,六宫是王后治理内事之朝。库门之内有三槐九卿的官署,是外朝的所在地。大朝在阙门举行,非大庆大典,不举行大朝。这种五门三朝制是否完全符合西周的实际情况,学术界尚未有定论,但它直接影响后世,尤其是隋唐以后的宫城建制,则是可以肯定的。

秦代的宫殿群是先后建立起来的。秦始皇修建的新宫,位于各宫的中心,是大朝所在,原先的咸阳旧宫则作为正寝和后宫,其余诸宫多为离宫别馆。这时的宫殿建筑尚未有机地结合在一起,宫和禁的区别也还不太严格。当秦始皇兴建朝宫时(前殿为阿房宫),政务区和生活区虽然还结合在一起,但宫和禁的区别则已经显现出来了,故史有秦二世用赵高之计,"乃不坐朝廷见大

---

[1] 刘敦桢主编:《中国古代建筑史》,中国建筑出版社,1984年,第31页。

臣，居禁中"①的记载。

西汉长安未央宫是大朝所在地，前殿是该宫的主建筑，百官在这里朝见君主。"殿内两侧有处理政务的东西厢。这种在一个殿内划分为三部分，兼大朝、日朝的方法与周朝前后排列三朝的制度有所不同。"②前殿之后有门墙相隔，是皇帝和后妃的生活区，即使是王公大臣，未经皇帝特旨也不允许入内，故称"禁中"。另外，长乐宫、桂宫、明光宫、北宫、建章宫等，是太后、太子所居和皇帝的离宫别馆，建筑布局与未央宫基本相同。东汉建都洛阳，建有南、北二宫，除阁道相属之外，布局也与西汉基本相同。

曹魏的皇宫分为三个层次和东西两组主要建筑，坐北朝南。皇宫的前部分称为皇城，其西侧有钟、鼓楼等建筑；东侧有中央各主要部门的衙署。中部称为宫城，西侧的主要建筑是文昌殿，也就是正殿，是大朝所在地，用以朝会群臣，宴享宾客，凡国家举行大典礼、议论大政，都在这里举行；东侧的主要建筑是听政殿，为日朝所在地，是皇帝与群臣处理日常政务的所在地；中央主要衙署排列于听政门外，便于百官入内奏事，故此地称为政令中枢。后部是后宫掖庭，为皇帝和后妃的生活区，称为禁省、禁中或省中。曹魏的皇宫开创了禁省、宫城、皇城这种由内及外的布局。"这种布局方式可能从东西厢扩充而成，后来为两晋、南北朝沿用了约三百余年，到隋朝才废止"③。也就是说，宫、省的严格划分，至曹魏时得以确立。

隋唐的皇宫都是按照一个中轴线和左右对称的格局，依照《周礼》所载的三朝制度，以皇城、宫城、禁省逐次进深的方法建筑的。以唐代长安皇宫为例，最前面是一座皇城，东西长2820.3米，南北宽1843.6米，城内有太庙、太社、六省、九寺、御史台、四监、十六卫等建筑和官署衙门。皇城以北是宫城，两城之间有一条宽300步的横街，面对横街的宫城正门是承天门。凡年节大庆在此接受群臣朝贺、外国藩邸进表、颁发诰敕教令、献俘等大典，皇帝均御承天门临朝受贺，群臣外藩于横街排列，接受检阅；此处称为"大朝"，亦称"外朝"。承天门之内便是太极门，门内有座大殿，叫作太极殿，

---

① （汉）司马迁：《史记》卷87《李斯列传》，中华书局，1959年，第2558页。
② 刘敦桢主编：《中国古代建筑史》，中国建筑出版社，1984年，第49页。
③ 刘敦桢主编：《中国古代建筑史》，中国建筑出版社，1984年，第50页。

是皇帝会见群臣处理政务的所在，称为"中朝"，亦称"日朝"。太极殿位居宫城的中心，故此殿又称"太极宫"。太极殿面向南，殿前东边是门下内省、弘文院等官署，殿前西边是中书内省、舍人院等官署。太极殿后面是两仪门，正对两仪门的是两仪殿，是皇帝日常办公的地方，称为"常朝"，亦称"内朝"。自两仪门以内为禁省，属于后宫。宫城西侧为掖庭宫，是妃嫔居住地；东侧为东宫，是皇太子居住地。这样，宫城之内的前后层次分明，建筑格局制度化。

明清的皇宫建筑是在总结历代经验的基础上建造的，最具有代表性，因为保存完好，既能清楚地看出整个布局，又能给人们以感官上的认识。

明清的皇城四向开门。南为大明门（清改为大清门，即今前门），门内有一座重门，称承天门（清改为天安门），北为地安门，西为西安门，东为东安门。皇城内建有宫城、宫苑（中南海、北海、景山等）、太庙（今劳动人民文化宫）、社稷（今中山公园）、寺观、官署衙门、仓库等。

明清的宫城呈长方形，四角建有造型精致而独特的角楼，以护城河为隔离带。前以午门为界，后以玄武门为界，南北全长960米。横轴以南部分，西有西华门，东有东华门，东西宽760米。

宫城的午门，不仅是宫门，也是皇帝接受献俘大礼和颁布诏令的所在，习惯上称为"大朝"。午门之内是太和门，门内有一个面积为2.5公顷的庭院，面临庭院是雄伟壮观的太和殿，朝会大典就在太和殿前庭院举行，称为"外朝"或"中朝"。太和殿后是中和、保和二殿，与太和殿合为前宫三大殿。三大殿之后是乾清门，门内便是皇帝和后妃的生活区，称为禁省或禁中。禁省的中轴线建有乾清宫、交泰殿、坤宁宫，为禁内的三大宫。皇帝一般在乾清宫处理日常事务，称为"内朝"。这是沿用《周礼》《礼记》中的外、中、内三朝制度。从大清门、天安门、端门、午门至太和门，共计五门，沿用皋、库、雉、应、路的五门制度。其太庙、社稷，沿用左祖右社制度。

从以上宫城建筑发展来看，宫城之内分前后两组建筑是从商代中期以后开始的。前廷和后宫的严格划分，似应从周代开始，但宫城之内划分宫中、禁（省）中，应是在秦汉时期才确立。从曹魏时期的宫和省建制的制度化，到隋唐以后的宫城按中轴纵深布局，宫和省的区分日趋明朗。

宫省的严格区分与职官的设置和职权划分有密切的关系。禁省是宫城的最深部，这里设有为君主和后妃生活服务的机构和人员，习惯上称为省内官、省官、内官、中官、内侍官、内朝官等。前廷是宫城的前部，这里有一些为君主办事机构和人员，称为宫官、中朝官、廷官、殿阁官等。中央各主要部门的衙署设置在宫城的四周（主要在宫城前），以便及时承命处理政务，这些部门和人员称为朝官、外朝官、外廷官、中都官、京官等，是国家正式职官。

从这样的设官规模来看，外廷官是国家行政事务的主体，管理着国家各种政务，从秦汉的三公九卿到明清的部、院、寺、监、府系列，都是外廷机构。宫中官承担着宿卫、生活服务、佐理朝政、执行政务等职责；早期的宫中官多隶属于外廷官，由于佐理朝政、执行政务的职责使他们的地位逐渐提高，最终使一些人演变成为政令的中枢，机构也逐渐演变成为辅政部门。禁省官是为君主和后妃生活服务的，主要是宦官和女官，其政治和社会地位比宫中官和外廷官要低许多，但他们接近君主，容易取得君主的信任，有时亦掌握实际大权。

历代典章制度在叙述职官制度时，都是先公后卿，在宰辅之后，再依次排列中央各部门，并将各种官职、下属机构及官吏分别附列于各部门之下。这种排列顺序是以外廷官为主线，宫中官、禁省官，或分列于诸公卿之下，或在较后的位置辟一专目，给人以一种主次分明、尊卑有序、秩序井然的感觉。如果从君主专制的角度，以宫省制度为基点来看，就可以看出这种排列只是一种级别高低和隶属关系的排列，不能反映出谁远谁近、谁亲谁疏、谁荣谁枯、谁对谁进行制约、谁居咽喉要地、谁为闲散之职、谁掌机要大权、谁只是奉命执行等诸多现实存在的政治关系。

宫省制度是围绕着君主建立起来的制度，其核心当然是君主。在君主专制制度下，离君主远近，往往成为有无政治权力的关键。外廷官虽然主持国政，但离君主最远，朝阙远隔，非奉召不能面觐直陈，与君主的关系存在一定的距离，易于因疏远而产生隔阂，甚至猜疑。宫中官身在宫中，离君主较近，接近君主的机会也较多，因此比外廷官容易取得君主的信任，古代的辅政机构多从宫中官演变为外廷官，逐渐引入正式的枢要序列，原有的外廷官往往被架空，仍保留虚衔，也就在情理之中。禁省官虽然多是宦官和女官，但离君主最近,且夕相守,窥测爱憎,也最容易取得君主的信任。按韩非的"以疏远与近爱争,其数不胜也;以新旅与习故争,其数不胜也;以反主意与同好争,其数不胜也;以轻贱与贵重争,其数不胜也;以一口与一国争,其数不胜也"(《韩非子·孤愤》)的五不胜原则,外廷官、宫中官、禁省官之间的权力不断转换是无可避免的,中国古代的职官制度基本上也是沿着这样的轨迹发展的。

二、宦官组织的形成和发展

宦官是在宫禁内苑中服侍帝王及后妃生活的男人总称。"天文有宦者四星,在帝座之西",说明不论从传说中的天文现象,抑或在现实皇室政治中,宦者都是帝王身边的亲信之人。最初的宦者不完全是经过阉割的男人,一些未成年的男子和有族姓的士人内侍也称宦者。郑玄在注《周礼》时,对宦者和阉竖分别解释,指出宦者、阉、竖是三种人。东汉"中兴之初,宦官悉用阉人,不复杂调它士"①,从此,宦官才成为是经过阉割之后,在帝王和后妃身边服务男人的专门称呼。

宦官从部分使用阉人到悉用阉人的发展过程,可以上溯至夏、商,尽管那时宦官不完全是阉人,但毕竟是杂用阉人,而且是悉用阉人的前奏。

"夏有乱政,而作禹刑。"禹刑之中有无宫刑,因无文字可考,难以定论。商王朝是一个有文字可考的大国,有关宫刑的记载也出现在甲骨文中。从"庚辰卜,朕刿羌,不其(死)"②的记载,可以看出商王朝通过战争掠获异族男子俘虏,往往施以宫刑以供役使而不要求悉加处死。这些被阉割的人一般是作为家内奴隶来役使,故《周礼·秋官·司刑》云:"宫者使守内。"周代宫禁内苑中役使宦者,大多是被施以宫刑的人,应该是沿袭商代的传统。

受宫刑的奴隶变成宦官,应从周代开始。"周官有宫正、宫伯(皆主王宫,中官之长)、宫人(掌王之六寝)、内宰(理王宫内之政令,以阴礼教六宫)、阍人(掌守王宫)、寺人(掌王之内人及女官)。"③此外,还有内小臣,"掌王

---

① (南朝宋)范晔:《后汉书》卷78《宦者列传序》,中华书局,1965年,第2509页。
② 罗振玉:《殷墟书契前编》4.38.6,日本永慕园影印本,1913年。
③ (唐)杜佑:《通典》卷27《职官·内侍省》,中华书局,1988年。

后之命，正其服位"；内竖，"掌内外之通令，凡小事"（《周礼·天官·太宰》）。这些都是根据《周礼》的成说。《周礼》成书较晚，但上述八种官称在其他文献也曾出现，可以证明这些宦官组织确实存在。这时的宦官虽不完全是阉人，但其中有些人已经被特别说明是阉者，如《诗经·小雅·巷伯》序云："巷伯，奄官。"郑玄注："巷伯，内小臣也。奄官掌王后之命，于宫中为进，故谓之巷伯。"杜预云："巷伯即寺人。"阉者为官，在当时的地位是很微贱的，其职权范围也仅仅是统率阉竖宫人，在王宫内苑进行侍从、杂役、看门守夜，并没有参理朝政的权力。不过，值得注意的是，一部分宦官因在周王及后妃左右趋炎附势、阿谀逢迎，取得信任，便开始受到重用。如《诗·小雅·巧言》云："彼何人斯，居河之糜。无拳无勇，职为乱阶。"《诗经·小雅·巷伯》云："捷捷幡幡，谋欲谮言。岂不尔受，既其女迁。"有些宦官靠着谄媚取宠，排挤同列，以至谗毁大臣，在政治舞台上逐渐露出头角。

  君主居住在九重深宫，定期赴前朝会见群臣处理政务，不是朝会的日子，各种章奏文书要传送于内，由君主批核后再传送于外。由于门阖有禁，一般人不能进入内宫，便有宦官"掌王之内政宫令、审门闾、谨房室、以重阁"（《周礼·天官·内宰》孔颖达疏），他们因为看守宫闱，也就区分出内外，因为接近君主，传达政令也是在所难免。当时负责政令承传的责任，原则上是内竖，即未成年的男子承担；内竖成年之后，要退出后宫，如果还留在后宫，就要接受阉割手术。如春秋齐桓公时，竖刁就是"自宫以适君"①。阉割后的内竖，因其承传责任未变，实际上是将承传责任已转移给阉宦，是"宦人之在王朝者，其来旧矣"②。

  秦汉时期，宦官组织隶属于少府、大长秋等卿，其中少府属下的宦者、黄门、钩盾、永巷（掖庭）、御府、内者等令，丞所管辖的官署，统领诸宦者及内竖管理宫中各种生活事务。这些部门的长官虽然还没有明确规定必须由阉人担任，但已经有一部分阉人充当其中职务，正处在逐步过渡的过程中。

  东汉的宦官全部由阉人担任，促使宦官组织成为专门的独立部门。在隶

---

① （汉）司马迁：《史记》卷32《齐太公世家》，中华书局，1959年，第1492页。
② （南朝宋）范晔：《后汉书》卷78《宦者列传序》，中华书局，1965年，第2507页。

属关系上，宦官组织虽然还是归少府统辖，但已经加上"文属"的字样，表示宦官组织相对独立。东汉的宦官机构虽然有所省并，但增加了中常侍（掌侍左右，出入内宫，赞导众事，顾问应对）、黄门（掌侍左右，受尚书事，上在内宫，关通中外，及中宫门下众事）、中黄门冗从仆射（主中黄门冗从，居则宿卫，直守门户；出则骑从，夹乘舆车）、中黄门（掌给事禁中）等管理政务承传和武装宿卫的机构和人员，在制度上给宦官登上政治舞台提供了便利。

大长秋名义上是隶属于皇后管辖的卿，是主管内宫事务的官员。大长秋属下有中长秋、私府、永巷、仓、厩、祠祀、食官等官署，由宦者充任。汉代制度，皇太后别宫居住，按照居住的宫名而设少府、太仆、卫尉等官，号称"太后三卿"，俱由宦者充任，位秩稍逊于九卿。东汉隶属于皇后的官属都加"中宫"二字，是宦者的专职。中宫最高长官为大长秋（职掌奉宣中宫命），统领中宫仆（主驭）、中宫谒者令（主报中章）、中宫尚书（主中文书）、中宫私府令（主中藏币帛）、中宫永巷令（主宫人）、中宫黄门冗从仆射（主黄门冗从）、中宫署令（主中宫请署天子敕）、中宫药长等官署。在女主临朝，"称制下令，不出房闱之间，不得不委用刑人，寄之国命"的时候，在皇帝信任宦官而委以重任的时候，一些宦官的权势便急剧膨胀，成为"手握王爵，口含天宪"的掌权者。

魏晋惩惕东汉宦官为祸，长秋官改为由士人担任，减少宦官的人数，罢去宦官兼主政务的官职和官署，加强对宦官的控制和管理。北魏时，除设立长秋官之外，增设内侍长一职，掌顾问、拾遗、应对，部分恢复宦官的参政权，宦官势力又开始抬头。北齐增设中侍中省，与长秋寺共掌诸宦官。隋合并为内侍省（曾经改为长秋寺），成为独立的宦官机构，与尚书、内史、门下、秘书同为"五省"而并列。

唐设内侍省，省署设在皇城北侧，紧靠宫城。内侍省设有内侍（掌内供奉、宣制令）、内常侍（通判省事）、内谒者监（掌仪法、宣奏、承敕令及外命妇名帐）、内给事（掌承旨劳问，分判省事）、谒者（掌诸亲命妇朝集班位）、典引（掌出入导引）、寺伯（掌纠察宫内不法）、寺人（掌皇后出入执御刀冗从）等显耀之职，都由宦官担任。此外，内侍省还统属"五局"，均由宦者管理，

"掖廷局掌宫人簿籍；宫闱局掌宫内门禁，其属有掌扇、给使等员；奚官局掌宫人疾病死丧；内仆局掌宫中供帐灯烛；内府局主中藏给纳"①。除此之外，还有太子内坊局，也是宦官管理，"掌东宫阁内及宫人粮廪"②。唐代初期，虽然设置了较为庞大的宦官组织机构，赋予宦官一定承敕宣奏权，但没有给他们实际上的权力，因此宦官在政治上的作用还不明显。到唐玄宗时，因宠信宦官高力士，"每四方进奏文表，必先呈力士，然后进御，小事便决之"。从此，宦官的权力和作用便由轻入重，逐渐担任供奉、监军、出使、教坊等要职。安史之乱后，皇帝"不欲武臣典重兵，其左右神策、天威等军，欲委宦者主之"。由此，宦官便"内则参秉戎权，外则监临藩岳"③，军政大权在手，内侍省则俨然以"北司"的名义凌驾于各机构之上。

宋代有入内内侍省和内侍省，号称"前后省"。两省各有分工，而入内内侍省最为亲近。按规定："通侍禁中、服役亵近者，隶入内内侍省。拱卫殿中、备洒扫之职、役使杂品者，隶内侍省。"两省分别设有都知、押班、供奉官、黄门等职，有160人的职官定员编制。此外，皇帝还经常委派宦官在编制之外担任临时的官职，俗称"内使"，而且其职掌涉及政治、军事、外交、经济、文教等各个领域。南宋时，将两省合并为一，职官编员最多曾经达到250人，但对宦官的监督限制较严，缩减了许多编外人员，明令"中官只令承受宫禁中事，不许预闻他事"④。

辽代有著帐郎君和著帐娘子，其成员是籍没的奴隶，类似唐宋的宦官和宫女，分隶于各宫斡鲁朵（即宫卫）；此外，南面官中有内侍省，统领诸宦官。金代的宦官分别隶属于宣徽院、长秋寺、卫尉寺等部门，长官都是由士人担任，宦者仅承担部分服务性的职务。元代的宦官分别隶属于侍正府、中政院，以及皇太后的长信、长秋、长宁、长庆、宁徽等寺，长官和所属部门的各级官员，均由蒙古亲贵担任，宦官仅能担任副职。辽、金、元是少数民族建立的王朝，在官制上既承袭汉族政权的部分名称，又保留自身民族的特点。从

---

① （后晋）刘昫：《旧唐书》卷184《宦者传序》，中华书局，1975年，第4753页。
② （宋）欧阳修、宋祁：《新唐书》卷47《百官志二》，中华书局，1975年，第1224页。
③ （后晋）刘昫：《旧唐书》卷184《宦者传序》，中华书局，1975年，第4754页。
④ （元）脱脱等：《宋史》卷166《职官志六》，中华书局，1977年，第3941页。

设官来看,这三个王朝都对宦官有严格的限制,但在实际上,官制并不能约束宦官,因为君主宠信的宦官常常被委以临时职任,有些还被授予大将军、三公等尊荣的官爵。

明代的宦官组织直接归皇帝统辖,机构极为庞大。计有十二监、四司、八局,统称二十四衙门。十二监是指:司礼监,主要掌内外章奏文书,照阁票批朱;内官监,掌营造宫室陵墓及铜锡器用;御用监,掌造办御用器物;司设监,掌卤簿仪仗帷幕;御马监,掌草场、牧马及象房;神宫监,掌太庙洒扫;尚膳监,掌宫内御膳筵席;尚宝监,掌符玺印信;印绶监,掌宫中图籍及诸符验;直殿监,掌宫内殿廊扫除;尚衣监,掌御用冠服靴履;都知监,初掌各监文书往来督催,后改掌驾前清道、警戒。四司是指:惜薪司,掌薪炭;钟鼓司,掌出朝钟鼓及内乐杂戏;宝钞司,掌造粗细草纸;混堂司,掌沐浴。八局是指:兵仗局,掌造军器;银作局,掌打造金银器饰;浣衣局,掌洗衣及罪废年老宫女;巾帽局,掌宫内所用靴帽;针工局,掌造宫中衣服;内织染局,掌染织;酒醋面局,掌宫内食用酒糖酱及面豆等;司苑局,掌瓜果蔬菜。

除二十四衙门之外,还有:内供用府,掌贮油米腊香料;司钥库,掌贮制钱;内承运库,掌贮金银珠宝;甲字库,掌贮丹朱水银诸物;乙字库,掌贮奏本等用纸;丙字库,掌贮丝绵布匹;丁字库,掌贮生漆桐油;戊字库,掌贮弓箭盔甲;承运库,掌贮黄白生绢;广盈库,掌贮罗纱;广惠库,掌造贮巾帕梳刷钱钞;赃罚库,掌没收官私财物;御酒房,掌造御酒;御茶房,掌奉御茶、瓜果及御膳;牲口房,掌收养异兽珍禽;刻漏房,掌报时刻;更鼓房,掌有罪内官以司更鼓;甜食房,掌造办甜点;弹子房,掌弹弓泥丸;灵台,掌观天文灾祥;涤作厂,掌造各色绶丝带;盔甲厂,掌造军器;安民厂,掌造铳炮火药;京城、皇城、宫城诸门正,掌晨昏启闭及关防出入;东厂,掌刺缉刑狱之事;西厂,职掌同东厂,不常设;内行厂,掌同东厂,设而又废;京营,监管京城诸营军;文书房,掌收发登记章奏谕旨;礼仪房,掌宫内吉礼;御前近侍,掌随朝捧剑;南京、天寿山、承天府守备,掌该地护卫;各省镇守,掌监各地方军政,嘉靖时革除;南京、苏州、杭州织造,掌织造御用龙衣;广东、福建、浙江市舶司,掌通商,后仅留广东一司;仓场监督,掌监全国各仓、场;诸陵神宫监,掌各陵看守洒扫。

上述机构,最多曾经统领过十多万名宦官。此外,还有许多不常设,而实际上拥有很大权力的受命监军、采办、粮税、矿、关等难以统计的御派职务,其人员曾经遍布天下,权力凌驾于诸司衙署之上。明代宦官组织涉及领域之广、规模之大,都是前所未有的,实际上已经成为皇帝直接统属下的、与中央国家机关几乎平行而又相为表里的另一套统治机构,其实际权限甚至超过国家机关。

清朝初年,宦官归内务府管辖。入关后,曾建立宦官十三衙门,即:司礼监、御用监、御马监、内官监、尚衣监、尚膳监、尚宝监、司设监、尚方司、惜薪司、钟鼓司、兵杖局、织染局,是明代二十四衙门的省并。康熙时,鉴于宦官为祸,废除十三衙门,将宦官重归内务府管辖,内务府下设敬事房,专门管理宦官事务;内务府的慎刑司,对不法宦官有先拿后奏权;比较有效地限制了宦官权力的扩大。

三、宦官专权的政治局面

中国历史上宦官为祸最烈的是东汉、唐、明三个王朝,这三个王朝是宦官政治势力发展的高峰,也是其必归于衰落的结局。这三起三落的发展过程,不但有其起因,而且各有其特点。

第一次起落 一些宦官由阿谀谄媚而受信任,因趋炎附势而插手政事,逐渐成为掌握部分实权,甚至军国大权的人物。

伴随君主后宫嫡庶制度的确立,"官者使守内,以其人道绝也"(《周礼·秋官·掌戮》)的宦官,便因此在君主和后妃身边出现了。他们的地位虽然微贱,但身处九重深宫,便于与拥有至高无上权威的君主朝夕相处,使他们当中极少数的人有机会向君主逢迎阿谀,取得欢心,进而窃取到军、政、财、物等方面的大权。有些宦官头子在权力到手之后,冷酷险恶都超过常人。他们一方面肆行掠夺盘剥以满足贪婪欲望;另一方面则使用各种手段以排斥不愿归附追随的百官,甚至加以抑免囚禁、谴戍杀戮。这些宦官头子,利用君主昏聩多欲和专擅权力、太阿之剑不容倒持的心理,在政治舞台上扮演过重要角色。

早在西周时期，宦官擅权已经初露端倪，《诗经·小雅》中的《巧言》和《巷伯》两首诗中，曾经反映出在宦官之间、宦官与权贵之间的斗争和矛盾，生动地记述某些宦官利用阿谀奉承，"巧言如簧，颜之厚矣！"无所不至地投君主的嗜好，逐渐摆脱奴隶地位，迂回曲线地步上政坛。

春秋战国时期，随着周王室的衰微，与分封、宗法、礼乐制度密切相关的世卿世禄制遭到破坏，政自天子出演变为政自诸侯出，而后又相继出现政自大夫出、政自臣宰出的现象，最后形成"主卖官爵，臣卖智力"的官僚制度，君主的地位与权力得以加强。在"君设其本，臣操其末；君治其略，臣行其详；君操其柄，臣常其事"（《申子·大体篇》）的情况下，权力高度集中于上。在高度集权君主身边的宦官，便凭借君主的权力，开始作为一种特殊的政治势力崭露头角，引起时人的注意。这一时期在各国较有名气而又在政治上发挥作用的宦官有：齐国的寺人貂（即竖刁）、贾举、夙沙卫；晋国的寺人披（勃鞮、阉楚、伯楚）、孟张；鲁国的枪柏；宋国的惠樯、伊戾、寺人柳；卫国的寺人罗、雍渠；楚国的管苏；赵国的缪贤；秦国的景监、嫪毐。这些宦官毫无例外地凭借接近君主的特殊条件，以媚上欺下的本领谋取得君主信任，在各种政治势力角逐中，窃取到一定权力，再凭借这些权力左右政局，蛊惑或挟制君主，甚至废立太子，制造政变，造成的种种弊端，已经起到促成祸乱的作用。

秦汉时期，宦官成为国家机关的正式组织，虽然已成为完全独立的政事机构，服务于后宫仍然是他们的主要职责，还未自成系统，但值得注意的是，当时已经有由宦官掌管的监狱，如掖庭诏狱、暴室狱、黄门北寺狱等。虽然这些监狱在规定上还不是对外管制全国官民的部门，但在皇帝的直接命令之下，已可以不经过朝廷的司法机关，直接把重要的人犯关押在内。又设出宦官掌管的，占全国财赋收入1/3的财经机构，如中黄藏、考工室、织室、尚方、御府等。另外还有负责承宣事务的中车府、中书宦者，尤其是在东汉出现中常侍、小黄门等宦官职任，从体制上使负责这方面事务的宦官得以参与政治。东汉时，宫禁的宿卫更改由宦官负责，使宦官拥有值宿护卫的武装。这样，宦官的职任便不仅仅局限于在后宫内服务了，已经顺理成章地扩大到国家政务方面，宦官政治势力的兴起有了组织上的保障。

在"天下之事无大小皆决于上"的政治局面下，宦官政治势力凭借接近君主的有利条件，便能够运用这些尚未定型的组织机构，在政坛上开始呼风唤雨。从寺人貂填塞宫门饿杀齐桓公，到赵高矫诏立胡亥为二世皇帝，甚至"指鹿为马"，掀起一次又一次关系全局的政治波澜。对此，已经引起一些有为的君主和大臣们的注意。西汉初年，开国功勋集团为保证以丞相、御史大夫为首的官僚机构正常运转，在一定程度上制止宦官参与政治，但自汉武帝以后，功勋集团衰落，外戚集团兴起，中书宦者逐渐插手政治，宦官政治势力又再抬头。东汉扩大宦官机构，宦官的"才任稍广"，从"给事殿省，出入卧内，受宣诏命"，发展到"请奏机事，多以宦人主之"，以至君主"所与居者，唯阉宦而已"[①]。这样，在政事上，宦官可以"顾问应对""赞导众事""省尚书事"[②]，参与国家各项政务。在财政上，宦官受命管理皇室币藏和山海池泽的税收，垄断财源。在司法上，宦官可以假君主之命，直接逮捕贵戚大臣等人犯并囚禁于他们管辖的诏狱之中进行刑讯拷问。在军事上，宦官掌握省禁宿卫武装，利用严格出入的制度，在禁省内屠戮大臣，即使是权势显赫而拥有重兵的外戚权臣，如阎显、梁冀、窦武、何进等，也只能束手受擒，难逃宦官宿卫的斧钺。东汉中后期的君主以借用宦官清除外戚势力为得计，不断扩大宦官所辖的武装，逐渐授予重大兵权。汉灵帝中平五年（188年）增设西园八校尉，以宦官蹇硕为统帅，开宦官将兵之例，是宦官为祸第一次高潮。

宦官专权，加剧了统治阶级内部的矛盾，因而导致袁绍等人大闹皇宫，"勒兵捕诸宦者，无少长皆杀之，凡二千余人，或有无须而误死者"[③]。宦官在乱军大肆诛杀之下，从为祸的高峰上跌落下来，第一次为祸告一段落。

从第一次起落过程来看，宦官是在君主专制制度不断扩张的过程中，凭借地处宫闱、接近君主的有利条件，以媚上欺下的权术，逐渐摆脱微贱的地位，进而成为君主周围的一种特殊的政治势力。在君主的卵翼下，逐步掌握了政治、军事大权，又借此反过来挟制君主，废立储君，参与和制造朝廷高层的政变，进而打乱专制王朝的正常秩序，造成朝政紊乱，酿成社会动乱。

---

① （南朝宋）范晔：《后汉书》卷78《宦者列传序》，中华书局，1965年，第2509页。
② （晋）司马彪：《续汉书志》卷26《百官志》，中华书局，1965年，第3577页。
③ （宋）司马光：《资治通鉴》卷59《汉灵帝中平六年（189年）》，中华书局，1956年。

第二次起落 在君主与官僚集团的矛盾斗争中,宦官往往由君主宠信得以掌握军政大权,又演变成予夺任情,有时甚至能够凌驾皇权之上,废立由己的专权者。

东汉末年宦官之祸,引起统治集团的重视,对宦官干政开始采取严格限制,宦官政治势力有所削弱。虽然在三国两晋南朝也曾经多次出现过宦官垄断政事,陷害大臣,残害忠良的事件,但很快就都被镇压下去。这一是由于政治形势多变,战争频繁,宦官缺少扩展势力的政治环境。二是因为世家大族的力量足以挟持君主而制裁天下,宦官难以全面操纵政治。三是宦官组织压缩,士人担任主官,宦官则难以成气候。

北魏王朝是鲜卑拓跋氏所建。拓跋部凭借质朴武勇威力强大的骑兵,完成北方的统一。在中原社会政治、经济和文化的影响下,很快便从早期国家过渡到成熟的专制国家。为了适应新的历史条件,北魏统治者在不断完善国家政权的过程中,也必然遭遇到鲜卑贵族和官僚集团中的保守势力的反对。在这种情况下,统治者除了依靠鲜卑贵族和官僚集团中的亲信势力之外,御前那些"忠顺"的宦官也自然成为统治者所信任的对象。在君主信任和重用下,北魏的宦官不仅近侍帷幄,而且兼任中外文武职官,控驭中枢,甚至位居宰辅,成为当时令人瞩目的政治势力。例如,宦官宗爱在太武帝拓跋焘(424—452年在位)时,任职中常侍,爵封秦郡公,因得到太武帝的殊宠而专权,又因专权而弑杀太武帝,拥立拓跋余,以拥立功而为大司马、大将军、太师、都督中外诸军事,领中秘书,封冯翊王,一时间"位居元辅,录三省,兼总戎政,坐召公卿,权恣日甚,内外惮之"[①]。在引起拓跋余疑虑之时,宗爱又先下手杀死拓跋余,改立拓跋濬。宗爱本人最终因树敌过多,而且恶贯满盈而被处五刑、夷三族,但却没有因此而根除掉宦官干政的环境,继此之后,又出现过许多专权的宦官,尤其是刘腾,内废太后,外诛宰辅,致使"八坐、九卿,旦造(刘)腾宅,参其颜色,然后方赴省府,亦有历日不能见者。公私属请,唯在财货。舟车之利,水陆无遗;山泽之饶,所在固护;剥削六镇,交通互市。岁入利息以巨万计。又颇役嫔御,时有征求;妇女器物,公然受

---

① (北齐)魏收:《魏书》卷94《阉宦宗爱传》,中华书局,1974年,第2013页。

纳。逼夺邻居，广开室宇。天下咸患苦之"①。刘腾等人倒行逆施，不但败坏了政治，而且激化了社会矛盾，最终导致北魏国家的分裂。

隋唐时期，宦官主管的内侍省成为独立的机构，与主管政务的三省并列，直接对君主负责，在制度上给宦官政治势力的膨胀创造了条件。虽然唐初规定：内侍省不置三品官，而且七十余年"权未假于内官，但在阁门守御，黄衣（八、九品服）廪食而已"②。但经过武则天、中宗朝的发展，宦官增至三千余人。唐玄宗时，五品以上的宦官就已经有千余人，稍受恩宠者即加为三品将军。最受宠爱的高力士、杨思勖等人，或参与机要，或持节讨伐，或奉使传宣，或监军主政，一时间"委任华重，持节传命，光焰殷殷动四方"③。安史之乱爆发，唐代君主对地方节度使和朝廷百官失去信任，靠近身边的宦官更成为最可信任的人物。当天下兵马副元帅（元帅由皇帝自兼）郭子仪率九节度使征讨史思明的关键时刻，唐代宗竟派宦官鱼承恩为观军容宣慰处置使，以左右军政，权在诸将之上。唐德宗"不欲武臣典重兵"，凡拥有军权，握兵众多者几乎全部罢免，改置左右神策军护军中尉两员、中护军两员，悉由宦官担任，分掌禁军，"自是神策军之权，全归宦者矣"④。有了军权，宦官权势更盛，其"中尉之权倾于天下，人主废立，皆出其可否"⑤。唐代宗时，又置内枢密使，以宦官为之，执掌机要，承受奏章，传宣诏旨，实际操纵政务。

唐代的君主利用宦官参政掌禁兵，借以控制臣下，抑制地方藩镇势力，取得一时的政治效果，也使宦官权力恶性膨胀，"威权日炽，兰锜将臣，率皆子蓄，藩方戎帅，必以贿成，万机之与夺任情，九重废立由己"⑥。宦官不但控制住朝廷大权，而且视君主如傀儡，玩弄于股掌之上，甚至随意生杀，以致宦官拥立者七帝（穆、文、武、宣、懿、僖、昭），杀死者四帝（顺、宪、敬、文），演变成宦官之祸连绵不断，进而达到第二次宦祸高潮。虽然有几位君主试图援引朝臣，求助藩镇，想摆脱宦官的控制，以扭转宦官专权的政局，但

---

① （北齐）魏收：《魏书》卷94《阉宦刘腾传》，中华书局，1974年，第2028页。
② （后晋）刘昫：《旧唐书》卷184《宦者传序》，中华书局，1975年，第4754页。
③ （宋）欧阳修、宋祁：《新唐书》卷207《宦者传序》，中华书局，1975年，第5856页。
④ （后晋）刘昫：《旧唐书》卷184《宦者传序》，中华书局，1975年，第4754页。
⑤ （后晋）刘昫：《旧唐书》卷44《职官志三》，中华书局，1975年，第1905页。
⑥ （后晋）刘昫：《旧唐书》卷184《宦者传序》，中华书局，1975年，第4754页。

结果都以失败告终。直至朱温率军入朝诛杀宦官，才结束宦官专权的局面，李唐王朝也就随之覆亡。

从第二次起落过程来看，宦官是在君主与朝臣宿将之间矛盾日益尖锐的过程中钻空子，赢得君主信任而走上政坛。有些君主认为"中人无外党，精专可信"，依靠他们可免被颠覆之虞。例如，唐玄宗让高力士知内侍省事，"于是四方奏请皆先省后进，小事即专决，虽洗沐未尝出，眠息殿帷中，徼幸者愿一见如天人然"。而唐玄宗却认为："力士当上，我寝乃安。"① 能够取得专典禁军重任，是宦官专权的基础。凭借此基础，宦官才可以内控君主和朝臣，外结藩镇和重将，随时调动和集结重兵，直接威胁皇权，生杀由己，擅行废立。在宦官手握强权之下，朝野虽然对他们切齿痛恨，却很难形成强大反击的政治力量，这一阶段的重大变化，与宦官政治势力第一次起落大不相同。第一次起落时，官僚们群起反对，虽身受其害而不悔；而这次起落，大多数官僚不是联合反对，而是屈服于权宦，争先献媚，邀取青睐，助长了宦官的专横贪酷，扩大了他们的声势。

第三次起落 在高度君主集权制度下，宦官被君主重用而侵夺国家正规行政系统的权力，逐渐成为擅作威福、恃势害人，使群臣屏息、朝野怨嗟、中外骇听的贪暴者。

朱温尽诛唐朝官中的宦官，在他所建立的后梁王朝中，完全废除宦官之职，但宦官制度并没有彻底根除，许多宦官流亡于藩镇诸国，在同时并立的、各大小不同的朝廷中发挥作用。五代十国处在国家分裂割据时期，战争频繁，政权兴亡更替短促，宦官政治势力就寄生于其间。

宋王朝建立，君主专制中央集权制再一次得到全面加强，但也给宦官政治势力再次发展创造了条件。虽然宋王朝的宦官没有发展到全面专权，但宦官参与国家政务之多，任用范围之广，却超过以往各代。从《宋史·宦者传》52名宦官的传记上看，这时的宦官已经不是局限于后宫生活服务，而是在君主授权之下，普遍参与政治、经济、军事、外交、司法、文教等各个领域的各种活动。史论宋朝宦官参政不及祸的原因是"祖宗之法严，宰相之权重，

---

① （宋）欧阳修、宋祁：《新唐书》卷207《宦者高力士传》，中华书局，1975年，第5858页。

貂环有怀奸匿,旋踵屏除,君臣相与防微杜渐之虑深矣"①。实际上这是君主专制中央集权制度比较完善的体现,宦官不能对君权构成威胁,但却能给当时的社会带来很大的祸害。例如,宋徽宗时,被当时人目为"六贼"的蔡京、王黼、童贯、朱勔、梁师成、李彦等人,除蔡京、朱勔之外,其余四人均是宦官。他们内外勾结,扰乱朝政,强取"花石纲",掠夺民田,滥发纸币,狂增税收,激起人民的反抗,引发以宋江、方腊为首的大起义,而继之则是金军南侵。在内忧外患相结合的情况下,北宋王朝覆灭。

辽、金、元三朝,给事内廷的多是贵胄子弟,相对限制了宦官势力的膨胀。史家对此有过分析性的评价:"前世宦者之祸尝烈矣,元之初兴,非能有鉴乎古者,然历十有余世,考其乱亡之所由,而初不自阉人出,何哉?盖太祖选贵臣子弟给事内廷,凡饮食、冠服、书记,上所常御者,各以其职典之,而命四大功臣世为之长,号四怯薛。故天子前后左右,皆世家大臣及其子孙之生而贵者,而宦官之擅权窃政者不得有为于其间。"②这三个朝代在制度上没有赋予宦官权力,在管理上也没有为宦官设置职权独立的机构。不过,随着"汉化"程度的加深和政治形势的变化,宦官也时时在政治上发挥作用。例如,辽代宦官赵安仁与辽兴宗耶律宗真(1031—1054年在位)谋迁钦哀太后于庆州守陵,以解除太后摄政。钦哀太后在赵安仁犯死罪时,曾经以言相救,遇到赵安仁背恩反噬,也无可奈何,只能痛心指责赵安仁:"汝负万死,我尝营救。不望汝报,何为离间我母子耶!"③金代海陵王(1149—1160年在位)宠信宦官梁琉,非但不听人劝说,反而大言道:"人言宦者不可用,朕以为不然。后唐庄宗委张承业以军,竟立大功,此中岂无人乎?"④他听从宦官之言,悍然发动对南宋的战争,结果是引发国内政变,军队反叛,自己被乱军杀害,皇帝的名号也被剥夺。元顺帝(1333—1368年在位)时,宦官朴不花与丞相搠思监"相为表里,四方警报,将臣功状,皆抑而不闻,内外解体,然根株盘固,气焰薰灼,内外百官趋附者十之九"⑤。不但酿成一场统治集团之间的大内讧,

---

① (元)脱脱等:《宋史》卷466《宦者传序》,中华书局,1977年,第13599页。
② (明)宋濂等:《元史》卷204《宦者传序》,中华书局,1976年,第4550页。
③ (元)脱脱等:《辽史》卷109《宦官赵安仁传》,中华书局,1974年,第1481页。
④ (元)脱脱等:《金史》卷131《宦者梁琉传》,中华书局,1975年,第2808页。
⑤ (明)宋濂等:《元史》卷204《宦官朴不花传》,中华书局,1976年,第4553页。

也使各地起义军能从容发展壮大。在内讧外攻之下，元王朝也就归于覆亡。

明太祖朱元璋鉴于汉唐宦官乱政的教训，置宦官不足百人，并且严格限制宦官干政，规定宦官不得兼文武职衔，不得穿外臣冠服，不准与外臣交往，不许读书识字等，还在宫门设置"内臣不得干预政事，预者斩"的铁牌，以示警戒。然而，朱元璋晚年，宦官的建制已经有十二监、七局、二司等二十一衙门，确立了宦官的独立行政体系，奠定以后二十四衙门的规模，给宦官再度在政治舞台上兴风作浪打下基础。

朱元璋死后，皇族内部因为争夺皇位，发生"靖难之变"。朱元璋第四子燕王朱棣，以"清君侧"为名，挥军攻打其侄建文帝。是役，朱棣买通建文帝身边的宦官，为他通消息、送情报，在政变中起到一定作用。所以，朱棣即位以后，对宦官比较信任，授予他们出使、镇守、监军、专征等职权。由于宦官组织是直属于皇帝的独立体系，在皇帝的重用下，很快地便侵夺了正规国家机关的一部分事权。尤其是与政事有关的司礼、尚宝、印绶等监，因负责"章奏文书，照阁票批朱"，以及负责管理皇帝的玺印符节，发放诏敕文书，很快便在实际上发挥出重大作用。其中司礼监权势最大，其掌印太监号称"元辅"，秉笔、随堂太监也号称"众辅"。按规定，司礼监只是根据皇帝的旨意做一些书写工作，可是到后来，竟然在实际上拥有对内阁所拟谕旨的最终裁定权。明代自宪宗以后，皇帝多不临朝治事，内阁大学士数年甚至二十余年不能面见皇帝，各种文书诏令均由宦官承转。于是，司礼监便在事实上变成凌驾于内阁之上的领导，俨然成为皇帝的政治代理人。因为皇帝所批示的文件，多是以谕旨形式下达，内阁以及其他国家机关只有执行的义务，而没有表示异同意见的权力。宦官的批朱是以圣谕的形式下达，内阁草拟的圣旨只能以阜稿的形式上奏，这样便形成有明一代监、阁共同辅政的政治格局。

宦官之所以能掌握全面而特殊的权力，当然是一定政治形势的产物。永乐十八年（1420年），明成祖朱棣为进一步打击异己势力，设立东厂，作为威权最大的侦缉和特种刑狱机构，并指定由宦官主持，由司礼监掌印太监兼领，称为"提督东厂"，"东厂权重，视总宪（都察院），兼次辅"[①]。这种特务

---

① （明）刘若愚：《酌中志》卷16《内臣职掌纪略》，北京古籍出版社，1994年。

机构执行侦缉、逮治、刑讯，上及朝臣，下至百姓，都在其管制的范围之内，宦官的威权也因此急剧增长。成化十三年（1477年），又增设西厂，由权宦汪直提领，使"公私骚扰，道路以目，朝臣亦皆惴惴不自安"。双重特务组织，"伺察益苛，人不堪命，至有破家毁族者，势焰熏灼，天下闻而畏之"[1]。正德时（1506—1521年），又增设内行厂，把东、西厂也纳入被侦缉的范围之内。一时间，宦官马永成掌管东厂，谷大用掌管西厂，刘瑾掌管司礼监兼管内行厂。他们"毛举官僚细过，散布校尉，远近侦伺，使人救过不赡"[2]。刘瑾被诛以后，西厂和内行厂废，但"一瑾死，百瑾生"[3]，宦官势力继续发展，向为祸的高峰挺进。

明代中叶以后的各皇帝多以懒惰著称，一味纵容和重用宦官，以致作恶多端的权阉辈出。这一是由于君主专制制度的高度发展，君主任意使用非正规的机构侵夺，甚至取代正常国家机构的职权。二是因为君主直接控制宦官机构，而这些机构本身已经涉及国家政务的许多领域，具有国家第二行政系统的职能。宦官的权力凌驾于国家行政机构之上，形成极不正常的政治局面。

清王朝以明为鉴，采取许多措施以防范宦官干预政治。首先，对宦官机构进行改革，使宦官失去自成系统的行政组织，既防止宦官队伍扩大，又使宦官难以进入政治领域。其次，制定比较完备的法规条例，对宦官严加管束，尤其是赋予内务府大臣先处置后奏报权，使宦官失去依托。再次，明令朝臣不许交结宦官，不允许宦官离京去外省办理事务，允许朝臣对不法宦官实施诛责。最后，因为阉宦失去权力，已经不再是令人羡慕的职位了，以至于"宫内四十八处总管，各管宫殿一处，形容枯槁，衣服蓝缕，个个与穷寡妇无异"[4]。虽然在清末出现过安得海、李莲英、小德张之类颇有权势的人物，但终未形成宦官专权的局面，这几个权势灼灼的人物，始终没有在政治上形成过可以左右全局的政治势力。总的说来，有清一代限制宦官擅权是较之前朝代有成效的。

---

[1] （明）王世贞撰，魏连科点校：《弇山堂别集》卷92《中官考三》，中华书局，1985年。
[2] （清）张廷玉等：《明史》卷305《宦官刘瑾传》，中华书局，1974年，第7787页。
[3] （明）王世贞撰，魏连科点校：《弇山堂别集》卷90《中官考一》，中华书局，1985年。
[4] （清）何刚德：《春明梦录》卷上，上海古籍出版社，1983年，第13页。

从第三次起落过程来看,宦官权力的消长几经反复,在君主信任、重用和赋予特权的情况下,曾堂而皇之走上政坛,逐渐成为在君权支持下的第二行政系统。职能在不断扩大和正规化的基础上,广泛地侵入政治、经济、军事、司法、外交、文教等各个领域;一些宦官俨然成为皇帝的代理人,如明代正德时期的刘瑾被时人目为"站皇帝";天启时期的魏忠贤当权,"尽内廷外廷之人,而只知有忠贤,不知有皇上"[1]。在那时,朝野为之蹙首,人臣朝不保夕,行人道路以目,敢于与宦官直接斗争的官僚士大夫百不及一二,大部分是"不知廉耻者,多与之交结,有馈以金宝珠玉,加以婢膝奴颜者"[2]。百般逢迎,舔痔吮疽,充儿充孙,并不以为羞耻,甚至遍在全国为权阉设立生祠,朝夕膜拜,尊称九千岁,这更是前所未有的。宦官权势熏天,在此特定时期,曾经达到了顶点。但也应看到,在君主专制制度不断加强的总趋势下,宦官政治势力对君权的依附程度却更为加深。他们只有依附和借助君权,才有可能存在和发展,绝无与君权抗争,甚至取代君权的余地。故此,宦官政治势力这次兴起的来势虽然凶猛,却没有出现敢于擅立君主的情况,所谓"高皇帝收天下之权,以归一人,即狼戾如(王)振、(刘)瑾者,一犛而忧,再犛而危,片纸中夜下而晨就缚,左右无不鸟散兽窜,是以能为乱而不能为变也"[3]。这种只能为乱而不能为变,正是宦官政治势力这次起落最明显的特点。

中国最后一个专制王朝——清王朝对宦官的严加管束,堵塞宦官擅权乱政的渠道,他们偶有涉及政治的,便予以谴斥诛逐。制止宦官参与政治,乃是清代君臣的基本共识,也表明宦官政治必然走向没落,是两千年宦官制度走向末路的标志。

---

[1] (明)沈国元:《两朝从信录》卷22,《续修四库全书》第356册,上海古籍出版社,1995年,第55页。
[2] (明)王世贞撰,魏连科点校:《弇山堂别集》卷92《中官考三》,中华书局,1985年。
[3] (明)王世贞撰,魏连科点校:《弇山堂别集》卷90《中官考一》,中华书局,1985年。

第八节 君主专制向君主立宪的转变

晚清变局的一大特点,是要求变革旧政治体制和社会关系,深入要求打破两千年来皇权独尊无上的僵死体系,冲毁长期在这方面的禁锢和封闭。清末的政治改革中企图仿行立宪,就是在这样的形势和背景下出现的。仿行立宪,虽然是清王朝试图通过政治制度的变更而达到自救的目的,但毕竟是改变了"祖宗成宪",不得不公开宣告要采取君主立宪政体。这种"政治制度改革是一场不彻底的改革,假立宪中有真改革,它推动中国政治近代化、加速中国社会新陈代谢,有一定的促进作用"[①]。所谓的"真改革"的重要内容,是宣布预备立宪和进行官制改革。在官制改革中,最值得注意的是在中央和地方分别设立仿照西方议会体制的议事部门,即中央的资政院和各省的咨议局,借以表示向近代化的君主立宪政体靠拢。

一、咨议局和资政院

西方资本主义国家的三权分立,以议会为立法机构,内阁为行政机构,大理院或裁判所为司法机构。在立宪的呼声中,三权分立成为立宪的主题。1906年10月,清王朝宣布行宪之后,同意将立法权交议会行使,议会有权对内阁的工作进行检核,同意或否决,甚至弹劾。在议会成立之前,先设立资政院作为过渡机构。1907年9月20日,清王朝颁布《资政院议员选举章程》,宣布设立资政院,并先在各省设立咨议局。

1908年7月22日,清廷批准了《各省咨议局章程》及《咨议局议员选举章程》。章程规定于1909年在各省设立咨议局。《各省咨议局章程》共12章62条,对咨议局的组织、性质、地位和权限等进行了规定,其中心内容是关于咨议局的权限:(1)议决本省应兴应革事件。(2)议决本省岁出入预算事件。(3)议决本省岁出入决算事件。(4)议决本省税法及公债事件。(5)

[①] 谢俊美:《政治制度与近代中国》,上海人民出版社,1995年,第291页。

议决本省担任义务之增加事件。(6)议决本省单行章程规则及增删修改事件。(7)议决本省权利之存废事件。(8)选举资政院议员事件。(9)申覆资政院咨询事件。(10)申覆督抚咨询事件。(11)公断和解本省自治会之争议事件。(12)收受本省自治会或人民陈请建议事件。事件列了不少,但要害之处,是上述的决议一律要经督抚批准、公布、施行,而咨议局又没有选举和任命督抚的权力。所有议员几乎都要受制于本省的总督和巡抚,咨议局只能作为督抚的附庸,即使议论激昂,决议在案,但并无付诸实行的保证,不过是几只嘈叫的跛脚鸭,很难在政治上发挥作用。

在中央设立的资政院,被称为"议院之先声"。为此,订立怎样形式,赋予资政院多大权力,便成为朝野争执、社会舆论关注的中心。《资政院院章》在1908—1911年间,先后四次公布,三次修订。第一次公布的《资政院院章》是1908年7月8日,本来定为10章,因时间匆忙,仅公布第一章总纲,第二章选举,一共15条。第二次公布的《资政院院章》是1909年8月23日,共10章65条及附加2条,实际67条;其章名是:(1)总纲;(2)选举;(3)职掌;(4)资政院与行政衙门之关系;(5)资政院与各省咨议局之关系;(6)资政院与人民之关系;(7)会议;(8)纪律;(9)秘书厅官制;(10)经费。第二次修改而第三次公布《资政院院章》是1911年7月3日,第三次修改而第四次公布《资政院院章》是1911年11月20日,两次修改都是为了限制资政院实际的权力,以便使资政院成为清王朝得心应手的御用工具。

第二次公布的《资政院院章》规定了资政院的职权:(1)议决国家岁出入预算事件。(2)议决国家岁出入决算事件。(3)议决税法及公债事件。(4)议决新定法典及嗣后修改事件,但宪法不在此限。(5)议决其余奉特旨交议事件。"表面上看来好像已具有外国资产阶级议会的某些权责。但其中三分之二的条文在于财政税收,其目的是为增加朝廷收入,加重人民负担,企图把横征暴敛经过资政院这个议事机关而披上合法的外衣。在立法方面没有制定修改宪法的权力,在与行政关系方面,掌握实权的军机处对资政院不负任何责任。资政院不是上下议院,它不具有国会的性质非常明显。"[1] 这种名不副实

---

[1] 韦庆远、高放、刘文源:《清末宪政史》,中国人民大学出版社,1993年,第392页。

的章程，当然会招致朝野上下的反对，进行修改也是必然的。

1911年7月3日修改的《资政院院章》，是因为军机处的撤销及皇族内阁的成立，原来与军机大臣、部院衙门对等关系的条款必须修改，同时也对资政院的权力增加了许多限制。如资政院临时会议改为"由特旨召集"，资政院改变议事日程、处理各省咨议局与督抚的争议等，均需要经内阁同意或请旨裁夺等，实际上还是将之作为御用机构来看待。

1911年11月20日修改的《资政院院章》是在武昌起义已经爆发，各省纷纷宣告"独立"和拥戴共和的局面下颁布的。当时皇族内阁已经垮台，袁世凯为总理大臣的责任内阁出现以后再次修订。虽然明确了资政院与内阁的对等地位，议决事件也不必要"请旨裁夺"，只需"请旨颁布"即可，但始终没有达到议会权制的要求。时人称资政院"其制略似国会，然国会之权限，规定于议院法，资政院院章绝不见有责任之政府"。"以法制言，议院为独立机关，而资政院不然；以效力言，议院议决之案，经君主裁可，大臣署名而实行，而资政院不然；以责任言，议院议决之案，对之负责任者为内阁，而资政院不然。""夫议院乃民权所在，然其所谓民权者，不过言之权，而非行之权也。议政之权虽在议院，而行政之权仍在政府。"①

即便如此，资政院在中国近代政治制度发展史上还是发挥过一定的作用，因为"代议机构的建立为各省精英提供了对中央政府表示久已有之的怀疑的渠道，结果旨在为中央政府提供支持和建立更强大共识的机构，反而导致地方对朝廷的集权动机表示疑虑。贯穿上述一切的是，不断扩大的参与规模和对于敌视性国际环境更强烈的意识，促使危机加剧起来"②。有些议员们敢于慷慨陈言，抨击朝廷，弹劾军机大臣，甚至也涉及皇帝，在专制政体的一潭死水中掀起民主波澜，"它们利用了预期能得到的言论自由的宪法保障。中国过去从来没有人像现在这样坦率直言过"③。以前丝毫不敢指斥皇帝，怨恨朝廷，如今可以畅所欲言，而不会被治罪，清王朝的权威受到冲击，社会变革也因此加快了。

---

① 故宫博物院明清档案部编：《清末筹备立宪档案史料》，中华书局，1979年，上册第634、631、668页。

② ［美］罗兹曼主编：《中国的现代化》，江苏人民出版社，1995年，第296页。

③ ［美］威廉·埃利斯：《革命中的中国》，美国《展望》杂志，1911年10月28日。

二、《钦定宪法大纲》

就政治制度变革而言,清末新政所谓最重要的成果就是1908年颁布的《钦定宪法大纲》,不但以宪法的形式确定要实行君主立宪制,而且使宪政成为当时热门话题,许多热血青年及民众也投身于宪政,被誉为宪政运动。

《钦定宪法大纲》由庆亲王奕劻等上奏,慈禧太后亲自裁定。内容基本抄自1898年日本帝国宪法。该大纲分两部分共计23条。第一部分是:君上大权,计14条,可以概括为7个方面:(1)大清皇帝统治大清帝国,万世一系,永永尊戴。君上神圣尊严,不可侵犯(第1、2条)。(2)君上有统率陆海及编定军制之权;有宣告戒严之权(第6、8条)。(3)君上有设官制禄及黜陟百司之权;有爵赏及恩赦之权(第5、9条)。(4)君上有钦定颁行法律之权,有发布命令之权;有发代法律之诏令之权;有召开、闭开、停展及解散议院之权(第3、11、12、4条)。(5)君上有宣战、讲和、订立条约及派遣使臣与认受使臣之权(第7条)。(6)君上总揽司法大权(第10条)。(7)皇室经费应由君主制定常额;皇室大典应由君上督率皇族及特派大臣议定(第13、14条)。第二部分是:附臣民权利义务,计9条。臣民权利有6条,即言论、著作、出版、集会、结社、财产、居住、人身等自由和诉讼权利,依法定资格担任官吏及当议员的权利。臣民义务有3条,即纳税、当兵和遵守法律。

对于这部大纲的性质和意义,现在学界仍存在许多争议。有的认为,"这份文件虽称宪法大纲,但看不出对皇权有哪些限制和减损,倒像是对皇帝原有权力的总结"[①],因此没有什么实质上的意义。也有的认为,"就《钦定宪法大纲》的性质,并不具有根本法的法律效力,只不过是为将来编纂正式宪法时设立的一个框架准则"[②],在当时的社会生活中起不到任何作用。还有的认为,"《钦定宪法大纲》的颁布,在中国史上具有重大意义",并以西方学者的论点来证实"由于大纲规定是二元制的君主立宪政体,所以'君上大权'的规定,从法律角度说,是符合君主立宪的政治原则的。大纲的颁布是中国政

---

① 徐祥明等:《中国宪政史》,青岛海洋大学出版社,2002年,第82页。
② 韦庆远、高放、刘文源:《清末宪政史》,中国人民大学出版社,1993年,第257页。

治制度史上的里程碑"①。可以说这是一个得到批评大于肯定的宪法大纲，但谁也没有否认它在中国政治制度近代化过程中的作用，因为它标志着中国传统政治体制已发生了重大变化。

在《钦定宪法大纲》出台前后，朝野对宪政的热情空前，不但在统治集团内部发生诸多争议，致使统治集团形成立宪派、维新派、保皇派，而士绅及新式学堂的参与，吸引士农工商都来参与。由于清王朝所要实行的君主立宪制带有明显的政治功利性和保守性，其根本不想改变皇权专制体制，自然会引起社会的不满，革命派也因此不断扩大影响，积蓄力量来推翻清王朝的统治。在预备立宪过程中，出现国会请愿活动，其发起者虽然是绅士阶层，但是有商人、学生的积极参与，以至于工人、农民、市民等都积极响应，前后出现四次大规模的请愿活动，参加人数越来越多，第四次请愿号称有百万人。朝野对宪政的关心，使宪政逐渐深入人心，也为中华民国建立奠定了基础。

三、《宪法重大信条十九条》

1911年10月10日，发生了辛亥革命，各省纷纷响应，尤其是陆军第二十镇统制官张绍曾、第二混成协协统兰天蔚等人10月30日的上奏带有"兵谏"的性质，他们一方面电奏，一方面在滦州集结，大有兵临城下之势，清王朝不得不认真对待。11月3日，立即抛出仅用三天就拟订成的《宪法重大信条十九条》，以为缓兵之计。

《宪法重大信条十九条》的内容是：(1) 大清帝国皇统万世不易。(2) 皇帝神圣不可侵犯。(3) 皇帝之权，以宪法所规定者为限。(4) 皇位继承顺序，于宪法规定之。(5) 宪法由资政院起草议决，由皇帝颁布之。(6) 宪法改正提案权属于国会。(7) 上院议员，由国民于有法定资格者公选之。(8) 内阁总理大臣由国会公举，皇帝任命。其他国务大臣，由总理大臣推举，皇帝任命。皇族不得为总理大臣及其他国务大臣并各省行政长官。(9) 总理大臣受国会弹劾时，非国会解散即内阁辞职。但一次内阁不得为两次国会之解散。(10) 陆海军直接由皇帝统率，但对内使用时，应依国会议决之特别条件，此

---

① 谢俊美：《政治制度与近代中国》，上海人民出版社，1995年，第295页。

外不得调遣。(11)不得以命令代法律,除非紧急命令,应特定条例外,以执行法律及法律所委任者为限。(12)国际条约,非经国会决议,不得缔结。但媾和宣战,不在国会开会期中者,由国会追认。(13)官制官规,以法律定之。(14)本年度预算,未经国会议决者,不得照前年度预算开支。又预算案内,不得有既定之岁出,预算案外,不得为非常之财政处分。(15)皇室经费之制定及增减,由国会议决。(16)皇室大典不得与宪法相抵触。(17)国务裁判机关,由两院组织之。(18)国会议决事项,由皇帝颁布。(19)以上8、9、12、13、14、15、18各条,国会未开以前,资政院适用之。

皇帝的权力必须"以宪法规定为限","宪法由资政院决议","宪法改正属于国会",皇权被宪法所取代,皇权的合法性的基础完全丧失,这虽然是出于无奈,毕竟是否定了君主专制,也意味着清王朝必然走向寿终正寝的不归路。《宪法重大信条十九条》公布之后的五天,11月8日,便"选举"了袁世凯为总理大臣,由皇帝任命。而这位袁世凯于1912年2月12日便逼迫清帝溥仪退位,3月10日就出任中华民国的临时大总统了。

清末预备立宪乃是在内外逼迫的情况下,统治者所不得已的选择,乃是一种权变,即便是有一些政治上的改良,其目的也是在于维护清王朝万世一系的统治。即便是如此,清王朝统治集团也已经意识到君主专制难以进行统治,实行君主立宪制,或许能够保住大清江山,其自觉与不自觉的改革,使朝野对宪政倍加关注,也迫使清王朝不得不进行有限度的改革。中央设置资政院,各省设置咨议局,县以下实行乡镇自治,都是新制度的尝试。无论是《钦定宪法大纲》,还是《宪法重大信条》,都在一定程度限制了皇帝的权力,并且试图设置国会,承认人民的政治地位和社会地位,不自觉地向政治宪政化迈进,两千多年的君主专制必然会土崩瓦解。

第三章

中枢辅政机构

中国古代自国家出现便走上君主专制的道路，国家是"靠部分地改造氏族制度的机关，部分地用设置新机关来排挤掉它们，并且最后全部以真正的国家权力机关来取代它们而发展起来的"[①]。在这种情况下，早期的国家社会组织内部与社会组织之间的血缘纽带并没有切断，支撑君主专制的社会支柱则是宗亲贵族，社会组织结构则表现在亲贵合一，只有宗亲贵族才能参加国家管理，贵族辅政成为早期国家必然实行的辅政体制。

随着社会的发展及君主权力的不断加强，贵族辅政体制受到官僚辅政的冲击。官僚制的出现，促进君主集权制度的发展，同时也使官僚逐渐代替贵族在新的国家权力机构中发挥作用，在官僚和贵族交替或共同辅政制度过程中，彼此之间的斗争非常激烈，官僚辅政在君主的支持和袒护下，逐渐占据了上风，贵族辅政制则走向衰亡。

专制主义中央集权制，要求天下事无大小皆决于君主，而君主又不可能总揽所有大小政务，因此就必须有人辅助，这样的人选便是身为百官之长的、称为"相""相国""丞相"职名的人。这些人辅助君主，同时也需要另设官属来辅助自己，就必要设置一定的衙署和官吏，宰相开府辅政制也因之形成。

在君主专制制度下，既要求这些辅助人员能够体现君主的统治意图，又要求他们在执行政务时不得超越君主，不能具有独立的、有可能分割皇权的权力，不允许以宰相开府名义纠合亲信，更不允许形成与皇权相抗衡的政治

[①] 中共中央马恩列斯著作编译局：《马克思恩格斯选集》第 4 卷，人民出版社，1972 年，第 105 页。

力量。皇权和相权一直没有清晰的划分，它们之间的矛盾冲突自始至终存在着。

鸦片战争之后，老大的帝制中国被卷入世界的旋涡，在西方列强坚船利炮的冲击下，统治阶级中一些有识之士和资产阶级改良派寻求改良维新，而迫于内外压力，清王朝曾经建立过短命的责任内阁制。

第一节　贵族辅政制

贵族辅政是早期国家的主要辅政制度，这是古老的血缘关系在新的国家形式下继续发挥重要作用的体现，也是从部落联盟或酋邦制向国家制度转变过程中的必然现象。从部落制到国家，部落制的残余还有很多被保留下来，在国家与部落势力对立和斗争中，国家凭借政治上的实力和优势，逐渐占据了上风，而新兴的政治势力在国家政权的扶植下，逐渐取代旧贵族的势力。

一、夏商周三代的贵族辅政制

据文献记载，早在部落联盟或酋邦时期就有名为"四岳"的辅政人员，他们是联盟议事会或酋邦亲信的主要成员，对联盟或酋邦事务有一定的发言权。传说中的舜为联盟或酋邦首领时，主要事务都要"谋于四岳"。所谓的"四岳"，是指禹、皋陶、契、后稷，他们都是重要的部落首领。按照分工，禹主管平水土，皋陶主管兵刑，契主管教化，后稷主管农业，分别执管当时主要的政务。凡联盟或酋邦的重要政务，都必须有他们参加决议。《史记·五帝本纪》中曾经叙述"四岳"推荐人才方面的情况，他们可以互相推荐，也可以推荐别人。这次议事会的结果，推荐禹为司空以理水土，弃为社稷以播时百谷，契为司徒以敬敷五教，皋陶为士以作五刑，倕为共工以主百工，益为虞以主山泽之利，伯夷为秩宗以主三礼，夔为典乐以教稚子，龙为纳言以出入政令，分工清晰，职任明确，既反映出当时国家的政务已由简入繁，生产、礼仪、刑法各有专业，又可以看到"四岳"参加决策和氏族贵族参与部落事务的情况。

夏代的辅政人员有"六卿""三正""四辅臣""三老五更"等。所谓"六卿",是《尚书·甘誓》中所讲夏启在与有扈氏大战于甘之前"乃召六卿"议事,"六卿"的具体名称未详,各家注解在没有考古证实之前,难以据而为信,但可以推测"六卿"辅助夏启进行决策,而且是一方面的军事统帅。所谓"三正,指奴隶制王朝的大臣、官长"①。还有一说"三正"是指牧正、庖正、车正,如依此说,三正则是具体事务官,并非大臣。夏启在宣布有扈氏的罪恶时,说他"怠弃三正",就是指斥他不听"三正"的意见,不尊重"三正"的职任,正说明"三正"在早期国家的重要地位。"四辅臣"则是指疑、丞、辅、弼,"前曰疑,后曰丞,左曰辅,右曰弼"②,应该是王跟前的重臣,又是重要的宗亲贵族。"三老"是"道成于三,谓天地人也。老者,旧也,寿也"。"五更"是"训于五品","五世长久更相代,言其能以善道改更己也"③。显然,这些具有辅政性质的官都是重要的宗亲贵族和具有相当实力的权贵,他们是世袭的。《史记·夏本纪》讲斟寻氏、有男氏、彤城氏、褒氏、费氏等都是姒氏宗亲,他们参与夏王朝的决策。从早期国家发展情况来看,贵族辅政制在当时是确实存在的。

《尚书·君奭》中列举殷商五位盛世之君在位时的六七位大臣,其中有商汤时的伊尹,太甲时的保衡,太戊时的伊陟、臣扈、巫咸,祖乙时的巫贤,武丁时的甘盘,说他们"率惟兹有陈,保乂有殷",充分肯定了他们的政绩,这些人分别用尹、保、臣、巫为官名,显然都是重要的辅政大臣。

"尹"是治理的意思,也是最古的官名之一④。"尹"本身没有职位高低之别,只有从前面带有的名称才能区分出职位,如族尹、右尹、多尹等。"臣"本来是地位低贱的奴隶,社会地位低下,后来被官员作为谦卑的自称。"巫"是一种神职,男性为觋,女性为巫,不分男女,总称为巫。"保"在甲骨文中写为

---

① 顾颉刚、刘起釪:《〈尚书·甘誓〉校释试论》,《中国史研究》,1979年第1期。
② (汉)司马迁:《史记》卷2《夏本纪》集解引《尚书大传》,中华书局,1959年,第80页。
③ (唐)杜佑:《通典》卷20《职官二》,中华书局,1988年。
④ 文字学家认为:"尹之初宜为官尹字,殆象以手执笔之形,盖官尹治事,必束簿书,故引申得训治也。"参见李孝定:《甲骨文字集释》第三卷,史语所专刊之五十,台北"中央研究院历史语言所",1970年。

"奭",有保育和辅弼的意义①。这些人不一定是因为血缘亲近才取得辅政地位的,主要是凭借本身的能力和王的信任而跻身于辅政行列的。

伊尹亦被称为"相",当时还有一位"右相"仲虺,是商的同姓贵族。"相"应该不是商代的官名,最早期的"相"只是赞襄、辅助之意。虽然在《史记·殷本纪》中有"帝太戊立伊陟为相",帝武丁赏拔从事版筑苦役的奴隶傅说,"举以为相,殷国大治",但不是正式的官名。即便如此,这些被称为"相"的人,还是重要的辅政大臣,而辅政大臣又不是专任一人,但得到君主信任的辅政大臣却可以发挥个人的作用,乃至影响或代替君主决策。如伊尹相汤,已经在很大程度上影响汤的决策,汤去世后,他放汤之子太甲于桐宫而一度代行王权。傅说也因得到武丁的信任,得以推行各种政治措施,正如武丁所讲:"得傅说以来,升以为公,而使朝夕规谏。曰:若金,用女(汝)作砺;若津水,用女作舟;若天旱,用汝作霖雨,启乃心,沃朕心;若药,不瞑眩,厥疾不瘳;若跣,不视地,厥足用伤。"这样高度的推崇和信任,当然能使傅说畅通无阻地行使辅政决策的权力。

商代后期出现"三公"制,当时以西伯姬昌、九侯、鄂侯为三公,没有讲他们的具体官称,西周则继承这种制度。对于三公的具体名称,向来是各家解说不一,比较普遍的说法是太师、太傅、太保。

西周初期,成王年幼继位,当时太公望为太师,周公旦为太傅,召公奭为太保,他们都是周王的重要辅佐,实际上是总宰一切政务的执政官。由于太公望率先回到自己的封地齐国,所以由周、召二公执掌朝政。这种情况一直延续,周、召二公的后代亦长期辅政,他们分别统领卿事寮和太史寮。周公摄政时,曾经以冢宰的名义统领二寮,冢宰则成为最尊贵的辅政人员。西周宗法制是政治的核心,直至西周晚期出现的共伯、番生、毛公、虢伯等执掌朝政,他们都是姬姓,与宗法制保持着密切的关系。

早期国家的君主专制是以内外贵族联合为基础的,君主以武力震慑和宗亲感情,用来笼络异姓贵族和安抚宗亲贵族,并且依靠这些贵族来维护统治,

---

① 古文字学家考证,奭、保、傅、姆、辅、弼等字声义相近。奭的篆字在"大"的两边各置同一物件,写作火、皿、五、口等形。这几个字都有母妃、辅弼、保姆的含义。参见李孝定:《甲骨文字集释》第四卷;段玉裁:《说文解字注》第四;朱骏生:《说文通训定声·颐部》第五。

担任辅政的官员一般都是拥有较大实权的贵族，他们既辅佐王决断国家大政，又拥有自己的封地和军队，因此也能制约王权的发挥。如伊尹、周公摄政，周、召二公"共和"摄政行天子事①，实际上是暂时代理王权。随着王权专制的加强，贵族辅政制受到冲击。殷商时出现了个别家内奴隶、神职人员也能跻身于辅政行列，已经可以看出君主身边的人容易参与朝政，并逐渐形成为规律，即用近人。西周后期出现的由家臣宰职演化出来的冢宰，能够统领二寮，更说明内臣从参政到主政的发展已具有普遍性。

二、秦汉以后早期国家的贵族辅政制

早期国家普遍实行贵族辅政制，是历史发展必经的过程，有其必然存在的原因。秦汉以后，中国北方的一些少数民族在进入国家发展阶段时，都曾经出现过类似三代的贵族辅政制。

南北朝时期的北魏拓跋氏创业之初，诸大人不但参决政事，而且能够左右拓跋氏对继承人的选定。拓跋氏在问鼎中原时，开始官分南北两部，置两部大人统领。道武帝建国之初，采用的仍然是南北两部制，增设了都统长、幢将及外朝大人等官。"其都统长，领殿内之兵，直王宫；幢将员六人，主三郎卫士直宿禁中者。自侍中已下、中散已上，皆统之外朝大人，无常员。主受诏命，外使，出入禁中，国有大丧大礼皆与参知，随所典焉。"②面对当时的天文灾变和强大的贵族势力，道武帝"一欲防塞凶狡，二欲消灾应变，已而虑群下疑惑，心谤腹诽"，多次更改官号。他强调"古置三公，职大忧重，故曰'待罪宰相'，将委任责成，非虚宠禄也。而今世俗，金以台辅为荣贵，企慕而求之。夫此职司，在人主之所任耳，用之则重，舍之则轻。然则官无常名，而任有定分，是则所贵者至矣，何取于鼎司之虚称也"③。于是他在备置百官的同时，又设置八部大人、散骑常侍、待诏等官。"其八部大人于皇城四方四维，面置一人，以拟八座，谓之八国常侍。待诏侍直左右，出入王命。"④实

---

① 共和元年，前841年，是我国有确切纪年的开始。
② （北齐）魏收：《魏书》卷113《官氏志》，中华书局，1974年，第2972页。
③ （北齐）魏收：《魏书》卷2《太祖纪》，中华书局，1974年，第38页。
④ （北齐）魏收：《魏书》卷113《官氏志》，中华书局，1974年，第2972页。

际上是委任自己的亲信和贵族共同辅政，借以分散贵族长期控有的大权，在君权不断加强的情况下，贵族辅政制不断被削弱，而内廷官的作用却不断提高，也就为以后全面改制打下基础。

阿保机建立的辽王朝，是在统一契丹八部的基础上逐渐向南推进，至其子耶律德光（927—947年在位）灭掉后晋，才初步确立"以国制治契丹，以汉制待汉人"①的南北两面官制度，而在此之前，实行的是夷离堇制。夷离堇是契丹语，即首领之意。早期的契丹各部落首领都称夷离堇，功勋卓著的则被公推为大于越，阿保机在没有成为可汗时曾经担任过大于越。阿保机被八部大人公推为可汗之后，八部大人，即各部夷离堇对契丹国政务拥有很大的参与权。本来契丹部可汗是九年一替代，阿保机不但不实行替代，而且开始称号皇帝，在不断削弱各部势力的同时，大力加强本部的势力。922年，阿保机分迭剌部（自己直辖部落）为五院部（亦称北府、北院）、六院部（亦称南府、南院），各置夷离堇一人，分别由外戚和皇族"世选"担任。贵族辅政制基本与辽王朝相始终，《辽史》用"后族为北府宰相自此始"，"皇族为南府宰相自此始"②等来表述。有贵族辅政和贵族特权的存在，就"不能把辽王朝即契丹帝国描绘成皇权高高在上、皇帝独裁权世袭权已经确立、建立在中国式官僚制度之上的国家，毋宁认为它还保留着许多北方民族原有的部族制国家的残余。我们必须把辽国看作是建立于妥协之上的政治集团，那种妥协是在以耶律氏为首的势力与新旧势力之间达成的"③。辽代皇权的确立，在相当长时间没有摆脱旧贵族势力，但新兴的贵族依附朝廷，已经有取代旧贵族辅政的趋势。

完颜阿骨打是在部族制基础上建立金王朝的，原有的勃极烈制度也就保存下来。勃极烈为女真语，即治理众人的意思。根据不同的职务，在勃极烈前面加上职权地位的名号，如都（最高）勃极烈（阿骨打改称皇帝后便不存在了）、谙班（尊贵）勃极烈（都勃极烈的继承者）、国论（贵）勃极烈（亦称国相）、胡鲁（统领）勃极烈、移赍（第三）勃极烈等，这些人都是贵族，

---

① （元）脱脱等：《辽史》卷45《百官志序》，中华书局，1974年，第685页。
② （元）脱脱等：《辽史》卷1《太祖纪》，中华书局，1974年，第4页。
③ [日]岛田正郎：《辽代北面中央官制的特色与世官制的意义》，《日本学者研究中国史论著选译》第8卷，中华书局，1992年，第376页。

他们与皇帝共理政事,"虽有君臣之称,而无尊卑之别"①,体现出早期国家贵族辅政体制的特点。

元昊建立西夏王朝,官制设置上很大程度受到唐宋制度的影响,但又在相当程度保留有党项民族的习惯。位居辅政之首的是国相,担任者均是外戚。由于在官制设置上受中原的影响,担任国相者往往兼任尚书令或中书令。因为担任国相者多是母舅,外戚加贵族身份,使他们在当时很有权势,夏仁宗(1140—1193年在位)时,曾经出现过被封为楚王的外戚国相任得敬篡国的事件,最终"以谋篡伏诛"②。

成吉思汗初建立蒙古帝国,政治结构还比较简单,所谓"元太祖起自朔土,统有其众,部落野处,非有城郭之制,国俗淳厚,非有庶事之繁,惟以万户统军旅,以断事官治政刑,任用者不过一二亲贵重臣耳"③。对于这些亲贵重臣,成吉思汗给他们以很大权力,他把功臣失吉忽都忽(《元史》为失吉忽突忽)称为"六弟",让他为大断事官,并对他说:"现在我对一切人民树立了我的权力,你替我做耳目。任何人不得违反你的判决。你审判一切盗贼诈伪事件。可杀的杀,可赦的赦。凡断了的事,写在青册上面。"④蒙古帝国的国家形成以后,脱离人民大众的公共权力日益明显,那就是建立"怯薛"制和"札鲁忽赤"制的基础上。

对于"怯薛制",国内外的研究比较深入,既有论文,又有专著⑤。怯薛是以宿卫名义出现的,但其作用却不局限于宿卫。在蒙古帝国时期,"它有皇室的侍卫、家务机构、帝国的中央军、中央主要行政机构、质子营、中央军校等多重性质"⑥。可以说它是蒙古汗国的内廷机构,在大汗的权力不断加强的情况下,内廷官插手国家各方面政务也同步增加,并在当时政治上发挥着重要作用,故元代人认为:"国家之初,任才使能,惟其所置,以成天下之务者多

---

① (宋)徐梦莘:《三朝北盟会编》卷166《金虏节要》,上海古籍出版社,1987年。
② (元)脱脱等:《宋史》卷486《夏国传》,中华书局,1977年,第14026页。
③ (明)宋濂:《元史》卷85《百官志一》,中华书局,1976年,第2120页。
④ [法]雷纳·格鲁塞著,龚钺、翁独健译:《蒙古帝国史》,商务印书馆,1989年,第153页。
⑤ 如[日]箭内亘:《元朝怯薛考》,刀江书院,1966年;萧启庆:《元代的宿卫制度》,《边政研究所年报》,台北:政治大学,1973年。
⑥ 王明荪:《元代的士人与政治》,台湾学生书局,1992年,第41页。

矣。制度修明，见用之亲切者，惟公卿大人之子弟，见闻于家庭，熟习于典故，而又宿禁近，密勿周慎，出纳辞令，有非疏远微贱、草茅造次之所能及者矣。"①

"札鲁忽赤"也就是断事官，"国初未有官制，首置断事官，曰札鲁忽赤，会决庶务。凡诸王、驸马、投下、蒙古、色目人等，应犯一切公事，及汉人奸盗诈伪、蛊毒、厌魅、诱掠、逃驱、轻重罪囚，及近远出征官吏。每岁从驾分司上都，存留住冬诸事，悉掌之"②。最早出任此职的是成吉思汗的异母弟别里古台，继任者是成吉思汗的义弟失吉忽突忽。《元史》在叙述他们的事迹时，说"国初尝以相臣任之"③。有学者曾经根据《蒙古秘史》来分析札鲁忽赤有审理诉讼、决断刑罚；调查全国户口，造成青册，以为兵赋根据；以青册及可汗的裁决，把土地与人民分封给皇族及功臣；将可汗裁决过事例和判例存档备案，以为遵循依据；作为可汗的耳目，监察所有贵族等权力④。实际上其已掌握行政、司法、监察大权，是可汗的重要辅佐。

努尔哈赤在统一女真诸部过程中，建立了八旗制度，并在诸贝勒拥戴的基础上登上大汗之位，实施八和硕贝勒共治国政。所谓"八和硕贝勒共治国政"，就是说当时的八和硕贝勒有权推举新大汗，也可以废斥大汗；一切军政事务，大汗必须与诸贝勒共同商议决断。皇太极就是由诸贝勒共同推举的，在初即位的几年时间内实行的也是大汗与三大贝勒分直管理国政，在朝会上与他们一起南面接受群臣朝贺，直到他独揽大权，自称"宽温仁圣皇帝"，改国号为大清时（1636年），八和硕贝勒才俯首称臣，共治国政的做法宣告终止，但"议政王大臣制度"还是保留下来。

议政王大臣制度是努尔哈赤以费英东、额亦都、何和理、扈尔汗、费扬古等开国重臣为五大臣，让他们与诸贝勒一起参决政务，"凡军国重务皆命赞决焉"⑤。皇太极时设八大臣（固山额真）与诸贝勒共同议政，目的是提高大汗

---

① （元）虞集：《雍虞先生道园类稿》卷21《左丞相平阳公王宣抚江闽序》，北京图书馆出版社，2006年。
② （明）宋濂等：《元史》卷87《百官志三》，中华书局，1976年，第2188页。
③ （明）宋濂等：《元史》卷117《别里古台传》，中华书局，1976年，第2125页。
④ 札奇斯钦：《说元史中的"札鲁忽赤"并兼论元初的尚书省》，《边政研究所年报》，台北：政治大学，1970年。
⑤ （清）昭梿：《啸亭杂录》卷2《五大臣》，中华书局，1980年，第43页。

权力，削弱诸贝勒的实力。皇太极称帝后，打破原来只有王、贝勒议政的格局，将贝子也吸收进来，还增加了议政大臣。这样，议政王大臣会议的权力分散了，皇帝的控制能力加强了。清入关以后，虽然沿用明制而建立起官僚系统，但议政王大臣会议仍起着相当重要的作用。在皇权专制下，议政王大臣会议权力过大必然妨碍皇权的发挥，历经康、雍、乾三帝的不断削夺，议政王大臣会议逐渐有名无实，一变为议政大臣会议而无"王"了，二变为仅保留"议政王"虚有其名的尊荣衔头，最后在乾隆五十六年（1791年）完全取消。

由上可见，早期国家的辅政官员多是从部落制脱胎出来的首领，血缘和亲缘关系成为能够担任辅政的重要条件。在从松散的部落制脱胎为国家时，君主面临的是原来存在各部落的分裂和背叛，打乱原来各部落的建制，吞并和征服背叛的部落，建立君主的权威，则是早期国家君主的共同特点之一。在这种情况下，血缘和亲缘则成为当时君主的重要依靠对象，贵族辅政制也就成为早期国家奠立君主制过程中必然伴生的政治现象。

第二节 秦汉以后的辅政制

在君主专制制度下，君主拥有至高无上的权威，但也需要有人来辅佐。在君主世袭的情况下，不免会出现君主幼小、昏庸、懦弱无能的现象，更凸显辅佐人员的作用。这种辅佐，有来自宗亲、母后、外戚、宦官等亲嬖的，也有来自顾命、摄政、宰相、权贵等大臣的，通常称为辅政。作为辅政大臣，拥有很大的权势。如果他是尽忠职守而不生邪念，史家称之为"良臣"或"忠臣"；如果他谋私行利而行为不端，史家称之为"佞臣"或"奸臣"；如果他是擅权倾主而乍谋位之心，史家称之为"权臣"或"逆臣"。

一、宰相开府辅政

宰相开府辅政制，是指作为百官之长的宰相可以设置自己的衙署，可以自辟僚属，依照皇帝的意图，独立行使权力。宰相府根据需要，设置各种职能机构,他们各有分工,按照不同的职责来贯彻执行皇帝和宰相的指示。宰相府的人员基本上由宰相任免,皇帝对宰相的用人权也很少干预,以至"今自有秩以上至诸大吏,下及王左右,无非相国之人者"①。因此,宰相府人员多随宰相的更换而变动。由于以宰相为首长的宰相府有比较独立办理政务的权力,故当时宰相的权力很大。宰相开府辅政制主要出现在隋代以前。它们的名称代有不同,但实际职任是基本相同的,如西汉的丞相、御史大夫,东汉的太尉、司徒、司空,魏晋南北朝的二相、八公等。

春秋时代,各国普遍设立总理全国军政事务的长官,担任者多是贵族,但已经出现有由非本国贵族来承担此职的现象,贵族辅政制正开始向宰相开府辅政制转变。战国时代,以文武分职的官僚制度确立,以相和将分别为文武职官之首。相是百官之长,君主对此的选用非常谨慎。由于贵族制度的衰落和中央的集权,大批寻求职位的士们纷纷来到各国谋求发展,各自以才华识见和策略为君主所赏识,跻身于官僚之列,但也有更多的无缘见到君主,便退而下之,投奔到各国权贵的门下,如齐国的孟尝君、赵国的平原君、魏国的信陵君、楚国的春申君、秦国的吕不韦等,各自都有数千门客,有些门客便成为这些权贵门下的谋士。一些权贵能被重用为相或将,得以开府施政,这些门客便在相或将的府内佐助主人办事,君主对相和将的用人权也不直接干预,宰相开府辅政制度初步形成。

秦及西汉的官制规定丞相、太尉和御史大夫为宰相职。实际上太尉仅作为武将最高荣誉职务,而且不常设,因此,承担宰相职责的是丞相、御史大夫,当时称为二府。

西汉丞相府的规模较大,拥有丞相司直、丞相长史等由皇帝直接任命的高级官属,和相府政务中枢的黄阁,另设15曹以分管各项政务,属官多时达360余人②。有关丞相诸曹设置,周道济《汉代宰相机关》统计有东、西、议、辞、奏、贼、决、集、侍、户、法、尉、兵、金、仓15曹。劳干《汉代的政制》统计有15曹,缺少户曹,而以黄阁充其数。曾资生《中国政治制度史》

---

① (汉)司马迁《史记》卷79《范雎列传》,中华书局,1959年,第2412页。
② 据《汉旧仪》卷上载:"武帝元狩六年(前117年),丞相吏员三百八十二人。"而在叙述吏员分工和职掌时,实际人数只有362人。

第二册所统计的 15 曹，也缺户曹，把黄阁纳入诸曹。钱穆《中国历代政治得失》统计为 13 曹，缺少议、集、侍三曹，也把黄阁算为一曹。他们的统计都是参考东汉公府诸曹制度，而没有注意到西汉丞相府实际有什么曹，而在《汉书》中可考见者，仅有东、西、集、奏、议、侍 6 曹。公府的门阁涂黄色，故称黄阁。黄阁是公府的办公厅，主管内外传递及文书处理，实际上与诸曹不是一个系统。作为"掌丞天子，助理万机"的丞相，领导这套机构实行治理权。丞相有总领百官、主持朝政、召集朝议、决定国家军政大事、封驳诏书、任免和选用官吏、主管郡国上计、考课案劾百官、对上谏诤和对下执行诛罚等权力，凡国家要政均有参与权，但按照规定，他不能独断专行，大事必须上奏皇帝得批准，而且还要受到御史大夫的监督。

御史大夫是丞相的副职，但具有特殊的地位，因为他不但辅助丞相总理国政，而且还主管监察。在政务方面，开设御史府，拥有一定员额的掾属，分曹治事，核查丞相诸曹的事务。在监察事务方面，则按上卿的职务，分领官署，其下设丞、中丞、侍御史、御史等官，负责保管各种律令图籍及各方面监察事务。这样，御史大夫与丞相既有平行的关系，又有统属的关系。这种设置和职权分工，已经寓有让他们既相互制衡，又必须听命于皇帝的政治寓意，体现出中国古代政治理论中十分重视权力分配和制约的特点。

丞相、御史大夫开府辅政制在汉武帝时期发生变化。汉武帝为提高专制权力，除了先后任免过十余名丞相之外，还重用中朝官，以外戚统领宫廷官辅政，丞相、御史大夫渐渐变成事务性的职务。汉成帝时正式设置大司马（原太尉）、大司徒（原丞相）、大司空（原御史大夫）为三公官，也不过是徒拥虚名的荣誉之职，已经失去辅政的作用。

东汉时，以太尉、司徒、司空为三公，分别开府，设有诸曹、黄阁，以及数目大致相同的掾属和御属。曹是职能部门的名称，类似后代的司、处、科等。三公诸曹有明确的分工，史载："西曹，主府史署用。东曹，主二千石长吏迁除及军吏。户曹，主民户、祠祀、农桑。奏曹，主奏议事。辞曹，主辞讼事。法曹，主邮驿科程事。尉曹，主卒徒转运事。贼曹，主盗贼事。决曹，主罪法事。兵曹，主兵事。金曹，主货币、盐铁事。仓曹，主仓谷事。"黄阁是直接秉承该府公指示以处理日常事务的部门，类似现代的办公厅（室）；

该部门设有主簿"省众事",另有"阁下令史,主阁下威仪事;记室令史,主上章表报书记;门令史,主府门"。三公府内除长史(秩千石)由朝廷任用之外,其余均由该公自行选用。按规定,分管诸曹的掾、史、属的定员,太尉24人,司徒31人,司空29人;分管诸曹和公府文书的令史、御属的定员,太尉23人,司徒36人,司空42人。三公吏员合计188人,只是西汉丞相吏员的一半[1],由此可见东汉的三公职权远不及西汉。典章规定三公合为宰相,对国家大政有议论和谏诤权,对官吏有考课权,分别统属九卿。按规定:太尉主天,负责领导太常、光禄勋、卫尉三卿;司徒主人,负责领导太仆、廷尉、大鸿胪三卿;司空主地,负责领导宗正、大司农、少府三卿。由于此时政务基本上都由尚书台控制,三公只有宰相之名,而无宰相之实,却要承担天灾人祸等"灾变"的责任,宰相开府辅政制已经走向没落。但东汉末年,曹操自任丞相,挟天子以令诸侯,其丞相府员属实际上承担国家政务的全盘运作,其所以称开府,不过是沿袭旧称,实际上已经篡夺了大权,不再是什么辅政了。这是宰相辅政制的变局。

魏晋南北朝时期,宰相开府辅政制虽然在名义上还存在,却总是随着权势所转移。在世家大族把持朝政,地方都督、刺史们拥兵自重的情况下,军政阀阅们常常依恃手中的实力,挟天子以令天下,实际上控制了国家的大权。在这种情况下,政务的运作就不是按典章规定的制度进行,而是随着权势而转移。按规定:相国、丞相为二相,太宰、太傅、太保、太尉、司徒、司空、大司马、大将军为八公,都可以开府辅政,但权力的大小,则取决他们个人的政治军事势力。例如,曹魏嘉平四年(252年),司马师为大将军、侍中、持节、都督中外诸军事、录尚书事,便"命百官举贤才,明少长,恤穷独,理废滞"[2],实际上垄断了朝政,集军政大权于一身,他的府属实际上严密控制着全国各方面的政务。这时的宰相和相府在名义上虽然还保留,但实际的权力俱已被剥夺净尽。但到司马氏地位巩固后,却给自己加上丞相、相国的官衔,大权集于一身,其相府机构就演变为实际掌握国家全权的机构。司马氏对于曹魏政权已不存在什么辅政问题了。

---

[1] (晋)司马彪:《续汉书志》卷24《百官志》,中华书局,1965年,第3577—3582页。
[2] (唐)房玄龄:《晋书》卷2《景帝纪》,中华书局,1974年,第26页。

魏晋南北朝时期的二相、八公都各自开府，他们都是拥有实权的人物，随着权力的扩大，他们一般先是在公位上递次升迁，然后升为丞相，再为相国，大凡是为相国的人，都是实权派，大多是会取代旧王朝而自立，成功者登基称祖，失败者身亡家灭，如司马昭（211—265年，追尊为晋文帝）、王导（276—319年，东晋丞相，时称王与马，共天下）、刘裕（356—422年，南朝宋武帝）、萧道成（427—482年，南朝齐高帝）、陈霸先（503—559年，南朝陈武帝）、高欢（496—547年，东魏实际主政者）、宇文泰（505—556年，西魏实际主政者）等，都曾经以位为丞相、相国而专权，积蓄实力，实现野心，养成取代旧王朝之势，他们所开府内的属员，实际上是自己的臣僚，而本人则肆无忌惮地行使皇权。这种类型的丞相或相国，不过是过渡到建立新王朝的阶梯。

魏晋南北朝时期的宰相开府辅政制实际上已经不存在，而是变成宰相开府执政制。正如东晋叛臣韦华对前秦权臣姚兴所讲："晋主虽有南面之尊，无总御之实，宰辅执政，政出多门，权去公家，遂成习俗，刑网峻急，风俗奢宕。"① 不仅是东晋，整个魏晋南北朝时期，大都处在这种状况之中。这个时期在人为和权势的作用支配下，辅政机制很难达到君主集权的要求，宰相执政而不辅政，已经威胁到皇权的存在，宰相开府辅政制的消亡也就不可避免了。

宰相开府辅政，原则上应该遵照皇帝的诏书和面谕办事。皇帝的诏书由内廷机构转送到相府，宰相收到诏书后，应该核对此诏书是否符合法律、制度，尤其是祖制。对符合者，便由宰相签署，交府员负责分发，或交付给有关政务部门，或转送地方官府去实施。如果认为不符合制度或当前形势，则可以封驳，请皇帝再加考虑，甚至对皇帝进行谏诤。宰相平时以章奏汇报政务，也可以在定期朝见皇帝时直接请示。凡军国大政，高级官员的任免，都要请示皇帝批准，对皇帝认为应该商酌之事，宰相应该按照指定的范围，主持大小不同的朝议或集议，提出意见供皇帝参考。

开府辅政的宰相权力虽然很大，但其职位仅是最高行政官，不能世袭。对宰相的任免权完全掌握在君主手中，而宰相的职位是按照分权制约的原则

---

① （唐）房玄龄：《晋书》卷117《姚兴载记上》，中华书局，1974年，第2980页。

设置的。因此，宰相不但受到制度上的制约，而且受到人事的束缚，其权力受到很大的制衡。

由于历史上君权和相权没有清晰的划分界限，相权与君权的冲突无可避免。在权力交错和冲突中，担任相职的人往往成为这方面的牺牲品。国有大失误，自然界有大灾异，人事有大纠纷，君主虽然有时会下诏"罪己"，但承担责任的则是宰相。轻者免职，重者赐其"自裁"，甚至抄家灭族。在历史上，开府施政的宰相善终者不多，他们不是被荣升虚职而削夺掉权力，便是沦为阶下囚而身遭戮辱。当然也有少数开府施政宰相发动政变成功，成为新王朝的君主，但他们必是掌握军政实权的权臣，实际上早就成为君权的代理人，改朝换代只不过是实至名归，顺理成章地篡夺政权到手。

开府辅政的宰相本来是根据分权制约的原则设置的，但在发展过程中又出现了因相权膨胀而变成君权的障碍，甚至对君权构成威胁。因此，无论是在位的君主，还是以权臣谋位创建出新王朝的君主，都想方设法抑减、监督或分散相权。他们一方面采取在相府中安排司直、长史等由君主直接任命高级府僚的措施，以插手和监督相府的工作，借以掌握讯息，消除隐患。另一方面则有意重用侍从近臣，赋予这些侍从近臣直接奉诏处理政务重权，以逐步收回或取代开府辅政宰相的实权。

这种君权与相权潜在的政治斗争，一直以不同的表现形式，在中国官制史上存在过两千年的由侍从近臣侵夺或取代相权，历来是辅政制度发展变化的主要规律之一，其根源则在于维护和加强君主专制。宰相开府保持相对独立的施政制度，显然是与君主专制制度格格不入，因此也无法持久存在。随着君主专制制度的加强，宰相开府辅政制无可避免地会被取缔。

二、宰相参议辅政

处理国政，不可能没有辅政机构，辅政机构也不可无人主持，也就是说相职不可能废除，但相权要受到限制。削减相权，使相权不能掌握在一二人之手，还要使他们既受到制约又必须受到监督。在这种前提下，宰相参议辅政制便告出现，而且不断得到完善。

宰相参议辅政制的形式，从汉武帝时才开始出现，一直到明初仍采用这种辅政制度。当然，贵族辅政制和宰相开府辅政制也间或实行，而且经常是在双轨或多轨辅政体制中并存。例如，西汉的中朝官尚书与丞相开府辅政制并存，东汉禁省官、尚书、三公等辅政制并存，魏晋南北朝三省交互辅政与权臣开府辅政并存，隋唐三省、中书门下、翰林承旨、枢密等辅政制的演变和并存，宋代"二府三司"、翰林承旨辅政制以及后来发展的"平章军国事"等辅政制度并存，辽代南北面官和舅氏辅政制并存，西夏番汉官及宗亲舅氏辅政制并存，金代从勃极烈、三省到一省辅政制的转变，元代一省制及枢密、御史台、宣政院等多轨辅政制并存等。

汉武帝刘彻为强化皇帝个人的权力，压抑以丞相为首公卿大臣们的权力，有意重用侍中、大夫等文武侍臣，擢升原在宫中主管收发文书的尚书掌管机要。为了政务和管理上的需要，又任用外戚为大司马，以领或录尚书事的名义主管尚书事务，使原隶属于少府的尚书地位得以破格提高。与此同时，汉武帝再从朝官中选拔出一些有才能的人，以"加官"的名义进入宫中，分管尚书事务；从随从警卫的郎官之中选拔一些有才能的人来管理尚书的具体事务。凡涉及军国的重要政务，让尚书先行参议，提出可行性建议，而公卿大臣们往往未能与闻。在这种情况下，在宫中服务的中朝官和尚书工作人员分班值宿，随时听候皇帝的召见，呈送奏章或面奏。因主管尚书事务的是亲信外戚，汉武帝又赋予他们披阅奏章，提出初步处理意见的职权，尚书的地位便逐渐引起时人重视。汉武帝去世之后，身为中朝官首领的大司马，都兼领或录尚书事，基本成为实际权力操纵者。为了便于处理政务，尚书开始分曹治事，与丞相府诸曹对口分工，实际上掌握代表皇帝颁布诏令于公卿，并且承传披阅公卿们的奏章，其权力更引人注目。至东汉时，"选举诛赏，一由尚书。尚书见任，重于三公"[①]。在尚书处理政务时，开府宰相的权力基本上被尚书取代，开府辅政制与尚书辅政制并存，而在政令承传上，"当时事无巨细，皆是尚书行下三公，或不经由三公，径下九卿"[②]。形成了中朝官和尚书组织与开府的宰相双轨辅政制，而且尚书的地位日渐提高。

---

① （南朝宋）范晔：《后汉书》卷46《陈忠传》，中华书局，1965年，第1565页。
② （宋）黎靖德编：《朱子语类》卷8《论官》，中华书局，1983年。

汉武帝在重用中朝官尚书的同时，晚年"游宴后宫，故用宦者"①，任用宦官为中书谒者令，负责承传诏令奏章。中书谒者涉及政事，使辅政体制发生明显的变化。原来中朝官直接面对皇帝，现在则在中朝官与皇帝之间增加一层中转，权力结构也就发生变化。汉宣帝刘询为剥夺霍氏的权力，命中书直接去司马门（宫门）收取上奏的封事文书，"不关尚书，并不信人"②，把霍氏架空，并委派中书宦者代为起草诏令，尚书降为仅作为誊正诏令和颁布于外的中转机构，其主要权力又转移到中书，因此，中书便成为"国家枢机"和"政治之本"③。中书掌握国家枢机，对于以控制尚书而把持朝政的外戚来说，无疑是重大的打击，因此，在外戚势力强大时，就不能容忍政治之本旁落到他人之手。汉成帝建始四年（前29年），在王氏外戚专政的情况下，废除了中书，政治之本仍然控制在由外戚操纵的尚书手中。尚书和中书职任的转移与再转移，都是因为政治斗争，也集中反映皇权与相权之间的矛盾。

东汉时，有以侍中、黄门侍郎为首的侍中寺，以中常侍、小黄门为首的东寺，以中黄门冗从仆射率领部分宦者武装的西寺，称为禁中三寺。禁中三寺只有侍中寺由士人掌管，其余都掌握在宦者手中。按照当时的政治运行关系，公卿奏章先付尚书，尚书披阅后提出处理意见，再交侍中呈递给皇帝，皇帝批复和发布的诏令亦按此途径传出。汉章帝元和（84—86年）时，"侍中郭举与后宫通，拔佩刀惊上"④。这个事件发生之后，侍中寺迁出禁中，禁中便只有由宦官组成的东、西寺了，侍中寺的政令承传职责也就由宦官承担起来，宦官的权力更为扩大。在皇帝与外戚的斗争中，皇帝往往利用宦官消灭外戚势力，宦官的势力更急速膨胀，再加上东汉"临朝者六后"，女主在形式上不接见公卿，更为宦官专权创造了方便条件。于是，由中常侍、小黄门等组成的东寺，"直接通命两宫"，上传下达，全由宦官，使他们成为"手握王爵，口含天宪"⑤的实际当权者，乃至"天朝政事，一更其手"⑥。

---

① （东汉）班固：《汉书》卷93《佞幸·石显传》，中华书局，1962年，第3727页。
② （东汉）班固：《汉书》卷68《霍光传》，中华书局，1962年，第2954页。
③ （东汉）班固：《汉书》卷78《萧望之传》，中华书局，1962年，第3284页。
④ （晋）司马彪：《续汉书志》卷26《百官志》注引蔡质《汉仪》，中华书局，1965年，第3593页。
⑤ （南朝宋）范晔：《后汉书》卷78《宦者列传》，中华书局，1965年，第2509页。
⑥ （南朝宋）范晔：《后汉书》卷43《朱穆传》，中华书局，1965年，第1472页。

从曹魏开始，相继出现尚书、中书、门下三省，此后长期存在。虽然在魏晋南北朝时期的三省分工还缺乏明确的规定，但毕竟在制度上确立了宰相参议辅政制度，而且渐渐成为辅政制度的主体。

曹魏的尚书台虽然继承东汉的制度，但它已经成为独立的中央机构。东汉时期，尚书台在形式上隶属于少府，实际上是半独立机构，官署设在宫内。曹魏的尚书台则完全独立，官署也迁到宫外。尚书台统领二十余曹，管理全国各种事务，实际上已经取代三公府而直接处理国事。尚书台的长官尚书令和尚书仆射，号称"宰相"和"副相"，成为"总齐机衡，允厘六职，朝政之本也"①。至南朝刘宋时，尚书台改称为尚书省。北魏皇始元年（396年）也设立尚书省。魏晋南北朝时期，各王朝根据事务多寡，尚书台或省下设二十至三十余曹不等，南北朝后期，基本上确定了六部二十四司的规模。

由于尚书迁到宫外，魏文帝曹丕将原来在魏王府典尚书奏事的秘书监改为中书监，官署设在宫内，替代原来尚书的位置，主管出纳政令。晋以后监改为省，中书监和中书令仍为长官。因为中书"掌赞诏命，记会时事，典作文书，以其地在枢机，多承宠任，是以人因其位，谓之凤凰池"②。由于辅政的权力逐渐集中到中书省，中书省内也分设局、署，与尚书诸曹相对应，承办各方面的诏令奏章。

东汉末年，宦官势力被清除之后，侍中寺又进入禁中，改称为侍中省。魏文帝黄初元年（220年），将秦制的散骑、汉制的中常侍合并为"散骑常侍"，置"散骑省"于禁中。这样，禁中便有侍中、散骑二省，共同"掌侍从左右，关通内外"③的事务。由于二省距离皇帝最近，也容易取得信任，故有些侍中居然担当起"综理万机"的责任，与中书省构成制衡之势。东晋哀帝司马丕（362—365年在位）时，禁中二省合并为门下省，设侍中、散骑常侍、给事

---

① （唐）房玄龄：《晋书》卷34《羊祜传》，中华书局，1974年，第1014页。
② （唐）杜佑：《通典》卷21《职官三·中书省》注："荀勖守中书监、侍中，比赞朝政，又迁尚书令。勖久在中书，专管机事，失之甚慢，人有贺者，勖怒曰：'夺我凤凰池，诸公何贺焉！'"（唐）房玄龄：《晋书》卷39《荀勖传》："勖久在中书，专管机事。及失之，甚罔罔恨恨。或有贺之者，勖曰：'夺我凤皇池，诸君贺我邪！'"及在尚书，课试令史以下，核其才能，有暗于文法，不能决疑处事者，即时遣出。"（中华书局，1974年，第1157页）可见中书的实权高于尚书，而尚书则处理具体事务。
③ （宋）李昉等：《太平御览》卷221引《汉官仪》，中华书局，1960年。

黄门侍郎、给事中等官，"掌侍从左右，摈相威仪，尽规献纳，纠正违阙，监尝药，封玺书"①等生活和政治事务。门下省的官员接近皇帝，便取得"万机大小多管综之"②的机会。北朝的门下省职权最重，"参决军国大政，万机之事，无不预焉"③，实际上起到主要作用。

三省的根源都来自汉代，在不断发展变化过程中，出现了三省交互辅政。马端临在讲述三省制度始末的时候，认为："魏晋以来，中书、尚书之官始真为宰相，而三公遂为具员，其何故也？盖汉之典尚书、中书者，号为天子之私人。及叔季之世，则奸雄之谋篡夺者，亦以其私人居是官。"④君主用私人，正是三省在具体权力分配和行使上不能划一的根本原因，君主和权臣偏向某方，某方便加重权力，总的趋势是权力由内向外扩张。

隋代正式确立了尚书、门下、内史三省的正副长官均为宰相的三省制度，但三省的具体分工和运行机制还不明确。"隋代虽置三公，以高官不除。其秉国钧者，惟内史、纳言，而尚书令事无不统，即不预机事，亦称政本之地。"⑤三省虽同时参与辅政，但实际地位和权力并不平衡，轴心是在尚书。尚书号称都省、台阁，国家大政及"朝之众务，总归于台阁"⑥，门下、内史只居于"参掌朝政"的辅助地位。如果破格拜授三公，三公则不再开府施政，而是"坐于尚书都省"办公，这说明隋代功臣集团的势力比较强大，他们能够支撑着朝官辅政制度的存在。

唐代的中书出令、门下封驳、尚书执行的三省制度是人们公认比较健全的辅政体制，典章制度和所有的官制史，无不以此制为唐代的规范。朱熹认为："唐初每事先经由中书省，中书做定将上，得旨再下中书，中书付门下。或有未当，则门下缴驳，又上中书，中书又将上，得旨再下中书，中书又下门下。若事可行，门下即下尚书省，尚书省但主书填'奉行'而已，故中书之权独重。"⑦其所依据的乃是《唐六典》，但这种明著于典章的制度，在实际

---

① 朱铭盘：《南朝梁会要·职官·门下省》，上海古籍出版社，1984年，第297页。
② （唐）房玄龄：《晋书》卷45《任恺传》，中华书局，1974年，第1285页。
③ （北齐）魏收：《魏书》卷21下《彭城王勰传》，中华书局，1974年，第571页。
④ （宋）马端临：《文献通考》卷49《职官三》，浙江古籍出版社，2000年。
⑤ （清）永瑢：《历代职官表》卷3《内阁》撰者案，清光绪二十二年（1896年）广雅书局刻本。
⑥ （唐）魏徵：《隋书》卷28下《百官志下》，中华书局，1973年，第773页。
⑦ （宋）黎靖德编：《朱子语类》卷128《法制》，中华书局，1983年。

上并未真正全面实行。按规定，三省长官对重大政务应共同议论于门下省的政事堂，遇有意见分歧，皇帝理所当然成为最高裁定者。"凡军国大事，则中书舍人各执所见，杂署其名，谓之五花判事。中书侍郎、中书令省审之，给事中、黄门侍郎驳正之。"这种典型的宰相机构参议辅政制，实际上是为了防止宰相个人专权。然而，三省之中，尚书省长官既参与决策，又主持政务实施，权力较大。如唐初，李世民作为拥有实力的皇子而自兼尚书令，实际上控制住整个政局。其后即位，尚书省便不再设令，而以左右仆射为实际长官。这位曾经以尚书令起家的君主，不希望尚书省权力过大，便以他官加上"参预朝政""参知机事"等名目，进入政事堂参政，如果尚书左右仆射不加此名，也就不能进入政事堂议政。"自唐高宗以后，为宰相者必须加'同中书门下三品'，虽品高者亦然；惟三公、三师、中书令则否"①，实际上取消了尚书仆射的议政权力。这样，除三公、三师、中书令可以直接进入政事堂议事之外，其他官未加"同中书门下"之名，是不能进入政事堂议事的，三省都成为执行机构，由多人构成的宰相参议班子担当起辅政职责。唐代所谓的三省制度，实际上并未执行，故此宋神宗时模仿《唐六典》设置三省职官，并没有取得效果，"而事多稽滞"②。

继同中书门下三品之后，又出现"同中书门下平章事"，是唐"太宗用宰臣，天下事皆先平章，谓之平章事"③。这乃是商议军国事务的术语，逐渐转化为官名。中书门下之职成为宰相之名，政事堂也从门下省迁至中书内省。中书、门下二省都设有内外省，内省设在宫城，外省设在皇城。担任宰相的官员轮流在中书内省的政事堂值守，皇帝下达旨意，值守宰相立即会同值班的中书舍人草拟诏敕，门下内省负责承传。唐玄宗开元十一年（723年），政事堂改称"中书门下"，设吏、枢机、兵、户、礼刑等五房，分管庶务，多人宰相制度和宰相事务机构确立，也使三省实际上都变成执行机构，所谓的中书出令、门下封驳、尚书执行的三省制度，也就成为典章上的纸面规定。

在君主专制制度下，决策和出令的大权只能属于君主，宰相的职责只在

---

① （宋）欧阳修、宋祁：《新唐书》卷46《百官志一》，中华书局，1975年，第1182页。
② （宋）黎靖德编：《朱子语类》卷128《法制》，中华书局，1983年。
③ （后晋）刘昫：《旧唐书》卷173《李珏传》，中华书局，1975年，第4505页。

于忠实执行君令。"君不出令，则失其所以为君；臣不行君之令而致之民，则失其所以为臣。"① 三省制、中书门下制，是把拟定诏敕的责任归于臣下，而且又有严格的封驳审核制度，很有可能被认为是限制皇权的发挥。皇帝为了防止臣下擅权，摆脱臣下的掣肘，便将拟定诏敕的责任交给自己信任而且亲近的人。因此，在中书门下制确立之后，很快就出现"北门学士"。

唐代"自太宗时，名儒学士时时召以草制，然犹未有名号；乾封（666—668年）以后，始号'北门学士'"②。当时北门学士的地位还没有引起朝野重视。到"上元（674—676年）中，（弘文馆学士刘祎之）与（著作郎）元万顷等偕召入禁中，论次新书凡千余篇。高宗又密与参决时政，以分宰相权，时谓'北门学士'"③，才开始引起人们的注目。北门是皇宫的后门，入门便是禁中。皇帝选择一些有见识和文才的人在这里"待诏"，随时听候传唤。开始议论的主要还是学术问题，渐渐演变为"朝廷疑议表疏，皆密使参处，以分宰相权"④。说明君主又开始建立新的、自认为更可靠的秘书机构，不久这套秘书机构便以翰林学士院的名义出现了。

翰林学士院源于北门学士，是唐玄宗在学士中挑选一些人为"翰林供奉"，与中书省集贤院学士们分掌制诏书敕；开元二十六年（738年），改供奉为"学士"，别置翰林院于禁中，专掌"内命"。唐肃宗李亨以翰林学士在禁中值守，负责撰写诏书。至此，翰林学士院便成为由皇帝直接控制的最高秘书机构，学士的"选用益重，而礼遇益亲，至号为'内相'，又以为天子私人"⑤。这个秘书机构常紧随在君主左右，"天子在大明宫，其院在右银台门内。在兴庆宫，院在金明门内。若在西内，院在显福门。若在东都、华清宫，皆有待诏之所"。还在学士中间"择年深德重者一人为承旨，所以独承密命故也"。翰林学士承旨，实际是皇帝的亲信，也是"内相"的首领，因此，"为学士承旨者，多至宰相焉"⑥。按规定，唐代诏敕用黄、白麻纸书写，"高宗以白纸多虫蛀，尚书省

---

① （唐）韩愈：《韩昌黎集》卷1《原道》，商务印书馆，1933年。
② （宋）欧阳修、宋祁：《新唐书》卷46《百官志一》，中华书局，1975年，第1183页。
③ （宋）欧阳修、宋祁：《新唐书》卷117《刘祎之传》，中华书局，1975年，第4250页。
④ （宋）欧阳修、宋祁：《新唐书》卷201《文艺元万顷传》，中华书局，1975年，第5744页。
⑤ （宋）欧阳修、宋祁：《新唐书》卷46《百官志一》，中华书局，1975年，第1184页。
⑥ （后晋）刘昫：《旧唐书》卷43《职官志二》，中华书局，1975年，第1854页。

颁下州县并用黄纸"①。翰林学士"凡拜免将相，号令征伐，皆用白麻"②，在制度上并没有把翰林学士草拟的诏旨作为正规文书，但实际上已经起到正规文书的作用，后来翰林学士院设置了书诏印，在制度上便成为完全意义的正规文书③。翰林学士院用白麻市书写的诏敕号称"内命"，中书门下用黄麻纸书写的诏敕号称"外命"，都具有法定的效力。翰林学士院的"内命"不经中书门下而直接向下传达，这就使政令传发的途径变为两途，形成双轨辅政制。

唐代中后期，皇帝重用宦官，让这些阉人执掌禁军，掌管机务，传达诏令，出使监军，宦官政治势力大为膨胀。唐代宗李豫（762—779年在位）时，开始以宦官充当"内枢密使"，公然让宦官参与国家政事。枢密使在禁中办公，执掌机密，随时参与政治决策，把握实际权力。枢密使出现后，在名义上是"内外之臣，事犹一体，宰相、枢密公参国政"。但在实际上，枢密使在宰相"堂状后贴黄指挥公事"④，代表皇帝"批纸尾"，成为皇帝的代理人。枢密使经常去中书门下，"出斜封文书，令宰相发之，宰相承命而已"⑤。唐宪宗元和（806—820年）时，在内廷东侧的宣徽殿设置宣徽南北院使，亦以宦官主之，"其大朝贺及圣节上寿，则宣徽使宣答"⑥。宣徽使所掌管的事务非常繁重，其中有一项"口宣"圣旨的任务，使他们成为皇帝的代言人。他们经常假皇帝之命，到中书门下或翰林学士院，乃至直接到各机构去传宣所谓"圣旨"，权势显赫。

由上可见，唐代自中书门下制确立以后，相继出现翰林学士承旨、枢密使等，他们都承担有辅政职责，并且构成一种内中外三层次的辅政体制。中唐以后，宰相、中书门下、翰林学士承旨、神策军使、内枢密使，经常在宫内的延英殿共同议政，既成为多轨辅政，又存在沟通协调，但发言的分量和对政务的影响，则总是随着实际权力的高低为转移。这里既包含着皇帝建立新的辅政体制的探索，也反映着各种政治势力的互相角逐。

① （唐）冯贽：《云仙杂记》卷9《黄纸写敕》，商务印书馆，1939年。
② （宋）欧阳修、宋祁：《新唐书》卷46《百官志一》，中华书局，1975年，第1194页。
③ （唐）李肇：《翰林志》："近朝大事直出禁中，不由两省，不用六宝，时从权力。元和初，置书诏印，学士院主之。"文渊阁四库全书。
④ （唐）李肇：《国史补》卷下《宰相判事》："宰相判四方之事有堂案，处分百司有堂帖，不次押名曰花押。黄敕既行下，有小异同曰贴黄，一作押黄。"文渊阁四库全书。
⑤ （宋）司马光：《资治通鉴》卷250《唐懿宗咸通二年（861年）》，中华书局，1956年。
⑥ （宋）司马光：《资治通鉴》卷242《唐穆宗长庆三年（823年）》胡三省注，中华书局，1956年。

经过五代的分裂,北宋趋于统一,君主专制制度得到加强,辅政机构也围绕着皇权的提高,进行较大的调整。以中书门下政事堂为宰相府,掌管行政事务;以枢密院为枢府,掌管军国机务;以三司为计省,掌管财政;进而构成"二府三司"的辅政体制。与此同时,翰林院迁出宫外,其人员都成为朝官,但翰林学士承旨草写"内命"的职责依然存在。"翰林学士官谓内制,掌王言大制诰诏令赦文之类;中书舍人谓之外制,亦掌王言,凡诰词之类。"①有意建立两种传发政令的渠道,推行多轨辅政体制,当然最便于君主控制和利用。但辅政权力分散,也不利于国家政务的处理,容易造成机构臃肿、遇事推诿、工作效率低下等弊病,统治集团不断权衡利害,增删修订,故辅政制度变化较为频繁。"宋宰相官名前后凡五变,同平章事一也,左右仆射二也,太宰、少宰三也,复为左右仆射四也,左右丞相五也。执政官由参政改左右丞,由左右丞复改参政,亦凡两变。"②这不仅是宰相的名称变化,而且是在实行多轨辅政制中暴露出机构重叠,职责混淆不清,效率相互抵消等严重问题。如何集中处理政务,使辅政权力相对集中,便被提到议事日程,自北宋中叶便应此需要出现一种"平章军国事"制度。

首先,宋哲宗(1085—1100年在位)以太师文彦博为"平章军国重事"、司空吕公著为"同平章军国事",序在宰臣之上,五日或两日一朝。其次,蔡京、王黼以太师总三省事,三日一朝,赴都堂治事,将辅政权力集中到某些权臣身上。再次,在开禧元年(1205年),韩侂胄拜平章之职,讨论典礼和裁决政务,亦以"平章军国事"为名。"边事起,乃命一日一朝,省印亦归其第,宰相不复知印。其后,贾似道专权,窃位日久,尊宠日隆,位皆在丞相上。"而在北宋后期和南宋初期,蔡京、秦桧都"以三公任真相"③。以上事例虽然有权臣专制的因素,但在某种程度上也反映出在政治军事形势日益严峻的情况下,国家事务需要及时集中处理,"三省之政合乎一"④,成为必然的趋势。

辽代设立南北两面官,北面官负责管理北方各民族的事务,南面官负责

---

① (宋)赵升:《朝野类要》卷2《两制》,商务印书馆,1939年。
② (清)永瑢:《历代职官表》卷3《内阁》加撰者案,清光绪二十二年(1896年)广雅书局刻本。
③ (元)脱脱等:《宋史》卷161《职官志一》,中华书局,1977年,第3772页。
④ (宋)马端临:《文献通考》卷50《职官四》,浙江古籍出版社,2000年。

管理汉人、渤海人的事务。北面官中的北、南宰相府和北、南枢密院是实际的宰相，任职者不是皇族便是后族。南面官中的三省虽有宰相之名，而无宰相之权，因为三省都在南枢密院管辖之下。有辽一代，汉人任大丞相而主管南面官事务者，只有赵延寿、高勋、韩德让三人，都是得到特殊信任的人物，如赵延寿是引契丹南下的元勋，高勋是定策迎立景帝有功，韩德让是承天太后的情夫。事实上，辅政的核心总是归契丹皇族和后族所掌握。

金代的宰辅机构是在海陵王（1149—1161年在位）时期确立的，以尚书省为辅政的主体。尚书省主要长官尚书令一般是由皇太子或亲信宠臣兼任，常常是阙其职而不任命。这样，尚书省设左右丞相、左右平章政事、左右丞、左右参政等8~12人为正副宰相之职，意在使他们相互牵制，以期减少辅政权力过分集中，受宠信的主要长官易于专擅权力。与此同时，设置枢密院，"掌凡武备机密之事"。把军事统率和管理权从辅政权中划分出来，分别对皇帝负责，也便于皇帝亲自控驭。

元代虽然大体上承袭金制，但有较大的调整，其体制确立是在忽必烈时期，故有些学者称之为"忽必烈模式"[①]。元代实行中书一省制。尚书省虽曾经一度设立，但前后只有四年。元代辅政体制的功能较金代更有效率，运用迅速灵活。它是以中书省为政治之本，以枢密院为军政之纲，设立御史台以监察军政系统，构成行政、军政、监察等三个互不统属，但较为协调的系统。"中书省纲维百司，总裁庶政，凡钱谷、铨选、刑罚、兴造，罔不司之"[②]，所有奏章都要经过中书省上达下传，只有枢密院、御史台所上奏章不必经由中书省，有权直接向皇帝奏陈情况和请示。这三个系统并列，分别对皇帝负责，当然有利于皇帝从多方面掌握讯息，为控制政治大局提供便利。正如忽必烈所说："中书朕左手，枢密朕右手，御史台是朕医两手的。"[③]辅政权力由此高度集中，但也无可避免地造成权力偏重。忽必烈时，权臣阿合马掌权达二十年之久，连皇太子都感觉到他的威胁。按规定，中书省不但有"综理政务"之权，而且中央和地方各级官府上报给皇帝的奏章都要"先关白中书省"，而

---

① 王明荪：《元代的士人与政治》，台湾学生书局，1992年。
② （明）宋濂等：《元史》卷32《文宗纪一》，中华书局，1976年，第707页。
③ （明）叶子奇：《草木子》卷3下《杂制篇》，中华书局，1959年，第61页。

一切以皇帝名义发出的谕旨诏令，也要经由中书省下达，中书省不但成为皇帝与国家机关之间的中转站，而且还有权先行提出处理意见，甚至先决后奏，又会与高度的皇权专制发生冲突。

明太祖朱元璋建国初期，沿袭元代制度，建立中书省，设置左右丞相。嗜权如命的朱元璋，对来自任何方面对皇权的侵扰，都深怀警惕，当然不能容忍中书省这样的间隔，更不能容忍丞相专擅权力，便以左丞相胡惟庸"专生杀黜陟，以恣威福，内外诸司封事奏事，惟庸先取视之，有病己者辄匿不闻"①，实有专擅之疑，进行大幅度改制和屠戮。洪武十三年（1380年），朱元璋诛杀胡惟庸，"词所连及，坐诛者三万余人"②。伴随着大屠杀，又宣布永远撤消中书省和废除丞相制度，宰相参议辅政制也就寿终正寝。

三、宰相奉命拟旨辅政

明洪武十三年（1380年）九月，在朱元璋宣布永远废除丞相制度半年以后，一度设置过所谓"四辅官"，乃是以四季为名，选一些耆儒之臣，分季协助皇帝复核人事、司法及文书等事务，试图建立新的辅政制度。为了防微杜渐，朱元璋别出心裁地规定这些"四辅官"以"一月内分司上中下旬"的办法，让他们分别轮班视事，不让他们久任，或对重大案件始终其事。朱元璋需要的是能听自己命令，按照自己的意志办事的辅政班子，但这些老朽书生，无论是在政治阅历，还是精神体力上，都很难适应日理万机的需要，再加上工作没有连续性，更不易体会朱元璋实际意愿。于是，有些人因畏祸而告老还乡，有些人则因犯过遭疑而被诛杀，"四辅官"制度实在维持不下去。洪武十五年（1382年）七月，宣布废除"四辅官"制度。"四辅官"制度旋兴旋废，短期试行的失败，也促使朱元璋探索新的辅政制度。

朱元璋把那些老朽儒生斥退之后，便使用一些新进士及在翰林院、詹事府工作的学士、编修、检讨、修撰、侍读等年轻低职人员，给予殿、阁学士的头衔和正五品官的待遇，用"翰林院兼平驳诸司文章事某官"的名义，"详诸司奏启"。之所以这样做，是因为这些人"职卑位微"，无力对皇权造成危

---

① （清）谷应泰：《明史纪事本末》卷13《胡蓝之狱》，上海古籍出版社，1994年。
② （清）张廷玉等：《明史》卷308《奸臣胡惟庸传》，中华书局，1974年，第7908页。

害，更何况朱元璋"方自操威柄，学士鲜所参决"①，这些人不过是以近身侍从的身份做一些文书处理工作，权力仍完全掌握在朱元璋手中。

朱元璋"肇迹民间"，"备历艰难，饱谙物态"，作为开国之君，挟有极高的权威，又具有丰富的政治、军事经验和才能，更何况他勤于政事。据统计，在洪武十七年（1384年）九月的八天中，朱元璋批阅的公文有1660件，内含3391件事②。除了批阅公文，还召集各种会议，参加各种典礼，紧密掌控着治国的大权。他虽然废寝忘食，仍绝不让秘书人员参与决策，可谓集皇权和相权于一身。这样高度集权和事无不亲地把持全部统治职能，是在特定的情况下出现的，不可能维持长久，一旦情况发生变化，其运行机制也必然要发生变动，虽然这种变动只能是循序渐进的。

明太宗朱棣"靖难"成功后，任命黄淮、解缙、胡广、杨荣等七人为大学士，每天都到宫内协助皇帝办理机务。史称："阁臣之预机务自此始。然其时，入阁者皆编、检、讲、读之官，不置官属，不得专制有司，诸司奏事，亦不得相关白。"③这是朱棣打着恢复祖制的旗帜，在朱元璋创建的框架上试行的一种过渡形式，实际上已经逐步改变祖制。

从朱棣精选的内阁人员来看，朱棣对这些秘书人员已经赋予重托。被朱棣最早选入内阁的解缙、黄淮、胡广、杨荣、杨士奇、金幼孜、胡俨七人，被称为"七学士"。解缙是早已闻名的神童、才子，不但才华横溢，而且锋芒毕露，在政治上有见解和胆识，曾经受到朱元璋的赏识，希望他"大器晚成"④。黄淮是洪武末年的中书舍人，熟悉中枢政事，有行政才能，"性明果，达于治体"⑤。胡广善书法，有文采，性格又随和缜密，永乐帝"每勒石，皆命书之"⑥。杨荣具有干才，思想锐捷，以警敏著称，遇事既有预见又有定见，"谋而能断"⑦。杨士奇少年早孤，家极贫，曾经有过颠沛流离的生活经历，当过农村私塾先生，是从社会低层以布衣身份走上仕途的，由于有社会经历和磨炼，

---

① （清）张廷玉等：《明史》卷72《职官志一》，中华书局，1974年，第1729页。
② 吴晗：《朱元璋传》，生活·读书·新知三联书店，1965年，第296页。
③ （清）张廷玉等：《明史》卷72《职官志一》，中华书局，1974年，第1734页。
④ （清）张廷玉等：《明史》卷147《解缙传》，中华书局，1974年，第4119页。
⑤ （清）张廷玉等：《明史》卷147《黄淮传》，中华书局，1974年，第4124页。
⑥ （清）张廷玉等：《明史》卷147《胡广传》，中华书局，1974年，第4125页。
⑦ （清）张廷玉等：《明史》卷148《杨荣传》，中华书局，1974年，第4141页。

故对人宽厚，能容人之短、荐人之长，在复杂的政务面前能保持清醒和冷静，"奉职甚谨，私居不言公事，虽至亲厚不得闻"①。金幼孜是一位青年学者，专攻《春秋》，擅长经史，且有急才，奉命拟写重要文告，能够"据鞍起草立就"②。胡俨是一个学究型人物，"少嗜学，于天文、地理、律历、医卜，无不究览"，"能以师道自任"③。可以说，这七位学士在当时都是出类拔萃的人物，而且各有所长，显然与洪武时期的老朽儒生不同。

初选的人才济济，朱棣对他们又放手重用。在有关和战、立储、用人、征调和蠲免赋役等重大军国事务上，大都征求学士们的意见，有意识地吸收他们参与国家核心机密，把他们作为腹心。朱棣认为："六卿治政务，翰林职论思，典词命，朝夕左右者。"④ 在实际政务处置上，朱棣十分重视内阁学士们的意见。史载："时上念机务殷重，欲广聪明，措天下于理也，乃开内阁于东南门，简诸臣为耳目。复每日百官奏事退，内阁臣造扆前密勿谟画，率漏下数十刻。诸六部大政，咸共平章。秩五品，因恩礼赐赉，率与尚书并。"⑤ 这些学士在级别上虽然不高，但能够参与机密，"预机务，出纳帝命，率遵祖宪，奉陈规诲，献告谟猷，点简题奏，拟议批答，以被顾问"⑥，实际上已经承担起部分辅政的责任。

朱棣死后，继位的洪熙帝朱高炽虽然在位仅八个月，却在乃父的基础上更提高内阁的地位，赋予学士们以重大的责任。例如，朱高炽起用曾经在东宫担任教职的杨溥，为他另立弘文阁，亲授阁印说："朕用卿左右，非止学问，欲广知民事，为治道辅。有所建白，封识以进。"⑦ 在赋予学士们权力的同时，还提高他们的政治地位。"进杨荣太常寺卿，金幼孜户部侍郎，兼大学士如故；杨士奇为礼部左侍郎，兼华盖殿大学士，俱掌内制；杨溥为翰林学士。"⑧ 人常寺卿和各部侍郎是正三品官，从正五品连升四级（明代官制，分为

---

① （清）张廷玉等：《明史》卷148《杨士奇传》，中华书局，1974年，第4131页。
② （清）张廷玉等：《明史》卷147《金幼孜传》，中华书局，1974年，第4126页。
③ （清）张廷玉等：《明史》卷147《胡俨传》，中华书局，1974年，第4128页。
④ 《明太宗实录》卷69，永乐五年秋七月乙卯条。
⑤ （明）涂山辑：《新刻明政统宗》卷7《成祖文皇帝》，四库禁毁书丛刊史部002，北京出版社，1997年，第260页。
⑥ （清）孙承泽：《春明梦余录》卷23《内阁》，北京古籍出版社，1992年。
⑦ （清）张廷玉等：《明史》卷148《杨溥传》，中华书局，1974年，第4143页。
⑧ （清）张廷玉等：《明史》卷8《仁宗纪》，中华书局，1974年，第109页。

九品十八级，故此从五品拔擢为三品，是连升四级），显然是特殊提拔，提高了学士们的行政地位，也表示阁权渐崇渐重。

朱高炽死后，宣德帝朱瞻基即位，内阁大学士不但兼有各部尚书衔，而且有升至三孤的，政治地位已经高于各部尚书。"迨仁、宣朝，大学士以太子经师恩，累加至三孤，望益尊。而宣宗内柄无大小，悉下大学士杨士奇等参可否。虽吏部蹇义、户部夏原吉时召见，得予各部事。然希阔不敌士奇等亲。自是，内阁权日重，即有一二吏、兵之长与持是非，辄以败"①，内阁制度在此时则趋于定型。

内阁制度确立之后，内阁大学士便奉命处理诸如征调或减免赋税，参与审判刑狱以及处理有关人事、军政等重要政务，掌握了票拟权。

所谓票拟，也叫作票旨、条旨，对于来自全国各方面的奏章，在呈递皇帝批示以前，先由内阁学士"用小票墨书，贴各疏面以进"②。这实际上就是"票拟批答"，代拟好"御批"的稿本供皇帝采纳。在君主专制政体下，这种掌握代替皇帝起草批示意见的职权，其重要意义是可想而知的。所谓"代言之司"，所代表的乃是具有绝对权威的"皇言"。"各衙门章奏留送阁下票旨，事权所在，其势不得不重"。随着权势的加重，内阁大学士中也顺序划分为首辅、次辅、群辅，而首辅"偃然汉唐宰辅，特不居丞相名耳"③。虽然是这样说，但内阁与汉唐辅政制度仍有本质上的区别。

首先，内阁是奉旨办事，只有得到皇帝的批示后才能办理。当时"人尝谓辅臣拟旨，几于国柄，乃大不然"。实际上，皇帝对辅臣所拟谕旨有全权批驳的权力，例如，明世宗朱厚熜对内阁诸臣就经常心怀惕疑，为有意炫示皇权威严，辅臣拟旨之后，"帝一一省览纂定，有不留数字者。虽全当帝心，亦必更易数字示明断。有不符意，则驳使再拟，再不符意，则谯让随之矣，故阁臣无不惴惴惧者"④。内阁学士们只有奉命拟旨，没有建议决定权。在汉唐时期，宰相对皇帝的旨意有封驳权，如果皇帝发布的谕旨有违祖制，宰相除谏

---

① （清）张廷玉等：《明史》卷72《职官志一》，中华书局，1974年，第1729页。
② （清）永瑢：《历代职官表》卷3《内阁》，清光绪二十二年（1896年）广雅书局刻本。
③ （清）张廷玉等：《明史》卷109《宰辅年表序》，中华书局，1974年，第3305页。
④ （清）谈迁：《国榷》卷64，嘉靖帝评赞，中华书局，1958年。

诤之外，还可以拒绝发布。封驳皇帝的谕旨，这在明清两代是绝不可能的。

其次，内阁只是拟旨，不能直接指挥中央和地方各级官府，中央和地方各级官府也没有向内阁汇报政务的义务，而汉唐的中央和地方各级官府上报事务的副本都要交宰相处存查。这种不能直接插手中央和地方各级官府的政务，乃是宰相奉命拟旨辅政制不同于前三种辅政制最明显的特征之一。

内阁作为皇帝的贴身秘书和助手，对当时的政治有一定的影响，但在宣德（1426—1435年）以后，大多数皇帝躲进深宫，与内阁学士们商讨政务的情况越来越少，渐渐地与内阁疏远起来，后来甚至出现内阁大学士多年见不到皇帝的现象，他们已经不再是贴身秘书，或者是实际地位和权势已经衰退，或者是暗底下窃篡部分权力，出现过像严嵩那样的奸臣。

皇帝不见内阁成员，而内阁又不能代替皇帝统治帝国，皇帝又不能没有贴身秘书，在这种情况下，明王朝皇帝们选中在深宫陪伴他们的太监来充当贴身秘书，这就是宦官组织中的司礼监秉笔太监。

明王朝一切权力都归皇帝，各级官僚机构事无大小都要向皇帝报告，按照事务性质的不同，使用"题本"或"奏本"上报，得到皇帝的批复后才能照圣旨执行。从理论上，皇帝应该阅读所有的题奏，亲自做出批示。但皇帝一人确实难以胜任，故必要由皇帝直接指挥的秘书分担一部分事务。内阁建立之后，送入宫中的题奏一般发送内阁，由内阁大学士阅览后，用墨笔在纸条上拟旨，贴在题奏上交皇帝审定，皇帝在所拟旨上用朱笔批改，便具有法律效力。在内阁被信任和重用的情况下，皇帝很少改动内阁的票拟，故内阁被认为有很大的权力。内阁的票拟不经皇帝批朱，实际上只是一种建议，真正的决定权还是掌握在皇帝的手中。问题在于，不是所有的皇帝都能信任内阁并全部阅览内阁的票拟，往往委用身边的司礼监秉笔太监分担一部分事务。司礼监秉笔太监的本来职责是"掌章奏文书，照阁票批朱"，但在实际运作中，秉笔太监并不总是"照阁票批朱"，而是按照自己的私欲私利，擅作主张。司礼监因为掌握了批朱权，"内阁之票拟，不得不取决于内监之批红，而相权遂以专归于寺人。于是朝廷之纲纪，贤士大夫之进退，悉颠倒于其手"①。中枢辅

---

① （清）张廷玉等：《明史》卷72《职官一》，中华书局，1974年，第1730页。

政实际成为内阁和司礼监双轨制,而司礼监的实权却高于内阁。

无论是内阁,还是司礼监,都是为皇帝的辅助,他们能否在政治上发挥作用,都取决于皇帝。如果皇帝信任内阁,内阁首辅的权力就偏重;皇帝信任太监,司礼监秉笔便权势薰灼;要是皇帝刚愎自用,内阁和司礼监也只有承命而已。

清入关以后,恢复明代的内阁制度,设大学士、协办大学士、学士等员,并设立满本房、汉本房、蒙古房、票签处、诰敕房等办事机构,成为拥有288人正规编制的、规模庞大的辅政机关。然而,这时的内阁不同于明代,只是办理一般事务,重大和机密的事务,则由议政王大臣会议办理。康熙帝执政以后,议政王大臣会议的作用逐渐降低,皇帝直接处理各项政务,同样需要机要秘书,而内阁已经不再具有机要秘书处的功能。于是,康熙帝在皇宫内的乾清宫旁边的南书房设立办事处,选调一些翰林官入直,"谕旨或有令南书房翰林撰拟,是时南书房最为亲切地,如唐翰林学士掌内制也"①,成为新的机要秘书处。

雍正帝继位不久,正值西北用兵,为紧急处理军务,雍正四年(1726年)在皇宫隆宗门内设立军需房,选内阁中书之谨密者入直缮写。军需房后改军机房,再改为军机处。因为军机处"地近宫庭,便于宣召。为军机大臣者,皆亲臣重臣。于是承旨出政,皆在于此矣"②。军机处设首席军机大臣一人,另有军机大臣、军机大臣上行走、军机大臣上学习行走、军机章京等若干人,均在内阁大学士、六部尚书、侍郎、郎中、中书等朝官中挑选,不设书吏等具体办事人员,以保证办事的机密程度。

雍正帝创建军机处,乃是中国古代官制史的一大发展,论者多给予较高的评价。"清代议政体制之运行,至雍正朝设立军机处逐渐改变。"③"世宗(雍正)的集中权力是很巧妙的,并不是像以前的枝枝节节,他只设了一个军机处,于是就把以前内阁及八旗的权力,整个拿来。"④军机处自出现以后,便成

---

① (清)赵翼撰,李解民点校:《檐曝杂记》卷1《军机处》,中华书局,1982年,第1页。
② (清)赵翼撰,李解民点校:《檐曝杂记》卷1《军机处》,中华书局,1982年,第1页。
③ 傅宗懋:《清代军机处组织及职掌之研究》,嘉新水泥公司文化基金会,1967年,第95页。
④ 李宗侗:《清代中央政权形态的演变》,《历史语言研究所集刊》第37本上册,1967年,第143页。

为参与议政，负责传达皇命，职任办理和监督机密文书运转的御前机要办公中枢，是近在帝扉，由皇帝直接统领的行政总汇，故"军国大计，罔不总揽。自雍、乾后百八十年，威命所寄，不于内阁而于军机处"[①]。

军机处不设衙门，不颁发关防，不准以军机处的名义独立发文和直接指挥各级军政部门，一切重要文件均应以"军机大臣奉上谕""军机大臣寄信"等形式下达。因此，军机处只是一个力求准确贯彻皇帝意图的御前机要处，不是有权威的宰相府。至此，宰相奉命拟旨辅政制达到完善。

有清一代一直实行多轨辅政制，在乾隆五十七年（1792年）撤消议政王大臣会议之前，议政王大臣会议参议重大的政务，内阁主持日常事务，南书房和军机处则主管机密事务。议政王大臣会议撤消之后，军机处办理重要的机密事务，内阁办理一般性日常公务，二者之间既有分工又有配合。

四、清末的责任内阁

清道光二十年（1840年）爆发的鸦片战争，将中国卷入世界旋涡之中，清王朝原来的一套官制，既抵御不了列强的侵略和瓜分，又不能有效地对国内进行控制和镇压，显然不适应日益变化的政治局势。在内忧外患的情况下，清王朝被迫进行一些政治改革，以期巩固其日益衰颓的统治。辅政制度因涉及中枢权力，改动较晚，而且是在迫不得已的情况下出现的。

1906年，清王朝迫于全国人民的压力，被迫宣布实行宪政，声言要进行较大规模的调整和改革，而是否成立责任内阁作为中枢辅政体制中心，则是当时争论最多、争斗最剧烈的重点。

1906年拟议的内阁，是仿照西方或日本政治体制的内阁，即由皇帝选派内阁总理大臣，由总理大臣出面组阁，提出内政外交的政策方针、施政纲领，总理大臣对本届内阁承担责任。在建立议院之后，内阁的工作应取得议院多数的支持信任，否则就要下台。这种资本主义的内阁模式，与中国传统上辅佐皇帝工作的内阁有明显区别，与皇权专制更是格格不入，在慈禧太后还能控制大权，掌控王朝大局的情况下，当然不会同意，最终被否决了。这种主

[①] 赵尔巽等：《清史稿》卷176《军机大臣年表序》，中华书局，1977年。第6229页。

张仅仅是袁世凯、奕劻、载沣等几个大臣的一相情愿。但到1908年,慈禧太后与光绪皇帝双双去世,清朝统治的形势更加恶化,尚在孩提之中的宣统和代理人载沣,已经很难再拥有慈禧那样的权威,皇权的衰微与国内形势的发展,使载沣不得不一再退让,在内外压力下,被迫同意成立责任内阁。

从1910年11月3日,摄政王载沣召开的御前会议形成决议,到1911年5月8日颁布《内阁官制》,千呼万唤始出来的责任内阁,以任命庆亲王奕劻为内阁总理大臣,大学士那桐、徐世昌为协理大臣的方式出现了,权力争夺的斗争仍然激烈地持续进行。

奕劻内阁的组织机构,是根据清廷颁布的《内阁官制》《内阁办事暂行章程》《内阁属官官制》《内阁法制院官制》等法规建立起来的[①]。这四个法规是经摄政王载沣等人会同廷臣,几经斟酌修订,反映出当时权力的争夺和妥协。

内阁设总理大臣1人、协理大臣2人、各部大臣10人,共13人,统称国务大臣。"国务大臣辅弼皇帝,担负责任。"内阁总理大臣"为国务大臣之领袖,秉承宸谟,定政治之方针,保持行政之统一"。

协理大臣2人,协助总理大臣平章内外政事,与总理大臣同为特旨简任,"每日入对,各部大臣分班值日,如有召见及国事请对者,得会同内阁总理大臣或协理大臣入对。其关于各部主管事件,得由该部大臣入对者,得随时会同入对"。因为规定各内外大臣涉及所管事务时,必须"请对""入对"和"恭请圣裁",实际上还是要保证皇帝对全国的控制,"责任内阁"还是处在辅政的地位。在奕劻内阁中,共有13名国务大臣,其中满员9人,汉员4人,满员约占70%,比过去军机大臣和各部尚书满汉各半的传统规定,满员反而大为增加了;而9个满员中,皇族又占6人。这也是有清二百多年来,在中央官额分配中从来未有过的,怪不得时人嗤之为"亲贵内阁"或"皇族内阁",一经出现就招致朝野反对。

内阁设有政事堂,为内阁会议公所,国务大臣会议为内阁最高权力机构。经由内阁会议制定和议决的事件有:(1)法律案及敕令案并官制。(2)预算

---

① 故宫博物院明清档案部编:《清末筹备立宪档案史料》,中华书局,1979年,上册第561—574页。

案及决算案。(3)预算外支出。(4)条约及重要交涉。(5)奏任以上各官之进退。(6)各部权限之争议。(7)特旨交发及议院移送之人民陈请事件。(8)各部重要行政事件。(9)按照法令应经阁议事件。(10)内阁总理大臣或各部大臣认为应经阁议事件。

内阁设阁丞1人,"承内阁总理大臣之命管理阁务,监督指挥各厅局并进退本阁委任各官",类似现代政府的秘书长,统领本阁的承宣厅、制造局、叙官局、统计局、印铸局,以对总理大臣负责。

承宣厅类似现代政府机关的办公厅,主管颁发保管谕旨及法律法令,收发呈递折奏事件和阁议事件,请用御宝和收掌阁印,管理本阁公牍、图书、档案和会计。

制造局主管制造勋章、佩带、贺表、封赏等有关奖赏封赠的物品制造。

叙官局负责内外各官升迁任免、考试处分等事务,是主管人事的机构。

统计局负责各部属、非部属统计事件,刊行统计年鉴及报告事件,与各国交换统计数据等事务。

印铸局负责官方法令文书、官报的印刷刊行和册宝、印信、关防、图记等铸造颁发。

除一厅四局之外,还有一个直隶于内阁总理大臣的法制院,负责法律的撰拟、审查复核、增删改废,是立法机关。

与"责任内阁"同时出现一个"弼德院",由陆润庠、荣庆任正副院长。弼德院类似各国的枢密院和长老院,除正副院长之外,还有32名顾问大臣,均由皇帝"特旨简任"或"候旨兼任"。其主要职责是"备充皇帝的顾问",凡涉及皇帝和皇室问题及皇帝顾问的事件,要由弼德院议决。1911年7月10日,任职刚及两月的陆润庠被免职,专职去教皇帝读书,荣庆任院长,邹嘉来为副院长。7月17日,《弼德院办事及议事细则》7章37条出笼。"从弼德院有关问题的设计和争议中,一个腐败王朝的钩心斗角,分崩离析,又一次得到了充分暴露。"[①]

西方资产阶级国家的责任内阁只是政体的一种形式,权力分配和运用也

---

① 韦庆远、高放、刘文源:《清末宪政史》,中国人民大学出版社,1993年,第488页。

不一致。清王朝的"责任内阁"形式上近似于日本的内阁制，但并没有君主立宪国家内阁制的精神和原则。清王朝不但没有对政权放松任何控制，反而借此机会进一步加强了满族贵族的专权。

奕劻内阁存在不到半年，武昌起义就爆发了，全国相继响应，清王朝在惊恐之余，期望于有实力的袁世凯来收拾残局，以期保住清王朝不被推翻。1911年11月1日，清廷以裕隆太后和皇帝的名义，任命袁世凯为内阁总理大臣。清朝皇室们明知袁世凯阴险狡诈，居心叵测，为了能镇压革命，只好饮鸩止渴，孤注一掷，咬牙忍气起用袁世凯。袁世凯则充分利用此一特殊形势，纵横捭阖，不到两个月时间，便把清王朝的军、政大权都拿到手中，并以此为本钱来要挟革命力量，攫取辛亥革命的胜利果实。

第三节　辅政制度发展规律及其特点

在君主专制制度下，君主与辅政的关系，在统治集团看来，一个是首脑，一个是赖以贯彻首脑意旨的筋脉手足。君主所期望的是才能和忠忱兼备的辅政，故歌之曰："股肱喜哉，元首起哉，百工熙哉。"辅政所期望的是圣明皆具的君主，故和而歌之曰："元首明哉，股肱良哉，庶事康哉。"（《尚书·益稷》）事实上，才能忠忱和圣明是很难结合在一起的矛盾对立双方，因此，君主与辅政之间的矛盾是始终存在的。在中国古代，君主专制制度是相对稳定的，君主的权力总的趋势是不断集中和加强；辅政制度则是不断变化的，辅政的权力总的趋势是不断削弱和分散。综其发展变化的原因和规律，主要有以下几个方面：

一、围绕君权而变化

在君主专制制度下，出令决断之权直接归君主独掌，辅政的工作仅限于秉承君主的旨意，贯彻君主的意图以助理万机。由于全国事务纷繁，君主事实上是不可能事必亲躬，也不可能亲拟诏敕，亲传口谕，必须借助辅政部门来完成草制、传宣诏令、承传处理各方面送来的章奏。这些工作本来都是君主权力的体现，但操作在辅政人员手中，就难免出现篡窃君权的危机。一是有野心的辅政可能会利用这些工作之便，虚君擅权；二是庸庸碌碌、尸位素餐的辅政有充分的条件来搪塞职责，欺上瞒下。这两种危险的存在，使一些君主寝食难安。随着君主专制程度的不断提高，君主在牢牢控制出令决断权的同时，尽量把草拟诏敕、传宣诏令、批阅奏章等重要工作交给自己的亲信，也就出现"臣仆用事"的现象。

从历史上看，许多尊贵的官名及其实际职责的演变，无不沿着"君主用臣仆"的轨迹发展。例如，"太师"，原为乐官，吹律以听军声，君主出征，太师参帷幄以进音律，因为身为近侍，常常会了解到君主的意念，并且出一些主意，渐渐地发展为王者之师。"太保"，本为阿保，也就是保姆，是从媵臣中选出来的，后来竟发展为王者之师。"太傅"也是保姆，男称傅父，女称傅母，后来也变成王者之师。"宰"，本意原为罪人奴隶，在商代晚期的甲骨文中，宰多因跟随商王畋猎、祭飨而受到赏赐，并能自做铜器以记载所受荣宠[①]，显然既是商王的近臣，又是参与内廷事务的普通官员。史载，伊尹曾经为宰，是"以滋味说（悦）汤"而得到赏识，其后成为重要的辅政。"相"的本义是省视，本来是傧相、陪同；在公元前547年，齐景公即位之初，以崔杼为右相，庆封为左相，这是最早以"相"作为官名。"宰"和"相"结合，后来则成为位列百官之长、辅政之首的尊称。由此可见，在百官之中处于"总领"地位的，几乎全是由君主的亲近侍从中发展过来的。

由君主私臣演变为正式的政务官，由对君主的生活照顾演变为执掌部分国政，由内廷供奉待诏演变为执掌机密，辅政制度正是循着这样的规律发展的。"魏晋以来，中书、尚书之官始真为宰相，而三公遂为备员，其故何也？盖汉之典事尚书、中书者，号为天子私人。及叔季之世，奸雄之谋篡者，亦以私人居是官。"[②] 辅政用"私人"，正是"臣仆用事"的体现。从辅政的名称变化来看，一直是围绕着君主，这不但说明君权对辅政权发展起到决定性的影响和制约，也说明君主日益凌驾于国家机器之上。

---

① 罗振玉编：《三代吉金文存》八·一九·一，日本中文出版社，1971年。
② （宋）马端临：《文献通考》卷49《职官三》，浙江古籍出版社，2000年。

二、君权与辅政权的矛盾

君权与辅政权一直是相辅相成，同时又是相克相制的。君主依靠辅政治理国家以巩固统治，辅政则依靠君主的信任重用而得到高职显爵。然而，历史上君权和辅政权之间从未有过一条清楚的分界线。基于此，君权与辅政权的矛盾也就经常出现。这主要表现在权力之争和政见分歧之上。

君主不得不依靠辅政帮助处理政务，又必然对辅政严加防范；不依靠，则万机之下，君主难以一身亲裁；不防范，则辅政权力逐渐扩大，会威胁到君主的地位。辅政不得不依赖君主的信任而助理万机，又不得不受君主制约；不依赖，则其位其命难保；不受制约，则职权所在往往会逾越君臣关系的底线，爆发危机，而且关系到国家安危和政局稳定。君主和辅政之间，不论在政见、权限和个人因素等方面，总是难以完全协调。例如，西汉第一任丞相萧何，功居第一，又以计诛韩信而进位相国，"益封五千户，令卒五百人一都尉为相国卫"。褒扬恩宠似乎一时无二，但汉高帝刘邦的真正用心被谋士召平看破，他告诫萧何说："祸自此始矣。上暴露于外而君守于中，非被矢石之事而益君封置位者，以今者淮阴侯（韩信）新反于中，疑君心矣。夫置卫卫君，非以宠君也。愿君让封勿受，悉以家财佐军，则上心说（悦）。"萧何听从召平的劝说，才幸免此次大难。不久，他又听人劝说，"多置田地，贱贳贷以自污"，而躲过第二次大难。然而，出于国家财政上的考虑，萧何建议把上林苑的空地出租给民人耕种，立刻被刘邦"以自媚于民"的罪名，把他械系在廷尉狱中。虽然刘邦听从群臣劝说，没有治萧何之罪，还说了"吾故系相国，欲令百姓闻吾过也"[①]。用这类假惺惺的自责假话，用以掩遮自己疑忌狠忍的内心。凡此种种，已足使萧何更加"恭谨"了。刘邦与萧何的突出事例，已足可见身为辅政，实居危地。

"君不见，左纳言，朝承恩，暮赐死。行路难，不在山，不在水，是在人情反复间。"[②] 在伴君如伴虎的君主专制制度下，"权门要路身是灾，散地闲居少

---

① （汉）司马迁：《史记》卷53《萧相国世家》，中华书局，1959年，第2019页。
② （唐）白居易著，顾学颉校点：《白居易集》卷3《太行路》，中华书局，1979年。

祸胎"①。然而，作为辅政，由于职权所在，要路所居，不得不处理各种政务，也就难免与君主发生政见上的碰撞和权力上的冲突。例如，西汉时的丞相申屠嘉、周亚夫等，在重大决策上总是"固争之"，常使"上默然而沮"②；田蚡"荐人或起家二千石，权移主上"③，必然招忌招疑。武则天不通过中书门下，径行下发敕书，凤阁（中书）侍郎刘祎之提出异议，认为："不经凤阁鸾台（中书门下），何名为敕。"④明代中书省左丞相胡惟庸，依宰相职权行事，"生杀黜陟，或不奏径行"⑤。这样发展下去，不但辅政个人的政治命运和身家性命受到威胁，而且会引起辅政体制的变化。申屠嘉、周亚夫先后蒙冤而死，促使以功勋集团为支柱的丞相辅政体制动摇，而中朝官制度却逐渐形成。田蚡失宠，辅政的用人和推荐权力便被收回。刘祎之被贬，"内命"的草麻和斜封墨敕成为合法敕书，与中书门下"外命"的黄敕共行。胡惟庸被杀，不但撤销了中书省，而且宣布永远废除丞相制度。为维护和加强君权，不断防范和削弱辅政的权力，又不断建立新的辅政体制，乃是君权和辅政权矛盾的具体表现。

三、社会发展与各种政治势力

辅政制度不是孤立存在的，也不是某一君主出于臆想而设计的产物，乃是奠基在各时期社会经济和政治总体之上的政治制度，必然与当时社会发展和政治势力的兴衰紧密相关。

以血缘为纽带的氏族，是人类的最初社会组织，经过漫长的历史发展过程，在部落联盟或酋邦时期形成了国家雏形的社会组织。在此基础上形成的早期国家，明显带有原始民主制的残余，受此影响，君主以父权家长的身份，运用君主的强制力来维系本部族（国）的统治，以共主的身份和强大的军事力量为后盾，在征服和镇慑的基础上，迫使其他部族（国）臣服和负担象征性的贡赋。在这种情况下，国家组织内部与社会组织之间的血缘纽带占着主要地位，支撑君主专制的社会支柱则是宗亲贵族的拥戴支持，其辅政体制必

---

① （唐）白居易著，顾学颉校点：《白居易集》卷65《闲卧有所思》，中华书局，1979年。
② （东汉）班固：《汉书》卷40《周亚夫传》，中华书局，1962年，第2061页。
③ （东汉）班固：《汉书》卷52《田蚡传》，中华书局，1962年，第2380页。
④ （宋）司马光：《资治通鉴》卷203《武则天垂拱三年（687′年）》，中华书局，1956年。
⑤ （清）张廷玉等：《明史》卷308《奸臣胡惟庸传》，中华书局，1974年，第7906页。

然是贵族辅政制。诸如夏代的"三正""四辅臣"制,鲜卑族的"八部大人"制,契丹族的"夷离堇"制,党项族的"番官"制,女真族的"勃极烈"制,蒙古族的"库里勒台(藩王会议)"制,满族的"议政王大臣会议"制等,都是宗亲贵族辅政制。在血缘关系仍占主要地位的当时,这种辅政体制在实际中发挥过重要作用。

随着社会生产的发展,政治制度也发生相应的变化。与血缘关系密切相关的世卿世禄制,随着战争和集权,逐渐遭到破坏,代之而来的是具有军功和雇佣性质的官僚制度。官僚制度以按才能任官和文武分职为重要标志,文武分职,辅政权力分散,既可以起到相互制约和监督的作用,又有效地防范和制止大臣揽权造成对君权的威胁。

在君主专制制度下,君主是统治集团的核心,围绕着君主所形成的各种政治势力,既是君权的支持者,有时又是君权觊觎者,甚至是窃取和颠覆者。其间关系复杂,纵横捭阖。由此决定了君主与这些政治势力之间存在着一种相互利用又相互排斥的关系。各种政治势力为了捍卫和扩大自身的利益,无不采取各样的冠冕堂皇的名义和借口,利用拉拢结盟或使用各种阴谋诡计以进行倾轧,排斥异己,制造各种政潮和政变。而在诸种矛盾中,又以君上大权是否能保持绝对权威,抑或被分割和篡夺最为突出。君主和各种政治势力之间的争斗不息,其焦点又多集中在辅政制度上。君主的好恶和各种政治势力的消长较量,必然会引起辅政体制的变化。例如,西汉初期,大批功臣宿将结成的政治势力,保证了丞相、御史二府辅政体制的相对稳定。但随着时间的推移,这些功臣家族经过两三代传承,大多数已成为纨绔膏粱子弟,实际政治势力便大为削弱。在此时,一些新起的官僚和受宠信的外戚,凭借自己的才能和裙带关系,逐渐取得了优势,辅政权也就逐渐转移到他们手中。汉武帝以后中朝控制外朝的政治局面,正是这种政治力量对比变化的反映。再如,九品中正制实行,"九品访人,唯问中正。故据上品者,非公侯之子孙,则当涂之昆弟也"[①]。士族门阀政治势力得以内领朝政,外督刺史,占据政治上的优势,"宰辅执政,政出多门,权去公家,遂成习俗"[②],保证了权臣辅政体

---

① (唐)房玄龄:《晋书》卷48《段灼传》,中华书局,1974年,第1347页。
② (唐)房玄龄:《晋书》卷117《姚兴载记上》,中华书局,1974年,第2980页。

制的延续。科举制度的确立，使大批来自民间的士子进入仕途，其中一些人跻身高位。唐中叶以后，为宰相者多是进士出身，以至引发官宦世家与新进士权贵之间的矛盾激化，最终是新权贵占据优势。以宋仁宗（1022—1063年在位）时期的13次科举来看，"进士四千五百七十人，其甲第之三人凡三十有九，其后不至于公卿者，五人而已"①。新权贵的不断出现，为双轨或多轨辅政制长期并行创造了条件。所谓"甲第之三人"，即指科举考试被录取为进士甲榜的头三名，他们都是成为新权贵的首选者。

19世纪中叶开始，中国社会进入一个新的发展阶段，以政治制度变革为中心的改良和革命，使传统的君主专制制度逐渐退出历史舞台。在政治制度变革中，传统、革命、温和、改良、暴力的冲突与交融，使中国近代的政治体制具有融合与迂回发展的特点，辅政制度必然随之急遽演变，不断调整自己的位置。从清末新政到"仿行立宪"，再到"预备立宪"，是在特殊的政治和社会背景展开的。这里既有清王朝为维护自己"国祚之永续"的考虑，也有广大士庶为挽救民族和社会危机的考虑。清王朝一方面要笼络人心，抚平国内的反抗；另一方面则期望借助改制以"富国强兵"，恢复天朝威望。因此，所采取的步骤和方法都不在如何学习西方的民主，而是以维护王朝利益为取舍，也就不得不偷换和削减改变君主立宪中的民主内涵。在近代西方的民主政体中，君主立宪的基本特征是以责任内阁制为核心，以三权分立为基本权力操作方式，制衡君主专制的冲突焦点在国会和责任内阁。清王朝对资政院议员的资格和职权严加限制，实质上是要将责任内阁转变成专制君主的辅政机关，其"皇族内阁"的组成与保留军机处就充分表明其用心所在。既然将责任内阁制融入传统的宰辅体制，顽固保留传统的宰辅体制的主要功能，就自行撕毁了所谓采取"责任内阁"辅政，以"仿行立宪"的遮羞布，也加速了清王朝的覆灭。1912年2月12日，裕隆太后抱着6岁的溥仪在中南海养心殿被迫宣读了退位诏书，这也是君主专制政体向时代宣示的诀别书。诏曰："今全国人民心理多倾向共和，南中各省既倡议于前，北方诸将亦主张于后，人心所向，天命可知。予亦何忍因一姓之尊荣，拂兆民之好恶。是用外观大

---

① （元）脱脱等：《宋史》卷155《选举志一》，中华书局，1977年，第3616页。

势，内审舆情，特率皇帝将统治权公诸全国，定为共和立宪政体，近慰海内厌乱望治之心，远协古圣天下为公之义。"君主专制政体终于向时代告别了，传统的辅政制度也宣告结束。

四、统治集团自我调整

在社会经济和政治不断发展的情况下，原有的辅政体制往往不能适应需要，促使统治集团不得不一再进行必要的调整。例如，汉武帝时期，经济繁荣，国力强大，更兼刘彻本人雄才大略，故在他直接指挥下，内外政策发生巨变，原有的辅政体制显然不适应新的形势需要。按照旧制，丞相一月一朝或两朝，只有在朝见时才能向君主奏报政务，而且在朝见时，君主必须冠礼相见，礼仪烦琐，完全不符合汉武帝的性格，也不利于对朝政的及时处理。在对匈奴用兵时，军书旁午，岂容一月一报？况且军事机密，不容宣泄，更不宜于正式朝会上公开宣诏。汉武帝首次对匈奴用兵，在马邑（今山西朔县）设伏，就是在公卿集议的情况下制定的。设伏本来是军事绝密，要求高度保密，然而公卿集议，喧声嘈杂于外，一个边塞尉史都知道这次重大行动了。结果尉史被俘，走漏消息，三十万大军无功而返。因此汉武帝委任大将军卫青侍中，由尚书直接承旨草拟军政要令，避开公卿集议，才能够取得多次对匈奴作战的胜利，而形势和政务需要则促使辅政体制发生实质上的变化。

统治集团对辅政体制调整的基点在于集中权力和提高效能，以适应日益发展变化的社会和日益复杂的政治局势。然而，集中权力和提高统治效能本身也存在矛盾。随着社会经济政治的急遽演变，特别是在不同时期出现的不同形势下，必然更加促辅政体制的频繁变化。自唐代确立三省辅政运行机制，到清代军机处、内阁的双轨辅政制，这中间先后出现中书门下，翰林学士知制诰承旨，枢密、宣徽、三司使制，二府三司制，平章军国重事制，一省制，四辅官制、内阁制等众多变化，中间还穿插有恢复贵族辅政和具有民族特点的辅政制。这一方面既存在行政效率不尽如理想的问题，要在调整之后再调整，"方今天下大于古，而事益繁，取决一省，犹曰有壅，况三省乎"[①]，也决

---

① （明）宋濂等：《元史》卷160《高鸣传》，中华书局，1976年，第3759页。

定统治集团必须要调整；另一方面也存在辅政"专权乱政""往往病及于国君者，其故在擅专威福"①。因为要夺回被窃据的权力，存在必须进行改组之后再改组的问题。这都是统治集团不断调整辅政体制的原因。

统治集团对辅政制度的调整，目的在于试图建立一种既能够对君权没有威胁损害，又能够监督辅政者保持忠诚驯服，兼能够保持高度保密而具有工作效率的体制。从明代的内阁到清代的军机处，统治集团的这种探索基本完成。清代军机处人员精简，制度严密，转奏和下达旨意迅速而准确，是当时世界各国之中最有效能的中枢辅政机构。

---

① （明）黄佐：《南雍志》卷10《谟训考下》，台北：伟文出版社，1976年。

第四章

中央政务机构

据历史文献记载,古代官员的数额是有定员的:"唐(尧)六十员,夏百二十员,殷二百四十员,周六万三千六百七十五员,汉自丞相至佐史凡十三万二百八十五员,后汉七千五百六十七员,晋六千八百三十六员,宋六千八百三十六员,齐二千一百三员,后魏七千七百六十四员,北齐二千三百二十二员,后周二千九百八十九员,隋一万二千五百七十六员,大唐一万八千八百五员。"① 这些数目当然不会精确,但也说明国家统治机器不断完善扩大的客观规律。在设官分职上既有因袭又有变革的发展过程,反映出政治制度在不断发展和政治学说的日益成熟。

第一节 先秦中央政务机构

在中国漫长的历史发展进程中,中央行政体制变化很大。一方面是在制度上存在因袭传承的关系,虽然代有因革增损,但官名多承袭前代,而赋予新的内容。另一方面是必须回应社会的发展,"大地既通,万国蒸蒸,日趋于上,大势相迫,非可阏制,变亦变,不变亦变"②,在新旧交替过程中,制度也必须不断进行调整改造。

---

① (唐)杜佑:《通典》卷19《职官一》,中华书局,1988年。
② 梁启超著,何光宇评注:《变法通议》,华夏出版社,2002年。

一、早期国家中央政务体制

据《左传·昭公十七年》载：少昊挚（尧的哥哥）已经开始设官分职，出现了司徒、司马、司空、司寇、司事等官职。注家认为：司徒主教民，司马主法制，司空平水土，司寇主盗贼，司事主农事；除"五司"之外，还有掌管历法的历正，管手工业的工正，管农事的农正等职位，其公共管理机构已经有一定的规模和分工。到了尧舜时代，这种公共管理机构又有所增加，先后出现负责辅佐的"四岳"，专管农业的"稷"，专管手工业的"共工"，专管林、牧、渔、猎的"虞"，主管教化的"司徒"，主管平水土的"司空"，主管刑狱的"士"，主管祭祀的"秩宗"，主管呈上宣下的"纳言"，主管教育的"典乐"，主管12州的"牧"，共计22人，外加辅助人员，故史称有官60员。此外，还制定了五等刑罚，即所谓"天讨有罪，五刑五用哉"①。虽然这些公共管理机构是由各部落首领分任，他们各自拥有比较独立的权力，但已经出现君臣从属关系的迹象，"三岁一考功，三考黜陟，远近众功咸兴"②，具备了国家雏形的特征。

夏代有"六卿"，亦称"六事之人"，是王委任的左右至亲贵族，分别掌管各方面政务。据古文献记载，六卿为司空（主管土木工程）、司徒（主管民政财政）、士正（主管司法）、共工（主管百工）、虞（主管山泽）、秩宗（主管祭祀）、纳言（主管承上宣下）；也有认为是天、地、春、夏、秋、冬六官的，都是根据《尚书》记载和结合古文献推测的。《尚书》多是后人据传说追记的，有些不一定是事实，但也应该承认其中有真实内容，所记官名官制也多为考古所证明存在。因为现有确凿的史实证明，夏代已经形成国家，它必然存在分管各项事务的官员。诸如掌管农、畜牧业的"牧正"，掌管全国车辆制造的"车正"，掌管王族饮食后勤的"庖正"，主管驾驭战车的"御"，主管宣示命令的"遒人"，主管天文历法档案的"太史"，主管卜筮的"官占"，负责王生活娱乐的"瞽师""御龙"，以及主管收税和监察的"啬夫"等官员的记载，与当时的社会生产力发展水平是一致的。

---

① （汉）司马迁：《史记》卷2《夏本纪》，中华书局，1959年，第77页。
② （汉）司马迁：《史记》卷1《五帝本纪》，中华书局，1959年，第39页。

商代的职官名称及其职掌，在古文献和甲骨文中多有反映。商代的国家机构有"内外服"之分，在朝廷和商王直接统治区域担任官吏的称为"内服"；在商王直接统治区域以外的地方诸侯、伯、甸等和地方官吏称为"外服"。其"内服"官主要有宰、卿事、多尹、御事、事、师长、多亚、巫、卜、臣等，号称"百僚庶尹"(《尚书·酒诰》)，说明设官员的数量由少渐多，官制由简渐繁。

"宰"是总管事务官员的职称，在商代晚期的甲骨文和金文中常有记载。"宰"的活动，多是跟随商王田猎、祭飨的随从，有时受到赏赐，并能够自做铜器以记荣宠，有一定政治地位，显然既是商王的近臣，又是参与内廷事务的官员。史载，伊尹曾经为"宰"，并"以滋味说（悦）汤"[①]，因而受到赏识，可见早期的"宰"是属于王家生活服务范围的官员，后来逐渐转化到国家政务方面，才有了冢宰、太宰、少宰等的区分。

"卿事"原为"乡事"，即飨事之义，是主持王室宴飨事务的。古文献中正式出现"卿事"是在《尚书·微子》，至西周已经写为"卿士"了。由此看来，"卿事"也是从内廷发展出来的政务官。

"多尹"也就是"诸尹"，是王朝分管各项政务的官员。从甲骨卜辞中可知他们从事督率农田耕垦、土建工程、军事活动，对于商王所关心的吉凶祸福等也可以参与议论，地位较高，有时可以称为"多君"。古代"君"与"尹"可通用。这一批"多君"对王朝政事有发言权，是辅佐大臣下的政务官，分别主持各项事务，其中有总领诸事的"尹"被后世认为是"相"，是最高的辅佐大臣。

"御事"，"史"即是"事"；"御"字原义是迎、讶；"御事"也就是迎受政事。甲骨卜辞常见"叶王事""叶朕事"，是由其他侯国调遣来接受差事，故写作"呼某人御事"，或"某御事"。他们遵照指示和派遣，为王服务是主要的责任。

"事"是王室自身的事，也是官名。其职责为分管各方面的事务，如"东事""南事""北事"等，也有合称为"三事"的，并且有"大事""小事"之分，还出现"大事寮"。这些"事"因负责的事务大小轻重不同而有职位高低之分。

"师长、多亚"是军事性的职官，"邦国师长，百执事之人"(《尚书·盘

[①] （汉）司马迁：《史记》卷3《殷本纪》，中华书局，1959年，第94页。

庚下》），其地位相当高，可以与诸侯并列为"百执事"，甲骨文中有"左师""中师""右师"。"亚"是高级武官，"惟亚惟服"（《尚书·酒诰》），号称"亚旅"，应该是师以下的武职，甲骨文中经常出现"亚任""亚侯""马亚""多马亚"，反映出当时文武分职还未明确。

"巫""卜"是神职官员，女性称"巫"，男性称"觋"。其职位也有高低之分。"巫"位高者可以参与占卜命龟和祭祀，位低者仅主管求雨、降神、治病等，商代有过名为"巫咸"的人，被目为辅政大臣，而且"治王家有成"①。"卜"也称贞人、占人，从甲骨卜辞上看，商代后期有贞人百余名，掌管王朝的占卜事宜，运用沟通人神的法术，对商王的政治决策起到一定的参谋作用。

"臣"的本义是奴隶、家奴，除了官员自谦的称呼之外，还有在"臣"的前面加上一些名称的，便成为分管各项事务的低级官员了。如主管各种服务奴隶的"小臣"，主管农业生产奴隶的"小耤臣"，主管服务生活服务奴隶的"小众人臣"，主管养马奴隶的"小多马臣"等。"臣"的地位虽然不高，但也有一定的实职实权，被称为"王臣"的，可以与"百执事"并列。

可以说，商代中央王朝的"内服"官已经比较完整，研究者曾经将之分为八个方面。即：(1) 官内事务管理机构。主要负责管理侍卫、杂务，由"小臣""臣正"等负责。(2) 狩猎、武事管理机构。主要负责管理马政、武器、征伐及狩猎事务，由"师长""多马""多射""亚箙""多犬"等负责。(3) 宗教事务管理机构。负责管理祭祀、占卜等事务，由"多卜""卜""祝""巫"等负责。(4) 宗族事务管理机构。负责管理王室宗族事务，由"宗"负责。(5) 文秘事务管理机构。负责管理文书档案记载等事，由"史""作册"等负责。(6) 庶民事务管理机构。负责管理庶民及奴隶，由"宰""尹""小众人臣"等负责。(7) 器械制造事务管理机构。负责掌管制造器械、用具等，有"工""多工"等。(8) 负责经济管理的"六府"，即司土、司木、司水、司草、司器、司货等，是"主藏六物之税者"（《礼记·典礼》郑玄注）。上述机构的名称现在还难以完全确定，但存在因职分工的情况已可推定。

其实，商代的中央官员已可以按照不同的业务分为国家政务官、宗教事

---

① （汉）司马迁：《史记》卷3《殷本纪》，中华书局，1959年，第100页。

务官、王家服务官等三个类别：国家政务官是卿事、尹等，统领"六府五官"（《礼记·曲礼下》）以办理国家各项政务，其下有御事、事、多尹、小臣等，分隶于各政务部门，分管各种具体事务。宗教事务官是巫、卜、祝等，有太卜、太祝等机构。王家服务官是以宰职为首，其下有众多小臣，还有主管音乐的师、宗工，主管酿造和供应酒的酒正，主管手工业的"工"等众多以王室为服务对象的官职。王家服务官是值得注意的一部分人，这些人在王的左右，容易取得王的信任，常常侵夺国家政务，有取代国家政务官的趋势。

二、两寮六大到文武分职

西周的官制是在商代的基础上完善的，业务分工更加细致，常见于古书和青铜器铭文中的官名已经有百余种，可以确认当时存在的机构也有数十个。

西周早期是由"卿事寮"和"太史寮"执掌国家各项政务。"卿事寮"之下有司土（徒）、司马、司工（空），号称"三右"，也称"三事大夫"，分管国家民政、军政和手工业等事务，其下各有一定的僚属。"太史寮"之下有太史、太祝、太卜，号称"三左"，分管宗教祭祀及文书册命等事务。三左三右合称"六大"，也称"六卿"，是国家主要行政官员。除"两寮六大"之外，还有主管宗族事务的"公族"，以及自成体系的王家事务官系统，以"宰"为总管，下辖史、士、御、守宫、内史、小臣等众多官员和机构。

西周中晚期，"卿事寮"的作用显著，"三事大夫"改称"三有司"，下辖机构增多，尤其是增加了"司士"一职，主管澄清吏治，是专门监督百官的机构。"卿事寮"的权限扩大，导致"太史寮"的地位下降，巫、史、卜、祝的作用逐渐降低，说明当社会生活已进入更文明的阶段，对实际的社会行政事务处理的重要性已经超过一般对鬼神的祈求和占卜。当然，在西周时期，巫、史、卜、祝的地位和作用仍是不容低估的。值得注意的是，以"宰"为首的王家事务官的地位逐渐提高，其下官属和所管的事务不断增加，尤其是"内史尹"的设置，将册命和监察权收归内廷，而"太史寮"仅管一般册命和文书保管[①]。

---

① 因《周礼》是战国至秦汉儒生追述前代官制的一部管理国家的蓝图，在没有新资料证实之前，还不能完全据以为信。本书所述西周官制，主要是依据金文所见官名而择要论述的。

"两寮六大"和王家事务官的分工是比较清晰的,但在实际运行过程中,王家事务官却经常侵夺国家各项政务,后来还出现"冢宰"这样的大臣,凌驾于"两寮六大"之上。内廷官统御外廷官,内臣参政而统御外臣的"臣仆用事"现象在西周已经很明显,反映着王权专制的加强。

春秋时代,王室衰微,地方诸侯争霸,各诸侯国因时、因地、因人、因事,对本国的官制有较大的增裁变更,为的是提高本国职官的适用性和有利于发展。诸如,齐、鲁等原为周的封国,官制仿周王室,一般有"三有司""史""宰"这三个主要系统,但为适应已经变化了的政治形势,各国君的辅臣地位便大为突出,作用日益明显。宋、楚等不是周直系的诸侯国,就各按自己的习惯和需要设置官职。如宋"六卿三族降听政,因大尹以达"(《左传·哀公二十六年》)。三族是贵族,他们除担任各方面职务之外,还各自有统辖的领地;六卿是大司马、太宰、司徒、司城、右师、左师,也是由亲信贵族担任;虽然这些贵族还有较大的独立性,但在君权不断加强的情况下,要接受"大尹"的管辖。楚国有执政的"莫敖",由宗室成员担任;后又设"令尹"主行政,"司马"主军政,任命权全归楚王。列国根据自己的发展,不断地变更制度,在春秋后期,基本摆脱了周王朝旧制的束缚,总的趋向是为便于扩大本国的势力,有利于集权,出现了不尽相同的官僚制度。

春秋中期出现的官僚制,经过反复,在后期已经确立以文武分职为重要标志的官僚体系。这种制度在战国时代得到高度发展。文官以"相府"为百官之长,所统领的有御史(史官)、执法(司法)、司徒(财政农业)、司空(土木工程)、司寇、士师、廷尉(刑罚)、内史、少府(王室财政)、行人、主客(礼仪外交)等。武官以"将军府"为诸军之首,有大将军、上将军、左右将军、裨将军等,还有国尉(中央武官)、都尉(地方武官)、中尉(京师武卫)、司马(军事和军事行政)等。值得注意的是,在宫廷内部为君主服务的宦者势力,在专制主义中央集权体制下开始显示出干政的能力,活跃于政治舞台。

战国时代各国官制发展的动因是来自对本国军政、民政、财政和社会治安的考虑,也来自诸国之间的争强制胜,为在政治制度上发挥优长而甄别淘汰劣弱庸冗,在当时的军制、政制中,也存在一个相互比较和竞争的问题。当时的策士们对政治制度的议论层出,成为百家争鸣中的一个主要内容,其积极成果是促使秦汉时期君主高度中央集权和三公九卿制的形成,将国家管理制度推向系统化和严密化;其消极成果是催发君主专制制度和理论的形成与巩固,而且贯彻到中国两千年的古代社会,作为规范政局和统领人们思想的牢固体系,成为长期难以突破的樊篱。

第二节　秦以后中央政务机构

秦始皇统一六国,在秦国的基础上勒定中央集权制度,确立了三公九卿制。汉因秦制而略有变革,在社会及政治发展过程中,出现中朝官制度,中央政务也随之发生一些改变。魏晋南北朝在汉制的基础上不断设立新的机构,出现省、监、台、卿、卫等,事务有所分割,权力却有所制约。隋唐勒定三省六部体制,进而成为政务的核心,即便还有省、监、台、卿、卫等机构,其政务运行体制也与前代大不相同。金、元实行一省制,政务管理相对集中,但同时存在各种机构,政务运作也具有新的特点。朱元璋废除丞相制度,直接面对六部,也就形成以六部为主体的中央政务管理体制。晚清进行政治体制变革,顺应社会发展的中央机构出现,也是顺应社会的发展。

一、三公九卿与中朝官尚书政务体制

三公九卿制形成于战国,确立于秦汉时期。

所谓三公,即:丞相,"掌丞天子,助理万机",辅助皇帝处理全国政务;太尉,协助皇帝总领全国军事;御史大夫,掌监察并帮助丞相处理政务。西汉末年改丞相为大司徒,太尉为大司马,御史大夫为大司空。东汉时则以太尉、司徒、司空为三公,共同辅助皇帝决策和推行统治。按规定:"凡国有大造大疑,通而论之,国有过事,通而谏之";并按照天、地、人来划分责任,分别领导九卿,号称为"宰相"。

所谓"九卿",实际并不只是九个,而是泛指朝廷各部门的主要官员,因此也称之为"诸卿"或"列卿"。从总体上看,诸卿的设置和机能体现了国家政务的诸多方面和分工制约,既突出显现中央集权制的特点,也可以看到社

会的发展概况。

（一）九卿

太常 为诸卿之首，曾经称过奉常和秩宗，由战国时代各国所设的宗祝、太卜等官职演变而来，秦始置。基本职责是掌管宗庙礼仪，并兼管教育，负责选拔博士和博士弟子。汉代太常卿多以皇族或外戚充任，属员总编制多时达340余人。西汉属官有太乐、太祝、太宰、太史、太卜、太医、均官、都水、诸庙寝园食官、雍太宰、雍太祝等。东汉略有省并，属官有太史、博士祭酒、太祝、太宰、太乐、高庙、世祖庙、先帝陵等。

光禄勋 由战国时代各国所设的郎中演变而来，故秦及汉初称郎中令，汉武帝时改称。掌管宫殿门户守卫和传达事务。其下设有丞、掾、主事等属员，另辖有郎中将、中郎将、羽林郎，还有掌顾问应对的光禄大夫、谏议大夫；掌传达与司仪的仆射、谒者等，西汉属官有大夫、郎、谒者、期门、羽林、议郎、中郎、侍郎、郎中等。其所属的各种郎官，时称"三署郎"，不仅是皇帝的亲近侍卫，也是朝廷的后备官员。东汉属官有五官中郎将、左中郎将、右中郎将、虎贲中郎将、羽林中郎将、羽林左监、羽林右监；还有文属的奉车都尉、驸马都尉、骑都尉、光禄大夫、太中大夫、中散大夫、谏议大夫、议郎、谒者仆射、常侍谒者、谒者、灌谒者等。

卫尉 战国时的秦国始置，秦汉因之，汉代一度改为中大夫令。职在统领卫士护卫宫阙。西汉属官有公车司马、卫士、旅贲、诸屯卫等。东汉属官有公车司马、南宫卫士、北宫卫士、左右都、宫掖门等。

太仆 秦始置，汉因之，王莽时曾更名为太御。其职责主要是负责管理国家马政和皇帝乘舆，皇帝出行，太仆要亲自驾车。西汉属官有大厩、未央、家马、车府、路軨、骑马、骏马、龙马、闲驹、橐泉、騊駼、承华、牧橐、昆蹏、边郡六牧师菀等。东汉属官仅有考工、车府、未央厩。

廷尉 秦始置，汉景帝时改为大理，汉武帝时复称，王莽改为作士，东汉复旧。主要职责是掌管刑狱，其属官有正、监、平等官，负责司法事务，所属有廷尉诏狱。西汉有中都官狱二十六所，东汉仅有诏狱。

大鸿胪 战国时齐国设主客、大行等官，秦统一后置典客，汉初因之，汉景帝六年（前151年）更名大行令，汉武帝太初元年（前104年）改称大鸿胪，王莽一度改为典乐。其主要职责是掌管边疆少数民族事务和诸侯王朝聘宴迎之事。西汉属官有行人、译官、别火、郡邸等。东汉属官仅有大行，其余均省。

宗正　由周代小宗伯演变而成，秦始置。职在管理宗族事务。汉代设有两丞和百余名属员，多由宗室和外戚充任。西汉属官有都司空、内官、诸公主家。东汉属官仅有诸公主家。

大司农　秦时为治粟内史，汉景帝更名大农令，汉武帝改名大司农，王莽改名为羲和，又改纳言，东汉复旧，有丞及部丞。主要职责是负责国家财政，涉及范围很广，举凡国家财政收支、军国用度、田租口赋、盐铁专卖、均输漕运、沽榷平准、货币管理等均归其管辖。西汉属官有太仓、均输、平准、都内、籍田、斡官、铁市、郡国诸仓农监、郡国诸都水等。东汉属官仅有太仓、平准令、导官。

少府　战国时设，主管官手工业和王家财政，秦汉沿置，王莽改为共工，东汉恢复旧称。主要职责是主管皇室财政，但也涉及皇室家务，故其下属组织庞大。西汉属官有尚书、符节、太医、太官、汤官、导官、乐府、若卢、考工室、左弋、居室、甘泉居室、左右司空、东织、西织、东园匠、胞人、都水、均官、上林中十池监、中书谒者、黄门、钩盾、尚方、御府、永巷、内者、宦者、仆射、署长、中黄门等诸多部门，还有上林诏狱、掖庭秘狱、共工狱、若卢狱、居室狱、保官狱、内官狱、请室狱、导官狱、暴室狱等监狱。东汉属官仅有太医、太官、守宫、上林苑，其文属者则有掖庭、永巷、御府、祠祀、钩盾、濯龙监、直里监、中藏府、内者、尚方、尚书、御史中丞、兰台等，而侍中、中常侍、黄门侍郎、小黄门、黄门、黄门署长、画室署、玉堂署、丙署、中黄门冗从仆射、中黄门等也属于文属，即名义上属于少府，而实际上是独立的官署，直接听命于皇帝。东汉章帝、和帝以后，因为宦官增多，曾经增设尝药、太官、御者、钩盾、尚方、考工、别作监等。

（二）列卿

除了九卿之外，与九卿级别相同或稍低的一些部门，也称为卿，与九卿并称列卿，其增设废除不一，但影响到后世的职官设置。

皇后三卿　中宫詹事、大长秋、中宫卫尉是皇后三卿，主管中宫的内务、政事、保卫等事务，也各自设有属官。其大长秋属官有中长秋、私府、永巷、仓、厩、祠祀、食官等。东汉有中宫仆、中宫谒者、中宫尚书、中宫私府、中宫永巷、中宫黄门冗从仆射、中宫署、中宫药等，都由宦官担任令、长、丞。有皇太后则设长信少府、长乐少府，还有长乐卫尉、长乐太仆，各有属官。

太子太傅　太子太傅、太子少傅的级别与诸卿同，太子太傅不领官属，太子少傅则主管太子詹事府。詹事府是专门负责有关太子教学的部门，属官有太子门大夫、庶子、先马、舍人等。东汉废去太子太傅，而以太子少傅担任辅导之职，其太子官属有率更令、庶子、舍人、家令、仓令、食官、仆、厩长、门大夫、中庶子、洗马、中盾、卫率等。魏晋复设太子太傅，不领太子官属。

典属国　秦始置，汉因之，汉成帝时省并入大鸿胪。主要职责是掌管边疆属国事务。

执金吾　秦时名为中尉，汉武帝时更名为执金吾，王莽改为奋武，东汉复旧。"吾者御也，掌执金革，以御非常"，主要职责是负责宫殿之外、京城之内的警卫和治安，皇帝出巡时充当护卫和仪仗队。西汉有两丞、候、司马、千人，属官有中垒、寺互、武库、都船、式道左右中候、右京辅都尉。东汉仅有丞一人、缇骑二百人。

水衡都尉　汉武帝时设。最初主管盐铁专卖，实行告缗钱之后，收入集中到上林苑，则专管上林苑事。西汉有属官上林、均输、御羞、禁圃、辑濯、钟官、技巧、六厩、辨铜、衡官、水司空、都水、农仓等，汉成帝时省技巧、六厩；王莽改称予虞，而将御羞、上林、衡官、铸钱归并少府。东汉初省，并其职于少府。

将作大匠　秦名将作少府，汉景帝时改称将作大匠，王莽改为都匠，东汉复汉景帝时旧称。主要负责宫室、陵寝及其土木工程的施工和监督。西汉属官有石库、东园主章（后更名木工）、中校、右校、前校、后校、中校、主章等。东汉属官仅有左校、右校。

司隶校尉　汉武帝时置，领兵千余人，专门纠察包括丞相在内的京师百官和京师所在州的地方官，能够受敕命领兵督捕大奸猾，权力甚大。后来罢其领兵，其职权也就与各州刺史相同，但级别仍高于各州刺史。东汉有属官从事史、假佐、门亭长、门功曹、孝经师、月令师、律令师、簿曹、都官、典郡等。

护军都尉　秦官，汉武帝时属大司马，汉哀帝时更名司寇，汉平帝时更名护军，东汉省。

城门校尉　汉武帝设，掌京师城门屯兵，属官有司马、十二城门候。东汉因之，掌雒阳城门十二所。

北军中候　汉武帝时设中垒、屯骑、步兵、越骑、长水、胡骑、射声、虎贲等八校尉，东汉省并为屯骑、越骑、步兵、长水、射声五校尉，以北军中候监之。

上述诸卿级别都是中二千石及二千石、比二千石，由皇帝任免和调动，不能世袭。按规定，诸卿可以参加朝廷的集议，大规模的集议有时还扩大到职秩只有六百石的官员，这样，诸卿和他们的属官往往可以参与朝政。诸卿虽然有明确的分工，但又存在职无常守的混淆现象，皇帝可以随时不受规章制度的限制，对所有部门和臣僚进行调整派遣，重要政务只能取决于皇帝和身边少数人手中。在这种情况下，诸卿既可参加本部门以外事务的集议，又可以将兵作战，乃至处理本部门以外的事务。实际上是皇帝运用自己专有的最高用人权，随时调遣官吏，随意增减职权，使规章制度在实际运行中，呈现出千差万别的随意性。

（三）中朝官

汉武帝以后，中央管理体制发生变化，虽然在官制排列顺序上仍然是相府和诸卿，但本来在官中充当侍从和文秘工作的尚书地位崛起，有少数权臣能以中朝官的身份而受命领录尚书事。当时的尚书已经成为政令的中枢。随着尚书权力的扩大，尚书开始分曹治事，不但成为辅政机构，且因逐步侵夺了诸卿的权力而成为政务机构。

尚书开始只设左右曹，后来改为六曹，其具体名称和职掌是：三公曹，主管考课。吏部曹，主管选举及祭祀。民曹，主管修缮及建筑。客曹（东汉光武帝分出二千石曹，将客曹分为南、北主客曹），主管诸侯、少数民族及外交事务。二千石曹，主管司法辞讼事。中都官曹，主管治安事。

尚书机构扩大，尚书已经承担部分政务，而这些政务原来是由诸卿主管的，其发展的结果势必导致整个政务结构发生变化，变成中朝官尚书组织与外朝的三公九卿组织一起管理政务，形成既有分工又相互制约的双轨行政管理体制。东汉的尚书正式以"台"为称，成为较为独立的机构，并不断扩大权力，乃至成为政务的中枢。双轨行政管理理体制其实并不平衡，"众务悉归尚书，三公但受成而已"①。在尚书发展扩大的同时，内廷的宦官组织也在皇帝的信任和重用下，逐渐窃据权要，操纵朝政，对当时的政治产生了重大影响，也影响到后世的行政管理体制。

三公九卿虽然分工清晰，各有所掌，但职无常守的现象普遍存在，职名与实际责任有着很大的差别。例如，三公虽名为宰相，本来应该综理朝政，但皇帝的诏令可直达九卿，九卿上奏表章也无需通告三公，三公实际便被架空了。列卿承皇帝的命令，既可以本职兼领他职，又可以在两职或多职之间权责渗透，列卿原来分工的权责也被侵夺了。一切官吏只能服从于皇命，只对皇帝负责，这是古代行政体制发展变化的基本线索，也是君主专制制度的实质表现。

二、公省监台卿卫政务体制

曹丕代汉，丞相之职或置或废，而中书监掌管机要，起草和发布诏令，成为中枢，尚书的权力则转向政务。当时尚书设令、左右仆射及五曹尚书，号为"八座"，虽然地位提高了，但实际权力却不断发生变化。魏晋王朝都是由掌握军政实力的权臣逐步建立起来的，他们手下有一批忠心追随的人物，组成一套机构，可以在正规官制之外，自由地行使职权。在这种非常时期，军、民、财已经不可能是各成系统，一切都要服从军事需要，所有的常规都可以破坏。自从魏晋开此先例，一直到南北朝，这些掌握军政实力的权臣都采取"开府"的形式组成自己幕僚机构，号称为"霸府"。霸府中心人物是权臣将领的骨干人物，是能够出谋划策的幕僚，也是权臣的死党。当霸府转变为王朝，这些幕僚组成的机构就变为行政中枢，"霸府"原来所统率的武力就

---

① （唐）杜佑：《通典》卷22《职官四》，中华书局，1988年。

变为常设的军队，形成一种军政合一的管理制度。正是这种特异的管理制度，使魏晋南北朝官制既有承袭的形式，又有重大变动的特点，实际上是自汉武帝以来中央政务结构变化的继续，也是大变革的序曲。

从魏晋南朝中央官制排列顺序来看，一般是首列二相、八公、从公，其次是省、监、台、卿、卫、东官官，诸卿的地位和实际权责明显降低。

二相　即丞相和相国，不常设，一旦设置，充当者非权臣即贵胄，不但把持国家关键的实权，而且多成为日后的篡位者。其篡位的道路大体上是先为丞相，次加相国、封王、加九锡，然后发动逼宫禅位，取皇权而代之；如果不成功，那就会尽丧身家性命。

八公　即太宰、太傅、太保、太尉、司徒、司空、大司马、大将军。设置这些官职，主要是为了优待世族高门，基本上是荣誉衔，但也因人而异。握有实权的，开府辟官，能够组成自己的势力集团；没有实权的，虽然开府，也只能得到礼仪上的优遇。

从公　即开府仪同三司，所谓开府就是可以开府设官，所谓仪同三司就是仪仗同于三公，故其在官方地位和公一样，享受公的政治待遇，谓之从公。凡骠骑、车骑、卫、伏波、抚军、都护、镇军、中军、征东、征西、征南、征北、镇东、镇西、镇南、镇北、龙骧、典军、上军、辅国等大将军，都是从公，而实际上这些头衔都是加衔，并不见得是真正的领兵将帅。

省监　即尚书省、中书省（监）、门下（侍中）省、集书省、中侍中省、秘书省（监）、殿中监（省）等。尚书省设令、左右仆射、左右丞、尚书郎等官，下设吏部、三公、客、驾部、屯田、度支六曹，曹的数目一直呈上升趋势，多时曾经有二十余曹，初步具有六部二十四司的规模。中书省设中书监、中书令、中书侍郎、中书舍人等官，中书省也一直呈发展扩大的趋势，属官曾经增设至21局，与尚书诸曹业务对口，而且凌驾于尚书诸曹之上。门下省源于汉代的侍中，是皇帝的侍从、顾问机构；该省以侍中为长官，另设给事黄门侍郎、散骑常侍、员外散骑常侍等官，职在顾问应对。集书省是南朝梁从门下省分出来的部门，主管皇帝身边日常事务，设有散骑常侍、通直散骑常侍、员外散骑常侍等官。中侍中省也是从门下省分出的部门，主管宫廷内的门阁出入，设有中侍中、小黄门等官。秘书省源于东汉桓帝所设的秘书监，掌管图书秘籍；曹魏以秘书监和秘书令掌管奏事，后将掌管奏事权归中书省，秘书监仍以掌管图书秘籍为任；晋时改为秘书寺，南朝梁改为省，设监、丞、著作郎、太史令等官。殿中监，主管乘舆及服御等事务。

  台 即御史台、符节台、谒者台、都水台等。御史台是在西汉成帝将御史大夫改为大司空之后，以原御史大夫的副职御史中丞主管监察，东汉始称御史台，形式上隶属于少府，自曹魏以后成为独立部门，以御史中丞为长官，下辖治书侍御史、治书执法侍御史、侍御史等官，分曹进行监察，"自皇太子以下，无所不纠"[①]。谒者台源于春秋时代的谒者，秦汉在郎中令下有谒者令，少府下有中书谒者令，魏晋以后成为独立部门，设谒者仆射、谒者等官，掌管引见臣下，传达使命。都水台，汉代的太常、少府、水衡都尉下都有都水长、丞，西晋始专设都水台，设有都水使者、都水谒者等官，主管舟船及水运事务。

  卿 即诸卿，此时主要有：太常，主管祭祀及文教事务。光禄勋，主管宫廷宿卫。卫尉，主管官门屯兵。太仆，主管牧马。廷尉，主管司法。大鸿胪，主管导引赞礼。宗正，主管皇族事务。大司农，主管农业和仓储。少府，主管手工业制造。太府，主管国库金帛支纳。将作，主管土木工程。大长秋，主管宫闱事务。太后三卿，即少府、太仆、卫尉，主管太后宫中各种事务。

  卫 即禁军诸卫，如武卫、羽林卫、骠骑卫等，各设将军以统领，时有增减，也与当时政治形势有关，负责宫殿都城宿卫及皇帝的仪仗队。

  东宫官 即太子官属，如太子太傅、少傅、詹事等，有太子则设，没有太子则仅保留太子舍人以看守东宫。南朝齐的太子官属最多，有太子半朝廷之说。

  北朝的官制既有与南朝相同之处，又有自己的特点，在不断发展变化的过程中，为隋唐的官制奠定了基础。

  北魏建国之初，官分南北两部，置两部大人统摄之，另设都统长、幢将及外朝大人官。"其都统长领殿内之兵，直王宫；幢将员六人，主三郎卫士，直宿禁中者自侍中已下中散以上者皆统之；外朝大人无常员，主受诏命外使，

[①] （唐）杜佑：《通典》卷24《职官·中丞》，中华书局，1988年。

出入禁中，国有大丧大礼皆与参加，随所典焉。"北魏早期国家的特征是官无常职，进入中原以后，国家体制便逐渐完善，开始仿照汉人制度，建立曹省，置备百官，使本民族制度与汉族制度相结合，出现八部大夫、散骑常侍、待诏等官，设立了尚书36曹及诸外曹等，各以大夫为主管，统领属官以分管各种事务，融合的特点非常明显。孝文帝改革，官制更全面汉化，基本设置已大体与魏晋南朝相同，但权力偏重于门下省。

这个时期的禁省官、宫中官、外廷官的区分更为明晰。作为宫中官的尚书（台）省已经转化为外廷的行政机构，而中书（监）省则变为新的宫中官，辅助皇帝披阅奏章，代为起草和宣布诏旨，所属多时有21局，"各当尚书诸曹，并为上司，总国内机要，而尚书唯听受而已"[①]。在宫中官发展的同时，禁省官的地位也日渐突出，以侍中为首长的门下（侍中）省，虽然在名义上仅是主管宫廷事务，但实际上已经起到辅佐皇帝决策，纠正诏书章奏违失的作用，进而与尚书省、中书省形成三省对峙的局面。在尚书省统领诸曹分管各种政务的情况下，诸卿的事权被进一步侵夺，变为一般事务官后，地位也随之下降。

在世家大族把持大权，地方刺史、将军拥兵自重，直接威胁皇帝地位的情况下，有些皇帝便使用寒门士人掌管机要，用分化事权的办法预防军政阀阅把持政权，但毕竟这些军政阀阅已经拥有了较大的实力，必然紧抓和扩大人事任免权，培植本身的势力，这就使各机构的设置和职权范围经常因人而设，因人而改，又因人而兴，因人而废，缺乏必要的稳定。政治制度源于人事，人治则左右政治制度，许多微妙的变化看似是政治制度的兴废，实际上都是复杂的政治关系与政治斗争的结果。

三、以三省六部为核心的政务体制

隋代在前代的基础上更新了中央官制，确立了以三省六部为核心的中央政务体系，这套制度基本上为唐、宋所承袭，一直影响到明清。

三省　即中书、门下、尚书省。中书省掌管草拟诏令文书，设中书令、

[①]（唐）魏徵：《隋书》卷26《百官志上》，中华书局，1973年，第742页。

侍郎、舍人等官。门下省"掌出纳帝命",设侍中、黄门侍郎、给事中等官。尚书省综理全国政务,设尚书令(不常设)、左右仆射、左右丞、左右司郎中等官,下辖六部。

六部　即吏、户、礼、兵、刑、工部,各设尚书、侍郎为正副长官。吏部掌管官吏的铨选、考课、勋封等事务。户部掌管户口、田土、财政、赋税等事务。礼部掌管礼仪、祭祀、学校、贡举等事务。兵部掌管军事行政、后勤供应、武职铨选等事务。刑部掌管司法狱讼和司法行政等事务。工部掌管水利土木工程及工匠等事务。每部各辖四司,司设郎中、员外郎、主事等官,分管各项具体事务。

吏部四司　吏部司掌管文官阶品、朝集、禄赐、给告身、假使等;司封司掌管封命、朝会、赐予、承袭等事;司勋司掌管官吏勋级;考功司掌管文武百官考课事务。

户部四司　户部司掌管户口、田土、赋役、贡献、蠲免、优复、婚姻、继嗣等事;度支司掌管租赋、物产、岁计及水陆转运等事;金部司掌管库藏出纳、度量衡、市易、给赐等事;仓部司掌管仓廪、粮赐、平准物价等事。

礼部四司　礼部司掌管礼乐、学校、仪式、赠赙等事;祠部司掌管祀祠、天文、卜筮、医药、僧尼等事;膳部司掌管牲牢、酒醴、膳馐等事;主客司掌管前代帝王后代及藩属外国朝贡等事。

兵部四司　兵部司掌管兵卫、武选、车辇、甲械等事;职方司掌管地图、城防、镇戍、道里等事;驾部司掌管乘舆、车马、驿传、厩牧等事;库部司掌管卤簿、仪仗、戎器、供张等事。

刑部四司　刑部司掌管律法、按覆大理寺及州县奏谳之事;都官司掌管流徒、俘虏配籍,给囚衣粮、医药及诉免等事;比部司掌管勾稽中外账籍出纳之数,核其损耗债负逋欠等事;司门司掌管门关、津梁、道路之禁令,核其出入及违禁之籍。

工部四司　工部司掌管城池营缮、采伐材物、土木等工役程式;屯田司掌管屯田、职田、公廨田、营田等事;虞部司掌管山泽、苑囿、场冶、狩猎等事;水部司掌管舟津、渠堰、渔业、漕运、碾硙等事。

六部二十四司的政务体制延续很久,直到明代才打破每部各辖四司的体制。虽然各部、司的权限也经常发生增减变化，但基本结构和主要职权的变化不大。

三省六部是行政事务的核心，整个中央行政体系的排列顺序是以三师（太师、太傅、太保）、三公（太尉、司徒、司空）为首，基本上是奖赏有功之臣的荣誉衔，如不兼他职，则不负责实际政务。以下依次是尚书、门下、内史（中书）、秘书、内侍等五省（唐加殿中，为六省；宋加入内内侍省，是为七省）；御史、谒者、司隶三台（唐裁谒者、司隶，而增司天台，宋只有御史台）；太常、光禄、卫尉、宗正、太仆、大理、鸿胪、司农、太府九寺；国子、将作、少府、都水、长秋五监（唐无长秋监而增军器监；宋改司天台为司天监，共六监）；左右翊、左右骑、左右武、左右屯、左右御、左右候、左右备身、左右监门十六卫（唐十六卫的名称略有变化，五代、宋则改为殿前司、侍卫亲军、环卫等）；以及东宫官、内官、王府官等。这种体制在唐代曾经编入著名的行政法典——《唐六典》之中，对后世影响很大。

从政务角度来看，除六部二十四司之外，九寺五监也负责许多实际事务，其具体职掌如下：

太常寺：掌邦国礼乐、郊庙、社稷之事。光禄寺：掌邦国酒醴、膳馐之事。卫尉寺：掌邦国器械文物之事。宗正寺：掌九族六亲之属籍，以别昭穆之序。太仆寺：掌邦国厩牧、车舆之政令。大理寺：掌邦国析狱详刑之事。鸿胪寺：掌宾客及凶仪之事。司农寺：掌邦国仓储委积之事。太府寺：掌邦国财货。国子监：掌邦国儒学训导之政令。将作监：掌供邦国修建土木工匠之政令。少府监：掌供百工伎巧之事。都水监：掌川泽津梁之政令。军器监：掌营造甲弩。

从九寺五监的职掌来看，与六部的职掌有重复之处，但并不冲突，因为六部是负责行政，九寺五监负责具体事务，是"尚书制断，诸卿奉成"[①]的政务体系，九寺五监要接受六部的指导，但九寺五监又可以直接向皇帝负责，对六部也有监督之责，乃是相互制约的关系。

---

① （唐）房玄龄：《晋书》卷46《刘颂传》，中华书局，1974年，第1303页。

四、以一省制为中心的政务体制

金、元时期，改三省制为一省制，由此又导致了中央政务体制再发生变化。

所谓一省，金为尚书省，元为中书省，是政务的主轴。一省既承秦汉以来以宰相"佐天子，理万机"的职权，又负有"典领百官，会决庶务"的责任，所以"凡军国重事无不由之"，是皇帝以下最高的政务机构。其首席长官是尚书令或中书令，不常设，如设则由皇太子或诸王兼领，以候补皇帝或皇亲的身份兼任最高行政长官，下设左右丞相、左右平章政事、左右丞、参政、参议省事等主要官员，分工管理各种事务。省直辖吏、户、礼、兵、刑、工六部，分管各种政务。有关的院、寺、监、卫、府等部门的事务也曾统归于中书（尚书）省调度。自金正隆元年（1156 年）确立一省制，一直到明代洪武十三年（1380 年）废除中书省（元代曾三次另立尚书省，与中书省分理政务，但时间长者四年多，短者仅数月），曾长期采用一省制为核心的政务管理结构。

金代"自省而下官司之别，曰院（枢密、翰林、宣徽等）、曰台（御史）、曰府（大宗正、侍正等）、曰司（都点检等）、曰寺（大理、太常等）、曰监（秘书、太府、少府等）、曰局（为二级机构）、曰署、曰所，各统其属以修其职"①。元代则明确地规定："其总政务者曰中书省，秉兵柄者曰枢密院，司黜陟者曰御史台。体统既立，其在内者，则有寺、有监、有卫、有府。"② 由此可见，金、元虽然同是以一省制为中心，但在实际职任上并不尽相同。元代把几项政务加以突出，使有些部门相对独立，"得自选官"③，直接对皇帝负责，进而成为互不统属的几个系统。

枢密院（金在战争时改为都元帅府）是全国最高军事机关，设有知院（使）、同知、副枢（使）、佥院、同佥等官，分管军事行政、武官任命、军需供应等事务。元代在中央凡与军政事务有关的寺、院、卫、府，都要接受枢密院的

---

① （元）脱脱等：《金史》卷 55《百官志序》，中华书局，1975 年，第 1216 页。
② （明）宋濂等：《元史》卷 85《百官志序》，中华书局，1976 年，第 2121 页。
③ （明）宋濂等：《元史》卷 22《武宗纪一》，中华书局，1976 年，第 486 页。

调度安排；地方上的行枢密院和各地有关军务的组织，也直接统属于枢密院。

御史台是全国的最高监察机关，设有御史大夫、御史中丞、侍御史、殿中侍御史、监察御史等官，主管中央和地方的监察事务。元代在各地设有行御史台和诸道肃政廉访司，分管辖区内的监察事务。从中央到地方的监察官员都由御史台提名，奏请皇帝批准。这样自成系统，并享有相对的人事推荐和监管弹劾权，在历史上是罕见的，也说明元代对监察工作的重视和加强。

宣政院是全国最高的宗教和民族事务机关，"掌释教僧徒及吐蕃之境而隶治之"。实际上所有的宗教和民族事务均归管辖，"其用人则自为选，其为选则军民通摄，僧俗并用"①。元代统治者尊崇道教和喇嘛教，赋予著名宗教人物很高的政治地位。无论中央和地方，凡与宗教和民族事务有关的部门，都要服从宣政院的调度指挥。充分利用宗教作为统治工具，又根据不同宗教信仰划分统治支系，这是元代政治的一个重要特点。

金、元虽然是实行一省制，但重要政务则必须奏请，皇帝往往会让朝臣集议，若不是权臣当道，中书省、尚书省的奏请，经常会被否决，特别是与省平行的部门，如枢密院、御史台、宣政院、中政院等。若是尚书省、中书省奏请之事涉及该部门，会招致强烈的反对，甚至认为尚书省、中书省侵权而奏请皇帝裁决。一省为中心，也并不意味着对该省失去监督，除御史台履行监督职责之外，金代设置登闻鼓院"掌奏进告御史台、登闻检院理断不当事"；登闻检院"掌奏御进告尚书省、御史台理断不当事"②。元代虽然不设此官，但重大事务都要相关部门集议，在特殊情况下，一些部门还被授予专决的权力。例如，燕公楠为大司农卿，"得藏匿公私田六万九千八百六十二顷，岁出粟十五万一千一百斛、钞二千六百贯、帛千五百匹、麻丝二千七百斤"③。各相对独立的部门，在其职权范围的事情，中书省在一般的情况下也不予以干预。

五、以六部为主体的政务体制

---

① （明）宋濂等：《元史》卷87《百官志三》，中华书局，1976年，第2194页。
② （元）脱脱等：《金史》卷56《百官志二》，中华书局，1975年，第1279页。
③ （明）宋濂等：《元史》卷173《燕公楠传》，中华书局，1976年，第4053页。

明洪武十三年（1380年）撤销中书省和大都督府，废除丞相制度，六部一度成为直接对皇帝负责的最高行政机构。由大都督府分割改组成的五军都督府也成为分别对皇帝负责的最高军事行政机构。但是，由皇帝一人直接领导六部五府以及其他国家机关，不论从国家政务抑或从皇帝本人的时间精力，都是难以持久实行的。明代中叶以后的皇帝，逐渐又依靠内阁作为辅政部门，丞相制度名废实存。清代除沿袭明内阁制度，雍正以后还另设立军机处，实行双轨辅政制，六部以及其他中央职能部门、省级行政长官，大部分政务还是分别呈报内阁和军机处转奏，皇帝的大部分批示也经过内阁或军机处下达。因此，以六部为主体的政务机构，基本还是在辅政部门指导下行使权力。

明代六部的建制和职任划分，仍是仿照《周礼》的六卿制度，但不是完全照搬《周礼》，而是结合当时的政治需要而安排，并打破唐代以来的六部二十四司的传统框架，将主管税收的户部和主管司法的刑部改为按地区划分设置对口管辖的司，俾有关管理工作更加深入。清代基本承袭明制，但也略有改变。六部分工大体如下：

吏部 掌管人事事务。下辖文选、考功、稽勋、验封四个清吏司，分管文官的铨选任免、考课处分、勋级丧养、封爵荫恤等事务。因为吏部掌管人事权，地位最高，"视五部为特重"，是当时公认的首席部。

户部 掌管民政财政事务。下辖浙江、江西、湖广、陕西、广东、山东、福建、河南、山西、四川、广西、贵州、云南十三清吏司（清代增加江南司，为十四司），每司下设民、度支、金、仓四科，分管各省户籍、田土、税粮、漕运、盐政、钱钞等事务，同时分工分管中央各衙门、卫所、边镇的俸禄及粮饷。此外还设有宝钞提举司、纸钞局、印钞局及各库、仓等机构，分管货币及仓储等事务。

礼部 掌管文教礼仪及部分对外关系事务。下辖仪制、祠祭、主客、精膳四清吏司，分管贡举、学校、宗教、军嘉礼仪、吉凶礼仪、宾客礼仪、典礼宴席等事务。另设铸印局，主管中央和地方官印的规制和制造。

兵部 掌管军事行政及武职任免等事务。下辖武选、职方、车驾、武库四清吏司，分管舆图、武官铨选、考察升调、荫恤、训练检阅、后勤给养、军籍、军器、驿站马牧、武学等事务。

刑部　掌管司法行政事务。下辖浙江、江西、湖广等十三清吏司（清初为十四司，后相继增加江苏、安徽、直隶、奉天四司，加上明制十三司，共有十七司），分管各省刑名案件，兼管审核诉讼、朝审、秋审、刑具、狱政、答疑、决囚等事务。

工部　掌管工程修建事务。下辖营缮、虞衡、都水、屯田四清吏司，分管各种营缮工程、采办制造器材、修建水利河防、陵园修缮等事务。凡国家度量衡器、狱具、舟车、礼器、军需、织造等均归工部统一管理。工部兼领营缮所、文思院、皮作局、颜料局、鞍辔局、慎节库等是官营的手工业和物料库。

由上可见，六部的职责管辖，大体上包括了当时国家的基本政务，体现出六部是执行政务的重心所在。

除了六部之外，当时还设置有其他政务部门，诸如院（都察、翰林、理藩、太医等）、寺（太常、光禄、鸿胪等）、监（国子、钦天等）、府（詹事、宗人、内务等）、司（通政使、行人等）等部门，除都察院、宗人府、内务府、通政使司等少数相对独立的部门之外，在政务上大都要接受六部的指导和安排。值得注意的是明代新增加的通政使司和清代增加的内务府、理藩院。

通政使司，始建于洪武十年（1377年）。朱元璋曾经对通政使司的命名提出见解，"政犹水也，欲其常通，故以'通政'名官"[1]，是上下沟通的机构。其长官为通政使，"掌出纳帝命，通达下情，关防诸司出入公文"[2]。下设左右通政、誊黄右通政、左右参议等官，分管各种具体事务。在朱元璋看来，设立通政使司，就可以"审命令以正百司，达幽隐以通庶务"[3]。故此在上朝奏事次序上排在六部及都察院前面，"凡晚朝，唯通政使司、六科给事中、守卫官奏事，其各衙门有军情重事者许奏，余皆不许"[4]。由此可以看出通政使司的地位。

内务府，是清代特设机构，专门管理皇室事务，其权力范围比较广泛，

---

[1]（清）张廷玉等：《明史》卷73《职官志二》，中华书局，1974年，第1781页。
[2]（明）申时行等《明会典》卷212《通政使司》，中华书局，1989年，第1058页。
[3]《明太祖实录》卷113，洪武十年秋七月甲申条。
[4]《明太祖实录》卷255，洪武三十年冬十月丁酉条。

凡宫内典礼、仓储、财务、工程、畜牧、警卫、内官管理、刑狱等无不归其所辖；设在宫外的海关、织造、盐政等部门，实际上也是由内务府直辖，外廷行政系统无权干涉其事务。内务府的长官为总管大臣，无定员，由满族王、公或满族大臣兼任。所属有广储、会计、掌仪、都虞、慎刑、营造、庆丰七司，上驷、奉宸、武备三院，江宁、苏州、杭州织造衙门、宫中及陵寝的管理机构等。

理藩院，是清代特设的机构，最早于崇德元年（1636年）设立蒙古衙门，崇德三年（1638年）改为理藩院，但隶属于礼部，入关以后则成为独立的衙门，历经康雍乾时期的完善，最终确定理藩院的职掌"外藩蒙古、回部及诸番部，制爵禄，定朝会，正刑罚，控驭抚绥，以固邦翰"。院设管理院务大臣、尚书、左右侍郎等主官，其直属有堂主事、领办处、司务；辖旗籍、王会、柔远、典属、理刑、徕远六清吏司，分掌爵禄、朝贡、定界、官制、兵刑、户口、耕牧、赋税、驿站、贸易、宗教等政令。除此之外，还曾经有内馆、外馆、蒙古学、唐古特学、托忒学、俄罗斯学、木兰围场、喇嘛印务处、则例馆等机构。

第三节　变通与变革中央政务体制

自汉武帝废黜百家、独尊儒术以来，经书成为历代治国的理念，也在很大程度上影响到官制。君主专制中央集权制度，赋予君主以决断的权力，但君主在很大程度上还要受到"祖制"与现行制度的束缚，在不违反祖制，不破坏现行制度的情况下，采取一些变通的方式，也在很大程度上改变中央政务体制。自秦以来，历代王朝都是多民族的国家，尤其是以少数民族为主体的政权，所面临的问题更多，因俗而治则成为必要的抉择。这些变通与变革，使中央政务体制具有新的特点。

一、以《周礼》为本的政务体制

西汉末年，王莽取代汉朝，建立了"新"朝（9—23年），他杂采古礼，更改官制。北魏分裂为东、西魏之后，西魏在宇文泰当政之时也依照《周礼》改行六官之制，这套制度为北周（557—581年）所承袭。当时出现过复古改官制的潮流，所本的都是《周礼》，但所收到的效果却截然不同。王莽改官制和北周设六官，虽然都是以复古为名，但在内容和形式都大有不同，社会效果也迥异。

王莽改官制是在不改变三公九卿制的基础上，只是添置了新官和更改了官名。例如，加设太师、太傅、国师、国将为上公，号为"四辅臣"。因袭西汉末年旧制，设大司马、大司徒、大司空为"三公"。立司马司允、司徒司直、司空司若为"三孤卿"。将大司农更名羲和（纳言），大理更名作士，太常更名秩宗，大鸿胪更名典乐，少府更名共工，水衡都尉更名予虞，号为"六卿"，与三孤卿合称为"九卿"，分属于三公，又按一卿辖三大夫，一大夫辖三元士的比例，构成九卿、二十七大夫、八十一元士的设官体系。又将光禄勋更名司中，太仆更名太御，卫尉更名太卫，执金吾更名奋武，中尉更名军正，与新设的主管乘舆服御物和典领兵秩的"大赘官"，共称"六监"。还假造受命金匮，并根据金匮图示，"又置司恭、司徒、司明、司聪、司中大夫及诵诗工、彻膳宰，以司过"①。这套行政机构不是根据实际政治需要，而是机械地仿照《周礼》，按照所谓的符命祥瑞以设职用人，使一些投机门客和许多没有真才实学的人填充要职，更使这套具有空想性质的行政机构不可能发挥实际效用，在"新"朝政权覆灭的过程中，非但没有发挥统治效能，却起到迅速崩解的作用。

西魏时，相国宇文泰以汉魏官繁，思革前弊，乃命人按《周礼》制定六官制度。北周替代西魏之后，这套六官制度得以保留。六官即天、地、春、夏、秋、冬六个官府，分别以大冢宰卿、大司徒卿、大宗伯卿、大司马卿、大司寇卿、大司空卿为长官。北周初年，贵戚宇文护为大冢宰，五府总听于天官，宇文护实际把持着全国军政大权。北周武帝宇文邕即位，杀宇文护而夺回权力，五府不再总听于天官，由皇帝裁理日常政务，辅助决策权也收归皇帝信任的少数官僚负责，故研究者认为北周"在中央政府组织形式方面，

---

① （东汉）班固：《汉书》卷99中《王莽传》，中华书局，1962年，第4103页。

表面上尽管是《周礼》的一套六官制度,实际上却还是依靠魏晋以来所形成的三省制度在发挥封建地主阶级专政的作用"[1]。更何况北周在实行六官制度的同时,并没有改动地方和军队的组织形式,因此政权相对稳定。这套行政机构在东灭北齐、南征陈朝的过程中发挥过重要的作用,并为隋代统一以后的官制改革奠定了基础。

统治者往往"假古先圣贤以自重",企图通过托古改制来加强自己的统治,完善政权机器,提高管理效能,以巩固本王朝的统治。然而,统治者托古改制动机不一,"有欲矫时弊而复古的,有想革命而反古的,有图一己之私而窃古的"[2]。王莽是图一己之私而窃古,北周是矫时弊而复古却赋予时代的内容,当然也会收到不同的政治效果。

王莽脱离社会现实,借古制以托言天命,假符命图谶而乱增机构,完全没有考虑统治效果,也就决定这样改制的命运只能是短暂没有生命力的,所以在"新"朝灭亡后,对后世并没有留下任何影响。历史不可能倒退,以一己之私而欺世盗名,违反社会绝大多数人的利益,必然要遭受失败,王莽改制和"新"朝的迅速崩解充分说明了这一点。

在古代社会,传说中的古圣贤哲人定制,对于各阶层人士是有一定号召力的。因此,打着"复古"的旗号,糅合某些适应社会需要的新内容,可以给改制增加历史的理论依据,也易为社会所接受,推行时也可以减少阻力,容易取得成功。在历史上,几乎每个朝代都有假古圣先王为名的改制或定制,比较突出而效果迥异的是王莽和北周。

二、诸使差遣负责制的政务结构

中国古代有一个难以改变的观念,凡是祖宗定下来的制度,子孙总是表示要"恪守成宪",不敢轻率改变。然而,社会在不断发展,政治、经济、军事情况也在不断发生变化,祖宗的制度总是不能适应现实的需要。在这种情况下,统治者往往采用一些变通的方式,在不明显变更祖制的情况下,采取一些临时措施,以弥补官制的不足,其最具代表性的措置就是派遣具有专责

---

[1] 王仲荦:《北周六典》,中华书局,1979年,第4页。
[2] 沈泊刚:《方孝孺的政治学说》,《大陆杂志》第22卷第5期,1961年,第136页。

的特使，处理钦命政务，出现了诸使差遣负责制。

汉代曾经设置绣衣直指，主管督大奸猾；设都水使者，主领河堤。魏晋南北朝时的都督诸州军事，总领数州以至全国的军队；设观风俗使者，主管巡查地方。此外，皇帝还常常随时派人去监管或处理某事。这种被差遣的诸使大都不在正规官制序列之内，但其实际权威却往往凌驾于正规官制之上，在现实政务中发挥极为重要的作用。

唐代将行政制度法典化，称为"祖宗不变之法"，但在社会发展的情况下，所谓"祖宗之制"显然不太适应国情的变化，也无法满足君主集权的需要。于是诸使差遣负责制就大为盛行，各种名号的诸使也随之遍布朝廷各个部门，侵夺甚至完全取代原有国家机构的职权。仅就唐代户部职掌范围来说，就有户口、租庸、盐铁、度支、支度、盐池、转运、出纳、粮料、税钱、青苗地钱、两税、劝农等十余种名号的诸使。诸使遍布朝廷各个部门的结果是造成正规职官丧失了规定的职守和权力，出现"兵部无戎帐，户部无版图，虞（部司）水（部司）不管山川，金（部司）仓（部司）不司钱谷，光禄不供酒，卫尉不供幕，秘书不校勘，著作不修撰，官曹虚设，禄俸枉请"[①]的混乱现象，原有的三省六部、九寺五监等基本上名存实亡，实际上是诸使在发挥行政上的作用。

诸使本来是临时差遣的，由于长期沿用，有些便成为固定的职位，甚至演变成为国家正式机构和职官。如都水台、枢密院、宣徽院、客省使、三司使等；但也有些由于差使任务的结束或改变，便因时因事因人而废止。

宋代在广置诸使的基础上，普遍实行差遣制，即官衔与实际职务相分离。差遣制原本是一种临时任官的方式，后来却成为任官的主要方法，也就形成"三省、六曹、二十四司，类以他官主判，虽有正官，非别敕不治本司事，事之所寄，十亡二三"的状况，以致"居其官不知其职者，十常八九"[②]。诸使差遣负责制的普遍推行，使典章规定的国家机构名实不副，甚至名存实亡，行政管理结构也就发生变化，国家机构处在不稳定的状况中，因此又需要进行大幅度的变革。

---

① （清）董诰等编：《全唐文》卷510，陆长源《上宰相表》，中华书局，1983年。
② （元）脱脱等：《宋史》卷161《职官志一》，中华书局，1977年，第3768页。

君主要集中权力，统治集团内部在争夺权力。集中权力必须加强对臣僚的控制，因此在行政上推行"分化事权"的方法，使各部门和人员之间互相牵制。争夺权力则需要扶植和重用自己的亲信，因此往往选择地位低下而便于控制的亲信以分割正规官制的权力。长久以往，宁可多设冗官，也不愿意权力集中到某几个人的手中，这样，"昔以一官治之者，今析之为四五，昔以一吏主之者，今增而为六七"①。人浮于事，而事不能决于一人，工作效率虽然低下，但却达到了集权的目的。

广设临时差遣诸使，被认为是君主独操用人大权的良策。古代用人标准往往不是在于有才无才，而是在于是否能忠实为己用。因此，重用亲人、近人、佞人，就成为无可避免的现象。而用亲人、近人、佞人的最便捷的方法莫过于差遣诸使。元代"额勒赤（使者）像雨点一样撒向各地"②。明代"军营厂狱，矿关采办，无一不以宦官领之"③。清代钦差大臣相望于道。中国自国家出现以来，诸使差遣始终与正规官制并存，有时甚至凌驾于正式国家机构和职官之上，原因就在这里。

三、"因俗而治"的政务结构

中国历史上各个王朝都是由多民族组成的，不论是以汉族统治集团为主，还是以其他民族统治集团为主建成的政权，出于对自身控制能力的估计，以及对民族地区实际存在的经济结构和传统生活方式的了解，历代统治者大都意识到强行将自己的习惯和现存的制度推行到民族地区，不但难以获得成效，而且还会激化矛盾。因此，历代王朝在确保自己最高尊荣和主权的情况下，往往实行一些特别制度以实行特殊管辖，进而形成"因俗而治"的政务管理。

（一）民族传统管理结构

少数民族建立的国家，往往特别注意保留本民族一些传统的管理方式，比较突出的是辽代的夷离堇和斡鲁朵制，金代的猛安谋克制，元代的怯薛制，清代的八旗制度等。

---

① （清）毕沅：《续资治通鉴》卷81《元祐三年（1088年）冬十月戊戌》，中华书局，1957年。
② ［伊朗］志费尼著，J.A.波伊勒英译，何高济译：《世界征服者史》，商务印书馆，1958年，第556页。
③ （清）永瑢：《历代职官表》卷38《内官》撰者案，清光绪二十二年（1896年）广雅书局刻本。

夷离堇制是辽代各部族的自治制度。耶律阿保机曾把契丹和臣属契丹的部落编为20部，圣宗耶律隆绪时扩展到34部，后来确定为48部。其中地位最高的是"内四部族"，其次是"四大部族"，即：五院部、六院部、乙室部、奚六部。各部设首领，称为"夷离堇"或"大人"，太宗时改称为"大王"。五院部在朝廷为北大王院，六部院在朝廷为南大王院，乙室部在朝廷为乙室王府，奚六部在朝廷为奚王府。内四部族和四大部族是契丹统治的中坚力量，但各有独立的治理权力，部的大王在世选之后由朝廷任命，大部族所辖的小部族首领（最初也称夷离堇，后改称令稳，再改节度使）世选后由王府任命。他们各按本部族习惯进行管理，在不违反统一政令的情况下，朝廷一般不干涉他们内部的事务。

斡鲁朵，译为"宫"。辽代皇帝即位以后都建有"斡鲁朵"，设立宫卫，老皇帝去世以后，宫卫依然保存，因此终辽之世共有12宫1府，其中9个先皇各设1宫，应天太后、承天太后各设1宫，圣宗时皇太弟耶律隆庆特设1宫，汉人宰相韩德让因得幸于承天太后而"拟诸宫例"置1府。诸斡鲁朵各有自己的辖区、部族、官府和兵马，相当于西周时期的分封诸侯。这种宫卫对维护皇帝的统治曾起过相当重要的作用，但由于因革替代而造成某些势力坐大，宫卫又往往成为威胁皇位的危险力量。

猛安谋克制原来是女真族在部落联盟时期的组织形式，猛安为部落单位，谋克为氏族单位。完颜阿骨打时规定300户为一谋克，10谋克为一猛安。金王朝进入中原以后，在地方行政中保留这一制度，与州县形成互不统属的两个系统，施用范围除女真族之外，还有归附的契丹人和部分汉人所在地区。猛安相当于防御州，谋克相当于县，主管休整军务、训练武艺、劝课农桑，是军事编制、生产单位、地方行政三位一体的组织。

怯薛制是成吉思汗时建立的番直宿卫组织，由成吉思汗时的四大功臣部落轮流担任，主要负责大汗殿帐护卫，是御前侍卫亲军。此外还有一些怯薛人员负责分管营帐内的各种事务，称为执事人或执事官，管理"冠服、弓矢、食饮、文史、车马、庐帐、医药、卜祝之事，悉世守之"[①]。他们常常"奉旨署

---

① （明）宋濂等：《元史》卷99《兵志二》，中华书局，1976年，第2525页。

事,别无颁受宣命"①。"'怯薛'几乎就是当时的朝廷,但以仿照中国的内朝、外朝而言,则是由内朝官出任外朝官而仍保有本职,即具有'怯薛'身份。"②可见怯薛作为大汗身边的亲近侍从,可以直接奉命管理某些政务,到一定时候便会转化成政务官。元太宗三年(1231年),以耶律楚材为中书令,而耶律楚材原为怯薛执事官中的必阇赤(书写的人),一部分怯薛执事官开始转变为政事官。忽必烈在刘秉忠、许衡等的帮助下,建立了一整套内外官制度,怯薛组织的护卫职能得以保留。怯薛执事官除一部分转变为政务官之外,另一部分则在众多的皇族和皇室机构任职。例如,大宗正府中有怯薛三四十员,宣徽院中有怯薛丹万人。这些人除供役使之外,也常常奉旨署理某些事务。怯薛的四大怯薛长一直由成吉思汗时的四大功臣桦黎、博尔术、博尔忽、赤老温的后代承袭。

八旗制度是在满族早期牛录制基础上建立起来的,"先是,满洲出兵校猎,各随族党屯寨而行,每人出一矢,十矢领以一长,称为牛录"③。明万历二十九年(1601年),努尔哈赤在此基础上初建黄、白、红、蓝四旗,始编300人为一牛录,以牛录额真(满语,意为大箭主)为长。万历四十三年(1615年),又增建镶黄、镶白、镶红、镶蓝(即黄、白、蓝旗镶红边,红旗镶白边)四旗,共为八旗,定编为"每三百人设一牛录额真,五牛录设一甲喇额真,五甲喇设一固山额真,每固山额真左右设梅勒额真"④。固山就是旗,当时每旗额编步骑7500人,八旗总计6万人。天聪九年(1635年)增编蒙古八旗,崇德七年(1642年)又增编汉军八旗,编制与满八旗相同。顺治时定八旗各级官长的汉语名称,固山为都统,梅勒为副都统,甲喇为参领,牛录为佐领。以后人数增加,旗数不变,只是增加佐领数目。全盛时,满、蒙、汉二十四旗所属佐领的数目有两千多个。

八旗也是集军事、生产、行政于一体的社会组织,平时生产,战时从征,就旗治众。入关以后,其生产意义日趋萎缩(因八旗有固定的饷银粮米)。以

---

① (明)宋濂等:《元史》卷87《百官志三》,中华书局,1976年,第2188页。
② 王明荪:《元代的士人与政治》,台湾学生书局,1992年,第46页。
③ (清)蒋良骐:《东华录》卷1,辛丑年(1601年),中华书局,1980年。
④ (清)蒋良骐:《东华录》卷1,乙卯年(1615年),中华书局,1980年。

军事编制而言，八旗分"禁旅八旗"和"驻防八旗"，分别担任护卫京师和驻守全国各地，旗籍人员世代为兵。以行政机构而言，八旗的各级衙署与州县系统并存，八旗所属旗人与州县所属民人实行分治。

（二）以统治民族为主导的管理结构

少数民族政权为了实现对人数众多的汉族及其他各族人民的统治，不得不依靠汉族地主阶级和其他各族贵族来增强统治力量，以扩大自身的统治基础。但在统治机构中，总是致力于确保本族统治阶层在政权中的优势地位。其采取的措置，主要通过两种形式：

一是设立蕃汉有别的两个系统统治机构，设立以蕃官体系为主导的部门，是在辽、夏、金、元时期都曾经实施过的。

辽太宗耶律德光（927—946年在位）时，健全了北面官和南面官两套不同的行政体系。中央北面官大致分为两部分。一是政务系统，以北、南宰相府总领，北、南宰相都是由皇族直系血亲或舅氏担任。其下主要有北、南枢密院，北、南大王府，夷离毕院，宣徽院，敌烈麻都司和大林牙院等机构。"北枢密院视兵部，南枢密院视吏部，北、南二王视户部，夷离毕视刑部，敌烈麻都司视礼部"，林牙院"掌文翰之事"。二是皇帝及其亲族的诸帐官，由御帐和诸族帐组成。御帐包括侍卫司、北南护卫府、奉宸司、三班院、宿卫司、宿直司、硬寨司、皇太子惕隐司等机构，"出于贵戚为侍卫，著帐为近侍，北南部族为护卫，武臣为宿卫，亲军为禁卫，百官番宿为宿直。奉宸以司供御，三班以肃朝会，硬寨以严晨夜。法制可谓严密矣"[①]。诸帐的机构和人员因其职任轻重而依次递减，由大内惕隐司主管调整。南面官主要有枢密院、三省、六部、台、院、寺、监等机构，大体仿照唐制，但这些机构往往因人因事而置废，或暂设于一时，或偏设于一地，并不完全固定。南面官多由汉人充当，也参用契丹贵族。南面官的权力低于北面官，而且许多职位有名无实。两套行政系统的权责并不均衡，契丹族的北面官一直起着主导的作用。

1038年，元昊正式称帝而建立西夏王朝，仿照唐宋制度建立一套官僚制度。其官分文武班，由中书省主管行政，枢密院主管军事，三司使主管财政，

[①]（元）脱脱等：《辽史》卷45《百官志一》，中华书局，1974年，第697页。

御史台主管监察，另有开封府、翊卫司、官计司、受纳司、农田司、群牧司、飞龙院、磨勘司、文思院、蕃学、汉学等部门分管具体事务。同时还部分保留原来的"蕃官"体系，有宁令（大王）、谟宁令（诸王）、祖儒（大首领）、吕则（首领）、枢铭（副首领）等官衔，便形成了蕃汉有别的两套行政系统，既适应了对广大汉族居住地区统治的需要，又尊重了原有的传统，确保了党项贵族在朝廷的主导地位。

金代完颜阿骨打建国（1115年），在不改易"旧俗"的情况下，把原有的部落联盟或酋邦机关改造为国家机构，建立了勃极烈制度，由皇帝近亲充当各种勃极烈，分管各项政务。都勃极烈就是皇帝；谙版（尊大之称）勃极烈是继承人，还有国论忽鲁勃极烈（贵总帅），国论左勃极烈（左国相），国论右勃极烈（右国相），国论勃极烈（贵大臣）；此外还有乙室勃极烈（主外事）、忽鲁勃极烈（总帅）、移赉勃极烈（部大臣）、阿买勃极烈（有专城）、阿舍勃极烈（副职）、昊勃极烈（助手）、迭勃极烈（佐贰）等，若是前面加上"国论"二字，则为重臣，可以参与国议。完颜阿骨打的弟弟吴乞买不断征伐，先后灭辽驱宋，进入辽代原统治区和中原地区以后，随即建立起三省制度，使本朝制度与汉官制度并存。金熙宗天会十三年（1135年），勃极烈制被废除，全面实行汉官制度。

蒙古建国以后，中央也存在两套行政机构。一套是建立在"部落野处，非有城郭之制"的游牧经济和"国俗淳厚，非有庶事之繁"[①]。体现阶级关系尚还是简单的蒙古制度，主要由"札鲁忽赤（断事官）"会决庶务，怯薛（番直宿卫）组织护卫大帐和管理营帐事务。太宗三年（1231年），蒙古势力进入关内地区，为了适应被征服地区的社会经济和政治状况，建立了以中书省为主体的汉官制度。忽必烈（1260—1294年在位）即位以后，实际统治已经包括蒙古本土和中原地区，才进一步勒定元代官制，确立了以中书省为主体的行政管理体制。

二是在统治机构中把重要职官和部门俱委派本族贵族掌管，以确保本族的主导地位，比较突出的是元代的"达鲁花赤"制和清代的满汉复职制度。

---

① （明）宋濂等：《元史》卷85《百官志序》，中华书局，1976年，第2120页。

"达鲁花赤"是蒙古语，意为镇压者、独裁者、掌印者。元代大多数中央机构和所有的地方机构都设有"达鲁花赤"，由蒙古人充任，地方上则参用色目人。"达鲁花赤"虽然不是管理实际事务的长官，但高踞于本部门其他官员之上，拥有监督权，因此在政务运作中起着重要作用。"达鲁花赤"的设置，突出反映了元代官制的特点，就是在正常官制之上专门设置从事监督和镇压的人员，借以保证蒙古贵族的绝对统治地位。元代统治者把全国各族人口划分为蒙古、色目（中亚各族，西夏、维吾尔族）、汉（原金代统辖地区的各民族）、南（原南宋境内的各民族）人四等，在任职上明确规定着差别，在法律上也有同罪不同罚的规定。

清代把全国的重要官职分别定为宗室缺、满洲缺、蒙古缺、汉军缺和汉缺，其中又以满、汉缺为主，按缺补授。各族所得官缺不一，所处的地位也不平等。清初，凡是政权的重要部门都操持在满官之手，即使是在实行满汉复职的机构中设置不分正副，但在政事处理中，经常是满官"一人主之，则其余相随画诺，不复可否"①。地方督抚大员也多半由满人担任，只有在所谓"承平无事"之时，或贫僻边远冗散之缺才委任汉官担任，也多是汉军旗人。中叶以后，清王朝实际统治权威下降，基于有效镇压叛乱和对付外国侵略势力，督抚的汉员才有增加，但限制仍极严。清代有满洲、蒙古、汉军八旗，每旗设都统一人，副都统二人，参领、佐领若干人，诸旗壮丁约20万人，除少数留守辽东之外，约10万拱卫京师，其余10余万人分驻各省，由驻防将军、副都统、城守尉等统领，占领要地，监视绿营，其驻东北、蒙古、青海、西藏等边陲地区的驻防官员还负责当地的各种政务，直接对皇帝负责。地方府、州、县官大部分由汉人担任，是因为辖区所能动员的人力物力有限，更加之与八旗驻防衙门交错在一起，很难形成反清势力。可见，清王朝在表面上虽不似元代那样划分界限森严的民族等级，但并未改变民族歧视的内涵，只是表现得比较隐蔽，运用得比较巧妙，统治者经常说什么"满汉一体""满汉不分"，其实并未放弃防范戒备之心。

"因俗而治"的政务管理体制，是在适应不同地区经济文化发展水平的实

---

① （清）赵翼撰，李解民点校：《檐曝杂记》卷2《兼管部务》，中华书局，1982年。

际情况下，对各民族区别对待，在不改变原有的生产方式和生活习惯的前提下，允许各从其俗，在客观上维持了被征服地区社会生产力的发展，同时也有利于社会稳定，加强本民族的统治。"因俗而治"在一定程度上还起到缓和民族矛盾，促进民族融合的作用，是取得过一定成果的统治政策。

四、晚清中央政务体制

鸦片战争以后，清王朝的"天朝"地位受到冲击，外国侵略者不甘以"外夷"身份与清廷交往，清王朝亦因战败而无力坚持旧体制，不得不对政务机关做必要的调整，增设新的中央政务机构，首先就是有关外交事务的部门。

1860年，第二次鸦片战争失败后，恭亲王奕䜣为有效地办理洋务和外交事务，奏请建立"总理各国事务衙门"，1861年1月20日得到批准。该衙门的规制仿照军机处，设总理大臣三员至十几员不等，由亲王一人总领，其余称大臣、大臣上行走、大臣学习上行走等；另设总办章京、帮办章京、章京若干人。该衙门直属机构有英国、法国、俄国、美国、海防五股，分管指定的某国或某几个国家有关交涉事务和江海防务、电信、铁路等"洋务"。该衙门下属机构有同文馆、海关总税务司署，还管辖南洋、北洋通商大臣，选派出国公使等。举凡外交及与外国有关的财政、军事、教育、矿务、交通等，无不归该衙门管辖。1901年改名外务部，其具体职责基本相同。

同文馆主要是为培养与外国往来交涉的人才。1862年，在上海和广州又设立广方言馆，主要为培养各官署衙门的翻译和学习外国生产技术的人才。

海关总税务司署于1865年成立，通管全国各海关事务。由于各种不平等条约和保证中国按期按额缴付巨额赔款，当时的关税大权一直被英国人所把持。

南洋、北洋通商大臣，简称南洋、北洋大臣。南洋大臣由两江总督兼任，驻上海；北洋大臣由直隶总督兼任，驻天津。这两个大臣不但是地方的最高长官，还着重管理对外交涉、通商、海防、军备、关税等方面的事务，下辖大批僚佐，权力远比其他总督大，因而后来逐渐形成地方官也有权处理外交问题的局面。这两个职务是晚清最重要的官职，一直为湘、淮两系军阀势力所据，李鸿章曾任北洋大臣达20年之久，北洋军阀系统就是在他任北洋大臣时期培养和发展形成的。

1898年，在光绪皇帝的支持下，以康有为、梁启超为首的资产阶级改良派要求变法，一度得到光绪皇帝接纳，并允准试行，史称"戊戌变法"或"百日维新"。从6月11日到9月21日，光绪帝接连发布100多道上谕，涉及了经济、军事和文教领域的改革。在经济方面，中央设立农工商总局（省设分局）、矿务铁路总局、邮政局等；在军事方面，重点训练陆军、加强海军、强化保甲和团练；在文教方面，改革科举制度，建立全国由初级到高级的学堂制度；在官府机构方面，裁减一些机构和冗官冗吏，准备"开懋勤殿以议制度"。9月21日，慈禧太后重新摄政，幽禁光绪帝，杀害谭嗣同、杨锐、林旭、刘光第、康广仁、杨深秀六君子，康、梁流亡海外，慈禧宣布废除新法，重新"训政"。维新运动虽以失败而告终，但毕竟揭开了清末政治改革的序幕。

1900年，八国联军攻占北京，逃往西安的慈禧太后面对惨痛的败局，不得不寻求挽回大清王朝命运的办法，便从几年前被自己镇压的维新变法运动中捡拾出一些内容，转为己用。1901年1月29日，以皇帝的名义发布上谕，令高级官员"各就现在情形，参酌中西政要，举凡朝章国故，吏治民生，学校科举，军政财政"[①]等情，均可向上陈述奏报，并于4月成立政务处，着手审议陈述，声言进行某些调整和改革。

1901年，首先改组总理各国事务衙门，建立外务部，使之居各部之首。部内设大臣一名，副大臣二名。直属机构有承政厅、参议厅、司务厅，还有和会、考工、榷算、庶务四司。该部除职掌一般外交事务之外，还被授权签订和履行条约，负责派遣和管理驻外使节、保护外商教士、办理各种招工、贸易、关税、留学、国债、铁路、矿山、邮政、海防等事务。

1903年，清王朝设立了商部，主管农、工、商等事务，这是中国历史上首次将商业正式纳入国家的"政务"。1905年，又设立巡警部和学部，企图模仿西方的警察制度和教育制度，同时宣布废除科举制度，建立学堂制度。

1906年，清王朝迫于全国人民的压力，被迫宣布准备实行宪政，声言

---

① 《清德宗实录》卷476，光绪二十六年十二月丁未条。

要进行更大规模的调整和改革。其具体的做法是，裁减合并职权重复的官署，增加一些新的机构，确定设立外务部、吏部、民政部、度支部、礼部、学部、陆军部（应设之海军部、军咨府，未设之前暂由陆军部兼理）、法部、农工商部、邮传部、理藩部等11部，以及大理院和都察院；原有的宗人府、内阁、翰林院、钦天监、銮仪卫、内务府、太医院、各旗营、侍卫处、步军统领衙门、顺天府、仓场衙门均不改变。各部院废除了沿用二百余年的满汉两堂官制度，实行单一领导。

1911年，臭名昭著的"皇族内阁"成立，再度调整，设立外务、学务、民政、度支、陆军、海军、司法、农工商、邮传、理藩等10部，各部首长为国务大臣。至此，原有军机处、内阁双轨辅政制与以六部为政务主体，寺监府院为辅的传统体制彻底瓦解。

第四节　中央政务运行机制

中央政务机构的主要职责是辅助君主履行统治，为君主集权服务。为适应专制主义中央集权政治发展的需要，历代王朝除在中央设置辅政部门以外，还根据需要分别设置分管军事、监察、人事、财经、司法、生产、文教礼仪等各方面事务的政务机关，以组成内外相维，职责有别，统率有序，有规章可循的全副国家机器。

一、相府与诸卿政务系列

相府与诸卿政务系列是秦汉时期的中央政务体制。相府分曹治事，诸卿各司其事。在政务往来处理上，相府诸曹有监督指导诸卿工作之责，诸卿在执行具体政务时要向相府有关部门呈报备查。相府诸曹没有得到皇帝的特许，不允许擅自干涉诸卿的事务，因此诸卿有较为独立的施政权力，直接对皇帝负责。西汉丞相陈平说："陛下即问决狱，责廷尉；问钱谷，责治粟内史。"这一般说辞，如实地反映出相府与诸卿的实际关系。宰相总其成以辅政，但不能包办和代替诸卿的职责，对诸卿监督指导的重点在于"使卿大夫各得任其职"①，考察诸卿的政绩和吏治，是"治其人而不治其事"。

相府与诸卿政务系列虽然有明确的权责分工，但亦普遍存在职无常守的现象。所谓的职无常守，就是指皇帝不受规章的限制，可以随时随事地对所有部门和臣僚委用调遣。例如，相府虽然是各项政务的总汇，但它的所属人员并不仅限于在相府中办理文案，相府掾史经常会接受皇帝的委任出巡各地或监督某部门的具体工作，皇帝直接差遣到掾吏，足见丞相和相府的独立职权又是有限的，亦因此相府的规模也得到不断扩大，在汉武帝时期曾经有吏员362人的规模。诸卿虽然各有所掌，有明确的职守，但承皇帝旨令，既可以参加本部门所管理事务的集议，又可以将兵作战，乃至处理本部门以外的各种事务。这也是皇帝运用最高用人权的体现，皇帝可以随时调遣官吏，增减予夺其职权，使官吏既可以有职无权，也可以有实权而不具职衔；既可以兼及他职之事，也可以指令在两职或多职之间权责相互渗透。规章制度及其运用，有时是按照常规的，但有时又是可以随意变通，一切都取决于皇帝的裁断。

对于专制主义中央集权制度来说，相府与诸卿政务系列并不是理想的政务管理体制，因为它不能充分体现集权的要求。诸卿的属官规模庞大，事务分散，不便于集中处理政务，特别是宰相的职权过滥过重，相府机构不断膨胀，插手事务过多，更是不利于君主集权。由此决定，相府与诸卿政务系列只能是一种暂时的过渡，一俟中央集权体制得到稳定巩固，便会被大幅度地修正。

二、相府、尚书诸曹与诸卿政务系列

相府、尚书诸曹与诸卿政务系列是西汉武帝主政到南北朝期间的中央政务体制。汉武帝以后，尚书权力不断扩大，以至于"虽置三公，而事归台阁"②。尚书之下设置有不同业务分工的诸曹，所管理的事务又逐渐增多，演至东汉，尚书台已经成为政务的中枢，"选举诛赏，一由尚书，尚书见任，重于三公"③，中央政务运行机制出现重大的变化。

---

① （东汉）班固：《汉书》卷40《陈平传》，中华书局，1962年，第2049页。
② （南朝宋）范晔：《后汉书》卷49《仲长统传》，中华书局，1965年，第1657页。
③ （南朝宋）范晔：《后汉书》卷46《陈忠传》，中华书局，1965年，第1565页。

尚书的权力扩大，宰相的权力则趋于下降，相府属员只能退居在相府之内办理文案、汇编各种政务文书。当然，这一发展趋势也出现过反复，在权臣辅政时期，相府也曾经几度恢复成为政务的总汇。

本来是官内侍从的尚书诸曹，实际上主管了各方面政务，大多数诏令奏章都要由尚书承传，不但侵夺了相府原有的职权，还导致诸卿职掌的变化和事权的削减。早期的尚书诸曹只是执掌政令，很少插手实际政务，诸卿的权责也没有过多的变化；后来的尚书诸曹既执掌了政令，又插手实际政务，人事、财政、司法、礼仪、工程等事务大部分转移到尚书诸曹管理，诸卿的职掌就不得不随而变更，逐渐演变为只能处理具体工作的事务官。

在官制排列顺序上，这个时期的相府和诸卿还排在尚书的前面，相府主要官属和诸卿的阶品也还高于尚书，这不过是形式。尚书"任总机衡"，又是实职实权，为时人所重，随着权力的扩大，官制排位便超越到诸卿的前面，成为主管政务的部门。诸卿除在皇帝特许的情况下，参议国政的机会越来越少，逐渐被认为是闲曹闲职。以尚书瓜分和取代相府、诸卿的重要职权，是在深思熟虑的政治谋略中采取的，是体现着中央集权政策的重要措施。

三、六部与寺监政务系列

六部与寺监政务系列是隋、唐、宋时期的中央政务体制。从地位上看，六部与寺监基本上是平行的，六部尚书为正三品，寺监长官从三品，相差不大；从职事分工来看，六部所掌与寺监所掌各有不同，但也有互相衔接之处。

按照典章规定：六部奉制命、掌制令，寺监则分掌具体事务。例如，户部"掌天下土地、人民、钱谷之政、贡赋之差"[①]，下辖户部、度支、金部、仓部四司，是朝廷的主要财经机构，凡国家户口田地数目、财政预算、仓库支纳等，无不经由户部。与户部职掌密切相关的司农寺，则"掌邦国仓储委积之事"，"凡京都百司官吏禄给及常料，皆仰给之"。太府寺"掌邦国财货"，"凡四方之贡赋、百官之奉秩，谨其出纳而为之节制焉。凡祭祀，则供其币"[②]。这样，财经行政归户部，粮谷收纳保管和支出则归司农寺，钱帛收纳保管和

---

① （宋）欧阳修、宋祁：《新唐书》卷46《百官志一》，中华书局，1975年，第1192页。
② （后晋）刘昫：《旧唐书》卷44《职官志三》，中华书局，1975年，第1889页。

支出归由太府寺，形成管理财政者不直接管物品，管理物品者不能理财的管理体制。此外，礼部与太常寺、光禄寺、鸿胪寺、国子监；兵部与卫尉寺、太仆寺、军器监；刑部与大理寺、御史台；工部与少府监、将作监、都水监等，都是建立在这种总领与具体分管关系之上。具体分管者要接受总领的指导，也可以对总领提出异议，直接听从君主指挥和向君主汇报政务，从制度上形成各部门和职官之间的相互牵制和监督，标志着中央集权制度的进一步完善。

从制度上看，六部与寺监是"职有常守，位有常员"[①]。然而，社会政治和经济头绪万端，事态复杂而多变，既要求政务管理体制有相对的稳定性，又要求有必要的机动能力。按照这样的要求，六部与寺监政务系列就显得协调不足，暴露出缺乏因机应变的能力，总领和具体分管部门往往未能有机地配合，彼此之间虽有分工，但划分过于笼统，界限和权责不分明，有些政务难以及时有效地统一处理，临事互相推诿，甚至互相扯皮，有利不顾一切地拼命去争，有害千方百计地进行规避。

古代统治者执政的特点之一是过分拘泥于祖宗成法，宁可照陈规旧例办事，也不愿因时改制。有时碍于政务纷繁，不得不有所匡正，于是便采用临时置使、随时设官的方法来应付。唐、宋时期的诸使和差遣制的普遍存在，在一定程度上反映出六部与寺监政务管理体制不尽符合实际需要，需要采取这种变通的形式予以弥补和修正。

四、部院寺监府政务系列

部、院、寺、监、府政务系列是在金、元以至明、清逐渐形成的中央政务管理体制。部、院、寺、监、府是官制的排列顺序，其地位基本相同，在政务上也互有联系。

部是吏、户、礼、兵、刑、工六部。这个时期的六部已经不再拘泥于每部四司的旧制，而是根据事务的繁简适当地增减司署，增加部直机关的编制，以适应日益增多的事务，承担分管中央重要政务的职责。

---

① （宋）欧阳修、宋祁：《新唐书》卷46《百官志序》，中华书局，1975年，第1181页。

院是宣徽、宣政、枢密、翰林、都察、理藩、太医等院。从政务的角度上看，院与六部有一定的关系，但又是比较独立的政务机构，有自己专门的职任和政务管理体系，六部无权干涉院的政务。

寺和监在这个时期有所省并，与部院的政务关系明确，在部院的指导下分管具体事务，负责一定的礼仪、司法、教育、天文历象等业务，对部院的从属性比较强。

府是宗人府、侍正府、詹事府、内务府等，也是比较独立的政务机构，与部院有一定的关系，但部院不能干涉府的事务，因为府是由皇帝直接指挥调动的政务机构。

部、院、寺、监、府政务系列并不是一元化的体制，实际上是一种多元多轨的政务管理形式，同一方面的重大政务，细分为由若干部门，由不同的机构分别管理，既让它们彼此之间在政务上保持密切的联系，又分别赋予它们奏请皇帝裁定的独立职权，这是统治者有意识地使各种部门构成相互牵制监督的局面，以防止专擅独断。当然，多元多轨制的政务管理体制也是与当时的政治、经济和社会发展密切相关的，社会经济的日益进步，社会生活的日趋复杂，要求政务管理必须向严密深细的方向发展。财、账、钱、物各有专司，司法行政与司法审判各有专属，军事指挥与军令、后勤、马政等分辖于不同部门，正反映着政务管理体制的进步。至于皇族事务、宫廷事务机关，历来都是由君主直控，任何部门都无权干涉。在"朕即国家"的家天下社会里，皇家事务与国家事务又从来没有明确的分界线，因此在政务处理上也存在彼此互兼的现象。侍正府、内官衙门、内务府等机构庞大，具有特殊的地位，正从侧面反映出皇权独尊，君主专制乃是官制的轴心。

五、中央政务体制的发展规律及特点

在几千年的发展过程中，有些中央政务管理机构的名称还在，但实际职权却变化了；有些机构名称相异，而职权却大致相同；有些虽有机构设置，却已没有什么实际职权；而有些没有机构设置，却拥有实职重权，显得十分凌乱和复杂。虽然它们的演变是如此繁复杂乱，但还是有一定历史规律可循的。

第一，与社会发展关系密切。

在生产力发展水平较低，人们的社会关系比较简单时，设官分职一般是采取军政合一、文武不分的形式，机构和人员的设置也比较简单。随着社会分工逐渐明细和事务的增多，官职的设置就必然日益增多，军政逐渐分途，文武各成一系，职责规定也逐渐具体。在职有常守、位有常员的情况下，不断加强对职官的管理，使官有所职，职有责任。这种由简及繁、由粗渐细的发展过程，既反映着古代中央政务管理体制从低级向高级的发展，也反映社会的不断进步。

社会的发展导致阶级关系的变化，世袭的贵族转变为食禄的官僚。官僚群体的出现，基本打破了世袭罔替，赵高说服李斯时说："未尝见秦罢丞相功臣有封及二世者也，卒皆以诛亡。"① 官职不能世袭，也很少能终身一职。这种以流动的，可以升迁调动、甚至可以罢黜杀戮的官僚所组成的职官队伍，既是人事制度的一大进步，又是以职官管理为重要内容的中央政务机构不断扩大的重要原因。

当然，所谓进步仅是相对而言，主要是指它逐步代替了世袭为官的旧制度。在君主专制集权制度下，一切设官任职和机构的调整，总是首先从君主的统治利益出发，故意采取政务系统的设置多轨多元化，故意造成它们之间的相互牵制和监督，一再以内侍、宦官代替外朝职官，虚职实官，虚官实职，有意使职、权相脱节，等等，主要根源都来自有利于专制君主的控制。离开君主专制这一特点，就无法理解中国古代中央政务管理体制及其演变。

经济基础决定上层建筑，总体是上层建筑要适应经济基础，而上层建筑的强大反作用力也会制约经济基础。中国古代一直以农业为本业，在管理方面也多有侧重，却采取抑制工商业的政策，在很大程度上限制工商业的发展。法律虽贱商人，但商人已富贵，无论限制多么严厉，也不能够阻挡工商业的发展，只有去适应，官制当然也要进行适当的调整。如唐代的宫市使、市舶使、两税使、转运使、租庸使、度支使、盐铁使、铸钱使、榷茶使、榷酒使、市易使等的设置，都与工商业有关，则可见在顺应社会经济发展的情况下，

---

① （汉）司马迁：《史记》卷87《李斯列传》，中华书局，1959年，第2549页。

中央也会做出针对性的调整。

第二，钦定儒家思想为指导原则。

中国古代长期以钦定的儒家思想作为设官分职的指导原则。《周礼》一书，原本是战国到秦汉时期的儒生托古改制所设计的理想蓝图，他们的设计同实际的政务管理体系也有一定的距离。但是，在尊崇君主的原则基础上，有严格等级秩序、上下有别、职责分明的政务管理体制的构思，是完全符合历代当权者的利益，所以被后世百王推崇为值得效法的经典。每逢官制改革时，统治者往往从这一古老的文献中寻觅依据，生搬硬套到当时的官制上，产生过许多翻新复古的名称。但万变不离其宗，儒家的德治、礼治、法治、伦理纲常等基本理论总是贯彻始终，纵使在官名和解释上各有不同，但在应用上却是相同的。统治者碍于"祖宗成法"，往往在保留旧的机构的同时设置新的机构，或抽换旧机构、旧职官的实际职权而保留其衔名编制，也是造成中央政务机构逐渐繁复冗杂、名不副实的重要原因。

在钦定儒家思想指导下，官制设置的重点在于维护社会的稳定，对于社会发展缺乏基本的关注，以至于官制调整总是跟不上社会发展，即便是适应社会发展的调整，对社会的正面影响也是很少的，在某种程度上还会限制社会发展。例如，唐代为了打击私盐、私酒、私茶，除了出台严厉的法律之外，还让榷盐使、榷酤使、榷茶使督察州县查私，结果是群盗"以所剽物易茶盐，不受者焚其室庐，吏不敢枝梧，镇戍、场铺、堰埭以关通致富"①。强盗打劫，官府无可奈何，却利用查私之权而欺压百姓，各自因此致富，不但给社会带来极大的损失，也摧残社会经济，更重要的是逼迫人民反抗，其官制设置虽然在于维护社会稳定，最终却成为社会不稳定的因素，以至于人们有增置一官，便多一扰民者的认识。

第三，多民族国家特点。

中国是一个多民族的国家，在历史上有鲜卑、匈奴、羯、氐、羌、契丹、党项、女真、蒙古、满等民族先后统治过中国部分或全部地区。这些民族原来的官制与汉族的传统官制有许多相异之处，在进入中原地区以后，为了有

---

① （宋）欧阳修、宋祁：《新唐书》卷54《食货志四》，中华书局，1975年，第1380页。

效地进行统治，多着力于对原有官制的调整和改革，在坚持以本民族统治为主体、保留本民族原有传统文化和制度特点的同时，又大力吸收了各民族，尤其是汉族的传统文化和制度；在基本保留本民族固有治理形式的同时，又采取了其他民族某些治理形式。

汉族为主导的政权对少数民族地区也根据不同的情况采取不同的治理形式，这种"因俗而治"的政务管理体制，曾经鲜明有效地反映在各个时期中央朝廷的体制，也促进了民族之间的了解和融合，是符合各个时期历史实际的。

中外交通的发达，海外贸易的发展，以及与各国之间的交往，在官制上也有反映，如秦汉的典属国、唐宋的市舶司、元代的宣政院、清代的理藩院和总理各国事务衙门等，都在一定程度上反映着当时与各民族和外国的交往关系。

第五章

地方行政机构

中国国情特点是民族众多、地域辽阔、地区的差别较大,中央政权要对之实行有效管理,就必须建立和健全便于加强控制的地方行政体制。地方行政体制的设计安排是否合理,关系到国家的统治权力是否完整,关系到全国疆土是否安定和能否正常运转。

第一节 历代疆土和地方行政区

将以血缘划分改变为按地区划分居民,按照一定行政区划进行管辖,是国家政权产生和臻于成熟的必然措置,没有行政管辖,国家就不具备存在的必要条件。夏、商曾经把全国划分为九州,西周又调整为九畿,春秋战国时期出现了郡县分级的行政管辖,其特点都是按照地域进行划分,也意味着行政管理逐渐走向完善。

一、历代疆土

夏代是中国现今可以确定的最早国家,根据考古发现及古文献的记载,夏王朝的活动区域主要在现在的河南登封县一带,王朝直辖区域大概在伊水和洛水流域,区域并不很大。《尚书·禹贡》提到禹划分别为豫、青、徐、扬、荆、梁、雍、冀、兖等九州,应该是后世所设想的,因为《禹贡》一书是出自战国时代,徐中舒和尹世积曾经进行过考释,认为禹之九州范围并不大,大体"北至太行，南至三涂，东至阳城太室，西至荆山中南"①。也就是说北至今山西太行山，南至豫西南部，东至河南登封，西至陕西秦岭一带。夏代的政治势力范围只是在今晋、陕、豫三省的大部分地区。

商代的政治势力范围比夏代要大，王朝直接控制地区号称"邦畿千里"（《诗经·商颂·玄鸟》），而且不断扩展，全盛时"东不过江、黄，西不过氐、羌，南不过蛮荆，北不过朔方"②。也就是说商王朝的势力范围，东至今黄淮地区，西至太行山以西，北至今河北北部，南至长江流域。以外的地区，则仍为各个方伯所控制，在王朝强盛时期，方伯在名义上虽然保持臣附，但王朝并不能左右他们的内政。

西周经过军事征服和封邦建国，政治势力范围更有扩大，号称"溥天之下，莫非王土，率土之滨，莫非王臣"（《诗经·小雅·北山》）。西周王朝全盛时，"我自夏以后稷、魏、骀、芮、岐、毕，吾西土也。及武王克商，薄姑、商奄，吾东土也。巴、濮、楚、邓，吾南土也。肃慎、燕、亳，吾北土也"（《左传·昭公九年》）。也就是说，疆域东达今山东半岛、黄淮及沿海地区，西及今甘肃天水、灵台，南至今南阳盆地及湖北襄阳、随州，北逾今北京市以北的地域。

平王东迁，周在名义上虽然还是天下共主，但实际上已经降到诸侯国的地位。当时仅拥有成周一带约六百里土地，"南阳背泽、潞，富甲天下；辕辕、伊阙，披山带河"，是现今河南洛阳、原阳、济源、修武、孟县、温县、沁阳、武陟、偃师、巩县、嵩县、登封、新安、宜阳、孟津、汝阳、鲁山、临颍等地区。随着诸侯势力的崛起，周王室的领地再逐渐削减，春秋末期，"王所有者，河内、武陟二县，及河南府之洛阳、偃师、巩县、嵩县、登封、新安、宜阳、孟津八县，汝州之伊阳、鲁山，许州府之临颍县，与郑接壤而已"③。在王室衰微的同时，势力范围越来越小，诸侯的势力范围却越来越大。长达两三个世纪的兼并战争，出现齐、楚、秦、晋、鲁、吴、越、宋、卫、郑等地逾千里的大国，统治领域已经遍及今黄河、长江两大流域的中下游地

---

① 徐中舒：《再论仰韶与小屯》，《安阳发掘报告》1931年3月。另见尹世积：《禹贡新解》，农业出版社，1955年。
② （东汉）班固：《汉书》卷64下《贾捐之传》，中华书局，1962年，第2831页。
③ （清）顾栋高撰，吴树平、李解民点校：《春秋大事表序》，中华书局，1993年。

区。值得注意的是，各诸侯国为集中权力和取得胜利，在兼并的同时都陆续取消了分封制，建立起由国君直接控制的县、郡管理体制（早期的建制是县辖郡），地方行政组织在战争中发挥出便于统一指挥，严格遵守诸侯命令的有力作用，显示出取代分封采邑制的优势。

战国时期，兼并战争更为激烈，齐、秦、楚、韩、魏、赵、燕七雄并立，还有十余个小诸侯国周旋于大国之间，活动领域较春秋时代更为扩大，今云南、贵州、甘肃、四川、江浙、辽宁西南部等地区都先后纳入诸侯国势力范围，为统一的多民族帝国疆域奠定了基础。战国时代的地方行政体制除保留少数分封采邑残余之外，普遍推行郡县制。值得注意的是，战国时代仍享有分封采邑名号的人已经不再拥有军政权力，采邑只作为受封者俸禄待遇的部分，与原来的分封采邑制有根本的区别。

秦是中国历史上第一个真正实行统一的王朝，它奠定了我国的疆域基础。秦当时的疆域"东至海暨朝鲜，西至临洮、羌中，南至北向户，北据河为塞，并阴山至辽东"[①]。后来又有所扩充，其所辖的区域包括今天的晋、冀、鲁、豫、陕、苏、皖、浙、闽、赣、湘、鄂、粤、桂14省区的全部，以及甘肃东部、四川东部、云南东北部、辽宁西南部、内蒙古南部、宁夏东南部、越南东北部、朝鲜西北部等局部地区。在这广阔的疆域里，设立了36个郡级行政区，后增至40余郡。郡下辖县，县下有乡，实际上是郡县两级地方行政。郡的长官称"守"，因京师咸阳是京畿地区地位特殊，所以称为"内史"。县的长官称"令"或"长"，京畿和重要地区县的长官级别较高。云贵部分地区未设郡而称属国，属于半独立性质的行政区。

西汉初年的疆域有所缩小，沿边地区多处于独立或半独立状态。汉武帝时国力强盛，领土也有所扩张，极盛时的疆域，曾东起库页岛，西到巴尔喀什湖以东及葱岭以西，北至贝加尔湖，南到两广及越南一部分。西汉末年到东汉初年，战争频繁，朝廷实际上可以控制的区域锐减，历经发展，也未恢复全部疆域，故东汉全盛时，也只是"东乐浪，西敦煌，南日南，北雁门，西南永昌，四履之盛，几于西汉"[②]。东汉末年，政治腐败，动乱不止，地方割

---

① （汉）司马迁：《史记》卷6《秦始皇本纪》，中华书局，1959年，第239页。
② （清）顾祖禹：《读史方舆纪要》卷2《历代州郡形势》，中华书局，1955年。

据，朝廷实际控制的地区已经有限。两汉在朝廷直接控制的地区设立郡，分封地区设立王国，归属地区设立属国，边疆地区设立都护府、校尉、中郎将，这些都属于第一级行政区划。二级行政区划是县、国（诸侯王的封地）、邑（公主的封地和皇陵区、祭祀地）、道（少数民族聚居地区）。汉武帝时期曾经设立13（部）州为监察区，州刺史治官不治民。东汉后期，州刺史有了固定的治所，并直接向皇帝奏事，州则变成高于郡的地方行政区，形成州、郡、县三级行政区划。

魏晋南北朝时期，魏、蜀、吴的疆域合计比东汉末年有所扩大，西晋统一后也未有更大的扩充，东晋十六国时期出现南北分裂，南北朝时期则南北对峙，疆域虽时有增减，但实际管治的疆域已经超过了西汉。魏晋南北朝时期的地方行政区划虽然基本承袭州、郡、县三级制，但在不断限制地方势力发展的情况下，三级行政区的实际管辖范围都在缩小。以州来说，三国时期有19州（魏13州、蜀2州、吴5州），西晋有21州，延至南北朝末期，南陈有42州，北周有211州，南北合计竟有253州。魏晋南北朝是战争和民族大融合时期，在战争和民族融合过程中，出现适应这种形势需要的行政区划。如曹魏时期的屯田行政区；北魏时期的军镇行政区；晋南朝时期的侨置州县，为少数民族设立的左郡左县行政区，以及具有军事管制的行政区等。

581年，隋文帝杨坚篡夺北周政权，建立隋王朝，其后不断扩展，终于把分裂三百多年的中国再度统一起来。至其子隋炀帝杨广时，隋朝达到极盛，在大业五年（609年），隋朝的疆域"东南九千三百里，南北一万四千八百一十五里，东南皆至于海，西至且末，北至五原（今内蒙古五原县南），隋氏之盛，极于此也"①，疆域超过秦汉，成为当时世界上最大的国家。"是时天下凡有郡一百九十，县一千二百五十五，户八百九十万有奇"②。也是为了集中权力，隋代省并州一级，恢复郡县两级制。

隋末农民大起义使中国再次陷入战乱烽火之中。618年，李渊篡得政权，建立唐王朝，历经五十年的发展，唐代的疆域达到顶峰。在唐高宗总章元年（668年），唐王朝的疆域"地东极海，西至焉耆，南尽林州南境，北接薛延

---

① （唐）魏徵：《隋书》卷29《地理志上》，中华书局，1973年，第808页。
② （宋）司马光：《资治通鉴》卷181《隋大业五年（609年）》，中华书局，1956年。

陀界，东西九千五百一十一里，南北一万六千九百一十八里"[1]。如果加上唐王朝以羁縻形式控制的周边少数民族地区，其势力范围已经东至日本海，西至咸海，南至越南中部，北至贝加尔湖北岸及叶尼塞河中游，是当时世界上无与伦比的强盛大国。唐代初期沿用隋代地方两级行政区划，或郡县，或州县，以州县为主。唐太宗贞观十年（636年），分天下为10道，派遣黜陟使或观风俗使分巡。10道是依据山川地理形势划分的，是监察区，还算不上一级行政区。开元二十一年（733年），唐玄宗李隆基改10道为15道，置采访使、观察使等常驻，道开始向行政区转变，最终又回到三级地方行政区划。安史之乱爆发以后，唐王朝不但失去边疆许多领土，朝廷的力量也大为削弱。藩镇割据使朝廷失去对地方的控制，虽然中央多次企图改变藩镇割据的局面，但总是收效不大，"迄唐亡百余年，卒不为王土"[2]。藩镇拥有实权，但又总是千方百计地谋取朝廷任命的名义，表面上尊奉唐朝正朔，却又总是自求扩张、自行其事，应该算是一种特殊的政治态势和特殊的地方管辖形式。

唐王朝灭亡，北方相继出现后梁、后唐、后晋、后汉、后周5个朝代，史称五代。这时在巴蜀、江南、岭南和河东还存在前蜀、后蜀、吴、南唐、吴越、闽、楚、南汉、南平、北汉10个地方政权，史称十国。五代十国活动的疆域远不及隋唐，地方行政区划或三级或两级，各视自己的控驭势力和需要而定。分裂和战争使各政权都致力于加强对地方的控制，他们一方面努力消除骄兵悍将，一方面对所管辖的地区尽量严加控制，因此在相同的行政级别中出现不同的名称。如州一级中有府（重要之地）、军（冲要之地）、监（有矿产之地）等。在这种情况下，虽然总的形势是处在分裂状态，但局部政权对地方的控制力却得到加强。

从960年宋太祖赵匡胤在陈桥驿发动兵变夺得政权，到徽、钦二帝被金俘虏北上，历经九帝165年，是为北宋。从1127年宋高宗赵构在南京应天府（今河南商丘）即位，到1279年末帝赵昺在崖山（今广东新会南40公里处）投海身亡，是为南宋。两宋疆域虽然大有不同，但地方行政区划体制却是相同的。两宋地方行政区划实行路、府（州）、县三级制。北宋极盛时

---

[1] （宋）欧阳修、宋祁：《新唐书》卷37《地理志一》，中华书局，1975年，第960页。
[2] （宋）欧阳修、宋祁：《新唐书》卷210《藩镇魏博》，中华书局，1975年，第5921页。

的疆域,"东南际海,西尽巴僰,北极三关,东西六千四百八十五里,南北万一千六百二十里"。在这辽阔的领地里,划分为开封、河南、大名、应天4京府,开封府畿、京东东、京东西、京西南、京西北、河北东、河北西、河东、陕西、淮南东、淮南西、两浙、江南东、江南西、荆湖南、荆湖北、成都府、梓州、利州、夔州、福建、广南东,广南西23路。南宋强盛时,"东尽长淮,西割商秦之半,以散关为界"①。划分为浙西、浙东、江东、江西、淮东、淮西、湖南、湖北、京西、成都、潼川、利州、夔州、福建、广东、广西16路。

辽王朝极盛时期的版图,北达今蒙古高原色楞格河、石勒喀河以北地区,东临日本海、黄海,南至今河北霸州市、雄县,西越阿尔泰山。基于多民族的国家的实际,采取"因俗而治"的政策,地方行政区也采用双轨制。北方采取部落制,以部族为单位,这样的形式适合对游牧民族和汉族的分别管理,汉人和渤海人所在的地区划分为道(府)、州(军、城)、县三级制。辽全盛时有5京(道、路)、6府(五京府和黄龙府)、156州(军、城)、209县,52个直辖部落,60个附属部落。

金王朝极盛时期的版图,北至黑龙江、外兴安岭以北,东至大海,南与南宋沿淮河为界,西及大散关并与西夏为邻。地方行政区划则"袭辽制,建五京,置十四总管府,是为十九路。其间散府九,节镇三十六,防御郡二十二,刺史郡七十三,军十有六,县六百三十二。后复尽升军为州,或升城堡寨镇为县,是以金之京府州凡百七十九,县加于旧五十一,城寨堡关百二十二,镇四百八十八"②。实际上是路(府)、州、县三级制,第二级则分散府、节镇州、刺史州、防御州四等,第三级则分赤县(京都所在)、剧县(户口和地处要冲)、诸县三等。

西夏的疆域比较小,东临黄河,西尽玉门关(今甘肃敦煌西小方盘城),南迄萧关,北抵大漠。设有兴庆、西平、宣化三府及若干州县,基本上是两级制。

元王朝是一个幅员广袤的大帝国,它"北逾阴山,西极流沙,东尽辽左,

---

① (元)脱脱等:《宋史》卷85《地理志一》,中华书局,1977年,第2093—2096页。
② (元)脱脱等:《金史》卷24《地理志一》,中华书局,1975年,第550页。

南越海表",疆域"有难以里数限者"①。以今日地理来说,帝国的势力所及,北到北冰洋,南到越南、泰国北部,东南至海而达澎湖,西至东欧和西亚。在这样大的国土内,政治、经济、社会情况当然相差很大,元王朝统治者便采用多种形式来实施管理,归纳起来,大概有四种形式:一是由大汗(皇帝)直接统辖的地区,这部分地区是原属于金、南宋、西夏、大理的部分领土。二是朝廷实际控制的地区,大约占元王朝领土的60%以上,在京城大都周围(今河北、山东、山西及河南黄河以北地区)称为腹里,由中书省直接管辖,其余分为岭北(省城和宁,即今蒙古国哈尔和林)、辽阳(省城辽阳)、河南江北(省城汴梁,即今开封)、陕西(省城奉阳,即今西安)、四川(省城成都)、甘肃(省城甘州,即今张掖)、云南(省城中庆,即今昆明)、江浙(省城杭州)、江西(省城龙兴,即今南昌)、湖广(省城武昌)、征东(省城王京,即今朝鲜开城)等11个行中书省。省以下有路、府(州)、县三级,实行的是四级地方行政区划。三是在吐蕃地区设立吐蕃等处宣慰司都元帅府(又称朵思麻宣慰司)、吐蕃等路宣慰司都元帅府(又称朵甘思宣慰司)、乌思藏纳里速古鲁孙三路宣慰司都元帅府(又称乌思藏宣慰司),这些元帅府乃是实行半军事化的管理;畏兀尔地区则设立大都护府管理。宣慰司和都护府直属中央宣政院管辖。四是成吉思汗分封给四个儿子的钦察汗国(建帐在伏尔加河下游的萨莱)、察合台汗国(建帐在阿力麻里,即今新疆霍城县西北)、窝阔台汗国(建帐在科布多,即今蒙古国吉尔格朗图)、伊儿汗国(建帐在大不里士,即今阿塞拜疆共和国南部)四大汗国。这四大汗国基本上是独立的,其朝贡等事务归宣政院管辖。

  明代的疆土虽不及元代,但全盛时期疆域也北逾外兴安岭及贝加尔湖,南至安南,东达库页岛,西及中亚锡尔河和阿姆河上游,"禹迹所奄,尽入版图。近古以来,所未有也"。对这大片疆土,明代也实行多种管理形式,"洪武初,建都江表,革元中书省,以京畿应天诸府直隶京师。后乃尽革行中书省,置十三布政使司,分领天下府州县及羁縻诸司。又置十五都指挥使司以领卫所番汉诸军,其边境海疆则增置行都指挥使司,而于京师建五军都督府,

---

① (明)宋濂等:《元史》卷58《地理志一》,中华书局,1976年,第1346页。

俾外都指挥使司各以其方附焉"①。明初制定的疆土管理体制是分为两大系统，一是属于行政系统的六部——布政使司（直隶府州）——府（直隶布政司的州）——县（府属州），二是属于军事系统的五军都督府——都指挥使司（行都指挥使司，直隶都督府的卫）——卫（直隶都司的守御千户所）——千户所。两京都督府分统16个都指挥使司，5个行都指挥使司，2个留守司，所属493个卫，2593个千户所，315个守御千户所。"明代军事系统的都司（行都司）、卫、所在绝大多数情况下也是一种地理单位，负责管辖不属于行政系统的大片明帝国疆土。"②也就是说，朝廷直辖的地区同时采用行政和军政管理制度，即布政使司和行都指挥使司，它们为第一级行政区，直接接受王朝的控制。十三布政使司"分统之府百有四十，州百九十有三，县千一百三十有八。羁縻之府十有九，州四十有七，县六"。布政使司下是府（州）、县（州）两级。此外还有"土官宣慰司十有一，宣抚司十，安抚司二十有二，招讨司一，长官司一百六十有九，蛮夷长官司五。其边陲要地称重镇者凡九：曰辽东、曰蓟州、曰宣府、曰大同、曰榆林、曰宁夏、曰甘肃、曰太原、曰固原，皆分统卫所关堡，环列兵戎"③。对于归附地区，多不立即改变其原有的治理形式，而实行归属不定的朝贡制。明代朝廷直辖的地方行政区划是参照元代的四级制而改为三级制。

清代的疆域超过明代，全盛时，"东极三姓所属库页岛，西极新疆疏勒至于葱岭，北极外兴安岭，南极广东琼州之崖山"④，既有辽阔的陆疆，也有宽广的海疆。根据不同的情况，清王朝采取不同的管理方式。原来为明代朝廷所直接控制的地区设立18个行省（同治时台湾、新疆改为省；光绪时东北改为奉天、吉林、黑龙江省），东北和新疆、青海、外蒙地区设立将军、都统、参赞大臣、办事大臣等，西藏地区设立驻藏大臣，这些都是在清朝廷直接管辖之下的行政区。行省之下有府（直隶州、厅）、县（散州、厅），西南少数民族地区则实行土官制，基本上是三级行政。乾隆以后，原为省直属的分守、

---

① （清）张廷玉等：《明史》卷40《地理志序》，中华书局，1974年，第881页。
② 顾诚：《明帝国的疆土管理体制》，《历史研究》，1989年第3期。
③ （清）张廷玉等：《明史》卷40《地理志序》，中华书局，1974年，第882页。
④ 赵尔巽等：《清史稿》卷54《地理志一》，中华书局，1977年，第1891页。

分巡两道有了固定的辖区和驻地,也就成为一级行政区,变为四级制的地方行政体系。

二、行政区的名称

在中国地方行政史中,有过国、省、道、路、府、州、郡、县、市等行政区划名称,从这些区划名称的出现和演变过程,可以看到地方行政体制不断完善的历程。

(一)国

在夏、商时期,分散的各部族均称为国,故有执玉帛万国之称。西周实行分封制,天子建国,诸侯立家,国家始合称为一,诸侯自称为"国",天子自称为"邦"。从西周至春秋,国一直作为都城的称呼。

西汉分封诸侯王,其封邑也称为国。西汉初期,诸侯王拥有较大的独立性,经过文、景两帝削藩,至汉武帝时,诸侯王的国已经改并为郡县系列,诸侯王只食其赋而不准治事,治理事务改归中央直接任命的国相负责。西汉以后,历代都有宗室封王制度,除少数朝代的封国有过相对的自治权之外,诸侯王均不得管理所封国内的军政事务,概由朝廷派遣的官员进行管理,实际上是纳入地方行政序列。

(二)省

本来是官署名,如尚书省、中书省、门下省、秘书省等,这些省最初是设在官禁之中。为加强对地方的控制和集中处理某些政务,魏晋时曾经将主管中央政务的尚书台部分官署临时派驻地方,称为行台;隋及唐初的尚书省亦曾设行台于外;金、元时,在全国重要地带设行尚书省或行中书省,作为中央临时派出机关,以便于管理某个地区的事务。元世祖忽必烈为了有效地控制全国,把行省变为固定的行政区。行省即行中书省,或简称为省。元代除大都周围一带称为"腹里",直属中央的中书省管辖,吐蕃和诸王封地由宣政院管辖之外,在全国设立了河南、江浙、江西、湖广、陕西、四川、辽阳、甘肃、云南、岭北、征东11个行省,以实现对国土的管辖,省制自此形成。明初承袭元制,地方设行中书省,洪武九年(1376年),在尚未废中央的中书省的情况下,便率先废去地方行中书省,改制为承宣布政使司,意即承皇帝的旨意，推行宣布皇帝颁发的政令，其明显的目的是有力地集中权力，加强对地方的控制。据《正德大明会典》卷17《户部·民科·州县》载："洪武七年（1374年），以京畿应天等府直隶六部，改行中书省为浙江等十二布政使司。永乐十八年（1420年），革北平布政使司为直隶，添设贵州、云南、交趾三布政使司。宣德十年（1435年），革交趾布政司。"自此以后，便定制为山东、山西、河南、陕西、四川、湖广、浙江、江西、福建、广东、广西、云南、贵州十三布政使司和北京、南京两直隶区。布政司所辖地区与元之行省略同而稍有分割，虽不以省为名，其实与省无异。清代在明制的基础上定全国为直隶、山东、山西、河南、安徽、江西、福建、江苏、浙江、湖北、湖南、陕西、甘肃、四川、广东、广西、云南、贵州18省。清末改制时，取消新疆、东三省原有的特殊制度，改为与其他各省相同的制度，台湾也升格为省。

元代设行中书省，意在加强中央对地方的控制，故在划区时突破以山川地理自然环境划分疆界的故套，而是着重在便于中央控驭为前提，以去险破固为要点，着重防范地方势力的坐大，甚或据险割据挟兵力和资源以对抗中央。因此，这时的区划"合河南河北为一而黄河之险失，合江南江北为一而长江之险失，合湖南湖北为一而洞庭之险失，合浙东浙西为一而钱塘之险失，淮东淮南，汉南汉北，州县错隶而淮汉之险失，汉中隶秦，归州隶楚，又合内江外江为一而蜀之险失"①。这种区划规制被后代所继承，并有新的发展。明人焦竑认为："国朝以颍州属凤阳，颍州卫属河南；以汉中府隶陕西，瞿塘等卫隶湖广；山西磁州千户所，在河南界中；直隶宁山卫蒲州守御所，在山西境内；湖广五开卫、贵州黎平府，同治一城；湖广镇远卫、贵州镇远府，同治一城。似此者不可胜举，亦犬牙相制之意。"②可见中央王朝对地方行政区的划分，首先是从戒备心理出发，是以地方必须依托和拱卫中央，绝对不能够侵犯中央的权力为目的。

（三）道

在汉代是少数民族聚居地的行政区，相当于县级，"有蛮夷曰道"③。唐太

---

① （清）魏源：《圣武记》卷12《武事余记·掌故考证》，清道光二十二年（1842年）刻本。
② （明）焦竑撰，李剑雄点校：《焦氏笔乘》卷6《犬牙相制》，中华书局，2008年。
③ （东汉）班固：《汉书》卷19上《百官公卿表上》，中华书局，1962年，第742页。

宗贞观十年（626年），分天下为关内、河南、河东、河北、山南、陇右、淮南、江南、剑南、岭南10道，派遣黜陟使或观风俗使分巡。10道是依山河形势划分的，当时还不是一级地方行政区划，后来曾经增设存抚、巡察、按察等使，但时设时废，没有定制。开元二十年（732年），设置10道采访处置使，并成为定制，次年又改10道为15道，即分关内道置京畿道，分河南道置都畿道，分山南道为山南东、西道，分江南道为江南东、西和黔中道，加上原来的河东、河北、陇右、淮南、剑南、岭南道。15道各置采访处置使，有固定的治所，便成为当时最大的行政区。乾元元年（758年），唐王朝宣布废除15道，但藩镇割据势力基本上还是以原来道的行政区范围划分势力，道实际上还是地理区划名称，一直沿用到五代。宋代改道为路。辽代有五京道，亦称五京路。

　　明代的道颇为复杂，布政司"参政、参议分守各道，及派管粮储、屯田、清军、驿传、水利、抚民等事，并分司协管京畿"。按察司"副使、佥事，分道巡察，其兵备、提学、抚民、巡海、清军、驿传、水利、屯田、招练、监军，各专事置，并分员巡备京畿"①。以分巡道而言，洪武十四年（1381年），"复置各道提刑按察司"②，当时分为53按察分司，至洪武二十九年（1396年）勒定为41道，最后定制为70分巡道。其分巡道始于洪武时期，分守道起于永乐年间，兵备道"仿自洪熙间，以武臣疏于文墨，遣参政副使沈固、刘绍等往各总兵处整理文书，商榷机密，未尝身领军务也。至弘治中，本兵马文升虑武职不修，议增副佥一员敕之。自是兵备之员盈天下"③。自天顺八年至崇祯元年（1464—1628年），计有整饬兵备副使、整饬兵备佥事，共有219处④。明初的道一级官为差遣之职，没有固定的级别和属员书吏，但从明中叶以后，道基本确定有固定的辖区，向地方行政区转化的趋势已经形成。清代废除兵备道，乾隆时，改道的主官道员为实任官，有固定的住所、衙署和属员书吏，这时的道则成为省以下、府州以上的固定行政区，通常辖三四个府州。清代

---

① （清）张廷玉等：《明史》卷75《职官志四》，中华书局，1974年，第1840、1842页。
② 《明太祖实录》卷136，洪武十四年三月丁亥条。
③ （清）张廷玉等：《明史》卷75《职官志四》，中华书局，1974年，第1844页。
④ 参见郭培贵：《〈明史·职官志四〉兵备道补正》，《文史》，2004年第3期。

有守道20个，巡道72个。

（四）路

始设于宋。宋初为加强中央集权，仿照唐代的道制，分所统辖领土为21路，为当时地方最高一级行政区。宋初领土增减幅度较大，路也分合不一，在至道三年（997年）始确定京东、京西、河北、河东、陕西、淮南、江南、荆湖南、荆湖北、两浙、福建、西川、峡西、广南东、广南西等为15路。宋真宗时，分西川、峡西为益州、梓州、利州、夔州四路，分江南为江南东、西二路，共18路。宋神宗时又陆续分置，最多曾经有26路，后确定为23路，即分陕西为永兴军、秦凤二路，分京西为京西南、北二路，分京东为京东东、西二路，分河北为河北东、西二路。金代"建五京、十四总管府，是为十九路"，依然是地方最高一级行政区。19路即：中都、上京、咸平、东京、北京、西京、南京、河北东、河北西、山东东、山东西、大名府、河东北、河东南、京兆府、凤翔、鄜延、庆原、临洮。元代的路为省以下的行政区，全盛时共有185个路。明代废除路一级，自此以后，路不再为行政区划名称。

（五）府

《说文·广部》："府，文书藏也。"最初的府是国家收藏财产和文书的地方，唐代始为地方行政区名。当时是为了提高京师和陪都的地位，改其所在地为府。唐以后逐渐有京府和散府（重要地区）之分。宋全盛时有4京府、30普通府；京府属于第一级行政区划，由中央直辖；普通府则为第二级行政区划，其地位高于州、监，隶属于路。西夏有兴庆、西平、宣化三府，直隶于中央。辽有五京府和黄龙府，也直隶于中央。金有五京府和九个散府，京府隶于中央，散府是第二级行政区划中的重要地区，隶属于路。元设有33个府，为第三级行政区划，地位高的直接隶属于省，一般的隶属于路。明代厘定地方行政区划，把府定为仅次于布政司的第二级行政区划，每府管辖数州或县，是治理地方的重要一级，全盛时共有140府。其京府，即应天府和顺天府，虽划入南北直隶的辖区，实际上是仅次于第一级行政区划的区划。据《明史·地理志》所载，明代有府140个、直隶州20个，分属于南北直隶和十三布政使司。北直隶领8府2州，南直隶领14府4州，山东领6府，山西领5府3州，河南领8府1州，陕西领8府，四川领13府6州，湖广领15府2州，浙江领11府,江西领13府,福建领8府1州,广东领10府1州,广西领11府,云南领19府,贵州领10府,中间有一些增减①。清代与明制大体相同,全盛时有188府,其京府则为奉天府和顺天府,直隶11府、奉天8府、吉林11府、黑龙江7府、江苏8府、安徽8府、山西9府、山东10府、河南9府、陕西7府、甘肃8府、浙江11府、江西13府、湖北10府、湖南9府、四川15府、福建9府、台湾3府、广东9府、广西11府、云南14府、贵州12府、新疆6府。

(六)州

据说早在颛顼甚至伏羲、黄帝时期便已创建起来。"州"字的本义是"水州可居者",是指古人择水边高地居住而成的村落,后来扩大为国邑的名称。据《尚书·禹贡》讲,禹在位时划地为冀、兖、青、徐、扬、荆、豫、梁、雍等九州,是按自然区划实行的贡赋制度。商、周、秦、汉都有州名,但尚未作为行政区划。而汉武帝所设的13部(州)是监察区划,仍是受古九州制的影响。东汉时,以司隶、豫、冀、兖、徐、青、荆、扬、益、凉、并、幽、交为13州,便成为地方行政一级的区划。东汉末年,这些州的刺史(州牧)拥兵自重,相继成为割据一方的势力。为了防止外重内轻,限制地方势力的发展,魏晋南北朝相继采取分州析郡的措施,化大州为小州。从西晋时的19州,到南北朝末期,南陈42州,北周211州,南北合计为253州。隋有所省并,仍有192州(后全改为郡)。唐全盛时有358州。东汉至唐初,州一直作为第一级行政区划。唐玄宗开元二十一年(733年),全国分置十五道采访使、观察使常驻地方,州渐渐成为第二级行政区划。宋代散府、州、监(有矿产之地)、军(冲要之地)同为第二级行政区划,全盛时有254州、63监、27军。辽、金同宋制,辽全盛时有156个州、军、城(屯兵之处),金全盛时有147个节镇(重要地区)、防御(军事地区)、刺史(普通地区)、军州。元代全盛时有359州,为第三级行政区划,统属于府。明代的州制稍不同于元代,直属于布政司的州为第二级行政区划,称为直隶州,地位相当于府而略低;隶属于府的州为第三级行政区划,称为散州,地位相当于县而略高。终明之世

---

① 《明史·地理志》前后记事自相矛盾,前云有府140,后记各省属府则有府159,而各政书记载府的数目也多出入,是府级行政区不断有增减的缘故,今依此而存大概。

有193个州，隶于布政司的有20州，隶于府的有173州。清代与明制大体相同，但有与州地位相同的厅（主要设在少数民族聚居区）。直隶厅与直隶州相同，隶属于省；散厅与散州相同，隶属于府。清代全盛时有直隶州、厅114（厅41）个，散州、厅233（厅78）个。

（七）郡

《尔雅·释名》："郡，群也，人所群聚也。"《说文》："周制，天子地方千里，分为百县，县有四郡。"郡的区域很小。春秋以后，一些国在边境地区设立郡，担负边防和行政事务，辖区虽然很大，但人口稀少。随着战争和贸易的发展，郡的人口才逐渐增多，地位也日益重要，因此，在战国中期，一些国家在内地也设立郡，其地位则高于县。秦统一全国，郡作为地方第一级行政区。西汉认为秦的郡太大，不便于控驭，便划大为小，并在郡境之内穿插分封一些诸侯王国；以后随着领土扩大，又有增设；汉高帝增26郡，汉文帝增6郡，汉景帝增6郡，汉武帝增28郡，汉昭帝增1郡，终西汉之世，共有郡83个、国20个。西汉的郡国仍然是第一级行政区。东汉有郡国105个，西晋有173个；至南北朝后期，南朝陈有郡109个，北周有郡508个，南北合计617个。自东汉至南北朝，郡辖属在州之下，作为第二级行政区。隋唐曾经一度改州为郡，又成为第一级行政区。唐中叶以后，随着道级区划的确立，州和郡都成为第二级行政区。元代以后，地方行政区没有郡，但郡通常作为府的别称。

（八）县

《尔雅·释名》："县，悬也，县系于郡也。"《广韵》："楚庄王（前613—前591年在位）灭陈为县，县名自此始。"也就是说县作为地方行政区划应自楚庄王时始。自秦以后，县一直作为基本行政区划存在。西汉全盛时有县、道（少数民族聚居区）、国（诸侯封地）、邑（公主封地）1587个，东汉全盛时有1180个，西晋全盛时有1229个，南朝宋有1299个，北魏有1353个。南北朝后期，南朝陈有438县，北周有1124县，南北合计1562县。隋全盛时有1226县，唐全盛时有1573县，宋全盛时有1234县，辽全盛时有209县，金全盛时有632县，元全盛时有1127县，明全盛时有1138县(《职官志》云有1172)，清全盛时有1314县（以上均是各史《地理志》所载数字）。

从县的数目增减变化原因来看，主要有三种：一是有历史的遗留。任何一个朝代的建立，都是在前代的基础上形成的，无可避免地要承袭前代的某些制度，行政区划往往是最容易原封不动地承袭下来的。二是由于自然地理环境的限制。划分县区，不能不考虑到山川河流的走向，生产生活和治理的方便，也必须考虑到有利于防范和救济水、旱、蝗等天灾，自然县的增减，无疑是出于这样多种目的。三是受当时政治的制约。地理环境虽然是重要的考虑内容，但历史形成的种族聚居，人文和经济联系，对于县的增减，疆域的划分，必须对自然环境和人事进行综合的政治考虑。

县的大小是根据治理人口的多少、赋税的多寡、地区的险要程度、辖地的广狭等来区分的，并且有一定的等差，如唐宋时的县有京、赤、畿、望、紧、上、中、下八等；清代有繁、疲、冲、要四种类型的县，实际就是县的等级。

（九）市区

早期的"市"仅仅是临时的交易场所，如《易·系辞下》："日中为市，致天下之民，聚天下之货，交易而退，各得其所。"后来逐渐成为固定的交易场所，如《周礼·地官·司市》："大市，日昃而市，百族为主；朝市，朝时而市，商贾为主；夕市，夕时而市，贩夫贩妇为主。"有了固定的交易场所，就有了专门的管理人员，如汉代长安九市，各设市长以管理。随着商品流通的发展，商业聚集的地方开始称为城市，如方士廖扶"常居先人冢侧，未曾入城市"[①]。由于地区贸易关系的发展，一些村庄也逐渐形成墟集，并发展为固定的市，这些市虽然还不是行政区划，但也逐渐纳入国家管理的范围，如宋人吴自牧《梦粱录·两赤县市镇》讲"赤县所管镇市者一十有五，且如嘉会门外名浙江市，北关门外名北郭市、江涨东市、湖州市"等，仅是县以下的市镇。

区，《说文》："区，踦区，臧隐也。"段玉裁注："此言委曲包蔽也。区之义内臧多品，故引申为区域、为区别。"在汉代已经将区作为区域解，如《汉书》卷100下《叙传下》："爰泊朝鲜，燕之外区。"汉代的城市内有区，其军

[①] （南朝宋）范晔：《后汉书》卷82上《方术廖扶传》，中华书局，1965年，第2720页。

队还有"贾区",但不是行政区划,仅是一定的区域,如《汉书》卷24下《食货志下》:"工匠医巫卜祝及它方技商贩贾人坐肆列里区谒舍。"颜师古注:"居处所在为区。谒舍,今之客舍也。"

从明代起,府县佐贰官被派往到本府县城之外城、镇、堡、寨、关隘等地去驻守,管理该地的各项事务,称为分防或分守。清代因循,分防及分守佐贰官驻守在乡村、市镇、边关、渡口等地,实际上已经有自己的辖区,因驻地多在市镇,导致市镇迅速发展,而偏远的三不管地区,也因此得以稳步发展,清末改制推行地方自治,市镇则成为关注的重点,民国时期的区制也因此产生,有特别区、市辖区、管理区、县辖区之分。

(十)乡里

历代都有基层行政区,那就是乡里、党族、里甲、保甲、村社、乡镇、区镇等基层组织,虽然历代都没有把这些基层单位归入行政区划的范畴,但这些基层组织有一定的管辖区域,因此被纳入地方管理范畴。例如,明代的里,据《明史·地理志》统计:北直隶为里3230有奇,南直隶为里13740有奇,山东为里6400,山西为里4400,河南为里3880,陕西为里3597,四川为里1150,湖广为里3480,浙江为里10899,江西为里9956,福建为里3797,广东为里4028,广西为里1183,云南和贵州为里失记,南北直隶和十一布政使司共有编里近7万。

第二节 地方行政机构

历代朝廷为了体现统治,必须在地方行政区普遍设置各级官吏,赋予一定的权力,推行政策和进行管理,构筑成网络状的结构。地方行政区划虽然因时而异,组织结构也随政治形势不断变化,但总的趋势是逐步严密。

一、先秦地方行政机构

封诸侯、建藩卫,是夏、商、周三代地方管理体制的核心。夏代地方诸侯称为"君""伯",而更多的则称为"某某氏",这反映出当时是处在早期国家时期，聚居在各地的部落首领还具有酋长性质。"茫茫禹迹，画为九州，经启九道。"(《左传·襄公四年》)夏王朝对各部落已经具有一定控制能力，所以能够会诸侯于稽山。"禹乃行相地宜所有以贡"，说明夏代对各部落的控制是建立在朝贡关系之上的，是早期国家对各部落的统治形式。

商代的地方已经有内外服之分。内服是商王直接的统治区，外服是商王直接统治区外的臣服部落。内外服有侯、甸、男、卫、邦伯等，都是接受商王分封或册封的，按照商王控制程度的强弱和地域的远近，部落头目在自己的管辖领域内仍拥有大小不同的独立自治权，与王朝的关系"主要表现在政治和军事上。诸侯对殷的贡纳是诸侯政治上臣服的象征，而诸侯与殷在军事活动中，以殷为统帅，相互配合，相互救援，则是他们关系中最基本最广泛的内容"①。

侯是"为王者斥候"；甸是为王朝"治田入谷"，本来写作"田"；男是"任土作贡"或"任王事"，本来写作"任"；卫是"为王捍卫"②。四者分工不同，但他们都是由王派遣到地方，从事武装守卫和农田畜牧等经济垦殖事业，配备有武装和从事生产的人员，较固定地驻守一地，职务世袭。由于所掌有的军政权力逐渐增长，尤其是侯、甸等，后来大都演变成为较为独立的诸侯，每当王朝势力衰弱的时候，他们便仅保留着对王朝名义上的臣属关系，不再承担、甚至拒绝对王朝"师田行役"的义务。

邦国的独立性较强，他们虽然臣服于王朝，接受王朝的册封，但距离较远，王朝的势力也很难渗透到他们管辖的区域。邦伯与王朝的关系视双方势力消长而定，在王朝强大时，邦国除保持朝贡关系外，还要亲自入朝觐见，如周文王为"西伯"，在入朝觐见时曾经被纣囚禁。邦伯自身的势力很大，附近的小国和部落都臣服于他，这些小国对邦国，就如同侯、甸对待王朝一样，顺从和从属的关系因形势而变。当王朝衰弱，邦伯凭借自身的势力，常常与王朝分庭抗礼，甚至进攻王朝。周武王孟津之会，来会者八百诸侯，已经与商王朝势均力敌，周就是以邦国灭商而建立新王朝的。

---

① 王冠英：《殷周的外服及其演变》，《历史研究》，1984年第3期。
② 《国语·周语》韦昭注，《逸周书·职方解》孔晁注，《礼记·王制》贾逵注，《周礼·夏官·职方氏》。

西周初期采取分封诸侯制,周天子在分封时,除了赐给象征性的器物,还要"授民"和"授土",诸侯带着天子所授之民,来到封地,与原来在封地居住的人民一起,组成新的诸侯国。西周初期,王朝曾经有效地对诸侯国实行管辖和控制,诸侯也曾经在很大程度起到屏藩王室的作用。诸侯国保留有相当的独立性,它们可以仿照王朝官制而设官分职,有自己的武装力量。虽然诸侯国的主要官职要得到王朝的批准,武装力量的数目也受到限制,但自主权很大,王朝也不干涉其内部事务。因此,在王朝中衰时,它们便无视王朝的禁约,大力发展势力,成为实际上独立的国家,甚至把"礼乐征伐自天子出"改变为"礼乐征伐自诸侯出",周幽王烽火戏诸侯之后,周天子已经不能控制各诸侯国了。

春秋诸侯争霸,诸侯国一方面进行兼并,一方面还是沿袭西周制度,使卿大夫控制着各自的封地,在诸侯势力中衰或新旧交替时,卿大夫不但干涉国政,而且还相互攻击。在复杂的政治势力升降和重新组合的过程中,有些诸侯国开始取消或剥夺世袭权利,出现了新的地方管理体制,那就是由诸侯直接任命官吏去管辖某些指定的地区,取消了封邑,将它纳入国家行政控制之内,郡县制就是在这样的背景下出现的。

战国时代,郡县制已经较为普遍,郡县长官由国君任命,是概不世袭的官僚。在郡中设守,掌管全郡事务;设尉以分掌军事;设御史(有些国设丞)以监察郡守和尉的工作;三者直接向国君负责。县设令(大县)长(小县),另设丞、尉,分掌行政和军事。郡县各设有府署,有一批府属小吏分管各方面的具体事务,这些府属小吏由郡县长官自行选用。这样,比较完整的地方管理体制就逐步形成。

先秦的地方基层行政组织很有特点,对后世的影响很大。夏代没有基层组织的确切记载。商代则有"族尹",也称为"里君""里尹"。里与族在当时是相通的,都是以宗族构成的基层社会组织。因宗族很多,所以称为"百姓""多生"。"百姓"在当时都是贵族,只有贵族才能够有姓,与现在的百姓意义完全不同。这些"族尹""里君"率领族内成员,为王国或侯国师田行役,负担军事、田猎、看守仓库以及承应各种徭役。主要的政治、军事中心,是贵族聚居之处,称为"邑"。邑有大小之分,大邑是各国宗庙、市、朝及官府所在地；国邑是小国或各部族的活动中心；小邑是各部贵族和平民的居住地；由众多宗族组成的基层行政组织主要分布在各种邑中。邑外是郊，为农田耕种的地方，广大的"众"在这里劳作耕种，一般由"小众人臣"进行管理。

周代的地方基层划分为国、都、邑和郊外。"国"是国都，"都"是大邑，"邑"是居民点，"郊外"是农村。在国、都、邑及四郊内以"五家为比，使之相保；五比为闾，使之相受；四闾为族，使之相葬；五族为党，使之相救；五党为州，使之相赒；五州为乡，使之相宾"（《周礼·地官·乡大夫》）。分别设有比长、闾胥、族师、党正、州长、乡大夫，这里居住的都是国人（即平民和贵族）。在广大的农村地区则以"五家为邻，五邻为里，四里为酂，五酂为鄙，五鄙为县，五县为遂"（《周礼·地官·遂大夫》），分别设有邻长、里胥、酂师、鄙正、县师、遂大夫，这里居住的是野人（即从事农业生产的平民和奴隶）。这就是所谓的"乡遂制度"，也称为"国野制度""都鄙制度"。这种层层控制，相当严密而整齐划一的组织形式，说明政权的管辖已经深入一家一户。古文献的具体记载，虽不可尽信，但郭沫若认为它"必然保存了古代的一部分制度"①。这一看法是切合实情和公允的，因为历史毕竟是在因循发展过程中演变过来的。由比较松散、笼统的统治进入层次分明的深入统治，乃是古代地方治理发展的必然轨迹。

春秋时代，诸侯国也有国野之分。齐国管仲进行改革，将全国按职业分工分为三个部分，分别为工商、士、农。"工商之乡六，士乡十五"，农民则在"五鄙"之内。工商乡和鄙乡的男子不服兵役，只交纳工商税和农田赋税。鄙乡的组织是："三十家为邑，邑有司；十邑为卒，卒有卒帅；十卒为乡，乡有乡帅；三乡为县，县有县帅；十县为属，属有大夫。"其目的之一就是将居住在鄙乡的农民组织起来，以应付大规模的战争，在大规模战争中，要在鄙乡抽调人员作为士乡的后勤。管仲的改革方案，对人民的控制力加强了。按照规定，士乡的男子要服兵役，故行政组织与军事组织紧密结合。士乡的行政组织是"五家为轨，轨为之长；十轨为里，里有司；四里为连，连为之长；

---

① 郭沫若：《金文丛考周官质疑》，人民出版社，1954年，第29页。

十连为乡，乡有良人焉"。军事组织是"五家为轨，故五人为伍，轨长帅之；十轨为里，故五十人为小戎，里有司帅之；四里为连，故二百人为卒，连长帅之；十连为乡，故二千人为旅，乡良人帅之；五乡一师，故万人为一军，五乡之帅帅之"（《国语·齐语》）。士乡的居民平时接受训练，战时出征。各乡人民不准迁移，不得混杂居住，这固然表现了国、鄙、工商的政治身份和应尽的义务不同，有明显的界限，但已经改变按血缘划分居民的传统。这一改革适应了当时的实际形势，能够有效地征调和使用人力物力，大大增强了齐国的国力，也是齐国成为霸主的主要原因。这种编制影响到其他诸侯国，许多诸侯国都进行基层组织的重新编组，尤其是鄙乡组织在充当士乡后勤的过程中，不免也要参加战斗，为军功受赏制的推行打下基础。

战国时代，各国普遍实行乡里制度，即在县之下设乡、里、聚或连、闾等基层组织。乡设三老、廷掾、乡师等，主管教化和纠察，其责任在"顺州里，定廛宅，养六畜，闲树艺，劝教化，趋孝弟，以时顺修，使百姓顺命，安乐处乡，乡师之事也"（《荀子·王制》）；里设里正（秦称里典，并设监门），主管25到100家；聚是村落，设聚序以领之。除此之外，还普遍实行五家为伍，二伍为什的什五制度，设立什、伍长（秦称伍老）以领之，并推行什伍连坐制度。

基层行政组织的建立和完善，不但形成严密的统治网，而且担负起赋役征收、承担兵役，维护地方治安等重要职责，使国家的统治深入每一个角落。连坐制度的推行，直接体现政权对全体人民的思想、行为的全面监控，因此被统治者长期推行。

二、秦以后的地方行政机构

秦统一中国后，将专制主义中央集权制度推向全国，将中央政权的权力集中掌握在皇帝手中，又将各级地方政权的权力集中到中央。按照这个原则，秦以后的历代王朝对地方的控制程度不断加强，地方官府组织机构和职权也相继发生变化，设官分职向着有利于中央集权的方向发展。

（一）省的主要长官和行政机构

元代的省设丞相一人、平章二人、左右丞和参政各二人，为省的主要长官；设郎中、员外郎、都事、掾史、蒙古必阇赤、回回令史、通事、知印、宣使等协助主官分管省衙内各项具体事务；设检校所、照磨所、架阁库、理问所、都镇抚司等机构，管理各项专门事务。因为行省"掌国庶务、统郡县、镇边鄙，与都省为表里"，"凡钱粮、兵甲、屯种、漕运、军国重事，无不领之"①，地位非常重要，所以它的主要长官都由中央朝廷的大臣兼衔，不轻易实授，实际上主持省务的是平章事，而平章事是二人并列，无分高下，为的是防止个人独断专行。

明代洪武九年（1376年），朱元璋宣布废除行省制度，省一级由承宣布政使司、提刑按察使司、都指挥使司等三司（别称藩司、臬司、都司）分管行政、司法监察、军事行政，把一省的事权一分为三，以消除省级官员独揽全省的局面。

布政使司设左右布政使、左右参政、左右参议等主要长官，总管本省行政、民政、钱谷等事；下设经历司（主管司署文书和用印）、照磨所（勘理卷宗）、理问所（理问刑名）、司狱司（主管狱讼）、库、仓、杂造局、军器局、宝泉局、织染局等机构，分管各方面具体事务。

按察使司设按察使、副使、佥事等主要长官，主管本省的刑名按劾之事，并负责本省所辖府县的巡查和监察；下设经历司、照磨所、司狱司等机构，分管各项具体事务。

都指挥使司设都指挥使、都指挥同知、都指挥佥事等主要长官，主管本省军政；下设经历司、断事司、司狱司、仓库、草场等机构，分管各项具体事务。

三司各有分工，但在本身分管的政务中遇有问题，必须会同其他两司共议，不允许独断，而所议定的政务必须上报朝廷核准，使三司的权力受到限制和牵制。

一省之内取消统率全省政务的部门和官员，三司鼎立，分别垂直接受朝廷的领导，本意为了加强中央集权，但也随之出现了无人主管全省性的大事，政务处理缓慢，互相推诿责任，乃至延误事机的现象。特别是遇到紧急

---

① （明）宋濂等：《元史》卷91《百官志七》，中华书局，1976年，第2306页。

军务、突发事变和复杂事件，三司分治就更显得难以及时裁定和迅速采取措置。明永乐年间（1403—1424年），派遣都察院都御史、佥都御史、御史及其他特委官员，到各地总督漕运。为完成任务，这些官员被授权统一指挥"三司"长官。明中叶以后，相继出现"总督某地事务兼理粮饷""巡抚某地兼管河道"的官名，简称总督、巡抚。在蓟辽、保定、宣大、陕西等沿边要地，总督、巡抚已经成为固定的职位。明代后期，浙江、福建、四川、湖广、云南、贵州等地也普遍设立总督、巡抚、巡略、巡按等官，这些官虽是以监察官或军事长官的身份被临时差遣，但掌有总管一方的实际权力，说明地方政务需要有一定的集中处理权，完全撤消省级集中统率的部门和职官，并不符合政务的需要。

清代的总督、巡抚是法定的省级封疆大吏。总督辖一省或数省，"掌厘治军民，综制文武，察举官吏，修饬封疆"，是地方最高军政长官，例兼兵部尚书、侍郎和都察院右都御史衔。巡抚辖一省，"掌宣布德意，抚安齐民，修明政刑，兴革利弊，考核群吏，会总督以诏废置"①，例兼都察院右副都御史或加兼兵部侍郎衔。总督和巡抚各有一定数量的直辖军队：总督之下为督标，设副将、参将等官统领；巡抚之下为抚标，设参将、游击等官统领。总督和巡抚各设有衙门，称为行辕，衙门内不设职能机构，仅设书吏、笔帖式若干人，辅助督抚办理一些文案工作。

中央朝廷对督抚们的工作和各种活动控制较严，较大的政务都必须奏报请示，恭候皇帝批示以后才能定案执行。皇帝通过内阁、军机处或直接指挥督抚，具体安排和指示他们的工作，如果督抚有越轨和不遵旨意办事，立即撤消职务予以法办。这样，即使督抚们被授予一省或数省的军政权力，由于没有自己的职能机构，再加上中央的严格控制，仍然不能恃权自重，缺少与朝廷对抗的能力和实力。因此，有清一代没有出现地方权重而与中央相脱离的现象。

各省还设有布政使司、按察使司、提督军门。布政使司设布政使一人，主管本省的民政和财政；衙门内设经历司、照磨所、理问所、库等职能部门，

---

① 赵尔巽等：《清史稿》卷116《职官志二》，中华书局，1977年，第3336页。

分管各项具体事务。按察使司设按察使一人,主管司法和监察;衙门内设经历司、照磨所、司狱司等职能机构,分管各项具体事务。提督军门设提督一人(有水师的省加设一人分管),主管一省军政;提督除直辖的提标之外,按军事行政管辖,分别有总兵、副将、参将、游击、都司、守备、千总、把总、外委等官。

从品级来看,布政使为从二品、按察使为正三品,低于巡抚(正二品);提督为从一品,高于巡抚而与总督平级;但从政务上来看,他们都是督抚的下属和职能部门,需要接受督抚的领导;从统辖上看,他们都直接对中央负责,有权直接向皇帝奏报政务,乃至密报督抚的言行。由此可见,督抚虽然是各省军政事务的总负责人,但必须受到下属官员的监督和牵制,很难形成自己的势力团伙。

(二)道的主要长官和行政机构

汉代的道是少数民族地区,级别与县相同而略低,设长以辖之,级别四百石、三百石。唐代的道以节度使为主要长官,这一制度的确立有一个发展过程。初期,道设采访处置使或观察处置使兼黜陟使,主管监察,从没有定所的巡视到有固定的驻地,渐渐成为地方行政长官。安史之乱爆发后,军事成为主要政务,逐渐把原来在边防实行镇守的节度使改用到诸道,进而形成"唐制,一道兵政属之节度使,民事属之观察使。然节度多兼观察、兵甲、财赋、民俗之事,无所不领,谓之都府。又各道虽有度支、营田、招讨、经略等使,然亦多以节度使兼之。盖使名虽多,而其主事者,每道一人而已"[①]。因此,节度使俨然是一方之主,手握军、政、财、民大权,其僚属亦多自行辟署。

唐代的道和汉代的州都是由监察区演变成为行政区的,但两代情况也有所不同。唐代的道是以监察和军事合成演变的,具有很大的独立性,因此很快就成为坐镇一方的政治势力,"号令自出,以相侵击,虏其将帅,并其土地,天子熟视不知所为,反为和解之"[②],形成以藩镇割据势力为导向的分裂局面。唐代藩镇割据局面长达百余年,可是各藩镇没有号召全国的实力和威

---

① (清)永瑢:《历代职官表》卷50《府县》撰者案,清光绪二十二年(1896年)广雅书局刻本。
② (宋)欧阳修、宋祁:《新唐书》卷50《兵志》,中华书局,1975年,第1330页。

信,为了自保,他们"礼藩邻,奉朝廷,则家业不坠矣"①。只是因黄巢起义打破藩镇之间的平衡后,唐王朝才亡于强藩之手,是"弱唐者,诸侯也,既弱而久不亡者,诸侯维之也"②。这种形成于割据的体制,反而成为安史之乱后的地方管理体制。

明及清初的道是监察分区,道的长官又分两种:由布政使左右参政、参议分兼,驻守某地,称为"守道";由按察使副使、佥事分兼,巡察某地,称为"巡道"。还有一些专职道,如兵备道、提学道、清军道、盐法道等。分守和分巡道本来是定期或不定期巡视所属府县,后来有了专门管辖的区域,就颇具有地方行政区划的性质。因为分守、分巡道在明代尚无规定的驻所,《地理志》也就不记述道的具体情况。清人龙文彬编纂的《明会要》则认为道是有固定的辖区,应纳入地方区划的范围,故对十三布政司分辖道有专门记载。据他统计:山东分济南、东兖、海右3道,山西分冀、河东、冀北、冀南4道,河南分大梁、河南、汝南、河北4道,陕西分关内、关西、关南、河西、陇右5道,四川分川西、川北、川东、川南、上川南5道,湖广分武昌、荆西、上荆南、下荆南、湖北、上湖南、下湖南7道,浙江分杭严、嘉湖、宁绍、金衢、温处5道,江西分南昌、湖东、湖西、九江、岭北5道,福建分福宁、武平、建宁、漳南4道,广东分岭南、岭东、岭西、海北、海南5道,广西分桂平、苍梧、左江、右江4道,云南分安普、临元、洱海、金沧4道,贵州分贵宁、威清、都清、思石4道。十三布政使司共编有59道,不包括南北直隶。这种有固定辖区的道,应该算是行政区划。明代中期,地方上普遍设置兵备道,有副使级、佥事级,自天顺八年至崇祯元年(1464—1628年),计有整饬兵备副使、整饬兵备佥事,共有219处③。兵备道的普遍设立,也使地方行政体制发生一些变化。"在北部边境地区,形成了总督——巡抚——兵备道(含分巡、分守、兵粮等道)——府县、卫所的统属关系;在内地,则没有总督这一层,为巡抚——兵备道——府县的统属关系。"④兵备道与分守

---

① (宋)欧阳修、宋祁:《新唐书》卷211《王庭凑附绍懿传》,中华书局,1975年,第5962页。
② (元)脱脱等:《宋史》卷442《文苑尹源传》,中华书局,1977年,第13082页。
③ 参见郭培贵:《〈明史·职官志四〉兵备道补正》,《文史》,2004年第3期。
④ 方志远:《明代国家权力结构及运行机制》,科学出版社,2008年,第306页。

道、分巡道一样有巡视责任，也是属于"风宪官"，虽然在制度上没有得到认可是一级行政区划，但从州县行文都要送一份给道备查来看，道在行政运作上发挥重要作用，事实上已经变为一级行政区。所以，明末的张缙彦的奏疏中有云："而道、府、州、县，实实亲民之官。"① 已经把道当作一级地方行政单位了。

分守道掌"派管粮储、屯田、清军、驿传、水利、抚民等事"②。分巡道掌"凡贪官污吏，蠹政害民，及一切兴利除害之事"③。从制度上看，守巡道有固定的辖区，经常往来于属下各州县巡视。州县官的政绩考核，官声行止，藩、臬二司通过守、巡两道和府、州掌握在案，纠举弹劾大权在握。明代初期，道作为藩、臬二司的分司，"巡历所及，贪墨之吏受法，民困为之一苏"④。明中后期的守巡各道气势更大，除州县库藏要造册送道以外，各种文书也都要送道备案。守巡二道对州县官的弹劾和庇护常见于史料。从"守巡二道或滥用银两，府县亦借支应命。升任去，恳代者以词状纸赎抵补，此不知何令甲，载何典籍"⑤的情况来看，守巡两道对州县政务无不经手盘查，必要时还亲自督率州县以完成某些要务，既是监察官又是政务官，具有双重身份。尤其是分巡道经常巡行所属州县，出告示，理刑狱，"分巡部属，剔濯奸垢，振挈纪纲"⑥，有权对不法的州县官进行弹劾，甚至对州县官进行杖责⑦。分守道不常出巡，分巡道则以巡行为任，以此之故，各州县的察院分司衙门修建维修的要

---

① （明）张缙彦：《绿居封事·确核官员疏》，中州古籍出版社，1987年。
② （清）张廷玉等：《明史》卷75《职官志四》，中华书局，1974年，第1839页。
③ （清）龙文彬：《明会要》卷40《职官十二》，中华书局，1956年，第716页。
④ （清）孙承泽：《天府广记》卷23《都察院·按察司》，北京古籍出版社，1982年，第321页。
⑤ （明）李乐《见闻杂记》卷3之一二五则，上海古籍出版社，1986年，第258页。
⑥ （明）焦竑辑：《国朝献征录》卷95《山东按察司金事崔公碧墓志铭》，台湾学生书局，1965年。
⑦ （明）李乐：《见闻杂记》卷8之三十七则讲："嘉靖初年，分巡官临桐邑，邑令蒋某，由甲科。分巡在司，而皂林河下又有一上司经过，蒋迎之。分巡开门，令不候，已而大怒，命皂加责。令曰：'知县处两难之地，非敢慢老大人。'倔强而罢。"上海古籍出版社，1986年，第693页。

比守院分司衙门要华美中度①。

清代乾隆时期,守道和巡道不但有了固定的辖区,也有了固定的治所,长官也不再由藩、臬二司的副职兼任,而以"道员"为专称,并明确规定守道主管民政和财政,巡道主管司法和监察,成为省级以下行政单位。除此之外,省级衙门还设有一些管理专门事务的道员,如督粮、督册、屯田、驿传、盐法、钱法、海关、实业、教育、河道等,都是辅佐督抚藩臬办理地方专门业务的,不是地方行政单位。清代的道员多兼兵备衔,有节制境内都司以下武官的权力。道员衙门一般不设职能机构(有些道设库、仓大使),只有典吏若干人协助办理政务。

清末官制改革,1908年以后,各省陆续增设了巡警、劝业二道,分管地方警政和农工商业诸事。巡警道设置之后,裁撤原来的守、巡各道,道级行政区也就不存在了。劝业道是应振兴实业的要求下建立的,专管本省农工商业和交通事务。

(三)路的主要长官和行政机构

宋至道三年(997年),在府州之上增加路一级行政单位,直接统属于中央。路设有帅、漕、宪、仓等司(这种简称是在南宋时形成的),官员均由皇帝直接委任,各司互不统属,各自对中央负责。

帅司即经略安抚司,以"使"为主官,简称"节帅","掌一路兵民之事","听其狱讼,颁其禁令,定其赏罚,稽其钱谷、甲械出纳之名籍而行以法"。帅司是路中最高级军政长官,多由文臣充任,但统辖所在地的军队。

漕司即转运使司,以"都转运使"为主官,"掌经度一路财赋,而察其登耗有无,以足上供及郡县之费;岁行所部,检察储积,稽考帐籍,凡吏蠹民瘼,悉条以上达,及专举刺官吏之事",主管财赋和转运,兼有监察职责。

---

① (明)陆容撰,佚之点校:《菽园杂记》卷10讲:"在各县者,按察分司多宏敞整丽,布政分司多狭隘朴陋。初疑按察能纠察,官吏贪污者,惧致罪而然。后至各府县,遍览志书,见按察分司皆建自洪武年间,布政分司至正统七年以后始有之,乃得究知其所以然。盖国初纠察诸司,谳审庶狱,在内从各道监察御史,在外从按察司官处分。其时御史建员未广,有事则奉命而出,事竣即还。巡按亦未有专官。故按察之官,职重而权重。今分巡官各有印章,此可见矣。其后分遣御史巡按外藩,按察之体势,由是始轻。且御史所至,更无察院,每止宿按察分司而已。分司既创于经画官府之初,则广狭丰俭,得以如意为之,故其规制多宽广。又以御史所寓,礼宜致隆,故有司以时修饰,而华美中度。布政司职理民事,非奉部符不出。至宣德、正统以来,添官稍多,始议置分司。且其地率多即官府弃地为之,故规制不能如意。又分守官旋临,不过信宿而去,故有司忽之,而修葺怠焉。此盖理势使然,非有意而优劣之。"中华书局,1985年,第126页。

宪司即提点刑狱司,以"提点公事"为主官,简称"提点","掌察所部之狱讼而平其曲直,所至审问囚徒,详覆案牍,凡禁系淹延而不决,盗窃逋窜而不获,皆劾以闻,及举刺官吏事",主管司法和监察,本来是文武臣兼用,后专用文臣。

仓司即提举常平司,以"提举常平"为主官,简称"提举","掌常平、义仓、免役、市易、坊场、河渡、水利之法,视岁之丰歉而为之敛散,以惠农民"[①],主管赈灾和专卖事务。

除四司之外,一度还设置提举学事司,主管本路学政。不常设的还有招讨使、招抚使、抚谕使、镇抚使等。此外,有些路还设有提举茶盐司、提举茶马司、提举坑冶司、提举市舶司、提举保甲司等,皆视各路不同情况而定。

各司除主官之外,均设有副职,如副使、判官等,这些副职除执行本司职权所辖事务之外,还兼有监视主官的职责,可以直接向朝廷奏闻,而各司的政令文书,必须有副职共同签署,因此,副职与主官构成相互制约的关系。

各司还设有一些主管各项具体事务的属员,如参议官、主管文字、干办公事、文臣准备差遣、武臣准备差遣等,各有一定的员额。

路一级的各司互不统属,因此,地方的军、民、财、法和人事权都集中到中央。这种着眼于削弱地方权力,使之相互牵制的做法,必然造成官无专职、人无专责、办事效率低下、人浮于事等弊端,以至南宋"州县之地,不广于前,而陛下官五倍于旧,吏何得不苟进,官何得不滥除"[②],除冗官冗吏充斥朝野之外,还使地方失去应付突发事变的能力。宋王朝之弱,与这种地方制度有一定关系。

辽代的上、东、中、南、西五京道,亦称为五路,设有宰相府、诸使、留守司等,主管本路政务,此外还有都总管府、都虞候司、警巡院、学校等专项事务机构。

金代的五京路设留守司负责各项政务,留守司设留守、同知留守、副留守、留守判官、推官、司狱等官。还有按察司,设使、副使、签事、判官、

---

① 以上引文见(元)脱脱等:《宋史》卷167《职官志七》,中华书局,1977年,第3960—3968页。

② (宋)宋祁:《景文集》卷26《上三冗三费疏》,中华书局,1985年。

知事等官，分管详刑和监察，定期出外巡按所属州县。另有兵马都总管府，设总管、副总管等官，概由留守司长官、副长官兼任。其他14路则设都总管府，有都总管、同知都总管、副都总管、判官、府判、推官、知法官，分管各项政务。

元代的路是二级行政区，统属于行省。路设总管府，有达鲁花赤（蒙古语，意为镇压、制裁、掌印，转而为监临、总辖）、总管、同知、治中、判官等主要官员，规定"以蒙古人充各路达鲁花赤，汉人充总管，回回人充同知，永为定制"①。路下设司狱司、织染局、杂造局、平准行用库、府仓、惠民药局、录事司等分管各项专门事务的部门。此外，还有儒学教授、蒙古学教授、医学教授、阴阳学教授各一人，主管路学教育事务。

（四）府的主要长官和行政机构

地方上出现府的名称是在唐代，府有京府和散府之分，设官也有一定的区别。

唐代各府设府尹一人为长官，"掌宣德化，岁巡属县，观风俗，录囚，恤鳏寡"；设少尹二人为副长官，"岁终则更次入计"②，负责向中央汇报工作；另设司录、功、仓、户、田、兵、法、士等曹参军事及文学、医学等职能部门以分管各项事务。

宋代京府设知府事为长官，并兼京路留守司留守。后改京府长官为尹，设少尹而分左右厅治事；下属有诸曹分理各种事务。散府设知府事为长官，根据所在地处，分别兼任经略安抚使、马步军都总管、兵马钤辖、兵马巡检等职；府设通判为协理佐贰而分厅治事；亦各设诸曹分理各种事务。

辽代的府设府尹为长官，除因循唐代的诸曹而改名为案之外，还设置警巡院、府学等官署，负责本府各项具体事务。

金代的京府也是以府尹为长官，但兼任京路留守官，府事则由同知和少尹管理；另设总管判官、府判、推官、孔目官（一般分吏、户、礼、兵、刑、工等六案）、知法等官分管各种事务；京府设警巡院，设有使、副使、判官等员，主管司法和治安。散府职官设置大致如京府，但品秩低于京府，没有警

---

① （明）宋濂等：《元史》卷6《世祖纪三》，中华书局，1976年，第106页。
② （宋）欧阳修、宋祁：《新唐书》卷49下《百官志四下》，中华书局，1975年，第1311页。

巡院，以录事司担任警巡职务。

元代的京府和各行省所在地的首府，官员设置如路。散府设达鲁花赤、知府或府尹为主要长官，设同知、判官、推官、知事、提控案牍等官分管各项事务。

明清的京府（顺天府即北京，应天府即南京，奉天府即盛京，今沈阳市）设府尹，"掌京府之政令"；并设有府丞、治中、通判、推官、儒学教授等官。"府丞贰京府，兼领学校。治中参理府事，以佐尹丞。通判分理粮储、马政、军匠、薪炭、河渠、堤涂之事。推官理刑名，察属吏"[①]。在府衙门内设有经历司（掌收发文书）、照磨所（核对文书用印）、司狱司（掌流徒羁押和发遣）等办事机构，有经历、知事、照磨、检校、司狱等官率书吏们具体承办各种事务。其余诸府是承上启下的地方行政单位，设知府掌一府之政令；设同知、通判、推官为协理佐贰官，并兼管一些具体事务。府衙门内的机构略如京府。各府根据本地方具体事务不同，还设有库、仓、盐课、税课、都税等大使、副使，分管专项事务，上述官员各府设置不一，但都是按国家规定编制配置的，地方官没有权力进行增减，但可以采取变通的方式，临时委派人办理某些事务。清制与明制大致相同，略有一些变化，如康熙六年（1667年）裁撤推官、增加书吏等。

（五）州的主要长官和行政机构

汉武帝所派遣的13部州刺史，乃监察官员，还算不上行政区划。东汉时，州则成为地方最高级行政区，原为监察区长官的刺史便成为最高的地方行政长官，级别也从原来的六百石提升为二千石。黄巾起义爆发后，刺史率领郡兵进行镇压，为提高刺史的地位而将之改为州牧，同时又加封监军、将军名号，从而使这些人合法地拥有一州的军事、行政、财政和司法大权。这些州牧不断发展自己的势力，甚至兼并他州郡县，成为割据一方的实际统治者和大小军阀。魏晋南北朝时，因世家大族势力雄厚，非但没有对州的行政体制进行调整，反而使刺史兼领军职制度化了，不兼军职的刺史被称为"单车"，意味着其地位和权力均不足观。

[①]（清）张廷玉等：《明史》卷74《职官志三》，中华书局，1974年，第1816页。

由于刺史身兼将军或都督等军职，其府属机构也渐渐形成军事和行政两套班子。

州府行政组织，在东汉时就已经初具规模，当时州府设有别驾、治中、都官等从事史，以及主簿、门亭长等书佐。魏晋南北朝时期变化不大，只是分工更加细密，逐渐形成三个支系。一是别驾，"主吏及选举事"，"分诸曹，兵、贼、仓、户、水、铠之属"①，因此"其任居刺史之半"②，地位最为重要，是刺史的重要助手。二是治中，"主众曹文书事"，统领州府机关诸曹的文书，与别驾构成相互制衡之势。三是主簿，主管刺史府的节杖文书，内传外宣，为喉舌耳目，统领门亭长、录事、记室等文秘承传机构。三个支系各有所属掾史和书佐等，既有一定分工，又相互制约，共同管理州府的行政事务。

加将军名号而统兵的刺史，还有一套军府行政组织。军府设长史、司马和西、东、户、贼、兵铠、士、营军、刺奸、帐下督等曹掾史，也是按辅政、政务、文书事务分工的。

军、政两套组织统归刺史一人指挥，必然造成令出一处而政行两端。然而，这种制度却在南北朝时得以确立，不但取消了单车刺史，而且使刺史身兼军政两职制度化。如北齐的刺史都设有军府，有长史、司马以及录事等参军和行参军等为军府的属员；有别驾、治中、主簿、诸曹掾史等为州府的属员。当时的州从上上到下下分为9个等级，规定上上州刺史军府属员和州府属员的吏员定额为393人，依次每等减51和50人，每级减10人，至下下州刺史则只有222人③。这样就使军、政两套组织固定下来，确定了州一级的军、政组织规模。

魏晋南北朝的州属僚佐一般由长官自行委任，中央则控制了别驾、治中、长史、司马等高级僚佐的任命权，意在牵制和控制各州长官，不过州长官往往有推荐高级僚佐的权力，这要看朝廷对州长官的信任程度和州长官拥有的实力而定。

隋统一全国后，强化了中央集权制度，收回地方长官自行辟署僚属的权

---

① （梁）沈约：《宋书》卷40《百官志》，中华书局，1974年，第1257页。
② （宋）李昉等：《太平御览》卷263，庾亮《答郭逊书》，中华书局，1960年。
③ （唐）魏徵：《隋书》卷27《百官志中》，中华书局，1973年，第762页。

力,凡进入流内九品的官,概由中央任命,并规定了主要长官及府属的编制,改州为郡,降低地方官等级。唐代为加强地方统治,又改郡为州,仍以刺史为长官(重要地区加称州牧),主管一州政令;以长史、司马为之副,统领州府诸曹办理具体事务;诸曹设置因受南北朝制度的影响,虽无军府组织,但各曹主管都称参军事。唐代州府的僚属有长史、司马,被称为上佐,名义上掌贰州事,相当于副长官;录事、司功、司田、司仓、司户、司兵、司法、司士等为诸曹负责人,诸曹各设有府、史等工作人员,其权责与朝廷的六部及九寺五监相对应。

宋代的府、州、军、监是同一级行政区,分别设知府事、知州事、知军事、知监事为长官;以通判为副长官,规定凡正长官批发的公事,要经过"通判签议连书,方许行下",有意识地造成正副职之间的相互监视和牵制,防止一州之权归于一人。州府诸曹略如唐制,但有所省并。此外,由于科举制度完善,各州都设学校,添设教授以掌课试之事。

辽、金的州有节度州、防御州、刺史州等名目,等级不同,长官的名称和级别也不同。节度州设节度使,从三品,是以军事将领兼掌民事。防御州设防御使,从四品,责任重点是防捍不虞、御制盗贼,然后才是民事。刺史州设刺史,正五品,责任重点是在民事。各州都设诸曹以分办各种具体事务。

元代的州有省领州、路领州、府领州之分,最初没有等级区分,至元三年(1266年),开始以管辖人口多少区分上、中、下,"上州:达鲁花赤、州尹秩从四品,同知秩正六品,判官秩正七品。中州:达鲁花赤、知州并正五品,同知从六品,判官从七品。下州:达鲁花赤、知州并从五品,同知正七品,判官正八品,兼捕盗之事"[①]。此外,各州还设参佐官,上州设知事和提控案牍,中州设吏目和提控案牍,下州仅设吏目。

明代的直隶州如府,散州如县,按典制规定:每州设置主官、佐贰官、属官、教职、杂职、吏典、胥役等。主官为知州,无论直隶州还是散州,官阶都是从五品。佐贰官是州同知、判官,每州或三人,或两人,或一人,或不设,这要看该本州的事繁事简。事繁的设两人或多人,事简的设一人或不

---

① (明)宋濂等:《元史》卷91《百官志七》,中华书局,1976年,第2318页。

设。州同知的官阶是从六品，州判官的官阶是从七品，分掌粮务、水利、河防等事。州的首领官是吏目，官阶从九品，刚刚入流，以典文移出纳为主要职责，故称为幕职，但在明中叶以后，人们不再以首领官为幕职，而称之为属官，权责也主要承担缉捕盗贼。教职是学正、训导，没有官阶，是未入流。教职受双重领导，"凡学政遵卧碑，咸听于提学宪臣提调，府听于府，州听于州，县听于县"①。州教职既受提学政的节制，又受本州的主官领导。一些州还设有一些杂职，诸如巡检司、驿、税课局、仓、织染杂造局、河泊所、批验所、递运所、冶铁所、闸、坝等，分别设巡检、驿丞、大使、副使等官进行管理。其官高者为从九品，大多数则为未入流。杂职虽然各有所专掌，但是要接受所在州主官的领导。各州均设有一些不给俸禄的，也称为杂职的官。如医学典科、阴阳学典术、僧正司僧正、道正司道正等。这些人是列入在官籍的专门技术人员，国家虽不给俸禄，但他们可以靠自己的业务专长以谋生。人在官籍就要接受官的考核，考满则有升迁降调。吏典是操办具体事务的人员，他们是经吏部注册，有工食银和任期，经考满可以进入官的行列。吏典分掌各房，一般设有吏、户、礼、兵、刑、工六房，故俗称"六房书吏"。胥役，主要指衙役，一般有三种：一是在州衙内站堂值班看守大门的皂隶，二是负责缉捕的快手，分马快和步快两种，三是负责治安和防卫的民壮。

清代的州、厅分直隶州、厅和属州、散厅。直隶州、厅与府是同一行政区划等级，属州、散厅与县是同一行政区划等级。其州官设置略同明代，只是级别比明代高一级，知州为正五品，而大部分州不设佐贰官。州级的厅，则以同知、州判为长官。此外，各州、厅都有长官自聘的幕友，俗称师爷，至少有刑名、钱谷两名；还有自己带去的长随、家人，有如看门狗、暗探和爪牙，也分工管理一些事务。

（六）郡的主要长官和行政机构

秦设郡守为一郡最高行政长官，掌管全郡事务；设郡尉以辅佐郡守，分管军事；置郡监以为中央的耳目，主管监察。他们直接受朝廷的节制，郡守对丞相、郡尉对太尉、郡监对御史大夫，各有专门领导，又各自对皇帝负责。

---

① （清）张廷玉等：《明史》卷75《职官志四》，中华书局，1974年，第1851页。

即所谓"秦变封建为郡县,恐其权重,故每郡但设一监一守一尉,以上别无统治之者"①,着重于分权制约。

汉代郡国并行,郡设守(太守,京师称尹)、国设相,为郡国的最高行政长官。郡尉(都尉)、国中尉,协助郡守、国相分管军事。郡丞、国内史,辅佐郡守、国相管理郡国的行政及刑狱事务。由于郡监改为郡丞,郡没有固定的监察官,则改为由中央不定期地派遣御史、丞相史等巡察,汉武帝时增设的十三部州刺史,在没有成为行政长官之前,负责监察郡国官吏。

东汉时,"省诸郡都尉,并职太守"②,只是在有军务的郡才临时设置都尉。这样,郡的主要长官只有太守一人,另设丞(边郡为长史)为太守的副职,辅助太守处理政务。太守和丞都是由中央委派,但二者地位悬殊,太守二千石,丞六百石,太守成为郡中的权威人物。

魏晋南北朝所采取的是分州裂郡的方法,以期削弱地方权力,职官设置则基本如东汉,但太守身兼军职成为制度化。由于郡的数目增加,郡的大小区别很大,郡渐渐出现等级,如北魏郡分上中下三级,北齐郡分上上到下下九级,北周郡分五等。级别不同,长官的品级也不同,行政设置也有区别。

隋代的郡虽然仍以太守为长官,但加重副职的权力。先是设赞务一人为副贰,"其后诸郡各加置通守一人,位次太守;京兆、河南则谓之内史,又改赞务为丞,位在通守下"③。在命令文书承转上,必须有副职的签署,形成一郡三位长官体制,不再是政决于一人了。

隋以后虽然没有郡行政区,但习惯上仍把府、州视为郡,太守成为知府的别称。

秦汉的郡府直接对中央负责,郡府机构依照中央机构而对口设置,规模较大,府属除中央任命的丞、长史等高级官吏以外,大部由郡长官自行辟署。郡府机构大概按辅政和政务两方面设置。辅政机构由郡丞主持,设有主簿、主记室、录事、奏曹、少府、门下督、门下贼曹、门亭长、门下议曹、门下掾等掾史和书佐,分管郡府内的各种事务。政务机构由长史主持,设有

---

① (清)王鸣盛:《汉书补注》卷19上《百官表上》,中华书局,1983年。
② (晋)司马彪:《续汉书志》卷28《百官志》,中华书局,1965年,第3621页。
③ (唐)魏徵:《隋书》卷28《百官志下》,中华书局,1973年,第802页。

功曹、五官曹、督邮、户曹、田曹、水曹、时曹、比曹、仓曹、金曹、计曹、兵曹、尉曹、塞曹、贼曹、决曹、辞曹、法曹、集曹、漕曹、医曹、学官、学经、文学、市掾等掾史和书佐，分管各项具体事务。当时郡守地位很高，府属视郡守为"君"，对郡守的依附性很强。

魏晋时，郡守多兼军职，郡府与州府一样设有军、政两套机构。南北朝时，由于析郡过多，郡的辖区缩小，辖户减少，郡守无论是地位还是作用，都不如以前那样重要。由于军权集中，郡守虽然兼有军职，也不过是州所辖的属将，没有设置军府的资格，因此，郡府只设有一套机构。如北齐的上上郡太守的"属官有丞、中正、光迎功曹、光迎主簿、功曹、主簿、五官、省事、录事，及西曹、户曹、金曹、租曹、兵曹、集曹等掾佐，太学博士、助教、太学生，市长、仓督等员"①，共有属官佐史212人，郡分九等，属官佐史员数递减，至下下郡为103人。郡府的规模分等级而定，在不改变基本职能的情况下，增减一些诸曹。在削弱郡守权力的同时，强化自上而下的监察制度，如州设州都，所属有光迎功曹、光迎主簿，与郡县的光迎功曹、光迎主簿相呼应，构成别成一系的监察系统。

隋代收回地方长官辟署府属的权力，将郡府属员和各曹归入固定编制，任用权由中央掌握。不久，改郡为州，郡的职官从此取消。

（七）县的主要长官和行政机构

自秦以来，县级政权的长官就是令（大县）、长（小县），至宋代官改为差遣以后，县的长官改为知县（元代为县尹，另设达鲁花赤以监管），明因此制。国家通过县来征敛赋税、募集兵源、倡导教化、推行政令和法令。历代县级长官的职责也变化不大，其"百里长吏，亲民之要"②的说法也成为县官的代名词，他们把国家的统治直接加向人民。

秦汉县级政权设置丞、尉为佐贰，"丞署文书，典知仓狱。尉主盗贼"③，除为辅佐之外，还有一定分工。魏晋南北朝时，丞、尉设置不定，大多是长官一人负责制而不设副职；在这种情况下，原来不入官之行列而专管文书簿

---

① （唐）魏徵：《隋书》卷27《百官志中》，中华书局，1973年，第762页。
② [隋]虞世南：《北堂书钞》卷78引《晋起居注》，中华书局，1989年。
③ （晋）司马彪：《续汉书志》卷28《百官志五》，中华书局，1965年，第3623页。

籍的主簿，位置渐渐提高，逐渐变为重要的佐官而改由中央任命。隋唐时确定的令、丞、簿（主簿）、尉的县级正佐官系列，在很长时期内没有变更。金、元在县级政权增设典史，以之统领掾史、主管刑狱，实际上兼领县尉之职。明清县级官的设置实际上也是令（知县）丞（县丞）簿（县主簿）尉（典史）的体制，仅是在权责方面稍有变化而已。

根据地理、交通、治安、物产等情况，一些县还设有杂职，如汉代"凡郡县出盐多者置盐官，主盐税。出铁多者置铁官，主鼓铸。有工多者置工官，主工税物。有水池及鱼利多者置水官，主平水收渔税"[1]。再如宋元以后的巡检司、驿、税课局、库、仓、织染杂造局、河泊所、批验所、递运所、冶铁所、闸、坝等，分别设巡检、驿丞、大使、副使等官进行管理。这些杂职虽然各有所专掌，随业务对本部门上级负责，但要接受所在地的地方官领导。明清时期的县还设有一些不给俸禄的杂职官。如医学训科、阴阳学训术、僧正会僧会、道正会道会等。这些是人在官籍的专门技术人员，国家虽不给俸禄，但他们可以靠自己的业务专长以谋生。人在官籍就要接受官的考核，考满也有升迁降调。

汉武帝时期在各地方建立了学校，各县开始设学官以管理教育。隋唐时期，各县设经学、医学博士助教，宋元以后各县设教谕、训导，由中央选派人员担任，称为教职。明清时期地方的教职既受本省学政的节制，又受本地方的正官领导。地方正官对教职虽有管辖考察之权，但对他们比较客气，讲究一些礼节。由于明清常以州县官"才力不及"而改调教职，教职的出身也多是举人以下，额外收入较少，因此实际地位低下，变成为身处受人尊敬的职位而不受人尊敬的斯文人物。

县衙门的组织构成的变化也不太大。据考证，在东汉时期的县除令丞尉等官之外，还有功、户、奏、辞、法、尉、决、兵、金、仓、水、集、塞等曹，有主簿、廷掾、道桥掾、主记掾、录事史、祭酒、阁下书佐、阁下干、狱吏、骑吏、伍百、门士、街卒、县三老、孝者、悌者、力田等掾史[2]。这些人承担县里各种具体事务，称之为"吏""史"或"小吏""小史"。他们由

---

[1] （晋）司马彪：《续汉书志》卷28《百官志五》，中华书局，1965年，第3625页。
[2] 瞿兑之、苏晋仁：《两汉县政考》，中国联合出版公司，1944年，第79—81页。

本县长官任命当地人充当，统称为"吏属"；他们各有所司，辅佐县官以治理全县。吏属多少，设曹多寡，一般要视本县的大小和事务繁简而定。北齐时开始规定县属佐吏的员额，上上县54人，下下县29人。隋唐因之，"凡县有司功佐、司仓佐、司户佐、司兵佐、司士佐、典狱、门事等，畿县减司兵，上县有司户、司法而已"①。宋代亦如之。这些县佐吏不入流品，但要接受考核，纳入流外官铨选系列中，表明中央对地方人事权控制较前代有所加强。金、元时期，县衙门组织基本定制为六曹（房），各曹设吏以理其事。明清在此基础上完善，定制为吏、户、礼、兵、刑、工六房，尚有承发房、架阁库等，故常常称为"诸房吏"。诸房吏的地位并不高，他们在名义上是"官役"，属于庶人在官者，"时以狗吏呼之，贱之也"②。长官对他们责罚打骂是寻常事。他们本来是"咸有事于官者也，治民者依以为用。然任重则权移，听信则谗入，狎匿则威亵，行弛则贿通，政刻则谤生，驭苛则怨作。苟如是，民受其害，官被其欺，一益而百损矣"③。由于这些人在衙门中主管文移簿书，明习法令，熟据政情，长官不得不依靠他们。于是，这些人凭借这些特长，往往"百端作弊，无所不至"④，乃至使本州县的士绅百姓"不知官府中内面文移是官府为主，吏书为主"⑤。这些人虽然没有什么社会地位，在实际上握有很大的实权，也就不免有些专横跋扈。他们上欺官府，下压百姓，成为本州县在在生事而举足轻重的一群人。

县府衙门内还有一些差役，最早是官府以力役之征取自民间，渐渐地改为雇佣，明清时这些差役成为县衙门的重要构成。日本学者宫崎市定先生认为这些人"在官厅工作，负责仓库保管、钱谷出纳，乃至看门守户及其他驱使奔走的库子、厅子、斗子等，种类也最多"⑥。这是一个庞大而有体系的组织，"一般分为两大部分，一部分服役于班房，分为三班：即壮班——专司

---

① （宋）欧阳修、宋祁：《新唐书》卷49下《百官志四下》，中华书局，1975年，第1319页。
② 陈义锺编校：《海瑞集》上编《兴革条例》，中华书局，1962年，第51页。
③ （明）张梯等纂：《嘉靖固始县志》卷5《官师志·吏胥》，天一阁藏明代方志选刊51，上海书店，1982年。
④ 陈义锺编校：《海瑞集》上编《兴革条例》，中华书局，1962年，第56页。
⑤ 陈义锺编校：《海瑞集》上编《吏书参评》，中华书局，1962年，第152页。
⑥ ［日］宫崎市定：《胥吏の陪备を中心として——中国官吏生活の一面》，《亚洲史研究》，京都大学东洋史学会出版，1963年，第145页。

值堂、站班兼捕盗；快班——专管缉盗维护治安；皂班——司仪仗护卫。一部分服役于知县，下分七个部门：收发——管收发公文，前稿——管差标画，候稿——值签押房，班管——总管监督，值堂——司内庭事务，跟班——随侍左右，执帐——传递、通事、随同知县拜会"①。前一部分在习惯上称为三班衙役，一般州县有二三十名，多者竟达数百名的。此外还有非在编而谋充进来的白役。三班衙役的分工不甚明确，具体的工作基本上是以本州县的长官所发出的牌票为基准。后一部分是杂役，除上所讲的七个部门之外，尚有库子、仓老（仓夫）、仓斗级、门子、禁子、巡拦、厨子、膳夫、斋夫、馆夫等，分别管理各种具体事务或杂务。

由于县的事务繁多，又实行主官负责制，明代中叶以后，有些县官聘请了幕友，协助自己办理刑名钱谷等事，渐渐相沿成习，县官雇用幕友成为不成文的制度，在清代还有从幕友中选拔官员的事情，幕友实际上已经为国家所认可，官聘幕友，名为"赞治"，实际上是因为这些幕友熟悉地方行政有关司法和财政的业务，能够弥补出身于科举或捐纳县官知识能力的不足，而且还可用以监督吏胥的工作。除此之外，县官还可以自带家人上任。这样由县官的私人组成的，有包括幕友、长随、家人乃至县官的亲戚（老爷、少爷、姑爷、舅爷）等组成的非正式队伍，便包办了县内事务，与正式机构共同起到管治地方的作用，导致地方治理形式也发生变化。

第三节　特别行政区与基层组织

历代根据政治和地理环境的需要，往往设立一些特别行政区。这些特别行政区除京畿地区之外，还有实行"因俗而治"的少数民族和边疆地区，以及重要军事和新开发的地区，具有防卫职能同时军队能够自给自足的屯田区，另外还有晋及南朝时期特殊设置的侨置州县。地缘关系结合血缘关系是中国古代建立乡里组织的基础，这种组织一是靠自然形成的长老权威来推行教化，

---

① 王笛：《跨出封闭的世界——长江上游区域社会研究》，中华书局，1993年，第362页。

二是通过行政权威来进行组织，刑德兼用，再加上当时人们主要是依靠土地谋生，很少迁徙，因此，乡里组织比较稳定，历代王朝在力所能及的情况下，总是要将乡里编组管理。

一、京师行政机构

《公羊传·桓公九年》云："京师者何？天子之居也。京者何？大也。师者何？众也。天子之居，必以众大之辞言之。"也就是说京师是天子所居，高大而人众，在这高大而人众之中要突出天子，故《尔雅·释丘》云："卓绝高大为丘，而人力为作之者名京。"不仅仅是高大而人众，更是立国之本。"京师者，四方之心腹，国家之根本。"①正因为如此，历代在京师地区的职官设置与其他地区有所区别，而且是实行多层次管理。

秦在京师设内史，掌治京师事。汉景帝二年（前155年），分置左、右内史。汉武帝太初元年（前104年），将右内史改名京兆尹，左内史改名左冯翊。秦主爵中尉，掌管列侯事，汉景帝中六年（前144年），改名主爵都尉，汉武帝太初元年（前104年），改名右扶风。自此以后形成三辅共同管理京畿地区，而将之视为中央官府，故此属官不同于各郡。如京兆尹属官有长安市令丞、厨令丞、都水长丞、铁官长丞；左冯翊属官有廪牺令丞尉、左都水长丞、铁官长丞、云垒长丞、长安四市长丞；右扶风属官有掌畜令丞、右都水长丞、铁官长丞、厩长丞、雍厨长丞。为了加强京畿地区的治安管理，汉武帝元鼎四年（前113年）更置三辅都尉、都尉丞，其京辅都尉治华阴，左辅都尉治高陵，右辅都尉治郿。汉武帝征和四年（前89年），因为治"巫蛊之狱"②，设司隶校尉，从中都官徒千二百人，捕巫蛊，督大奸猾。"巫蛊之狱"结束之后，罢去所领之兵，而使之察三辅、三河、弘农等七郡，"职在典京师，外部诸郡，

---

① （唐）韩愈撰，（宋）唐莹中集注：《东雅唐昌黎集注》卷37《御史台上论天旱人饥状》，上海古籍出版社，1993年。
② 汉武帝晚年多病，怀疑左右有行巫蛊者，征和元年（前92年）便发兵大搜长安城，事情牵连丞相公孙贺父子、诸邑公主、阳石公主及卫青之子卫伉，株连后宫及大臣数百人，并没有因此结束，任命江充为直指绣衣使者，专门治理巫蛊狱，酷刑致死数万人，且牵连皇太子刘据，江充被刘据所杀，而刘据惧祸，矫旨持节与汉军激战，刘据兵败后逃后被杀。汉武帝并没有因此收手，故此设置司隶校尉以治巫蛊之罪。

无所不纠。封侯、外戚、三公以下，无尊卑"①。汉元帝初元四年（前45年），除去司隶校尉的持节。汉成帝元延四年（前9年），省此官；绥和二年（前7年），汉哀帝即位复置，冠进贤冠，以确定其监察官员的地位。京师的长安令级别为千石，"得壹切便宜从事"②，可以直接对皇帝负责，故可以"直法行治，不避贵戚"③。京兆尹、左冯翊、右扶风及司隶校尉，均能"特奉朝请"，参加朝廷集议。他们的级别高于地方，实际纳入中央官制系列。汉因秦制，京师有中尉，掌徼循京师，汉武帝太初元年（前104）更名执金吾，"掌官外戒司非常水火之事。月三绕行官外，及主兵器"，率领缇骑二百人在长安巡逻，威武雄壮，故此汉光武帝到长安看到以后，其羡慕之情溢于言表，讲到"仕宦当作执金吾，娶妻当得阴丽华"。除此之外，汉武帝在京师设置城门、中垒、步兵、越骑、长水、胡骑、射声、虎贲等八校尉，与卫尉、光禄勋所属南军、北军，共同保卫京师安全。可见西汉京畿地区乃是多重管理，一旦发生冲突，均要奏请皇帝裁决。

东汉迁都洛阳，并没有更改京兆尹、左冯翊、右扶风的名称，但其与诸郡别无二致，而以河南、弘农、河内、河东四郡设尹，以重京畿地区，其余因西汉之制，机构进行省并。京师洛阳县令则为千石，曾经有董宣那样的"强项令"。

魏晋南北朝基本上因循汉制，京畿的设官一直是多重管理。因为京师乃是达官贵人所聚，京畿官难为则成为普遍的认识，故此京师地区的府尹、县令多由权臣兼任，即便是没有兼任，他们也要依附权贵，在世家大族势力强大的情况下，不畏强暴的京畿官很少。

自新莽始建国四年（12年）营建洛阳为东都以后，历代王朝常常实行两都或多都制。如东汉以洛阳为都，但没有改变长安三辅官的设置，实际上还是承认长安的京城地位。唐高宗显庆二年（657年），以洛阳为东都，长安则为西都，实行两都制。唐肃宗宝应元年（762年），以京兆府为上都，河南府为东都，凤翔府为西都，江陵府为南都，太原府为北都，实行五都制，不久

---

① （晋）司马彪：《续汉书志》卷27《百官志》注引蔡质《汉仪》，中华书局，1965年，第3614页。
② （东汉）班固：卷90《酷吏尹赏传》，中华书局，1962年，第3673页。
③ （东汉）班固：《汉书》卷90《酷吏义纵传》，中华书局，1962年，第3653页。

则废除，则以长安为西都，洛阳为东都、太原为北都。辽代实行的是五京制，上京临潢府、西京大同府、南京析津府、中京大定府、东京辽阳府。金代有上京会宁府、中都大兴府、汴京开封府。元代有大都、上都、中都。明代有南京、北京、凤阳中都。清代有北京、盛京。

同样都是都城，因皇帝所在地不同，其设官也有一定区别。例如，唐代西都长安是建国确立的都城，东都洛阳是唐高宗确立的都城，北都太原乃是唐高祖李渊龙兴之地，故此三都设"牧"而以亲王兼领，各设尹以管理京畿事务。皇帝到其他的都去巡幸，中央各部门则派出一部分人随从，称之为"行"，而没有皇帝在西都、东都则置"留守""副留守"以主之，而北都太原则以太原府尹为留守，少尹为府留守。留守所在之地称大都督府，有总领该都之事的权力。辽、金、元也是如此，权限则更加明确，所属机构也较各路、省为多。例如，元代大都留守司"掌守卫宫阙都城，调度本路供亿诸务，兼理营缮内府诸邸、都宫原庙、尚方车服、殿庑供帐、内苑花木，及行幸汤沐宴游之所，门禁关钥启闭之事"；上都留守司"品秩职掌如大都留守司，而兼治民事"①。因为责任重大，留守则不再是一人，如大都留守五员，上都留守六员，还有同知、副留守、判官等多员。同为留守，而无上下之分，故此常以亲王或权臣掌之。值得注意的是，自唐代以后，京县令几乎没有强项令，且不能够直接面对皇帝，在京城管理所发挥的作用越来越少。

明代虽有三都，设官却有所区别。自朱棣营建北京以后，在北京所设立的中央各部门都称为"行"，后来皇帝不再回南京，北京的中央各部门则去掉"行"字，而南京的中央各部门却得以存留下来，称为南京官，却也不再是号令全国的中央官了，固然他们还是可以参与朝廷事务，但所管辖地区局限于南直隶。凤阳中都自营建之后，就没有皇帝在那里立朝办事理政，但都城的地位一直没有改变，故此在那里设置中都留守司"掌中都、兴都守御防护之事"。因为是皇陵所在，有中都镇守内官常驻，也曾经设立国子监等一些部门。北京、南京设官略同，府为顺天府、应天府。顺天府统领京畿五州、十二县，而大兴、宛平为京县，其知县为正六品，级别高于其他县。除了顺

---

① （明）宋濂等：《元史》卷90《百官志六》，中华书局，1976年，第2278、2298页。

天府、大兴、宛平二县之外，京城内设中、东、西、南、北五城兵马指挥司，各设正六品指挥一人，正七品副指挥四人，吏目一人，掌管"巡捕盗贼，疏理街道沟渠及囚犯、火禁之事。凡京城内外，各画境而分领之。境内有游民、奸民则逮治。若车驾亲郊，则率夫里供事"①。还有五城御史负责监督兵马司，还受理词讼。另外，锦衣卫缇骑对京城的盗贼奸宄，也有秘密侦缉，乃至于直接处置的权力。宦官衙门的东厂、西厂、内行厂的番役们，分瞰官府，深入民间，连夫妻密语都被他们打听到而上报皇帝。一个京城，多重管理，各自都有权力，一旦有好处，都想分得一杯羹；一旦出事，互相推诿则是在所难免。如明天启元年（1621年），辽阳失守，京师紧张，传闻有后金的奸细，于是"五城及京营巡捕日以逻奸细为事，稍有踪迹，率论死。绝无左验者二百余人，所司莫敢谳，多徙官去，囚未死者仅四之一"②。所有部门都以不担责为时尚，当然是苦了百姓，富了缉拿的兵丁、缇骑、厂役们，而官也从中得到好处，更有甚者以此作为谋升迁的捷径。

清因明制，除北京之外，还有盛京，而盛京则仅设五部，没有吏部，则表明用人考核大权要绝对集中到朝廷。清代京畿设官基本上因循明制，废除锦衣卫及东厂衙门，而设提督九门步军巡捕五营统领，简称"步军统领衙门"，俗称"九门提督"，掌京城守卫、稽查、门禁、巡夜、禁令、保甲、缉捕、审理案件、监禁人犯、发信号炮等事，维护京师社会治安是其要责。此外，内务府下属慎刑司的番役处有正副头目率领的40名番役，负责缉捕之事，虽然在制度上明确头目主要缉捕在逃的太监，但也负责缉拿京师犯罪，诸如官员赌博暨私卖例禁物件，屠宰牛只，为民内监潜藏京师，回籍为民内监复行逃回，以及斗鹌鹑斗鸡及寻常案件，内务府番役拿获都有赏银，而且还时常奉命到外省缉拿人犯。也就是说，清王朝虽然没有锦衣卫和东厂，但锦衣卫和东厂原来发挥的作用并没有丢失。清代工部下还设有督理街道衙门，"掌道路沟渎"，也参与京师的管理，"街道旧规，铺户修房，每间与胥役钱二三百"③。因为在内外城建房、修路、挖沟、开铺面，都要街道衙门批准。

---

① （清）张廷玉等：《明史》卷74《职官志三》，中华书局，1974年，第1814页。
② （清）张廷玉等：《明史》卷244《顾大章传》，中华书局，1974年，第6341页。
③ 赵尔巽等：《清史稿》281《高遐昌传》，中华书局，1977年，第10176页。

总之，因为京师的特殊，历代都实行多重管理，其府尹也多兼有朝廷事务，经常参加朝廷的集议或奉旨办理某些事务。在多重管理难以统一的情况下，皇帝往往委任亲王、大臣进行督理、提督，而在更多的情况下，还是由皇帝亲裁。这里既有分权制约，也有权力集中，总的原则是在确保京畿地区安全的情况下，以实现有效治理，而且更便于皇帝掌控。

二、屯田与军政合一制度

屯田制度在汉代已经实行，汉文帝采取晁错"移民实边"的建议，曾经在西北进行屯田。汉武帝时在河西六郡开辟官田，发边塞士卒60万人戍屯。自此以后，自敦煌以至车师的西域道路上，一直是屯田的重点地区，除边郡设置农都尉专门管理屯田事务外，汉元帝初元元年（前48年）还设立戊己校尉，建立了以屯戍为主的特别行政区。

东汉末年的连年战争，粮食缺少，人民逃亡，土地荒芜，建安元年（196年），曹操采纳枣祗、韩浩等议，"乃募民屯田许下，得谷百万斛。于是州郡例置田官，所在积谷"[①]。曹魏的屯田分民屯、军屯两种。民屯由官府设置的农官管理，自成系统，设置典农中郎将（相当州级）、典农校尉（相当郡级）、典农都尉（相当县级），屯司马（主管一屯）以管理地方民屯事务，直属中央的大司农。军屯有军队屯田和军户屯田两种类型。军队屯田由领兵将帅管理，主要在蜀、吴交界地区，军队采取分班轮流垦种的方法，"且耕且守"，管理是按军队的建制。军户屯田由度支中郎将、度支校尉、度支都尉等军事系统的农官管理，归"都督诸军事"管辖。蜀、吴也有屯田制度，与曹魏大致相同。

曹魏咸熙元年（264年），实际把持国政的司马懿宣布："罢屯田官以均政役，诸典农皆为太守，都尉皆为令长。"[②] 这是废除民屯，还保留有军屯。两晋南北朝，尚书设有屯田司，主管天下屯田事务，但除了军屯之外，没有专门的屯田区。北齐河清三年（564年），"缘边城守之地，堪垦食者，皆营屯田，署都使、子使以统之。一子使当田五十顷，岁终考其所入，以论褒贬"[③]。这应

---

① （晋）陈寿：《三国志》卷1《魏书·武帝纪》注引《魏书》，中华书局，1959年，第14页。
② （晋）陈寿：《三国志》卷4《魏书·三少帝纪》，中华书局，1959年，第153页。
③ （唐）魏徵等：《隋书》卷24《食货志》，中华书局，1973年，第678页

该是屯田区，其管理形式也是半军事化。隋炀帝曾经谪天下罪人，配为戍卒，在西域、北边大开屯田，则属于军屯性质。唐置诸屯监、丞，"掌营种屯田，句会功课及畜产簿帐，以水旱螽蝗定课。屯主劝率营农，督敛地课"①。这是设官吏进行管理，诸屯则是屯田区。宋代也是广开屯田，曾经设屯田使督管屯田事，各路有屯田者也设屯田使，屯田有官屯和民屯，均设屯官以管理。

辽代沿边各置屯田戍兵。金代除沿边戍兵屯田之外，还移民屯田，在进入山东以后，就迁徙万家去屯田，而在屯田区实行猛安、谋克制，迁徙来的女真人与当地民人肯定会发生冲突，金王朝定制，允许女真人与当地民人互婚，数十年后，山东移民废除猛安、谋克制，而归州县管辖。元代"天下无不可屯之兵，无不可耕之地"②，实行军屯与民屯并举，诸路设有屯田总管府、屯田万户府以总领之，其军屯以军职千户、百户领之，民屯则设屯长领之。

明代"以兴屯之事责之边腹卫所之军兵，以垦荒之事听之百姓。屯者，官为政，授产有定数，耕之人皆官人也，所耕之田皆官用也，其事专为养兵设也。垦荒者任民自为政，曰尽力垦辟，产无定数矣"③。明代有军屯、民屯、商屯之分。军屯是由卫所管辖，朱元璋曾经令卫所军人十之七去屯田，故早期军屯数量庞大。明初曾经大规模迁徙人口，进而建立许多民屯，以后也曾经招募民人到边远地区屯田。商屯是招募盐商于各边开中，即以粮食换盐引，后来制度败坏，盐商撤出，在嘉靖年间再进行招商，商屯才得以延续。无论是军屯，还是民屯、商屯，其土地都是官田，故地方官的职责内都有管理屯田的职责，有的地方还有屯田副使、佥事专管。

清代屯田有多种形式，各省的屯田早期多用来安置明军退伍军人，后来开垦荒地而募民耕作。新疆的屯田除了军屯、民屯、商屯之外，还有犯屯、官屯，其犯屯是发遣的罪犯，官屯是官府主导的开垦。从康熙二十五年（1686年），以锦州、凤凰城等八处荒地分给旗民营垦，又遣徒人屯种盛京开始，到乾隆年间让八旗闲散到东北地区垦殖，此后流民（闯关东）不断涌入，最终在光绪七年（1881年）设立垦局，招募山东人民去开垦，东北垦地不断增加。

---

① （宋）欧阳修、宋祁：《新唐书》卷48《百官志三》，中华书局，1975年，第1263页。
② （明）宋濂等：《元史》卷100《兵志三》，中华书局，1976年，第2559页
③ （清）黄宗羲编：《明文海》卷65，陈龙正《垦荒议》，中华书局，1987年。

乾隆时期，因为人口增长速度很快，为了生计，有许多人进入蒙古开垦荒地（走西口），到光绪七年（1881年）设乌里雅苏台垦局，官屯在蒙古地区发展很快。青海开垦始于雍正时年羹尧定议开屯，因为是民族交错，一直发展缓慢，光绪时制定开垦方针，最终也未付诸实施。清代的屯田很多，多由军政部门管理，少有独立的屯田区。清末设立垦局之后，一些垦局有了管辖地域，逐渐向行政化转变，进而成为一种行政区。

军镇行政区是军队驻守情况下出现的。例如，北魏初期夺取后燕统治的大部分地区后，在那里设置8个军府，每府配兵5千，主将以下军官有46名。随着统治区域的扩大，北魏在许多战略要地也设立了军镇，由拓跋宗室或亲信功臣统领鲜卑为中心的军队驻守，镇将兼理军民事务，实行军事统治。当统一北方战争结束后，一些军镇开始改为州，实行军民分治，但北方的沃野镇（今内蒙古五原北）、怀朔镇（今内蒙古因阳南）、抚冥镇（今内蒙古四王子旗东南）、武川镇（今内蒙古武川西）、柔玄镇（今内蒙古兴和北）、怀荒镇（今河北张北北）等六镇，以及敦煌镇、鄯善镇（今青海西宁）、薄古律镇（今宁夏银川）、御夷镇（今河北赤城北）等没有改为州。每镇有镇都大将（相当于州级）、戍主（大戍相当于郡级，小戍相当于县级），均开府置僚佐，只是部门及人员设置较州郡简单。

历代都有军民共治的军事管理政区，只是规模有大小不同的区别。例如，"明代军事系统的都司（行都司）、卫、所在绝大多数的情况下也是一种地理单位，负责管辖不属于行政系统的大片帝国疆土"①。其卫所有沿边、沿海、内地、在内等4种类型，有固定的辖区，实行军民共治。随着社会的稳定，属于军事系统的一部分卫所逐渐改为州县，军事系统管辖的疆土也逐渐缩小，至清雍正年间大规模地改卫所为府州县，军民共治的区域越来越少，只是在沿边地区还保留少部分以屯垦为主的特别区域。

清太祖努尔哈赤首创八旗，即黄、白、红、蓝、镶黄、镶白、镶红、镶蓝，以资识别，后又增加蒙古八旗、汉军八旗。每旗设都统一人、副都统二人，参领、佐领若干人，诸旗壮丁约20万人。入关以后，除少数留守辽东之

---

① 顾诚：《明帝国的疆土管理体制》，《历史研究》，1989年第3期。

外，约10万人拱卫京师，其余10余万人分驻各省，由驻防将军、副都统、城守尉等统领，占领要地，监视绿营，其驻东北、蒙古、青海、西藏等边陲地区的官员还负责当地的各种政务，这样"自畿辅达各省，东则奉、吉、黑，西回、藏，北包内外蒙古，分列将军、都统及大臣镇抚之"。先后有盛京、吉林、黑龙江、江南、福建、浙江、湖北、四川、广东、绥远城、陕西、甘肃、伊犁、乌里雅苏台等14个驻防将军，热河、游牧察哈尔驻防都统，直隶驻防副都统、山东驻防副都统、山西驻防城守尉、河南驻防城守尉。各处驻扎大臣先后有：乌里雅苏台定边左副将军、科布多参赞大臣、布伦托海办事大臣、库伦办事大臣、塔尔巴哈台副都统、西宁办事大臣、西藏办事大臣、川滇边务大臣、乌鲁木齐都统、吐鲁番领队大臣、巴里坤领队大臣、古城领队大臣、库尔喀喇乌苏领队大臣、哈密办事大臣、喀什噶尔参赞大臣、英吉沙尔领队大臣、叶尔羌办事大臣、和阗办事大臣、阿克苏办事大臣、乌什办事大臣、库车办事大臣、喀喇沙尔办事大臣等。按典制：将军、都统、专城副都统，"掌镇守险要，绥和军民，均齐政刑，修举武备。参赞大臣，掌佐画机宜。领队大臣掌分统游牧。总管、副总管，掌分理营务。城守尉、防守尉，掌本城旗籍。参领、协领，分掌驻防户籍，以时颁其教戒，仍隶京旗"①。驻防都建有满城，与民人隔离，若是有旗、民纠纷，则会同当地督抚处理。各处驻扎大臣，实际上是当地的最高军政长官。

三、基层行政组织

秦自商鞅变法之后，将连坐纳入基层治理体系当中，县以下的都、乡、邑、聚等都进行编制，五家为伍，十家为什，实行什伍连坐，在统一六国之后而继续推行。汉因之，而实行乡里制度，即县下分成若干乡，乡下有里，里下有什伍组织。

乡设有秩、啬夫、三老、乡佐、游徼等乡官。大乡设有秩，小乡设啬夫，是乡的主管，"皆主知民善恶，为役先后，知民贫富，为赋多少，平其差品"②。作为一乡之长，有权掌管一般性的民政事务和轻微诉讼以及赋税征收等事。

---

① 赵尔巽等：《清史稿》卷117《职官志四》，中华书局，1977年，第3384、3383页。
② （晋）司马彪：《续汉书志》卷28《百官志五》，中华书局，1965年，第3624页。

三老掌教化，不是行政职务，以礼教劝民于善，有较高的地位。乡佐是有秩、啬夫的助手，"主民收赋税"，分职承办县廷布置的各项事务。游徼主管乡中治安，直属于县尉。乡官秩达到"百石"的是"有秩"，要由郡府任命委用，百石以下则由县廷任命批准。

里设里魁或里正、里典，兼有官民双重身份，负责一里事务，按规定掌管百家。什设什长主十家，伍设伍长主五家，形成连坐关系，"以相检察。民有善事恶事，以告监官"。里魁、什伍长均由乡任命。

秦汉除乡里什伍之外，在县以下还有亭一级组织，是县派出的治安机构。亭设亭长，"主求捕盗贼，承望都尉"①。协助都尉管理治安，并负责接待往来官吏，兼管官府文书、物资承传转递等事。东汉废除郡都尉之后，亭仍然保留，除承担原有的事务之外，逐渐转向民事，并且纳入县的行政系统中。亭长之下有求盗、亭吏等属员。

魏晋南北朝基本因循汉代的乡、亭、里体系，但此时民户多依附于世家大族，国家所控制的民户越来越少，乡里组织实际上遭到破坏。民户多以部曲的身份被驱策以维护世家大族的庄园政治和经济利益，乡里组织的地位反在庄园坞堡之下。朝廷一再下诏检括民户，竭力恢复乡里功能，但收效不大。

北魏以北方游牧民族入主中原，初期还保留着比较稳定的氏族社会组织关系，基层组织是以宗族为单位，对汉族地主的庄园坞堡也没有过多地加以干预，让这些族长、大地主以宗主的身份管理部民，即所谓"宗主都护制"。北魏孝文帝改革时，其中比较重要一项就是实行"三长制"，即在给事中李冲提议下，"五家立一邻长，五邻立一里长，五里立一党长，长取乡人强谨者"②。他们的职责包括检查和审定户口、征发赋役、办理一般民事诉讼。三长制原本于《周礼》，故北齐改十家为邻，五十家为闾，百家为党族，各设邻长、闾正、党族以主管；北周则进一步改为邻、里、党、族，也是完全依照《周礼》。

隋代以百家为里，五百家为乡，设里长、乡正主管。唐代进一步完善乡里组织，对城区、郊区、乡村采取不同的方法进行编组。在城区，四户为邻，五邻为保，五保为坊；在郊区，四户为邻，五邻为保，五保为村；在乡村，

---

① （晋）司马彪：《续汉书志》卷28《百官志五》，中华书局，1965年，第3624页。
② （北齐）魏收：《魏书》卷110《食货志》，中华书局，1974年，第2855页。

五户为邻，五邻为保，五保为里，五里为乡。邻、保各设长，坊、村、里各设正，乡设耆老主教化及词讼。从这套行政编组来看，城、郊区离县治所近，县衙门便于控制，因此以百户为单位；乡村离县治所远，县衙门控制力较弱，所以设乡以协助县进行管理，设想是比较切合实际的。隋唐时期的乡里拥有权力较大，其乡正、里长都可以审理词讼，甚至可以将当事人直接处死。这种制度一直延续到宋代初期，后来收回了乡里受理诉讼的权力，也没有把乡里列入行政机构范围。

宋代王安石变法，为加强兵政和增加财赋收入，实行保甲制度，以"民十家为一保，选主户有干力者一人为保长。五十家为一大保，选一人为大保长。十大保为一都保，选为众所服者为都保正，又以一人为之副"[1]。同时，以税户三十家为一甲，设甲长主管放贷青苗钱和收税。保甲组织与原有的坊里组织在职责上存在重叠和冲突，因此，在变法失败后，乡里或行保甲，或行坊里，保甲和坊里不再同时设置。宋代乡里虽然没有列入行政范畴，但却起到辅助行政的作用。例如，南宋"五家为甲，甲有长，二十家为保，保有大长。凡一百二十五家，则揭其党里、姓名于都亭。其有不孝不友、不姻不恤，凡以泯彝败俗，合众而挞罪之"。对于这种乡里处罚，官府实际上是支持的，乡里保甲长也就成为为州县衙门服役的半公职人员。乡里除负责征派赋税徭役、维护社会治安之外，教化民众的职能日益凸显，各种乡规乡约在此时已经盛行。

辽、金、元在本民族和少数民族地区按民族习惯进行管理，保留部落家族的基层组织形式，只是略加编组。在汉族地区则实行村社制度。例如，金代在"京府州县郭下则置坊正，村社则随户众寡为乡置里正"[2]，在本族村寨设寨使。村社50~300户上下，设主首1~4人，村寨50户以上设寨使，各以五家为保，实行连坐。元代大体上因循金制，乡、都设里正，村社设主首、社长，二者是上下级关系。元代规定每社设立义仓，丰年每人交粟一斗，荒年用以接济各人食用，由社长主持。

明代乡里组织是里甲制和保甲制并存，在城市编坊、近郊编厢、乡都编

---

① （元）脱脱等：《宋史》卷192《兵志六》，中华书局，1977年，第4767页。
② （元）脱脱等：《金史》卷46《食货志一》，中华书局，1975年，第1031页。

里甲，"以一百一十户为一里，推丁粮多者十户为长，余百户为十甲，甲凡十人。岁役里长一人，甲首一人，董一里一甲之事。先后以丁粮多寡为序，凡十年一周，曰排年"①。里长的职责是追征钱粮、勾摄公事以及平息里内百姓争斗。除里甲之外，明初还在浙江、南直隶、湖广、江西、福建等省区设立粮长，负责田赋催征、经收和解运。此外，洪武二十七年（1394年），朱元璋下令设置里老人，使之办理一乡之词讼。明代中叶，为配合当时军事需要，一些地区在里甲的基础上开始实行保甲，以十家为牌，设牌长，实行连坐；五至十牌为保，设保长。保甲的重点在于维持地方治安。

清初沿用明制，里甲和保甲并存，稍重于里甲，自康熙滋生人丁永不加赋、雍正摊丁入亩之后，里甲逐渐废弛，保甲渐渐取代里甲，使保甲不但具有维持地方治安的职能，而且具有督催钱粮的职能，承担起地方一应杂事公务。清代除了继续推行保甲制之外，还根据本地情况，以村寨、坊厢、联庄等权当保甲。

明清乡里保甲长选用有一定的标准。明初的里甲长采取轮流担任的方法，后来逐渐改为州县衙门选用，其大体标准是："乡长取乎年高有德而素行服人充之，保长取乎年力精健才遒迈众者充之"，甲长应"于十一家之内，择其殷实老成者有子弟者充之"②。保甲乡里社长被选充之后要造册呈送按察使司稽核，乡里社长选充之后要呈送布政使司稽核，得到任命之后，可以举行隆重的任命仪式，颁发钤记，委以事权。

明清在国内动乱时期，曾经组织团练，特别是在太平天国运动以后，团练、联庄会等完全替代保甲，一些士绅阶层借举办团练为契机，权势得到空前的扩张，"借名办团，把持公事，恃符武断，干预钱漕及一切非分之事"③。"团总、团长借以渔利，凌弱暴穷，鱼肉一方。幸而胜贼，恃功骄横。小之狱讼赋税，官不得问。大之施虐吏民，法不得加。"④他们"藉盘查奸细为名，杀

---

① （清）张廷玉等：《明史》卷77《食货志》，中华书局，1974年，第1878页。
② （清）黄六鸿：《福惠全书》卷21《保甲部·选保甲长》，康熙三十八年（1699年）种书堂刊本。
③ （清）李瀚章：《光绪湖南通志》卷67《学校志六·学额》，清光绪十一年（1885年）刊本。
④ （清）吴兆熙等：《光绪善化县志》卷32《续艺文志·论兵》，清光绪三年（1877年）刻本，南开大学图书馆藏。

人夺货,行旅视为畏途"①。这种绅权的恶性膨胀,已经严重危及到地方官府的行政职能,以至于出现失控。

自春秋战国时期开始到明清时期,基层组织不断演变,但万变不离其宗,构建毋庸置疑的、强大的、由官府控制的基层组织,乃是一个王朝强大的重要标志。至于基层组织是否仅仅是职役而不是官僚系统的问题,权且可以不论,因为基层组织的权力来源乃是由王朝赋予的,权力行使的目的也是贯彻执行王朝指令,服务于王朝,起到行政效能。至于在基层组织曾经出现宗族、长老、乡绅、豪强把持,并且相对独立地行使"自治"权,并不是王朝所期待的,故此,历代都奉行"抑豪强"的政策,在力所能及的情况下,希望将基层组织牢牢地掌控在官府的手中,以使皇权深入到每一个角落。

第四节 少数民族地区行政机构

中国是一个由多民族组成的国家,不论是以汉族统治集团为主,还是以其他民族统治集团为主建成的政权,出于对自身控制能力的估计,以及对民族地区实际经济结构和传统生活方式的了解,历代统治者大都意识到,边远少数民族聚集地区与内地相比,不论是发展程度,还是在风俗习惯等方面,都存在很大的差异,如果将推行于腹地的制度强行移用到民族地区,只会徒增阻力,而且难有实效,是不明智的。故此,历代王朝在确保最高尊荣和主权的情况下,往往对民族聚集地区实行比较特殊的管辖制度。

一、西域都护和民族校尉

汉武帝经营西域,有三十六属国内附,于是在中央设典属国以主管其事务,派使者、校尉进驻其地区以加强沟通和影响。汉宣帝时改设为西域都护,后又设立戊己校尉,统领屯田军与之联络。在行政方面,西域都护是西域地区的最高行政长官,有代表皇帝册封属国国王及官吏的权力,并负责调解各

---

① (清)陈其元:《庸闲斋笔记》卷9《团练害民》,上海进步书局石印本,1911年。

属国之间的纠纷。在军事方面,西域都护又是该地区最高军事指挥官,有调动属国军队抗击匈奴入侵,统领屯田驻军保护西域稳定,保证交通线路畅通的职权。在司法方面,西域都护对中级官吏的奖惩任免,有先决后奏权,对属国自身的司法事务也有参与权。

汉通西域,设立都护和屯田驻军,主要是为了防御匈奴和确保中、西亚交通路线的畅通。因此,只要各属国相安无事,保证文化贸易等方面的联系,承认汉天子名义上的最高地位,汉王朝并不要求西域同内地一样划一管理,允许各属国完整地保留自己的治理方式,只是在首领与重要职官任命上通过西域都护呈报朝廷批准,并不干涉属国的内政。这种管理方式是符合当时历史发展需要的,而且也是行之有效的,对多民族统一国家的巩固,以及对边疆地区的经济文化发展都起到积极作用。

汉武帝最初经营西域的时候,仅仅派使者及校尉领护,没有规定编制。汉宣帝地节二年(前68年),始以骑都尉、谏大夫为西域都护,作为加官,并没有纳入正规官制,但设有秩比二千石的副校尉,且有丞、司马、候、千人等职,西域都护具有官府的性质。汉元帝初元元年(前48年),置戊己校尉,下辖有丞、司马、前后左右中候,职掌车师前王庭的屯田事宜。戊己设置二校尉,还是一校尉,史家有分歧。《后汉书》认为是二校尉,即戊校尉、己校尉,颜师古则存二说,一是甲乙丙丁庚辛癸都有相应的方位,戊与己则无方位,因为戊己校尉驻地常有移动,故名;二是戊与己位在四方之中,因在西域各国之中,故名戊己校尉。从史籍所载来看,似乎就是一个校尉,东汉魏晋都曾经设置,至东晋咸和二年(327年)废此官。西域都护设置一直与王朝兴衰息息相关,在王朝强大时,西域都护就能够较好地发挥领护西域诸国的作用;在王朝衰微的时候,非但不能够发挥领护作用,还会因此废除西域都护。

在西域都护的基础上,东汉魏晋南北朝也对少数民族地区实行特别管理,即设置中郎将或校尉。其中郎将名目有:护匈奴、护乌桓、护鲜卑、护羌、护西戎、护南蛮、护南夷、护东夷、护越、平越等。校尉名目有:护羌、南蛮、西戎、宁蛮、南夷、镇蛮、平戎校尉等。这些中郎将、校尉都立有府,有规定的治所与辖区,除朝廷额设的长史、司马、参军事之外,府属都是自行辟署。在辖区内实行军事化或半军事化管理,进而代表朝廷对所部的少数民族实行管辖。在辖区趋于安定时,这些中郎将、校尉则成为州郡长官的加衔,或直接废置,改由州郡管理,则纳入地方行政系列。

在治理方面,对边远地区的少数民族多采用笼络的手段,给那些民族以较大的自治权力;对内地的少数民族则基本上同于汉制。由于朝廷在内地的统治实力较强,故此,对内地的少数民族的压迫和歧视远远超过边远地区,因此,常常引起少数民族的强烈反抗。

二、羁縻府州和都护府

羁縻,是笼络联系和怀柔牵制的意思,这是在汉代对西域管辖时形成的用语。"唐兴,初未暇于四夷,自太宗平突厥,西北诸蕃及蛮夷稍稍内属,即其部落列置州县"[①],这就是唐代建立羁縻州县的缘起。

贞观四年(630年),唐太宗李世民平定突厥,突厥愿意归附,唐太宗除将突厥十万户内迁到中原地区之外,又在突厥原所在地设置羁縻府州。在行政管辖方面,任命该族各部首领为都督、刺史、县令,责令他们统率原来的部众,允许保留本部族原有的治理形式,保持半独立状态。"首领赇于官署为刺史,一州所贡,悉以奉之,其或鱼肉斯人之甚。有来讼者,率以遐远阻险,非文法所及置之。"[②]唐太宗在突厥族设置羁縻府州取得成功以后,又把这种制度推广到其他少数民族部落,见于史志的羁縻府州就有856个,"其大者为都督府,以其首领为都督、刺史,皆得世袭。虽贡赋版籍,多不上户部,然声教所暨,皆边州都督、都护所领,著于令式"[③]。也就是说,这些羁縻府州归朝廷设置的都督、都护管辖,它们之间有冲突,则由朝廷予以调节或处置。

羁縻府州虽有较大的自治权力,都督、刺史也多由原部族首领担任,并且可以世袭。然而,这些都督、刺史都必须由中央任命,同时,还取消了少数民族上层分子原有的"可汗"称号,说明他们仅仅是大唐属下的特殊民族自治区。其后,为了加强对羁縻府州的管理,唐代又建立起名为"都护府"

---

① (宋)欧阳修、宋祁:《新唐书》卷43下《地理志七》,中华书局,1975年,第1119页。
② (清)董诰等编:《全唐文》卷784,穆员《京兆少尹李公墓志铭》,中华书局,1983年。
③ (宋)欧阳修、宋祁:《新唐书》卷43下《地理志七》,中华书局,1975年,第1119页。

的行政区。

唐代最多时设置8个都护府,后减为6个(安西、北庭、单于、安北、安东、安南)。都护府是中央与羁縻府州之间的纽带,它代表中央行使对羁縻府州的管理权,负责管理边防、行政和民族事务。都护府长官"都护"由汉人担任,由中央任命,不能世袭。都护府属官设置与内地府州相同,有长史、司马、录事参军事和功、仓、户、兵、法等曹参军事,分管各种行政事务以及人事、民政、财政、军事、司法等方面的事务。这些属官也由中央任命,所辖的事务都要按中央的指令和政策办理。

都督、都护对羁縻府州管理松严也不一样,如唐德宗时,桂管观察经略使李佐,对部内羁縻府州进行处置,"易之以中土温良之吏,越人之男女不为所鬻,资产不为所夺,悦而戴之,相与禀令,其移风俗如此者非一"①。总体上尽量保持相安无事,却不断进行渗透,使之逐渐接受朝廷政令,在适当的时候则改为州县,由朝廷直接管辖。

羁縻府州和都护府的设立,有助于唐王朝加强对边疆地区的管辖,也有助于汉族与各少数民族之间的经济文化交流,更有助于巩固国家的统一和促使多民族国家进一步团结壮大,增进各民族的融合和相互了解。虽然在安史之乱以后,羁縻府州制度大部分遭到破坏,原有的羁縻府州有些叛离,有些直接并入州县,最后因唐王朝的衰败而荡然无存。唐代的羁縻政策却为后世统治者所采纳。例如,宋代把边远地区的少数民族区分为"生番"和"熟番",并实行不同的管理方式。"生番"仅要求保持臣属关系,朝廷不干涉其内政;"熟番"则按部落为单位进行编组,要听从朝廷的节制,甚至要服兵役。

羁縻政策还影响到一些少数民族政权。如辽代对分布于内地的各部族,以及松花江下游和黑龙江一带的五国部,就是采用羁縻方式,中央除保持对其部族首领(节度使)的任命权之外,不干涉其部族的内政,允许其按本民族的习惯管理部族。对分布于辽国腹里地区及其统治核心的部族,则在保持其原有风俗习惯的基础上,设立大王府进行管辖。这种方式为金代所承袭。

---

① (清)董诰等编:《全唐文》卷784,穆员《京兆少尹李公墓志铭》,中华书局,1983年。

元代在少数民族和边疆地区设置宣抚使司、宣慰使司、安抚使司、招讨使司、宣慰使司都元帅府、诸蛮夷长官司等。从行政管理体系讲，这些使司统属于中央的宣政院，在政务上要接受行省的指导，"行省有政令则布于下，郡县有请则为达于省"①。各种使司一般都设有使、同知、副使、经历、都事等员，由达鲁花赤担任最高监临官，官吏有时也兼用少数民族头人，称为土官。使司下有两个系统，一是军职的万户、千户、百户，任命民族的头人为之，为世袭之职，称之为"土司"；二是行政的溪洞长官司、诸军州和州县，其长官大部分由该民族的头人担任，虽然也是世袭，因为是纳入行政系列，故称为"土官"。

三、土官制度与改土归流

土官和改土归流是明清两代对云、贵、川、桂等地区少数民族的管理和改革制度，这种制度与边疆地区的管理制度有很大的区别。

明清的土官大致可以分为两个系统：一是由军事部门管辖的，如宣抚使司、宣慰使司、安抚使司、招讨使司、长官使司等。这些使司的长官又称为"土司"，其下设同知、副使、佥事等官，均由该民族的各级头人世袭其职，其任免袭替由兵部武选司负责，政务归各省军事部门统率。这类使司多设在边远地区或被军事征服不久的地区，土司们拥有一定数额的土司兵，协助该省军事部门维护该地区的社会秩序。二是由行政部门管辖的，即所谓的土府（军民府）、土州、土县等，其主要长官也称土知府、土知州、土知县，称之为"土官"。这些土官衙门的编组略如内地府州，但比较简略。其长官和佐贰官均由该民族的大小头人世袭，任免世袭事务由吏部验封司负责，政务由各省布政使司负责。这类土府州县多设在内地各省的民族地区。

土官衙门的设置，是明清王朝的军事镇压和怀柔政策的结合。王朝把各级土官衙门编组进地方行政序列之中，但保持其特殊的治理方式。在实际运作中，只要土司土官不危害朝廷的利益，朝廷一般不干涉其内部事务，故一些土司土官在其属地横征暴敛，恣作威福，朝廷往往采取旁观纵容的态度，

---

① （明）宋濂等：《元史》卷91《百官志七》，中华书局，1976年，第2309页。

不但不绳之以法，而且还勾结土司土官对各族人民进行盘剥奴役，以谋取他们的贡纳。各土司土官在其境内放任自为，为争夺土地和财物，经常发生武装冲突，对王朝也常常是叛服不定，不但破坏王朝的统一，而且给当地人民的生活和生产造成损害。当爆发背叛朝廷，举兵侵袭邻近汉人聚居的州县，甚至弑官逐吏，对王朝的统治权威有损时，王朝便往往采取极端政策，实施血腥镇压。明清两代曾经多次对这些土司土官实行征剿，并在部分地区推行"改土归流"的政策。这说明王朝与担任各级土司和土官的头人们之间，既有相互利用勾结的一面，又有矛盾冲突和相互排斥的一面，而在土司土官之间，也常有利害冲突。

改土归流，就是废除土司制度，改行与内地府州县相同的行政管理制度，官员改为朝廷任免选拔流官充任而废除世袭。第一次改土归流是在明永乐十二年（1414年），在平定思州、思南两宣慰使司的叛乱之后，下诏废除土司，改设贵州布政使司，分两宣慰司地为8府。此后，还曾经在局部地区推行过改土归流，但规模不大。清代雍正时，在云南、贵州、广西一带进行大规模的改土归流，收缴土司印信，改设府州县，实行同内地一样的制度，加强了对这些地区少数民族的统治。改土归流政策虽然有利于这些地区与内地的经济文化的交流和发展，但文武将吏在执行此一政策时，往往滥杀无辜，焚毁村寨，引起了少数民族的不满和反抗。因此，部分地区，尤其是苗疆和四川大小金川地区的改土归流，都是经过残酷的军事镇压才得以实现的。

明清王朝在少数民族地区设置土司与土官，并且任用少数民族部落首领或者酋长为长官，主要理念就是恩威并济，具体实施过程中则是"以夷制夷"。"以夷制夷"应该有两层含义：其一是因少数民族"蛮性未驯"，而流官又"不谙其俗"，故任用土酋为官，以确保对土民的治理，维护边境的稳定；其二是利用和周旋于少数民族各部落之间的复杂关系和矛盾斗争，不断削弱土司的实力，"鹬蚌相争，渔翁得利"，确保王朝在少数民族地区的统治地位。这种"以夷制夷"的治理策略，尊重了少数民族风俗习惯，土人土治，实际上是一种因俗而治。这种因俗而治的制度设计，不同于以往的羁縻制度，其目的除了保证朝廷所希望的"相安无事"之外，还要将少数民族地区纳入高度中央集权体系的监管之下，建立一种由朝廷能够控制的因俗而治制度。

四、蒙藏地区的特别管辖

蒙藏地区地域辽阔,为蒙古族、藏族等少数民族聚居之地,而且地处边疆,因此,朝廷对这两个地区的管理一直异于其他少数民族地区。

忽必烈在进军西南时,招降了吐蕃诸部,将西藏归入元朝的版图。为了加强对西藏的控制,元代在中央设立宣政院,管理西藏事务是其主要职责之一,必要时还设立行院驻藏办理事务。忽必烈尊奉西藏喇嘛教首领为国师,并以八思巴为西藏的政治首领(终元之世共设国师12人,均由朝廷任命,常驻京师)。这样,既加强了在政治上的统治,又加强了对宗教的领导,从而进行有效的管辖。

明清两代因袭元代这种政治和宗教相结合的管理原则,在蒙藏地区长期实行政治宗教合一的管辖制度。

在政治管理上,明代在西藏设立乌斯藏都指挥使司,主管西藏各宣慰、宣抚、安抚、长官司等土司官;在蒙古设立大宁卫(今内蒙古赤峰市宁城县西)、开平卫(今内蒙古锡林郭勒盟正蓝旗东闪电河北岸)、东胜卫(今内蒙古托克托北)三个军事重镇以控制边陲,封瓦剌部、鞑靼部首领为王,使他们自统其众。清代在中央设有理藩院以综管蒙藏事务;把西藏分为前后藏,设驻藏大臣以监督统领;在内外蒙古分设诸旗,由各驻防将军、都统或大臣监督统领。

在宗教管理上,明代承认蒙藏地区宗教首领的地位,对其宗教活动不加干涉。清代的理藩院则对达赖、班禅及内外蒙古、青海各处的喇嘛及其所属信徒进行一定的管理,这种管理也是在尊重原有宗教习俗的基础上实施的。

清代对民族宗教实行进一步管理,有利于政治上的统一。如乾隆五十七年(1792年)颁行"金本巴(金瓶)掣签"制度规定,凡达赖、班禅转世,必须在驻藏大臣的监视下,抽签认定,遏制了从中舞弊的现象,也减少了僧俗人等为争夺继位人而引发的争执和冲突,取得藏族上下的认同。

为尊重少数民族的宗教信仰,在政治上实行协商管理,也有利于维护统一。如清代规定:驻藏大臣与达赖喇嘛、班禅额尔德尼的地位平等,共同协商处理西藏事务。在蒙古,将各旗分组为盟,每三年会盟一次;会盟时,由中央选择其中某旗旗长为盟长、副盟长，或由中央派员担任；会盟的主要内容是清理刑名、编审丁籍、检阅旗兵，各方面政务尽可能通过会议协商处理。虽然这种会议协商共同处理政务的做法在实际执行中也存在许多争议，但从总体上来说，还是在很大程度上密切了清王朝中央与蒙藏地区的关系，同时也增进了蒙藏与国内其他民族之间的联系和了解，有效地巩固了西南、西北的边防，维护了国家的统一。

第五节　行政辅助人员

官府政务运作存在大量的具体事务，这样繁多的事务，必须依靠多于官员数十百倍的行政辅助人员，也就是胥吏们来办理的，没有他们，官府的政务将无法正常运转。胥吏有额定编制，官府对他们也有一套管理制度。在主官负责制的情况下，朝廷加强的是对主要官员的监督，为了政务，也为了能够更好地应付上级的监督考核，主要官员往往自行雇用幕僚协助经手政务，充当参谋，幕僚在实际政务运作中起到重要的作用。朝廷委派被认为可靠的、能够胜任的人员担任重要官职，而各主要官员也同样需要使用被认为可靠的、能够胜任的人员分担政务，这些辅助性的人员在政务运作中发挥过不可忽视的作用。

一、胥吏制度

古代官制主要是讲官的等级和职掌，对于胥吏的等级地位作用则很少论及，实际上官员在执行职掌的过程中，大多要通过胥吏之手，落实到具体事务上。胥吏不是官，却在官府职能上发挥不可忽视的作用。他们是官的辅助，也是官的爪牙，是古代官制不可缺少的重要组成部分，可以说"上自公卿，下至守令，总不能出此辈圈牢，刑名簿书出其手，典故宪令出其手，甚至于兵枢政要，迟速进退无不出其手，一刻无此辈，则宰相亦束手矣"[①]。可见，胥

[①]（清）梁章钜：《制义丛话》卷7《吏典》，清咸丰九年（1859年）知足知不足斋精刻本。

吏是一种不容忽视的特殊群体，也是国家政务不可或缺的组成部分，在政治运作过程中起到重要作用，也因此出现许多弊端，被统治者称为"蠹吏""蠹役""奸胥""猾吏"等，以至于"吏弊"丛生。

夏商时期的胥吏，至今尚未有确切的名目，但从甲骨卜辞中记载的"贞人"数目来看，他们似不应全是官，因为吏的职能在他们身上有所体现。《周礼·天官·宰夫》中有府和史，还有胥和徒。后人注疏认为"府"是"掌官契以治藏"；"史"是"掌官书以赞治"；"胥"是"掌官叙以治叙"；"徒"是"掌官令以征令"。这些人都是胥吏，同为"庶人在官者"。但他们的身份有实质的区别，因为府和史是主管文书档案，具有一定的文化水平，"故官长以礼辟除，明不以役法征发之也"。胥和徒则不然，他们是"民给徭役者"，具有强迫性质。故"析言之，则府史尊于胥徒，亦得与不命之士同称士"。无论周代是否已有这样完整的划分，是否已有严整的制度，但府、史为吏，胥、徒为胥，各有区别的胥吏制度确在周代以后长期存在。

从春秋战国时期出现的郡县来看，在郡县中有令史、丞史、尉史、司马令史、小史等名目，他们都是属于府史之类，在官府负责文书档案，承办具体事务。至于狱吏、门士、伍伯、街卒等，是属于胥徒，为佣役之类。从级别来看，承办具体事务的掾史大部分是入等级的，即百石、斗食之类，而丞相、将军等高官的掾史级别更高，如丞相史可达六百石，乃至千石，已属于中高级官员。但严格说来，他们还是承办具体事务的人，只是因任职部门级别高而随之地位高。

《汉书·百官公卿表》："县令、长，皆秦官，掌治其县。万户以上为令，秩千石至六百石。减万户为长，秩五百石至三百石。皆有丞、尉，秩四百石至二百石，是为长吏。百石以下有斗食、佐史之秩，是为少吏。"由此可见，秦汉的"长吏"也就是后世的官，"少吏"则是后世的吏典，所不同的是在制度上把他们列入官吏范围，这也是当时"吏"和"官"的称呼难以严加区别的主要原因之一。

从制度上看，掾史与后世的吏典性质基本相同，他们在各级官府衙门中承办具体事务，而且有分工。如汉代丞相府有掾、史、属三百余人，而诸卿衙门也有为数不少的掾、史、属。当时的制度，各级官府的长官可以自辟百石以下的掾、史、属，百石以上要由中央任命。中央的各级衙门因为地位高和百石以上掾、史、属所负责的事务较多，故任命权归中央控制，而地方的百石以上掾、史、属也有一定数量，如郡一级的掾、史、属有别驾、主簿、书佐、功曹掾、议曹掾、贼曹掾、决曹掾、贼捕掾、五官掾、门下督、郡掾祭酒、郡文学、郡文学史、郡文学卒史、学经师、宗师、舍人、史、从史、诸曹史、右曹掾史、卒史、百石卒史、直符史、狱小吏、小史、督邮、督邮掾、督邮书掾、都吏、少府、守属、给事太守府、郡司空等数十种，除别驾、主簿等少数掾属由中央任命之外，大多数均由长官自行聘用，长官的命运与他们息息相关，他们往往把长官当作"君"，长官犯法，他们要连坐，故他们与长官有荣辱生死与共的关系，这种关系很容易形成地方政治集团，故在东汉末年战乱之时，地方割据势力自立一方，这些掾、史、属也就成为割据势力的亲近谋士和党羽，往往称长官为"主公""府君"，自处于臣仆的地位，甚至还有"不事二主"的信守风气。掾、史、属之外还有一些役，称为"卒"，由于是以力为役，其地位显然低于掾史。秦汉时期，掾史也是一种入仕途径，从小史而为公卿的在史书中也有明确的记载，掾史在当时是有一定社会地位的，而胥卒除非有特殊贡献，否则是无法为官的。

  魏晋以后实行九品中正制，掾史不再是主要的入仕途径，社会地位也明显降低。秦汉时期官与吏的区别还不是很大，而在九品中正制实行之后，官与吏的区别便拉开距离了。以前的吏与官靠近，而且很容易进入官的阶层，现在的吏则与役靠近，常常是吏役、吏卒并称，且地位卑贱，如晋代的易雄，"少为县吏，自念卑贱，无由自达，乃脱帻挂县门而去"①。如果没有世家为援，或手段的话，已经基本上失去了跻身于高官的可能。身份虽然降低，但在官府工作，也难免假借官权以行己私。例如，在军祸天灾接连不断的情况下，"公卿已下出谷以助振给，奸吏因之侵割无已，虽有贷赡之名而无其实"②。他们也会利用手中的权力以谋私利，故此出现"奸吏"的称谓。

  隋唐时期实行科举制度，吏虽然有流外铨选制度，但很难进入官的阶层，即使能跻身于官的行列，也没有升入高官的可能。有的研究者认为：隋唐"通

---

① （唐）房玄龄：《晋书》卷89《忠义易雄传》，中华书局，1974年，第2314页。
② （唐）房玄龄：《晋书》卷106《石季龙载记》，中华书局，1974年，第2764页。

过流外官制度,明确地把官与吏相区分,这是秦汉时期官吏不分以来,第一次从体制上明确他们的区别"①。实际上使吏的升进道路变得更窄,社会地位更加低下,胥吏合称,还不允许他们参加科举考试,规定"举人曾为官司科罚,曾任州县小吏,虽有辞艺,长吏不得举送,违者举送官停任,考试官贬黜"②,也使他们沦为官场中低贱的层次。

宋代的吏职,无论是从名目,抑或人数都有增加,故有些研究者把他们称为胥吏集团,这个集团有吏员、公人、役人等三个层次③。由此,不但官与吏,而且吏与役的区分也更加明显。其吏员是各官府衙门办理文书事务者,公人是在官府衙门听差跑腿者,役人是在官府衙门承办各种事务之人。刑部所属都官司,"掌徒流,配隶。凡天下役人与在京百石吏职皆有籍,以考其役放及增损废置之数"。其下设有差次、磨勘、吏籍、配隶、知杂等五案。官府衙门办事离不开这些人,虽然朝廷规定有额度,但也挡不住各官府衙门招募,故此出现"冗滥"现象。例如,在蔡京掌权时,"吏员冗溢,节度使至八十余员,留后、观察下及遥郡刺史多至数千员,学士、待制中外百五十员"④。王安石变法之后,公人、役人改为招募,朝廷则无法控制地方衙门扩充,这些在官之人欺压民众则在所难免,已经成为难以克服的弊端。

金、元时期,吏的地位空前得到提高,流行着一官二吏的说法,表明吏在当时的社会地位是很高的。这固然有民族的原因,因为他们入主中原,对汉族,特别是对江南士大夫集团的不信任,有意重用地位较低的吏,以便在长官的指挥下行使统治机能。也有任官制度的原因。由于少数民族人士出任主官,有语言文字能力方面的限制,不熟谙衙门运作和各地风土人情,不得不更多地依靠吏以辅佐管理,吏在官府运作中的作用也越来越大,社会地位也大有提高,成为仅次于官的等级,以至于"吏权太重"⑤,而"吏权重而积弊深"⑥。金、元实行岁贡吏员制度,即各级官府每年向朝廷推荐吏员,而吏考

---

① 赵世瑜:《吏与中国传统社会》,浙江人民出版社,1994年,第70页。
② (后晋)刘昫:《旧唐书》卷14《宪宗纪》,中华书局,1975年,第423页。
③ 参见[日]梅原郁:《宋代官僚制度研究》,同朋舍,1975年,第501页;穆朝庆:《宋代中央官府吏制述论》,《历史研究》,1990年第6期。
④ (元)脱脱等:《宋史》卷179《食货志下一》,中华书局,1977年,第4361页。
⑤ (元)脱脱等:《金史》卷96《黄久约》,中华书局,1975年,第2125页。
⑥ (元)脱脱等:《金史》卷73《守贞传》,中华书局,1975年,第1688页。

制度也比较宽松，通过岁贡、考核都可以顺利地进入官的序列，因为熟悉政务，升迁也很快，为高官者也不在少数。

明代虽然承袭元代制度，有一套吏的考试升转制度，但恢复唐宋以来贱吏的旧习，吏职人员不但很难升到高官，而且官府普遍贱吏。升迁无望，社会又贱视，这些人物既没有可能升到高官，又很难在社会上受人尊敬，只有充分利用现有的条件以满足自己的欲望，一是利用制度上的缺陷以达到掌握某一方面实际权力的目的，二是利用自己拥有的实际权力来发财致富，进而造成难以清除的"吏弊"。"吏弊"便成为明代政治的主要弊害之一。

清承明制而又有所改，在试图清除吏弊的意愿下，一方面堵死吏的升迁之路，一方面裁减额设吏额，并采取许多防范吏弊的措施。但事与愿违，非但没有清除吏弊，反而造成"本朝则与胥吏共天下"的局面，吏弊更加严重。

从上述胥吏的发展历史来看，胥吏一直与官同时存在，其名目之多，难以统计。仅以唐代来说，就有令史、书令史、亭长、掌固、赞者、典谒、司驭、门仆、直长、亲事、帐内、典书、斋郎、谒者、主帐、佐史、录事、执刀、白直、府、史、典狱、问事、帐史、佐等数十种。明清也有令史、书吏、司吏供事、堂吏、经承、攒典、承发、典吏等名目，以及地方的"三班六房"等。

无论胥吏名目如何繁多，按其职役的性质，实际上只有两大类：那就是胥和吏。

胥是供官府驱使的劳役，负责催征赋税、维持治安、把守关卡、看守仓库、看管和押解犯人、站堂、看门、传唤、传送文移、押解官府物品等诸多杂事。吏是在官府承办具体公务的人员，虽然也有役的性质，但毕竟不同于胥，其地位也高于胥，他们在官府负责文书事务，承办具体事务，如收发公文、保管档案、誊录文书、造报账册、处理各种文书等文案事务。

胥役本来是被官役使的人。这些人员大体上可分为两种：一种是纯受役使，在官府督促下从事各种苦重的劳动，如河工、渡夫、纤夫等；另一种是在官府的指挥下从事听差跑腿等杂事。虽然他们都是被役使的人，但因其身在官府内外职掌的不同，性质上有很大的区别。前者是最底层，属于民役之在官者；后者则是走卒，属于在官之役；前者实际上就是普通人民，后者则是官的爪牙。本来杂役是由里甲轮流选壮丁充当，有规定的期限，这其中也有一部分是自愿充当的。自明代"一条鞭法"实行以后，充当走卒的役多改为由官府雇用，享有一定工食银米待遇，渐渐成为职业的役；这种职业的役则不再是普通的被役使的人，而成为普通人民的对立面，是所谓"良家子弟一受是役，鲜有不为民害者"①的一批。称得上政治力量的杂役，实际上就是指这样一批身为官府走卒的役，俗称三班衙役。这些役在官吏群体中的地位最低，他们不但受命于正官、佐贰、属官、教官、杂职官等，而且还要受制于吏典。职业的衙役，服务于官府是他们的经济来源；在解决生活问题的同时，把自己的性命也交给了官府。官府经常向他们施发淫威，一事办得不妥或不力，除被辱骂之外，或被打板子，或被打棍子，挨打之后还要匍匐谢罪谢恩，装出满面羞愧而无地自容的样子。当官的尊贵和威严，就在这劈劈叭叭的板棍声中得以维护。然而，这些走卒之役毕竟是在官府中的人，虽然经常挨打受骂，但回过头来对贫民百姓却像野兽一样地疯狂。明人有诗云："昨当租吏来，宰割充盘几。吏怒反索金，黎民哪有此？"一旦不遂意，仅仅是"薄诉吏转嗔，锁缚不复视"②，生动地刻画出这些"奴仆之体"的"奴仆皂隶人等"的嘴脸。他们"自恃衙门情熟，因而包揽钱粮，把持行市，窝娼窝赌，无所不至。而犹未遂其欲，每与捕役上下其手，窝顿盗贼，发踪指示，名曰放线。所获之赃，盗得其三，彼得其七。且以语言恐吓事主，令勿报官，即使事发，而州县捕役，向为一线串通，或以强为窃，或故意纵放，有司为之掣肘，百姓被其扰害"③。"收强盗月钱之利，借侦逃缉贼之名，失事则擒获无闻，捉人则私刑酷拷，且多串贼而打诈，又藉贼口以扳诬。"④他们地位虽然低下，却是地方重要的政治力量，直接关系到地方治理的好坏。

吏是操办具体事务的人员，他们是经吏部注册，有工食银和任期，经考满可以进入官的行列。从地位上看，吏也属于"官役"，是一种下贱的人，贤

---

① （明）朱元璋：《大诰续编·戒吏卒亲属第十三》，科学出版社，1994年。
② （清）沈德潜：《明诗别裁》卷7钱嵥《悯黎咏》，中华书局，1975年。
③ （清）贺长龄等辑：《清经世文编》卷24《吏政·吏胥》河东总督田文镜《覆陈书役不必定额疏》，中华书局，1992年。
④ 王庆成：《稀见清世史料并考释》，武汉出版社，1998年，273页。

人君子应该"视吏卒如奴仆"①;在官的眼里,他们是奸贪的化身,是"百端作弊,无所不至",只知道贪利,以至于"仁义礼智之道同处圣贤者,丧之尽矣"②。由于他们在各级官府衙门中主管文移簿书,明习法令,熟悉政务,所以讥斥归讥斥,但所有官僚都离不开吏,当然,这些吏也离不开官僚,进而与官构成一种既相互利用又相互防备的态势。从表面上看,吏的地位低下,官可以随意辱骂责打他们,但在实际上吏也在想方设法地愚弄官。官和吏在古代政治体制中都是最重要主体,两者既不能合又不能分。论地位,吏也是国家征上来的劳役,但恃官势而作恶,时人以"狗吏"称之。论官与吏的关系,表面上地位悬殊,长官视之为奴仆则被目为贤官能臣,长官施之辱骂笞杖则被认为善驾驭。论职权,他们不过在衙门内负责抄写文书,查核案例,只有办事的责任而无决策的权力。其地位低下,权力微弱,但却绝不是任人摆布,因为他们掌握实际操作的权力。官行使权力离不开吏,"流水的官,世守的吏",以常换客乡之官而临常在土著之吏,本来就不是一件容易的事。若遇上吏胥"上恃官府之威,下怀肥己之奸"③,非但害民而且坏官。如果遇上险恶吏胥,"官之长短反为吏把持,噤莫敢出声"④,官反成傀儡。所谓"官看三日吏,吏看十日官",是官与吏胥处在荣辱与共、驾驭与挟制的矛盾共同体中。从制度上看,"中国古代这套强化的中央集权制度,规定了从中央到地方有统一的行政管理体制。中央政府的吏、户、礼、兵、刑、工六部行政结构和州县吏、户、礼、兵、刑、工六房的行政结构是一个整体"⑤。在这个行政结构内,不但有官,而且还有吏,即便是"为官任事者,略不经心",或"临政之时,袖手高坐",还可以"谋由吏出"⑥。吏存在的现实,给官施政带来许多便利,也带来许多问题。这些被认为是贱役走卒的吏,是"天下诸司所用不可无者,持簿书亦不可无者。然良家子弟一受是役,鲜有不为民害者"⑦。吏缘为奸是古代朝野公认的现实,朝廷再三要求官严格驭吏,采用重惩贱视的办法,但吏缘

---

① (明)朱元璋:《大诰·胡元制治第三》,科学出版社,1994年。
② 陈义锺编校:《海瑞集》上编《吏书参评》,中华书局,1962年,第152页。
③ (明)朱元璋:《大诰三编·巡阑害民第十六》,科学出版社,1994年。
④ (明)林烃:《林氏杂记·宦游纪》,明史资料丛刊第五辑,江苏古籍出版社,1986年。
⑤ 李洵:《论明代的吏》,《明史研究》第四辑,黄山书社,1994年。
⑥ (明)朱元璋:《大诰·胡元制治第三》,科学出版社,1994年。
⑦ (明)朱元璋:《大诰续编·戒吏卒亲属第十三》科学出版社,1994年。

为奸的现象非但没有清除，反而愈演愈烈，成为困扰古代政治的重大棘手问题之一。

明清两代的胥吏在政治上所发挥的特殊作用是公认的。明人认为是"以官府之衣冠临天下，以胥吏之心计管天下"[①]。清人则认为"本朝则与胥吏共天下"[②]。正说明胥吏在当时的政治中发挥着难以代替的巨大效用。从理论说，官员为长官，吏役为厮奴；官为主导，吏役为附从；官的地位高贵尊严，吏役地位卑贱低下，甚至法律上"不齿于齐民"，非经三代之后，子孙不得应科举考试。理应由官员统率指挥吏役，驾驭之，使令之，必要时鞭鞑斥革法办之。吏役只有服从的义务，而无操纵或胁制官长的任何权力。但事实上并不如此，"这种制度和观念历来对胥吏的轻视和限制，却正好将州县胥吏们形成了地方政治中一个特殊的势力"[③]。

二、幕僚与幕友

幕僚又称幕宾、幕府、幕友、幕客、西宾、西席、宾师，是军政长官聘请的助手、参谋。幕僚的出现很早，但由军政长官自行聘请却经过几起几落。

早在商周时期，君主和诸侯们在正式职官之外，都使用一些谋士型的人物作为佐助，这些谋士渐渐演变成为正式的职官。如太师、太保等，原来并不是正式职官，都是从参与帷幄而逐渐成为尊贵职官的。

战国时代，各国君主争相延聘人才，许多公卿将相也竞相网罗名士，即使是鸡鸣狗盗之徒也都在网罗之列，如当时的春申君（楚国黄歇）、孟尝君（齐国田文）、信陵君（魏国无忌）、平原君（赵国赵胜）、靖郭君（齐国田婴）、文信侯（秦国吕不韦）等，各有食客三千以上，其中也不乏有谋略之人为他们筹谋划策，开后世的幕僚的先河。

秦汉时期，各级军政长官自行辟署僚佐，实际上是自行组织本官府的政务体系，朝廷对之控制不严，军政长官的权力也相对集中。为消除这种尾大不掉的趋势，朝廷不断削弱军政长官的辟署权力，把一些高级的僚属任命权

---

① （明）陈龙正：《几亭全书》卷23《政书·乡筹·御吏》，清康熙四年（1665年）云书阁刻本。
② 徐珂：《清稗类钞·胥役类·例吏例》，中华书局，1986年，第5251年。
③ 张伟仁：《清季地方司法——陈天锡先生访问记》，《食货月刊》第3卷第3期，1969年。

收归中央，但却未能完全消除军政长官本身的权力，重用门生故吏，借以把持一地官府的现象时有发生。

魏晋南北朝时期，虽然政局稳定的时间不长，实际上每个政权都在削夺军政长官的权力，尽可能地把他们的下属编入官制序列，以便朝廷分别控制，但在权臣当道之时，朝廷根本无力粉碎他们的谋士集团，也无力控为己用。

隋代把一命（官阶分九命，一命最低）以上的官吏均收归中央任命，从制度上取消了军政长官自行组成谋士集团的权力，并把正副长官相互牵制监督制度化，中央集权一度高涨。但并未达到取消军事行动中领兵将帅自行辟署僚佐的权力，所以在唐代中期以降，地方军政长官的权力逐渐膨胀，尤其是节度使、观察使、经略使等拥有实力的军政长官，无不延请幕僚以佐政。藩镇割据形成之后，各藩镇自辟僚佐，形成幕府制，乃至"各延名士，以光幕府"，自行组织政务集团，更形成风气。

宋代在削弱方镇势力的同时，把方镇的幕府体系纳入国家行政系统，不允许地方军政长官有自己的谋士。为此，朝廷专门设置"幕职官"，由中央直接任命，虽然称为幕职，实际上已经没有幕僚的性质，而具有了副职分权和监视地方长官的责任。但在实际操作中，并未达到预期的效果，"宋初，内外小职任，长吏得自奏辟。熙宁间，悉罢归选部。然要处职任，如沿边兵官、防河捕盗、重课额务场之类，寻又立专法听举，于是辟置不能全废也"[1]。对于文武官员奏辟幕僚，只有宽准，虽然所用之人还要上报朝廷备案，但也难以限制文武官员自行延聘。

元、明因循此宋制，幕职的设置已经成为设官分职的制度。"夫幕所以赞政也。今内之府、部、南监，外而藩、臬、郡、邑皆置。幕，古也；然古之幕自方镇而下得自辟者，而今则命于朝，此其所以异也。"[2] 朱元璋认为地方官"受任方隅，所任之事，各必亲理之，所以视吏卒如奴仆，待首领官若今之参谋，善者礼之，不善者奏闻黜之"[3]。他认为把这个参谋之职纳入官的系列，是

---

[1] （元）脱脱等：《宋史》卷160《选举志六》，中华书局，1977年，第3755页。
[2] （明）林文俊：《方斋存稿》卷6《送顾正甫赴遂安邑幕序》，文渊阁四库全书。
[3] （明）朱元璋：《大诰·官亲起蒿第二》，科学出版社，1994年。

"恐各官吏才力不及，特设良法使行之"①的重要一环。但他忽略这个不是主官自择的幕职，很难得到主官信任的现实。幕职的胜任与否，主官也无权选择。因为"其命于朝也，则选用之权必委之吏部，吏部岁所铨注，动至数千人，岂暇一一详择！故居幕职者，贤不肖尝参半焉"。首领官的出身多是杂途，人才长短不一也是正常的，但是与主官出身相差悬殊，造成泾渭分明、尊卑显见之势，就使本来"幕于事无大小皆当闻"的古制，变为"今虽为幕宾，上下之际，直以分相临耳。至于郡邑之幕，其职尤卑"。这样一来，"其不肖者不假言矣。虽贤者亦惟谨修其常职。至于其长前，则亦唯唯而已，敢与之相异同者少矣"②。在主官负责制的情况下，身为幕职的首领官已经对长官起不到参谋作用，而长官也确实需要有人来帮助办理各项事务。请人就要花钱，国家是不会负担这笔钱财的。在俸禄日益减少的情况下，各级官府的长官确实也很难有这种经济能力。自明中叶以来，各种陋规增多，各级官府在管财过程中的收入也渐渐增多，官员的收入不赀变成朝野公认的事实，以礼延聘幕友的经济条件具备了。在诸事必须府州县官办理，佐贰首领官唯唯是诺的情况下，府州县官延聘幕友的政治条件也具备了。也就是说，明代地方幕友的出现与首领官的权责转变有密切的联系，而这种转变的完成，应该是在嘉靖时期（1522—1566年）。清代府州县官聘用幕友虽然没有典制规定，但也为朝廷所认可。

明代中叶出现的幕友制，与以前的幕府制有本质上的区别。幕府制是要将所选幕僚的情况送到中央，享受国家的等级待遇。幕友制则属于私人聘请，不用申报中央，不享受国家的等级待遇，依靠的是官员（主）个人支付的"束脩""馆谷"和委托信任。

清代地方官吏的设置是以主官负责制为前提，虽然在典章上也规定设置佐贰官，但不是全部设置。没有正佐监督机制，也就缺少政务的辅佐，而地方事务繁杂，非长官一人所能清理，因此，聘用幕友以佐政事务，使用门丁办理各项事务，便成为有清一代特有的政治现象，对地方政治的影响也最为显著。

---

① （明）朱元璋：《大诰三编·臣民倚法为奸第一》，科学出版社，1994年。
② （明）林文俊：《方斋存稿》卷6《送顾正甫赴遂安邑幕序》，文渊阁四库全书。

地方官聘用幕友，一是因为地方官或出身于科举，或得官于捐纳、荫袭，又有回避制的规定，因是外省人，不熟悉任职地的民情风俗，"缺乏治国济民、办理政务之能力"。二是官府"本身组织不健全"①。官府本身组织不健全，又有书吏"控制了当地政府行政的知识"。长官高高在上，却大多数不熟悉行政工作，缺乏行政经验。高高在上，使一些长官"即使知道了个中三昧，也不宜事事亲自去和书吏多所交涉"。行政经验不足，未免事事受制于书吏。所以地方长官"上任时一定要带了幕友和门丁去。幕友供其咨商帮助治理重大的事情，并监督书吏的工作；门丁供其任使，担任他与书吏间交通的桥梁。有了幕友和门丁的辅助，主官对于书吏的指挥监督便有效多了"②。以此之故，在清代地方政治中的幕友、门丁（长随、家人）等依恃不同的特殊地位，串同书吏弄权舞弊的现象极为普遍。

有关幕友的来源和身份极为复杂，郑天挺教授归纳为朝廷指派、随长官出差、特殊机会物色得来、国内著名学者、国内名流、地方人士、丁忧人员、退休或失意官吏、京官（未补缺者）、新贵（进士、举人）、秀才、门生故吏、亲属、专业幕宾（绍兴师爷）等14类③。幕友大多数是有功名的绅士，其中一些还拥有进士、举人功名。他们是以行政管理专家的身份来负责管理和监督所有的行政程序，特别是熟习国家公文程式和制度，用以保护地方官以免触犯法规而受处分。地方衙门通常设置幕友5~10人，分别管理各种具体的行政事务，其中以钱谷、刑名二职最为重要。幕友不是本地人，一般是由省、府官员或幕友之间推荐，因此上下级之间幕友的关系密切，必要时能够给地方行政运作提供某些讯息和保护。乾隆时期，就查出全省相当一部分州县幕友均与府、道和省的布、按两司，甚至巡抚衙门的幕友都有亲眷或师生关系，形成为一道组织严密的幕职网络，有些官员实际上是被笼罩在网络中而不自觉。幕友几乎不受朝廷的控制，他们对地方官的依赖完全是依靠他们的行政经验和个人交谊，合则留，不合则去。行政经验使他们获得比较高的报酬，个人自尊使他们获得很好的礼遇，并且经常能够与地方官商讨政务，参与政

---

① 徐炳宪：《清代知县职掌之研究》第二节《聘用幕宾》，台湾东吴大学，1974年。
② 张伟仁：《清季地方司法——陈天锡先生访问记》，《食货月刊》第3卷第3期，1969年。
③ 郑天挺：《清代的幕府》，《中国社会科学》，1980年6期。

务的决策。

地方官必须聘用幕友,把"刑名、钱谷、发审、书启、征收、挂号、朱墨、帐房及一切杂务之属",交给他们办理。因此,将幕友视为亲近心腹,是一般地方官普遍的认识和做法。官聘幕友,名为"赞治",实际上是想通过幕友来监督吏胥的工作,精明的主官并不是让幕友拥有实权,"至于一定主意,须亲自裁决,庶事权不致旁落"①,是"权不尽在幕友,专在本官"②。且不论幕友制度也存在许多弊端,只以权在本官而言,是幕友只能够"赞治",不能够有权,其立意是在佐助本官办理事务,则表明正官确实需要有人辅助。故此,官、幕、吏、役之间存在着相互利用而又相互钳制的复杂微妙关系。官聘幕友,名为"赞治",实际上是想通过幕友来监督吏胥的工作。这样做就出现了三种可能:一是幕友绝对地对本官负责,这当然会导致幕友与吏胥之间的对立。二是幕友采取调和的态度,既不触怒于本官,也不得罪在本地拥有很大势力的吏胥,这当然是作幕友所求之不得的。三是幕友与吏胥沟通,共同来蒙蔽本官以谋取自身的利益,这当然不是本官所期望的;在重视人品和声名的社会风气下,幕友也不愿走此一步。明自嘉靖以后,"其贪墨奸佞阿卑诌者,安享荣禄。即有论劾,行贿得解,职任如故,旋复升转。以故今之大臣,实难展布。上为内阁劫持,下为言官巧诋,相率低头下气者以为循谨,千金双璧络绎道路,即以雄才大器著声矣"③。朝廷如此,地方更不可问,车载马驮输送上司,运往京城,总在各有所图。无论官还是吏,都在为自己谋利益,其幕友焉能处屋漏而不爽乎!幕友进入地方政治权力圈,使地方政治权力结构发生显著的变化。以幕友为心腹而委以重托,则可能出现宾主同舟共济情况,因为官用幕以办事,幕以官为依托,若是地方官因故受到处分,"幕友当然只有引咎辞馆了。虽然他(幕友)不是职官,不负行政责任,也不受法律惩处,但内心的歉疚是可以想见的"④。也有可能出现幕友把持县政挟持本官的情况,因为"事经商酌,又耳目至近,苟不立品端正,宾主少有失意,辄操其短长,

---

① (清)黄六鸿:《福惠全书》卷1《莅任部·延幕友》,康熙三十八年(1699年)种书堂刊本。
② (清)徐栋辑:《牧令书》卷4《用人》,官箴书集成7,黄山书社,1997年,第80页。
③ (明)郑晓撰,李致忠点校:《今言》卷4之二百九十八条,中华书局,1984年,第171页。
④ 张伟仁:《清季地方司法——陈天锡先生访问记》,《食货月刊》,第3卷第3期,1969年。

恐吓诈骗，往往有之"①。官场混浊，人情叵测，在官幕关系上有许多反目成仇的事例。

三、家人与官亲

将战俘、罪犯和欠债不还的人沦为奴隶，曾经是中外历史的共同特点，但是世界古代的奴隶制存在的情况从形式到内容又有很多差异。恩格斯指出："奴隶制是古代世界所固有的的第一种剥削形式；继之而来的是中世纪的农奴制和近代的雇佣劳动制。这就是文明时代的三大时期所特有的三大奴役形式。公开的或者是隐蔽的奴隶制始终伴随着文明时代。"②这里明白告诉人们，在文明社会始终伴随着公开的或隐蔽的奴隶制，说明奴隶制既是一种经济制度，也是一种社会制度，在政治制度中也必然有所体现。

中国古代一直存在着奴婢，而且形成制度。历代奴婢的来源，一是通过战争抢掠的人口，二是迫于生计而投充豪强、地主、官僚、富商者，三是通过人口买卖而为奴婢者，四是罪犯及其家属被没为奴婢者，五是通过典雇而为奴婢者。奴婢的用途很广泛，既可以作为商品用来交换，还可以用之从事各种劳动生产，但主要还是用于家内服务，也就成为主人身边的人，若是取得主人信任，不但有可能改变身份，还可以假借主人权势而狐假虎威。

作为官员，其上任时，携带奴婢上任也是普遍的现象。例如，后汉的崔寔出为县令，因为家庭经济不太富裕，所以只带了1名从者，称为"客庸"。古代的男性奴仆称呼很多，诸如仓头、苍头、长须、平头、僮奴、驱口、臧获、家奴等；女性则有青衣、丫鬟、赤脚、丫头、婢妾等。女性婢妾等尚且不论，其男性奴仆中有僮奴、门人、苍头、家奴等，是听主人驱使的身边之人，在官员拥有权力的当时，就有可能染指权力，而得到主人信任的奴仆也会利用权力以谋私利。例如，西汉霍光当政，"爱幸监奴冯子都，常与计事"③，东汉人辛延年《羽林郎》诗有云："昔有霍家奴，姓冯名子都。依倚将军势，调笑酒家胡。"再如，东汉广陵王刘荆，"令苍头诈称东海王强舅大鸿

---

① （清）黄六鸿：《福惠全书》卷1《莅任部·延幕友》，康熙三十八年（1699年）种书堂刊本。
② ［德］恩格斯：《家庭、私有制和国家的起源》，人民出版社，1972年，第173页。
③ （东汉）班固：《汉书》卷68《霍光传》，中华书局，1962年，第2950页。

胪郭况书"①。让奴仆参与政事,委派奴仆办理与监督某事,则成为官员的常态。例如,曹魏时,各级官员"或有使奴客名作在职家人,冒之出入,往来禁奥,交通书疏,有所探问"②。两晋南北朝世家大族的僮厮养人数众多,奴仆参与政事也为常态。

隋唐至宋辽金元明,官员都有私属的奴婢,让奴仆参与政事,也是常有的事情。例如,隋青州总管张威,"颇治产业,遣家奴于民间鬻芦菔根,其奴缘此侵扰百姓"③;唐"博州刺史琅邪王冲,责息钱于贵乡,遣家奴督敛"④;宋陈州知州石保吉,"大治廨舍,修城壁,不以闻,僮奴辈假威扰民"⑤;辽代投下军州"刺史以下皆以本主部曲充焉"⑥,故此朝廷鼓励奴婢告主,"制诸掌内藏库官盗两贯以上者,许奴婢告"⑦。即便是规定非谋反大逆不准奴婢告主,而实际上也容忍奴婢控告。例如,"郡王贴不家奴弭里吉告其主言涉怨望,鞫之无验,当反坐,以钦哀皇后言,竟不加罪,亦不断付其主,仅籍没焉"⑧。金代女真官上任多带僮奴,海陵王南征时,"命诸军渡江无以僮仆从行,闻者莫不怨咨"⑨,故此,政务多委僮奴去办理,"家僮辈席势侵民"⑩。元代奴仆用事更多。例如,荆湖北道宣慰副使驴驹,"以修治沿江堤岸,纵家奴掊敛民财"⑪。有权有势的官员们,常常"纵家奴陵虐官府,为害百端"⑫。明代奴仆用事的现象也很普遍。例如,朱元璋的驸马欧阳伦,"有家奴周保者尤横,辄呼有司科民车至数十辆。过河桥巡检司,擅摇辱司吏"。权相严嵩,"畜家奴五百余人,往来京邸。所至骚扰驿传,虐害居民,长吏皆怨怒而不敢言"⑬。其中家奴严年,"尤为黠狡,(严)世蕃委以腹心,诸所鬻官卖爵,自世蕃所者,(严)年率十

---

① (南朝宋)范晔:《后汉书》卷42《广陵思王荆传》,中华书局,1965年,第1446页。
② (晋)陈寿:《三国志》卷14《魏书·董昭传》,中华书局,1959年,第442页。
③ (唐)魏徵:《隋书》卷55《张威传》,中华书局,1973年,第1379页。
④ (宋)欧阳修、宋祁:《新唐书》卷113《徐有功传》,中华书局,1975年,第4189页。
⑤ (元)脱脱等:《宋史》卷463《外戚刘美传》,中华书局,1977年,第13548页。
⑥ (元)脱脱等:《辽史》卷37《地理志一》,中华书局,1974年,第448页。
⑦ (元)脱脱等:《辽史》卷21《道宗纪》,中华书局,1974年,第256页。
⑧ (元)脱脱等:《辽史》卷62《刑法志下》中华书局,1974年,第944页。
⑨ (元)脱脱等:《金史》卷129《佞幸李通传》,中华书局,1975年,第2786页。
⑩ (元)脱脱等:《金史》卷110《程震传》,中华书局,1975年,第2436页。
⑪ (明)宋濂等:《元史》卷36《文宗纪五》,中华书局,1976年,第800页。
⑫ (明)宋濂等:《元史》卷205《奸臣铁木迭兒传》,中华书局,1976年,第4579页。
⑬ (清)张廷玉等:《明史》卷121《安庆公主传》,中华书局,1974年,第3665页。

取其一。不才士夫,竞为媚奉,呼曰鹤山先生,不敢名也。遇(严)嵩生日,(严)年辄献万金为寿。彼一介仆隶,其尊大富侈若是"①。中官带参随,武将带家丁,官员带奴仆上任,乃是正常的现象。可以说僮仆用事的现象一直存在,这与君主用近人的道理是相通的。

清代地方官带领家人上任乃是典章制度允许的,规定上限知府只能够带30人,知县20人,贤能的府州县官也要带上五六人,如于成龙那样只带一名家人上任的,乃是特殊现象,连于成龙自己也认为家人少而难办事,故此,大多数府州县官多超过典制规定,多带家人。这些家人也被称为长随,除了分管宅门内的各种事务之外,还被分派各房科去监管胥吏。这些家人被称为长随、门子、司阍,大体有三种:一是家生奴,他们累世为家仆,终生与主相随;二是临时雇用的,不是终身,长官离任,不管官辞或自辞,一般是不再随官别任;三是"带肚子"家人,是以官员的债主身份随官就任,欠债本利收回,即可离官而去。这些家人"只有伙食供应,而无薪水,其地位与倡优同等,不齿于齐民,不能应考入仕。但是他们所任的职务,如门上、稿案、钱粮、税契、监狱、监印、差总等都是公事,尤其是门上和稿案二者,特为重要"②。他们名为主官的随从,实际上乃是亲信,除了照顾生活起居之外,还被派遣出去督管某些事情,以至于各房科都有长随监管,因此,有人将之比作天子之宦官③,在地方也是令上下左右瞩目的一批人物。"每见州县胥役作弊,皆与家人连手瓜分,或有所闻见,则家人曲为掩饰弥缝;而胥役婪赇民间,皆面讲规礼;家人需索,则胥役为之传说。"④这些家人应该是地方官的亲信,却也是最难让地方官放心之人,"此辈原从觅利起见,意到地方串通管家衙役,作弊取钱,并分常例小包;甚有外饰忠勤,内怀奸诈,希图信任,藉以行私;倘本官不察,辄堕其术中,贻害非浅"⑤。尤其是一些"带驮子",亦称"带肚子"的家人,在"外官以贫而不能赴任者,辄觅长随,向之假贷,藉以制冠裳,备舟车,一切费用皆取给焉。从之赴任所,派为司阍,任重事,数年而清偿

---

① 《明世宗实录》卷509,嘉靖四十一年五月壬寅条。
② 张伟仁:《清季地方司法——陈天锡先生访问记》,《食货月刊》第3卷第3期,1969年。
③ [日]宫崎市定:《清代の胥吏と幕友》,《宫崎市定全集》第14卷,岩波书店,1992年。
④ (清)徐栋:《牧令书》卷4《用人》,官箴书集成7,黄山书社,1997年,第85页。
⑤ (清)黄六鸿:《福惠全书》卷1《筮仕部·募家丁》,康熙三十八年(1699年)种书堂刊本。

子母，佣值必加丰，谓之带驮子，盖取马骡负重之意。世人讹驮为肚，已属费解，复以官有事故不能偿者，称为泻肚，尤讹之讹矣。若辈多有恃财傲上，难保其终者，器小易盈，无足怪也。同、光间，乃有以幕友而为带驮子之事者，帐房是也"①。"当本官未经得缺之先，常代借银两，并言明得缺后，即派充门丁。需资人员往往嗜其小利，一经任用，则蒙蔽招摇，无所不至，本官受其挟制，平民被其讹索，实堪痛恨。"②这些长随虽然是家奴身份，但他们可以假官之势而豪横。"长随之多，莫甚于乾嘉两朝；长随之横，亦莫甚于乾嘉两朝。捐官出仕者有之，穷奢极欲者有之，傲慢败事者有之，嫖赌殆尽者有之，一朝落魄至于冻饿以死者有之，或人亡家破男盗女倡者有之。据所见闻，已不一其人，皆由平生所得多不义之财，民脂民膏也。"③那些当长随赚了钱以后捐官者，称之为"飞过海"，今日为奴仆，明日便可以官座堂皇，但总不如当长随风险更小，许多人还乐意为之。例如，乾隆四年（1739年）状元庄有恭的父亲，在苏州府为司阍，庄有恭"及第后，仍执司如故，经太守婉谢不肯归"④。在嘉庆初年，昌平州"有司阍王诚者，顺天人，自言其曾祖已当长随，积赀巨万，家有质库八所。其为人也，老成练达，既无嗜好，亦不捐官，公事之暇，惟静坐一室而已"。钱泳"意此人以长随为乐者耶"⑤。袁枚借雷部三爷之奴，"小名阿三，惯倚势诈人酒食"，来嘲笑长随，"今长随中有称三爷、四爷者是矣"⑥。社会虽然贱视长随，但府州县官们也不得不倚重长随。清代"省外各府州县，皆有坐省家丁，驻会垣，以本官自派者为多，其有以藩司门丁兼之者，则由府州县给以工食，岁时亦有犒。通省大小文武官吏之黜陟、迁转、庆吊诸事，无不先日报告，曰坐省条子。间若干日，辄附辕门抄以寄之。且大吏及其父母夫人之寿辰，皆列一表，以红纸印之，年月为纲，以次叙列"⑦。让这些长随打探省中情况，随时准备行贿，长随办事则在所难免。例如，乾隆时某知县的长随高柏林，被称为"小高"，当钦差过境的时候，知县

---

① 徐珂：《清稗类钞·奴婢类·长随带驮子》，中华书局，1984年。
② （清）王之春：《椒生随笔》卷6《带肚》，岳麓书社，1983年。
③ （清）钱泳撰，张伟点校：《履园丛话》卷21《笑柄·长随》，中华书局，1979年。
④ （清）况周颐《餐樱庑随笔》，山西古籍出版社，1996年。
⑤ （清）钱泳撰，张伟点校：《履园丛话》卷21《笑柄·长随》，中华书局，1979年。
⑥ （清）袁枚：《子不语》卷8《雷部三爷》，笔记小说大观20，广陵古籍刻印社，1984年。
⑦ 徐珂：《清稗类钞·奴婢类·坐省家丁》，中华书局，1984年。

"召小高，付以千金，令办供应"。他没有想到千金竟然丢失了，故此"供应铺设，一无所备。钦差故廉吏，一见大悦，以为此人是干仆，即令跟随"。这是歪打正着，后来高柏林因敲诈勒索而使"百姓哗然"①，最终还是轻办，故此有人认为他是有狐仙帮助。为长随也有专门的学问，在清同治时期，有人以庄有恭的名义出了一本名为《仕途轨范》的书，也称为《偏途福》，俗曰《长随论》，专门讲为长随的学问，其中有十要、十不可、呈词分别刑钱、用印信条款、礼部铸印局、国家喜诏遗诏等，"皆文墨之要诀"；梆点金鼓、朝贺祭祀、柬帖称呼，"皆典礼之要诀"；接诏迎官、驿递差徭、彩觞宴会、铺垫亲随，"皆差务之要诀"；"至于监狱班馆，红衣督护，尤为防范攸关，不可稍涉疏忽。是书条分缕析，理明词达，令读者触目会心，易于效法者也"②。地方官信用亲随，自然难免为亲随所误。幕友出身的汪辉祖，可谓精通地方事务，也险些为这些人所累，故此驾驭家人，往往是当时地方官所面临的最困难的问题。

家人在地方衙门的"宅门内用事者，司阍者曰门上，司印曰金押，司庖曰管厨；宅门外则仓有司仓，驿有办差，皆重任也。跟班一项，在署侍左右，出门供使令"③。实际上是府州县官具体事务的承办者，他们没有薪水，地位低下，不能够参加科举考试，但是府州县官信任之人。这些人有诸多名目，诸如阍者、门上、稿案、钱粮、税契、监狱、监印、差总、厨役、房科，也分为上中下三等，除了办理衙门之内的事，还经常被官派遣出去督管某些事情，是"长随非在官之人，而所司皆在官之事"④，在府州县乃是令上下左右瞩目的一批人物，其陋规收入也是不少。"上等长随每年所得高达10000~30000两，余则不过几百两。"⑤

在宗法社会里，官吏周围最亲近的应该是他们的兄弟叔伯子侄和妻子儿女，以及通过婚姻结成的戚属。这些人是官吏的亲属，在朝章礼法上原没有参与官府政务的权力。然而，这些人等依恃身为官亲，却往往能参与政务，何况有些长官认为亲属可靠，任人唯亲则在所难免。例如，西汉昭帝时，霍

---

① （清）钱泳撰，张伟点校：《履园丛话》卷16《精怪·高柏林》，中华书局，1979年。
② （清）况周颐《餐樱庑随笔》，山西古籍出版社，1996年。
③ （清）汪辉祖：《学治臆说·用长随之道》，官箴书集成5，黄山书社，1997年，第270页。
④ （清）徐栋辑：《牧令书》卷4《用人》，官箴书集成7，黄山书社，1997年，第85页。
⑤ ［美］施坚雅主编，叶光庭等译：《中华帝国晚期的城市》，中华书局，2000年，第446页。

光秉政，其兄弟子侄、女婿外孙都被任命为官，以至于"党亲连体，根据于朝廷"①。东汉窦宪以外戚之宠，"窦氏父子兄弟并居列位，充满朝廷"②。北魏李冲乃是显贵门族，"务益六姻，兄弟子侄，皆有爵官，一家岁禄，万匹有余；是其亲者，虽复痴聋，无不超越官次"③。隋代杨素佐助杨广篡得帝位，因此受宠，其"所私皆非忠谠，所进咸是亲戚，子弟布列，兼州连县"④。唐代名将郭子仪有子八人，女婿七人，"皆朝廷重官"⑤。宋徽宗时"六贼"之一的朱勔，起运花石纲，"子侄承宣、观察者数人，厮役为横行"⑥。这些有权有势的人，都以宗亲、姻亲为重，即便是不能使他们为官，也会为他们谋利。例如，晋代冀州刺史刁弘，"兄弟子侄并不拘名行，以货殖为务，有田万顷，奴婢数千人，余资称是"⑦。唐代权臣李义府，"贪冒无厌，与母、妻及诸子、女婿卖官鬻狱，其门如市"⑧。明成化年间大学士万安，在任二十年，"每遇试，必令其门生为考官，子孙甥婿多登第者"⑨，而"各边巡抚文臣，一有克捷，则以其子弟女婿冒滥升赏，要君欺天，无耻甚矣"⑩。这些宗亲、姻亲随官员到任，以"三爷"身份染指政治，谋取私利。

明清地方官携带亲友上任也是常事，故此有"三爷"之讥，即老爷（少爷）、姑爷、舅爷。"三爷"实际上是地方官自己带去的亲信，让他们涉及政事也是在情理之中。这些地方官"任内多用亲族，或以手足而充奴隶之事，托以腹心；或以子弟而作内幕之宾，任其喜怒；甚至女婿，娇客也，无事不管；郎舅，内亲也，无恶不为。更有封翁而下侵子权，嘱贪教谄；夫人而外兼官政，雷厉风行。房师、座师所荐之长随，皆视一官为孤注；母党、妻党所推之亲戚，咸以转斗为居奇"⑪。对于"三爷"，一些地方官认为不是不能够用，关键

---

① （东汉）班固：《汉书》卷68《霍光传》，中华书局，1962年，第2951页。
② （南朝宋）范晔：《后汉书》卷23《窦宪传》，中华书局，1965年，第819页。
③ （北齐）魏收：《魏书》卷53《李冲传》，中华书局，1974年，第1187页。
④ （唐）魏徵：《隋书》卷62《梁毗传》，中华书局，1973年，第1480页。
⑤ （后晋）刘昫：《旧唐书》卷120《郭子仪传》，中华书局，1975年，第3466页。
⑥ （元）脱脱等：《宋史》卷200《刑法志二》，中华书局，1977年，第5001页。
⑦ （唐）房玄龄：《晋书》卷69《刁协传》，中华书局，1974年，第1845页。
⑧ （后晋）刘昫：《旧唐书》卷82《李义府传》，中华书局，1975年，第2767页。
⑨ （清）张廷玉等：《明史》卷168《万安传》，中华书局，1974年，第4523页。
⑩ （明）陆容撰，佚之点校：《菽园杂记》卷12，中华书局，1985年，第153页。
⑪ （清）徐栋：《牧令书》卷1《治原》引蔡世远《与郝鱼门书》，官箴书集成7，黄山书社，1997年，第14页。

在于如何用，因为"三者未必才无可用，第内有嘘云掩月之方，外有投鼠忌器之虑，威之所行权辄附焉，权之所附威更炽焉。任以笔墨，则售承行、鬻差票；任以案牍，则通贿赂、变是非；任以仓库，则轻出重入、西掩东挪，弊难枚举。即令总核买办杂务，其细已甚，亦必至于短发价值，有玷官声。故无一而可事，非十分败坏，不入于耳。迨入于耳，已难措手。以法则伤恩，以恩则坏法，三者相同，而子为尤甚"①。以血缘构成的宗族关系，以婚姻为纽带裙带关系，一直在中国古代政治中发挥作用，地方官当然也不可能处身世外，重用官亲的现象则非常普遍，有些官亲也确实能够为地方官排忧解难。例如，乾隆末年，派大将军福康安进军西藏平叛，"声势赫奕，所过州县，以办差不善登白简者不一"。有一个地处偏远的知县"心切恐惶，日惟涕泣而已"。他的亲戚从知县那里要来该县仅有的三百两银，用来装修公馆。福康安来到时，正逢盛暑，因为有天棚及水降温，让他感觉舒适凉爽，不觉得夸奖道："天仙界水晶宫不是过矣，不意僻陋小邑竟有是耶？可见人以才能为贵也。"又因为所上菜肴没有肥腻之味，福康安"亦大醉饱乐甚，以二千金与令，以偿其费"。后来得到保荐，该知县官至按察使，被认为是"皆一官亲力也"②。亦可见时人对官亲的看法。亦有不少是因为官亲而丢官卸职，甚至丢掉性命者。例如，汪辉祖所举诸暨知县黄汝亮、平阳知县黄梅，"并因子累，身干重辟，子亦罹刑"③。毕竟还是有许多地方官重用官亲，在驾驭官亲方面，似乎也是地方官难以克服的难题。

清人认为在地方"其最为民害者，曰吏、曰役、曰官亲、曰仆隶。是四种人，无官之责，有官之权，官或自顾考成，彼则惟图牟利，依草附木，狐假虎威，足使人敲髓沥膏，吞声泣血"④。这些亲族凭借血缘婚姻关系而得到长官的信任，参与官府政务，进而成为令上下瞩目的污浊势力，对地方治理影响甚大。

---

① （清）汪辉祖：《学治臆说·至亲不可用事》，官箴书集成5，黄山书社，1997年，第286页。
② （清）吴炽昌：《客窗闲话》卷8《陬邑官亲》，河北人民出版社，1985年。
③ （清）汪辉祖：《学治臆说·至亲不可用事》，官箴书集成5，黄山书社，1997年，第286页。
④ （清）梁恭辰：《北东园笔录三编》卷3《魔餐孽种》，笔记小说大观29，广陵古籍刻印社，1984年。

柏桦 著

中国官制史

下册

北方联合出版传媒（集团）股份有限公司
万卷出版公司

第六章

司法审判制度

中国古代以刑法为主体的刑罚体系很早就建立起来了,"刑法者,国家之所贵重,而私议之所轻贱;狱吏者,百姓之所县命,而选用者之所卑下。王政之弊,未必不由此也"①。有刑法就有司法,在君主专制政体下,不但要求君主"履道提要,以御四海",而且要求"臣下奉宪,无所失坠"②。这样的理论,要求君主掌握最高的立法和司法权,由其控制一套从中央到地方的司法行政体系,按层次授予官员们不同级别的司法权力,使统治阶级的法律得以贯彻执行。

第一节 司法行政机构

历代王朝在中央一直设有专门的司法行政机构,拥有一定的司法权,但司法权是有限的,他们不但要仰赖于君主的决定,还受制于辅政部门或权臣,更要受到司法制度的制约。将司法权置于行政权力之下,在行政权力决定一切的情况下,司法权缺乏应有的独立。清末的改革,司法独立是改革的一个主要方面,虽然这种改革难以摆脱帝国的范畴,但毕竟迈出了司法独立的艰难一步。

一、中央司法行政

古文献记载夏代有大理或士,主刑狱;商有司寇,主刑罚;西周金文中也有司寇,主管刑罚,这是上古三代司法行政方面的主要官员。三代的行政、

---

① (晋)陈寿:《三国志》卷21《魏书·卫觊传》,中华书局,1959年,第611页。
② (南朝宋)范晔:《后汉书》卷34《梁统传》,中华书局,1965年,第1167页。

军事、司法等权都由贵族掌握，权力集中到君主，没有明确的司法分职。虽然古文献中也记载有专门管司法事务的司寇，但同时又规定冢宰主管行政处罚，宗伯主管宗族诉讼纠纷，司徒处理民事诉讼，司马处理军事刑罚，司空处理百工刑罚，都是职有专司，分别掌握一定范围的审判和刑罚，可见司寇的司法权力是很有限的，司法行政权力并不集中，担任其他高职的贵族，对自己的下属都拥有独立的执行刑罚的权力，并不受国家司法部门的约束。对于重大案件，君主也常常临时指定某些人去办理，因此，没有完整的司法行政体系。

春秋战国时期，由于成文法的公布，向人民展示了法律的内容。与此同时，司法行政的事务也逐渐增多，权限也随之扩大，有关系统和制度也就逐渐完善起来。这时的诸侯国除大部分设有司寇以主管刑罚之外，还有野司寇、少司寇等官职，并设有士师，"掌国之五禁之法，以左右刑罚"①，协助司寇处理官中、官府、城中、乡下、军伍五种范围内的刑罚。战国时，有些国家在中央设立廷理、大理或廷尉，主管全国的司法事务，初步建立起本国的司法行政机构。

秦统一全国后，将中央集权制度推向全国。中央集权制度要求权力集中，在权力集中的基础上建立起中央司法行政体系。

作为秦汉中央九卿之一的廷尉，分工"掌刑辟"，负责审理诏狱，并审核从地方呈送上来的重大疑难案件，提出初步的处理意见以向皇帝申报，奏请皇帝裁夺。属官有正、监、平以及掾史，分管各项具体事务。两汉魏晋南北朝基本上因循此制，只是在北齐时定名为大理寺，设卿、少卿、丞等主要官员，其职责和属官都没有实质性的变动。隋唐以至明清，除元代废除大理寺以及对一些属官进行增减之外，大理寺一直作为中央的"法司"之一，直接对皇帝负责。

秦汉在御史大夫之下设有两丞，其御史中丞，外领监御史以督郡县，内领侍御史以受公卿奏事、举劾案章。东汉时，御史中丞为御史台主官后成为独立部门，除负责监察百官之外，在司法方面也有"凡天下诸谳疑事，掌以

---

① 《周礼·秋官·士师》："一曰宫禁，二曰官禁，三曰国禁，四曰野禁，五曰军禁。"

法律当其是非"①的职责,此后,除明清改为都察院以外,御史台一直作为监察部门存在,亦负有"法司"的责任。

西汉成帝时,尚书初置三公曹,主断狱;东汉尚书的二千石曹与三公曹都号称"贼曹",其主要职责之一是"掌中都官水火盗贼词讼罪法",及"主岁尽考课州郡政"②,均有司法方面的职责。曹魏的尚书增设都官郎,主管军事刑狱;晋称三公尚书,掌刑狱;南朝宋的尚书三公曹、比部曹,都主管司法,另设都官尚书,"领都官、水部、库部、论功四曹"③,主要责任是理刑罚;齐、梁、陈因而不改。北魏、北齐都设有都官尚书以主管刑狱;北周秋官大司寇卿下有刑部中大夫,掌五刑之法;隋代在此基础上完备了刑部的建制,自此以至明清,刑部一直作为主要"法司",主管司法行政事务。

两汉魏晋南北朝初步形成廷尉、尚书台、御史台共同执管中央司法行政的规模,但还未形成固定的制度,审理重大案件也并非一律归这三个部门会审,而是采用"杂治",即皇帝委派官员会同司法部门一起办理大案,有时甚至不经过司法部门,而直接组成审判团,这决定于皇帝对当时的司法机关和主管司法人员的信任程度。

隋唐以后,形成以刑部、御史台、大理寺为主的三大司法机关,它们之间有一定的分工。根据细则规定:大理寺负责审理中央百官犯罪和京师徒刑以上案件以及州县呈报的疑难案件,经过审定后,送交刑部复核,再申报中书门下,大案及死刑要奏请皇帝批准。刑部负责复核大理寺审定的流刑以下罪及州县判处的徒刑以上罪,死刑不论在京在外,都要由刑部复奏,请示皇帝批准,再由大理寺复审判决。御史台负责监督大理寺和刑部的司法审判事务。遇有大案,由三个部门的长官共同审理,称为"三司推事";地方大案则由刑部员外郎、大理评事、监察御史共同会审,称为"三司使";京师大案由门下省给事中、中书省中书舍人、御史台侍御史共同组成临时法庭来审理,称为"小三司"。三个部门协同管理司法工作,既是为了加强司法工作的严谨性,又使它们相互牵制,进而在执法用法过程中能够保持相对的准确,同时

---

① (晋)司马彪:《续汉书志》卷26《百官志》,中华书局,1965年,第3599页。
② (唐)杜佑:《通典》卷23《职官五》,中华书局,1988年。
③ (梁)沈约:《宋书》卷39《百官志》,中华书局,1974年,第1235页。

也保证皇帝对司法的控制权力。司法部门虽各有专职,但皇帝常常根据案情,钦派司法部门之外的官员审理,在这种情况下,司法部门只有服从钦命,很难插手有关案件的判决。

宋代虽然保留"三法司"机构,但在君主集权的前提下,另在官中设立了审刑院,"掌详谳大理所断案牍而奏之",这是君主审断案件的顾问机关。此外,还增设纠案刑狱司,"凡在京刑禁,徒以上即时以报;若理有未尽或置淹恤,追覆其案,详正而驳奏之。凡大辟,皆录问"①。即便是设有层叠的司法机构,也不能够妨碍君主司法,宋代的皇帝也常常亲自临决疑狱,作出终审判决。

辽代的南面官管汉人事,由大理寺主管狱讼。北面官的北南夷离毕(刑部)主管契丹和各部族的刑罚事务,后来北南枢密院也受命有听讼权,把司法权集中到权贵手中,皇帝"犹虑其未尽,而亲为录囚"②。金代司法机构大体上如宋制,但设置有兵、刑、工三部检法司,"掌披详法状""检断各司取法文字"③,对刑部审判进行复核。

元代废除大理寺,因在中央"诸大小机务,必由中书,惟枢密院、御史台、徽政院、宣政诸院许自言职"④。所以,中书省下的刑部"掌天下刑名法令之政令"⑤,为最高司法行政机构;而枢密院、宣政院、宣徽院、宗正府等机构都有一定的专门司法权,各自设有断事官以负责本部门具体的司法事务。此外,御史台的司法职能被强化,台内增设了监狱,使之不但负有监察的责任,而且兼有一定司法处置权。

明清恢复隋唐"三法司"制度,以刑部、都察院、大理寺主管司法事务,但三者的分工已经发生变化,改为"刑部受天下刑名,都察院纠察,大理寺驳正"⑥。也就是说,自洪武十七年(1384年)朱元璋命天下诸司:"刑狱皆属刑部,都察院详议平允,又送大理寺审覆,然后决之。其直隶诸府州刑狱,

---

① (元)脱脱等:《宋史》卷163《职官志三》,中华书局,1977年,第3858页。
② (元)脱脱等:《辽史》卷61《刑法志》,中华书局,1974年,第939页。
③ (元)脱脱等:《金史》卷55《百官志一》,中华书局,1975年,第1235页。
④ (明)宋濂等:《元史》卷102《刑法志一》,中华书局,1976年,第2617页。
⑤ (明)宋濂等:《元史》卷85《百官志一》,中华书局,1976年,第2143页。
⑥ (清)张廷玉等:《明史》卷94《刑法志二》,中华书局,1974年,第2305页。

自今亦准此令，庶几民无冤抑。"① 自此以后，刑部成为主要的司法机关，大理寺则是复核机关。由于刑部总管司法而事重，所以在洪武二十三年（1390年），刑部按省区划分增设12属部，后定为13清吏司，分管中央各部门和各省刑名案件。清代增刑部下属为17清吏司，并规定外省刑案一律由刑部复核，非特旨允许，大理寺和都察院不必过问，三法司会审也要由刑部主稿。加重刑部的事权，是为了防止互相推诿，无所责成，但也使"大理寺衙门所管事务无多，不过三法司会议时少有事耳"②。

1906年，清王朝把刑部改为法部，专门主管司法行政，不再负责审判事务。大理寺则改成大理院，主管最高审判和监督地方审判工作，实际上是最高法院。

1906年，法部制定了《大理院审判编制法》，共有5节45条，即总纲、大理院、京师高等审判厅、城内外地方审判厅、城谳局。1907年，法部又制定了《各级审判厅试办章程》5章120条，即总纲、审判通则、诉讼、各级检察厅通则、附则。1909年，修律馆完成了《法院编制法》草案，16章164条。完成了向近代司法行政体系的转变，实行四级三审制，即初级审判厅、地方审判厅、高等审判厅、大理院。司法行政体系虽然是建立起来了，然而行政权力包揽一切的情况并没有在根本上改变，而且这种体系还未来得及付诸实施，清王朝就灭亡了。

二、地方司法行政

夏、商、周三代的地方司法由各诸侯国君和卿大夫自理，王朝很少干涉。春秋之际，乡遂中设有"士"，协助乡遂长官处理司法事务。战国时，郡县设有司寇、司空、治狱等，乡设廷掾等司法官吏，辅助地方长官处理司法事务。从秦代开始，地方行政区划的等级同时也是司法审判等级，地方行政长官也是司法审判长官。地方的司法审判权执掌在各级主要行政长官之手，乃是中国古代司法制度的重要特点。

唐代以前，乡里基层组织有"主听讼""捕盗贼"和连坐等职权和责任，

---

① 《明太祖实录》卷167，洪武十七年闰十月癸丑条。
② （清）官修：《清文献通考》卷77引顺治十五年(1658年)上谕，浙江古籍出版社，2000年。

他们有权接受诉讼、逮捕人犯、了解案情、实行刑讯，但人犯必须解押到县级进行审判。乡里官可以依照礼教和当地的风俗习惯，办理一些诸如分家、婚姻、家族争斗、土地纠纷等民事案件，如当事人不服，仍须上报县官进行裁决。乡、亭、里设有监狱，《汉官仪》："乡亭之狱曰犴，县道之狱曰司空。"《急就章》："变斗杀伤捕伍邻，亭长游徼共杂诊，盗贼系囚榜笞臀。"说明汉代乡亭有关押罪犯并施以刑讯的权力，乡亭长往往利用这些权力欺凌乡民，讹诈钱财，横行霸道，成为民害。魏晋南北朝及隋唐，乡里基层组织依然可以审理词讼，刑讯当事人，只有重罪才禀告官府，而官府对乡里基层组织审判也缺乏监督。宋代以后，乡里基层组织的辞讼和刑讯权被收回，但乡里基层组织仍然有对民事纠纷进行调解的权力。由于宗法制度的根深蒂固，宗族以家法族规处理民事纠纷，乃至用族规处死当事人，官府往往采取默许的态度，族权和政权浑然结成一体。

县令长的主要职责之一是听讼理狱，秦汉时设县丞主管具体司法审判事务，并设有分管司法的属吏，如辞曹、法曹、狱吏等，但所有判罚都要经过县令长的判署。秦汉时的县令长权力比较大，有权判决死刑，虽然在原则上要把死囚解往郡中执行，但县令长也有就地执行的权力。例如，西汉美阳县令王尊，能够"取不孝子悬磔著树，使骑吏五人张弓射杀之"①。按照汉代制度，死刑应该解送郡论罪行刑。例如，河南太守严延年，"冬月传属县囚，会论府上，流血数里，河南号曰'屠伯'"②。魏晋时，重大案件必须申报到郡，由郡守派员案验，方可定案。南北朝时，重大案件要由县解送人犯到郡就审，县的审判权力有所减缩。隋唐时明确规定县只能决断杖以下的刑罚，杖以上的刑罚均须上报，徒刑以上的案件在审问明白之后，送交上级审判机关复审、断决，县可以附上拟判意见。这种做法一直沿用到清代。

县以上的司法审判等级，历代不尽相同。秦汉时，县以上有郡，东汉魏晋南北朝则有州、郡两级，隋唐是州（郡），宋代则有州、府、军、监和路两级，元代增为府（州）、路、省三级，明清有府（州）、省两级，还有专管司法监察事务的分巡道。等级不同，其司法审判权限也不同。

---

① （东汉）班固：《汉书》卷76《王尊传》，中华书局，1962年，第3227页。
② （东汉）班固：《汉书》卷90《酷吏严延年传》，中华书局，1962年，第3669页。

秦汉魏晋南北朝时，郡设有主管司法的诸曹掾史，州设主管司法的诸曹从事史或参军事，分别办理本州属郡或本郡属县呈送上来的各种案件，负责具体审判拟罪工作，判决签署权则由州刺史和郡守掌握。对一般案件，州刺史和郡守可以全权处理，重大和疑难案件则要报请中央廷尉处理（设州后，郡要先报请州处理）。秦汉的郡守和东汉魏晋南北朝的州刺史权力较大，对一般案件可以作出终审判决。

隋唐的州（郡）虽也设有司法、法曹等参军负责具体审判事务，它的行政长官同时也是司法长官，但规定了州只能决断徒刑以下的案件，中央司法部门只能决断流刑以下的案件，宰相有决断流刑的权力，但必须复奏；死刑决定权则一律控制在皇帝手中。这种明文规定判级和逐级复核的做法，不但加强了中央对地方司法权的控制，也反映出司法权限的渐趋周密和法律的日臻成熟，其基本原则为后世所承袭。

宋代的知州和通判职责之一也是理刑，州设判官、推官、司理参军、司法参军等具体负责司法事务。所有案件，先由司理参军审问调查情由，再交司法参军根据犯罪事实检定适用法规来拟定刑罚，判官或推官据司法参军送上来的拟定写成判稿，最后由知州或通判撰定判词进行宣判，这样做不但增加审判程序，也使司法更加严谨。州以上的路设有提点刑狱官，负责稽查州、县有无积压案件，复核州、县所审案件判刑是否恰当，并规定各级案件情况递次以十天为度呈报上一级。

辽代北面部族官有大小部族，司法事务由本部族首领按照部族的习俗处置。南面的州官"冠以节度，承以观察、防御、团练等使，分以刺史、县令，大略采用唐制"，其司法事务由长官负责，但有时也设立一些专门主管司法的官，称之为"南面分司官"，掌"平理庶狱，采摭民隐，汉唐以来，贤主以为恤民之令典。官不常设，有诏，则选材望官为之"①。南面官办理司法事宜，采用汉法，即因俗而治。

金代的节镇州、防御州、刺史州都设有判官"分判兵、刑、工案事"，知法"掌律令格式、审断刑名"，司狱等官，负责具体司法事务，设录事司或司

---

① （元）脱脱等：《辽史》卷48《百官志四》，中华书局，1974年，第821页。

候司以平理狱讼和警巡事务。府、路设推官、知法和警巡院，以及按察司或安抚司，"掌审察刑狱、照刷案牍、纠察滥官污吏豪猾之人、私盐酒曲并应禁之事"①。路一级有专门的司法机构，但各级行政长官仍有司法责任。

元代县以上各行政区划都设有推官"专治刑狱"，判官兼捕盗贼，录事（警巡院）司主管治安巡查，司狱主管狱政；行省还专设理问所以主管复核案件。各级行政长官对案件拥有决断权，由于元代地方官府均设只有蒙古或色目人才能充当的达鲁花赤，所以大部分案件的决断权多掌握在达鲁花赤手中。

明清规定正印官才有审判权，因此，知府、知州、知县的重要职责之一就是"刑名"，虽然也设有主管刑狱的佐贰官和书吏，明中叶以后还聘有刑名师爷，但正印官要亲自问案定谳，并负主要责任。地方高级司法审判机关是各省的提刑按察使司，该司在明代是省一级"三司"之一，直接受皇帝和中央司法审判机关的领导；在清代则是在督抚领导之下的"两司"之一，主管一省刑名按劾之事。按察使司对全省各府、州、县的司法审判工作，不但有督促检查之责，而且还有由它派出的分巡道以分区检核刑名案件，就近处理当地的刑狱事务，此外巡按也有理刑之责，还负责核查各地方的刑狱。清代在外省设总督和巡抚总揽军政大权，因此，督抚同时也成为地方的最高司法审判官，所谓"外省刑名，遂汇总于按察使司，而督抚受成焉"②，是督抚总负其责，很少实际管事，但题奏刑狱案件要由他们领衔。

同中央一样，地方上也存在着多种途径的司法行政。这主要存在于京畿和少数民族聚居的地方。

京畿"内奉京师，外表诸夏"，是专制统治中心所在，有着特殊的地位。历代在京畿设官分职，其权限和级别都高于其他地方，这是由于京师百官云集，人文荟萃，政务集中，而且流动人口众多的缘故，在司法工作方面也远较他处繁难。京畿地区的司法工作由首都各级行政长官负责，除处理本地区的诉讼之外，在一般情况下，"中都之狱讼皆受而听焉，小事则专决，大事则禀奏"③，直接对皇帝或中央司法机关负责。中央的司法机关也兼管京畿的一部

---

① （元）脱脱等：《金史》卷57《百官志三》，中华书局，1975年，第1308页。
② 赵尔巽等：《清史稿》卷144《刑法志三》，中华书局，1977年，第4212页。
③ （元）脱脱等：《宋史》卷166《职官志六》，中华书局，1977年，第3941页。

分司法工作。京城的治安机构一直多于地方，而这些治安机构都有兼理词讼的职责；从汉代的执金吾到清代的九门提督（步军统领）和五城察院及兵马司等，都是如此。此外，在京的中央机关，包括各部、院、寺、监、府、侍从、警卫等机构，在一定程度和一定范围内也拥有与本部门有关的司法权。因此，京畿地区的司法行政总是多途并存。

少数民族聚居地区，不是地处"蛮荒"，就是该民族上层人士占统治地位。地处"蛮荒"者，有都护府、羁縻府、州或土官、土司的设置，司法审判大多是"汉人用汉法，夷人用夷法"。而少数民族占主要地位时，各地方大都保留着本民族原有的行政体系，因此在司法审判上也与其他地区不同。例如，辽代的夷离堇（部族）制，金代的猛安谋克制，元代的万户府、千户所和寺院住持，清代的八旗等，在地方上与州县并存，又有各自的系统，并拥有相对独立的司法审判权。在这种情况下，凡涉及本民族的诉讼则自理，而事涉地方的则与地方长官会审，不同人犯采取不同的处置方法。

清末官制改革，地方州县设初级审判厅，府设地方审判厅，省设高级审判厅，实行三级审判，二三级审决合议制度。虽然这种制度在当时还没有发挥实际效能，但已经向司法权独立迈进了一步。

三、司法行政运行机制及特点

历代在中央一直存在多途径的司法行政，一是由于当时政治统治的需要，有意构成一种相互牵制和监督的司法体系，以便加强对司法工作的管理；二是为适应当时的政治形势，采用"因俗而治"，针对不同情况适用不同法规以维持政治上的统一；三是司法行政一直依附于政治权力，缺乏独立的能力。多途径的司法行政，一直是围绕着政治需要这根主轴。但既然是多种途径，法出多门，在实际运行中就难免发生各种各样的冲突。

首先，君主凌驾于国家机器之上。在这种情况下，司法权必然是依附于君权。为了维护统治阶级特权，保护官僚贵族特殊的法律地位，君主可以不通过主管司法的部门，使用非司法机关的人员进行审讯。这些由君主直接委派的人员，只对君主负责，而不接受司法机关的监督与管理，也不受现行法律的约束。例如，汉代有廷尉狱，还有属于大鸿胪的郡邸狱，宗正的都司空狱，执金吾的都船狱，少府的上林诏狱、掖庭秘狱、共工狱、若卢狱，也有属于宫内的居室狱、保宫狱、内官狱、请室狱、导官狱、暴室狱等。这些狱本来是为分别关押收审不同囚犯而设的，但任何一个狱在接受君主的旨意后，都可以捕押和审讯任何人犯，受理任何案件。在这种情况下，刑罚滥施，破坏法律是不可避免的。清代史学家赵翼指出："汉武帝时，诏狱益多。二千石系廷尉者，不下百余人；其他谳案，一岁至千余章；大者连证数百人，小者数十人；远者数千里，近者数百里。既到狱，吏责，如章告不服，则笞掠定之。于是皆亡匿。狱久者，至更数赦，十余岁犹相告言。大抵诋以不道，以上廷尉及中都诏狱，逮至六七万人，吏所增加，又十有余万，是可见当日刑狱之滥也。民之生于是时，何不幸哉！"①其实何止是汉武帝时，其他朝代也莫不如此！例如，武则天时委派酷吏来俊臣、周兴治狱，或使用苦醋辣汤灌鼻、囚禁于地牢；或以瓮装人而四周燃火炙烤；或是剥夺囚徒衣粮，使囚徒饥饿寒冷难挨，以至抽破絮啖之充饥；或是采用泥耳、囊头、折肋、竹签钉爪、悬发于梁、毒烟熏耳、使卧秽溺、刻割肢体使其糜烂死于狱中等酷刑。更专门制造出10号大枷，名曰：定百脉、喘不得、突地吼、著即承、失魂胆、实同反、反是实、死猪愁、求即死、求破家。这些枷一上，屈打成招，锻炼成狱，再据以定罪。再如，明代的东厂、西厂、锦衣卫都拥有缉捕审判的大权。锦衣卫号称"诏狱"，"天下重罪逮至京者，收系狱中，数更大狱，多使断治，所诛杀为多"。明中叶以后，内官参与会审，"凡大审录，赍敕张盖于大理寺，为三尺坛，中坐，三法司左右坐，御史、郎中以下捧牍立，唯诺趋走惟谨，三法司视成案，有所出入轻重，俱视中官意，不敢忤也"。东厂、西厂作为特种镇压机关，均设有掌刑千户、理刑百户，统领厂役以缉捕人犯，可以自行判决，不论罪之轻重，"皆决杖，永远戍边，或枷项发遣"，法司无权干涉，以至"缉执于宦寺之门，锻炼于武夫之手，裁决于内降之旨"②。这种超越司法部门而另派其他部门官员办案的做法，历代都有不同的表现，是君主拥有最高司法权随便肆虐的表现。

其次，有些君主直接处理案件，罔顾现行法律，不顾法司的意见。在历

---

① （清）赵翼：《廿二史札记》卷3《武帝时刑罚之滥》，中国书店，1987年，第34页。
② （清）张廷玉等：《明史》卷95《刑法志三》，中华书局，1974年，第2332页。

史上，有些君主喜欢自己处理案件，亲自裁决而任意轻重，这样处理的结果，有一些成为事例，则成为专门的法律；有些没有成为事例，则显示出君主皇恩浩荡，既破坏现行法律，也使人们不相信法律，只相信君主圣明，一有冤屈便不顾一切地告御状。例如，隋文帝杨坚"性猜忌，素不悦学，既任智而获大位，因以文法自矜，明察临下。恒令左右觇视内外，有小过失，则加以重罪。又患令史赃污，因私使人以钱帛遗之，得犯立斩。每于殿廷打人，一日之中，或至数四。尝怒问事挥楚不甚，即命斩之"[1]。从《大诰》四编中，可以看到朱元璋先后使用许多酷刑，诸如族诛、凌迟、极刑、枭令、斩、死罪、墨面文身挑筋去指、墨面文身挑筋去膝盖、刴指、断手、刖足、阉割为奴、斩趾枷令、常枷号令、枷项游历、重刑、免死发广西拿象、人口迁化外、迁、充军、徒、籍没全家、戴罪还职、戴罪充书吏、戴罪读书、免罪工役及砌城准工、家财入官、人口流移等30余种，这些都是朱元璋亲自裁定的，并非是法律规定的刑罚。

再次，君主重用权臣与酷吏，滥施刑罚而导致人人自危。从周厉王任用卫巫刺探民间隐事而防民之口，到清代番役无孔不入。从《汉书》开始设立《酷吏传》，历代因循，则可见酷吏一直存在。为什么会出现酷吏呢？一是出于政治的需要，"当是之时，吏治若救火扬沸，非武健严酷，恶能胜其任而愉快乎"[2]。二是君主利用酷吏打击豪强，排斥异己，"遂使酷吏之党，横噬于朝，制公卿之死命，擅王者之威力"[3]。酷吏们"专事威断，族灭奸轨，先行后闻"，一些"肆情刚烈，成其不桡之威。违觿用己，表其难测之智"者则杀人如麻，而他们"揣挫强执，摧勒公卿，碎裂头脑而不顾，亦为壮也"[4]。三是酷吏望风承旨，借君主之威以逞凶恶，不惜扩大打击面以获得君主的信任，进而被称为幸臣、奸臣，被史家列入佞幸、奸臣传中，因为"刚明之主亦有佞幸焉，刚好专任，明好偏察，彼佞幸者一投其机，为患深矣"[5]。这些幸臣往往"口衔

---

[1] （唐）魏徵：《隋书》卷25《刑法志》，中华书局，1973年，第713页。
[2] （汉）班固：《汉书》卷90《酷吏传序》，中华书局，1962年，第3645页。
[3] （后晋）刘昫：《旧唐书》卷186上《酷吏传序》，中华书局，1975年，第4836页。
[4] （南朝宋）范晔：《后汉书》卷77《酷吏列传序》，中华书局，1965年，第2487页。
[5] （元）脱脱等：《宋史》卷470《佞幸传序》，中华书局，1977年，第13677页。

天宪，威福在手，天下士大夫靡然从风"①。奸臣则"壅阏上听，变易国是，贼虐忠直，屏弃善良"②，以至于"窃弄威柄、构结祸乱、动摇宗祐、屠害忠良"③。究其原始，乃是君主专制政体所必然会出现的政治现象。

多种途径司法行政，既反映多民族国家的特点，也表现为事权分散和保护皇族特权。在多民族方面专门设置办理民族刑事的机构，如汉代的典属国、元代的宣政院、清代的理藩院等，都是受权按照边远少数民族的习惯来处理司法案件，可以不受全国统一法律的限制。在事权分散与皇族保护方面，军事、刑事、财政经济区分开来。例如，宋、元的枢密院主管军事刑罚，户部主管经济、户婚案件，工部主管环境保护及矿产开发等禁令；而历代内宫都设有专门的司法机构以主管官内的刑罚，宗正主管皇族的刑罚。即使是在司法权力相对集中的清代，宗室犯罪也规定应由宗人府和刑部会审，徒刑以下即由宗人府全权处置，满人轻罪由内务府慎刑司审决。

历代在不同程度上存在对重大案件的"杂议""集议""会审""朝审"等制度，这种议刑制度实际上是君主掌握最高司法权的派生手段。例如，明代"每岁霜降后，三法司同公、伯、侯会审重囚，谓之朝审"，后来发展到以"司礼太监一员会同三法司堂上官，于大理寺审录，谓之大审"，再加以"内阁之与审"④。君主在各种政治势力中选择自己信任的势力参与司法，表明皇权对司法权的绝对控制。

在中国发展的历史上，行政权力往往起决定的作用，行政权力决定一切是在君主专制制度下形成的，其影响也是根深蒂固的。比如说，在三法司中，职掌司法行政的刑部权力总是不断扩大，如明人就认为："国家设大理寺以审谳，盖付之以天下之平也。近闻该寺谳囚，非不间有参驳，苟见该部执拗，即以无词覆之。甚至狱词已付廷评，而该部意有出入，辄复追改，寺臣亦径从之"⑤。面对行政权力，司法人员基于自身的利害，多采取顺从，更加大了行政权力的威势。

---

① （清）张廷玉等：《明史》卷307《佞幸传序》，中华书局，1974年，第7876页。
② （元）脱脱等：《宋史》卷471《奸臣传序》，中华书局，1977年，第13697页。
③ （清）张廷玉等：《明史》卷308《佞幸传序》，中华书局，1974年，第7905页。
④ （清）张廷玉等：《明史》卷94《刑法志二》，中华书局，1974年，第2307页。
⑤ （清）孙承泽：《天府广记》卷24《大理寺》，北京古籍出版社，1982年，第329页。

在多种途径司法行政的运行过程中，容易造成司法越权或过度的分散，司法的混乱往往会加剧社会的紧张。例如，"汉武时，酷吏盛行，民轻犯法，盗贼滋起，大者至数千人，攻城邑，掠库兵。帝使光禄大夫范昆，九卿张德等，衣绣衣，持节发兵，斩首或至万数，并诛通行饮食者。数年，稍得其渠率，而散亡者又聚党阻山川。无可奈何，乃作沈命法，盗起不发觉，觉而勿捕满品者，二千石以下至小吏皆死。其后小吏惧诛，虽有盗不敢发，恐累府，府亦使不言，故盗贼益多"①。而明代"巨恶大憝，案如山积，而旨从中下，纵之不问，或本无死理，而片纸付诏狱，为祸尤烈"②。有法不依，罗织罪名，而君主不受法律的约束，也就使法律缺乏基本的稳定，人们也只能够寄希望于君主圣明，清官为民作主了。

多种途径的司法行政体系能够在中国历史上长期存在，并且不断得到加强，有其主客观原因：

第一，从政治统治的角度来看，互相牵制监督是司法权力制约的原则，但也在很大程度使司法行政缺乏稳定性。

多种司法行政有利于加强司法审判中的约束机制，在一定程度可以防止官吏滥用司法权。秦汉以后逐渐形成的"三法司"制度，将司法从行政体制中分离出来，既有分工侧重，又互相牵制监督，保证了司法工作的正常进行，使之规范化。司法分成审判、行政和监察三个部分，是符合上述原则的。所谓"既设刑部以掌邦禁，又设都察院以司纠察兼之问刑，又设大理寺以专审录"，"盖使彼此精研，互相觉察。故为问刑审录之司者敢不积诚竭虑，据情法以议其平哉！"但如果缺乏稳定的机制，或者这种平衡机制遭到破坏，司法也会随之败坏，"问刑者不知五词之审，审录者不知观刑之中，惟意出入"，以致"良善无控诉之门，狙诈得横行之路"③。可见，在体制上强调制约，主旨乃在于防弊，却也脱离不开当时的政治体制，其所发挥的效能也是有限的。司法权力的高度集中，就便于政治权力随便介入，促使司法权限不清，失去稳定性。比如说，武则天为打击异己，使用酷吏周兴、来俊臣办理刑狱时，

---

① （清）赵翼：《廿二史札记》卷3《两帝捕盗法不同》，中国书店，1987年，第35页。
② （清）张廷玉等：《明史》卷93《刑法志一》，中华书局，1974年，第2280页。
③ （清）孙承泽：《天府广记》卷24《大理寺》，北京古籍出版社，1982年，第325页。

"三法司"的制度便完全被破坏，特殊而临时的手段便取代了正规的制度。史称武则天"时置制狱于丽景门内，入是狱者，非死不出，（王）弘义戏呼曰'例竟门'。朝士人人自危，相见莫敢交言，道路以目。或因入朝密遭掩捕，每朝，辄与家人诀曰：'未知复相见否？'"①官吏们畏惧酷吏们的淫威，不惜屈国法以致力于迎合，还振振有词地说："臣负陛下，死罪！臣乱国家法，罪止一身；违俊臣语，立见灭族。"②不但"三法司"制度荡然无存，现存的法律也遭到了根本性的破坏。

第二，多种途径的司法行政始终是以政治统治为基础，易于突出特权，而走上"人治"的道路。

早期国家建立在亲贵合一的基础上，血缘亲族和贵族政治必然渗透到司法行政当中，如《周礼·秋官·大司寇》讲："凡诸侯之狱讼，以邦典定之。凡卿大夫之狱讼，以邦法断之。凡庶民之狱讼，以邦成弊之。"这种类型司法原则得以推行，就是基于不同人物的身份地位以及由此决定的政治条件。春秋战国以后逐渐建立起来的君主专制中央集权制度，是由三个主要政治条件构成的，即君主独揽大权，君权至高无上，以中央政权为中轴控驭的地方行政制度，以君权强力统率的官僚制度。在这样背景下，司法行政绝对服从行政权力，走向"人治"乃是不可避免的。例如，汉文帝"务在宽厚"，而以张释之为廷尉，"是以刑罚大省，至于断狱四百，有刑错之风"；汉武帝则重用酷吏张汤、赵禹之流，厉行严刑峻法，造成"奸吏因缘为市"，刑戮滥施；汉宣帝"斋居而决事"③，专断司法大权，而忽略既定的法律，都是随着首脑人物的禀性和执政的不同风格，随着形势的转移，司法裁判的宽严、量刑的轻重，发生很大的变动，造成司法行政制度遂失去其稳定性。

"人治"的因素破坏法律的稳定，容易出现有法不依、以言代法的局面。例如，"律令者，有司之所守也"，而宋代皇帝自"太祖以来，其所自断，则轻重取舍，有法外之意焉"④。皇帝亲自决断案件，全然不顾法律，"刑政紊而

---

① （宋）司马光：《资治通鉴》卷204《则天后天授元年（690年）》，中华书局，1956年。
② （宋）司马光：《资治通鉴》卷206《则天后神功元年（697年）》，中华书局，1956年。
③ （东汉）班固：《汉书》卷23《刑法志》，中华书局，1962年，第1102页。
④ （元）脱脱等：《宋史》卷200《刑法志二》，中华书局，1977年，第4985页。

恩益滥矣"，不但使法律遭到严重破坏，而且加大了司法的任意性，"有司多妄奏出入人罪"，则"谳狱之弊，日益滋甚"①。再如，朱元璋重典治吏，但一遇到"州县父老有诣阙上县官善政，当罢任而保留者"，便"手敕奖励复职，加赐衣币"。这种做法本来就缺乏明确的是非标准，而皇帝本人又率先破坏既定的法规。又如，"有国子生初任陕西知县，或告其尝受民财。刑部逮问之"，朱元璋却推翻刑部拟定的罪名，召见该人面谕云："尔以书生受民社之寄，不能廉洁律己，受污辱之名，为父母羞。朕念年少，更事未多，特宥还任，尔其改过自新，力行为善，庶有立于将来。"②朱元璋在位时，对被认为贪酷的官吏曾处法律规定之外的酷刑，但对被认为仍有可取的犯官则不但免科刑罚，还破格封赏，一切凭自己的爱憎任意加刑施恩，是赏、是罚、是奖、是惩，本无定则，更不顾及法律的规定，本身的作为就存在矛盾，更不能期望能有什么稳定的法律。

第三，多种途径司法行政很难形成稳定的运行机制，给社会造成很大的负面影响。

历代统治者基于刑新邦用轻典，刑平邦用中典，刑乱邦用重典的立法原则，总是根据当时政治、经济及社会关系的要求来调整，随着时间和空间的变化而不断地变更某些制度。这种适应形势变化的方针，在千变万化的政治经济及社会关系面前曾发挥过积极作用。然而，有些制度的变更又会造成整体制度的破坏。例如，明代的厂、卫特务组织主管缉捕和诏狱，直接对皇帝负责，本应该与三法司分工合作，但厂、卫特务组织凭借皇权势力，不仅直接审理皇帝交办的重大案件，而且还插手普通的司法案件，不但使三法司形同虚设，而且造成宦官专权和特务组织干预把持审判，"杀人至惨，而不丽于法""举朝野命，一听于武夫、宦竖之手"③，法律因之荡然无存，司法行政制度遭受极大破坏。

---

① （元）脱脱等：《宋史》卷201《刑法志三》，中华书局，1977年，第5014页。
② 《明太祖实录》卷181，洪武二十年夏四月丙申条。
③ （清）张廷玉等：《明史》卷95《刑法志三》，中华书局，1974年，第2329页。

第二节 诉讼与审判

《尚书·尧典》云:"放齐曰:胤子朱启明。帝曰:吁!嚚讼可乎?"孔颖达疏云:"有臣放齐者对帝曰:有胤国子爵之君,其名曰朱,其人心志开达,性识明悟。言此人可登用也。帝疑怪,叹之曰:吁,此人既顽且嚚,又好争讼,岂可用乎?言不可也。"嚚是顽固愚蠢、奸诈狡猾之意,后人据此认为是诉讼和裁判之始,虽然有些牵强,但毕竟讲到了争讼。从《云梦秦简》和汉代黄门令史游所作的《急就章》,可以看到在秦汉时期就已经形成了比较系统的司法审判制度。随着社会的发展,它是不断得到充实和完善的,此在历代的各种法典中都有相应的规定。

一、诉讼制度

中国一直是以农业为本,因此办理案件原则上要避开农忙季节,不能因拘传、审讯而误农时。例如,《大清律例·刑律·诉讼·告状不受理》中就有条文明白规定:"每年自四月初一至七月三十日,时正农忙,一切民词,除谋反、叛逆、盗贼、人命及贪赃坏法等重情,并奸牙铺户骗劫客货,查有确据者,俱照常受理外,其一应户婚田土等细事,一概不准受理;自八月初一以后方许听断。若农忙期内,受理细事者,该督抚指名题参。"也就是说,户婚田土钱债等民事案件,只准在农闲季节才能办理,而实际上农民在农忙季节,为了生计,也很少进行诉讼。

官府宣布可以接受民事投诉,称为"放告"。"放告"的时间则是根据各地的具体情况来定,有的规定为每逢三、八,有的规定每逢三、六、九,有的规定每逢五、十,但没有规定四、七的,原因是四的谐音为死,七的谐音贼,被认为是不吉利,与迷信有关。这种放告只限于一般民事案件,如果遇到大案、盗案、命案,则不必按放告日期,立即办理。

放告具有一定的官式程序,体现着官吏的威严,至于是否予以立案,则要凭主官一人一时的认识而裁定。在受理词讼日内,"官坐卷棚,桌置墼砌上,安放重压纸一枚。东角门放告状人鱼贯而进，不许投文混入其内，逐名挨次，将状展开，亲压桌上，仍退跪阶下。随命值堂吏点明张数，高声报若干张。逐张唤名，点过甬道西，由西角门鱼贯而出，点名时有应名不对及举动可疑者，即取状审讯，如系顶替匿名，立时差牌拘拿雇请之人，一并究惩"。收过状后，官进行审阅，确定准与不准。不准的词状发回原告，获准的词状则挂号登录在案。挂号分内外，"将朱语、原告被证姓名、批语、承行差役姓名填写后，列前件以便登填如何归结，是为内挂号。内挂号迄，随将各副状汇入封套，发承发房分发承行，承发科亦须挂号方发，是为外挂号"①。两者结合，便于以后查核。

《周易大传·讼第六》之《释文》云："讼，争也，言之于公也。"说明古代诉讼必须告之官府，以寻求公断。从古代的诉讼形式来看，有书状、听讼、告事、问事、无告（无告状人）、原告、被告、首告、诬告、越诉、代诉、折证、约会（拘押人证）、停务、告拦、登闻鼓等方面的规定。清末法律改革，出现了专门的诉讼程序法，具有了现代的意义。按照历史的发展，可以把诉讼归纳为自诉、举诉、官诉（公诉）、自首、越诉和上诉等形式。

（一）自诉

自诉分口头诉讼和书状诉讼，在严格的程序下，必须有书状的形式，所以"西周的起诉制度规定自诉，起诉必须有'剂'，剂即诉状。凡狱讼，有剂官府才受理，无剂则不理"②。诉讼要求有诉状，对于诉状的真实性则需要进一步确认。《周礼·秋官·司约》："若有讼者，则珥而辟藏，其不信者服墨刑。"郑玄注："谓有争讼罚，刑书谬误不正者，为之开藏，取本刑书以正之。当开时，先祭之。讼，讼约，若宋仲几薛宰者也。辟藏，开府视约书。不信，不如约也。珥，谓杀鸡取血衅其户。"《周礼·秋官·司盟》："有狱讼者，则使之盟诅。"贾公彦疏："此盟诅谓将来讼者，先使之盟诅，盟诅不信，自然不敢狱讼，所以省事也。"经过杀鸡取血、盟誓诅咒，官府便可以受理诉状了。在一般的情况下，涉讼的事情不大，口头诉讼也是可以的，但断决则依官府记录为准。如《周礼·地官·胥师》："各掌其次之政令，而平其货贿，宪刑

---

① （清）黄六鸿：《福惠全书》卷11《刑名部·放告》，康熙三十八年（1699年）种书堂刊本。
② 张晋藩总主编：《中国法制通史·夏商周》，法律出版社，1999年，第332页。

禁焉。察其诈伪饰行假匿者,而诛罚之。听其小治小讼而断之。"这种小治小讼,则不特别要求有诉状。

早期的自诉对于诉状没有特别要求,可以接受口头诉讼。如《云梦秦简·封诊式》有"爰书:某里士伍之妻甲控告说:'甲已怀孕六个月,昨日白昼和同里的大女子丙斗殴,甲和丙互相揪住头发,丙把甲摔倒。同里公士丁来救,把丙、甲分开。甲到家就患腹痛,昨夜胎儿流产。现甲将胎儿包起,拿来自诉,并控告丙'。"①这里提到的"爰书",秦简整理者注释为:"《汉书·张汤传》注:'爰,换也,以文书代替其口辞也。'王先谦《补注》:'传爰书者,传囚辞而著之文书。'但简文中的爰书意义较为广泛,包括司法案件的供词、记录、报告书等。"可见这种口头诉讼要由官府转换为文书形式。

由于官府是以文书为主要依据,而口头诉讼却由官府来转换成文书,容易产生弊端,故在法律上开始规定必须有诉状。《唐律·斗讼·为人作辞牒加状》规定:"诸为人作辞牒,加增其状,不如所告者,笞五十;若加增罪重,减诬告一等。受雇诬告人罪者,与自诬告同,赃重者坐赃论加二等,雇者从教令法。若告得实,坐赃论;雇者不坐。"可见由于官府对诉状的要求,已出现了专门书写诉状的人。这种书写诉状人有的是官府允许的,有的则是以此为生的,在"宋代的代书写状人有两种,一种是由封建官府控制的'写状钞书铺'户;另一种是以佣笔为业的'珥笔之人'"②。为防堵弊端,官府对以佣笔为业的往往严禁和打击,将他们目为"讼师"或"讼棍",一经查出,则严惩不贷,在法律上也严加限制,如明清律例中就有"教唆词讼"的罪名。即便是有法律上的禁止和官府的严厉打击,以佣笔为业的,合法与非法的代书人还是普遍存在,因为这些人终究具有一定的法律知识,能为更多的人提出诉讼和寻求法律保护提供方便。

清末法律改革以后,自诉的形式有了很大的改变,一方面有律师可以代写诉讼状,一方面有检察官可以协助自诉或者担当自诉,自诉程序才逐渐近代化。

---

① 睡虎地秦墓竹简整理小组:《睡虎地云梦秦简》,整理者译文,文物出版社,1978年,第275页。
② 郭东旭:《宋朝法律史论》,河北大学出版社,2001年,第36页。

（二）举诉

举诉是被害人以外的人向司法机关举告犯罪人。自春秋战国时期开始，便普遍推行什伍连坐举告制度，其后各代都尽力推行这种制度。可以说，连坐告密是在商鞅变法以后长期实行的制度，一人犯法，往往株连家族，乃至于宗族，甚至居住地所在全部的人。如果罪犯在逃，藏匿或收留罪犯的，称之为"纵反"；知情不报的，是为"匿罪"；给罪犯以通行、住宿、提供饮食等方便的，则目为"同谋"，都要与犯人同罪。这种方法与地方基层组织相结合，一旦出现大案、要案，常常是"以子及父，以弟及兄，一人有罪，州里惊骇，十家奔忙"[①]。而"盛开告密之门"，则会使"四方告密者蜂起，人皆重足屏息"[②]。连坐告密使全国臣民战栗自危，使人人心怀恐惧而相互不敢信任，人际关系紧张，也加剧了社会的动荡。这种制度利用了人们彼此之间生死攸关的利害，逼诱人们相互监视和告发，在一定时期能够起到制约、监视和震慑的作用，因此，为历代统治者视为有用的统治术，并贯彻到法律当中。例如，《唐律·斗讼·密告谋反大逆》条规定："诸知谋反及大逆者，密告随近官司，不告者，绞。知谋大逆、谋叛不告者，流二千里。知指斥乘舆及妖言不告者，各减本罪五等。"另《强盗杀人》条规定："诸强盗及杀人贼发，被害之家及同伍即告其主司。若家人、同伍单弱，比伍为告。当告而不告，一日杖六十。"《监临知犯法》条规定："即同伍保内在家有犯，知而不纠者，死罪，徒一年；流罪，杖一百；徒罪，杖七十。其家唯妇女及男十五以下者，皆勿论。"谋反、谋逆之案，连妇女、儿童、老人都不在"勿论"之列。

明清法律条文虽然取消了连坐密告的条目，但在实际上还是贯彻同样的法律意图。明清加强了保甲制度，奖举善恶是保甲的主要职责之一，一般的地方都规定有"如本保、本镇、集、村庄，有真正倚强凌弱之恶人，有真忤逆不孝之子弟，有巨憝势豪素行不法之匪类，许保长正镇集长等公举，本县严拿，申详各宪，执法纠惩。如保长正等有善隐蔽不举，有恶徇庇不报，一并重究"[③]。

---

① （汉）桓宽：《盐铁论·申韩第五十六》，上海人民出版社，1974年。
② （宋）司马光：《资治通鉴》卷203《武则天垂拱二年（686年）》，中华书局，1956年。
③ （清）黄六鸿：《福惠全书》卷23《保甲部·奖举善恶》，康熙三十八年（1699年）种书堂刊本。

故薛允升认为:"《明律》无文,恐未免有遗漏之处。"① 而实际上在处理重大案件时,也是大肆诛连。

举诉是有一定限制的,历代都有规定,除危害国家安全和犯有罪不容赦的大罪之外,禁止卑幼告尊长、奴婢告主人、老幼笃疾告他人,存在着等级和身份的严格区别,这是纲常礼制在法律上的明显反映。根据同一指导思想,古代法律又允许"亲亲相隐",宁可屈法,或另从其他方面取证,也不肯损害那被视为社会稳定支柱的宗法制度。为防止缠讼谋私,捏造事实以损害他人,又规定对于诬告人实行反坐,严禁"投匿名书告人罪"②,凡属匿名告发,除不予受理之外,对查出的匿名者和知情者要进行处罚。

(三)官诉(公诉)

官诉是以官府的名义起诉,包括对官吏或官府部门的举劾。《周礼·秋官·布宪》:"禁杀戮,掌司斩杀戮者,凡伤人见血而不以告者,攘狱者,遏讼者,以告而诛之。"郑玄注:"攘狱者,距当狱者也。遏讼者,遏止欲讼者也。攘犹却也,却狱者,言不受也。"这里既有以官府名义"以告而诛之",又有对官府不受理讼案的举劾。

在秦简《法律问答》中讲到"公室告"和"非公室告"。公室告是杀伤或盗窃他人,非公室告是家主擅自杀死、刑伤、髡剃其子或奴婢③。在《封诊式》中记载的杀伤和盗窃案件,都是由游徼、求盗、亭长等基层官吏首告的。汉代的《急就章》载:"变斗杀伤捕伍邻,游徼亭长共杂诊。"基层官吏不但有举告的义务,还要承担法律责任。秦简《法律问答》讲:"有贼进入甲家,将甲杀伤,甲呼喊有贼,其四邻、里典、伍老都外出不在家,没有听到甲呼喊有贼,问应否论处?四邻确不在家,不应论处;里典、伍老虽不在家,仍应论罪。"④ 对盗贼和命案,基层官吏应负责举告,在《唐律·斗讼·监临知犯法》条也规定:"诸监主司知所部有犯法不举劾者,减罪人罪三等。纠弹之官,减二等。"

---

① (清)薛允升:《唐明律合编》卷24《唐律·斗讼·官吏词讼家人诉》案语,商务印书馆,1937年。
② (唐)长孙无忌等:《唐律疏议》卷24《斗讼·投匿名书告人罪》,商务印书馆,1912年。
③ 睡虎地秦墓竹简整理小组:《睡虎地云梦秦简》,整理者译文,文物出版社,1978年,第196页。
④ 睡虎地秦墓竹简整理小组:《睡虎地云梦秦简》,整理者译文,文物出版社,1978年,第193页。

举劾是对违法乱纪的官员进行弹劾,这是监察部门的主要职责。在监察制度不断完善的情况下,监察部门在很大程度上承担了提起诉讼和纠举犯罪的责任,称之为"举劾"或"纠告",是官诉的范畴。

公诉是以国家的名义将刑事嫌犯提交法庭审判。在清末司法改革以后,公诉基本上是由检察机关负责。由于多种途径司法行政的长期存在,承当公诉责任的不完全是检察机关,警察、监察、行政机关也常常根据形势的需要而担当起公诉的职责。

(四)自首

自首是犯罪人在罪行被发觉前主动向司法机关投案,坦白交代自己的犯罪事实和经过,表示愿意接受审判的行为。在春秋时代被称为"自系"或"自拘",战国时代至秦汉称为"自出""自告",魏晋以后称为"自首"和"自觉举",二者的区别在于自首属于私罪,自觉举属于公罪。在原则上,对自首者,轻罪可以免刑,重罪可以量刑减等,自首不实或不尽则不能减免刑罚。允许自首者遣人投告,但自首者本人最终还要赴官受审,不然则被遣人被视为包庇容留罪犯,自首者也不能原减其罪。按照自首的定义:必须具备主动投案,如实交代自己的罪行,接受司法机关的审查和裁判等三个条件。从中国古代到清末法律变革,都没有把自首三要件写入法律,因此在司法实施过程中常常存在争议。例如,宋神宗时,就因为登州妇阿云谋杀亲夫未遂自首问题引起争议,涉及面相当广泛,既渗入新旧党之争,又涉及律敕之争,史云:"王安石与司马光争议按问自首法,卒用安石议。"[①] 司马光等人认为阿云是在被捕以后,"将行拷掠,势不获已,方肯招承",不是自首。王安石等人认为阿云是在将被逮捕时,"遂具实招通",应该属于自首。司马光等人认为放宽自首条件,有失轻罪轻刑,重罪重刑,是"弃百世之常典,悖三纲之大义,使良善无告,奸凶得志"[②]。王安石等人认为放宽自首条件,可以给罪犯一条改恶从善之路,以免罪犯因走投无路,铤而走险,"虽宽一贼,必得数贼就法"[③]。本来这是法理之争,由于已经存在新旧党争,新旧两派代表人物对个案的辩论,

---

① (元)脱脱等:《宋史》卷201《刑法志三》,中华书局,1977年,第5011页。
② (宋)马端临:《文献通考》卷170《刑考》,浙江古籍出版社,2000年。
③ (宋)李焘:《续资治通鉴长编》卷246,熙宁六年七月己未条,中华书局,1979年。

就具有了政治背景,也使自首成立的条件成为有宋一代争论不休的问题。

明清时期将自首分为投首、自首、闻拿投首。投首是主动自首,有立功表现,可以得到免罪处置,除回原籍安置之外,个别者还可以授以官职;自首则要看认罪态度良好,可以免除死罪,但轻罪还要进行处罚;即便是主动自首,若是犯罪情节严重而造成重大伤害及影响者,不用自首之律减刑,"若私越度关及奸者,并不在自首之律",但其知人欲告及逃叛而自首者,减罪二等,虽不自首,能还归本所者,也减罪二等,可以免除死刑。闻拿投首,因为具有被动性质,所以只减一等。这样在处置上就形成轻重不同的四个级别,即完全免罪,免去重罪,减二等治罪,减一等治罪。

(五)越诉和上诉

按诉讼程序规定,诉讼要按照管辖和审级自下而上逐级进行的方式,如果越级诉讼,便是"越诉",也就成为特别程序了。对于越诉,法律有严格限制,如唐律规定越诉和受理越诉者各笞四十。宋敕规定"若从越诉,是紊旧章。自今应有论诉人等,仰所在晓谕,不得蓦越诉状。违者,先科越诉之罪,即送本属州县,据所诉依理区分"[①]。元律规定越诉者笞五十七。明清律规定越诉者笞五十,严重的还有充军之刑。但历代法律又有规定,在特殊的情况下可以越诉,乃至直诉。一般认为直诉的起源来自《周礼》所载的肺石和路鼓。肺石是传说中设在朝廷门外的赤色石头,如《周礼·秋官·大司寇》:"以肺石达穷民。凡远近茕独老幼之欲有于上其长弗达者,立于肺石三日,士听其辞,以告与上而罪其长。"登闻鼓,源于《周礼·夏官·太仆》"建路鼓于大寝之门外,而掌其政,以待达穷者与遽令",是建在宫殿门外便于投诉的鼓。晋武帝时,悬鼓于朝堂和都城内,百姓可以击鼓鸣冤,有司闻而上奏,自此以后,登闻鼓制度一直沿袭到清代,不过有了许多限制。例如,唐律规定挝登闻鼓,以自身之事自理诉而不实者,杖八十;自毁伤者,杖一百;虽得实而自毁伤者,笞五十。汉代允许诣阙告诉,汉文帝时13岁女孩缇萦上书诉父冤,终于得到昭雪一事,便是显例。后世则允许邀车驾鸣冤告状,或上表诉事,但不属实或冲入仪仗内,便要受到重罚,不能阻拦告状人进入仪仗的

[①] (宋)宋敏求编纂:《宋大诏令集》卷198《政事·禁约上》,中华书局,1962年,第729页。

官员，也要受到处罚。例如，明代"洪武末年，小民多越诉京师，乃按其事，往往不实，乃严越诉之禁。命老人理一乡词讼，会里胥决之，事重者始白于官，然卒不能止。越诉者日多，乃用重法，戍之边。宣德时，越诉得实者免罪，不实仍戍边。景泰中，不问虚实，皆发口外充军，后不以为例也"①。对于越诉有严格限制，但有些朝代和君主却鼓励越诉，不但制定有越诉法，还曾经大张旗鼓地进行宣传。例如，宋代曾经增立越诉之法，大开越诉之禁，"越诉法的增设，无疑扩大了百姓的诉讼权。而准许越诉的内容，基本上是州县官吏私自课敛百姓的违法行为"②。再如，朱元璋颁布《大诰》，允许民陈有司贤否，凡"害民取财""有司不才"，抑或"清廉直干""抚民有方"等事关州县政事的，"均许民连名上奏"③，"对民持诰擒拿奸恶官吏赴京的给以重赏"④。同时使用重典治吏，"凡守令贪酷者，许民赴京陈诉，赃至六十两以上者，枭首示众，仍剥皮实草。府州县卫之左，特立一庙，以祀土地，为剥皮之场，名曰皮场庙。官府公座旁，各悬一剥皮实草之袋，使之触目惊心"⑤。所谓的"剥皮食草"乃是传闻，是否真有其事，尚须严加考证，但鼓励越诉，这在古代社会是难能可贵的且值得称赞的事，不但具有广泛的社会意义，而且扩大法的社会属性。在专制政体下，不治其本源，只专求其表面，虽可得到一时之治理，但难持久，"盖久则弊生"⑥，而且所带来的后果，往往是更坏。明人谢肇淛曾讲："从来仕宦法网之密无如本朝者，上自宰辅，下而驿递巡宰，莫不以虚文相酬应，而京官犹可，外吏则愈甚矣。"⑦弄虚作假之风随着专制程度的提高，手法也更加精巧了。

上诉是指诉讼当事人依照审级的规定由下级审判机关申诉于上级审判机关，也就是在原审机关判决后，若当事人不服，可要求由上级审判机关重审；国家在认定法官判决可能有错误的情况下，也允许对某些案件进行重审。《周

---

① （清）张廷玉等《明史》卷94《刑法志二》，中华书局，1974年，第2315页。
② 郭东旭：《宋朝法律史论》，河北大学出版社，2001年，第349页。
③ （明）朱元璋：《大诰·民陈有司贤否第三十六》，科学出版社，1994年。
④ （明）朱元璋：《大诰续编·如诰擒恶受赏第十》，科学出版社，1994年。
⑤ （清）赵翼：《廿二史札记》卷33《严惩贪吏》，中国书店，1987年，第480页。
⑥ （清）赵翼：《廿二史札记》卷33《因部民乞留而留任且加擢者》，中国书店，1987年，第478页。
⑦ （明）谢肇淛：《五杂俎》卷14《事部二》，上海书店出版社，2001年，第278页。

礼·秋官·朝士》:"凡士之治有期日,国中一旬,郊二旬,野三旬,都三月,邦国期(音基,一年),期内之治听,期外不听。"郑玄注:"在期内者听,期外者不听,若今时徒论决满三月不得乞鞫。"由此在汉代以前的上诉称为"乞鞫",秦简《法律问答》有"以乞鞫及人为乞鞫者,狱已断乃听,且未断犹听也?狱断乃听之"。可见,必须先经过下级审判机关的判决方可上诉,也允许别人代为上诉。这种制度曾经有过反复,隋唐时期才制度化。隋代"有枉屈县不理者,令以次经郡及州,至省仍不理,乃诣阙申诉。有所未惬,听挝登闻鼓,有司录状奏之"①。《唐律疏议·断狱·狱结竟取服辩》条规定:"诸狱结竟,徒以上,各呼囚及其家属,具告罪名,仍取囚服辩。若不服者,听其自理,更为审详。违者,笞五十;死罪,杖一百。"其上诉程序是:"凡有冤滞不申欲诉理者,先由本司本贯,或路远而踬碍者,随近官司断决之。即不服,当请给不理状,至尚书省,左右丞为申详之。又不服,复给不理状,经三司陈诉。又不服者,上表。受表者又不达,听挝登闻鼓。若茕独老幼不能自申者,乃立肺(胏)石之下。"②这种制度为宋代所承袭,并放宽上诉的时限,最宽时曾经5年,少亦半年,一般是3年,反映出掌有最终裁决权的皇帝,具有"以敕代律"的特点。元代的上诉除因循前代之外,对上诉的程序规定更加严格,如《大元通制·职制》规定:"未诉省部台院,辄经乘舆诉者,罪之。"明清的上诉程序有一些变化,明确了审级,并且根据上诉案件情节轻重不同来确定受理机关。"凡审级,直省以州县正印官为初审。不服,控府、控道、控司、控院,越诉者笞。其有冤抑赴都察院、通政司或步军统领衙门呈诉者,名曰京控。""其投厅击鼓,或遇乘舆出郊,迎驾申诉者,名曰叩阍。""京控及叩阍之案,或发回该省督抚,或奏交刑部提讯。如情罪重大,以及事涉各省大吏,抑经言官、督抚弹劾,往往钦命大臣莅审。发回及驳审之案,责成督抚率同司道亲鞫,不准复发原官问,名为钦部案件。"③这种上诉程序看起来井然有序,实际上却很难实现,因为有谕旨明文规定:"未告州县及已告州县不候审断辄行越诉者治罪,上司官准其越诉者议处。"只有出现"有机密重事

---

① (唐)魏徵:《隋书》卷25《刑法志》,中华书局,1973年,第712页。
② (唐)李林甫等:《大唐六典》卷6《刑部》,清嘉庆五年(1800年)扫叶山房刻本。
③ 赵尔巽等:《清史稿》卷144《刑法志三》,中华书局,1977年,第4212页。

或有重大冤抑,本管官不为受理者";"其事干碍州县本官,不便控告者";"词状经州县官无故不受理者"①等情况,才允许上控或京控,而且上控案件还要发回原地审断,不但增加了上诉的风险,而且拖延时间也不可避免。

(六) 诉讼师与辩护

中国古代司法制度,没有辩护制度,所有的诉讼都要听凭官府的决断。诉讼者要寻求法律上的援助,只能依靠官方的恩恤。由于诉讼需要呈交诉状,但绝大多数乡里黎民无法知晓诉状的格式和诉讼的手续程序,只好向在官的人员求助,所以在秦代有"以吏为师"的约定,由官府控制着诉讼。随着国家制度的不断完善和法律的公开,也使一些私人能涉身于司法行业,出现代人书写诉状和包揽词讼的人。由于这些人插手讼案,每每架词兴讼,缠讼不休,甚至成为行贿的中介,弊端很多,所以官府采取禁止,并将他们定性为"讼师",贬斥为"讼棍"。官府办案需要诉状,但不是所有的涉讼人都会写诉状,官府不为代写,要禁止私人代写是比较困难的,于是出现官府指定"代书"制度。

《周礼·秋官·司约》:"掌邦国及万民之约剂。治神之约为上,治民之约次之,治地之约次之,治功之约次之,治器之约次之,治挚之约次之。"剂是卷书,也就是诉状。《周礼·秋官·司盟》:"凡民之有约剂者,其贰在司盟。有狱讼者,则使之盟诅。凡盟诅,各以其地域之众庶,共其牲而致焉。既盟,则为司盟共祈酒脯。"从程序来看,诉状要经过官府审核,民间的诉状也要经过官府认证,而且还要召集有关人等进行盟誓诅咒。

李斯认为:"今天下已定,法令出一,百姓当家则力农工,士则学习法令辟禁。"怂恿秦始皇焚书坑儒,明令"若欲有学法令,以吏为师"②。"以吏为师",一是为官者不谙律令,要向习法之吏学习;二是一般庶民涉及词讼,以官吏为师以完成诉讼。由此可见,诉讼之事操之于官府,其诉讼文书也应该出自官府之手。

汉代官府对诉讼文书控制逐渐放松,在群臣"上书无忌讳"③的情况下,诉讼文书可以由私人撰写,如周勃、窦婴等都是自己上书言状的。汉以后对诉

---

① 张伟仁:《清代法制研究》,"中央研究院"历史语言研究所专刊之七十六,1983年,第306页。
② (汉)司马迁:《史记》卷6《秦始皇本纪》,中华书局,1959年,第255页。
③ (清)赵翼:《廿二史札记》卷2《上书无忌讳》,中国书店,1987年,第30页。

讼更加开放，如北魏太宗拓拔嗣曾经"诏守宰不如法，听民诣阙告言之"①。一般人民都不识字，这种告言的书写势必要找读书识字人，也就是代写书状人。

代写书状人何时出现不详，大概已通行于隋唐之际，至宋代开始兴盛起来。"宋代写状代书人队伍的扩大，为百姓行使诉讼权和提供法律帮助，创造了便利条件。"宋代官府准许的写状铺户是"由官府发给营业执照和木印的个体写状专业户"。他们不是在官之人，但要接受官府的控制。这些人以刀笔为生，"不单是代写诉状，而且也指教词讼"②。他们往往不受官府约束，钻法律的空子，教讼、唆讼、架讼，捏词编造伪证，增加混乱，因而又是官府严厉打击的对象，指斥他们是"教唆辞讼之恶人"。所以官府准许的"代书"，一定要接受官府的考试和监管，对未经允许的一经查出则严惩不贷，这种方针一直延续到明清。

明清的代书人考试是有一定程序的，在地方"牧令初莅任，辄于放告之前考之，先期牌示，某月日招考代书。是日也，高官坐堂皇，应考者静候点名给卷，试以策论或告示，所命题率为清讼息争、奉公守法等语。揭晓所取八名或六名，给以戳记，盖书状时所钤以为证也。且诉讼者之状纸，无论谁某主稿，必有戳而始为式，否则官必斥之曰白禀不收，或批曰违式特饬"③。考取代书是有资格限制的，要求"词理明通，且验其状貌端良者，取定数名，开明年貌籍贯，投具认保状"④。若是代书诉状书写不实，地方官除了以笞杖责之，还会取消代书的资格。

1906年由沈家本、伍廷芳主持拟定的《刑事民事诉讼法》第4章《刑事民事通用规则》有《律师》一节9条，规定了律师资格、注册、登记、违纪处分、外国律师在通商口岸的公堂办案等内容。但该法没有获得朝廷批准，便胎死腹中。1909年颁布的《各级审判厅试办章程》，1910年颁布的《法院编制法》，才首次在法律上确立律师活动的合法性。1911年，修订法律馆编纂的《刑事诉讼律草案》和《民事诉讼律草案》也规定有律师的内容，但没

---

① （北齐）魏收：《魏书》卷3《太宗纪》，中华书局，1974年，第54页。
② 郭东旭：《宋朝法律史论》，河北大学出版社，2001年，第37页。
③ 徐珂：《清稗类钞》第11册《胥役类·代书须考充》，中华书局，1986年，第5250页。
④ （清）黄六鸿：《福惠全书》卷3《莅任部·考代书》，康熙三十八年（1699年）种书堂刊本。

有来得及实行,清王朝就灭亡了。

司法辩护制度是在特定情况下出现的,而且最早也只是在侵华租界中执行。1842年8月29日,清王朝与英国签订了不平等的《南京条约》,开放广州、福州、厦门、宁波、上海等五处为通商口岸,可以设置领事馆。1845年,英国驻上海领事巴尔福依据《南京条约》,胁迫上海道台官慕久签订了《上海租地章程》,在华建立第一个租界。随后,法、美等国相继也建立租界,并在租界设立由领事直接控制的"工部局"和"巡捕房",对租界内的华人和无约国人有司法处置权。

第二次鸦片战争,英、法、美、俄等国强迫清王朝签订《天津条约》,确立中国官员与外国领事的"会审制度",即对中国人与外国侨民之间发生争讼,双方会同审断。1864年,清王朝与英、美、法三国驻上海领事协议,在租界内设立"会审公廨"。1868年订立《上海洋泾浜设官会审章程》,于1869年4月正式实行。此后,在汉口、哈尔滨、厦门鼓浪屿等地也设立了会审机关。这些机关在名义上还是中国的司法机关,凡华人之间的诉讼,"即听中国委员自行讯断,各国领事官毋得干预"。但事实上,各种诉讼都会有外国领事参与,而且是采用外国司法诉讼程序,是"外人不受中国之刑章,而华人反就外国之裁判",会审权实际操在外国领事之手。

既然会审公廨采用外国的裁判方式,由律师当堂进行辩护的制度则得以实行。在公堂上,外国律师援引外国法律,强词夺理,常使中国官员颇为难堪。因为这些外国律师在法庭上,完全不把中国官员放在眼里,在会审公廨当庭辩护,颐指气昂,足以左右审判,既不是西方的辩护制度,也不是中国制度,乃是在强权下建立的一种特殊制度。

二、拘捕与证据

司法审判是司法制度的重要环节,无论是诉讼立案,还是官府侦查立案,都要进入审判程序。要进行审判,就必须将罪犯拘捕,搜集相关证据,在弄清事实的基础上,依据现行法律予以裁断,然后付诸执行。若是犯人潜逃,就要缉拿人犯;若是犯人拒捕,还要非常处置。在进行初审之后,除了要对相关证据进行核实之外,必要的还有勘验现场及尸伤。凡此这些,都有明确的法律规定,且有严格的程序。

(一)拘捕制度

审判机关在开始审案前要传唤原、被告及人证到庭,为防止与案件相关人逃避审判或毁灭、伪造证据,串联供词和藏匿财产,往往实施拘捕、囚禁等强制手段。

拘捕就是拘留逮捕,用现代意义来说,就是审判前的强制手段。拘具有制止、禁止、逮捕、囚禁、束缚等方面的含义,与司法有关的词句见于史籍的有拘引、拘囚、拘民、拘收、拘防、拘劫、拘作、拘役、拘究、拘押、拘制、拘刷、拘括、拘系、拘送、拘拿、拘唤、拘留、拘讯、拘责、拘问、拘提、拘禁、拘传、拘催、拘管、拘审、拘縻、拘锁、拘摄、拘缧等。捕是指捉拿,与司法相关的词句见于史籍的有捕告、捕治、捕拿、捕案、捕执、捕论、捕获、捕鞫、捕系等。囚禁就是把人犯关押拘禁起来,在古代经常称为囚拘、囚系、囚执、囚桎、囚录、囚絷等。古代囚禁的对象不仅是被告当事人,还包括原告和证人。从身份上看,被囚禁的对象有已决犯和未决犯,囚禁已决犯是属于执行措施,囚禁未决犯则是强制措施,属于羁押范畴。

按照现代意义,拘捕应包括拘传、拘留、逮捕等方面的内容。拘传是司法机关强制被告人到案接受讯问,是最轻的强制手段。拘留是对罪该逮捕的现行犯或重大嫌疑分子,依法限制其人身自由的一种临时性的强制措施;至于行政拘留、刑事拘留、民事拘留,则是一种处罚。逮捕是指司法机关依法剥夺被告人的人身自由并解送到一定场所予以羁押,是一种严厉的强制措施。古代的意义则不如现代意义那样明确,因为拘捕的对象并不限于被告人、现行犯、重大嫌疑分子、罪犯,还要包括被告和罪犯的家属及有关人证。

《尚书·吕刑》云:"两造具备,师听五辞。"两造是庭审的重要条件,西周应该有拘捕两造的强制手段。《尚书·酒诰》云:"群饮,汝勿佚,尽执拘以归于周,予其杀。"《尉缭子·兵令下》云:"卒逃归至家一日,父母妻子弗捕执,同罪。"秦律中也有"执",有研究者认为:执"是司法机关以强制手段拘传被告人,类似现代的拘留"[①]。其实这种强制手段并不仅限于被告人,汉

---

① 刘海年:《秦的诉讼制度》,《中国法学》,1985年第1期。

代的《急就章》讲:"变斗杀伤捕伍邻",可见这种强制手段还包括人证。汉武帝时,"郡吏大府举之廷尉,一岁至千余章。章大者连逮证案数百,小者数十人;远者数千里,近者数百里"①。没有节制地随便拘捕人证,不但容易造成刑罚滥施,而且会引起社会的恐慌,所以,古代法律对于拘捕罪犯与人证逐渐有了规定。

古代拘捕需要有一定的手续,如《唐律·断狱·鞫狱停囚待对》条规定:"诸鞫狱官,停囚待对问者,虽职不相管,皆听直牒追摄。"一般拘捕管辖区以内的罪犯和人证,需要长官签署的票;拘捕管辖区以外的罪犯和人证,要有公文书,对于特别的人犯还要等候上级批准,甚至奏闻候旨。

古代对于官员、亲贵、妇女、老幼、疾病等特殊人犯与人证的拘捕还有一定的限制。例如,汉平帝元始四年(4年)诏:"妇女非身犯法,及男子年八十以上七岁以下,家非坐不道,诏所名捕,它皆无得系。"②《唐律·职制·长官使人有犯》条规定:"诸在外长官及使人于使处有犯者,所部属官等不得即推,皆须申上听裁。"另如《大明律·名例·应议者犯罪》条规定:"凡八议者犯罪,实封奏闻取旨,不许擅自勾问。"《应议者之父祖有罪》条规定:"凡应八议者之祖父母、父母、妻及子孙犯罪,实封奏闻取旨,不许擅自勾问。"《职官有犯》条规定:"凡京官及在外五品以上官有犯,奏闻请旨,不许擅问。"《军官有犯》条规定:"凡军官犯罪,从本管衙门开具事由,申请五军都督府,奏闻请旨取问。"这些人除犯十恶不赦之罪以外,都可以享受一定的特权,显示了在法律面前公开不平等的原则。

古代在拘捕一般被告与人证时有一定的时间限制。如唐代"囚二十日一讯,三讯而止"③,拘捕最多60天。宋代"诸鞫狱干证人无罪者,限二日责状先放,其告捕及被侵损人,唯照要切情节听暂追,不得关留。证迄,仍不得随司即证。徒以上罪犯人未录问者,告示不得远出"④。明清规定拘捕要严格按照程序进行,如《大明律·刑律·鞫狱停囚待对》条规定:"凡鞫狱官推问罪

---

① (东汉)班固:《汉书》卷60《杜周传》,中华书局,1962年,第2660页。
② (东汉)班固:《汉书》卷12《平帝纪》,中华书局,1962年,第356页。
③ (宋)欧阳修、宋祁:《新唐书》卷56《刑法志》,中华书局,1975年,第1411页。
④ (清)徐松辑:《宋会要辑稿·刑法》一之三二,中华书局,1957年。

囚，有起内人伴见在他处官司，停囚专待对者，职分不相统摄，皆听直行勾取。文书到后，限三日内发遣。"清例《依告状鞫狱》条规定："凡鞫狱，止将状内有名人犯审拟。如光棍案件，伙党人多，仍行严拿究审。无干牵连者，即行释放。"《大清律例·刑律·原告事毕不放回》条规定："凡告词讼，对问得实，被告已招服罪，原告人别无待对事理，随即放回。"这些规定比较笼统，也缺乏严格的拘捕对象和时间限制，因此，常常会出现"滥拘"现象。

所谓"滥拘"，乃是"虚诞之词，累人众多，本无辜而捏称正犯，非知见而指作证人，蔓引枝牵，动至数十。各该问官只宜摘取紧关数名听审为得，至差人下逮尽致弗遗。捕捉叫呼，惊及鸡犬；束缚驰骤，无异犬羊。投到则累然满庭，供明则被笞过半，而诈欺凌虐无论也，是曰滥拘"①。这一方面有制度上的原因，另一方面也有司法人员的素质问题。

按规定，初审问案官除对户婚、田土、钱债等小事可以当堂决断之外，对重大案件、尤其是刑事案件，一定要等待上司的批复。在法律上规定有官文书运行的期限，如《大清律例·吏律·官文书稽程例》条规定："内外衙门公事，小事五日程，中事十日程，大事二十日程，并要限内完结。"违反规定的，要按日对责任者进行处罚。但即使如此，因为没有明确规定办案人员的职责和手续，便于上下推诿卸责。"凡公事迟延，通弊有二：曰支，曰展。支者推诿他人，如院仰司，司仰府，府仰县之类，一经转行，即算办毕，但求出门，不求了事是也。展者延迟时日，如上月展至下月，春季展至夏季，愈宕则愈松，担迟不担错也。"②推诿拖延，下级一申详，上司一批驳；下级再一申详，上司再一批驳；文书运行虽然都没有超过期限，但这样一来一往，再加上路途运送的期限，就不可避免地拖延下去。如果再有府州县官"担迟不担错"，拖延的情况更会加剧，常有数年，乃至十余年不能够结案，最终瘐毙监狱者。

户婚、田土、钱债等虽然是小事，但其中关系到很多人的利益，而且还涉及官厅衙吏借陋规陋习以取钱财，衙役下乡传案，向被告索要"鞋钱"；两造没有过堂，先索要使费，名为"差帐"；自愿息讼，要有"和息费"；官府

---

① （明）张萱：《西园闻见录》卷97《听讼·前言》引毛恺曰，哈佛燕京社，1940年。
② （清）饶玉成辑：《皇朝经世文编续编》卷16《吏政》曾国藩《直隶清讼事宜十条》，清光绪八年（1882）双峰书屋刊本。

也有"罚纸"，书吏有"经承费"；贪官还要向差役收取"买票钱"，向书吏收取"承办钱"。上上下下，都要从这些"小事"中敲诈勒索一些非法利益，证实了"衙门口朝南开，有理没钱莫进来"古语的不妄。如果是人命、盗贼、斗殴等刑事案件，更是这些人借口掠取钱财的好机会。"呈报之后，差役将被窃邻近之家资殷实而无预带者，扳出指为窝户，拘押索钱，每报一案，牵连数家，名曰贼开花。乡曲无知，慑于法网，出钱七八千至十数千不等，胥役欲壑既盈，始释之，名曰洗贼名。一家被贼，即数家受累，如此数次，殷实者亦空矣。"①

被拘到案的人犯与原告、证人，如果不能马上审讯或结案，就要被关押起来，这种关押一般是把不同的对象囚禁在不同的地方，这里既有正规的监狱，也有临时的羁押所。秦简《法律问答》整理者译文："押送在乡里作恶的人而将之放走，应如何论处？应当像所放走的罪犯那样拘禁劳作，直到罪犯被捕获为止；如果是有爵的人，可在官府服役。"②普通人拘禁在狱，还要进行劳作；有爵位的人拘禁在官舍，改在官府服役。汉制，凡人犯被捕后即送进监狱囚禁，直至执行刑罚。被囚禁的人除老小、废疾、孕妇和"爵五大夫、吏六百石以上及宦皇帝而知名者有罪当盗械者，皆颂系；上造以上及内外公孙、耳孙有罪当刑及当为城旦舂者，皆耐为鬼薪、白粲；民年七十以上若不满十岁有罪当刑者，皆完之"③。人犯一般要戴桎梏刑具。"宦皇帝"是为官而为皇帝所知名者，"颂"与"容"同，即宽宥，"颂系"即免戴刑具关押。唐代被囚禁者戴刑具称为"械禁"，"杻校钳锁皆有长短广狭之制，量囚轻重用之"④。不戴刑具称为"散禁"；何者"械禁"，何者"散禁"，都有明确的规定。唐制基本为后世所沿袭，明清时称为"锁收"与"散禁"，区别更加明显。清末法律改革，"审判画归大理院，院设看守所，以羁犯罪之待讯者"⑤，未决犯与已决犯开始分开监禁，算是有意识地向开明办案迈出了一步。

---

① 伍丞乔编：《清代吏治丛谈》，台北：文海出版社，1988年，第443页。
② 睡虎地秦墓竹简整理小组编：《睡虎地秦墓竹简·魏奔命律》，整理者译文，文物出版社，1978年，第178页。
③ （东汉）班固：《汉书》卷2《惠帝纪》，中华书局，1962年，第85页。
④ （宋）欧阳修、宋祁：《新唐书》卷56《刑法志》，中华书局，1975年，第1411页。
⑤ 赵尔巽等：《清史稿》卷144《刑法志三》，中华书局，1977年，第4215页。

按照规定，原、被告及证人被拘到案，问案官应该在规定的时限内审理。然而，在古代司法与行政不分，地方的问案官都是地方行政长官，问案仅是他们的职责之一，而且在制度上，规定地方官每月仅有几天的时间可以办理诉讼事务，如果遇到上司巡视或委派、公出等事件，规定的时间也不能保证，更何况许多地方官不熟悉法律，其身边的人又不能及时为他排忧解难，案件拖延也就成为常事，难免存在"滥禁"的现象。

　　所谓"滥禁"，即"人犯到官，审理宜速。然或才性迟慢未即审，或事势忙迫未暇审，又不分人数多寡，事情重轻，概行寄监、寄仓、寄铺。至于追赃之犯，有以斗粟贯钞久为拘系，有以家属姻党幽令代偿。忽慢因循，动淹岁月，被犯之人，坐井观天，悲叹抑郁；被诬之家，晨昏供给，生理俱废，是曰滥禁"①。这种滥禁现象是很普遍的。例如，秦代"赭衣塞路，囹圄成市"；汉武帝时"郡国被刑而死者岁以万数，天下狱二千余所，其冤死者多少相覆，狱不减一人"②；北齐"又妄相引，大狱动至千人，多移岁月"③；宋代"州县残忍，拘锁者竟无限日，不支口食淹滞囚系，死而后已。又以己私摧折手足，拘锁尉砦。亦有豪强赂吏，罗织平民而囚杀之。甚至户婚词讼，亦皆收禁。有饮食不充，饥饿而死者；有无力请求，吏卒凌虐而死者；有为两词赂遗，苦楚而死者。惧其发觉，先以病申，名曰'监医'，实则已死；名曰'病死'，实则杀之"④。明代"狱吏苛刻，犯无轻重，概加幽禁，案无新故，动引岁时"⑤；清代"外省监狱多湫隘，故例有轻罪人犯及干连证佐，准取保候审之文。无如州县惧其延误，每有班馆差带诸名目，胥役藉端虐诈，弊窦丛滋。虽屡经内外臣工参奏，不能革也"⑥。对于这种"滥禁"，古代统治者也曾想方设法进行防范惩治，却也无法找到能够根治的方案。

（二）证据制度

　　证据是认定案情的根据。刑事诉讼的证据有物证，书证，证人证言，被

---

① （明）张萱：《西园闻见录》卷97《听讼·前言》引毛恺曰，哈佛燕京社，1940年。
② （东汉）：班固：《汉书》卷23《刑法志》，中华书局，1962年，第1109页。
③ （唐）魏徵：《隋书》卷25《刑法志》，中华书局，1973年，第704页。
④ （元）脱脱等：《宋史》卷200《刑法志二》，中华书局，1977年，第4997页。
⑤ （清）张廷玉等：《明史》卷94《刑法志二》，中华书局，1974年，第2315页。
⑥ 赵尔巽等：《清史稿》卷144《刑法志三》，中华书局，1977年，第4217页。

害人陈述，被告人供述和辩解，鉴定结论，勘验、检查笔录等多种。民事诉讼的证据有书证、物证、视听资料、证人证言、当事人陈述、鉴定结论、勘验笔录等。中国古代虽然没有严格的分类，但在案件审讯过程中非常注重收集证据，也有比较严谨的勘验制度。

1. 言证

言证是古老的证据形式，包括与案件有牵连的当事人、知情人、见证人所提供的供词，一般称为"言词证据"。

盟诅是古代诉讼过程中的一种言词证据。《周礼·秋官·司盟》："有狱讼者，则使之盟诅。"贾公彦疏："此盟诅谓将来讼者，先使之盟诅，盟诅不信，自然不敢狱讼，所以省事也。""对于违背盟誓的行为，只要提起诉讼，司法官可以不需要审判就可以直接判决：小事违誓当墨或鞭，大事违誓当杀。"[①] 秦以后的盟诅虽然没有先秦那样的法律效力，但也有证据的效力，只是盟诅必须有文字依据，也就成为书证了。例如，藏书家田涛收藏有一张两村械斗前的盟书，州县官在办理这个案件时就收录到卷宗中。

供词是古代诉讼过程中的主要言词证据，因此，官府在问案时总是千方百计逼取供词，除要求有问案技巧之外，还使用刑讯作为取供的主要手段。

证人证词是古代诉讼过程中大力收集的言词证据。从《周礼·地官·小司徒》"凡民讼，以地比正之"，到清代庄地呈报，邻里为证一直是诉讼过程的重要环节。古代法律允许在获取证人证词时使用刑讯手段，并对做证人的资格认定，证词真伪的确定，证词有效性认定等各有具体的规定。

对做证人的资格认定主要有两方面：一是亲属的证言不能作为证人证词。"亲亲相隐"是古代的诉讼原则，数千年来一以贯之。凡直系三代血亲、夫妻之间，除犯谋反、大逆等不赦之罪外，允许互相隐匿犯罪行为，也不允许亲属之间做证。这种亲亲相为隐的原则在唐代还扩大到奴婢、部曲与主人，雇工与家长。二是老幼废疾的证言不能作为证人证词。《唐律疏议·断狱·八议请减老小》条规定："其于律得相容隐，即年八十以上，十岁以下及笃疾，皆不得令其为证。"议曰："其八十以上，十岁以下及笃疾，以其不堪加刑，故

---

① 李交发：《中国诉讼法史》，中国检察出版社，2002年，第106页。

并不许为证。"不加刑讯便不能吐实,这是古人办案的普遍认识,老幼废疾例当免拷讯,认为不能对他们进行刑讯,也就无从取证,或有证言也不能用。

2. 书证

书证是以文字或符号将人的思想表示在一定的物件上,以其记载的内容证明案件的事实,是诉讼证据的一种形式。追述中国在诉讼中使用书证的历史,都引用《周礼·地官·小司徒》"地讼以图正之",及《周礼·秋官·士师》"凡以财狱讼者,正之以傅别、约剂"。从现在出土西周金文来看,书证确实在诉讼和判决中起到重要证据的作用。

书证在古代广泛使用,而且书证的种类很多。《周礼·天官·小宰》:"以官府之八成,经邦治。一曰听政役以比居,二曰听师田以简稽,三曰听闾里以版图,四曰听称责以傅别,五曰听禄位以礼命,六曰听取予以书契,七曰听卖买以质剂,八曰听出入以要会。"这里出现比居(兵籍)、简稽(士卒兵器簿)、版图(户籍地图)、傅别(骑缝契据)、礼命(任命文书)、书契(符书)、质剂(合同之类)、要会(考核簿)等文书形式,这些都可以作为书证。

随着社会的发展,书证的种类也逐渐增多,诸如官私契约、告身、批书、账册、图籍、书信等。根据书证的制作主体不同,可以区分为公文书证和私文书证。在证据效力上,公文书证优于私文书证。为了证实书证的真伪,法律上还有检验的标准,如清代规定:"凡造田园、房屋、坟墓、钱债、婚姻、承继、行帐等事,不粘连契卷、绘图、注说、婚书、行单者,一概不准。"①书证只有经过司法机关的认可或司法机关承认的公证机关的认可,才具有证据的效力。

3. 物证

凡与案件事实有证明作用的物品与痕迹,都是物证,也是诉讼中的重要证据。中国古代对物证比较重视,尤其是在命案和盗案中,物证几乎是不可缺少的证据。《周礼·秋官·司厉》:"掌盗贼之任器货贿,辩其物,皆有数量,贾而楬之,入于司兵。"郑玄注:"任器货贿,谓盗贼所用伤人兵器及所盗财物也。入于司兵,若今时伤杀人所用兵器、盗贼赃加责没入县官。"楬,音杰,

---

① 白钢:《中国政治制度通史(第1卷)》,人民出版社,1996年,第526页。

是作标识的小木桩。可见先秦在办理伤人及盗窃等案件就已经注重物证，这些物证还要没入官府。历代沿用此制，并且作为取证的重要依据，并有严格的管理制度。

物证可能被伪造，又容易与疑似的物品相混淆，与案件之间的关系也不易判明，因此，对物证有一定的审查规定。例如，清代"凶器已获，即问凶犯是否所持伤之器。如未获，即问凶犯提取，立限原差取到，仍问凶犯是否此器。若系金刃所伤、凶仗或有血痕，亦未可定也，须试看，然关系不在此。凶器验明，便摘取凶犯认凶器认状，亲笔花押，免其日后展辩。将认状附卷，凶器上用白棉纸裹束，上写某案某人凶仗，官用朱笔点过贮库，库吏随持贮库凶器赃物簿，注明某案某人某凶器，前件下于某年月日收贮迄"。"若死者年貌与状上不对，状上凶器与伤痕不对，要问尸亲。"① 既有验证，又有登记，还有罪犯的认状，尸亲的确认，十分慎重。

4. 勘验

勘验是司法或检察机关对与案件有直接关系的场所、人身、尸体等进行检查，获取犯罪证据的重要手段，早在先秦时就被采用。

《礼记·月令·孟秋》："命理瞻伤、察创、视折、审断，决狱讼，必端平。"东汉人蔡邕曰："皮曰伤，肉曰创，骨曰折，骨肉皆绝曰断。言民斗辨而不死，当以伤、创、折、断、深浅、大小正其罪之轻重。"这种勘验是有记录的，秦简《封诊式》中有数件是关于勘验的文书，其中"封守"是查封财产的；"争牛"是检验有争讼中的牛；"夺首"是检验争讼中的首级和受伤人；"告臣"和"疠"是检验被告是否有病；"贼死"是检验被杀无名男子的尸伤；"经死"是检验上吊而死的尸体；"穴盗"是勘察被盗现场；"出子"是检验被殴流产的妇女。所有检验都有明确记录。

古代勘验最重视的是人命案件，在宋代逐步出现了《检验格目》《无冤录》，尤其是有了宋慈的《洗冤集录》等有关检验的条法和著作之后，"终于诞生了当时世界上最为发达、完善的法医学"②。宋代对死伤者的检验也制度化了，有了报检、初检和复检的程序。如果某处发生了杀伤案件，地邻、地保

---

① （清）黄六鸿：《福惠全书》卷14《刑名部·印官亲验》，康熙三十八年（1699年）种书堂刊本。
② 何勤华：《中国法学史》第二卷，法律出版社，2000年，第89页。

必须申报州县差官检验，州县接报后应立即差官进行初检，根据案件性质可以由上级或相邻州县复检。检验必须有笔录，填写尸伤格。元代因循此制，并明确了检验者的责任，"诸检尸，有司故迁延及检覆牒到不受，以致尸变者，正官笞三十七，首领官吏各四十七。其不亲临或使人代之，以致增减不实，移易轻重，及初覆检官相符同者，正官随事轻重论罪黜降，首领官吏各笞五十七罢之，忤作行人杖七十七，受财者以枉法论"①。

明清的刑律规定："凡检验尸伤，若牒到托故不即检验，致令尸变，及不亲临监视，转委吏卒，若初复检官吏相见，符同尸状及不为用心检验，移易轻重，增减尸伤不实，定执致死根因不明者，正官杖六十，首领官杖七十，吏典杖八十。忤作行人检验不实，符同尸状者，罪亦如之。因而罪有增减者，以失出入人罪论。若受财故检验不以实者，以故出入人罪论；赃重者，计赃以枉法各从重论。"（《大明律·刑律·检验尸伤不以实》，《大清律》略同，文字有出入）

清代"凡检验，以宋宋慈所撰之《洗冤集录》为准，刑部题定《验尸图格》，颁行各省。人命呈报到官，地方正印官随带刑书、忤作，立即亲往相验。忤作据伤喝报部位之分寸，行凶之器物，伤痕之长短浅深，一一填入图"②。也就是说凡是人命伤害案件，州县官都应该亲自进行检验尸伤，死者填写"尸格"。一般斗殴有伤者，只要忤作检验，出具伤证，即法医的证明。验尸事关人命和人身安全，更容易引起苦主的不满和不服，因此，要求州县官必须亲临现场，如果是"正印官公出，壤地相接不过五六十里之邻邑印官，未经公出，即移往相验"。不在不得已的情况下，是不能委托佐贰官代行前往的，因此，州县官是检验尸伤的主要责任者。

清代规定："大县额设忤作三名，中县额设二名，小县额设一名；仍于额设之外，再招募一二人，令其跟随学习。"州县官亲验，"止许带忤作一名，刑书一名，皂隶二名"（《大清律例·断狱·检验尸伤不以实·例》）。"临检时，须出一高脚牌，壁立验棚前，严禁闲人围看、拥挤、喧哗，并尸亲等凌辱凶身。仍着皂隶二名巡风，驱逐闲人，敢有拥近场内者，扭禀重责。"验尸时，

---

① （明）宋濂等：《元史》卷102《刑法志二》，中华书局，1976年，第2622页。
② 赵尔巽等：《清史稿》卷144《刑法志三》，中华书局，1977年，第4213页。

州县官在上风设坐,亲自或令刑书填写"尸格";对于致命伤,州县官要亲自验看确实。检验完毕,仵作要出具"并无隐漏扶同混报甘罪结状,并尸亲干证在事人等,照尸格后姓名花押,检官判日朱封带回"。然后就可以对尸体进行处置掩埋。由于是人命重案,允许再验,但不能超过三验,所以尸体掩埋,也需要地方保甲严加看管,等待案件了结。

检验不但事关已经死去人的冤屈,更关系到活着人的生命,因此,在除法律有明确的责任之外,还有比较详细的条例规定。例如,清代"检验尸伤不以实"条下就有7条条例,涉及到检验、免检、检验方式、检验人员、检验程序等许多细节问题。死有他杀、自杀、老病死等,在检验上则区分出何者检验,何者不许检验,何者即使尸亲不让检验也必须检验等,为的是不扩大事端和不放过肇事人。这里面也有许多弄奸舞弊之道,仵作受贿、官嫌尸臭、苦主害怕暴露骸骨、凶家试图隐匿,等等,每一环节都可能会出现问题,再加上"每见大吏严为驳诘,不啻吹毛索瘢","上司实落意思,不在驳词之宽严,而在措意之轻重"①。不但牵扯到许多人的法律责任和经济利益,还包含着复杂的人际和政治关系。

(三)缉捕制度

缉捕与逮捕是有区别的。《汉书》卷1下《高帝纪》:"贯高等谋逆发觉,逮捕高等,并捕赵王敖下狱。"颜师古曰:"逮捕,谓事相连及者皆捕之也。一曰,在道守禁,相属不绝,若之传送囚耳。"《汉书补注》引刘攽曰:"予谓逮者其人存,直追取之;捕者其人亡,当讨捕也。故有或但言逮,过但言捕,知异物也。一云逮易辞,捕加力也。逮呼名召之,捕加束缚矣。"由此得知古代的逮和捕是有区别的,逮是对已在犯人所采取的强制措施,捕是对逃亡状态下采取的强制措施,与现代意义上的逮捕有一定的区别,因此,在《法经》上有囚法和捕法。为了区分上的方便,将在逃亡状态下的强制措施称为缉捕。

自李悝《法经》中出现《囚法》《捕法》以来,历代都有关于缉捕的法律。"盗贼须劾捕,故著网《囚》《捕》二篇。"李悝的《捕法》内容现在还无

---

① (清)黄六鸿:《福惠全书》卷14《刑名部·检验》,康熙三十八年(1699年)种书堂刊本。

法得知,但从先秦缉捕人犯的事例来看,得知缉捕人犯与逮捕人犯是有区别的。例如,《墨子·号令》:"诸吏卒民有谋反伤其将长者,与谋反同罪,有能捕告者,赐黄金二十金。"这是有奖赏的缉捕。楚昭王时国相石奢到地方视察,在路上遇到杀人事件,立即进行追捕,结果该杀人犯竟然是他父亲,碍于亲情,他放走父亲,将自己捆绑起来,派人向楚王报告说:"杀人者,臣之父也。夫以父立政,不孝也;废法纵罪,非忠也;臣罪当死。"楚王因喜爱石奢,便为他开脱道:"追而不及,不当伏罪,子其治事矣。"石奢不肯以身坏法,便说:"不私其父,非孝子也;不奉主法,非忠臣也。王赦其罪,上惠也;臣伏诛死,臣职也。"①便自刎而死。由此可见,官员如果发现犯罪就有缉捕之责,能够缉捕而不缉捕要承担法律责任。秦简《封诊式》中有偷盗犯捕获杀伤人犯来自首的,也有士伍捕获私铸钱人送官的,还有负责地方治安的亭长、求盗捕获强盗、窃盗送官的。对于这些捕获者,法律规定给予赏金,还可以给予爵位。

沈家本在《汉律摭遗》中考证汉代的《捕律》有:收捕、诏捕、逐捕、疏捕、名捕、追捕、急捕等,在汉武帝时还出现《沈命法》,缉捕人犯是地方官考核的重点之一,捕获多的赏,蔽匿者罪之,因此出现"匿亡虏""匿反者""首匿死罪""首匿罪人""首匿亡命"等罪名②。

缉捕人犯到案往往存在困难,所以在历代的《捕法》《捕律》《捕亡》等法律中都有比较详细的规定。如唐代的《捕亡律》有将吏追捕罪人、罪人持仗拒捍、被殴击奸盗捕法、道路行人捕罪人、捕罪人漏露其事、邻里被强盗、从军征讨亡、防人向防、流徒囚役限内亡、宿卫人亡、丁夫杂匠亡、浮浪他所、官户奴婢亡、在官无故亡、被囚禁拒捍走、主守不觉失囚、容止他界逃亡、知情藏匿罪人等 18 条,捕亡的范围很广,既有盗贼及杀伤人者,又有出征在营的兵士、服役的丁夫杂匠、入籍的官户官奴婢,还包括无故私逃的现任官吏和无事流浪的人。这里既有治安方面,又有军纪方面,还有看守方面,捕亡的范围太广,因此《宋刑统》将之分为五门,即将吏追捕罪人、被强盗邻里不救助、征人防人逃亡、被囚禁拒捍官司而走、

---

① (汉)司马迁:《史记》卷 119《循吏石奢列传》,中华书局,1959 年,第 3102 页。
② (清)沈家本:《历代刑法考》,中华书局,1985 年,第 1503—1510 页。

部内容止逃亡。虽然还保留了《唐律》18条的内容,但捕亡范围已经有所缩小。《明律》将"从军""防人""宿卫"等3条归入《兵律》,"丁夫杂匠亡"归入《户律》,"在官无故亡"归入《吏律》,删去"被殴击奸盗""浮浪他所"等4条,仅有"应捕人追捕罪人""罪人拒捕""狱囚脱监及反狱在逃""徒流人逃""稽留囚徒""主守不觉失囚""知情人藏匿罪人""盗贼捕限"等8条。清代没有变更,但增加了《逃人法》和追捕逃人的督捕衙门。《逃人法》是清初满人入关后,以强力掠取汉族人口为奴婢,追捕这些奴婢逃亡的法律,是奠立在民族歧视和压迫基础上的。督捕衙门是专职缉捕这些逃亡奴婢的部门,原归兵部所辖,康熙三十八年(1699年)转归刑部,改称督捕司,《逃人法》则逐渐废除。

综观历代关于缉捕方面的法律,可以看出,对犯罪人的缉捕既是官府的责任,又是知见人的责任。官府缉捕不力有严厉的处罚规定,知见人不主动缉捕或不协助缉捕,也要承担刑事责任。如《唐律·捕亡·邻里被强盗》条规定:"诸邻里被强盗及杀人,告而不救助者,杖一百;闻而不救助者,减一等。力不能赴救者,速告随近官司,若不告者,亦以不救助论。"《唐律·捕亡·道路行人捕罪人》条规定:"诸追捕罪人而力不能制,告道路行人,其行人力能助而不助者,杖八十;势不得助者,勿论。"明清虽然没有限定邻里、行人必须救助,但完善了"知情人藏匿罪人"条,在实际处置过程中,如果知见人不能协助捕役擒拿罪犯,也要受到责罚,这样就为捕役借缉捕而敲诈平民敞开了方便之门。

缉捕罪犯是官府的责任,所以有缉捕期限。东汉灵帝时,有人在朱雀阙(南门)书写时政评论,"诏司隶校尉刘猛逐捕,十日一会。猛以诽书直言,不肯急捕。月余,主名不立;猛坐左转谏议大夫,以御史中丞段颎代之。颎乃四出逐捕,及太学游生系者千余人"[①],可见汉代缉捕期限以一月为度。《唐律·捕亡·将吏追捕罪人》条规定:"三十日内能自捕得罪人,获半以上,虽不得半,但所获者最重,皆除其罪。"明清则根据案件轻重不同规定了缉捕期限,如《大清律例·刑律·捕亡·盗贼捕限》条规定:"凡捕强窃盗贼,以事

---

① (宋)司马光:《资治通鉴》卷57《汉灵帝熹平元年(172年)》,中华书局,1956年。

发于官之日为始，限一月内捕获。当该捕役、汛兵一月不获强盗者，笞二十；两月，笞三十；三月，笞四十。捕盗官罚俸两个月。捕役、汛兵一月不获窃盗者，笞一十；两月，笞二十；三月，笞三十。捕盗官罚俸一个月。限内获贼及半者，免罪。若被盗之人经隔二十日以上告官者，去事发日已远，不拘捕限缉获，捕杀人贼，与捕强盗限同。"缉捕盗贼，不但官员、捕役、兵丁有责任，受害人违限告官也要承担责任。

三、审判与执行

司法机关在公堂上对原告、被告以及证人进行讯问，取得口供，核实证据，然后依据事实进行判决的全部过程称为审判，与审判相关的法律与具体程序规定就是审判制度。

（一）审级制度

中国古代对于一般的诉讼案件，基本上是地方为初级审判机关，然后依据地方行政区划等级逐渐转至地方高级审判机关，中央的审判机关则为终审机关，最高裁判权始终掌握在君主手中。

古文献讲夏代地方有"士"或"理"，是地方司法审判官；中央有"大理"，是中央司法审判官。商代的地方司法审判官也称为"士"，中央司法审判官为"司寇"，并且有"正""史"等辅助人员。西周则根据《周礼》的记述，地方按照乡、遂、县、都，分别有乡士、遂士、县士、方士，"听其狱讼之辞，辨其死刑之罪而要之"，乡士一旬、遂士二旬、县士三旬、方士三月上报"司寇听之"，可以称为第一审级。还有讶士"掌四方之狱讼"，朝士"掌建邦外朝之法"，监督地方和中央司法审判，不是审级。中央有大司寇、小司寇、士师，为中央的主要审判官员，可以称为第二审级。重大案件要由周王或与公卿集议进行裁决，可以称为终审。

秦以后的地方行政区划等级基本上就是审判等级，如地方审级，汉、隋、唐是郡（州）、县两级制，东汉魏晋南北朝是州、郡、县三级制，宋、辽、金是路（道）、府（州）、县三级制，元代是省、路、府（州）、县四级制，明代是省、府（州）、县三级制。清代一说为州县厅、府州厅、按察司、督抚四级制，一说为州县厅、府州厅、道、按察司、督抚五级制，"严格说来，道不是一个正式审级单位,而是一个过渡性的审级单位"[1]。出现分歧的原因是"清代地方审级与四级政权不完全相符。基本审级是:院(督抚)、司、府、县四级;直隶厅、州的审级是:院、司、道、直隶厅州四级;直隶厅、州属县的审级是:院、司、直隶厅州、县四级"[2]。无论是几级制,他们都有审理词讼的权力。

值得注意的是乡里,在汉代乡里曾经是一个审级,魏晋以后则不是一个审级,在隋代又被作为一个审级,唐代以后则被取消。根据里甲制度的研究,明代初年的里甲确实担负一些司法审判事务,但到洪武末年,里甲的司法审判权就被剥夺,虽然里甲和宗族对一些户婚田土等民事纠纷有调解甚至裁定权,但他们的裁定不受法律的保护,如果告到官府,还需要官府的重新裁定。当然,在民不告则官不究的前提下,里甲和宗族的裁定,只要不告到官府,依然可以在局部发生效用,但绝不可以把里甲和宗族当作一个审级。

清末《法院编制法》规定京师是城(乡)谳局、地方审判厅、高等审判厅和大理院的四级三审制;地方则设初级审判厅、地方审判厅、高级审判厅,实行四级三审,二、三级审决合议制度。

(二)审讯制度

中国古代对户婚、田土、钱债等有关民事案件采取不告不理的原则,民事案件受理后,诉讼双方,即"两造"必须到庭接受审问,至于盗贼、人命等有关刑事案件,则在案发后即行进行查缉追捕,人犯捕获立即进行审讯,并传有关人证到庭接受审问。如果不是重大刑事案件,王公贵族可以不亲自到庭,由其部属或亲属代替出庭。如《周礼·秋官·小司寇》:"凡命夫命妇,不躬坐狱讼。"贾公彦疏:"古者取囚要辞,皆对坐;治狱之吏皆有严威,恐狱吏亵尊者,故不使命夫命妇亲坐,若取辞之时不得不坐,当使其属或子弟代坐也。"这种精神为后世所沿袭,并扩大到妇女,如《大清律例·刑律·断狱·妇人犯罪》例规定:"妇女有犯奸盗、人命等重情,及别案牵连,身系正犯,仍行提审;其余小事牵连,提子、侄、兄弟代审。"妇女犯一般的罪是不到庭听审,由男性亲属出庭,所得罪责也由男性承担,称为"罪坐夫男"。

中国古代在审讯过程中要求注重讯问方式,以收到最好的效果。诸如"用

---

[1] 郭松义等:《清朝典制》,吉林文史出版社,1993年,第424页。
[2] 张晋藩主编:《清朝法制史》,中华书局,1998年,第594页。

情讯之",使用"五听"之术,等等。所谓"五听":辞听,观其出言,不直则烦;色听,观其颜色,不直则赧然;气听,观其气息,不直则喘;耳听,观其听聆,不直则惑;目听,观其眸子,视不直则眊然(《周礼·秋官·小司寇》郑玄注)。这种观察审讯方法还被写入法律,认为是易于收效的做法,例如,《唐律·断狱·讯囚察辞理》条规定:"诸应讯囚者,必先以情审察辞理,反覆参验。"根据法律的规定,一些司法官还根据自己的审讯经验,提出"七术"的问案技巧,即用钩、袭、攻、逼、摄、合、挠等方法来问案。所谓钩,是用其他的话题来钩出人犯的实话;袭是乘人犯心虚而掩其不备;攻是因人犯的短处和空隙而突击之;逼是因人犯穷急之处而扼困之;摄是控制人犯的奸恶而不让他们狡展;合是把原告和被告的供词分别比对参详;挠是以众人的见证供词来挠服人犯①。

古代在审讯时,原、被告及证人都要"坐""跪"于庭以接受讯问。在先秦时,一般采取"坐"的姿势,即双膝着地,臀部坐在双腿上。汉代以后则采取"跪"的姿势,即双膝着地,上身直立称"直跪",双手据地低头称"伏跪"。在审讯中,人犯都要伏跪,回答问讯时方许抬头直跪回答。问官与人犯之间的地位迥异,气势不同,显然是为了炫示官威,在精神和心理上对当事人进行恫吓。这种跪供方式到清末才从法律形式上废除,《大清刑事民事诉讼法草案》规定:"凡审讯原告或被告及诉讼关系人,均准其站立陈述,不得逼令跪供。"

古代在审讯时允许原、被告进行庭辩。《尚书·吕刑》:"两造具备,师听五辞;五辞简孚,正于五刑。"司法官在听取双方供词之后进行判决,但这种法庭辩论不是审判的必需程序,因为古代断定是非曲直在很大程度上由司法官来决定,双方供词仅作参考。如汉武帝时,魏其侯窦婴与丞相武安侯田蚡不和,在灌夫获罪问题上发生争执,汉武帝则特许他们在"东朝廷辩之"。此事窦太后也参加进来,以绝食要挟汉武帝偏袒窦婴,汉武帝则说:"俱宗室外家,故廷辩之,不然,此一狱吏所决耳。"② 正因为在审讯过程中司法官起决定作用,正常的审判程序中的庭辩才被忽略,代之而来的仅是"对质"。这种"对

---

① (清)黄六鸿:《福惠全书》卷11《刑名部·审讼》,康熙三十八年(1699年)种书堂刊本。
② (汉)司马迁:《史记》卷107《魏其武安侯列传》,中华书局,1959年,第2852页。

质"是一种"分而共证","唤原告进问供毕,令出;唤被告进问供毕,令出;唤原告干证进问供毕,令出;唤被告干证进问供毕,令出;如此逐名详问,则原告与被告所供合与不合可知也;原告干证与被告干证所供合与不合又可知也"①,并不一定是当庭对证和辩论。

审讯完毕,要书写供状,原、被告及证人都要在供状上画押。例如,《宋刑统·断狱·不合拷讯者取众证为定》条规定:"诸问囚,皆判官亲问,辞定令自书款,若不解书,主典依口写迄,对判官读示。"具体做法是:审讯官在取得人犯供词以后,要人犯在供状上签字画押,人犯不会写字,书吏为其代写。人犯画押完毕,当场读示,人犯心服,审讯官与书吏再根据供词摘出几条要点,"仍示囚详认书字,能书者,亲书结款"②。务求人犯心服口服,要求人犯具结永不反悔的认状。

古代允许刑讯逼供,虽然法律规定不能随意使用刑讯,但在审讯过程中却经常使用刑讯,司法官们认为这是查案取供最便捷和有用的方法。所以虽然限制刑讯,而且对滥用刑讯还有处罚,但滥施刑讯的现象却是普遍存在的。例如,《尉缭子·将理篇》讲:"笞人之背,灼人之胁,束人之指,而讯囚之情,虽国士有不胜其酷而自诬矣。"秦简《封诊式》规定:"诘问到犯人辞穷,多次欺骗,还改变口供,拒不服罪,依法应当拷打。拷打犯人必须记下。"③而"赵高治(李)斯,榜掠千余,不胜痛,自诬服"④。对于丞相尚且采取严刑逼供,对其他人可想而知。审判者滥刑逼供,因为能够用这些刑逼而来的供词作为定案的依据,当然可以邀功请赏,甚至可以引为保住乌纱帽,并得高升之道,以人犯的鲜血和生命换取自己的自得自安。廷尉史路温舒在《上汉宣帝书》中讲道:"治狱之吏皆欲人死,非憎人也,自安之道在人死。""人情安则乐生,痛则思死,棰楚之下,何求而不得? 故囚人不胜痛,则饰辞以视之;吏治者利其然,则指道以明之;上奏畏却,则锻练而周内之。盖奏当之成,

---

① (清)黄六鸿:《福惠全书》卷11《刑名部·审讼》,康熙三十八年(1699年)种书堂刊本。
② (宋)谢维新编:《古今合璧事类备要外集》卷23《刑法门·款辨·刑法总论》,上海古籍出版社,1992年。
③ 睡虎地秦墓竹简整理小组编:《睡虎地秦墓竹简·魏奔命律》,整理者译文,文物出版社,1978年,第247页。
④ (汉)司马迁:《史记》卷87《李斯列传》,中华书局,1959年,第2561页。

虽咎繇听之，犹以为死有余辜"①。在奉上安下的体制下，官僚政治恶性发展，岂管囚人是否冤屈，酷吏则比比皆是。

刑讯逼供，使人人怀恐惧之心，也不利于统治秩序的稳定，所以法律对刑讯的规定日趋严格。如《唐律》中规定"老幼不拷讯"，对"决罚不如法"和"监临以杖捶人"的官吏有一定的处罚，即便是允许刑讯，也要求"拷囚不得过三度，总数不得过二百，杖罪以下不得过所犯之数。拷满不承，取保放之"。对于拷问过度和知道过度而不检举的，也都有一定的处罚。

宋代沿用唐制，但对有关刑讯的规定更加严格，一是不许状外勘事，二是拷问要书写"录问"状，三是案成以后上司检查"录问"状。录问状除审问官签字之外，被拷问人也要画押。例如，《宋刑统·断狱·不合拷讯者取众证为定》条规定："诸道、州、府，凡有推鞫囚狱，案成后，逐处委观察、防御、团练、军事判官，引所勘囚人面前录问，如有异同，即移司别勘。"发现不实，还要对推鞫官吏进行责罚。元代承袭此制，加强司法监察，御史鞫勘也成为制度。

明清对刑讯的规定更加严格，除因袭前代刑讯规定外，在用刑时间上有了许多规定。例如，明代禁刑时间是在立春以后，秋分以前；每月还有禁刑日期，即1、8、14、15、18、23、24、28、29、30等日，共计有10天。如果在禁刑的月份和日期动刑，要受到查参处治②。除此之外，在国家规定的节假日和有大典礼的日子里也不能用刑。如《大清律例·刑律·断狱·死囚覆奏待报》条规定："凡遇庆贺穿朝服及祭享、斋戒、封印、上元、端午、中秋、重阳等节，每月初一、初二，并穿素服日期，俱不理刑名。四月初八不宰牲，亦不理刑名。"实际上所有上述烦琐的形式规定，并没有遏止大多数官吏滥用刑讯，他们往往以用刑作为办案的主要手段，借刑讯的恫吓以掩盖自己的庸碌低能。朝廷既规定了什么日子不能用刑，便在准用刑的日期集中用刑，甚至刑上加刑，遍用刑具，所以在人们的眼中，官府于堂问案之日一定要用刑，那时肯定是刑杖声不绝于耳。

除了在规定的日期不准进行刑讯之外，有些审判官比较明白事理，知道

---

① （东汉）班固：《汉书》卷51《路温舒传》，中华书局，1962年，第2370页。
② （明）申时行等《明会典》卷177《刑部·决囚》，中华书局，1989年，第903页。

滥用严刑必造成无可挽回的灾难,因此,自己也有一些"不打"的约定,如"万寿圣节不可打,国忌不可打,年节朔望不可打,大风雪不可打,疾雷暴雨不可打,人走急方至不可打,盛怒不可打,酒后不可打,事未问明不可打,要枷不可打,要监不可打,要夹不可打,孝服不可打,孕妇不可打,年老废疾不可打,稚童不可打,人有远行不可打"等①。这种约定应该是个别具有良知、通谙世情官吏的自我约束,并不是官场普遍的守则,并且是因人而异的,全凭审判官本人的认识和风格,并没有强制的约束力。

对刑讯的刑具,历代都有明文规定。例如,明清的刑具有笞、杖、讯杖、枷、钮、铁锁、镣等,分别用于不同情况,更颁布有规定的图式和规格,各地方必须按照朝廷发下的样品统一制造。按《大明律直解·狱具图》规定:笞杖"大头径二分七厘,小头径一分七厘,长三尺五寸,以小荆条为之。须削去节目,用官降较板,如法校勘。毋令筋胶诸物装钉。应决者,用小头,臀受"。杖"大头径三分二厘,小头径二分二厘,长三尺五寸,以大荆条为之。亦须削去节目,用官降较板,如法校勘。毋令筋胶诸物装钉。应决者,用小头,臀受"。讯杖"大头径四分五厘,小头径三分五厘,长三尺五寸,以荆杖为之。其犯重罪,赃证明白,不服招承,明立文案,依法拷讯,臀腿分受"。枷"长五尺五寸,头阔一尺五寸,以干木为之。死罪重二十五斤,徒、流重二十斤,杖罪重一十五斤。长短轻重,刻志其上"。钮"厚一寸,长一尺六寸,以干木为之。男子死罪者,用钮。犯流罪以下及妇人犯死罪者,不用"。铁锁"长一丈,以铁为之,犯轻罪人用"。镣"连环,共重三斤,以铁为之。犯徒罪者,带镣工作"。清代略有改动,将荆条改为竹板。《大清律例·名例·五刑》规定:"竹板长五尺五寸。小竹板,大头阔一寸五分,小头阔一寸,重不过一斤半。大竹板大头阔二寸,小头阔一寸五分,重不过二斤。其强盗、人命事件酌用夹棍。"笞用小竹板,杖用大竹板。增加了明代规定不允许使用,实际上却普遍应用的夹棍和拶指。"夹棍中梃木长三尺四寸,两旁木各长三尺。上圆下方,圆头各阔一寸八分,方头各阔二寸。""拶指以五根圆木为之,各长七寸,径圆各四分五厘,其应夹人指不得实供方夹一次,再不实供许再夹一

---

① (清)黄六鸿:《福惠全书》卷11《刑名部·热审减刑》,康熙三十八年(1699年)种书堂刊本。

次"。所谓的"枷者，其人之罪有关纪纲法度，非一责可了，方暴之于众辱之于市"。铁锁、镣铐"系以作工，盖防其兔脱耳。然钮铐惟重犯乃用"。"夹棍惟人命强盗重犯不招则用之。"①

朝廷还允许在刑讯中使用另外的手段，"凡问刑各衙门一切刑具，除例载夹棍、拶指、枷号、竹板，遵照规定尺寸式样，官为印烙颁发外，其拧耳、跪链、压膝、掌责等刑，准照其常行用"②。这样的规定也一再有过调整，一般"凡讯囚用杖，每日不得过三十。热审得用掌嘴、跪链等刑；强盗人命酌用夹棍，妇人拶指，通不得过两次。其余一切非刑有禁"③。但《大清律例·刑律·断狱·决罚不如法》例却讲："奉天地方，审理事件，人犯到案，先将锁链盘于地上，令其膝跪，又以荆条互击其背。"时而规定跪链为常刑，时而又禁止跪链，实际还是给行刑讯者以很大的空间。

根据朝廷的规定，官府可以在刑具上采用一些变通的措施，如将规定的笞杖、刑杖、讯杖分出等级，即"竹板有三号，最大有毛头，谓之龙须板，偶一设之，所以威吓土豪衙蠹，非轻用之物也。其三号者，头号打强盗恶棍衙役犯赃私作弊者，二号乃常刑，三号则比较钱粮、暨乡愚小讼之类耳"④。虽然对那些"私立创设刑具，致有一二三号不等，及私造小夹棍、木棒锤、连根带须竹板，或擅用木架撑执、悬吊、敲踝、针刺手指，或数十斤大锁并联枷，或用荆条互击其背，乃例禁所不及概载，一切任意私设者，均属非刑"的惩罚规定⑤；朝廷也三令五申地加以禁止，但在实际审判中，却从来禁止不住非刑，"严刑拷打的种类相当繁多，大部分不见于法典，但在通常做法上是全国人所共知的"⑥。而见于法典的也非常残酷，如南朝齐的"测罚"，采取"断食三日，听家人进粥二升。女及老小，一百五十刻乃与粥，满千刻而止"。南朝陈的"立测"，采取"以土为垛，高一尺，上圆，略容囚两足立。鞭二十，笞三十迄，著两械及钮，上垛。一上测七刻，日再上。三七日上测，七日一

---

① （清）黄六鸿：《福惠全书》卷11《刑名部·用刑》，康熙三十八年（1699年）种书堂刊本。
② （清）官修：《清会典事例》卷723《刑部》，清光绪二十五年（1899年）刊本。
③ 赵尔巽等：《清史稿》卷144《刑法志三》，中华书局，1977年，第4213页。
④ （清）黄六鸿：《福惠全书》卷11《刑名部·用刑》，康熙三十八年（1699年）种书堂刊本。
⑤ （清）官修：《清会典事例》卷839《刑部》，清光绪二十五年（1899年）刊本。
⑥ 孙中山、埃德温·柯林斯著，贺跃夫、周黎明译：《中国之司法改革》，《中山大学学报》，1984年第1期。

行鞭。凡经杖，合一百五十，得度不承者，免死"①。

按照法律规定，官府是不能滥用刑讯手段的，所以自《唐律》将"决罚不如法"应受惩罚的规定写入律文以来，历代沿袭，并不断完善。例如，《大明律·刑律·断狱·决罚不如法》规定："凡官司决人不如法者，笞四十；因而致死者，杖一百，均征埋葬银一十两。行杖之人各减一等。其行杖之人，若决不及肤者，依验所决之数抵罪，并罪坐所由。若受财者，计赃，以枉法从重论。"但深明律例的官吏们总会找出一些理由来应付，"然例虽严，而巧于规避者，盖自若也"。何况笞、杖等罪都可以用钱来赎，而行刑之人多视此为获取横财的大好时机，暗里掌握分寸，得财从轻，受仇雠买嘱者从重，甚至杖后致命，这样的陋规恶习，狡黠多端，其中的过节，仅能意会，不可言传。

古代除法律上规定的笞、杖、鞭、扑等刑讯手段外，还普遍存在法外用刑。例如，北魏"时法官及州郡县不能以情折狱。乃为重枷，大几围；复以缒石悬于囚颈，伤内至骨；更使壮卒迭搏之。囚率不堪，因以诬服。吏持此以为能"②；北齐"时有司折狱，又皆酷法。讯囚则用车辐辗杖，夹指压踝，又立之烧犁耳上，或使以臂贯烧车釭。既不胜苦，皆致诬服"③；武则天时，"推劾之吏，以深刻为功，凿空为能，相矜以虐。泥耳囊头，折肋签爪，悬发熏耳，卧邻秽溺，刻害支体，糜烂狱中，号曰'狱持'；闭绝食饮，昼夜使不得眠，号曰'宿囚'。残贼威暴，取快目前。被诬者苟求得死，何所不至"④。武则天任用酷吏来俊臣、周兴等来治狱，用枷还有美妙的名称，如"玉女登梯""仙人献果""凤凰晒翅""驴驹拔橛"等。"玉女登梯"即使囚立于高木之上，引枷尾向后。"仙人献果"即跪地捧枷，在上面累砖加瓮。"凤凰晒翅"即以椽绑住犯人手脚而旋转之。"驴驹拔橛"即以物绊囚犯腰部，引枷向前。宋代"监司、郡守，擅作威福，意欲所黥，则令入其当黥之由，意欲所杀，则令证其当死之罪，呼喝吏卒，严限日时，监勒招承，催促结款。而又擅置狱具，非法残民，或断薪为杖，掊击手足，名曰'掉柴'；或木索并施，夹两

---

① （唐）魏徵：《隋书》卷25《刑法志》，中华书局，1973年，第703页。
② （北齐）魏收：《魏书》卷111《刑罚志》，中华书局，1974年，第2877页。
③ （唐）魏徵：《隋书》卷25《刑法志》，中华书局，1973年，第704页。
④ （宋）欧阳修、宋祁：《新唐书》卷56《刑法志》，中华书局，1975年，第1415页。

胫,名曰'夹帮';或缠绳于首,加以木楔,名曰'脑箍';或反缚跪地,短竖坚木,交辨两股,令狱卒跳跃于上,谓之'超棍',痛深骨髓,几于殒命"①。金代"州县立威。甚者置刃于杖,虐于肉刑。季年,君臣好用筐篚故习,由是以深文傅致为能吏,以残酷办事为长才"②。元代"百司断理狱讼,循用金律,颇伤严刻",后来订正了法律,但"事类繁琐,挟情之吏,舞弄文法,出入比附,用谲行私,而凶顽不法之徒,又数以赦宥获免;至于西僧岁作佛事,或恣意纵囚,以售其奸宄,俾善良者喑哑而饮恨,识者病之"③。明代"酷吏辄用挺棍、夹棍、脑箍、烙铁及一封书、鼠弹筝、拦马棍、燕儿飞、或灌鼻、钉指,用径寸栏杆、不去棱节竹片,或鞭脊背、两踝致伤"④。孙中山先生自述他在前清时,曾经"应邀参加一种新发明的名叫'白鸟变形'的审讯方法。受刑者被剥光衣服,全身贴满五六寸长两寸宽的纸条,看上去像一只白鸟。然后点燃纸条。这一方法反复使用,直到身上起疱。随后将浓盐水涂满全身。受害人的痛苦非语言所能形容"⑤。历朝历代都使用过数不清的酷刑,存在过说不清的冤案,法外用刑是这方面的集中表现。

清末修订法律,没有将刑讯彻底废除,曾经议行以罚代刑。光绪三十一年(1905年)九月十六日,沈家本与伍廷芳曾经上过《轻罪禁用刑讯笞杖改为罚金请申明新章程折》,要求清廷谕令各地督抚,督同臬司,严饬所属州县,实力奉行新章程,但收效甚微,因为此时清廷政令已经很难再出都门,地方督抚视为具文,州县则依然如故。

(三)判决与执行

与世界历史的发展相同,中国古代也是从"神明裁判"发展为"法律裁判"的,所不同的是中国古代的"神明裁判"只适用于疑难案件,如果是案情清楚,便依照法律判决。例如,传说中的皋陶断狱,使用獬豸以触不直。獬豸是传说中的异兽,据说能够明辨是非曲直,对于人间的争讼,能以角触有罪之人。这是在案情难决的情况下采取的办法,并不是所有的争讼都用獬豸来

---

① (元)脱脱等:《宋史》卷200《刑法志二》,中华书局,1977年,第4996页。
② (元)脱脱等:《金史》卷45《刑志》,中华书局,1975年,第1014页。
③ (明)宋濂等:《元史》卷102《刑法志一》,中华书局,1976年,第2605页。
④ (清)张廷玉等:《明史》卷94《刑法志二》,中华书局,1974年,第2315页。
⑤ 孙中山:《中国的司法改革》,《近代史研究》,1984年第2期。

辨别。再如商代的贞卜，也是在疑难情况下使用的，如《左传·桓公十一年》讲："卜以决疑，不疑何卜。"《礼记·曲礼上》讲："卜筮者，先圣王之所以使民信时日，敬鬼神，畏法令也，所以使民决嫌疑，定犹与也。"《尚书·洪范》讲："立时人作卜筮，三人占，则从二人之言。汝则有大疑，谋及乃心，谋及卿士，谋及庶人，谋及卜筮。"可见卜筮是在难以决断的情况下使用的，但已经具有一定的人为因素，《左传·成公六年》讲："三人占，从二人，众故也。"众多占卜者，在权力的作用下，必然也会窥探当权者的意图。

西方的神明裁判通常用水、火来考验，"这是一种用烧红的烙铁或开水考验被告人的做法"[①]。即看被烫人是否会烫伤，或烫伤后痊愈的情况来断罪，这种做法后来演变为酷刑。中国在三代时也使用过这种做法，至今研究者认为商纣王的"炮烙之刑"就是祈求神明裁判，而鼎烹、焚炙等刑罚也是从神明裁判发展而来的。例如，《韩非子·内储说上》讲："李悝为魏文侯上地之守，而欲人之善射也，乃下令曰：'人之有狐疑之讼者，令之射的，中之者胜，不中者负。'令下而人皆疾习射，日夜不休。"西方有些法学家还把流行于欧洲中世纪的司法决斗也纳入神明裁判之列，因为胜者无罪，败者有罪，与中国古代以射中的来争胜负有近似之处。

制定了法律，则主要依据法律的规定裁判，也就出现了"议决"制度。《周礼·秋官·小司寇》贾公彦疏云："若有罪当议，议得其罪乃附邦法，而附于刑法也。"这种议决也只适用于疑难案件、死刑案件和事关"八议"人物的案件；一般的案件，承审官就可以依照法律判决，无须再"议决"了。

议决一般由上级司法机关负责。《周礼·秋官·县士》："司寇听之，断其狱，弊（裁决）其讼于朝，群士司刑皆在，各丽其法以议狱讼。"司寇偕众法官一起议决，议不能决，则"谋及庶人，谋及卜筮"，实际上是三次集议，所以《唐律疏议·断狱·疑罪》讲："即疑狱，法官执见不同者，得为异议，议不得过三。"历代基本因循此制，所有疑案和重大案件，最多经过三审决断，类似于现代的三审终审。

本来一般案件是承审官判决，但在晋以后出现"鞫谳分司"制。"断决大狱，

---

① ［苏］费多罗夫著，叶长良、曾宪义译：《外国国家和法律制度史》，中国人民大学出版社，1985年，第70页。

皆先牒明法，定其罪名，然后依断。"所谓的"明法"是大理寺的律博士和刑部曹的明法，隋文帝认为这种"鞫谳分司"是"为政之失"，"其大理律博士、尚书刑部曹明法、州县律生，并可停废"①，改由诸曹决事。宋代设"司理院"，由司理参军专管审判，称为"鞫司""推司""狱司"；原来的司法参军则专管检法定刑，称为"谳司""法司"；从中央到地方都实行这种"鞫谳分司"，使审问官员不能检法定刑，检法定刑官员不能审问，在互相监督的情况下，将权力集中于上。宋代以后，废除"鞫谳分司"制，仍由承审法官依法定刑。

按照古代法律，承审官只要取得口供和证据，便可以"问拟"了。"问拟者，问其所犯之由，而拟其罪也。"自宋代以后，地方初审官的判决权力不断被削减，以至只有对户婚、田土、钱债等小事进行调解处分，可以当堂决断并宣读"审语"及判决笞杖以下的刑罚。"审语乃本县自准告词，因情判狱，就其两造之是非，而断以己者。"这种"审语"因为是"以主惟在我，直决之以为定案，而更书其判狱之词以昭示之也"。这类案件经原、被告签字画押，便可归入卷宗，以备上司不时或定期检查，每月都要造册上报。因此，"审语之难，不在合式，在原被之匿情肤诉，两证之左坦饰虚，而我能折之，使彼此输心允服，因笔之以为不可移易之为难也"。因为如果诉讼双方有不服的，可以上控，乃至到中央去京控，一旦弄得沸沸扬扬，就会影响到初审官的前程。

对于刑事案件，即使是笞杖之类的罪责，初审官在原则上都要开具事由并提出自己的看法上报给上司，等待上司乃至中央的覆批下来，才可以进行判决。这种上报叫作"看语"，也称为"看审"。"夫所谓看语，乃上司批审与本县详宪之事，覆批究拟而审明具狱之情罪以谳者也。不曰审语而曰看语者，以所谳不敢自居成案，仅看其原情以引律拟罪，而仰候宪裁也。"因此"看语之难，不在引律，在词中之头绪烦多，情罪纷杂，而能使上官一目已了如指掌，固无俟详览招供之为难也"②。要求让上司看明罪行所在，因此，开头语不是用"看得"，便是用"查得"，将案情如实汇报，由上司决定按哪条律例进行判决。上司批复下来，初审官便可以按批示撰写判词，再申报上司核准，然后负责具体实施。

---

① （唐）魏徵：《隋书》卷25《刑法志》，中华书局，1973年，第713页。
② （清）黄六鸿：《福惠全书》卷12《刑名部·看审赘说》，康熙三十八年（1699年）种书堂刊本。

初审官为了避卸责任,在拟罪时往往从重不从轻。"刑狱之拟,贵在明允,与其过求,毋宁过恕,故罪有惟轻之疑,杀有不轻之失,盖一成莫易,君子慎之。奈何今之司理好事吹求,苛刻是务! 以深文巧诋为能,以哀矜勿喜为拙。故入夫罪则旋添情节以合律妄,引夫例则摘去字句以从招,甚至请托徇人,通贿自鬻于以枉,其是非之实,又有不可胜言者。由是,扣胸之夫接踵于狱中,茹冤之妇不止东海一人而已,是曰滥拟。"① 这种"滥拟"往往能够"使阅者诵之,其可喜、可怒、可泣、可悲之情,不觉油然而动,勃然而生"②,直接影响上级的批复。

判词要向犯人及其家属、人证宣读,先秦称为"读书",秦汉称为"读鞫",唐宋以后称为"读判""具告""宣判"。当庭宣判之后,要取得当事人的"服辩"。《唐律·断狱·狱结竟取服辩》条规定:"诸狱结竟,徒以上,各呼囚及其家属,具名告罪,仍取服辩。若不服者,听其自理,更为详审。"明清则规定得更加详细,如《大明律·刑律·断狱·狱囚取服辩》条规定:"凡狱囚有犯徒流死罪,鞫狱官司,各唤本囚及其家属到官,具告所断罪名,仍责取囚服辩文状,以服其心。若不服者,听其文状中自行办理,更为详审。""其囚家属远在三百里之外,不及唤告者,止取本囚服辩文状,不在具告家属罪名之限。"对判决不服的,准许依审级上诉。

先秦执行刑罚是采用公开的形式,"凡杀人者踣诸市,墨者使守门,劓者使守关,宫者使守内,刖者使守囿,完者使守积"③。汉代以前,县级判决执行的权力较大,正如《急就章》所讲:"闾里乡县趣辟论。"所有的处罚在县就可以"读鞫已乃论其罪"。魏晋以后,县的判决执行权力逐渐缩小,判决也有了等级。例如,《大明律·断狱·有司决囚等第》条规定:"凡狱囚鞫问明白,追勘完备,徒、流以下,从各府、州、县决配。至死罪者,在内听监察御史、在外听提刑按察司审录无冤,依律议拟,转达刑部定议奏闻回报。直隶去处,从刑部委官与监察御史;在外去处,从布政司委官与按察司官公同审决。"清代则改为"在内法司定议,在外听督抚审录无冤,依律议拟,法司覆勘定议,

---

① (明)张萱:《西园闻见录》卷97《听讼·前言》引毛恺曰,哈佛燕京社,1940年。
② (清)黄六鸿:《福惠全书》卷5《莅任部·详文赘说》,康熙三十八年(1699年)种书堂刊本。
③ (东汉)班固:《汉书》卷23《刑法志》,中华书局,1962年,第1091页。

奏闻回报，委官处决"。一些被授予"王命旗牌"的督抚，则有专断的权力。

按照规定，笞杖刑的判决当庭执行，但是否认真，缺乏严格的监督，以致狱吏"冒夜秉烛杖罪人，至有雇人受杖者"①。这种代人受杖在清代曾经是一些社会流氓赖以套取钱财，作为谋生的一种勾当，"缘此等本是丐流，既得讼家钱，且解省时，沿途均官为之供食，狱结，照例充军，又可中途脱逃"，所以"为此者甚多"②。

徒刑和流刑的执行，在宣判以后即押往劳役场所和流放地。例如，汉代《急就章》讲："轮属诏作溪谷山，菆筊起居课后先。斩伐材木斫株根。犯祸事危置对曹。"犯罪者要在监督下从事沉重的体力劳动，若不能够完成工作，还要受到处罚。《唐律·断狱·徒流送配稽留》条规定："诸徒、流应送配所，而稽留不送者，一日笞三十，三日加一等。"宋以后徒刑和流刑还要兼施杖刑，特别是宋代，还要在犯人面上刺字，集杖、黥、流、役等刑罚于一身。

死刑的执行，古代也是采用公开的原则，除特别的人犯和妇女之外，一般都押往市曹处决，《周礼·秋官·乡士》："狱讼成，士师受中，协日刑杀，肆之三日。"要选择日期行刑，并且陈尸三日，称之为"弃市"。古代相信天时，认为秋天有肃杀之气，所以在一般情况下的死刑都在秋冬执行，但秋冬也有禁止执行的日期，即每月1、8、14、15、18、23、24、28、29、30日为禁杀日；执行时间也要求在未、申时辰（下午1—5时）。如《唐律·断狱·立春后不决死刑》条规定："诸立春以后、秋分以前决死刑者，徒一年。其所犯虽不待时，若于断屠及禁杀日而决者，各杖六十。待时而违者，加二等。"《宋刑统·断狱·决死囚·准敕》："决囚，准令，以未后者，不得过申时，如敕到府及诸司，已至未后者，即至来日，仍勒本司官，准旧例，与御史同监引决。"清末修律，将死刑的执行改为在特定的行刑场所秘密执行，"凡杀人者踣诸市"的传统才被否定。

古代在判决之后，往往还实行赎罚的处置。如明清的法律规定有赎刑、准折及罚纸等项，其标准则分无力、稍有力、有力。"家贫不足以入锾者，谓

---

① （宋）李焘：《续资治通鉴长编》卷76，大中祥符四年（1011年），中华书局，1979年。
② 徐珂：《清稗类钞·狱讼类·叩阍》，中华书局，1984年，第975页。

之无力。""家道略饶于无力者,谓之稍有力。""饶裕之家,谓之有力。"① 按照这个标准来确定做工、或纳工价、折银上库,称为"折赎",老幼、废疾、工役、乐户、妇女可以"收赎",军职正妻、照例难以明确判刑者、妇女有力者,可以"赎罪";除此之外,还有"罚纸",即缴付官府的办公用度;明清律例规定:"其一应罚纸囚犯,追至三月不能完结者放免。"② 标准模糊,又主要取决于承办人的意见和追求财利,"滥罚"就习以为常。"拟狱有定议,自宜查照发落,间有以为情重律轻,罪外加谴,或指修理,或指修荒,或指作兴,或指军饷,巧立名色,重为厚利,遂使卖男鬻女,散之四方,破产荡家,委之沟壑者,往往如是,是曰滥罚。"③ 滥罚所得,进入朝廷府库者少,纳入官吏私橐者多。

(四)监狱制度

中国古代的监狱与现代的监狱是有所区别的。现代意义上的监狱是关押已经判决的犯人,"行刑限于徒刑与拘役之执行,以使受刑人改悔向上,适于社会生活为目的"④。而古代的监狱除了关押罪犯之外,对犯罪嫌疑人也进行收押,为了审讯上的方便,有时也收押原告和证人,包括了关押和羁押的功能。

据古籍记载:"皋陶造狱""三王始有狱",所以在舜的时候就有"犴狱"。现在可考的三代监狱名称有:夏的夏台、钧台、圜土、丛棘、念室等;商的羑里、动止;周的囹圄、灵台;春秋战国的深室、楼台、石室、徒人城等。自秦以后,中央设有狱,地方也设有狱,中央的狱名不同,所关押的人犯也不同,如诏狱一般关押的是钦犯,宫中的狱关押的是宫廷服务人员或亲贵,御史台狱关押的是被弹劾犯法的官员等。

古代监狱的建筑形式和格局主要是根据当时推崇的天文理论为根据,并不着重考虑使用上的方便。按照古代天文学说,主管狱事务的是昴星,"昴主狱事,典治囚徒也","昴者,天子之耳也,主西方"⑤。因此,监狱的建筑地点总是坐落在皇宫或官署的西面,其建筑层次也是依照古天文理论来区分的,

---

① (清)黄六鸿:《福惠全书》卷12《刑名部·问拟》,康熙三十八年(1699年)种书堂刊本。
② (明)申时行等《明会典》卷160《刑部·名例上》,中华书局,1989年。
③ (明)张萱:《西园闻见录》卷97《听讼·前言》引毛恺曰,哈佛燕京社,1940年,第823页。
④ 李甲孚:《中国监狱法制史》,台湾商务印书馆,1984年,第183页。
⑤ (宋)李昉等:《太平御览》卷7《天部·祅星》引《天文录》,中华书局,1960年。

认为"杓端有两星：一为内矛、招摇；一外为盾、天锋。有句圜十五星，属杓，曰贱人之牢。其牢中星实则囚多，虚则开出"①。依此，牢狱分为四层，如明清州县监狱"犴狴门内分为四层。第一层，近狱神祠者，为软监，一切重案内从轻问拟者，应追赃未完及拟徒候遣者居之。第二层，稍进者，为外监，流罪及人命窝逃正犯、偷窃未结者居之。其两层专令狱卒掌管。第三层，又进者，为里监，所谓重监是也，人命重犯已结拟辟及强盗审明情可矜疑者居之。第四层，最深邃者，为暗监，所谓黑狱是也，强盗历年缓决及新盗拟辟者居之"②。

监狱里设立狱神庙的历史也很悠久，至少在唐代已经出现。狱神庙所供主神应该是蓐收，他是传说中的西方之神，主管刑罚，一名司秋③。监狱大门上画有名叫"狴犴"图案，狴犴是野兽名，根据古代传说，龙生九子不为龙，九子的说法不一，传说狴犴是第四子，"平生好讼，今狱门狮子头，是其遗像"。另一说狴犴也名"宪章"，"其形似兽，有威性，好囚，故立于狱门上"④。这种图形的主要意图是为了震慑罪犯，增加恐怖感。

有关监狱的法律出现得也很早。《周礼·秋官·司圜》："凡圜土之刑人也，不亏体；罚人也，不亏财。"《周礼·秋官·掌囚》："凡囚者，上罪梏拳而桎，中罪桎梏，下罪梏，王之同族拳，有爵者桎，以待弊罪"。《法经》中有《囚法》，随着法律制度的不断完善，有关监狱的法规也逐渐增多。例如，唐代的《捕亡》律有18条，有关监狱管理的有"流囚徒役限内亡""被囚禁拒捍走""主守不觉失囚"等3条；《断狱》律34条，有关监狱管理的有"囚应禁而不禁""与囚金刃解脱""死罪囚辞穷竟""主守导令囚翻异""囚给衣食医药""囚引人为徒隶""囚徒伴稽送并论""领徒囚应役不役"等8条。明清律是在唐律的基础上修订的，其中断狱律增加最多，有关监狱的法规主要是集中在断

---

① （汉）司马迁：《史记》卷27《天官书》，中华书局，1959年，第1294页。
② （清）黄六鸿：《福惠全书》卷12《刑名部·监禁》，康熙三十八年（1699年）种书堂刊本。
③ 《国语·晋语二》："虢公梦在庙，有神，人面白毛虎爪，执钺立于西河，……觉，召史嚣占之，对曰：'如君之言，则蓐收也，天之刑神也。'"注曰："蓐收，西方白虎金正之官也。"
④ （明）徐应秋：《玉芝堂谈荟》卷33《龙生九子》，该条对龙的九子说法进行考证，居然列出：囚牛、睚眦、嘲风、蒲牢、狻猊、霸下、狴犴、赑屃、嗤吻（螭吻）、徒牢、宪章、蟋蜴、蛮蛤、饕餮、金猊、鸱尾、蚜蚧、椒图、鳌鱼、兽吻、金吾等十余种名目。实际上九子之说是产生于明代，在当时还没有形成定说，以后也没有划一。清康熙四十二年（1703年）修补明崇祯刻本。

狱、捕亡律中，此外在则例、诏令中也有一些有关监狱的规定。可以说，虽然没有专门的监狱法规，但是有关监狱的规定已经比前代具体。

明清断狱律有囚应禁而不禁、故禁故勘平人、淹禁、凌虐罪囚、与囚金刃解脱、主守教囚反异、狱囚衣粮、功臣应禁亲人入视、死囚令人自杀、老幼不拷讯、鞫狱停囚待对、依告状鞫狱、原告人事毕不放回、狱囚诬指平人、官司出入人罪、辩明冤枉、有司决囚等第、检验尸伤不以实、决罚不如法、长官使人有犯、断罪引律令、狱囚取服辩、赦前断罪不当、闻有恩赦而故犯、徒囚不应役、妇人犯罪、死囚覆奏待报、断罪不当、吏典代写招草，共计29条。直接关系到监狱管理的只有囚应禁而不禁、凌虐罪囚、与囚金刃解脱、主守教囚反异、狱囚衣粮、功臣应禁亲人入视、死囚令人自杀、妇人犯罪等8条。

明清捕亡律有应捕人追捕罪人、罪人拒捕、狱囚脱监及反狱在逃、徒流人逃、稽留囚徒、主守不觉失囚、知情藏匿罪人、盗贼捕限，共8条。有关监狱管理的实际上只有狱囚脱监及反狱在逃、主守不觉失囚2条。

对古代的监狱管理，有研究者总结为禁系必须审视、鞫讯必须亲为、狱壁必须牢固、囚人衣食必须照料、囚人疾病必须察视、狱中疑似必须辨实、囚房出入必须检查、侦讯用刑必须慎重等8个方面，认为："古人在管理监狱上所采取之措施实至严密。"① 也有研究者认为：古代在监狱管理固然有比较完善的规章制度，但"狱制规章还是很不周密，以致丛弊颇深"②。实际上这种弊窦丛生，百禁不止，究其基本原因，无非是两种：一种是来自制度上的，一种是来自人为的。来自制度上的，在律例中有明显体现。来自人为的则是官吏们的具体行为，而这些行为一方面表现在他们追求个人私利上，一方面也表现在法律的缺陷上。

古代的监狱管理人员大致分为官、吏、卒三等，官为管狱者，吏为办事者，卒为监管者。设置监狱的部门和地方，监狱事务则由该部门或地方的长官承担主要责任，号称"有狱官"。例如，清代"州县监狱，以吏目、典史为

---

① 李甲孚：《中国监狱制度史》，台湾商务印书馆，1984年，第5页。
② 薛梅卿主编：《中国监狱史》，群众出版社，1986年。

管狱官,知州、知县为有狱官,司监则设按司狱"①。

清末法律改革时,"别设已决监于外城,以容徒、流之工作,并令各省设置新监,其制大都采自日本。监房有定式,工厂有定程。法律馆特派员赴东调查,又开监狱学堂,以备京、外新监之用。然斯时新法初行,措置未备,外省又限于财力,未能偏设也"②。

古代的"狱"是一个非常可怕的字眼,因为这个字眼是和黑暗、残酷、草菅人命联系在一起,连统治者也认为:"其为司狱、狱典、狱卒,不观是囚之貌态,不度囚之忧心,又不以己推之,是致囚买生而离死。其主典者见利忘害,径受财而趋死焉。所以趋死者,教囚翻异,接受赃私,纵囚自在,走泄狱情,纵囚在逃,令服毒药,狱杀囚徒。"③"狱吏苛刻,犯无轻重,概加幽禁,案无新故,动引岁时。意喻色授之间,论奏未成,囚骨以糜。又况偏州下邑,督察不及,奸吏悍卒倚狱为市,或扼其饮食以困之,或徙之秽溷以苦之,备诸痛楚,十不一生。"④苛刻、残忍、暴戾,"刑者甲兵焉,铁钺焉,刀锯钻凿,鞭扑榎楚,陈乎原野而肆诸市朝,其所由来,亦已久矣"⑤。血腥的记录不绝于史册,有地狱之称。

---

① 赵尔巽等:《清史稿》卷144《刑法志三》,中华书局,1977年,第4217页。
② 赵尔巽等:《清史稿》卷144《刑法志三》,中华书局,1977年,第4218页。
③ (明)朱元璋:《大诰续编·刑狱第四十》,科学出版社,1994年。
④ (清)张廷玉等:《明史》卷94《刑法志二》,中华书局,1974年,第2315页。
⑤ (唐)魏徵:《隋书》卷25《刑法志》,中华书局,1973年,第695页。

第七章

监察制度

监察制度是为巩固统治秩序,保证国家机器正常运转而设立的基本政治制度。监察制度不但可以使中央决策者减少失误,而且可以使中央决策者通过由上而下又由下而上的监督,及时地掌握讯息,了解吏治民情,并对各级官府和官吏加强震慑作用,督导他们恪尽职守,保持吏治的清廉,提高工作效能,以保证中央的政令顺利执行,维护吏治民生的稳定。可以说,监察制度在国家政治体系中具有制衡的作用,是一项带有根本性的制度。

第一节 监察行政

中国是最早建立监察制度,并将其置于国家主要典制地位的国家之一。以御史执掌的纠举弹劾,以巡按考察为核心的监察制度,可以溯源于西周。秦始皇时确立君主专制中央集权制度,"惧宰官之不脩,立监牧以董之,畏督监之容曲,设司察以纠之;宰牧相累,监察相司,人怀异心,上下殊务"[①]。自此以后,作为专制王朝的重要制度,一直在强化,进而形成了以监察军、政、法等方面为主,旁及国家其他事务,有明确分工和权责规定,从中央到地方单线垂直的和层层监督的监察体系。

[①] (晋)陈寿:《三国志》卷9《魏书·夏侯玄传》,中华书局,1959年,第296页。

一、拾遗补阙的谏诤体制

《国语·周语上》:"天子听政,使公卿至于列士献诗(献诗以讽谏),瞽献曲(由失明的歌者奏曲以讽谏),史献书(用国家典章制度以规谏),师箴(箴刺王阙,以正得失),瞍赋(无眸子曰瞍,赋诗以讽谏),矇诵(有眸子而无正常视力曰矇,弦歌以讽诵),百工谏(用本身技艺以劝谏),庶人传语(民间流传的话语),近臣尽规(亲近侍从进行规谏),亲戚补察(父兄子弟以补察过失),瞽史教诲(用阴阳天时礼法以教诲),耆艾修之(耆艾,师傅也,辅佐大臣进行总结),而后王斟酌焉,是以事行而不悖。"要求君主要广泛地听取各方面的意见,慎重地进行决策。

早在尧舜时期就有"谋于四岳"的拾遗补阙制度。据古文献载,对重大政务,尧舜都要咨询四岳的意见。如在继承人问题上,尧曰:"嗟!四岳:朕在位七十载,汝能庸命,践朕位。"舜在设官分职务上也"谋于四岳",对四岳说:"有能奋庸,美尧之事者,使居官相事。"① 夏有"三正""四辅臣""三老五更"等号称辅弼的宗亲贵族。辅是辅助,《大戴礼记·保傅》云:"匡过而谏邪者谓之弼,弼者,弼天子之过者。"随着历史的发展,历代凡是居于辅政地位和位从"公"的大臣,都有拾遗补阙的谏诤责任。

历代都有朝会议政、廷议、集议、会议等制度,对内政、外交、军事、司法等重大事务进行议论,参加议论的人选视事情大小而定,或宰相会议、或九卿会议、或群臣集议、或有关部门商议,都对决策起到参考和监督作用。

除辅政群臣之外,一些专职从事拾遗补阙的谏诤官员也逐渐出现了。如管仲对齐桓公说:"犯君颜色,进谏必忠,不避死亡,不重富贵,臣不若东郭牙,请置为大谏臣(《吕氏春秋·审分览·勿躬》)。"王利器注:"楚有箴尹之官,亦谏臣。"战国赵"武灵王少,未能听政,立博闻师三人,左右司过三人"②。董说《七国考》案"司过乃谏官耳,博闻师当是备顾问者",乃是专门的谏诤之臣。

秦置谏大夫,属郎中令,无常员,多至数十人,掌议论;另有大夫、郎、

---

① (汉)司马迁:《史记》卷1《五帝本纪》,中华书局,1959年,第38页。
② (汉)司马迁:《史记》卷43《赵世家》,中华书局,1959年,第1803页。

谒者等。"大夫掌论议。有太中大夫、中大夫、谏大夫,皆无员,多至数十人。武帝元狩五年(前118年)初置谏大夫(指汉初不设,此时复秦制),秩比八百石。太初元年(前104年)更名中大夫为光禄大夫,秩比二千石,太中大夫秩比千石如故。"议郎也掌论议,"谒者掌宾赞受事"。此外还有侍中、给事中、左右曹、诸吏、散骑、中常侍等加官,"侍中、中常侍得入禁中,诸曹受公卿奏事,诸吏得举非法,散骑并乘舆车";给事中"掌顾问应对,位次中常侍"①。东汉改谏大夫为谏议大夫,掌顾问应对,随诏任使,无常员。这样,两汉的光禄大夫、太中大夫、谏议大夫、侍中、给事中、左右曹、诸吏、散骑、中常侍、议郎等都有论议之责,"实际是高级参谋,许多重要制度法令的谋议与制定多与他们有关"②。以上职官或加官都具有谏诤和监察的双重职能,但还未有确立专门的谏诤机构。

专门的谏诤机构应该是以设立侍中寺为始。汉灵帝熹平六年(177年),献帝"初即位,初置侍中、给事黄门侍郎,员各六人,出入禁中,近侍帷幄,省尚书事"③。曹魏沿设侍中寺并改名为侍中省,对机构进行了较大的调整,设侍中4人,掌侍从及谏诤谋议;给事黄门侍郎4人,掌侍从左右,规谏政治得失。另置散骑省,设散骑常侍4人,掌骑从乘舆及规谏;员外散骑常侍无定员;给事中无定员,或加官,或正员,掌顾问应对;谏议大夫为加官,无定员,掌论议。

晋改侍中寺为门下省,并将散骑省归属其下。门下省以侍中、给事黄门侍郎为正副长官,除原有的散骑常侍、散骑侍郎、员外散骑常侍和侍郎、给事中之外,还增加通直散骑常侍和侍郎、奉朝请等,其职权除"平尚书事"之外,谏诤是主要职责,所以晋武帝称"古者百官,官箴王阙。然保氏特以谏诤为职,今之侍中、常侍实处此位"④。自此以后,谏诤机构主要设在门下省。

南朝宋把原属于门下省的散骑省分出来,设置集书省,专掌讽议左右,

---

① (东汉)班固:《汉书》卷19上《百官公卿表上》,中华书局,1962年,第739页。
② 安作璋、熊铁基:《秦汉官制史稿》上册,齐鲁书社,1984年,第110页。
③ (晋)司马彪:《续汉书志》卷26《百官三》注引《献帝起居注》,中华书局,1965年,第3593页。
④ (唐)房玄龄:《晋书》卷3《武帝纪》,中华书局,1974年,第53页。

从容献纳，侍从顾问。集书省的主要官员有散骑常侍、通直散骑常侍、员外散骑常侍、给事中、散骑侍郎、通直散骑侍郎、员外散骑侍郎、奉车都尉、驸马都尉、骑都尉、奉朝请等。北魏增设谏议大夫。终南北朝之世，集书省的职权变化不大，机构和人员编制则经常变化。隋代将集书省并入门下省。

隋唐的门下省有侍中、门下侍郎、左散骑常侍、左谏议大夫、给事中、起居郎、城门郎、符宝郎等，武则天时增设左补阙、左拾遗。中书省有令、侍郎、舍人、右散骑常侍、右谏议大夫、起居舍人、通事舍人等，武则天时增设右补阙、右拾遗。中书和门下都有谏诤职责，但主要承担谏诤之责的是散骑常侍、谏议大夫、补阙、拾遗等，这些人左隶门下省，右隶中书省，号为谏官。唐人李肇《国史补》卷下说："谏院以章疏之故，忧患略同，台中则务苛礼，省中多事，旨趣不一，故言遗、补相惜，御史相憎，郎官相轻。"可见在唐代谏诤已经被视为一个不可缺少的部门。

宋初以中书、门下两名官员判谏院事，以两省中的谏议大夫、补阙、拾遗中检选供职。天禧元年（1017年），谏院在门下省内设立官署，直到宋仁宗明道元年（1032年）才有了独立的官署。谏院是相对独立的部门，除1129—1132年曾经独立设局之外，一直隶属于门下中书后省。谏院设左右散骑常侍、谏议大夫、司谏（补阙）、正言（拾遗）等官，由于宋代实行差遣制，其官例以他官知判。谏院职掌规谏讽喻，"凡朝政阙失，大臣至百官任非其人，三省至百司事有违失，皆得谏正"。其职责界限本来就不清楚，不但对上谏诤的权限规定含糊，而且也不知谏正百司何种违失，所以在建中靖国元年（1101年），"言者谓谏官论事，惟凭询访，而百司之事，六曹所报外，皆不得其详。遂诏谏官案许关台察"①。这样的规定，实际上就是取消了谏官对上的谏诤职责，变成了只单纯对下的监察职能。

辽代的南面官系统中有中书、门下省，939年始置左右谏院，左隶门下省，右隶中书省，设谏议大夫、补阙、拾遗等官。因南面官系统在辽政治体系中作用不大，故谏诤职官也形同虚设。

金代设有审官院，"掌奏驳除授失当事"。有谏院，设左右谏议大夫、司

---

① （元）脱脱等：《宋史》卷161《职官志一》，中华书局，1977年，第3778页。

谏、补阙、拾遗等官。有登闻鼓院，"掌奏进告御史台、登闻检院理断不当事，承安二年（1197年）以谏官兼"。有登闻检院，"掌奏御进告尚书省、御史台理断不当事"。有益政院，"以学问该博、议论宏远者数人兼之。日以二人上直，备顾问，讲《尚书》《通鉴》《贞观政要》。名则经筵，实内相也"①。谏诤之职设置很多，但认真履行其职者却很少，很少有谏臣提出谏诤。

元代只有奎章阁学士院，"立于兴圣殿西，命儒臣进经史之书，考帝王之治"②，除了学士院的学士承担一定的谏诤责任外，不再另设谏官。

明初曾经设置谏院，有谏议大夫、司谏、正言等官，不久废。由六科给事中承担起谏官的责任，建文时期在六科内曾经"增设拾遗、补阙。成祖初，革拾遗、补阙"。"六科，掌侍从、规谏、补阙、拾遗、稽察六部百司之事"③，确立了台谏合一的制度。清初沿明制设六科，雍正元年（1723年）并入都察院，其职权是"掌言职，传达纶音，勘鞫官府公事，以注销文卷，有封驳即闻"④，基本上已经削除了谏诤的职责。即便是没有专门的谏诤之职，具有上奏资格的群臣都可以进行谏诤，而职司监察的科道官也有谏诤之责，毕竟都不是专职，谏诤也就成为统治者的一种政治装饰，很难发挥作用。

二、监督弹劾的监察行政体制

《尚书·胤征》："每岁孟春，遒人以木铎徇于路。官师相规，工执艺事以谏。"杜预注："循于路求歌谣之言。"也就是说夏代派名为"遒人"的官员采访民意，兼有纠禁非违之责。甲骨卜辞中有"东吏""西吏"，是"指派至于东或于西的使者"⑤。"吏"与"史"同，"也就是派驻东西两方面的大使，兼有驻防武官和监察东西两方方国的职任"⑥。这种派遣贵族或官员去监察地方的做法，在西周也是常见的。

《周礼·天官·宰夫》："掌百官府之征令，辨其八职。一曰正，掌官法

---

① （元）脱脱等：《金史》卷56《百官志二》，中华书局，1975年，第1280页。
② （明）宋濂等：《元史》卷88《百官志四》，中华书局，1976年，第2223页。
③ （清）张廷玉等：《明史》卷74《职官志三》，中华书局，1974年，第1805页。
④ 赵尔巽等：《清史稿》卷115《职官志二》，中华书局，1977年，第3307页。
⑤ 陈梦家：《殷墟卜辞综述》第15章，科学出版社，1956年。
⑥ 白钢主编：《中国政治制度通史》第1卷，人民出版社，1996年，第542页。

以治要；二曰师，掌官成以治凡；三曰司，掌官法以治目；四曰旅，掌官常以治数；五曰府，掌官契以治藏；六曰史，掌官书以赞治；七曰胥，掌官叙以治叙；八曰徒，掌官令以征令。"这里的"正"职应该是监察之职，故《周礼·天官·宫正》："掌王公之戒令纠禁。"在"史"职中有"内史掌王之八枋之法，以诏王治。一曰爵，二曰禄，三曰废，四曰置，五曰杀，六曰生，七曰予，八曰夺"；《周礼·春官·御史》："掌邦国都鄙及万民之治令，以赞冢宰。凡治者受法令焉，掌赞书。"这种"史"职并没有监察的责任，只不过主管记事和文书，所以秦赵渑池之会，各召御史记录赵王鼓瑟、秦王击缻的故事。以御史职司监察的制度应该是在战国时代才出现的。齐威王（前356—前320年在位）时，淳于髡说："赐酒于大王前，执法在傍，御史在后，髡恐惧俯伏而饮。"① 可见此时的御史已经有了监督殿堂威仪的职权。《战国策·韩策三》："安邑之御史死，其次恐不得也。输人为之谓安令曰：'公孙綦为人请御史于王，王曰：彼固有次乎？吾难败其法。'因遽置之。"说明御史已经被派到地方进行监察。《韩非子·内储说上》记魏国"卜皮为县令。其御史污秽，而有爱妾。卜皮乃使少庶子伴爱之，以知御史阴情"。可知县令卜皮为摆脱御史的监视，使用美人计来刺探御史的隐私，并以此为要挟。由此可知，御史监察地方已经基本成为制度，秦代因袭了这样的制度，进一步完善御史监察制度。

秦汉在中央设御史大夫，掌管监察并担任副丞相，被授予"典正法度，以职相参，总领百官，以职相监临"② 的重任和权力。

御史大夫任副丞相兼高级监察人，与丞相分别开府施政，能够洞悉丞相一切措置及用人行政，其监察当然能够抓住要害，会对国家政务起到辅助兼防弊的重要作用。御史大夫的主要职责既包括掌管法令规章、保管诏敕图籍秘书，又包括对官吏的功绩考课，所以他的属官分成两个部分：一是以御史丞为首，统领御史三十人及一些掾、史、属等，在御史府中协助御史大夫办理政务；二是以御史中丞为首，"在殿中兰台掌图籍秘书，外督部刺史，内领

---

① （汉）司马迁：《史记》卷126《滑稽列传》，中华书局，1959年，第3199页。
② （东汉）班固：《汉书》卷83《朱博传》，中华书局，1962年，第3405页。

侍御史员十五人，受公卿奏事，举劾案章"①，分管皇帝直接交办的监察工作，因为办公地点设在宫中，故称为中丞。

西汉末年改御史大夫为司空，东汉因之，监察之责也就落在御史中丞的身上，这时的御史中丞虽然还隶属于少府，但已经发展成为相对独立的监察机构，称为"御史台"，号曰"宪台"。《中华古今注》卷上："城门皆筑土为之，累之为台。"《说文》则解释为："观四方而高者。"皇宫内累土筑台，象征天子地位高大；在台上建殿阁，则称为"台阁"，官署设在这里则以"台"为称。"汉官，尚书为中台，御史为宪台，谒者为外台，是为三台。"②实际上还有符节台、兰台等，都设在宫中。少府主管宫中事务，所以汉代诸台多文属于少府，实际上少府并不管理它们的具体事务，这些"台"都直接对君主负责。

魏晋时，御史台脱离原来文属的地位，成为完全独立的部门，设在宫中，直接由皇帝控制。南北朝基本上因循。在北魏时，御史台迁出宫中，号为"外台"；宫中有殿中侍御史，号为"内台"。

御史台独立以后，原来御史中丞所统率的属官地位和权力也提高了，并根据所监察的主要事务而一分为三：治(持)书侍御史"掌以法律当其是非"③，主管监察司法；殿中侍御史"居殿内察非法"④，主管监察殿堂朝见威仪；侍御史"掌察举非法，受公卿群吏奏事，有违失举劾之"⑤，主管纠劾官吏失职滥权及其他违法事件，责任最重。为履行职责，需要分曹治事。汉代有五曹：令曹掌律令，印曹掌刻印，供曹掌斋祠，尉马曹掌厩马，乘曹掌护驾。随着御史监察权力的扩大，分工也日见细密，至两晋时，已经有吏、课第、直事、印、中都督、外都督、媒、符节、水、中垒、营军、算、法等十三曹。御史中丞三方面的属官既各有独立的监察范围，又相互配合，反映出当时监察职权的提高和权力的扩大。

隋代在御史台内增加监察御史的员额，使之主管地方监察事务，逐渐导

---

① （东汉）班固：《汉书》卷19上《百官公卿表上》，中华书局，1962年，第725页。
② （唐）徐坚：《初学记》卷12《职官部》引谢灵运《晋书》，中华书局，1962年。
③ （晋）司马彪：《续汉书志》卷26《百官志》，中华书局，1965年，第3599页。
④ （梁）沈约：《宋书》卷40《百官志》，中华书局，1974年，第1251页。
⑤ （晋）司马彪：《续汉书志》卷26《百官志》，中华书局，1965年，第3599页。

致御史台内部结构的变化。至唐代,御史台设御史大夫、御史中丞为正副长官,"掌持邦国刑宪典章,以肃正朝廷"①。台下分设台、殿、察三院。台院设侍御史若干员,官位虽然只是从六品,但是权力显赫,因为他们的主要职责是纠举百官,参与审判,弹劾官员也不必经御史台长官同意,有权直接向皇帝参奏。殿院设殿中侍御史若干员,从七品,主要职责是纠察朝会时百官仪态行止、言行队列,以维护朝仪的秩序和尊严,并且负责推按狱讼、监察和巡视京城仓库及驻屯京师的诸卫和禁军。察院设监察御史若干员,正八品,主管巡按州县,监察百官和在京的中央机关的工作和簿案。三院分工具体明确,组成一个严密的监察系统。隋唐的监察制度基本上为宋所承袭,并在很大程度上影响着辽、金之制。

元代提高了御史台的地位,使之与中书省、枢密院处于平行的地位,其长官御史大夫骤升为从一品,而且例由皇太子或贵戚兼任,不轻易授人。元代在中央设御史内台,设有御史大夫、中丞、侍御史、治书侍御史等员,"掌纠察百官善恶、政治得失"②,并设经历、都事、照磨等官吏分管具体文案工作。内台下辖殿中司,主管纠举弹劾;察院,司耳目之寄、任刺举之事;还附设监狱,可以羁押被弹劾的人犯。在外省设有江南、陕西两个行御史台,设官及品秩一同内台。内外三台分辖22道肃政廉访司,构成庞大的监察网络。元代的监察官自成系统,有直接奏请任免选用监察官吏之权,这在古代是特殊的制度。

明代改御史台为都察院,监察官的地位又进一步提高。都察院负责纠劾百官,整肃纲纪,"为天子耳目风纪之司"。设左右都御史、副都御史、佥都御史等主要长官,直辖经历、照磨、司狱三司,并按地方行政区划分为十三道,设监察御史若干人,分管全国各方面监察工作。明代承宋代御史分察六案(吏、户、礼、兵、刑、工)制度,设六科给事中,按六部的业务进行对口监察,"凡制敕宣行,大事覆奏,小事署而颁之;有失,封建执奏。凡内外所上章疏下,分类抄出,参署付部,驳正其违误"③。于是,六部的一应具体工

---

① (后晋)刘昫:《旧唐书》卷44《职官志三》,中华书局,1975年,第1905页。
② (明)宋濂等:《元史》卷86《百官志二》,中华书局,1976年,第2178页。
③ (清)张廷玉等:《明史》卷74《职官志三》,中华书局,1974年,第1805页。

作，均应受六科的检核，形成专职对口审查的制度，这样既达到对中央主要行政部门监督控制的效果，又调节了国家机器的运转，使工作更加严谨和制度化，减少失误。六科给事中可奉敕审理或兼理一定事务、充任使臣、参加重大刑狱案件的审问，也有单独上奏言事，监督和弹劾百官的权力。六科给事中官品较低（正六品），但可以弹劾上至大学士、大将军，甚至亲王、郡王，下至州县官，这是古代国家的以内驭外、以轻制重、以贱察贵的策略在监察体系中的妙用。

明代的六科是独立的机构，被称为"风宪之司"，给事中身兼"言官"和"谏官"之职，可以风闻奏事，而不一定负核实的责任，所以当时的六部官员"无敢抗科参而自行者"①。清代则将六科并入都察院，作用明显降低。

清代的都察院设官和职权基本同明制，只是院中的主要官员均以"左"职为任，其"右"职则为地方督抚藩臬的兼衔。此外，清代都察院不再设司狱司，将羁押人犯之权统归于刑部。

清末官制改革，曾经筹备设立资政院，使之拥有监督朝廷的虚名，规定其职责为：讨论全国收支预算、公债发行和关税，修订或废除法令，处理地方咨议局与督抚有争议的事项，议论由皇帝提交的其他事项；但所议决事务均要"具奏请旨裁夺"，如各部大臣认为不妥，还必须重新议决。由此可见，资政院根本无权真正监督朝廷，朝廷也不是资政院的执行机关，资政院不过是对朝廷毫无拘束作用的咨询机关，无权议决任何国家大政，也谈不上监督。资政院从1910年正式开院议事，共开过两次年会，虽然议论争执激烈，但毫无实效。

御史监察系统，是单线垂直型的，涉及的方面也比较广泛。还另有一些带有监察职能的部门，并没有纳入御史监察系统，却也是直接向皇帝负责。例如，两汉魏晋南北朝时期，凡是带有"台"的部门，在职权范围内都有监察的事项。诸如，谒者台"掌受诏劳问，出使慰抚，持节察授及受冤枉而申奏之"。司隶台"掌诸巡察"②。尚书台监察公卿，其长官在朝会时"独坐"，

---

① （清）顾炎武撰，（清）黄汝成释：《日知录集释》卷9《封驳》，花山文艺出版社，1990年。
② （唐）魏徵：《隋书》卷28《百官志下》，中华书局，1973年，第797页。

有"主殿上时节威仪"①之责。符节台主管察授符节玺印违失。隋唐以后的三省也各有"举稽违""察稽失"的责任，还有"劾御史纠不当者"②的权力。宋代在尚书省专设御史房，"主行弹纠御史案察失职"③的权力。明清时期，凡被弹劾的官员，有时可以奉诏于廷对质，有时也另派他官对监察官弹劾的情节进行复查核实，原弹劾人一般不参加审讯，实际上也起到对监察人员进行监察的效用。

君主为了直接掌握情况，还经常派遣御史、使者、宦官、亲信等奉旨持节以监督和处理各项事务，诸如拷问诏狱、督捕盗贼、刺举奸非、监军、监财税等。尤其是刺举奸非，权力极大，如汉代的绣衣直指，曹魏和东吴的校事官，北魏的候官，唐代的知匦使，明代的东厂、西厂、锦衣卫等，都是由君主直接委派的特别亲信，他们用公开或秘密的方式进行特别监察，造成恐怖政治。这些特别监察往往用于治理大狱，检举吏民奸罪，伺察密告。

《周礼·秋官·司寇》记有："掌察四方中士八人，史四人，徒十有六人。"但在叙述有关具体职权方面的记载却已经阙失了。仅从名称上看，这些掌察四方的士、史、徒类的职官，应该是派出监察地方的官员。"监御史，秦官，掌监郡。"④这本来是中央派到地方的监察官，汉代则将之改为"丞"，纳入地方官序列。为加强对地方的控制，汉武帝把全国划分为13部（州）监察区，各部派遣刺史（京师地区为司隶校尉），专以"六条"监察郡国，年终回京汇报。所谓六条，即"一条，强宗豪右田宅逾制，以强凌弱，以众暴寡。二条，二千石不奉诏书遵承典制，倍公向私，旁诏守利，侵渔百姓，聚敛为奸。三条，二千石不恤疑狱，风厉杀人，怒则任刑，喜则淫赏，烦扰刻暴，剥截黎元，为百姓所疾，山崩石裂，妖祥讹言。四条，二千石选署不平，苟阿所爱，蔽贤宠顽。五条，二千石子弟恃怙荣势，请托所监。六条，二千石违公下比，依附豪强，通行货赂割损正令也"⑤。这六条监察的面是很广的，而且主要的监

---

① （晋）司马彪：《续汉书志》卷25《百官志》，中华书局，1965年，第3578页。
② （宋）欧阳修、宋祁：《新唐书》卷46《百官志一》，中华书局，1975年，第1185页。
③ （元）脱脱等：《宋史》卷161《职官志一》，中华书局，1977年，第3790页。
④ （东汉）班固：《汉书》卷19上《百官公卿表上》，中华书局，1962年，第741页。
⑤ （东汉）班固：《汉书》卷19上《百官表上》注引《汉官典职仪》，中华书局，1962年，第742页。

察对象集中在郡一级的主要长官（郡守）。汉武帝认为，郡一级的官风正，持法平，不徇私枉法，不过分敲剥百姓，就可以国泰民安了。故此，在原有的地方层层监察的基础上，再增加直属中央监察的内容，使中央直接控制的监察权力得以延伸。

东汉以后，州变成行政区，监察体制也纳入各种层次的行政区域，有权察劾检举各级官员和地方豪强恶势力，也负责褒扬和推荐有德行和有才干的人物。中央对地方的直接监察，除采用不定期和不定官职的遣吏巡察之外，又扩大了原在京师地区的"司隶校尉"的职权，使之成为"司隶台"，负责京畿及全国州县的巡察事务，以"六察"为标准。所谓六察，即"一察品官以上理政能不。二察官人贪残害政。三察豪强奸猾侵害下人，及田宅逾制，官司不能禁止者。四察水旱虫灾，不以言实，枉征赋役，及无灾妄蠲免者。五察部内盗贼，不能穷逐，隐而不申者。六察德行孝悌，茂才异行，隐不贡者"[①]。唐代改为由御史台的监察御史巡按州县，后又改为分道置使监察，以经过修订的"六条"察所属州县。唐代的六条："其一，察官人善恶；其二，察户口流散，籍帐隐没，赋役不均；其三，察农桑不勤，仓库减耗；其四，察妖猾盗贼，不事生业，为私蠹害；其五，察德行孝悌，茂才异等，藏器晦迹，应时用者；其六，察黠吏豪宗兼并纵暴，贫弱冤苦不能自申者。"[②] 由此可见，隋唐的"六条"显然是从西汉"六条"演变而来的，但其覆盖面却大有扩充，即从比较注重对官吏个人品德政绩的监察，推广到对辖区社会吏治、政情、治安、赋役、人才等方面。当然，所有这些政务都是在地方官职权范围之内，实际上还是以监察在职官吏为主。元代在地方建立正规的监察机构，设有22道肃政廉访司，专司监察，直属于御史台或御史行台，是中央的派出机构。明代以后，这种派出机构改为地方行政范围。

明代的巡按是都察院派遣出巡地方的监察御史，其"代天子巡狩，所按藩服大臣，府州县官诸考察，举劾尤专，大事奏裁，小事立断"[③]。论级别，巡按御史不过正七品，与知县级别相同。但其"任纪纲之职，受耳目之寄，纠

---

① （唐）魏徵：《隋书》卷28《百官志下》，中华书局，1973年，第797页。
② （宋）欧阳修、宋祁：《新唐书》卷48《百官志三》，中华书局，1975年，第1240页。
③ （清）张廷玉等：《明史》卷73《职官志二》，中华书局，1974年，1768页。

劾百僚，肃清庶政。巡按一方，则御史朝廷所差，序于三司之上"①。礼仪森严，地位尊贵，权力很大。按照巡按《出巡事宜》规定，巡按有倚重监司、分道巡历、委任府佐、审取官评、督责县令、整饬纪纲、详慎审录、亲审词状、拿问官员、严禁访察、躬行节俭、爱民实政、致虔祀典、申明职掌等十余种权力，几乎涉及所有地方事务。尤其是纠劾督责、拿问审评之权，不但直接关系到地方官的施政，而且直接关系到地方官的命运。如天顺朝，李纲"历按南畿、浙江。劾去浙江赃吏至四百余人，时目为'铁御史'"②。嘉靖朝，胡宗宪巡按口北、湖广、浙江，所到无不举劾和荐举"有司官员"，且直接提出处理意见，并且对布政使以下的府州县官员施加评语、考定政绩③。在嘉靖时期的《吏部考功司题稿》中，巡按对州县官题参的事件也最多。巡按权势显赫，直接干涉地方事务，以至"藩、臬、守、令，皆不得专行其职，而事皆禀命于巡按矣"④。巡按不但权势逼人，而且还可以对府州县官施行刑罚，以至调动当地驻军。如巡按直隶李新芳因一次小误会竟鞭笞广平知县周谧，知府对李新芳这样责辱一县正堂表示不满，李新芳竟派遣府推官去擒拿知府，知府拒捕，李新芳居然调动驻军三千帮助，朝廷在巡抚与李新芳互参的情况下，也仅仅对李新芳施行革职处分⑤。巡按权重，所形成的民情迥隔、案牍太

---

① （清）孙承泽：《天府广记》卷23《都察院·巡按事宜》，北京古籍出版社，1982年，第318页。
② （清）张廷玉等：《明史》卷159《李纲传》，中华书局，1974年，第4343页。
③ （明）胡宗宪：《三巡奏议》卷2《题为举劾有司官员以昭劝惩事》，日本德山毛利家藏，古典研究会，1964年。
④ （明）张萱：《西园闻见录》卷93《巡按·前言》胡世宁曰，哈佛燕京学社，1940年。
⑤ （明）朱国桢：《涌幢小品》卷25《二御史》云："嘉靖十三年（1534年），御史李新芳行部，至广平县城，城门发铳，惊而怒，笞铳手，并笞知县周谧，又用左右谮，连及典史田经，付推官杨经鞫讯，谧等不服。经以狱不就，恐新芳怒盛，重违其意，乃文致他事，诬谧、经侵分修城钱缗，坐以监守自盗律。广平知府李腾霄不能平，诣新芳辨折，辞气颇厉。新芳愧愤，遂诬腾霄主使谧谋害己，并奏之，而遣推官杨经、秦新民驰ախ执腾霄。腾霄拒之，稍集众自卫。新芳复劾其拒城为乱，檄兵备副使杨彝勒兵三千人往捕之。腾霄弃官走，通判吴子春、推官侯佩、经历吴尚质皆走，郡城一空。百姓奔走，争门，蹂躏死者甚众。新芳复遣数百人追腾霄等，下令得腾霄者予三百金。追至赵州及之，执腾霄系唐山县舍，而子孝佩、尚质归，皆笞之数十，尚质立毙。腾霄、谧、经屡讼于朝，巡抚周金亦奏新芳谬妄，及经、新民怙势作威，彝发兵激变之罪。上勒新芳回籍，遣给事中王祯、郎中李蘧，往勘得实，以闻，遂逮新芳、杨彝，诏下狱，俱夺官。"

繁、趋承太过、耳目太偏、名实太淆、宪纲太峻等"六弊"①，也多有巡按本人倚权谋私，擅作威福的事。诸如此类的负面效果，几乎与此一制度相始终。明代规定巡按任期只有一年，一年后或他调，或升迁。按照巡按升迁事例，他们当中大部分在将来是要外放为知府等官。也就是说，巡按现在有督察地方官之责，将来有可能成为这些地方官的同僚或下属，这就不能不使巡按在处置地方事宜上有所顾虑。虽然巡按外放，再低也不会低于府州县官（受处分者除外），但也不是主管一方的上级，故此昔日被督察者，有可能变成督察者，形成位置颠倒。在宦海风波变化叵测的当时，这种后顾之忧自然会影响

---

① （明）张萱：《西园闻见录》卷93《巡按·前言》万历六年刑部主事管志道曰："守令贤否，责在监司。今之巡抚、巡按，监司之领袖也。而按臣实代天子巡狩，人尤重之。其流弊大略有六：
古者天子亲自巡狩，尚令太师陈诗以观民风，司市纳价以观民之好恶。今以七品使臣为行方域，体貌严重，叩若帝阍，所恃以通民情者，不过投文放告而已，风化之盛衰，间阎之疾苦，邈不相关。即有中年三异，其能知乎！故曰民情迥隔。
洪武中敕令县自清理里甲，州清县，府清州，布政司清府，所属按察司清布政司所属。至按察司耳目存所不及，精神有所不至，遗下贪官污吏及无籍顽民，巡按御史方乃是清。故司各得其职，而文移亦省。后来巡按不知大体，而好揽诸司之权，百凡大小刑名，俱令申详定夺。于是，簿书山积而精神疲惫检阅矣！且充军卫自有巡抚官，遣徒定驿自有分巡官，如其不公，曷不论劾而奈之何，以展转文移困有司也！惟杂犯死罪当由按院详允，然亦稍简矣。以阅案批驳之余，功详激扬举劾之实政，不尤愈乎！故曰案牍太繁。
朝廷设抚、按，本以纠察百司之职业，今致以职业为第二义，而惟事趋承。凡按臣巡历所至，则分巡、分守两道官必随之。两直隶既有抚、按，又有巡盐、巡江、清军、屯马等诸察院，则兵备等官东参西谒，朝送夕迎，碌碌奔走，迄无宁日。而各推官不复理本府之刑，专于答应巡按矣。府州县出郭送迎，远者至数十里外，当其按临之日，则百事俱废，多方逢迎。臣为诸生时，亲见一县官谄事按臣，至以貂皮饰溺器，以茵褥铺厕中，按臣受而安之晏如也。既以谄导有司，而复望其举劾之公，焉可得哉！故曰趋承太过。
抚、按会同举劾，其耳目必有所寄，非不委司、府、州、县互相纠察，而其实皆起于所亲信之一官也。一官既列贤否，余官展转雷同，而流言且逮于京师矣。至于访拿凶恶，则宪臣委耳目于推官，推官委耳目于胥隶，各处水陆要冲多买卖于窝家，又胥隶之耳目也。朝通贿以买入，暮通风以卖出，大奸漏网，良善被诬，酿祸匪细。臣旧岁过淮阳，则闻理刑厅积年黠隶威焰薰灼，县佐官以侍教生之刺谒投者，其椓人可知矣。此辈如城狐社鼠，不可攻发；又如吴中之打行，齐燕之响马贼，江淮楚越之豪侠巨盗，有司可以激变为虞，多遗于耳目之外，其何贵于宪访也！故曰耳目太偏。
古所称循吏，类以息盗安民，务本抑末为首务。今贤守令之腾荐剡者不绝，而民穷盗起，风俗日敝，岂政事与民俗不相关耶！臣窃惑之。盖今宪臣督责有司，自送迎参谒之外，不过征钱粮、理词讼而已。有司方救过弥缝之不暇，奚暇及生民远图？间有务实政者，或以刚直见忤，或以悃愊启侮，多窴下等。而善事上官，起赫赫誉者，不久据要路，得以是非荣辱之矣！此风不息，天下事臣不知所终也！故曰名实太淆。
国初畀巡按以纠察之权，又虑其秩卑而为方面官所压，故令与都、布、按三司分庭抗礼，知府则相向长揖而让之，礼亦隆矣。今至两司素服而谒，知府屈膝而参，岂宪纲之旧哉！夫方面官大计京师，必以素服参部院堂上官，盖仿成周冕服朝天子，囚服归司寇之意；至于王官出使，虽序于诸侯之上，未闻诸侯以素服见也；太守等古诸侯，国初最不轻授，自屈膝按臣之后，京朝官始薄郡守矣，且两司之素服，非以听举劾之故乎，都御史曷尝不举？至仕官与劾京朝官，岂必以素服见也？知府之屈膝，非以听考察之故乎，然五品堂卿、翰林、六科等官，曷不受察之吏部，何以无跪参之例也！虽礼数末节，不必深较，然缘此长谄曲之风，屠正直之气，且令人不乐久居其官，而吏治寖不如古，害岂小哉！又抚按出巡，不分府州县正佐官，跪迎道旁，倘值风雨，即知府亦陷膝圬泥中，尤为非礼。臣谓宪节过驿，则驿丞迎之抵郊，则府州县首领官迎之足矣！掌印官民事库狱为重，俟其入公署而后参有何不可？而令仆仆于车尘马足，岂所以示众庶见也！故曰宪纲太峻。

巡按监察的效果。

清代取消巡按制度,地方监察基本上纳入行政体系,提刑按察使专管本省区官吏的监督弹劾,在督抚的领导之下进行工作,由督抚向皇帝负责。朝廷也常常派出钦差大臣,这些钦差大臣虽然是专为某事而派遣,但都负有监察的职权,直接奉命和向皇帝奏报情况。

三、各级官府部门的监察行政

自秦汉设官,便体现了从中央到地方分别构成按层次监督和相互制约的关系。皇帝亲自考察三公九卿,三公九卿督察郡县,每一层级别都有监察下属的职责。这种监察主要通过文书运转和政绩考核来进行,在各上级部门都设有专门分管监察所属官吏的部门,用考校文书和巡察的方式,对下属部门和官吏实施监察。例如,丞相府设有东曹掾9人,他们"出督州为刺史";西曹掾6人,则在内"领百官奏事"(《汉旧仪》卷上)。诸卿则各自设有丞"总署众事",根据本官署所管的事务,进行专门业务的监察。如西汉的大司农设有部丞数十人,分行全国监管地方的农业、水利和财经工作,而其他诸卿也有专事监察的人员,自成体系,以督促下属完成本职工作,进行各种专业的监督。

秦汉设官分职的原则,基本上为后世所承袭。一般是宰相有责任考核中央各部门及其官吏的政绩,中央各部门又按不同业务分工监督下属和地方。监督的方法主要是听取察报,检查簿册,必要时派员前往督查。例如,清代的各部都设有督催所,掌催办事务,督促部内各司完成承办的事件,检察其办理是否逾限,内容是否符合规章则例等。如吏部设当月处,户部设饭银处、减平处,礼部设养廉处、地租处,兵部设会同馆、捷报处,刑部设赃罚库、秋审处,工部设军需局、皇差销算处等,主管收受、交付地方承办的事件,检查并督促地方按章办事,如期完成本身职责等。

在地方政权结构上,也充分反映着有意设置交错监管和制约的关系,这是历代安排地区性行政、军事、监察职官的一贯原则。

秦在郡一级分设守、尉、监三名主官,三者之间既有分工,又相互监督。汉代基本因循此制,后改为长官负责制,层层监督下属,是长官的主要职责之一,但长官却不受下属的监督。东汉至南北朝,州、郡、县均设有功曹从事或者掾史等官，主管选署功劳、考课属吏；州设都官或者治中从事，郡设五官掾，县设五官史，主管察举所辖地区内官吏违法乱纪之事，监督所属诸曹的工作；州设部郡国从事，郡设督邮，县设监乡，主管督促文书，察举属下非法。这样，州、郡、县分别在本级长官的领导下，形成相对独立而只对本级长官负责的监察体系。

隋唐收地方权力归中央，以监察御史巡察地方，在地方负责监察的官吏是州县的上佐，即主要的辅助官员，其重要职责就是要经常巡察辖区以察非违，每年上计簿于上级；州县设置的录事，掌正违失；功曹掌考课；设道以后，以观察处置使主管辖区的善恶纲纪。这样，就把中央直控的监察与地方逐层监察结合在一起了。

宋代为加强中央集权，在路设监司（即转运司、提点刑狱司、提举常平司等），职在监察所属州县而又互相监督。州设通判，号称"监州"，通判既非地方长官的属员，又非地方的副长官，实际上是专门监察地方长官的监察官，试图恢复秦汉同级相互监督的制度。此外，还有许多"走马承受"，是由中央或皇帝直接委派的耳目，负有监察地方行政的责任。由此，便达成收乡里之权归县，收县之权归州，收州之权归监司，又收监司之权归朝廷的目的，形成以监司为主，通判、走马承受为辅的地方监察体系，把前代的多元监察合而为一，直接由中央控制。

元、明、清在历代监察制度的基础上，使中央直控的监察体系与地方各级官府逐层控制的监察体系更紧密结合在一起。元世祖忽必烈曾说："中书朕左手，枢密朕右手，御史台是朕医两手的。"[①] 明太祖朱元璋也讲："国家立三大府，中书总政事，都督掌军旅，御史掌监察，朝廷纪纲尽系于此。"[②] 在中央直控监察体系深入到各个部门的情况下，又确立各级官府自下而上的、以长官负责的监察制度，以保证下情能及时上达并尽快处理，上下结合，构成讯息收集和监察网络。以清代一省而论，有布政使、按察使、分守道、分巡道，职在监督府县各官，通称"监司"，并总成于督抚；总督和巡抚主持本省各官的"大计"考课。府、县的长官也有责任督察所属，同时直接对督抚负

---

① （明）叶子奇：《草木子》卷3下《杂制篇》，中华书局，1959年，第61页。
② （清）张廷玉等：《明史》卷73《职官志二》，中华书局，1974年，第1771页。

责。总督与巡抚之间也有责任互相监察,清代雍正、乾隆等帝也经常督责有关督抚"密奏"对方情况,在现存的《朱批奏折》中有许多这样的事例。这样,自督抚到府、州、县长官,均置身于被"密察"之下,在"密奏"的网络之中,不敢不有所检惕,而对其下属发生的违法违纪问题,也必应负一定责任,视情节轻重和关联疏密,应受到一定的处分,乃至革职议罪,所以不敢放松对各级属官的查核。这种上下级之间相互承担责任的规定,目的在于加强各级职官之间的相互稽查监督,以保证国家机器的正常运转,是立足于"防弊"之上的。道光皇帝在接见山西朔平知府张集馨时曾说:"州县流品甚杂,汝当明查暗访,告之督抚,若督抚欺饰,咎不在汝矣。"①建立连带责任,区分情节轻重和关系密切程度,意图防止上下勾结庇纵,结党营私。

古代着力于推行正佐之间的相互监督机制。例如,《大明律·吏律·封掌印信》条规定:"凡内外各衙门印信,长官收掌,同僚佐贰官用纸与印面上封记,俱各画字。若同僚佐贰官差故,许令首领官封印信。"《同僚代判署文案》条规定:"凡应行官文书,而同僚代判署者,杖八十。"按照这样的规定,当时正佐互以文书契证为凭,组成制度化的相互监督是受国法保障和有规章依据的,在历史上也确曾经发挥过相当效用。正佐相互监督机制是整饬吏治,督促各级官吏恪守朝纲国法的有效措施。一方面,同僚之间的相互监视,使彼此的行为都要有所检点,可以促进吏治,提高工作效率;另一方面,以官制官,因为造成权力上的互相制约,最有利于朝廷的控制。然而,在君主专制政体下,正佐监督机制也存在着难以克服的弊病。因为正佐监督机制都是向上负责,不论正官或佐贰之员都必须得到上峰的认可才能发挥效用,而在多头领导下,上峰往往会藐视、甚至破坏这种监督机制。古代正佐相互监督机制未能持久实行的原因:一是因为正官与佐贰官地位悬殊,如汉代的郡守秩二千石,郡丞、长史的秩仅六百石。二是在主官负责制加强的情况下,佐贰官畏惧正官的权势,不敢实施监督,如韩愈讲唐代的县丞"文书行,吏抱成案诣丞,卷其前,钳以左手,右手摘纸尾,雁鹜行以进,平立睨丞曰:'当署'。丞涉笔占位,署惟谨,目吏问:'可不可。'吏曰:'得。'则退,不敢略省,

---

① (清)张集馨:《道咸宦海见闻录》,中华书局,1981年,第22页。

漫不知何事"①。政务上以正官为中心，佐贰官便成为只能屈处的闲员，也就难以发挥相互监督的效用。

第二节 监察的职能

从监察职能来看，主要有对上、对下、对左右三个方面。对上是谏诤，对下是监督弹劾，对左右是互相牵制监督。

一、对上的谏诤

谏是规劝，诤是直言，谏诤也就是对君主或上司提出规劝性的意见。从性质上看，谏诤只是指出自忠诚，从对统治全局利弊考虑作为出发点，据以提出的补阙和匡正。从中国古代的治国理论看，明智的君主或高级官员应该有自省、纳谏、听受诤言的雅量，提倡兼听则明、虚怀改过，并认为是"圣君贤辅"应具有的美德之一。与此同时，又特别提出，这样做只能是为了维护统治阶级的根本利益，对整个统治秩序是有益无害的。不能为了私利、私怨而宣泄情绪，不能出自党争、帮派而相互攻击，要求尽可能地符合实际情况，敢于坚持"君纳言，臣死谏"。

从政治制度角度看，谏诤不仅可以为统治者装饰门面，而且还促使其从多角度来考虑问题，检点自己的行为活动，较慎重地做出决策，利用臣下的聪明才智，改善自己的形象和加强统治。然而，以上所述仅为一般的治国理论，哪一朝哪一个君主都没有宣布谏诤是坏事，也没有明确宣布撤销所有的谏诤职官和制度，但真正做到从谏如流是较为罕见的。在君主专制集权制度下，监察部门本身就是官僚机构的有机组成部分，绝不可能自处于官僚制度整体弊端之外。"贤主所贵莫若士，所以贵士，为其直言也。言直则枉者见矣。"(《吕氏春秋·贵直论·贵直》)在君主和长官的意志能够决定臣僚下属生死荣辱的情况下，逆耳之言往往会激成对进谏者的憎恶和嫉视，招来打击

---

① （唐）韩愈著，严昌校点：《韩愈集》卷13《蓝田县丞厅壁记》，岳麓书社，2000年。

报复甚至杀身之祸，这也就决定难以收到谏诤制度真正的实效。

第一，谏诤涉及的范围相当广泛，从军国大政到宫廷生活，以至宦官行为活动等，在理论上都可以用谏诤的形式提出，但君主却没有必须听从谏诤的义务。

君主"生长于深宫之中，长于妇人之手，未尝知忧，未尝知惧。况惑哀人之巧笑，迷阳阿之妙舞，重之以剧斩，囚之以遁逃。亦有倾天灭地，污宫潴社之罪；拔本塞源，裂冠毁冕之衅"。出于对君主的忠诚和国家的安危，历史上确实有许多人"冒雷霆，犯颜色，吐一言而终"①。君主不但要求谏诤者是出于忠诚和尽心竭力，更要求臣下进行谏诤的内容要符合自己的私心私欲，要求能善观风色，不可批逆鳞，直捅君主的丑处和痛处，触犯到他的尊严，否则就会被视为仇雠，给予打击，历史上因"拒谏"而遭驱贬以至杀害谏诤者的事例是很多的。当时的伦理理论是："为人臣礼不显谏，三谏而不听，则逃之；子之事亲也，三谏而不从，则号泣而随之。"（《礼记·曲礼下》）君主鼓励臣民谏诤，设立专职谏官，但纳谏与进谏只是君臣之间的一种道德上的契约，没有一套与谏诤相关的制度来约束君主必须听从，听与不听，从与不从，一切由君主自己决定，谏诤制度也必然成为虚文。甚至在言谏和封驳制度比较完善的唐太宗时期，也曾经出现过"阿旨顺从，唯唯苟过，遂无一言谏诤"②的反常现象，足以证明没有制度约束君主听从谏诤，没有制度保护谏诤人员的安全，谏诤制度往往就会流为形式，成为摆设。

第二，谏诤的途径和方式比较多。按照规定，自公卿大夫、牧守县令，直到庶民男女，都可以提出谏诤，但在君主专制制度下，种种弊端一直伴随着谏诤制度而存在。

《淮南子·主术》云："古者天子听朝，公卿正谏，博士诵诗，瞽箴师诵，庶人传语，史书其过，宰彻其膳，犹以为未足也。"大臣可以通过奏疏上书陈情，出策献谋；公卿可以通过朝议发表或抒发自己的政治见解；侍从可以通过给君主讲经解义来阐明对政治和道德文化的看法，用文章辞赋、歌诗宴舞

---

① （唐）欧阳询等：《艺文类聚》卷34《人部·谏》引梁元帝《忠臣传·谏争篇序》，上海古籍出版社，1965年。

② （宋）司马光：《资治通鉴》卷192《唐太宗贞观五年（629年）》，中华书局，1956年。

来巧妙地表达规讽的意图；职司谏诤之职的谏官和一定级别的大臣，也可以通过朝见或上奏章，正面地提出谏诤意见；臣民百姓也可以通过对策和上书来提出自己对时事的见解。从表面上看，似乎还保留着一定原始民主制的遗风，但这不是一个纯理论推理的问题，因为谏诤制度是在极其复杂的人际关系和政治势力交错斗争之间过来的。如明代有建言制度，"凡有利国利民之事""若官吏人等贪赃坏法，颠倒是非。酷虐良民，及婚姻、田土、军役等事，一体职掌榜文内事理"，臣民都可以用建言的形式"具状自下而上陈告"。建言之状由六部、都察院、给事中会议，定其可否而奏闻，"其间可行者，移各该衙门施行，若泛言不切，立案不行"①。然而，这种建言是由各级官府控制的，需要通过官府审查和用印，实际上限制了人民对朝廷的议论。更严重的是，皇帝和权臣更往往自我违背《会典》的明文规定，对被认为已捅中隐私痛处，伤害到君上或权势尊严的谏者，采取极其强暴的镇压手段，拷掠、遣戍、廷杖，甚至杀戮，不一而足。在明代历史上有过许多这样恶行的记载，可见，冠冕堂皇的表示，并不符合实情。

古代谏诤方式有五种：一为讽谏，即以旁敲侧击的方式提出；二为顺谏（一说为直谏），即以较为柔和的态度，并不正面顶撞而妥为劝说；三为规谏（一说为降谏、直谏），即依据祖制、纲常、法律来规劝；四为致谏（一说为争谏、指谏、戆谏），即以直接针对某种不法无道事件提出异议；五为陷谏（一说为谲谏、戆谏），即更不留情面地提出自己的意见，"言国之害，忘生为君，不避丧身"。五种方式，由轻及重，所以孔子说："谏有五，吾从讽。讽也者，谓君父有阙而难言之，或托兴诗赋以见乎词，或假托他事以陈其义，冀有所悟而迁于善。"②首先在保全自己的前提下委婉提出意见，在必不得已的情况下才能使用更重的谏诤形式。"兴王赏谏臣，逸王罚之"（《国语·晋语六》），进谏者的命运完全取决于君主和上司的态度，在"世主之能识议论者寡"（《吕氏春秋·孝行览·遇合》）的情况下，才形成多种谏诤的方式。关龙逄因谏夏桀而遭杀；比干因谏商纣而被剖心；屈原因谏楚王而被流放汨罗江；伍子胥因谏吴王而被杀害，头颅被高悬于国门之上；司马迁因谏汉武帝而受宫刑之

---

① （明）李东阳等：《正德大明会典》卷78《礼部·建言》，日本汲古书院，1989年。
② （唐）徐坚：《初学记》卷18《人部·讽谏第三》，中华书局，1962年。

辱，等等。君主们使用过诸如诬上、招权、讳疾、承望、雷同、阻塞、欺罔、争胜、谀佞、乖戾等借口来迫害进谏之人，"君臣自相忌，交口啐语"，"险诐者亦往往借以谋利"①。历史上留下来的是大量"谏臣死而谀臣尊"的记录。

第三，历代都规定主要文武大臣有谏诤之责，设有专职的谏官，但绝大多数文武大臣和谏官却为自身的利益不肯冒着危险进行谏诤，而专制君主也很少重视谏诤。

按制度规定，凡是位秩在"公"以上的官员，都有"导善"和"论道"等规谏之责，也设有专门从事谏诤的机构，但统治者往往是把这些用来装饰门面。崇其位而虚其权，"公"的位秩虽高，但没有实际的职责；设其职而虚其事，谏官地位虽荣，但没有进言的机会；在"貂不足，狗尾续"，"补阙连车载，拾遗平斗量"②的情况下，顾而不问，谏而不诤，阿谀奉承的现象便非常普遍。从谏诤的要求来看，只有具有政治正义和社会良心的人，才有可能成为称职的谏臣；只有真正理解为君之道，并且有虚怀若谷精神的人，才有可能成为贤明的君主。然而，"害身而利国，臣弗为也；富国而利臣，君不行也。臣之情，害身无利；君之情，害国无亲。君臣者也，以计合者也"（《韩非子·饰邪》）。以"计合"连接在一起的君臣和上下级，要求臣僚下级具有政治正义和社会良心，要求君主具有政治责任和虚怀若谷，也是很不实际的，只能是一种美好的企望。正是这种企望，使谏诤制度难以摆脱政治高压的现实关系，大多数成为精神和政治的粉饰。

二、对下的监督弹劾

在监察制度中，比较能够持久执行，并受到君主支持的，就是对下监督弹劾方面的职能。所谓的监督，是指监察督促各级官吏。所谓的弹劾，也就是检举各级官吏的失职、渎职或其他的违法行为。正因为监督弹劾的本意是旨在维护中央制定的纲纪，是以全国官吏为主要对象，在君主的关注和支持下，历代对此的关注和运用才一直未衰，多能保持运作，甚至不断得到加强。

---

① （明）焦竑：《澹园集》卷24《大司空余公传》，中华书局，1999年。
② （唐）张鷟：《朝野佥载》，中华书局，1979年，第89页。

对下监督弹劾的范围十分广泛,"自皇太子以下,无所不纠"[①]。君主授予监察官以很大的权限,并制定特殊而严肃的仪式以示隆重。例如,唐代的侍御史,"大事则冠法冠、衣朱衣、纁裳、白纱中单以弹之,小事常服而已"[②]。对五品以上官员弹劾采取当面指出的方式,在朝会仪式上宣读弹劾文字,"大臣为御史对仗弹劾,必趋出,立朝堂待罪"[③],在等候处理的同时,要率先求免职务。

为了充分发挥监督弹劾的效用,有些朝代还有意识地赋予监察官以"风闻奏事"的权力,对道听途说的事情,疑似之间的情节,也允许作为罪状上奏,据考证,"盖自晋、宋以下如此"[④]。自武则天下诏"许谏官、御史得以风闻言事"[⑤],历代援引为故事,至清代《钦定台规》则明文规定:都察院奏劾贝勒等贵族大臣,"即所奏涉虚,亦不坐罪"。仅凭一些未经核实的迹象即可以弹劾,还不必承担诬告责任,目的是通过监察官以广收讯息和消除反侧,利用监察人员的言论和弹劾权给官僚贵族们不时敲响警钟。

历代王朝不断提高监察机构和监察人员的地位,赋予他们一定特权,加大他们的权威,因为这是最符合本身统治根本利益的。例如,汉代的御史中丞为"宪台"之主,在君臣朝会时享受"独坐"的待遇;魏晋以后,御史中丞行路,除皇太子以外,各级官员都要让路;隋唐以后,御史威仪虽然有所下降,但在朝中独行独立,往来巡查,令人瞩目。监察官的升迁速度也优于其他官员,六百石御史"出治剧州为刺史、二千石,平迁补令"[⑥],以致"御史外迁,动据州郡"[⑦]。不但升迁速度快,实际权力也不断扩大,从开始只泛泛地"察举非法,受公卿群吏奏事,有违失者举之"[⑧],逐渐发展到"纠举百僚,推鞫狱讼","弹劾官邪,勘鞫官府公事"[⑨],又发展到"凡大臣奸邪,小人构党,

---

① (唐)杜佑:《通典》卷24《职官·御史中丞》,中华书局,1988年。
② (唐)李林甫等:《大唐六典》卷13《御史台》,清嘉庆五年(1800年)扫叶山房刻本。
③ (宋)欧阳修、宋祁:《新唐书》卷109《宗楚客传》,中华书局,1975年,第4102页。
④ (宋)洪迈:《容斋四笔》卷11《御史风闻》,上海古籍出版社,1978年。
⑤ (明)丘濬:《大学衍义补》卷8《重台谏之任》,台湾商务印书馆,1971年。
⑥ (晋)司马彪:《续汉书志》卷26《百官志》注引蔡质《汉仪》,中华书局,1965年,第3600页。
⑦ (南朝宋)范晔:《后汉书》卷26《韦彪传》,中华书局,1965年,第919页。
⑧ (晋)司马彪:《续汉书志》卷26《百官志》,中华书局,1965年,第3599页。
⑨ (唐)李林甫等:《大唐六典》卷13《御史台》,清嘉庆五年(1800年)扫叶山房刻本。

作威福乱政者，劾；凡百官猥茸贪冒坏官纪者，劾；凡学术不正，上书陈言，变乱成宪，希进用者，劾"，他们"大事奏裁，小事独断"①。不但察举各级官吏违法失纪事件，还受诏参与司法审判、监军、监财、监试等，权力涉及国家大政的各个方面。监察官们经常巡行地方，出告示，理刑狱，察贪官，除办理所属地方疑难案件之外，有时还亲自进行私访，个别监察官员为履行职责，有时"带了顶巾，骑了匹骡子，跟了一两个人，在那巡属十八州县里边不歇地私行，制服得那些州县也不敢十分放肆"②。在收集证据的基础上，采取突如其来的措施纠察官吏的违法行为，使地方官既不敢十分放肆，又常存畏惧心理，因此，在很大程度上起到澄清吏治和促进官吏工作的作用。

由于监督弹劾是向下的，旨在消除各种威胁政权的潜在因素，打击一切可能违反统治意图和异己的言行，所以受到历代统治者的大力支持，其功能得到加强，监督范围也不断扩大。当然，在君主专制政体下，监督弹劾的范围和作用的大小，完全取决于君主和权臣，监察官也只能依附于君主和权臣来从事搏击，所起的作用终究是有限的。

三、对左右的牵制监督

对左右的牵制监督融入职官制度之中。秦汉的官制是从中央至县乡组成四个垂直系统，即丞相、郡守、县令长、乡有秩为政务系统；御史大夫、郡监（丞）、县丞、乡啬夫为辅助监察系统；太尉、郡尉、县尉、乡游徼为治安系统；国三老、郡三老、县三老、乡三老为教化系统；按系统从上到下实行监督考核，是为纵的系统。在横的系统上，三公和国三老，郡守、尉、监（丞）和郡三老，县令、丞、尉和县三老，乡有秩、啬夫、游徼和乡三老，既有主次之分又有互监之势。这种纵横有属、左右牵制监督的设官原则一直为各代因袭。

一个部门内分工，应该是以调动官吏们的积极性为原则，这就应该明确责任，严明奖惩，既要使官员们按照规章有条不紊地完成本职工作，又要使

---

① （清）孙承泽：《天府广记》卷23《都察院》，北京古籍出版社，1982年，第303页。
② （明）西周生：《醒世姻缘传》第12回《李观察巡行收状，褚推官执法翻招》，上海古籍出版社，1981年，第174页。

他们对自己的前途保持信心。但中国古代的纵横有属、左右牵制监督的设官制度并没有按照这个原则。首先，在权责规定上，主官的权责规定具体，佐贰官的权责规定则含混不清，使左右牵制监督缺乏制度上的保障，也使佐贰官丧失监督的胆识和责任心。其次，在升进的仕途上，主官迁调比例较大，佐贰官则升进艰难。前程无望而事事受制于人，使佐贰官更加看重眼前利益。"今天下之凋敝，其最者莫若赃吏，而吏之犯赃者，多出于小官。自丞簿以下至杂流，其不贪者盖百之一二。"① 这种现象的存在，应该说与这种责任不明、前途无望的职官管理制度有很大关系。

在纵横有属、左右牵制监督的设官制度遭到破坏以后，正佐相互监督的机制便基本失去效用，但并不能由此消除了官僚们彼此钩心斗角，相互倾轧排挤的现象。官场内部是最集中的互用阴谋权术之所，是最凶狠无情的内讧互相咬噬格杀之地。他们谋定而动。各部门的正官在表面上是本部门唯一的权威，而实际上在他左右之人无不在窥测其短，更有欲谋取而代之者，而正官对僚佐也保持着高度的警惕和戒备。他们"瞻前顾后，寮寀之际，不敢自异，且以因习既久，可幸无罪。若我发之而我不能收之，则祸且不测"②。在这种情况下，各部门正官的一举一动都在左右监视之中，处于阴谋恐惧的气氛之下，当然不敢放开手脚，而且保持着高度防范的心理。

第三节　监察的主要方法

中国古代监察督核机制是由一整套自上而下、纵横交错的网络组织来保证实行的。监察督核的对象是各级文武官员和勋臣贵戚，也兼及普通人民。举凡政纪、法纪、军纪等国家大政之外，还深入赋税、营造、漕运、盐铁茶马专卖、科举考试、学校教育等多方面，监察督核的权限无所不及。为使监察督核能够收到实际效果，历代统治者采取了检核簿册、举劾案章、连坐告密、遣吏巡行、牵制监督、密察侦缉、密奏传呈等方法。

---

① （明）袁帙：《世纬》卷下《惜爵》，台湾商务印书馆景印文渊阁四库全书，1983年。
② （明）陈子龙：《陈卧子先生安雅堂稿》卷8《策·去欺蔽》，上海时中书局，1910年。

一、检核簿册法

检核簿册是进行监察的常规方法。古代各级官府部门在年终时汇集各种政务情况,制成簿册,逐级呈报审查,上级核对簿册,因此鉴定下级是否完成规定的任务。出于同等目的,监察人员也经常到各级官府部门去"督促文书",在检核簿册过程中,除了检核文书中的错谬和失误之处以外,对于公文运转是否符合期限和程式,内容是否有弄虚作假等,都要进行监察。

检核簿册是按照国家和官府部门的"令""格""式"等法规进行的,有严格的工作程序。例如,明代规定检核簿册,一定要按照过、通照、稽迟、失错、埋没五等处置。照过是"刷出卷内事无违枉,俱以完结"的簿册;通照是"事已施行,别无违枉,未可完结"的簿册;稽迟是"事已行,可完而不完"的簿册;失错是"虽有违枉而无规避"的簿册;埋没是"事当行不行,当举不举,有所规避"的簿书;如果出现"文案不立,日月颠倒",则要"推究治罪";而"中间干碍追究改正事理,照依已定行移体式施行。如有迟错,其经该官员应请旨者,奏请取问。其余官吏,就便依照刷文卷律治罪"[①]。

对公文簿册进行检核、驳正违失,可以减少失误,纠正工作中的偏差,清查积弊和督促官吏的工作,其积极作用明显。但古代检核簿册,必然要将当时起主导作用的宗法意识和官僚政治的内容放在重要位置。必须遵守的许多避讳和严格按照纲常等级制度形成为公文书写格式,例如,遇与君主有关的字,必须另起一行书写的"抬头格";遇有避讳的字,采取字义相同的字或增减笔画的"字讳"等,一不小心,就会牵连一大批人,酿成重大案件。清嘉庆二十三年(1818年),在顺天乡试科场所贴的条例上,高宗(乾隆)庙号的"宗"字,误写为"祖"字。结果,现任的礼部郎中被褫职;现任的员外郎3人、主事2人,前任的郎中、员外郎、主事共4人,各降一级留任;礼部侍郎革职留任;连及考试监临官及刑部、大理寺、顺天府等兼管此事的刑部侍郎、大理寺少卿、府尹、府丞等6人,或降调,或降级留用。这在现代被认为是无关重要的笔误,在古代却要被纠察为"大不敬"的头等大案。

---

① (明)申时行等:《明会典》卷210《都察院·照刷文卷》,中华书局,1989年,第1051页。

所以，各官于文书最为谨慎，逢皇帝徽号抬头处尤为紧要；而监察官员常常是察鱼索斑，专门寻找错字和避讳字，进而使监察流为形式，造成吞舟之鱼常漏、短尾之虾难存，难以遏制工作中的腐败。着重于簿册文牍中评定政绩，也易于徒作文字游戏，滋长官僚政治。

二、举劾案章法

监察人员检举和揭发各种违反朝章礼法的人和事，称为"案章"；对违法乱纪的人进行弹劾，称为"举劾"。

举劾有一定的仪式和程序，可以当朝进行面劾，也可以用书面奏劾。官员接受弹劾以后，则要暂时离开自己的职任以避嫌，等候君主的批示和有关部门的处理意见。被弹劾的官员有申辩的权利，有时还允许与弹劾人员在朝廷或官厅进行对质辩争，使监察人员与被监察人员之间也构成相互监督的关系。然而，监察人员拥有举劾权，不管被举劾人员的辩争是否能够胜诉，都必须先要离任受讯，是否能够官复原职则成为未知数。故此，各级官吏对监察人员都存在一种畏惮心理，"行行且避，骢马御史"，监察人员一有行动，则"四方警动"。

监察人员拥有比较独立的举劾权，便于监察权力的行使。例如，明代正德时的给事中周玺，"劾大僚贾斌等十一人，中官李兴等三人，边将朱廷、解端、李稽等三人"。"大同失事，（给事中许）天锡往核，具得其状，巡抚洪汉、中官刘云、总兵官王玺以下咸获罪。"张士隆为御史，"巡盐河东，劾去贪污运使刘愉"。该传收录了监察官49人，各有事迹，史臣赞曰："诸臣戒盘游，斥权幸，引义力争，无忝厥职矣。"①

君主授予监察人员以纠举弹劾，乃至"风闻奏事"之权，虽然在一定程度上起到维护朝廷纲纪和镇慑臣属的作用，但经常是虎头蛇尾，以至人们认为"奉使宣抚，问民疾苦。来若雷霆，去若败鼓"②，抵消了应有的效果。此外，监察人员在考虑自身的利益时，也往往避重就轻，明代就有人认为："近者科道纠拾，先期合具小帖，密投甄中，临期然后开甄酌议，疏名以上。以朝廷

---

① （清）张廷玉等：《明史》卷188《周玺等传》，中华书局，1974年，第5004页。
② （清）孙承泽：《天府广记》卷23《都察院·宪纲》，北京古籍出版社，1982年，第312页。

至公之典,而乃暗昧为之,迹类匿名,事属用计。中间即挟私报复者,孰从而辩之。"① 再加上有些君主和权贵常常示意监察人员运用手中的举劾权来制造舆论,用以打击在他们看来不忠顺的臣僚和政敌;有些监察人员也利用职权,甘心做某些权臣的打手和吠犬,卷入门户派系之争,乃至肆行招摇诬陷坑害,制造混乱。

三、连坐告密法

连坐告密是在商鞅变法以后长期实行的制度,告密的范围包括逃避赋税兵役、非议君主吏师、私藏诗书和"盗贼"等项,涉及范围相当广泛;与此同时,上至公卿、下至什伍,都必须实行连坐,这样的做法经常被统治者贯彻到监察制度当中。

连坐与告密相结合往往使用十分残酷的手段,但取得效果却是一时短暂的,而且必然带来极坏的后果。例如,汉武帝时,酷吏盛行,盗贼兴起,"乃使光禄大夫范昆、诸部都尉及故九卿张德等衣绣衣持节,虎符发兵以兴击,斩首大部或至数万级。及以法诛通行饮食,坐相连郡,甚者数千人。数岁,乃颇得其渠率"②。虽然这样的连坐曾收到过一定的功效,但不久散亡者又啸聚山林。为此,汉武帝制定"沈命法",责罚官吏,罪及小民,反而造成"上下相为匿,以避文法",盗贼更多。对叛乱者采取瓦解,对告密的内容有所甄别,又适当收窄连坐的范围,是一些帝王明智的抉择,效果会好一些。例如,东汉初年,群盗并起,汉光武帝下令:"听群盗自相纠摘,五人斩一人者,除其罪。牧守令长界内有盗贼,及弃城者,皆不以为罪,但取获贼多少为殿最,惟蔽匿者罪之。"举发从严,惩处从宽,惟重实效的做法,反而对稳定统治有利,"同一捕盗也,一则法愈严而盗愈多,一则法稍疏而盗易散。此前事之师也"③。

前事的得失后世往往置于脑后。例如,武则天篡唐称帝,自知反对势力遍布朝野,因而全力诱发告密。设置知匦使,负责掌管延恩、招谏、伸冤、

---

① (清)孙承泽:《天府广记》卷23《都察院·事典》,北京古籍出版社,1982年,第302页。
② (东汉)班固:《汉书》卷90《酷吏咸宣传》,中华书局,1962年,第3662页。
③ (清)赵翼:《廿二史札记》卷3《两帝捕盗法不同》,中国书店,1987年,第35页。

通玄四匦,以受理天下密奏,"盛开告密之门,有告密者,臣下不得问,皆给驿马,供五品食,使诣行在,虽农夫樵人,皆得召见,廪于客馆,所言或称旨,则不次除官,无实者不问。于是四方告密者蜂起,人皆重足屏息"。当时的文翰官员麟台正字陈子昂上疏云:"伏见四方告密,囚累百千悲,及其穷竟,百无一实。"并引隋炀帝滥刑而亡为例,提出古人云:"前事之不忘,后世之师"为劝①。本来唐代的法律规定不许使用匿名的方式密告,如《唐律·斗讼·投匿名书告人罪》条规定:"诸投匿名书告人罪者,流二千里。得书者,皆即焚之,若将送官司者,徒一年。官司受而为理者,加二等。被告者,不坐。辄上闻者,徒三年。"武则天完全不顾现行法律,鼓励匿名密告,进而造成全国性的惊惶恐惧和反叛的心理,引发烽火燎原,官民齐相声讨,说明告密之匦并没有什么实在的神奇力量,反而加速她的垮台。

匿名告密的盛行,不但使全国臣民战栗自危,而且还给奸恶小人诬陷良善带来可乘之机,破坏社会的稳定。基于此,明清的法律加重对匿名告状行为的处罚。例如,《大明律·刑律·诉讼·投匿名文书告言人罪》条规定:"凡投匿隐姓名文书告言人罪者,绞。见者,即便烧毁。若将送入官司者,杖八十。官司受而为理者,杖一百。被告言者,不坐。若能连文书捉获解官司者,官给银一十两充赏。"然而,统治者制定的法律,总是由统治者率先破坏,在统治者认为需要的时候,往往又鼓励并受理匿名告状,一经立案,往往要"肃清逆党""株连蔓引,迄数年未靖"②。在君主专制统治之下,连坐告密必然如影随形,是无法根灭的。

四、遣吏巡行法

遣吏巡行,就是派遣使臣出去,代表君主"巡狩",对地方实施监察的方法,是由君主直接操作的监察手段,也是监察职能深入全国各地的表现。

早在汉代,即曾经不定期地派遣御史、丞相史等官吏分行各郡国,着重了解各地官员的政绩和社会动态,也是为了澄清吏治。在收到一定效果之后,汉武帝把全国划分为13部(州)监察区,各部派遣刺史(京师地区称为司隶

---

① (宋)司马光:《资治通鉴》卷203《武则天垂拱二年(686年)》,中华书局,1956年。
② (清)张廷玉等:《明史》卷308《奸臣胡惟庸传》,中华书局,1974年,第7908页。

校尉），分巡各郡国，省察治状，黜陟能否，断治冤狱。与此同时，各郡国则派遣名为"督邮"的官巡行属县，各县派遣廷掾巡行属乡，构成一套自上而下的监察体系。为了加强中央的控制能力，汉武帝还不时钦派名为"绣衣直指"的官员去"出讨奸猾，治大狱"。由于监察官的权力扩大和分区监察，刺史很快就上升为地方上的显要人物，在汉成帝绥和元年（前8年），刺史改为州牧，增秩至二千石，监察区转变为行政区，派遣之吏演变成正式职官。

汉代以后，在中央势力强大时，经常不定期地派遣一些官吏，以"使臣"的名义巡察某个地方或处理某项事务。这些"使臣"或"假节"，或"持节"，或"衣绣衣"，或"走马承受"，或"钦奉谕旨"，除享受特殊的礼遇之外，还拥有特别的监察权，有超越正规官僚机构之上的权力，号称"代天子出巡"，权威特重。这些有固定巡视区域的"使臣"，也逐渐成为地方行政长官，纳入地方行政序列，如唐代的"道"，宋、金的"路"，元代的"省"。

遣吏巡行在一定时期内曾经起到过澄清吏治，加强统治的效用。然而，因为所遣之吏权力过大，又缺乏制约的机制，所以，许多遣吏依恃特权而肆行威福，揽权蔑法，甚至贪赃索贿，有意制造冤狱。例如，唐代所遣使臣一出，"州县祗迎相望，道路牧宰祗候，僮仆不若，作此威福"①。明代"抚按出巡，不分府州县正佐官，跪迎道旁，倘值风雨，即知府亦陷膝圩泥中"，甚至"以貂皮饰溺器，以茵褥铺厕中，按臣受而安之晏如也"；而且是"好揽诸司之权，百凡大小刑名，俱令申详定夺"②。以致"使愈出而天下愈弊，使弥多而天下弥不宁"③。唐玄宗李隆基曾说："向者屡遣使臣分巡诸道，察吏善恶，今因封禅历诸州，乃知使臣负我多矣。"④

有鉴于遣吏巡行的诸多弊端，滋长了对此派遣官员的不信任，有些君主便改为委派自己的亲信宦官或幸臣充当耳目爪牙，直接插手监察事务，包括对监察系统的检察。但这种做法，不过是以弊除弊，其弊更巨。例如，唐代经常派遣宦官"持节传命，光焰殷殷动四方。所至郡县奔走，献遗至万计。

---

① （宋）王溥：《唐会要》卷62《出使》，商务印书馆，1935年。
② （明）陈子龙辑：《明经世文编》卷399管志道《直陈紧切重大机务疏》，中华书局影印本，1962年。
③ （宋）王溥：《唐会要》卷72《巡察按察巡抚等使》，商务印书馆，1935年。
④ （宋）司马光：《资治通鉴》卷112《唐玄宗开元十三年（725年）》，中华书局，1956年。

修功德，市禽鸟，一为之使，犹且数千缗。监军持权，节度返出其下"①。明代"朝廷每遣一人出差，即是其人养活之计，诛求责取，至无限量"②。此后"以地方官不足信而假中朝之御史以为重，久之亦可为地方官矣。则又出中朝之尊贵以临之，礼节滋烦，文移滋费，而彼此牵制不得行其意。功成则众任之事，败亦不独加也。彼此相杖相委，视荫玩日"③。以宦官代替御史，是明代中期以后政局的特点，凡"镇守、出征、督饷、坐营等事，无一不命中官为之"④。这些宦官出使，"络绎道路，恣为求索"⑤。所谓代行监察，实际上已成酝乱之源。

五、牵制监督法

有意设置牵制监督机制，是中国古代官制的重要特点。比如说，在中央辅政系列实行多轨辅政制，中央各政务系列的职权交叉重复，司法系列"三法司"并存，监察系列纵横交错，地方系列相互监视，长官系列正佐相互监督等。以明清地方官设置为例，明代在省一级设布政使司以管民政财政，设按察使司以管司法监察，设都指挥使司以管军事行政，要求他们分别奏报本职工作，不许共同商议，有意造成一省之政出于三门，以便分而治之。清代有些省既设总督，又设巡抚，有意让他们之间职权交叉重复，使他们彼此牵制、相互监督。统治者总是精于制造和充分利用官僚之间的内在矛盾，故意制造职权混淆，以达到自上而下的全面监控，并把这种相互牵制监督的行政体制通过监察制度有机地结合为一体。

牵制监督还表现在对监察人员的监察上。例如，唐代规定，尚书左右丞"掌辨六官之仪，纠正省内，劾御史举不当者"⑥。宋代给事中之下有谏官案，"主关报文书"；中书舍人下有谏官案，"掌受诸司关报文书"；尚书省有御史房，"主行弹纠御史案察失职"；"尚书都省弹奏六察御史，纠不当者"⑦。元代中书省左司有台院选科，右司有枉勘科，核实御史台选官和纠举案件。明代嘉靖

---

① （宋）欧阳修、宋祁：《新唐书》卷207《宦者传序》，中华书局，1975年，第5865页。
② （明）陈子龙辑：《明经世文编》卷21邹缉《奉天殿灾疏》，中华书局影印本，1962年。
③ （明）张萱：《西园闻见录》卷96《政术·前言》引冯琦曰，哈佛燕京社，1940年。
④ （清）张廷玉等：《明史》卷74《职官志三》，中华书局，1974年，第1827页。
⑤ （明）张萱：《西园闻见录》卷15《机权·住行·汪应轸》，哈佛燕京社，1940年。
⑥ （宋）欧阳修、宋祁：《新唐书》卷46《百官志一》，中华书局，1975年，第1185页。
⑦ （元）脱脱等：《宋史》卷161《职官志一》，中华书局，1977年，第3790页。

六年（1527年）《宪纲》规定："都察院、按察司堂上官及首领官、各道监察御史、吏典，但有不公不法等事，许互相纠举。今后巡按御史弹劾三司不职者，吏部斟酌举行，按察司官果有能纠巡按失职者，亦应吏部查记，不许科道官挟私报复。其巡按、清军、巡盐、刷卷御史同事地方，固宜同寅协恭，亦须互相纠察，以清宪体。"① 清代规定："凡纠拾反坐言官。有坏吏治，塞言路，以后科道纠拾官员，照大计一例处分。有挟私妄纠者，吏部、都察院指实参奏。"对监察人员的监察，为的是减少或抑制监察人员"植党营私，辩言乱政，此倡彼和，颠倒是非"②。其实质是为了控制监察人员的言论动向，设置防止冲击到最高统治的堤防。当然，也为了制裁监察人员滥用权力。

六、密察侦缉法

密察侦缉是君主为了直接了解情况而采取的特别监察手段。君主经常派遣御史、使者、宦官、亲信等奉旨持节以监督和处理各项事务，诸如拷问诏狱、督捕盗贼、刺举奸非、监军、监财税等。尤其是刺举奸非，权力极大，如汉代的绣衣直指，王莽的左右刺奸，曹魏和东吴的校事官、弹曲，北魏的侯官，五代的中团，明代的东厂、西厂、锦衣卫等，都是由君主直接委派的特别亲信，采用公开或秘密的方式进行特别监察，造成恐怖政治。

刺奸、校事、弹曲、候官等，都是为专门刺举官吏兵民的"奸罪"而设的，君主授予他们很大的权限，可以"上察宫庙，下摄众司"③，监督检举的对象和范围都很广泛，大至于反叛谋反，小至于饮酒醉言，无不在监视之中，其监视网"分布州郡，横兴事役，竞造奸利"④。这些人擅作威福，如北魏"增置内外候官，伺察诸曹外部州镇，至有微服杂乱于府寺间，以求百官疵失。其所穷治，有司苦加讯恻，而多相诬逮，辄劾以不敬"⑤。密察侦缉给社会带来很大的动荡，时人无不切齿为恨，痛心疾首地说："夫校事者，吏民之仇也。"⑥ 历

---

① （清）孙承泽：《天府广记》卷23《都察院·宪纲》，北京古籍出版社，1982年，第312页。
② （清）官修：《清会典事例》卷998《都察院·宪纲》，清光绪二十五年（1899年）刊本。
③ （晋）陈寿：《三国志》卷14《魏书·程郭董刘蒋刘传》，中华书局，1959年，第430页。
④ （晋）陈寿：《三国志》卷65《吴书·贺邵传》，中华书局，1959年，第1458页。
⑤ （北齐）魏收：《魏书》卷111《刑罚志》，中华书局，1974年，第2875页。
⑥ （晋）陈寿：《三国志》卷61《吴书·陆凯传》，中华书局，1959年，第1407页。

朝历代，都有官民主张裁抑这类机构，但因为这种密察侦缉组织有利于君主掌控政治，所以不予裁撤，反而给予特殊的宠用和重视。

密察侦缉手段是多种多样的。例如，仅割据四川一隅的王蜀，也大量豢养专门缉访密告的人员，有些特务头目"所管中团百余人，每人各养私名十余辈，或聚或散，人莫能别，呼之曰狗。至于深坊僻巷，马医酒保，乞丐佣作，及贩卖儿辈，并是其狗。民间有偶语者，官中罔不知。又散在州郡及勋贵家，当庖看厩，御车执乐者，皆是其狗，公私动静，无不立达"①。再如朱元璋对大臣们的一举一动都有监督，有一次，大臣宋濂在家与人饮酒，第二天朱元璋便问："昨夜饮酒否，坐客为谁，馔何物？"当宋濂如实回答后，朱元璋则笑曰："诚然，卿不欺朕。"②清代雍正时，翰林院修撰王云锦于元日时与几个朋友玩叶子戏，忽然丢失一张，节后上朝，"上问以元日何事，具以实对。上嘉其无隐，出袖中一叶与之曰：'俾尔终局。'则即前所失也"③。对一个不掌任何实权的修撰官尚且如此严加侦缉，其他高官贵臣更不能逃脱于侦缉网之外了。

密察侦缉在明代发展到极端。当时的密察侦缉组织，除属于行政系统的锦衣卫之外，还另有庞大的宦官密察侦缉组织，如东厂、西厂、内行厂等，上至公卿百官，下至士农工商，无不在其监视范围之内。在诸多的密察侦缉组织中，东厂的地位最为特殊，"每月旦，厂役数百人，掣签庭中，分瞰官府"④，采取"听记"，即监视京府会审大案及拷讯重囚的口供和情况以奏报皇帝；"坐记"，即到各官府及各城门缉访监视；"打事件"，由胥役打探的事件经由厂署修改润色汇报。除了用这些方式进行侦缉之外，还雇用"京师亡命"，设"档头"，分往各处进行刺探密访。厂卫还拥有特种司法权，凌驾于正规法司之上，滥用酷刑，"东厂番役横行，所缉访无论虚实，辄糜烂"。魏忠贤当权时，"民间偶语，或触忠贤，辄被擒戮，甚至剥皮、刲舌，所杀不可胜数，道路以目"⑤。东厂奏事，无论何时都可以直接送到皇帝的手中，夜间宫门关闭，但密告之件却可以从东华门缝中塞进去，官场和社会的一举一动都可以

---

① （宋）李昉等：《太平广记》卷126引《王氏见闻》，中华书局，1961年，第895页。
② （清）张廷玉等：《明史》卷128《宋濂传》，中华书局，1974年，第3786页。
③ （清）赵翼撰，李解民点校：《檐曝杂记》卷2《王云锦》，中华书局，1982年。
④ （清）张廷玉等：《明史》卷95《刑法志三》，中华书局，1974年，第2333页。
⑤ （清）张廷玉等：《明史》卷305《宦官魏忠贤传》，中华书局，1974年，第7820页。

立达于官中,一旦得到皇帝的批示,厂卫即可肆行逮捕,使用酷刑拷问。

使用特务组织控制官僚系统和社会,目的是通过恐怖手段以对官民人等进行威慑,企图借此消除反侧。这种建立在血腥镇压基础之上的密察侦缉,是君主率先破坏原有法制的措置,只能激化矛盾和造成社会动荡,实际上是起到瓦解统治基础的作用。

七、密奏传呈法

密奏传呈是经过特殊渠道将奏报的内容直接送呈君主,由君主亲阅,再朱批处理,并不通过各级军政部门,拥有最大的权威。本来批阅奏章是君主掌握全国军政情况和发布指示的基本途径。臣僚使用章、奏、表、启、议、疏、题、书、记、状等文书形式,通过一定的输送渠道送到君主手中,供作君主决策的参考;君主再以诏、令、谕、旨等形式将命令下达,这是历代王朝普遍沿用的文书运转常规。不过,有些君主出于对官僚们的不信任,认为用公开渠道送上来的文件反映情况不够确实,而且多为官样文章,其中充满粉饰套语,而且又常有互相包庇和虚夸诿过的问题,很难及时掌握真正的情况,特别是反映官员相互勾结又相互攻击的有关机密文件,君主要进行核查处置,而又容易事先走漏风声,因此,便采取特殊的渠道来进行处理。

汉代规定群臣可以"上封事",即将所奏内容密封传进,不必通过正常的运转渠道,可以从皇宫南面的司马门投入,由宦官直接呈递给皇帝。自此以后,凡是事涉机密,均允许密封呈递,不必通过正常的文书传送渠道。如明代在京察大计时,"科道纠拾,先期合具小帖,密投甄中,临期然后开甄酌议,疏名以上"[①]。而《宪纲》规定:"诸御史纠劾,务明著实迹,开写年月,毋虚文泛诋,讦拾细琐。"[②]密奏和陈奏并行,是"念诸臣之欲进言者,或有所顾忌,或有恐招怨尤,或有牵制之情,或有不便显言之处"。而且"科道等官所密陈者,未见有裨政治之事",却经常出现"徇私构党,彼此倾陷"[③]的现象。针对以上情况,清康熙帝和雍正帝构思出一种既便捷可行,又能高度保密的密折

---

① (清)孙承泽:《天府广记》卷23《都察院·事典》,北京古籍出版社,1982年,第320页。
② (清)张廷玉等:《明史》卷73《职官志二》,中华书局,1974年,第1769页。
③ (清)官修:《清会典事例》卷998《都察院·宪纲》,清光绪二十五年(1899年)刊本。

制度。这套密折制度最早启用于康熙，其后由继位的雍正帝逐步加以充实和完备。

所谓的密折制度，就是采用君臣之间私人通信的形式，由具有上奏资格的臣子，包括朝中的部院主官，地方的督抚两司，以及御史等官，允许将所具奏的内容写成折叠的文本，封存在特制的折匣之内上报；对比较重要的折本，还要加设特制的铜锁，用黄纸封口。折匣钥匙，君臣各持一把。折匣通过专门的运转渠道送到皇帝的手中，由皇帝亲自开拆，用朱笔在折本上作出批示，再按上述办法和途径送还臣子手中。折本内容及皇帝的"朱批"，概不准泄露，更不准将"朱批"内容交任何上级和同僚传看，即使对父母妻子也不容泄露。凡得到"朱批"的奏折要在一定的时间内，通过特殊途径交回官中保管。在这些朱批奏折中，既有皇帝命甲官奏报乙官情况，同时又有命乙官奏报甲官情况的内容，更有众官之间相互揭告的材料。君主利用官僚集团内部的矛盾，亲自操纵他们，使他们互相监视和牵制，进而把监察功能与行政功能有机地结合起来，既扩大了获得讯息的途径，提高了情报的准确性，可以及时迅速下达指示，又有效地防止大臣们擅权，使他们在相互防范时，对皇权始终保持恭谨畏惧的心态。

雍正加以完备的密折制度，将连坐告密、牵制监督、密察侦缉、遣吏循行等监察方法融为一体，具有绝密、准确、内容广泛而迅速的特点，是在认真吸取历代监察制度的经验教训的基础上，具有开创性的措置，也是君主极端专制的产物。因此，自雍正以后，清代历朝皇帝总是郑重地加以沿用，并以之作为最重要的统治手段之一。现存数量浩繁的清代朱批奏折档案，保留了这方面大量的记录。

第四节　监察制度的特点及其利弊

监察制度是中国政治制度史上最有特点的制度之一，它关系到上层建筑的自我调节，是维护国家机器正常运转的必要措置，从某种意义上看，它是国家机器的一种添加润滑剂，是保证最高统治利益的特别手段，也是值得很好研究和吸取经验教训的重要政治制度。

一、职能完善而局限明显

从历代监察制度发展历程来看,监察职能比较完善,作用也比较明显,但也存在着很大的局限。按照监察制度的官式规定,它是针对君主及全国官吏的,既有对上的谏诤和封驳,又有对下的监督弹劾,还有对左右的牵制监督,应该说是比较全面的。对上的谏诤和封驳,在一定程度上能够影响君主和上司的决策,减少一些不必要的失误。对下的监督弹劾,有利于君主控制国家机器,在一定程度上起到澄清吏治,维护政权稳定的作用。对左右的牵制监督,有利于规范吏治,提高工作的严谨与效率。但是,在君主专制中央集权制度下,监察制度又必然存在明显的缺陷。首先,对上谏诤和封驳取决于君主和上司个人的政治素质。例如,唐太宗虚心纳谏,谏官的意见就容易采纳;唐玄宗晚年纵情声色,倦于政事,谏官的意见就不容易被采纳;一些昏聩君主滥用威权,由个人爱憎决定政事处置,"忠直之辈人人钳口,而谗佞小人转为任意横行矣"[1]。其次,对下的监督弹劾不但取决于君主和上司的政治素质,也取决于监察官员的政治素质,一些监察人员窥伺君主和上司的意图,或"遇事生风,肆行抨击,以致各分门户,挟制大臣"[2];或"虚应故事""尸位素餐"。再次,对左右的牵制监督是和主官负责制相冲突的,而且必然涉及到官员的利害和恩怨,他们往往借此以为倾陷的机会,经常出现"私揭中伤者,造无根之谤"[3],造成彼此钩心斗角者多,实心办事者少,不但起不到牵制监督的效用,而且还会造成办事效率低下。

二、注重素质而难除腐败

历代对监察人员的使用,有特殊的安排,也有一定的管理和升迁机制,但由于授予监察人员的权力过大,顾此失彼,不易有效地控制监察人员的腐败。首先,历代在监察人员选用上,多使用一些职位较低、年龄较轻的人在

---

[1] (清)官修:《清会典事例》卷998《都察院·宪纲》,清光绪二十五年(1899年)刊本。
[2] (清)官修:《清会典事例》卷1001《都察院·宪纲》,清光绪二十五年(1899年)刊本。
[3] (明)张萱:《西园闻见录》卷31《考察·前言》引萧淳曰,哈佛燕京社,1940年。

前沿工作。汉武帝时的刺史,秩仅六百石;隋唐以至明清,监察御史的级别一直是七品,选用也比较严谨,如明代科道官选用,"明初至天顺、成化间,进士、举贡、监生皆得选补。"后来提高选用的标准,从翰林院庶吉士"改授",从进士出身而任满三年的京官中"考选",从地方的推官、知县中"行取"[1]。这些人年纪比较轻,涉事尚浅,凭着一股血气和初涉官场的认真感,有初生牛犊不怕虎的气势,弹劾官员,无所顾忌。但是,在监察人员升迁问题上,往往是卸下监察官职之后,便奉调到各部门或地方充任部曹或中级地方行政官员,回到他们原来监察过,甚至是曾经检举奏劾过的对象手下任职,也不得不使这些监察人员瞻前顾后,畏首畏尾。其次,授予监察人员的权力过大,又缺乏有效监督。因拥有"风闻奏事"之权,对官吏具有震慑作用,能够使官场的各种腐败行为有所收敛。但是,权力过大则很难进行有效监督,经常发生监察人员本身的腐败失控。例如,汉武帝时,"遣直指使者暴胜之等衣绣衣杖斧分部逐捕。刺史郡守以下皆伏诛"[2]。因为暴胜之等被授予"诛二千石以下"的非常权力,但在执法过程中居然与地方官"相结厚"[3],一面打击诬陷,一面搜刮钱财。明代的巡按在地方权势逼人,常常是"萧然而来,捆载而去"[4]。而且"身为执法,卖直沽恩,谤人惑众,起险言以眩众,听灭公义以济私恩"[5]。设置一个颐指气使的监察官,实际上是多了一个贪赃枉法的黑心官。虽然按照法律规定,监察人员犯法是要罪加二等的,但在实际运行中却极为罕见,常常受到庇护。

三、多种途径而融入党争

监察制度采取多种途径,监察方法运用多种方式,是在中央集权制度不断完善的过程中形成的,曾经发挥过重要的作用,同时也对当时的社会和政治风气产生过正反两方面的不同影响。各种监察系列相互交叉渗透,本来是

---

[1] (清)张廷玉等:《明史》卷71《选举志三》,中华书局,1974年,第1717页。
[2] (东汉)班固:《汉书》卷6《武帝纪》,中华书局,1962年,第204页。
[3] (东汉)班固:《汉书》卷66《王䜣传》,中华书局,1962年,第2887页。
[4] (明)方震儒:《方孩未先生集》卷1《整饬吏治疏》,清同治七年(1868)树德堂刻本。
[5] 杨一凡、田禾点校:《皇明诏令》卷4《成祖文皇帝上·戒谕臣下慎刑敕》,科学出版社,1994年。

君主利用监察机构对臣民实施全面监控的手段,但这一切都是以君主为中心,不但使当时的监察效果降低,而且有很大的局限。诸如,许多善于趋炎附势、善于逢迎拍马的人,一直以在君主面前承欢色笑为务,从来不敢批"逆鳞"[①],从不得罪当权的达官巨室,一心追求荣华富贵,绝无是非善恶之念,奉行"多磕头,少说话"为箴言,善于看风使舵,回避矛盾,并因此得到高官厚禄。然而,一些耿介正直敢言之士,能够冒雷霆之威,敢批君主的逆鳞,斥奸佞之误国,"吐一言终,知自投鼎镬,取离刀锯,而曾不避者"[②],不肯屈从俯就,反遭谗蒙毁,或贬降,或杀戮,使"风尚日非,仕路秽浊"[③]。即便是认真履行监察责任,在君主与官僚看来,这些监察官员也是心思不正,"古之谏者既忠于国,亦以求名,今之谏者为利而已"[④]。认为监察人员上者是为了求名,下者为了求利,也会使他们畏手畏脚。

总之,古代监察制度恰似一把三刃剑,它曾经有效地维护了以君主为核心的统治秩序;也曾经用来在统治营垒内部进行倾轧斗争,锄灭异己,镇压正直力量,起到自乱营垒的作用;更曾经明确监察的定位,使之不能够完全取代行政。三刃剑的重点在于剑锋,而不是左右两刃的所谓既可以为利,又可以为害,剑锋所指乃是关键所在,那就是监察的定位问题,其应该在国家机器运转过程中充当润滑油,而不是用之替代国家机器。在历史上有些监察官在时局动荡、党争炽烈时,往往分成派系,成为政治斗争的附庸。现存历代的监察官遗留下的奏疏评议,往往反映着各时期社会和政治危机的要害,以及派系政见歧异的焦点,也是双方或多方互相攻击的论据,既能够从不同角度提供研究监察制度的生动素材,也能够理解监察制度作为国家政治体制的一部分,必然要受到根本政治制度的制约,不能超然于根本政治制度之外。

[①] 《韩非子·说难》:"夫龙之为虫也,柔可狎而骑也。然其喉下有逆鳞径尺,若人婴(撄)之者,则必杀人。人主亦有逆鳞,说者能无婴人主之逆鳞,则几希。"

[②] (唐)欧阳询等:《艺文类聚》卷34《人部·谏》引梁元帝《忠臣传·谏争篇序》,上海古籍出版社,1965年。

[③] (明)魏大中:《藏密斋集》卷4《肃计典以励官常疏》,四库禁毁书丛刊,北京出版社,1997年。

[④] (元)脱脱等:《金史》卷7《世宗纪中》,中华书局,1975年,第168页。

第八章

军事制度

军事制度是国家机器的重要构成,而且是统治的重要支柱,承担着对内维持统治秩序和镇压逆反,对外发动或防卫侵略的重要职能。国家的存在要依恃军事力量,而建立一支强大的军队,形成高度集权统一指挥的军事管理体系,乃是国家政权的首要问题之一。军事不可能独立于国家政治和社会存在之外,在错综复杂的变化中,军事制度也不断得到发展和完善。

第一节 兵役制度

兵役制度是与社会政治、经济的发展紧密地联系在一起的。政权的兴衰与更替,经济的充裕与匮乏,社会的进步与落后,战争的规模与战略战术,科学技术的发展与应用,都会影响到兵役形式的变化。

一、郡县兵役制

郡县兵役制主要有两种形式:

一种是建立在郡县在籍男子都必须为国家承担徭役的基础上,普遍征发丁役充当军兵。例如,汉代的"践更"和隋唐的"府兵",均属此类。

汉代的男子在20岁开始"傅籍",即开始服徭役;在23~56岁之间,必须服兵役两年。前一年为材官(步兵)、骑士、楼船(水军),充当"正卒",即郡国的常备兵,在地方接受军事训练。经过训练的"正卒",要到京师或边境屯守戍卫一年,称为"卫士"或"戍卒",期满以后回归乡里,如果有军事需要，朝廷还可以进行临时征发，到56岁以后才能免除兵役。民丁除服兵役之外，还必须服一定时间的徭役。在国家不处在战争状态的时期，因所需要的兵额减少，可以要求不去京师或边境屯戍服兵役的人，每人出300钱，称为"更赋"，后来竟成为国家的固定税种，国家用此款养活征募上来的兵员，因此，纳赋的年龄也逐渐扩大，如晋代"男女年十六已上至六十为正丁，十五已下至十三、六十一已上至六十五为次丁，十二已下六十六已上为老小，不事"①。除了老小，服役年龄已经达到13~65岁了。

隋文帝时规定："凡是军人，可悉属州县，垦田籍帐，一与民同。"②实现兵民同籍，寓兵于农。唐初沿袭隋制，分内外府而点充兵役，其原则是"财均者取强，力均者取富，财力又均，先取多丁"③。点充的年龄在21~59岁之间，一经点充，即有军籍，同时免除本人的租庸调。府兵平时务农，农闲时接受军事训练，服役时自备兵器资粮。府兵制是以均田制为基础的，当均田制瓦解，府兵制也走到尽头。

另一种是以郡县为单位强行征发兵役的制度。例如，明代的"佥兵法"，就是以州县为单位，在列入兵籍的人户中"佥兵"，"大者千人，次者六七百，小者五百"④。佥上来的兵由有关部门进行训练，官给衣粮，随时征调。这种"佥兵"制度，在军事需要时经常采用，"每有征伐及边衅，辄下令佥军，使远近骚动，民家丁男若皆强壮，或尽取无遗，号泣动乎邻里，嗟怨盈于道路"⑤。这种强制性的"佥兵"制度，曾经给广大民众带来深重的灾难。

二、谪罪兵役制

谪罪兵役制即谪发刑徒和贱民充军的制度，历代沿袭采用。如战国时的魏国，"（王）命令将军：经营商贾和客店的，给人家做赘婿的，以及在百姓中带头不耕种，不修建房屋的，我很不喜欢。要把他们杀掉，又不忍连累他们的同族弟兄。现在派他们去从军，将军不必怜惜他们。在杀牛犒赏军士的

---

① （唐）房玄龄：《晋书》卷26《食货志》，中华书局，1974年，第790页。
② （唐）魏徵：《隋书》卷2《高祖纪》，中华书局，1973年，第35页。
③ （唐）李林甫等：《大唐六典》卷5《兵部尚书》，清嘉庆五年（1800年）扫叶山房刻本。
④ （清）张廷玉等：《明史》卷91《兵志三》，中华书局，1974年，第2250页。
⑤ （元）脱脱等：《金史》卷44《兵制》，中华书局，1975年，第999页。

时候，只赏他们三分之一斗的饭就够了，不要给他们肉吃。攻城的时候，哪里需要人，就把他们用在那里，将军可以叫他们去平填池壕"①。秦汉时期，滥用民力，使"兵不足用，而后谪发矣"②，就是在兵源枯竭的情况下，强迫刑徒和奴产子充军入伍。西汉还建立谪发刑徒和贱民充军的制度，即七科谪："吏有罪一，亡命二，赘婿三，贾人四，故有市籍五，父母有市籍六，大父母有市籍七，凡七科。"③除了真正的罪犯之外，还强迫被招赘的女婿、商贾或与商贾有血缘关系的人充军，这些人在当时被认为是"贱民"。

魏晋以后，由于户口亡失过多，官府多次检括人口，查出隐户，"皆以补兵"④。开始时，谪罪兵役还不是世代相袭，后来"官制谪兵，不相袭代，顷者小事，便从补役，一愆之违，辱及累世，亲戚傍支，罹其祸毒"⑤，不仅变为世代相袭，而且还牵连亲族。

战争需要兵员，在兵员不足时，国家经常强行征兵，强行征兵不足，便让罪犯去充军，当时只不过是一种权宜之计，但在宋元以后，谪罪兵役制却成为一种经常性的制度，如宋代的"配军"，明代的"恩军"和"充军"。

宋代的"配军"制是伴随着刺配刑而来的。宋代凡是杂犯死罪，均刺面、杖脊、配流，去充当军役和劳役。充当军役的称为"配军"，主要从事杂役，被称为"杂役卒"，其地位非常卑贱，犯罪较一般营卒要加二等，其法律身份属于奴婢，承担苦役。

明代的"恩军"是指官民因罪而被谪发的，亦称为"充军"。《大明律》中有关充军的条文有46条，还有专门的《充军条例》。其"定制：分极边、烟瘴、边远、边卫、沿海、附近。军有终身，有永远。"⑥终身仅罪犯个人，永远则要世代为军。虽然如此，"将军犯发入军队充作军人，对于非军籍人而言，罪犯改变了习惯的生活方式和生活环境，终身或甚至世代承担兵役或军中劳役；对于军官军人而言，充军军官被剥夺军职，充军军人一般要承担更为艰

---

① 睡虎地秦墓竹简整理小组编：《睡虎地秦墓竹简·魏奔命律》，整理者译文，文物出版社，1978年，第295页。
② （宋）陈傅良：《历代兵制》卷1《秦》，广陵古籍刻印社据清刊本影印，1990年。
③ （东汉）班固：《汉书》卷6《武帝纪》张晏注，中华书局，1962年，第205页。
④ （唐）房玄龄：《晋书》卷81《毛璩传》，中华书局，1974年，第2126页。
⑤ （唐）房玄龄：《晋书》卷75《范宁传》，中华书局，1974年，第1987页。
⑥ （清）张廷玉等：《明史》卷93《刑法志一》，中华书局，1974年，第2301页。

苦的军役，若无军功，原则上，充军多具有终身特征"①。一旦被充军，则很难再改变身份，乃至于世代相袭。谪罪兵役在生活待遇及使用上都与其他兵役有很大差别，不但受到歧视，而且经常被押送到最危险的战场充当炮灰。

三、招募兵役制

招募兵役制是以雇佣的形式来招募兵员的制度，始于春秋战国时期，以后各代间或实行。主要有三种形式：

一种是国家常备兵需要训练有素、娴于战阵的精锐士卒，以保证较强的战斗力。这种招募的士卒一般都要经过一定考选，又是自愿前来的，能较为稳定地长期在役，所以战斗力较强。例如，齐国的"技击"，"其技也，得一首者，则赐赎锱金"；魏国的"武卒"，"以度取之，衣三属之甲，操十二石之弩，负服矢五十个，置戈其上，冠胄带剑，赢三日之粮，日中而趋百里。中试则复其户，利其田宅"（《荀子·议兵》）。又如，西汉李陵率 5000 名被称为"勇敢士"的步卒，在匈奴数万骑兵的围攻下，仍能顽强作战，杀敌万余，在矢尽粮绝、敌骑冲阵、主将降敌的情况下，还有 400 余人杀出重围而回归祖国。再如，东晋招募的"北府兵"，曾经以 8 万之众击破号称"百万"的前秦大军，使敌人"草木皆兵"。唐代的"长征健儿"也曾经横行一时。宋初的"禁军"在统一江南、对辽作战中都表现出良好的军事素质。明代以招募为主的戚家军、俞家军，在抗击倭寇的战斗中屡建功勋。清代后期招募的湘军、淮军，成为支撑清王朝的主要力量。清末招募的新军，成为中国仿照洋法练兵的开始。

另一种是作为国家常备兵的普遍招募制。这种招募一般只对身体条件进行验看，带有自愿和半自愿的性质。如五代和宋，在招募时，"先度人材，次阅走跃，试瞻视，然后黥面，赐以缗钱，衣履而隶诸籍"②。士卒如果逃亡，由于面上刺字易识，很快就会被抓回营进行处置。在这种情况下，一般人民不是到生活难以维持的时候，是不愿主动当兵的。兵源不足，招募标准也必然下降，成分也必然复杂，也就不能保持良好的军事素质。例如，宋代"禁军"

---

① 吴艳红：《明代充军研究》，社会科学文献出版社，2003年，第11页。
② （元）脱脱等：《宋史》卷193《兵制七》，中华书局，1977年，第4799页。

的招募,"多老疾不胜铠甲者"①,素质下降,以至"生于无事而饱于衣食也,其势不得不骄惰。今卫士入宿不自持披,而使人持之;禁兵给粮不自荷,而雇人荷之;其骄如此,况肯冒辛苦以战斗乎"②。这样招募上来的兵,不但骄惰不习战事,而且老弱病残充斥其中,所以作战常常败北。清代的湘军、淮军渐渐蜕变,成为私兵性质,正如王闿运《湘军志》所讲:"其将死,其军散,其将存,其军完",完全取决于将领的个人素质,当将领们荣华富贵到手,便瞻前顾后,所以在其后中法、中日诸战争中,几乎都是一触即溃,无力抵挡外侮。

还有一种是作为特殊兵种而招募的。这种招募除身体条件之外,还必须具备一定的专业技术和文化水平。如战国时代的"车士"需要"年四十以下,长七尺五寸(1.73米)以上,走能逐奔马及驰而乘之,前后左右,上下周旋,能束缚旌旗;力能彀八石弩,射前后左右,皆便习者"(《六韬·武车士》)。"骑士"则要求"壮健捷疾,超绝伦等,能驰骑彀射,前后左右,周旋进退,越沟堑,登丘陵,冒险阻,绝大泽,驰强敌,乱大众者"(《六韬·武骑士》)。对招募上来的兵员要加以训练。例如,秦代就曾经规定:车兵经过四年训练,不能熟练地驾驭车马者,"罚负责训练的人一盾;驾驭本人应免职,并补四年内应服的徭役"③。清末以后,陆续兴办起的各种军事学堂,主要培养中下级军官,还成立专门的机构,对新兵进行训练。凡是那种技术含量高,经过较长时间训练才能用于战斗的士兵,待遇要比一般士兵高,也就成为带有一定雇佣性质的专业化职业兵。

四、世袭兵役制

世袭兵役制亦称世兵制,是子孙世代相袭为兵的制度。主要有强制世兵制和限制世兵制两种类型:

强制世兵制,即士兵全家被强迫从普通户籍中分离出来,脱离民籍,变为军籍,士兵本人终身当兵,其子孙后代亦世代为兵。这种世兵制是在东汉

---

① (元)脱脱等:《宋史》卷194《兵志八》,中华书局,1977年,第4830页。
② (宋)马端临:《文献通考》卷152《兵考四》引知谏院范镇言,浙江古籍出版社,2000年。
③ 睡虎地秦墓竹简整理小组编:《睡虎地秦墓竹简·魏奔命律》,整理者译文,文物出版社,1978年,第129页。

末年大战乱后，郡县征兵制遭到破坏，招募兵源枯竭的情况下形成的。具体的做法是，采取强制性的手段，把现役、招降和检括逃亡的军士编为军户，迫令他们世代相袭，以保证基本兵源。对军户，给予军田，不纳赋税，但从军的衣粮要由军户负担。这种世兵制盛行于魏晋，渐衰于南北朝，再盛行于金、元，渐衰于明清。

限制世兵制是早期国家的兵役制度。早期国家的"公共权力在这里体现在服兵役的公民身上，它不仅被用来反对奴隶，而且被用来反对不许服兵役和不许有武装的所谓无产者"[①]。因此，奴隶、农民是不能服兵役的，服兵役的只有自由民。例如，西周的"乡遂"兵役制，"王国百里为郊，乡在郊内，遂在郊外，六乡谓之郊，六遂谓之野"[②]。也就是国都近郊为乡，郊外之野为遂，各设有六乡和六遂。六乡出兵役，六遂出军赋和劳役。乡是国人，即自由民居住的地方；遂是野人，即奴隶、农民居住的地方。因此也称为"国野"。"国野"是在西周灭商以后形成的制度，为镇压商代遗族和东方各族的反抗和对他们进行监视，除了大封诸侯之外，还使这些被征服的部族，"一族一族地被分配给周的贵族，和周人一块去建立新的诸侯国家"[③]。这样，作为战胜者的周族和依附于周族的部族在一地而分别居住，形成周族和依附于周族的部族人民就是"国人"，被征服的部族人民就是"野人"。只有国人才能享有服兵役的权利和享有一定的政治经济权利，在国有大事时，往往还要征询国人的意见。因此，国人是周王室和诸侯国政治、军事的支柱；野人则主要从事生产劳动，向国家提供赋税和劳役。这种"国野"限制兵役制在春秋以前曾经严格地实行，是早期国家主要兵役来源。魏晋以后，一些少数民族政权为保证有足够的军队，以原有部落组编成军队，将领和士兵均世代相袭，而限制汉人在这些军队里当兵。如十六国时期的"族兵"，辽代的"宫卫御帐兵"，西夏的"擒生军"，金代的"猛安谋克"，元代的"怯薛军"，清代的"八旗兵"等，都属于这类。

限制世兵制在初期乃是朝气蓬勃的，在以军人为荣誉的当时，也保证了

---

① 中共中央马恩列斯著作编译局：《马克思恩格斯选集》第4卷，人民出版社，1972年，第126页。
② （宋）王应麟：《玉海》卷136《周兵制》，清嘉庆十一年（1806年）江宁藩署刻本。
③ 何兹全：《读史集》，上海人民出版社，1982年，第137页。

一定的战斗力，如清初的八旗兵，不仅可以实现骑兵的兵团作战，还能够运用炮火攻城拔寨，为清王朝的建立和巩固立下卓越的功勋。不过，世代相袭也必然导致素质下降，尤其是在享有特权的情况下，寄生性和惰性也会日益增长，腐化和暮气也与日俱增，战斗力下降，八旗兵在康熙时期就已经"怠于武事，遂至军旅堕蔽，不及曩时"，"满洲官兵近来不及从前之精锐"[1]，所以当太平天国、捻军兴起，清王朝便束手无策，湘军、淮军等新的武装力量则逐渐取代八旗兵。

强制世兵制大多是在不自愿情况下充当的，其社会地位不高，生活也常常得不到保障。例如，明代小军每月只有一担粮食，经仓官克减，到手只有七八斗，一家老小衣食全赖于此，"他哪里再得闲钱与人。这些千百户们，直这等无仁心，他关了许多俸钱，倒又去科敛害军，科这穷军们的钞，回家去买酒买肉吃呵，便如将他身上的血来吃一般"[2]。经济收入有限，又遭军官克扣，社会地位低下，岂能期望这些强制的世兵能够保持旺盛的战斗意志！明代中期以后，大量军户逃亡，明王朝便采取"清军"，凡是曾经为军者都要押送各卫所，成为当时的弊政之一。

五、发奴为兵制

发奴为兵制是特殊情况下出现的征兵制，主要有三种类型：

一种是国家征发私家僮奴充当兵役。例如，西汉时，卫青、霍去病各自率领5万骑出塞，有"私负从马复四万匹"[3]，这是诸军将领和士兵的僮奴随同主人出战，还没有列入国家军事编制之内。西晋末年，因战事频繁，经常发私家僮奴助军，而且还单独编成军队。如太安二年（303年），"又发奴助兵，号为四部司马"[4]。此后多次发奴为兵，直至南朝的刘宋还不乏招集僮奴为兵的记载。这种发奴为兵，是属于朝廷向私人借用人力资源的形式，一般战事结束便把所发僮奴归还其主人，对死难者则偿还其所值。例如，南朝宋就曾经

---

① 赵尔巽等:《清史稿》卷7《圣祖本纪二》中华书局，1977年，第238页。
② （明）朱元璋:《大诰武臣·科敛害军第九》，科学出版社，1994年。
③ （宋）司马光:《资治通鉴》卷19《汉武帝元狩四年（前119年）》，中华书局，1956年。
④ （唐）房玄龄:《晋书》卷4《惠帝纪》，中华书局，1974年，第101页。

对"先因军事所发奴僮,各还本主;若死亡及勋劳破免,亦依限还直"①。这种兵役制与当时的士族门阀政治有密切的联系,是特殊现象。

另一种则是国家征调官府所有的僮奴为军,立功者可以免去僮奴身份。隋唐以前的官府手工业部门有许多籍没为奴的生产者,数额相当可观。如陈胜、吴广起义时,秦二世征发的刑徒和"奴产子"达30余万。这样的征调主要用于应付紧急情况,故后世也常有征发刑徒、从奴的记载,但不会普遍采用。

还有一种是在战争需要的情况下征发徒刑犯为军,立功者可以免去罪责。征发徒刑犯人不属于谪罪兵役,只是一种临时措施,所以在战场上有专门的督管人员进行监视。如汉武帝时,"遣楼船将军杨仆、左将军荀彘将应募罪人击朝鲜"②,是由正规军押送赴前线的。

此外,有些王朝还通过战争征服或掠夺的形式,收编一些降附军,胁迫被掠来的丁壮充军,或编为独立军伍,或分隶于各营。在战争时,强迫这些兵役在前冲阵,充当"肉篱"。如北魏进犯南朝宋,建威将军柳元景所俘获的北魏兵多是河内人,俘虏皆曰:"虐虏见驱,后出赤族,以骑蹙步,未战先死,此亲将军所见,非敢背中国也。"③类似的情况在史书中多有记载。等战争结束时,就想方设法将这些降军剪除,如南宋政权在襄阳和崖山溃降的军队被元朝整编为"新附军"。这是一支拥有十几万兵员、训练有素的常备军队,留之恐为后患,杀之则恐失去民心,遣之又恐聚集山林为寇,于是,忽必烈命令这支军队远征日本和爪哇。宋降将范文虎率10万将士出征日本,遇风覆灭,幸存者仅十之一二。在如此损兵折将的情况下,忽必烈非但没有呵责,却对范文虎及残存将士大加赏赐,借用远敌和风涛之手而使降人自灭,元王朝统治者颇引以为得计。

六、民壮兵役制

民壮兵役制是一种非正规军队的兵役制度,多用于乡里保甲间以维持治

---

① (梁)沈约:《宋书》卷3《武帝纪下》,中华书局,1974年,第55页。
② (东汉)班固:《汉书》卷6《武帝纪》,中华书局,1962年,第194页。
③ (梁)沈约:《宋书》卷77《柳元景传》,中华书局,1974年,第1985页。

安,称为"乡兵"或"民兵"。其主要来源又可区别为两种:

一种是按户籍征调,依保甲编组,平时生产,农闲训练,国家不负担或很少负担费用,是乡兵的主要组成形式。例如,宋代的乡兵二丁和三丁抽一,四丁和五丁抽二,六丁和七丁抽三,八丁以上抽四。明代的民兵,"州县七八百里者,每里佥二名;五百里者,每里佥三名;三百里者,每里佥四名;一百里以上者,每里五名。春秋每月操二次,至冬,操三歇五,遇警调集,官给行粮"[①]。这些被称为民壮的民兵,在明中叶以后常常被调发到边疆沿海去作战,进而成为重要的军事力量,如"义乌兵"曾经常年驻守在九边,在抗击倭寇的时候发挥重要作用。

另一种是招募而来,属于自愿,不带强迫性质,国家给予一定的报酬和减免赋税的待遇。例如,明代中叶以后的义勇、枪手、民兵等,是各州县为加强自身防卫能力而组成的地方武装,要分期分批到就近的卫所进行团练。民兵常常随国家军队出征转战,随征外出时享有加倍的工食银两;普通的义勇虽不享有工食银,但在集训和操练时会给予口粮及免差的优遇[②]。

这些乡兵虽非正规军队,但由于都是本乡本土的人,遇有外来侵略,多能拼死抗敌。如金人南侵,宋代的乡兵义勇曾进行大规模的抗金斗争。明代的民兵在倭寇入侵时,也曾拼命抵抗。这些乡兵是国家的预备兵员,遇有紧急金军,多从乡兵中征发。乡兵与保甲什伍连坐相结合,在维持地方治安和镇压人民反抗活动中起着相当重要的作用。

第二节 军事编制与兵种配制

高度集权化的军事体系是建立在君主控制最高军事指挥权基础之上的,为了便于对军队的管理,不但需要有一套由中央到地方的军事管理体制,还需要建立结构严密的军事编制体系,按照一定的层次进行统一指挥。

---

① (清)顾炎武:《天下郡国利病书》卷102《广东上·民壮》,上海书店,1985年。
② (明)王琮等:《嘉靖淄川县志》卷4《建设志·兵防》:"义勇即今枪手,边房为患,欲其募义勇战,以忠其上之谓也。为额一千,属之巡捕官与土官刘爵司世贤操习,而督察于兵宪,以听巡抚之调遣焉"。天一阁藏明代地方志选刊60,上海书店,1982年。

一、军事编制

历代王朝都有一支庞大的军队,而且越到后来规模越大。据史书记载,商汤时就有"良车七十乘,必死六千人"(《吕氏春秋·简选》),再加上他所联合的"九夷之师",攻夏时有3万余众。商王朝常备军有6师,每师约万人,战争时还可以动员和调动诸侯的军队,所以商纣在抵抗周武王进攻时,能够发兵17万。周武王伐纣时动员的军队是"戎车三百乘,虎贲三千人,甲士四万五千人"[①]。西周天子也辖有"六师",在成周还有"八师",依照《周礼》的编制,其常备军应该有17.5万人。春秋初期还保持大国三军、次国二军、小国一军的制度,随着兼并战争规模的扩大,各国纷纷扩军,首先晋国设置六军,以后各大国都拥有兵车数千乘,乃至万乘。战国七雄均有带甲之士数十万,其中魏国有"武力二十万,苍头二十万,奋击二十万,厮徒十万"(《战国策·魏策一》),算是中等大国,而楚国和秦国都有带甲之士百余万。军队人数增加,战争频繁,春秋战国见于史册的战争就有398次之多。战争规模也逐渐扩大,公元前300年,秦伐楚,斩首3万;公元前298年,秦击楚,斩首5万;公元前293年,秦将白起败魏、韩联军,斩首24万;公元前280年,秦将白起败赵军,斩首2万;公元前274年,秦伐魏,斩首4万;公元前273年,秦将白起败魏军于华阳,斩首13万,再战赵军,沉赵卒2万于河;公元前264年,秦将白起伐韩,斩首5万;公元前260年,秦将白起坑杀赵卒40万,斩首5万;公元前256年,秦伐韩,斩首4万;公元前244年,赵将李牧杀匈奴10余万骑;公元前242年,赵败燕,斩首2万;公元前234年,秦伐赵,斩首10万;公元前225年,秦将王翦率60万军伐楚。

秦销天下兵,铸铜人12座,但所设常备军已经达到百万之众,自此以后,即使在隋、唐、宋升平之时也都保留常备军百余万。明代京军有20余万,分布全国各地的卫所军有270余万。清代八旗兵额20余万,绿营兵额60余万,清末编练的新军也有五六十万。这些仅是中央直属的军队,而郡县"民壮"和保甲"乡兵"等尚未计算在内。如遇有战争,便大量征兵,军队数

[①] (汉)司马迁:《史记》卷4《周本纪》,中华书局,1959年,第121页。

目猛增,"盖有夫皆兵也"。隋炀帝征伐高句丽,一次用兵就达1133800人,加上卒徒转运,这次战争竟动员了300余万人。

要统率和指挥这样规模庞大的军队,就必须制定一定的编制,以适应各种规模战事的需要。为了便于层层控制,更是要集中统一指挥。

传说夏代天子有六军,军下有旅,一旅之众约500人。商代的王有三师,分左、中、右,最基层的编制是"什",即十人一组。自周秦以来,居民长期实行"什伍之制",以连坐的形式将居民编组起来,对人民进行管理和约束。这种居民组织与军队组织是密切结合的,所以军队的基础编制也常从"什伍"开始,并以什伍为进位,递次扩大到四五百人为一基本单位。在实行过程中,什伍相保,什长以上至统兵将帅都要相保,实行连保连坐,用以维持军队纪律和战斗力。这种基层编制对于管理和指挥都是比较有效的,因此在历代王朝的军队编制内都大体沿袭保持。至于基层以上的编制,各代则根据实际情况,不断地进行整编。例如,西周一军1.25万人,其下有师、旅、卒、两、伍。春秋齐国有三军,编员3万人,其下有师、旅、卒、小戎、轨,一轨5人。战国齐国一军编员3200人,其下有禆、校、部、曲、官、队、火、列,一列5人。秦王朝一军编员4万人,其下有国尉、偏禆、尉、五百、百、屯、伍。汉代一军编员8000人,其下有禆、校、部、曲、官、队、什、伍。西魏北周府兵六军编员4.8万人,其下有柱国军、开府军、军、团、旅、队。唐代一军编员在1.2万—2万人,其下有军府、军营、府、团、旅、队、火,一火10人。宋代一厢编员2.5万人,其下有军、营、都、队、什。元代一卫或司编员万人左右,其下有万户府、千户所、百户所、牌,一牌10人。明代一卫编员5600人,其下有千户所、百户所、总旗、小旗,一小旗11人。清代八旗兵分旗、参领、佐领、领催;绿营兵分标、镇、协、营、汛。清末新军则以镇、协、标、营、队、排、棚为编制。

基层编制的相对稳定,便于军队调动和大兵团的组建。如隋炀帝亲征高句丽,百余万众分成前后两行。前行分为24军,军设大将、亚将,统领骑兵40队,步兵80队,每队100人;骑兵10队为团,步兵20队为团,设偏将统领。每军各配备辎重、散兵等4团,与步骑兵合计2万余人,24军48万余众。后行是禁军,分为内外前后左右6军,每军编制10万余众,也是以团、队为基本编制。正因为如此,百余万众绵延排列千余里,"进止立营,皆有次叙仪法"①。又如,辽代的军队在征战时,列骑为队,10人为编组,以什将率领,每队500~700人,10队当一道,10道当一面,各有主帅,"最先一队走马大噪,冲突敌阵。得利,则诸队齐进;若未利,引退,第二队继之"②。以队为基本作战单位,而各有节制,在对宋的战争中发挥了极大的作用。宋以后的基层编制也相对稳定,以营、千户所为单位,编员在300~1000人之间,特别的军队也可以扩大缩小。明清的营规模较大,如明代五军营、三千营、神机营,号称三大营,实际是军的编制,其营下分营(将官)、部(千总)、司(把总)、局(百总)、旗(旗总)、队(队长),有编员2699人。三大营各辖10营,但各营编制人数有差别。

近代以来的湘、淮军也以营为基本单位,足500人者称大营,不足500人的称小营;其水师营为400余人,以桨、橹、舵工和炮手组成;水师后来分成副将营(560人)、参将营(420人)、游击营(280人)三等;湘军后期组成的骑兵营有官勇292人,配马292匹。

清末新军的基本编制也是营,营下辖步队、马队、桥梁司队、地垒司队、地雷司队、修械司队、测绘司队、电雷司队、电报司队,编制开始适应近代战争装备。新军以镇(师)为战略基本单位,其下有协、标、营、队、排、棚等作战单位,基本编员有官兵12512人。

清代以前,只有水师,没有海军,从同治元年(1862年)才开始筹建海军,由南、北洋大臣分管海军,到光绪元年(1875年),海军初步建成,北洋军舰有14艘,南洋军舰17艘,福建军舰11艘。光绪十一年(1885年),总理海军衙门成立,仅将北洋海军建立成军,南洋、闽粤方面因舰船缺少,未能成军。北洋海军在山东威海建立提督衙门,而在中日甲午一战,北洋舰队全军覆没,此后陆续拼凑了巡洋舰队(有15艘战舰)、长江舰队(有17艘战舰),其最大吨位的巡洋舰3400吨,最小吨位的鱼雷艇62吨,分别是德、日、英制造的,国产的也有8艘,则是木质或铁木结合的。清朝灭亡前,海军已经有了舰队、港口、船坞厂及各种类型的学堂,形成了独立的体系。

---

① (宋)司马光:《资治通鉴》卷181《隋炀帝大业八年(612年)》,中华书局,1956年。
② (元)脱脱等:《辽史》卷34《兵卫志上》,中华书局,1974年,第399页。

军事编制与各个时期的社会经济、政治、军事形势、战略战术理论的发展有着密切的关系,因此,军队的编组,尤其是大兵团的编组,总是在不断发展变化之中。

二、兵种配置

兵种配置既与战争的需要相关,又和社会生产力水平有密切的联系。一般来说,早期国家的兵种多以车兵和步兵组成,兵器以一些贵金属戈矛和弓弩为主,还有一些石制的兵器。随着社会生产力的发展,车兵和带甲士卒成为作战主力,围绕着战车出现了甲士、马、射等兵种。一辆战车大致包括4匹马,甲士3名,左持弓,右持戈矛,驭者居中,并配备有预备甲士以接替阵亡者,故此兵车300乘,虎贲3000人。除作战的甲士之外,还有负责供应和辅助的徒兵(步兵),在必要时也能够参与作战。

随着社会的发展和战争规模的扩大,战斗方式也日趋复杂化。在战国时代,步兵和机动力较强的骑兵成为主要作战的兵种,兵器则渐渐改用铁和钢来制造,军队的后勤供应也成为当时胜负的关键。《孙子兵法·作战篇》云:"千里馈粮,则内外之费,宾客之用,胶漆之材。车甲之奉,日费千金,然后十万之师举矣。"军事与政治、经济的关系越来越为当时统治者所重视。在这种情况下,许多军事家不断涌现出来,并各自总结出指导作战的规律。诸如我国著名的《孙吴兵法》《孙膑兵法》《司马法》《尉缭子》《六韬》等军事著作的出现,其中很大一部分原理和原则,至今仍有很高的参考价值。

秦汉时期的军队规模更大,在兵种上则多以步兵、骑兵、车兵、辎重后勤兵混合编组,根据作战地形,有时还配合一些山地兵和水兵,在"平地用轻车,山阻用材官,水泉用楼船"①的原则下,几个兵种按轻装和重装组合,配备使用弓弩兵。在较大的军团采用多兵种的编组,在小团队中采用轻重混合编组,这是当时作战最有效的编组方式。

魏晋以后,为适应内地作战需要,建立了一些特殊兵种,诸如工兵、攻坚兵,以及经过专门训练才能掌握的连弩车、撞车、抛石车等武器的特种兵。

---

① (南朝宋)范晔:《后汉书》卷1下《光武帝纪》注引《汉官仪》,中华书局,1965年,第52页。

在冷兵器作战中，机动性最强的骑兵也得到进一步加强，出现用以冲锋陷阵的铁甲骑兵团队，加以黑云都、拦子马、铁浮图（拐子马）、铁鹞军等称呼，人马都带甲的"铁骑"被广泛应用到战场上。因此，马匹成为当时重要的军备，自《新唐书》以后，历代史家都把马政列入《兵志》之内，足以说明在这一时期骑兵的重要性。宋代以后，使用火器的军队作为特殊兵种，在与其他兵种配合作战中发挥了巨大的威力，火器则渐渐编入军队。金、元时期，专门建立了以使用火器为主的"炮兵"，元代的"红衣大炮"与蒙古铁骑兵相配合，曾经使欧亚大陆为之震撼。

　　明清时期处在冷兵器和火器并用时代，火器已经成为当时的重要武器，因此出现以火器装备为主的特种团队。例如，明代京军三大营中的神机营（后改神枢营），清代禁旅八旗军中的火器营、虎枪营等，都是用枪炮装备起来的军队。"明置兵仗、军器二局，分造火器"，在明中叶以后，已经把火器普遍装备到各地军队，但没有得到大规模的发展，因为害怕"枪炮皆为贼有，反用以攻城"，统治者对先进武器又用又怕，"恐传习漏泄，敕止之"，因而限制了军队装备的发展。直到鸦片战争时，大刀长矛加骑兵仍是清军主要作战兵种，这与统治者"利器不可示人"[①]，害怕先进武器为对手所有转而威胁到自己统治的心态有关。

　　在镇压太平天国的过程中，湘军、淮军不断发展，洋枪洋炮渐渐装备到军队中，出现洋枪队、开花炮队等特殊兵种。在编练新军时，洋枪洋炮已经成为主要作战武器，步、骑、炮、工程、辎重等兵种也开始混合编军，从编制到装备也有很大的进步，但武器基本上从外国进口，自己制造也规格不一，很难达到诸兵种协调配合。

　　魏晋南北朝至宋金时期，大规模的战争多在长江一带进行，这在客观上促进水军的发展。魏晋南北朝时，水军舟船就有艨艟、楼船、飞云、盖海、青龙、赤龙等名号众多、规制不一的战船，大者可载八九百人，不仅用于内海流域，而且还游弋于辽阔的海域。南宋为防止金军南下，大力发展水军，创制了大车船，船有两三层楼高，长90余米，两侧装有脚踏轮作为推动器，

---

① （清）张廷玉等：《明史》卷92《兵志四》，中华书局，1974年，第2264页。

行驶快速，可载七八百人，称为"轮船"，装备了管形火器，以"火炮之法"和"火箭环射"等战术配合轮船作战，在当时起到重要作用。元代曾数次组织大规模船队远征日本和爪哇，明代也有郑和下西洋的大船队出海贸易扬威。然而，明代中叶以后，对倭寇消极防御，清代也长期实行海禁，水师主要用于内海、内河，平时只负责巡查治安。从《明史·兵志》所载海舟之制，以及鸦片战争以前的舟船之制来看，主要兵船的装载量仅限于百余人，武器装备也仅限于小口径线燃前膛炮，航程和杀伤力都有限，已经不适应大规模海战的需要，更谈不上抵御外侮。

鸦片战争之后，清王朝开始购买一些外国铁甲舰船来装备水师，并且成立造船厂，以期防御日益丧失的海域，但在中法、中日战争中，水师屡遭败绩，大部分舰船沉没于海底。1909年，清王朝开始筹备新海军，1910年成立了海军部，设军制、军政、军学等7司及主计处，分辖23科，将水师学堂和造船厂等拨归海军部统辖，但未等有起色，清王朝便灭亡了。

三、军事装备与制造

《孙子兵法·作战》着重指出："凡用兵之法，驰车千驷，革车千乘，带甲十万。"说明军队在作战中必然需要大量军事装备，而装备的革新和制造就成为支撑军队的重要环节。

早期国家的军人都是由"国人"来担任，"赳赳武夫，公侯干城"；"赳赳武夫，公侯好仇"；"赳赳武夫，公侯腹心"（《诗经·周南·兔罝》）。这些"国人"在应征入伍时，要自带衣粮，但武器装备则由国家供给。如《周礼》中有"马质，掌质马。马量三物，一曰戎马，二曰田马，三曰驽马"，郑玄注："此三马质以给官府使之。"有"校人，掌王马之政"；"趣马，掌赞正良马"；"巫马，掌养疾马而乘治之"；"牧师，掌牧地"；"庾人，掌十有二闲之政"；"圉师，掌教圉人养马"。还有司甲，"司兵，掌五兵五盾，各辨其物，与其等，以待军事"；"司戈盾，掌戈盾之物而颁之"；"缮人，掌王之用，弓弩矢箙赠弋抉拾"；"槁人，掌受财于职金，以赍其工"（以上见《周礼·夏官·司马》）。这样具体的记载又说明，早期国家已经拟订出较为完整的马匹管理和军器生产规制，能够适应当时战争的规模，以及支持一支较具规模军队的装备。

秦汉以后，马政和军事装备的生产与管理都有专门的机构。从秦汉设太仆主马政以来，太仆一直作为主要的马政管理部门。自尚书省设立兵部以后，其下属的驾部司或车驾司一直是军备管理部门。至于马匹的饲养、采买也有专门的部门。例如，宋代的群牧司主管养牧，估马司主管市马，"辨其良驽，平其直，以分给诸监"①。养马和市马一直是古代国家马政的重点，有专门的法律规定，如汉代的《厩律》、南北朝的《厩牧律》、隋唐以至明清的《厩库律》等。

汉代的将作大匠负责部分军事装备的制造，此外大司农、少府、执金吾的下属部门，如考工令、武库令、都船令、铁官、三工官等也负责一些军器的生产，由于各有专责，生产与管理并不集中，比较混乱。隋唐时期的军事装备生产与管理逐渐规范，设立了专门的军器监，"掌缮甲弩，以时输武库"②。虽然少府监、将作监也生产一些军器，但由卫尉寺的武库署、武器署统一管理出纳。武器生产由工部统一管理，储备和发放则由兵部统一管理，生产与管理有了一定的规范。宋代以后，火器开始在战争中发挥作用，武器的生产也有了进步。例如，宋代军器监负责设计兵器的图样、规格、用料标准及工艺流程。宋代兵器工场的规模很大，仅军器监就有万全兵匠3700人，其余工匠约7000人，此外，还有南北作坊、诸州作坊，生产量也很大。如"南北作坊岁造涂金脊铁甲等凡三万二千，弓弩院岁造角弝弓等凡千六百五十余万，诸州岁造黄桦黑漆弓弩等凡六百二十余万"。宋代负责新式武器生产的作坊有：广备攻城作，负责生产攻城用具；火药作，负责生产火药；猛火油作，负责采集石油，制造燃烧战具；火作，负责制造火箭、火炮、火蒺藜等火器。其他陆续生产的新式武器还有床子弩（射程可及700步）、铁轮拨（首尾有刃，为马上格斗战具）、冲阵无敌流星弩、拒马皮竹牌、火镰石火纲三刃、黑漆顺水山字铁甲、野战拒马刀弩、寨脚车、冲阵剑轮无敌车、大风翎弩箭、独辕弩车、神臂弓（射程340步）、突火枪（以竹为筒，用火药推动，燃放如炮，声闻150步）、回回炮等，故史称"戎具精致犀利，近代未有"③。以后各代也注重兵器的生产，如"明置兵仗、军器二局，分造火器。号将军者自大

---

① （元）脱脱等：《宋史》卷198《兵志十二》，中华书局，1977年，第4928页。
② （宋）欧阳修、宋祁：《新唐书》卷48《百官志三》，中华书局，1975年，第1275页。
③ （元）脱脱等：《宋史》卷197《兵志十一》，中华书局，1977年，第4909页。

至五。又有夺门将军大小二样、神机炮、襄阳炮、盏口炮、碗口炮、旋风炮、流星炮、虎尾炮、石榴炮、龙虎炮、毒火飞炮、连珠佛郎机炮、信炮、神炮、炮里炮、十眼铜炮、三出连珠炮、百出先锋炮、铁捧雷飞炮、火兽布地雷炮、碗口铜铁铳、手把铜铁铳、神铳、斩马铳、一窝蜂神机箭铳、大中小佛郎机铜铳、佛郎机铁铳、木厢铜铳、筋缴桦皮铁铳、无敌手铳、鸟嘴铳、七眼铜铳、千里铳、四眼铁枪、各号双头铁枪、夹把铁手枪、快枪以及火车、火伞、九龙筒之属，凡数十种"[1]。清代初期从传统的冷兵器作战，逐渐发展成为拥有较大数量火炮枪支的军队，组建专门炮队来配合满蒙铁骑作战，很快统一全国。对于先进的武器，统治者往往有本能上的畏惧，害怕利器资敌，也使先进武器很难发展。

鸦片战争以后，西方列强的船坚炮利促使国人猛省，在"师夷之长技以制夷"的指导思想下，开始建立新型的军工厂，模仿西方制造一些武器。然而，工业基础薄弱，钢铁生产量低且质差，重型火器基本不能生产，只有依赖进口。

第三节　军事管理制度

管理是军事制度的核心，它包括军事领导体系、军事指挥体系、军事训练培养体系、后勤供应体系、军队人事任免及奖惩等一系列制度。历史发展证明，凡是军事管理制度比较完善，军权能够被有效控制，国家统治秩序就比较稳定；反之，则军阀割据，无力抵御和反击外来势力的入侵。

一、军事领导与指挥

夏代已经有专门用于对外战争的军队。《尚书·甘誓》记载启与有扈氏"大战于甘，乃召六卿"。郑玄认为："天子六军，其将皆命卿。"当时的军队有无固定的编制，至今尚难考证，但可以看出除王和贵族有一定数额的禁卫扈从

---

[1] （清）张廷玉等：《明史》卷92《兵志四》，中华书局，1974年，第2265页。

之外，其余都是由各部族成员组成，六卿实际上是王族的主要贵族。在战争中，夏王朝往往征调地方侯伯部众从行。夏王对军队有指挥权，而实际统帅则是各部落的酋长。

为了保证王能够牢固地拥有最高军事统帅权，商周时期制定了固定的军队编制，商王三师，周王西周六师、成周八师，在每一级编制都委派大小贵族主管部分军事行政事务，实行层层管理。从《尚书·牧誓》"王曰：嗟！我友邦冢君、御事、司徒、司马、司空、亚旅、师氏、千夫长、百夫长"的排列顺序来看，其军事管理体系已比较完整。

春秋战国时期出现了文武分职的官僚制度，军队的建制和管理在很大程度上得到加强，形成比较严密的领导与指挥体系。

战国时代，每一级编制内都设有军官主管军事行政事务。在战时，君主命将出征，主管将领在一定程度上有指挥和管理所部的权力，但是这种权力是有限的。君主们不允许军权旁落，总是尽可能把持军队的调动部署权，所有的军队调动都要以君主行文命令为准，有一套严密的行文命令传递制度，如以兵符为凭信，以合简保证命令的真实。兵符，亦称甲兵之符或虎符，其状为伏虎形，一分为二，以榫相合，上有铭文，右半存君主处，左半颁发给将领，凡调动军队50人以上，必须有王的右半符会合将领左半符，并以文书指令为准；文书指令以竹木简为之，书写后，中剖为二，分两使送达，以这样的方式使军队调动权牢牢地控制在君主手中。

秦统一全国后，建立起高度中央集权化的军事体系，在皇帝紧紧控制军队最高指挥权的基础上，强化了军队管理体制。沿循这个轨迹，历代王朝也不断完善军事管理体系，并制定严格的军法以保证推行。

军队调动权由皇帝亲自掌握，直接将命令下达给领兵的地方官和将帅，有比较完善的符节玺印制度。汉高帝刘邦曾说："吾以羽檄征天下兵。"[①]除羽檄之外，地方长官以及领兵将帅都持有兵符，调兵羽檄必须会合兵符才能生效。节也是信物，用作号令赏罚，最初不能调兵，如汉武帝时，派遣严助以

---

① （东汉）班固：《汉书》卷1下《高祖纪》颜师古注："檄者，以木简为书，长尺二寸，用征召也。其有急事则加以鸟羽插之，示速疾也。"中华书局，1962年，第68页。

节发会稽郡兵，"会稽守欲距（拒）法不为发，助乃斩一司马谕意指，遂发兵"①。以后调兵羽檄和符节并用，文书上必须加盖皇帝的玺及各将军的印，不通过邮、亭系统投递，直接派遣专使持专用的"节"前往传达，以示慎重。宋元以后还建立专门由兵部或枢密院管辖的急递铺系统，承担专门传送军事文书的重要职责。近代以来，由于技术的发展，许多命令采取电话、电报的方式传达，在电讯方面则采取密码和暗号进行加密，而破译密码和暗号也成为专门的技术。

皇帝调兵有时还会同主管军事的大臣相商，共同制定作战方略。例如，汉武帝对匈奴用兵，大多数是与卫青、霍去病等少数将领密谋策划，汉武帝经常在禁中与他们商议，以至"大将军（卫）青侍中，上踞厕而视之"②，有意避开所有耳目，保持机要的秘密。又如，元代"以兵籍系军机重务，汉人不阅其数，虽枢密近臣职专军旅者，惟长官一二人知之"③。武装力量是政权的最重要支柱，历代统治者总是亲自掌握军权，其他辅政、将帅，只能作为参议爪牙而已。

在原则上规定，凡调兵50人以上，必须有皇帝的亲自批准，为了军事的需要，便于把握战机，皇帝有时也给出征将帅以一定限度的调兵权，由皇帝赐以旌节，"旌以专赏，节以专杀"，凭此调动和控制本部军队，代表皇帝实行指挥和赏罚。旌节之中最高一级是"假黄钺"，凡拥有此号者，"则总统外内诸军矣"，因此"假黄钺则专戮节将，非人臣常器矣"④。当然，皇帝是只有在不得已的情况下，才会把"假黄钺"赐给人臣，总是在严加戒备基础上慎之又慎，一待战事结束，便立即收回委任，因为事实上，军权一旦转移，便极有可能引发政局的剧变，历史上凡是长期踞有"假黄钺"名号者，不是取代皇帝，就是把皇帝当作傀儡。

军队的日常管理由各级编制的长官负责。地方行政长官在大多数朝代是兼有军衔的，因此也参与军务。在中央设有专门主管军事行政的部门，如兵

---

① （东汉）班固：《汉书》卷64上《严助传》，中华书局，1962年，第2776页。
② （汉）司马迁：《史记》卷120《汲黯传》，中华书局，1959年，第3107页。
③ （明）宋濂等：《元史》卷46《兵志序》，中华书局，1976年，第2510页。
④ （梁）沈约：《宋书》卷39《职官志》，中华书局，1974年，第1225页

部、枢密院（清末改官制时的陆军部、海军部）等。一般编制在百人以上的军官任命，可以由上一级军官层层推荐，将其履历和推荐连保书呈上，由中央军事行政部门拟定任命，报请皇帝批准。高级军官则由中央军事行政部门推举或由朝廷大臣合议公推，由皇帝最后选定和委任。百人以下编制的军官任命，可以由一定级别的统领批准，但须造册呈送到中央军事行政部门备案。各级军官的罢免也是一样，需要经过核准方能生效。军官违反军令，上一级军官有权临时先将该官免职，指定他人代理。

士兵的管理主要由编制内的军官负责，士兵除用军装来区别身份之外，还持有证明的牌。宋代的军队有一种传信牌，"其制，漆木为牌，长六寸，阔三寸，腹背刻字而中分之，置凿枘令可合；又穿二窍容笔墨，上施纸札。每临阵则分而持之，或传令，则署其言而系军吏之颈，至彼合契，乃书复命"[①]。这种信牌集身份证明和传达命令功能于一身，也便于对军人进行管理，以后各代都有类似的制度，并且更加严谨。

凡有军事行动，统帅军官都由皇帝任命，拥有一定的军队指挥权和军法处置权，可以视军情先斩后奏，但必须将详情向皇帝汇报，并附有自请治罪的文书，恭请皇帝裁定。军事行动结束以后，统帅军官要立即交回军队，罢归原职。

军营之内有严格的纪律，未经主帅批准，任何人都不能擅闯军营。例如，汉文帝刘恒亲至周亚夫军营劳军，因为事先没有通知，军门都尉竟以"军中闻将军之令，不闻有天子之诏"为理由，将汉文帝拒在军门之外。军中一般设有专门负责检察军纪的官员，有权对违反军纪者执行处罚，即使对比自己职位高的官员，也有先斩后奏权。例如，汉武帝时，胡建为守军正丞，"时监军御史为奸，穿北军垒垣以为贾区"，胡建便将该监军御史先行斩首，然后奏闻。按军法："（军）正亡属将军，将军有罪以闻，二千石以下行法焉。"[②] 胡建所为，正说明皇帝对军队控制的严密。为了维护军营和军队的纪律，历代除设有军法官之外，还有专门的监军或监军御史。

历代的军队体制，大致可以区分为中央军、地方军、边防军和民兵等4

---

① （元）脱脱等：《宋史》卷197《兵志十一》，中华书局，1977年，第4910页。
② （东汉）班固：《汉书》卷67《胡建传》，中华书局，1962年，第2910页。

种。中央军通常由皇帝直接控制,除用于宫廷警卫和护卫京师之外,还具有战略预备队的性质。地方军则由地方的军政长官负责管辖,除担任地方守卫任务之外,中央可以调动,因此具有国家预备队的性质。边防军驻守边疆,除戍边守卫之外,常常进行屯田,在对外战争中配合大军作战。民兵是由当地人民中间征发的,主要维持当地社会治安,在该地区有军事行动时,也常常被用于配合军队作战。这样的军队体制,虽然各类军队各有专责,但在指挥上也有一定的困难,尤其是在魏晋南北朝、中唐五代,长期存在军阀割据,军事指挥体系一直存在问题,"兵骄则逐帅,帅强则叛上。或父死子握其兵而不肯代;或取舍由于士卒,往往自择将吏,号为'留后',以邀命于朝"①。宋太祖赵匡胤陈桥驿兵变黄袍加身之后,考虑到以上混乱和危机,采取了一系列措施收回兵权,加强中央集权。他将兵权一分为三,以"枢密掌兵籍、虎符,三衙管诸军,率臣主兵柄",使"天下之兵,本于枢密,有发兵之权,而无握兵之重;京师之兵,总于三帅,有握兵之权,而无发兵之权;上下相维,不得专制,此所以百三十年无兵变也"②。采取地方分权、中央集权、臣僚互相牵制、皇帝专权的制度,消弭了持续二百余年的兵祸,有效地维护了社会的稳定。然而,过分削减和分散将帅和地方军权,却又造成事不得专一,兵不识将、将不知兵,一切只能按照皇帝与文官设计的阵图上进行指挥,无法应付战场上瞬息万变的情况,宋军即使装备精良,但也常常因此在军事上失败。

二、军事后勤供应

《孙子兵法·军争》讲:"军无辎重则亡,无粮食则亡,无委积则亡。"军事后勤供应是战争胜负的关键,随着战争规模的扩大和作战方式的变化,后勤供应的重要性越来越突出了。

早期国家的后勤供应主要是由甲士自己带的"徒"负责,按照《司马法》所讲的军赋制度:10井为一通,30家提供马1匹、士1人、徒2人;10通为一成,300家提供革车1乘、士10人、徒20人;10成为一终,3000家

---

① (宋)欧阳修、宋祁:《新唐书》卷50《兵志》,中华书局,1975年,第1329页。
② (宋)范祖禹:《范太史文集》卷26《论曹诵札子》,台湾商务印书馆,1969年。

提供革车 10 乘、士 100 人，徒 200 人；10 终为一同，方百里，3 万家提供革车 100 乘、士 3000 人，徒 2000 人。革车是辎重车，士是作战士兵，徒是辅助人员，后勤与战士比例是 2∶1。

随着国家军队常备化，军役与军赋逐渐分离，军役出人力，军赋出财力，后勤供应开始由国家负责，后勤便成为军事制度的重要组成部分。例如，秦派蒙恬攻胡，"使天下飞刍輓粟，起于黄、腄、琅邪负海之郡，转输北河，率三十钟而致一石。男子疾耕不足于粮饷，女子纺绩不足于帷幕。百姓靡敝，孤寡老弱不能相养，道死者相望"①。大规模的军事行动，不但给后勤供应增加困难，也增加人民的负担。秦汉时期的后勤供应制度并不完善，军士自己还要负担部分军装食粮。如卫青、霍去病出征匈奴，"发十万骑，私负从马凡十四万匹，粮重不与焉"②。由此可见，在战争中，后勤供应往往决定胜负。

隋唐在府兵制度下，自备衣粮，后勤供应主要是马匹，因此马政是军事的重点。在实行募兵制以后，"为农者出租税以养兵，为兵者事征守以卫民"③，国家必须有军事物资储备，而军事装备和物资供应成为后勤的重点。以宋军为例，当时行军以十日为极限，要人负六斗粮，驼负三石，马、骡负一石五斗、驴负一石，"若兴师十万，辎重三之一，止得驻战之卒七万，已用三十万人运粮，此外难以复加矣"④。为此，宋军曾经研制了"麨"类的干粮及醋干、块盐、干豉等便于携带和运输的食品，军队出行，自身携带糜饼（如棋子大的饼干，食之味美而不渴）、皱饭、麨袋、杂饼之类，身负 2 斗，可保 10 日不饥。随着远程弓弩和火器的发展，军事消耗品逐渐增加，后勤供应更加困难，在与西夏作战争时，曾经有近千万辆车参加转运，在灵州（今宁夏灵武）遭西夏军袭击，"丁夫相踏籍，死者数万人"。可见，在大规模的战争中，切断敌军的补给线成为战略的重点，也是胜败的关键要素之一。

为了确保军事后勤供应，除了国家要有一定的储备之外，沿边及军事地区也必须有储备，督运粮草，供应军备也成为要务，专职的后勤部门逐渐出

---

① （东汉）班固：《汉书》卷 64 上《主父偃传》，中华书局，1962 年，第 2800 页。
② （东汉）班固：《汉书》卷 94 上《匈奴传》，中华书局，1962 年，第 3769 页。
③ （元）脱脱等：《宋史》卷 194《兵志八》，中华书局，1977 年，第 4840 页。
④ （宋）沈括：《梦溪笔谈》卷 11《官政一》，中华书局，1957 年。

现，成为既有管理，又有供应，还督促军备物资生产的后勤系统，每逢战事，君主往往任命亲信之人主管粮草供应，并且建立输送中转站。如清代在西北用兵，沿途建立无数个粮台，在兰州设总台，不但有专职道员管理，还特派大臣督管负责供应军备粮草，协调各地物资粮饷运输，成为战争胜负的关键。

三、军事刑罚制度

夏启在征伐有扈氏时发布诰誓说："左不攻于左，汝不恭命；右不攻于右，汝不恭命；御非其马之正，汝不恭命。用命赏于祖，不用命戮于社。"(《尚书·甘誓》)意即：位于车左的甲士不尽职守，你是违反军令；位于车右的甲士不尽职守，你是违反军令；位于车中间驾马的甲士使车偏离，你是违反军令。尽力执行命令者要在祖庙给予赏赐，不尽力执行命令者要在社坛内斩杀。这是在军事行动中规定最严格的刑罚，当军事行动结束后即失去效力。

随着军事制度的逐渐完善，军内形成一整套自成体系的，有大量的军律、法令为依据的，包括战时和平时的刑罚制度。这套军事刑罚制度包括死刑、肉刑、财产刑、自由刑、流刑等全部刑级在内，有独立刑名和特殊刑罚处置。

军事的犯罪名目主要有：1.战争失败，将领不能赴敌战死。2.战争中士卒不能保护将领，将领率军伤亡过重。3.战争中不服从或违反统帅命令。4.战场上脱离战斗行列、失期、贻误战机。5.里通外国、泄露军机。6.将领士卒不能恪尽职守。7.训练效果不佳，教不得法，练不经心，考核不合格。8.违反军队营区禁令。9.什伍将帅连坐。10.战时和平时犯有打劫、偷盗、强奸、收容妇女于军营、斗殴、闹事等罪行。

军事刑罚比一般刑罚要加重，在情节相同的情况下要加一等。军法处置权也比一般刑法处置权大，而且执行迅速，审批手续简单。军事刑罚的执行权，在行营部伍内，上一级将领有权对自己所属的下一级军官和士卒实行肉刑（鞭、杖、墨、贯耳）以下的刑罚，然后报主管将领备案；死刑要上报皇帝和有关司法部门，将领无权自行处置。在战时，统兵大将掌握军中生杀大权，可以实施斩首以下的死刑；高级将领如犯有叛国、失期、怯阵等罪，统兵大将有先行斩决权；对其他犯罪名目，则应该将犯罪事实奏报皇帝，移交中央司法部门处理，统兵将领有先行将犯人解职和关押之权。凡死刑均要上报皇帝，交司法和军事行政管理部门备案。统兵将领根据皇帝授予的权限大小，拥有不同的刑罚处置权，"使持节为上，持节次之，假节为下。使持节得杀二千石以下；持节杀无官位人，若军事得与使持节同；假节唯军事得杀犯军令者"①。军事犯罪涉及民事，军事长官应会同地方长官共同审理，然后各自上报，等待批示方能分别处理。

由于军事的特殊性，军事刑罚处置权渐渐独立，审判权也渐渐由军事行政管理部门独揽，不再通过中央司法部门。例如，宋代的枢密院设有刑房，三帅司各有后司，主管军队司法审判之事。元代枢密院有断事官，主管军人和军户的司法审判之事。明代的五军都督府所设断事官分稽仁、稽义、稽礼、稽智、稽信5司，分理军中刑狱。

清末改官制时，军事司法也纳入程序的范围，那时的陆军部和海军部各设军法司"掌审判、监狱，勾检军事条约"②，专门的军事法庭与一般法庭区分开来。从清末新军的《简明军律》18条斩罪来看，根本没有什么司法程序。18条斩罪是：1.临阵进退不候号令及战后不归伍者，斩。2.临阵回顾退缩及交头接耳私语者，斩。3.临阵探报不实，诈功冒赏者，斩。4.遇差逃亡，临阵诈病者，斩。5.守卡不严，敌得偷过，及禀报迟误，先自惊走者，斩。6.临阵奉命怠慢，有误戎机者，斩。7.长官阵殁，首领属官援护不力，无一伤亡；及头目战死，本棚兵丁并无伤亡者，悉斩以殉。8.临阵失火误事者，斩。9.行队遗失军械，及临阵未经受伤抛弃军器者，斩。10.泄露密令，有心增减传谕，及窃听密议者，斩。11.骚扰居民，抢掠财物，奸淫妇女者，斩。12.结盟立会，造言惑众者，斩。13.黑夜惊呼，疾走乱伍者，斩。14.持械斗殴及聚众哄闹者，斩。15.有意抗违军令及凌辱官长者，斩。16.半夜窃出，离营浪游者，斩。17.官弁有意纵兵扰民者，并斩。18.在营吸食洋烟者，斩。

---

① （南朝梁）沈约：《宋书》卷39《百官志》，中华书局，1974年，第1225页。
② 赵尔巽等：《清史稿》卷119《职官志六》，中华书局，1977年，第3459页。

第九章

财政经济机构

财经制度是保证国家对物产和资金的筹集、使用、分配、管理和监督等有关政务的规定。它涉及生产、交换、分配和消费各个领域,与社会发展有密切的联系。社会产品和国民收入的分配是非常复杂的问题,在专制权力占支配地位的社会里,"权"和"利"是结合在一起的。在中国古代社会,社会产品的分配总是以保证专制君主及其统属的庞大国家机器的需要为重点,朝廷通过行政手段向人民征取赋税徭役,用于国防军事、城市建设、水利设施、文教卫生,特别用于维持宫廷、官僚和常备军的开支,以履行统治的职能。如何量入为出,用得其所;如何开源节流,适当地注意培植生产力,维持人民的生计,借以保护税源,维护统治的稳定,是历代统治者、理财学者和官僚们十分重视的问题。

第一节 财政管理机构

为了维护王朝统治,必然要加强对财政的管理,完善有关行政体制,在不断摸索过程中,财政管理机构遂得以逐渐完善,构成庞大的财政管理体系。

一、中央财政机构

先秦的财政在古文献中,基本都是纳入司徒的职权范围。春秋战国时期,战争不断升级,需要大量的财富,在改革赋税制度的同时,财政机构逐渐增加,出现治粟内史、少府、司农等机构。

秦代以治粟内史为中央最高财政官，西汉改为大农令，再改为大司农。大司农主管全国的财政收支，并有对地方财政监督的责任。另设少府主管皇室官廷财政，少府所属机构比大司农更为庞大，因为"掌山海池泽之税"，所以少府主管的皇室收入与国家收入几乎持平，甚至超过国家收入。例如，汉元帝（前48—33年在位）时，"都内钱四十万万，水衡钱二十五万万，少府钱十八万万"[①]。水衡即水衡都尉，是从少府分出的机构，东汉省去。水衡和少府都是皇帝私家财政机构，两者合计收入有43亿，而属于大司农的都内钱仅有40亿。这反映当时皇家财政和国家财政的分立，皇家垄断了大部分财源，财力竟超过国家财政，而国家财政还要另支付皇室的费用。国家财政40亿钱，不但要给官吏俸禄20多亿，还要另拿出13亿"以供官室供养诸赏赐"[②]。东汉以后，所有财政都归于大司农，少府仅管皇室财政支出，财政行政逐渐归一，但皇家对财物的使用却不受限制。

东汉在尚书台设立民曹，监管大司农的财政工作。魏晋南北朝时，尚书台（省）相继设立度支、户部、民部、金部、仓部、虞曹、库部等机构，逐渐形成以户部为主体的财政行政管理结构。

隋唐时，户部下辖户部、度支、金部、仓部四司，户部成为"掌天下土地、人民、钱谷之政、贡赋之差"的财政机构；司农寺成为"掌仓储委积之事"，"凡京都百司官吏禄廪、朝会、祭祀所需，皆供焉"的存储支纳机构；太府寺成为"掌财货、廪藏、贸易、总京都四市、左右藏、常平七署。凡四方贡赋，百官俸秩，谨其出纳"[③]的钱物存储机构。进而形成户部主管财政行政，司农寺主管粮谷支纳，太府寺主管钱物支纳的财政管理体制。这种体制在很大程度上直接影响以后各代的财政制度。

为适应社会经济的日益发展和加强对全国重要财源的控制，唐代先后设立过许多专管某项财政工作的诸使司，仅见于史册的就有盐池、市舶、租庸、劝农、户口、转运、铸钱、出纳、河北海运、官市、监左右藏、监太仓、盐钱、粮料、税钱、青苗地钱、常平、两税、和籴、催盐、榷茶、延资库、度

---

① （东汉）班固：《汉书》卷86《王嘉传》，中华书局，1962年，第3494页。
② 马大英：《汉代财政史》，中国财政经济出版社，1983年，第105页。
③ （宋）欧阳修、宋祁：《新唐书》卷48《百官志三》，中华书局，1975年，第1263页。

支、催运等诸多名目的诸使司。这些诸使司奉皇帝的谕命,不受财政部门的节制,直接管理会计、征敛、造币、转运、专卖、支纳等事务。这种方法虽然构成政出多门、出现财政管理上的混乱,但有利于皇帝对财政的控制,因此不断得到发展。北宋在此基础上,在中央设立三司使司,"置使以总国计,应四方贡赋之入,朝廷之预,一归三司。通管盐铁、度支、户部,号曰计省,位亚执政,目为计相"①,把预算、收入、支纳分隶三司,实行统一管理。赵宋王朝有意使行政、军事、财政系统分立,形成"中书主民,枢密主兵,三司主财,各不相知"的局面,以防止任何部门或官员擅权,但却造成运转上的不够协调,"故财已匮而枢密院益兵不已,民已困而三司取财不已。中书视民之困,而不知使枢密减兵、三司宽财者,制国用之职不在中书也"②。收支不平衡,敛财者与用财者互不通气,必然造成各种混乱。故此,宋神宗元丰改官制时,重点对财政体制加以修订,先后设立三司帐司会计、三司会计司,后来又废除三司,把其职权并入户部,财政体制和官府体制恢复为一体。

为加强对国内主要财源的控制和管理,宋代在地方设置许多由中央直接控制的固定专门机构,如发运使、提举常平、茶盐、茶马、坑冶、市舶、市易等司,把中央财政管理深入到不同的资源、生产部门和行业之中,扩大中央的财源。以后各代大都采取这种方法,也有类似的设置。例如,清代的税关就有数百处,户部直接统领的"户关"专征百货税,工部统领的"工关"专征竹木船只税。这些税关均由中央直接派官管辖,地方不能干预。

辽代主管财政的是北、南大王院,其职责如户部。金代基本因循宋制。辽金对国家重要财经事务都设有专门的管理机构,并根据民族统治原则,设立相对独立的、专门管理皇族和民族财政的机构,如诸族帐和夷离堇等。

元帝国的疆域辽阔,各民族和地区之间的经济发展也不平衡,更兼元王朝统治者来自漠北,是以军事征服建立的政权,其财政管理也鲜明地反映出这个特点。元代中央的中书省左司主管全国财政收支,其户杂、科粮、银钞、应办四司分辖17科,分管各项财政汇总事务。户部"掌天下户口、钱粮、田土之政令",下辖税课司及诸多的局、库、仓、坊,分管各项财政行政事

---

① (元)脱脱等:《宋史》卷162《职官志二》,中华书局,1977年,第3807页。
② (元)脱脱等:《宋史》卷179《食货志一》,中华书局,1977年,第4353页。

务。大司农司掌"凡农桑、水利、学校、饥荒之事",太府监"掌钱帛出纳之数",度支监"掌给马驼刍粟",利用监"掌出纳皮货衣物之事"等,在中书省总管财政事务的情况下,设有许多专门业务机构。元代的皇室财政独立于中央财政之外,如中政院"掌中宫财赋营造供给",内正司"掌百工营缮之役,地产孳畜之储"等,所有为皇室服务的部门都各自有经济收入,而且是单独核算[①]。

明清在高度集权的情况下,加强和统一了财政体制,以户部为主管全国的财政,举凡财政预算、收支以及户口、田土、税收、运输、钱钞、保管的事宜,无不毕集该部,地方的财政也在其监督管辖范围。

明代的户部下辖十三清吏司(浙江、江西、湖广、陕西、广东、山东、福建、河南、山西、四川、广西、贵州、云南),清代增至十四司(增加江南一司,主管江苏、安徽,实际上是替代明代南京户部之职),分别监核各该管地区的财政并分理本部各项财政。

明清的户部还各有库、仓,以及钱钞等司局,实际上是将财务、存储、支纳合为一体,使财政得以集中管理。不过,明代宦官的二十四衙门和清代的内务府是专管皇帝宫廷和皇族财务的特殊部门,它们的财政是独立的,其收入、支出和账目都是单独制账和奏销的。例如,清代内务府所辖的江宁、苏州、杭州三织造,完全独立于国家财政之外,官员都是由皇帝亲信或"包衣世仆"担任,用人行政径自批准,在政治上还拥有特权,对本地区的吏治民情、地方官治绩和官声,都可以直接向皇帝密奏。皇室拥有大量的皇庄、皇店,亦归内务府专管,赢利全归皇室所有,户部不得干预。嘉庆九年(1804年),仅皇家控制的榷关输送到内务府的盈余银就有90余万两。设立专门庞大的机构,严密掌管皇家财政,并借以渗入各级政权当中,涉及国家大政,是清代内务府的特点。

从上述财政管理体制的演变,可以看出古代国家为适应社会政治、经济形势的发展,曾经不断调整财政管理结构。由于统治规模的扩大,社会经济的发展和赋税收入的增加,以及军政事务开支的增长,财政管理的重点相应

---

① 以上引文见(明)宋濂等:《元史》卷85—90《百官志》,中华书局,1976年,第2120—2345页。

转移。

首先，从初期的国用和皇室"小府"的私用大体各占一半，逐渐发展为国用占主要地位。当然，这绝不意味帝王知悭惜俭，而是由于国家的发展，财源迅速扩大，为维护帝王统治而建立的官僚机器和常备军也不断扩大，军政费用的支出便呈上升趋势，国家财政因而比重增大。

其次，从简单的赋税徭役发展为多种赋役形式，盐、铁、茶、酒、矿及商税的收入比例逐渐增大，也促使统治者增加各种专门财政部门以进行管理。

最后，财政管理的重点的转移和演变，是与国家政治体制日趋成熟而同步发展的。清末改官制时，将户部改为度支部，"掌主计算，勾会银行币厂，土药统税，以经国用"①。其下辖承政、参议2厅，田赋、漕仓、税课、管榷、通阜、库藏、廉俸、军饷、制用、会计等10司及金银库、收发稽察处。此外还有文属该部的清理财政处、大清银行、造币总厂等。

二、地方财政机构

管理地方财政，古代史籍习惯称为"食货""钱谷"。"食谓农殖嘉谷可食之物，货谓布帛可衣，及金刀龟贝，所以分财布利通有无者也。"② 钱是货币，谷是粮食，明清习惯称为钱粮。从以食在先到以钱在先，这与赋税征收形式和商品流通的演变有密切关系。

"可食之物"与"通有无者"，在农业社会里，对这两项的管理实际上是财政工作的最主要的方面，也是地方官府最重要的职责之一。

自秦汉以来，地方各级官府行政长官都要亲理财政，并设有专职的协理官吏和专门机构。例如，汉代县一级，除有丞掌署文书、典知仓狱之外，还有户曹，主民户祠祀农桑；有金曹，主货币盐铁事；有仓曹，主仓谷事；有水曹，主水利事。与此对口，郡一级也设置这些诸曹，东汉时的州也设置这些诸曹，构成了地方财政管理体系。隋唐以后，六部制度确立，地方各级行政区划依照中央六部，设置六曹或六房，其中户曹（房）协助地方官管理主要财政事务，各曹（房）也管理一些财政，总负责者是地方长官，因此海瑞

---

① 赵尔巽等：《清史稿》卷119《职官志六》，中华书局，1977年，第3454页。
② （东汉）班固：《汉书》卷24上《食货志上》，中华书局，1962年，第1117页。

讲"令萃有百责,大抵刑教十之一、理财十之九,百职惟令"①,承担着地方财政收支的主要责任。

汉代的大司农有13部丞,巡行地方监督各郡县的财政,到唐宋时期,高层次的地方行政区划开始由中央直接委派的官员负责管理财政,渐渐地成为地方主管财政的机关。例如,唐代在诸道派驻租庸、粮料、转运等使以督促地方财政。宋代则在路一级设置"漕司",掌一路财赋。元代行省中的财政部门,主管一省钱粮、屯种、漕运等事关财政的事务。明清在省一级设置布政使,主管民政和财政。高层次行政区划的财政机关与中央相承应,受中央和地方长官的双重领导。

各代根据地方经济物产情况和地理位置,以及国家经济的需要,在地方上还分别设立一些专门的财政机构进行管理。诸如盐铁、茶马、铜铅、市舶、织造、坑冶、市易、关津、漕运、河泊等部门,除大部分归中央直接统辖外,一些地方也设立相应的部门。如清末各省设置厘捐局,清廷明知"各省局卡林立,扰民病商",需要加以整顿,可是"各省厘局中饱,弊在承办之员不肯和盘托出"②,实际对地方财政已失去控制。

按常规,每级地方官府都应该是一级财政核算单位,但古代对财政的管理却强调集中,规定地方的一切财政收入都要作为国家的收入。汉代地方对财政支配权力比较大,尤其是郡一级,既有常设的军队,又有独立的武库和仓储,除上缴额定的国家赋税之外,中央不太干涉郡县的财政。随着中央集权制度的加强,中央对地方财政的控制也日趋严格,地方财政收入与支出范围和数额必须遵照规定,多收与超支要经由中央批准。财政收入除中央规定可截留的数目外,都要上缴中央。地方存储的粮食财物要由中央调度安排,金库和粮仓的存储数量都要如实上报,地方不得随便挪用,不许有亏空。地方财政收入是按中央规定的数目征收,纳入国家正额收入项目内。征收赋税如有缺额,地方官要受到惩处;有盈余则必须如实上报,未经允许不准擅用。

地方官吏的薪俸极为低薄,地方衙门的行政费用也少得可怜,非但不能

---

① 陈义锺编校:《海瑞集》下编《赠黄村赵先生升靖安大尹序》,中华书局,1962年,第342页。

② 赵尔巽等:《清史稿》卷125《食货志六》,中华书局,1977年,第3698页。

满足这些官吏的消费,而且不能应付巨大的行政开支,这就迫使地方官府必须依靠自己的创收来加以解决。以清代为例,据张仲礼估计,一些知县的平均收入每年约为3万两白银。书吏、衙役的实际收入虽然没有确切的资料,但官府和舆论常常指责这些人只知捞取钱财,而他们的收入也确实可观。幕友的收入有固定,年收入在200~2000两白银之间,此外还有私收的贿赂。长随是州县官的私人收款的代理人,在聚敛上最为凶狠,个别主管要务的长随,其年收入可以达到1万~3万两白银,一般的也有几百两[①]。地方的行政开支也是非常巨大的,如明清的州县官仅四处送礼孝敬和招待过往宾客的开销,少者每年需要3000余两,多者竟达数万两。

古代官府一直保持比较低的征税标准,没有足够的财力来解决日益扩大的官吏队伍的薪酬,支付日益增加的行政开支。中央朝廷明知所有地方官都借端取财,用以维持行政运转和官吏的生活,既然无法拨给专款,也只好默许他们自行其事,容忍地方官吏们苛取勒索,实际上是中央财政对地方的失控。

中央在财政上既然不能满足地方官吏们的薪酬和行政开支,就迫使地方官吏在经济上只能依赖地方社会就地取财,也使地方官与本地书吏、衙役相勾结,流水的官,世守的吏役,委派而来的地方官不了解任职地区的底细,不能不通过这些地头蛇以聚敛钱财和解决困难,不能不对这些地方势力屈服,至少也要形成"猫鼠同眠""蛇鼠一窝"的态势。

第二节 经济管理机构

中国由于地理和气候的原因,在经济上一直是以农业为主导,统治者也一直把农业作为"本业",而将其他生产行业作为辅助。随着社会经济的全面发展,作为"末业"的工商业不断发展,在经济上的地位渐渐地超过农业。鸦片战争后,外国侵略者利用他们在华获得的种种特权,其经济势力渐渐地

---

① 参见张仲礼:《中国绅士的收入》,上海社会科学出版社,2001年。

深入到各地，使中国自给自足的自然经济逐渐解体。在自强、自立和实业救国的前提下，民族资本主义经济和官僚资本逐渐发展起来，经济制度也发生了巨大的变化。

一、先秦国家的经济管理

夏代的农业生产，人们已经掌握人工灌溉技术，故《尚书·益稷》记载禹"决九川距四海，浚畎浍距川"，而《世本·作篇》则云"伯益作井"，在考古发掘中也发现有水井。根据古文献的记载，益当时是专管农业的"稷"，与农业有关的事情，应该在其管辖范围之内。

除农业之外，畜牧业在当时社会经济生活中也占有重要的比例，《吴越春秋》记载少康庶子拓殖于越，号称"无余"，"人民山居，虽有鸟田之利，租贡方给宗庙祭祀之费，乃夏随陵陆而耕种，或逐禽鹿而给食"。畜牧业为当时食物的重要来源，故有专门管理部门，称为"虞"。

作为促进社会生产发展的手工业，是统治者控制比较严格的部门，考古发现的夏代器物，主要有玉戈、玉刀、玉圭等制造精美的玉器，漆制过的棺木和一些麻织品，此外，传说中的"奚仲造车""杜康造酒"等，无不是为统治者提供生活享受，共工、车正、酒正等官的设置，主要是为王家服务。

商代的手工业已经很发达，以青铜器、陶器、瓷器、漆器、玉器、纺织、酿酒等为主的手工业部门号称"百工"。从考古出土物的构造水平来看，许多制品的精美程度令人叹为观止，这些制品大多是官营手工业生产的。

西周的手工业种类繁多，生产技术高超，分工也更加细密，据《考工记》记载，仅木工的分工就有多种，以造车来讲，有专制车轮的轮人、专制车箱的舆人、专制车辕的辀人等，是名副其实的"百工"。手工业也是以官营为主，《国语·晋语四》讲："工商食官"，说明工、商主要是由官府控制的，由司空总管其事。

春秋时代的工商大部分也属于官府控制，有工正、工尹、工师等官。与此同时，春秋时代的私人工商业有很大的发展，齐国管仲在制定四民之居时，制国为二十一乡，工商就有六乡。私人工商业的发展，使他们的地位日益提高，有些商人还活跃在政治方面，如郑国商人弦高曾经诈以牛犒劳秦军而使郑国免遭兵火；越国大夫范蠡功成而退，以经商致富。《管子·国蓄》说："万乘之国有万金之贾，千金之国有千金之贾。"工商业的财富也开始引起官府的重视，以征税为主的"市长"也相继在各诸侯国中出现。

战国时代的官营工商业和私营工商业都有很大的发展，工商业在政治、经济和社会生活中的地位日趋重要。在这种情况下，官府一方面加强官营工商业的管理，一方面加强对私营工商业的控制。考古勘探和发掘资料证明，不仅在各国都城内有规模很大的手工作坊遗址，而且在许多城邑也有规模较大的手工作坊遗址，可见官府手工业是占主导地位的。值得注意的是私营手工业已具有很大的规模，《史记·货殖列传》记述了邯郸郭纵、蜀卓氏、宛孔氏都以冶铁致富。手工业的发展与商业是同步的，故此，这时期还出现许多富可敌国的商人。面对工商业的发展，国家以其强制力加以控制和限制，在设官上则在重要的都市设市长，并严格控制货币的发行，甚至想方设法籍没私人工商业的资产，使工商业者只能向官府屈服。阳翟大商人吕不韦的父亲曾经和吕不韦探讨经营之道。吕不韦问："耕田之利几倍？"其父回答："十倍。"再问："珠玉之赢几倍？"回答："百倍。"又问："立主定国之赢几倍？"回答："无数。"从利润观来看，"夫用贫求富，农不如工，工不如商，刺绣文不如倚市门，此言末业，贫者之资也"[①]，但真正掌握工商业者命运的是专制王朝，故许多商人千方百计要进入政治领域。

二、秦以后的经济管理

秦汉的官府工商业管理比较分散，从诸卿下设属官来看，大部分卿之下都设有工官和市长（令）。当然，这些工官和市长是依据诸卿的分工专管各种事务，如少府属下的尚方、织室、都水等令丞所管理的手工业事务，都是专为皇家服务的，而大司农属下的都水、盐铁官等，则是朝廷的主要收入来源，太常属下的都水、均官等，则是偏重于祭祀物品制造和运输。

工商业的发展，使朝廷意识到工商业的税收和利润的重要。基于此，朝廷一方面把关系到国民生计的盐铁控制起来，实行专卖；另一方面在重要的

---

① （汉）司马迁：《史记》卷129《货殖列传》，中华书局，1959年，第3274页。

商业区和交通要道设置市令和税关，对行商坐贾征收重税。因此，出现许多均输、盐、铁、工官和关都尉，分布于全国主要手工业和商业区以及关口，除一部分直接隶属于中央之外，还有一些归属于地方。

随着尚书省综管国家事务的局面形成，工商业的管理事宜也渐渐归口到尚书省，省设专门的"曹"管理具体事务，逐渐形成以工部（起部）为主体的管理体制，这种体制在隋唐时期得以确立，并且一直延续到清代。

隋唐的工部设尚书、侍郎为正副长官，"掌天下百工、屯田、山泽之令"。下辖工部、屯田、虞部、水部四司，具体分工如下：

工部司："掌经营兴造之众务。凡城池之修浚，土木之缮葺，工匠之程式，咸经度之。凡京师、东都有营缮，则下少府、将作，以供其事。"

屯田司："掌天下屯田之政令。凡边防镇守，转运不给，则设屯田，以益军储。其水陆腴瘠，播种地宜，功庸烦省，收率等级，咸取决焉。"

虞部司："掌京城街巷种植，山泽苑囿，草木薪炭，供顿田猎之事。"

水部司："掌天下川渎陂池之政令。以道达沟洫，堰决河渠，凡舟楫灌溉之利，咸总举之。"

工部所掌的事务与少府监、将作监、都水监之间有相通之处，但工部是主管政令，是行政部门，少府监、将作监、都水监是具体实施部门；工部是总领，少府监、将作监、都水监是分管，他们都对皇帝负责，进而构成相互监督制约的关系。

工部的一部四司体制一直延续到清代，只是四司名称略有变更，职掌有所增加。例如，明代的四司：营缮司典经营兴作之事，虞衡司典山泽采捕、陶冶之事，都水司典川泽、陂池、桥道、舟车、织造、券契、量衡之事，屯田司典屯种、抽分、薪炭、夫役、坟茔之事。清代的营缮司掌营建工作，凡坛庙、官府、城郭、仓库、廨宇、营房，鸠工庀材，并典领工籍，勾检木税、苇税。虞衡司掌山泽采捕，陶冶器用。凡军装军火，各按营额例价，计会覈销，京营则给部制。颁权量程式，办东珠等差。都水司掌河渠舟航，道路关梁，公私水事。岁十有二月，伐冰纳窖，仲夏颁之，并典坛庙殿廷器用。屯田司掌修陵寝大工，办王、公、百官坟茔制度。大祭祀供薪炭，百司岁给亦如之，并检督匠役，审覈海、苇、煤课。行业的增多和所管事务明显增加，既说明国家管理在不断地适应社会经济的发展，也说明朝廷对工商业的控制日益加强。

随着社会经济的发展，工商业在社会生活中的地位也日趋重要，出于经济和政治利益的考虑，朝廷对工商业的限制很严，尽量将之严格控制在官府手中。为了适应这种形势，工部所属有关机构也渐渐增多。例如，元代工部下辖梵像提举司、出蜡局提举司、铸泻等铜局、银局、镔铁局、玛瑙玉局、石局、木局、油漆局、诸物库、管领随路人匠都提领所、诸司局人匠总管府（领五局一库）、提举右八作司、提举左八作司、诸路杂造总管府（领帘网局、收支库）、茶迭儿局总管府（领诸司局、收支库）、大都人匠总管府（领绣局、纹锦总院、涿州罗局、尚方库）、随路诸色民匠都总管府（领织染人匠提举司、杂造人匠提举司、大都诸色人匠提举司、大都等处织染提举司、收支诸物库）、提举都城所（领左右厢）、受给库、符牌局、旋匠提举司、撒答刺欺提举司、别失八里局、忽丹八里局、平则门窑场、光熙门窑场、大都皮货所、通州皮货所、晋宁路织染提举司、冀宁路织染提举司、南宫中山织染提举司、中山刘元帅局、中山察鲁局、深州织染局、深州赵良局、弘州人匠提举司、纳失失毛缎二局、云内州织染局、大同织染局、朔州毛子局、恩州织染局、恩州东昌局、保定织染提举司、大名人匠提举司、永平路纹锦等局提举司、大宁路织染局、云州织染提举司、顺德路织染局、彰德路织染人匠局、怀庆路织染局、宣德府织染提举司、东圣州织染局、宣德八鲁局、东平路疃局、兴和路苧麻人匠提举司、阳门天城织染局、巡河提领所等众多的机构。除此之外，服务皇家的部门和一些军政部门也有自己掌握的手工业部门和税收机构。

明清的工部所辖的机构有所省并，便于集中管理，同时随着社会生产力的提高，也增加一些新的管理机构。例如，明代工部直辖的有营缮所、文思院、皮作局、鞍辔局、宝源局、颜料局、军器局、节慎库、织染所、杂造局、抽分竹木局、大通关提举司、柴炭司等机构，清代则有制造库、节慎库、硝磺库、铅子库、宝源局、皇木厂、琉璃窑、木仓、军需局、官车处、惜薪厂、冰窖、彩绸库、炮子库、皇差销算处、料估所、黄档房等机构，显然与社会生产的发展是相适应的。

中国近代工商业发端于19世纪60年代初期的洋务运动时期，李鸿章、郭嵩焘诸臣以国权、商务、戎机所关甚巨，抗疏论列，要求兴办洋务，得到清廷的批准。从1862—1894年，清王朝共投资几千万两，在全国各地开办了19家军用工厂，并以官办、官督商办和官商合办等形式，陆续开办一些纺织局、招商局、工矿企业和交通运输业。与此同时，一些民族资本也开始创办近代工业，截至1894年，民族资本在缫丝、棉纺织、面粉、火柴、造纸、印刷、榨油、工矿、船运、铁路等方面建立百余家企业和公司。1898年，清总理衙门还议定《振兴工艺给奖章程》12条，不但允许民间办厂，还鼓励商业流通。

鉴于工商业的发展，1903年，清王朝设立商部，主管农工商等事务，这是中国历史上首次把商业纳入国家"正业"，承认商业在社会的作用，并以商部的名义先后颁布了《奖励华商公司章程》和《华商办理实业爵赏章程》等，不但扭转了数千年贱商的习俗，也引起社会的高度重视，认为："苟无商以运输之 、交易之，则农工无可图之利，而其业荒矣。是故，富之本虽在农与工，而其枢纽则在商。"[①] 商人们也提出"商兴则民富，民富则国强，富强之基础，我商人宜肩其责"的口号，实业救国、实业强国也成为朝野的共识。

1906年，清廷取消工部，设立农工商部，下辖农务、工务、商务、庶务等4司，"主农工商政令，专司推演实业，以厚民生"。将原来工部所管的事务与新设的交通部门合并为邮传部，下辖船政、路政、电政、邮政等4司，"主交通政令，汽行舟车，电达文语，靡所不综，以利民用"[②]。虽然在权责上规定推进工商业的发展，但在具体工作中鲜见成效。

第三节　财政收支制度

古代财政的主要来源是赋税、徭役、土贡等。征发军役、力役、军需品等称为"赋"，交纳实物和征收土地农产品称为"税"，后来赋、徭、役逐渐

---

① 孙宝瑄：《望山庐日记》，上海古籍出版社，1983年，第799页。
② 赵尔巽等：《清史稿》卷119《职官志六》，中华书局，1977年，第3466页。

分开。所谓赋,是指国家直接向人民征收实物、货币和农产品;所谓税,泛指对工、商、矿业给官府上缴款项或实物。征发各种杂役称为"徭";强迫人民服劳役、兵役、吏役等称为"役";徭和役都是强迫人民从事无偿的劳役,也就是所谓"力役之征"。土贡也就是"任土作贡"。赋税、徭役、土贡,据说都是起源于禹,以后各代大多沿循。古代财政的主要支出是用于国防军事、城建、水利、文教,特别是用于维持宫廷、官僚和军队的开支,而在君主以天下为家的情况下,宫廷的财政开支往往占最优先的地位和很大的份额,所谓"惟正之供",乃是独立财政,直接索取的,不受财政部门的审核限制。

一、赋税制度

中国赋税制度在舜时就已经出现,至夏代开始完备。征收方法是:"夏后氏五十而贡,殷人七十而助,周人百亩而彻。其实皆什一也。"也就是说按土地的年产量约1/10征收土地税,其具体方法是"校数岁之中以为常"(《孟子·滕文公上》),即以若干年的平均产量为基准。

除了土地税之外,还有各种杂税,称为"赋"。《周礼·天官·大宰》云:"以九赋敛财贿,一曰邦中之赋,二曰四郊之赋,三曰邦甸之赋,四曰家削之赋,五曰邦县之赋,六曰邦都之赋,七曰关市之赋,八曰山泽之赋,九曰币余之赋。"第一至第六可统归国家之赋,基本上是二十税一;关市之赋则是1%的关税和2%的市税;山泽是国君的私产,如交给民人开采则要交纳租税;币余是放贷利息。这种赋税制度在春秋战国时期得到较为充分的发展,由于统治者多以奢侈为尚,再加上战争规模越来越大,就需要扩大税源,提高税率,增加税种,这成为当时的大趋势。

秦统一后,实行"黔首自实田",规定的赋税有田租、口赋、力役三种形式。因此,以后各代的赋税在狭义上仅指土地税和户口税,而在广义上还包括商税、货税、物产税等,称为征榷、杂税等。

汉代实行算赋、口赋、田租、徭役、算缗、关市等赋税形式,建立起一套比较完整的赋税制度。算赋是对成年人征收的人头税,开始于汉高帝四年(前203年),凡民人男丁年15~56岁,每人交120钱,贾人及奴婢加倍;惠帝六年（前189年），对民间女子15~30岁不出嫁者加收5倍算赋；汉文帝时减算赋额为每人40钱，每年八月纳征。口赋是对未成年人征收的人头税，始于汉武帝(前140—前87年在位)，从3岁起征，元帝(前48—前33年在位)时改为7岁起征，每人23钱。田租亦称田赋，以土地物产为征收对象的赋税，汉高帝（前202—前195年在位）时规定十五税一，汉景帝（前156—前141年在位）时改为三十税一。徭役是成年男子必须服的劳役，如不服役，每人须交2000钱。算缗是财产税，征收的对象是商人、高利贷者、手工业者及车船所有者，规定民车征一算（12钱），商车征两算，船五丈征一算；商贾财产缗钱（即用绳穿起来的钱，一缗为千钱）二千为一算，手工业者缗钱四千为一算；为推行这种赋税，汉武帝元狩四年（前119年）发布"缗钱令"；由于工商业者多匿而不报，在元鼎三年（前114年）又发布"告缗令"；对工商业者隐瞒财产或报而不实者，没收其财产，并奖励告密；凡告发经查实，奖给没收财产之半。关市是关卡和市易税。汉代的赋税体系在很大程度上影响以后各代。

东汉末年，曹操推行计亩而税、计户而征的赋税制度，即每亩征粟四升，每户征绢二匹、绵二斤。魏晋南北朝基本上沿循此制，只是数目略有增减。

北魏太和九年（485年）颁布的《均田令》规定：15岁以上的男子授种植谷物的露田40亩，妇人20亩；男子每人授种植树木的桑田20亩，产麻地方授麻田10亩，妇人5亩。在均田制的基础上，次年颁布征收租调的法令，规定：一床(夫妇二人)年交租粟二石、帛一匹。之后相继建立的北齐、北周、隋、唐，都曾经颁布过类似的法令，只是在方法上略有变更。

唐代在均田制的基础上实行租庸调赋税制度，规定：每丁每年向国家交纳租粟二石；调随乡土所出，每年交纳绢或绫二丈、绵三两，不产绵的地区纳布二丈五尺、麻三斤；每丁每年要服徭役20日，闰月加2日，如无徭役，则纳绢或布替代，称为庸。

租庸调制之后，赋役征收制度主要有三次较大的变化，即两税法、一条鞭法和摊丁入亩。

两税法是唐代根据宰相杨炎的建议，于德宗建中元年（780年）在全国推行的。其主要内容是：根据国家财政支出制定总税额，各地按中央分配的数额向当地人户征收。两税项目主要有地税和户税两种,其余租庸全部废除。地税以大历十四年(779年)的田亩数为准,户税按九等定高下,九等户不分主客,在现居地立户籍,以财产多寡定高低。流动商贾于所在州县按其收入交纳1/30的所得税。两税以实物为主,地税纳粮,户税纳钱或折绢帛,于夏秋两季征收,夏税限6月纳毕,秋税限11月纳毕。这种以田产多少征收田亩税,以资产多少征收户税,以收入多少征收所得税的做法,改变了以人丁为课税的标准,转向按财产课税,是古代税法史上的进步。

一条鞭法是在明代内阁首辅张居正主持下,于万历九年(1581年)在全国推行的。其主要内容是:以县为单位,将所有田赋、劳役、贡纳、杂差等一律折合成银两,分摊在本县田额之中,在法定意义上废除力役,所雇之役,均由所征的款项内支付。这种税法的实行,反映出商品经济的发展和劳动者对地主人身依附关系的削弱。清代在此基础上,继续对赋役制度进行改革,于康熙五十二年(1713年)下令,以康熙五十年各地所报人丁数作为丁银的固定税额,以后"滋生人丁,永不加赋"。雍正帝又实行"摊丁入亩"的地丁合一征赋方法,将丁赋摊入田亩,进而废除了延续两千余年的人头税,成为古代赋役制度的最后形态。

历代王朝都把地、户、丁作为赋役的征调对象,尽管各代征收方法不同,实质并无大异。清代的地丁合一,把赋和役合并,将人头税归入财产税,使田赋成为国家的重要经济来源,也适应以农业为主的国情。人头税的取消也反映出人民对国家人身隶属关系的松弛,无地或少地的人民可以减免负担,也可以选择其他谋生手段,进而促进各方面生产的发展,使农业以外的税收比例逐渐增加。

对于其他生产部门,历代王朝也有严格的税收规定。诸如山海池泽之税、关税、市税、房产税、桑蚕牧养税等,对各种物产和生产交易也有一定的税收制度和管理;特别是对于商税、盐税、茶税、矿税、契税等关系到国家经济和人民生活必需品的管理,更为历代王朝所重视。随着社会经济和城市交通的发展,这些税收在国家经济中的地位日渐重要,成为国家财政收入的重要构成。例如,宋代"生财之术视前古为详矣。谷则有租,绢则有庸,酒则有榷,茶、盐则有征,又有坊场之钱、楼店河渡之钱,前世所以取于民者,今尽行之矣"①。又如，清代的渔、芦、矿、茶、木、牙、煤、契、铺面行、农器、牲畜、烟酒、当等杂税名目很多，康熙二十四年（1685年）国家账目有关杂税的收入仅为67.3万余两，到光绪十七年（1891年）已增加到281万余两。

为了镇压太平天国，清王朝只好放任地方开辟财源，地丁、漕政、盐政、关税、厘金、捐等6项，不但成为湘、淮军的主要饷源，也成为以后军阀割据的重要财源。地丁是国家的主要税收，有"正额"是上缴国家财政的，有"耗羡"是支付地方行政开支的，有"租粮（旗租、地租、屯租）"是国家正规税收。漕政是纳入国家运输预算的税种，"漕粮"是额定向京师和军队输送的食粮，"漕项"是按粮额征收的运输费用，"漕折"是按征粮额内的一部分改折为银两。盐政是国家专卖的收入，"盐课"是国家征收的食盐消费税，"盐羡"是各地征收的附加税，"盐厘"则是盐的转运和销售税。关税是关卡征收的商业税，其中，"洋税"是洋货进口税，"常税"是户部32关、工部14关，计46处榷关征收的税，"关余"是各关征收的附加税。厘金是各地征收的商品转运税，其中，"百货"是过境货物征1/10税，"洋药"是鸦片烟税（基本上是每百斤正税30两，厘金80两）。"厘金抽捐，创始扬州一隅，后遂推行全国。"②光绪十七年（1891年）国家厘金在册总收入为1631万余两，按规定地方可以截流一半，各厘捐局留取局用的部分则不计在内，这些类别的税收金额急遽上升，在财政收入中的比重日大，也使地方收入至少是国家总收入的两倍以上，官、吏、绅、中洋商人均视此为肥胬，无不伸手沾润，其弊端不可胜书。捐本是清廷财政困难时采取的卖官鬻爵的办法，乾隆三十一年（1766年），"常例捐输三百余万两"；雍正时期开始接受商人报效，之后凡有军事行动或什么圣寿华诞，重大修建或御驾巡游，莫不让商人捐银，"自数十万、百万以至八百万，通计不下三千万。其因他事捐输，迄于光绪、宣统间，不可胜举"③。这种捐已经不是商人报效了，而是摊派到人民身上，成为必须要交纳的苛捐杂税。

赋税本应有一定的限额，但古代国家往往视自己消费支出状况来增加税

---

① （宋）章如愚辑：《山堂先生群书考索续集》卷5《财用门·宋朝财用》，中文出版社，1982年。
② 赵尔巽等：《清史稿》卷125《食货志六》，中华书局，1977年，第3694页。
③ 赵尔巽等：《清史稿》卷123《食货志四》，中华书局，1977年，第3613页。

额，正赋不足，往往增加杂税。例如，汉武帝用兵而增加口钱，唐代税天下地亩青苗钱，宋代征收赡军钱，明代加征三饷（辽饷、练饷、剿饷），清代的厘金苛捐杂税等，只要是需要，统治者往往用各种名目增加税额。

二、徭役制度

徭役制度是历代统治者征用人力资源的主要手段。《孟子·尽心下》云："力役之征，君子用其一缓其二。用其二而民有殍，用其三而父子离。"主张节省民力，不夺农时，但统治者往往为满足私利私欲而滥用民力。

古代国家一般规定20~60岁为服役年龄，但这个基本数不时出现上下浮动，最少的为23~56岁，最多的则扩大到12~65岁。达到服役年龄的男丁，每年要为国家无偿服役20~30天，有时还要增加。

从历史记载看，徭役往往是强加给人民头上最不堪忍受的负担。早在夏桀作瑶台、商纣起沙丘苑台时，就滥用民力，使民不堪重负。统治者采取"高台深池，撞钟舞女，斩刈民力"的做法，造成人民饥者不得食，寒者不得衣，劳者不得息，贫困潦倒，"百姓闻王钟鼓之声，管籥之音，举疾首蹙頞（鼻梁）而相告曰：吾王之好鼓乐。夫何使我至于此极也？父子不相见，兄弟妻子流散"（《孟子·梁惠王下》）。所以用苛政猛于虎来比喻统治者的残酷剥削，与滥用民力有关。后世的统治者虽口口声声讲"爱民""恤民"，但在实际上却常常不珍惜民力。例如，秦始皇建皇陵，筑阿房宫，修长城，开驰道，滥用民力，使"百姓靡敝，孤寡老弱不能相养，道路死者相望，盖天下始畔秦也"[1]。隋炀帝营东都，凿运河，征高句丽，苦役百端，使人民"填咽于道，昼夜不绝，死者相枕，臭秽盈路，天下骚动"[2]。这些都是因滥用徭役给当时社会造成巨大灾难的事例。其实，即使是在治平之世，徭役负担也是十分繁重的。例如，号称"文景之治"的汉初，"农夫五口之家，其服役者不下二人"[3]。唐初因"贞观之治"而被称为"盛世"，也是"供徭役，道路相继，兄去弟还，

---

[1]（汉）司马迁：《史记》卷112《主父偃传》，中华书局，1959年，第2954页。
[2]（宋）司马光：《资治通鉴》卷181《隋炀帝大业七年（611年）》，中华书局，1956年。
[3]（东汉）班固：《汉书》卷24上《食货志上》，中华书局，1962年，第1132页。

首尾不绝,远者往来五六千里,春秋冬夏,略无休时"①。这些被国家权力强行征用的人民劳作,虽然也创造过一时鼎盛的国势和世罕其匹的物质文明,但却是建立在广大人民世代辗转呻吟的重役压迫之上的。

中国古代的户籍和乡里制度紧密结合在一起,既加强了对全国人户的控制和管理,又保证了国家征调徭役的需要。因此,"凡有科差,州县下之里胥。里胥之所能令者,农夫而已。修桥道,造馆舍,则驱农以为之工役;远官经由,监司巡历,则驱农以为之丁夫,使之备裹粮以应州县之命,而坐困其力"②。以至于"差徭频繁,春季未完,而夏季又临,今年未解,而明年适至"③。甚至"民当农时,方将举趾,朝为轿夫矣,日中为杠夫矣,暮为灯夫矣。三夫之候劳而未止,而又为纤夫矣。肩方息而提随之,稍或失夫,驭而长鞭至焉。如此,民奔走之不暇,何暇耕乎!"④中国古代的民变和起义,往往起因于不堪繁重的徭役负担,被迫揭竿而起,啸聚山林,甚至直捣朝廷官府。因此,"轻徭薄赋"成为历代思想家所追求的政治理想境界之一。

自明代实行一条鞭法以后,人民的徭役转化成货币或实物,但统治者在需要劳役的情况下,仍然要强征滥派,乱抓民夫。例如,康熙年间平定三藩时,仅输送大炮路过黄梅县境,该县"每二十里为一站,每站用牛六头,牵牛夫六名,总而计之,用牛一千二百头,夫一千二百名。又随车长夫分为二站,以备上山下坡推挽拖拽之用。每车用夫二十名,每站用夫四百名,共用随车夫八百名。尚有扛抬檀木预备修车之杂夫,难以数计"⑤。这些都要从地方征集,一时间,"民闻令辄骇,欲乘家潜逃者有之,欲投河自尽者有之"⑥,给人民带来许多痛苦。

古代统治者在无偿地占有劳动力的同时,尽可能把闲置不用的劳动力转化成财富。例如,汉代的"更赋",限令不服劳役者每月纳钱两千(相当一个县令的俸禄);唐代的"庸",如果不服徭役,每天应折纳绢三尺或布三尺七

---

① (唐)吴兢:《贞观政要》卷6《奢纵》,上海古籍出版社,1978年。
② (清)徐松辑:《宋会要辑稿》第121册《食货一》,中华书局,1957年。
③ (明)陈子龙辑:《明经世文编》卷175,蒋曙《兴革利弊疏》,中华书局影印本,1962年。
④ (清)顾炎武:《天下郡国利病书》卷32《江南》,上海书店,1985年。
⑤ (清)李成梁:《令梅治状》卷1《护送炮车》,日本国立大阪大学图书馆藏清刊本。
⑥ (清)李成梁:《令梅治状》卷2《请免覆追详文》,日本国立大阪大学图书馆藏清刊本。

寸五分，每年应役30天，绢布合计超过每丁每年应纳"调帛"的4倍；明清以银代役，更是将徭役直接折变为国家的财政收入。这样无偿占有劳动力，正是古代国家的一种超经济强制形式，严重地阻碍生产力和社会经济的发展。

三、土贡制度

贡的本义为献，也就是人民在田赋以外再以特产入贡。在《尚书·禹贡》中记禹分天下为九州，各州以其特产上贡。其贡品名目有三：贡、篚、包匦。贡和篚是经过加工的手工业产品；包匦是本地的自然产品。《周礼》将各地的贡品归纳为祀、嫔、器、币、材、货、服、蟠、物等"九贡"。祀贡是祭祀的牺牲包茅之属；嫔贡一作宾贡，是丝枲皮帛之属；器供是宗庙祭祀用的礼器；币贡是绣帛皮张；材贡是建筑木材；货贡是珠贝等自然产物；服贡是祭祀服装之属；蟠贡是燕好珠玑琅玕等；物贡是杂物，包括鱼盐橘柚等物产。所谓"九贡"，其实已包括统治者奢侈糜烂生活所需要的全部物资。

以后各朝代都继承这个传统，从宫廷生活用品到官府公用物品，从花鸟虫鱼到各种手工制品，都被列入为上贡物品。"凡是列入贡品的，都是各州府的特殊物产和著名物产，不但包括各地方的重要生产品，而且包括各种自然产物，只要有一点可取，有一分可用，即使仅供观赏玩弄，亦都网罗无遗。"[①]例如，明正德时，"镇守太监进贡有古铜器、窑变盆、黄鹰、角鹰、锦鸡、猎犬、羔羊皮之类，皆假名科敛，自为取财之计。此外又有拜见银、须知银、图本银、税课司银、出办椿草银、扣除驿传银、马价银、甲首夫银、快手月钱银、河夫歇役银，动以数十万计，而左右用事之人，私于下属卖马、卖布、卖纸、卖钞、卖铺陈，又于沿河抽索客货，其弊甚多"[②]。进贡的规模很大，"嘉靖间进贡船只，一则司礼监，曰神帛、笔料。二则守备尚膳监，曰鲜梅、枇杷、杨梅、鲜笋、鲥鱼。三则守备不用冰者，曰橄榄、鲜茶、木犀、榴、柿、橘。四则尚膳监不用冰者，曰天鹅、腌菜、笋、蜜樱、藓糕、鹚鸹。五则司苑局，曰荸荠、芋、姜、藕、果。六则内府供用库，曰香稻、茁姜。七则御马监，曰苜蓿，后加以龙衣板方等项，而例外者亦多。夫物数以三十，而船

---

① 傅筑夫：《中国经济史论丛》，生活·读书·新知三联书店，1980年，第652页。
② 《明武宗实录》卷139，正德十一年秋七月己丑条。

以百艘，此固旧规也。今则滥驾者不减千计矣"①。除了这些之外，举凡官中所用，无不以土贡名义上贡。如"大内供御溷厕所用，乃川中贡野蚕所吐成茧，织以为帛，大仅如纸。每供御用之物，即便弃掷"②。清雍正即位，"停止直省将军督抚提镇等官员献方物"③，但允许进贡地方特产，在雍正帝看来，"外任大臣，自古有进献方物之理。今仍准其进献，但所进之物，必令廷臣共知之，朕酌量收纳"④。既然收纳，则地方难免以此扰民，"乃朕向闻各省大员，采备贡物，有恃上司体势，发价减少者，以致民间受累，视为畏途。如榆次不敢种好瓜，肃宁畏植好桃，外间传为话柄"⑤。这种年例岁贡，所贡的物品有奇珍异物，也有土特产品，有黄金、白银、象牙、玉石，也有药材、竹木、器皿、各种手工艺品，可以说无所不有。贡品自然是来自劳动人民，而对贡献者的赏赐也是来自国库，也是人民的赋税。

贡品并不能够促进地方经济发展，因为一旦成为贡品，民间就以纳贡为主，很难进入市场，而官府以纳贡为名公开勒索，甚至让百姓贡献，地方官府也有很大负担，故此，有些地方官不愿意本地有过多的贡品。如"各镇戍、镇守内官，竞以所在土物进奉，谓之孝顺。陕西有木，实名榅桲，肉色似桃，而上下平正如柿。其气甚香，其味酸涩。以蜜制之，岁为进贡。然终非佳味也。太监王敏镇守陕西时，始奏罢之，省费颇多。敏，本汉府军余，善蹋鞠，宣庙爱而阉之。常熟知县郭南，上虞人。虞山出软栗，民有献南者，南亟命种者悉拔去，云：'异日必有以此殃害常熟之民者。'其为民远虑如此，因类记之"⑥。因为成为贡品，就要运送至京，所需费用则由地方负担，故此地方官不愿意本地有特产，即便是有特产，也不愿意成为贡品。为了躲避土贡，许多土特产难以发展生产，当然也会影响到地方经济的发展。

土贡是古代国家的重要财政组成部分，也是人民的极大负担，通过土贡制度，"统治阶级可以完全不通过商品程序来获得所需的一切物品，从而达到

---

① （明）顾起元：《客座赘语》卷6《供用船只旧例》，中华书局，1987年。
② （明）谢肇淛：《五杂俎》卷9《物部一》，上海书店出版社，2001年，第185页。
③ 《清世宗实录》卷2，康熙六十一年十二月戊午条。
④ 《清世宗实录》卷51，雍正四年十二月癸未条。
⑤ 《清世宗实录》卷157，雍正十三年六月辛卯条。
⑥ （明）陆容撰，佚之点校：《菽园杂记》卷1，中华书局，1985年，第3页。

抑制工商业发展的目的"①。土贡制度阻碍工商业的发展,也加强了对人民的掠夺,是国家使用强制力控制社会分配的一种手段。例如,宋代的"花石纲",一个船队为一纲,把从东南巧取豪夺来的奇花异石,舳舻相连地输送到汴京(河南开封),"一花费数千缗,一石费数万缗"②。纲运所过,往往大肆暴用民力,借端敲诈和劫掠百姓,地方官不敢违忤,只好噤若寒蝉。东南地区百姓为此风餐露宿,辗转沟壑,"花石纲"不但成为方腊起义的导火索,也摧毁了东南刚刚发展的经济基础。

土贡制度还影响到官场,地方大员以贡献为名,公开勒索;府州县官以进献为名,派累民间;下级官吏给上司和权贵送土特产被当作常例,以至于"今之部院诸臣有志者难行,无志者听令,是部院乃为内阁之府库矣。今之监司苞苴公行,称为常例,簠簋不饬,恬然成风,是监司又为部院之府库矣。抚字心劳,指为拙政,善事上官,率与荐名,是郡县又为监司之府库矣"③。府州县官进献上司的常例很多,"以献于一岁之节辰者五,谓之曰规礼。大数之外,以小数与其亲幸之仆人,谓之曰门包。小数之外,又与其传禀之蠹役,谓之曰茶仪。自太守以上皆取之州县,以转相馈送。至于州县之官,复有何项可取,若是而尚能毫发不累其民,愚以为非陶朱、猗顿之富,其势不能也"④。勒索属员以行进献,搜括百姓以行馈送,不但加剧吏治腐败,也破坏了正常的社会经济发展,更会失去民心。"以是百姓视上官如仇雠,一旦有事,可献城则献城,可从贼则甘心从贼,计不反顾也。"⑤

四、财政的收支与管理

古代国家的财政收入,除以上所讲的赋税、徭役、土贡等主要财政收入之外,还有国家专控的盐、铁、茶、酒、矿等产品专卖和转运营利的收入;国有或皇(王)室所有土地租税和产品的收入;边远民族及外国贡献和馈赠

---

① 傅筑夫:《中国古代经济史概论》,中国社会科学出版社,1981年,第210页。
② (清)周城撰,单远慕点校:《宋东京考》卷17《山岳》,中华书局,1988年。
③ (明)陈子龙等辑:《明经世文编》卷177张孚敬《应制陈言》,中华书局影印本,1962年。
④ (清)贺长龄等辑:《清经世文编》卷15《吏政》卢锡晋《吏议》,中华书局,1992年。
⑤ (明)刘宗周:《刘子文编》卷4《敬修职掌疏》,清道光二十八年(1848年)袁江节署求是斋刊本。

的土特产品、金银珠宝等收入；捐卖官爵、罚赎罪犯以及抄没财产等收入；官府放贷和经商的利息收入；铸造钱币和官营手工业的收入；官府发放田契、典契、买卖契等契税收入；等等。

古代国家的财政支出，基本上分为皇（王）室支出和国家政务事务支出两大部分。

皇（王）室支出，主要有属于帝王及其家属的膳食、舆服、器玩、后宫、娱乐、医药等生活费用的支出；宫室、园囿、陵寝、行在所的建筑和维修费用的支出；帝王巡幸、车驾出宫、朝会等卤簿仪仗费用的支出；帝王及后妃举行各种祭祀礼仪和赏赐的费用支出；皇族、宗室的俸禄和赡养费用支出等。以上各种开支构成皇（王）室支出的主体，在整个国家财政支出中占有很大的比例。例如，清乾隆三十一年（1766年）的总收入银为4800余万两，上述皇室支出就占了1/4，而清以前的各朝代的皇室支出比例更高，难以准确统计。

国家政务和事务费用的支出，是维持国家机器运转和履行职能的需要。主要有：用于官吏俸禄和官府办公、事务、行政等费用的支出；对内对外的军事行动和维持常备武装力量的军费支出；有关祭祀、登基、大婚、丧葬等重要典礼费用的支出；对官僚贵族进行赏赐费用的支出；用于审理刑讼、建立和维持监狱、囚粮执行流放等方面费用的支出；用于兴修水利、屯田垦殖、修建城池、驿传道路等基本建设费用支出；用于外国使节往来招待和赏赐等方面费用支出；用于仓储、转运、平准物价、造币等费用的支出；用于文教、科举、办理各级学校及士子廪食等方面费用的支出；用于赈济灾荒、赈恤高年和鳏寡孤独等费用的支出，诸如此类，构成若干方面必不可少的开支项目。经常费用的开支大体是有定额的，大部分可以纳入预算之中。如果发生战争、帝王巡幸和特大营建等事，或者遇上大灾之年，就必然突破预算，这就要加紧盘剥或动用储备以应付。

在上述各种开支中，官俸和军费开支所占的比重最大，常常占国家财政收入的一半以上。人头费用开支过大，是中国古代财政制度的积弊之一。由于人头费用过大，用于社会生产、福利和文教等方面的费用就必然被压缩，以至只占财政的极少部分。由此可以看出，古代国家的财政目的主要不是为了促进经济发展,而是着重于维持统治的需要,受政治权力的支配。宋代蔡襄曾经痛切地指出:"天下六分之物,五分养兵,一分给郊庙之奉国家之费,国何得不穷,民何得不困!"①主要财政用于维持对社会的管制和供应君主官僚们的消费,其后果必然是严重损害社会经济和文化的发展。费用不足,加征摊派,继之以竭泽而渔、杀鸡取卵,就难免酿成一次又一次的社会动乱。财政问题直接关系着统治的安危,是一再被证明了的。

古代地方财政收入除了上缴国家正税的存留之外,还有很难见于账目的地方杂项征收,以及征收赋税时的加耗和陋规。以明清而言,国家正税分为起运、存留两项,起运是上缴部分,存留是留于本地的,因为是正税,地方官是不能够随意支配的。杂项收入也是属于国家正项,但所规定的额度有限,地方即便是多收了,也是以多报少,或者不报,也就成为地方主要收入,是地方可以支配的财政。在征收时的加耗其数额也难以统计收入,以明清而言,粮米征收加耗名目繁多。诸如,交粮以不干燥为名而加"湿耗",晾晒时则加"雀耗",扬场时加"扬耗",运输时加"运耗",入仓时加"仓耗""霉耗""鼠耗"等,这七耗、八耗在朝廷规定可以加收耗米二三成的基础上,地方官加至四五成为常态,加至七八成,甚至超过正项者有之。加耗使民众已经苦不堪言,而"官收之时,法重有秤头之积出,较阅有火耗之羡余,券票有纸笔之需伺"②。陋规更是多不胜数,如地方官府派人赴京到有关部门办事用印,京城各部门要收取一定费用,称为"印规";学官收取士子定期送礼,称为"学规";狱官收取犯人家属探监钱,称为"监规";本地商贾给地方官送礼,下级给上级送礼,称为"年规""节规",涉及范围相当广泛,是"有一衙门即有一衙门之规礼,有一规礼即有一规礼之杂费"③。可以说,凡是涉及权力问题,都有金钱收入,而这些金钱收入,在天不能雨粟、地不能够生金的情况下,必然取自民间。这些收入既关系到应付上司、过客,又要支付本地的各种公费开支,还要满足自己所欲,乃是"上司于此分肥,京官于此勒索,游

---

① (宋)蔡襄:《蔡忠惠文集》卷18《强兵篇》,明万历四十四年(1616年)蔡善继双瓮斋刻本。
② (明)焦竑辑:《国朝献征录》卷56《中宪大夫都察院右佥都御史文公森行状》,台湾学生书局,1965年。
③ (清)官修:《世宗宪皇帝朱批谕旨》卷24上载田文镜《条奏东省陋规》,文渊阁四库全书。

客于此染指。分肥则与为蒙蔽，勒索则与为游扬，染指则与交通关说"①。这些乃是"上下习闻，不以为怪"的事情。

  古代地方财政支出项目也很多，在支出时也有缓急之分。清人黄六鸿认为驿递为支放中的急项，"盖以过差廪给口粮，及马夫工食草料，俱属不可缓者"。其次是铺司兵工食银，因为"皆系贫民，昼夜传送公文辛苦"。再次是养济院孤贫口粮，乃是仁政所需。其余文庙丁祭，各坛祠春秋祀，官属俸银，门斗佐贰役食，修理龙亭察院，宾兴乡饮，生员廪饩，本衙门工食，监仓禁卒工食，囚徒口粮等项，均要支放，这些都是存留项目之内的支出，其中"工食时有公用抵充"②。这里没有讲公用银两、羡余的支出，其实这部分支出乃是地方财政的大项，既涉及上司的规礼，又涉及地方官吏的个人所得，还有迎来送往的开销，当然也可以用于地方各种公益事业。是否将财政收入纳入自己腰包，还是投入地方经济发展，也全凭地方官自行决定，而中央对地方财政失去控制，也使各地方经济发展难以平衡。贫困地区杂项与陋规数少，很难在地方经济发展方面投入，进而使地区差距拉大，贫富差距扩大，地方与地方、贫与富之间的矛盾也会愈演愈烈，最终会影响整个社会的稳定。

---

  ① （清）贺长龄等辑：《清经世文编》卷 20《户政》御史柴潮生《理财三策疏》，中华书局，1992 年。
  ② （清）黄六鸿：《福惠全书》卷 7《钱谷部·支放缓急》，康熙三十八年（1699）种书堂刊本。

第十章

科技文教卫生等机构

科学技术、文化教育、医疗卫生、工程水利等制度，关系到国家的全面发展，是社会生活的重要组成部分，当然要进行必要的管理。

第一节　科学技术机构

中国古代在科学技术方面曾经取得过许多成就，无论是铜铁的使用，还是指南针、造纸、活字印刷、火药等四大发明，在当时世界上都是最早的国家之一。"由于中国过去的文化是那样地偏重于文学而轻视科学（除天文和气象由于被用来预卜未来而被列为'正统'以外），所以在中国史书上，简直很难找到有关科学发展方面的最有价值的资料。"[1] 中国古代有关科学技术的管理机构也不发达，仅有的一些也是局限于御用品制造和天文历象方面，在很大程度上制约了科学技术的进步。

一、天文历象机构

相传夏代就设有"羲和"，"掌天地四时"，是主管天文历法的官（《尚书·胤征》及疏）。后人专门整理的《夏小正》，其中有部分内容已被现代天文学者证实是综合夏代至春秋时代历法知识的古籍[2]。既然有了系统的历法，就应该有主管这方面事务的官员。

---

① ［英］李约瑟：《中国科学技术史》，科学出版社，1975年，第1卷第1分册第160页。
② ［日］熊田忠亮：《〈夏小正〉天象论》，《中日文化》第二卷，1942年第9、10期。

商代的贞、卜、史、巫等官与天文历法有一定关系，他们的所作所为离不开天象。现在史学界对"史"的职权还存在着一些争议，大体有两种观点：一是根据古文献传说的记载，认为"史"是记录天子言行，草拟文诏，掌管图籍典制，负责天文历法和文字数学，与书册有关。二是根据甲骨文的记载，认为"史"是武官，主要职责是担任国家边防守卫。其实"史"是一种官职，人数众多，所管的事务也不划一，且分属各个部门，而且是职无常守。例如，西周的太史寮负责宗教祭祀和文书册命等事务，天文历法也在其职权范围内，但太史寮的官员常常接受王的指令去办理超过法定职权范围的事务，包括将兵打仗、审理狱讼，这是早期国家职官权责不明确和王权专制的体现。

秦汉时期，天文历象工作是太史职责之一，太史是太常下属的一个部门。魏晋南北朝时期，太史或隶秘书省，或隶太常，基本职责变化不大。隋代改为太史曹，隶于秘书省。唐代初因隋制，龙朔二年（662年）改为秘阁局，久视元年（700年）改为浑仪监，景云元年（710年）则改为太史监，不久又降级为太史局，乾元元年（758年）再改为司天台，掌观察天文，稽定历数，其长官监和少监与诸寺监同品（从三品），成为相对独立的机构，下辖太史令、春官正、夏官正、秋官正、冬官正、中官正、灵台郎、保章正、挈壶正等官，还有博士、书手、生等员，额定编制达600余人，成为较为庞大的机构；此外，还设有通玄院，以培养天文历法方面的人才，设有五官礼、天文观、天文、历等四科，额定学生有210名。宋代把天文测象之责归司天监，颁历之责归太史局（隶秘书省），太史局设有算学，收教算学生；另有天文院，收教天文学方面的学生；元丰（1078—1085年）改官制，废去司天监，其权责归太史局。辽代有司天监，金代有司天台，权责大体如唐宋。元代设太史院以掌天文历数之事，设司天监以掌天文观测。明代将太史院和司天监合并为一，改称钦天监，主管察天文、定历数、占候、推步等事，除额定的官吏之外，还设有天文、漏刻、回回、历等四科，以培养天文历法方面的人才。清代大体因循明制，但在康熙、雍正、乾隆时期吸收西洋科技人才，增加了西洋监副。明清两代的钦天监在业务上要接受礼部的领导，考虑到是专门人才，官职升迁不离本署。

天文历法工作的技术性较强，在观测和推算上也有一定的科学性，然而，中国古代对于自然界的变化，往往是采用宗教迷信观念加以解释，认为天地灾变与世俗事务有关，以此之故，天文历象工作往往会影响当时的政治，负责天文观测的官员，对自然现象经常作出超自然的解释，甚至引起上层的政治斗争。例如，明洪武十三年（1380年），雷击皇宫谨身殿，正是朱元璋借口废丞相，诛除丞相胡惟庸等所谓"党人"之时，此事与雷击事件相结合，自然成为震惊全国的事。为了安定人心，朱元璋随后承认："朕思愚昧，乃得罪于人神"，但也归罪于"宰辅失寄，肆奸擅权"[1]。利用自然的变化，经天文观测人员的解释，朱元璋又玩弄政治手腕，在大肆杀戮之后，暂时停止更大范围的株连乱党，宣布大赦。

由于历代均设有天文历象机构，把天地自然界的变化都记录在案，并送到史馆保存，因此，古代史籍中大都编有《天文志》和《五行志》，在剔除迷信糟粕内容之后，仍然是我国宝贵的古天文气象资料。

天文历象机构除观测天文、颁发历书之外，还有培养教育专门人才的职责。由于天文观象的专业技术较强，更兼被历代视为通玄之学，所以招收学生的范围极窄，大都是世代传授，家学相承，所以难以取得更大的发展。明清时期，曾经引进了一部分外国的天文理论和技术，并吸收了一些西洋技术人员进入钦天监工作，使我国的天文历象工作在古天文气象学的基础上有了进一步的发展。

由于天文历象工作人员人才难得，古代在法律上对他们有特别保护。如《唐律·名例·工乐杂户》条规定："若习业已成，能专其事，及习天文"的专门人才，在法律上犯罪有减等的规定；《大明律·名例·工乐户及妇人犯罪》条则更明确地规定："若钦天监天文生习业已成，能专其事，犯流及徒者，各决杖一百，余罪收赎。"清代则将此条析出为"天文生有犯"，条例规定这些人犯罪，"该为民者，送(钦天)监仍充天文生身役"，使他们的才能可以继续发挥。

二、技术生产机构

据传说，在尧舜时期就有"百工"，乃是"审曲面执以饬五材，以辨民器，

---

[1] 杨一凡、田禾点校：《皇明诏令》卷2《雷震谨身殿肆赦诏》洪武十三年五月初十日，科学出版社，1994年。

谓之百工"。《周礼》所附的《考工记》中，记载有：攻木之工分为轮、舆、弓、庐、匠、车、梓等7种；攻金之工分为筑、冶、凫、栗、锻、桃等6种；攻皮之工分为函、鲍、韗、韦、裘等5种；设色之工分为画、缋、钟、筐、㡛等5种；刮摩之工分为玉、楖、雕、矢、磬等5种；搏埴之工分为陶、瓬等2种，共计有30种工种。这些工被认为是"司空"之属，职掌各种器物的制造。

秦汉时，这些工匠分别隶属于各种部门，而大多又隶属于皇家服务系统。汉代的少府下有考工室，主作兵器弓弩刀铠之属；左右司空，主制作陶瓦之器；东西织，主织作文绣郊庙之服；东园匠，主作陵内器物；尚方，掌上手工作御刀剑诸好器物；各设有令、丞，为六百石官署。汉武帝时置水衡都尉，其下的钟官、技巧、辨铜等三令丞主管铸钱，楫濯令丞主造船，都是属于供应皇家需要的系统。国家系统的大司农铁官和将作大匠等也主要为皇家服务。

技术和生产从主要为皇家服务，到对国家与皇家各有所重，又必须兼顾，是在隋唐时期完成的。唐代的技术和生产行政管理部门是工部，掌土木、水利工程及农、林、牧（军马除外）、渔等政令，为技术和生产的管理则有掌百工技巧之事的少府监，掌土木工程营建的将作监，掌修治甲弩的军器监，掌川泽、津梁、渠堰、陂池的都水监等。宋代因循唐制，但也增加了一些生产部门，如工部下辖四司也有更加细致的分工，称为"案"，其工部司分成工作、营造、材料、兵匠、检法、知杂六案及御前军器案；南宋时，将作、少府、军器三监改为直接隶属工部，以便集中管理；原归少府专供御用品制造的文思院（掌造金银玉器）、绫锦院（织纫锦绣）、染院、裁造院（裁制服饰）、文绣院（纂绣）等也隶属于工部，名为政令统一，实际上以供皇家用品为首务，所以，在国家急需武器时，只好"别置作院造器甲"。

元代的工部虽然"掌天下营造百工之政令"①，但取消四司，而代之以总管府和一些直辖的提举司、局、库制造所。其中诸色人匠总管府所属有十一个提举司、局、库、提领所；诸司局人匠总管府所属有六局、库；提举右八作司、提举左八作司各所属有八作；提控案牍所属有二局、库；茶迭儿局总管府所属有二局、库；大都人匠总管府所属有四局、院、库；随路诸色民匠

---

① （明）宋濂等：《元史》卷85《百官志一》，中华书局，1976年，第2144页。

都总管府所属有五提举司、库；提举都城所辖左右厢；还有受给库、符牌局、旋匠提举司、撒答剌欺（中亚锦缎）提举司、别失八里（西域工艺）局、忽丹八里（和阗玉作）局、平则门窑场、光熙门窑场、大都皮货所、通州皮货所、晋宁路织染提举司（所属有一所十一局）、冀宁路织染提举司（所属二局）、南宫中山织染提举司、中山刘元帅局、中山察鲁局、深州织染局、深州赵良局、弘州人匠提举司、纳失失毛缎（织全锦）二局、云内州织染局、大同织染局、朔州毛子局、恩州织染局、恩州东昌局、保定织染提举司、大名人匠提举司、永平路纹锦等局提举司、大宁路织染局、云州织染提举司、顺德路织染局、彰德路织染人匠局、怀庆路织染局、宣德府织染提举司、东圣州织染局、宣德八鲁局、东平路疃局、兴和路荨麻人匠提举司、阳门天城织染局、巡河提领所等，有众多的直属机构和制造场、所。除此之外，分属其他中央各部门也辖管有一定的人匠和制造场、所，虽然显得凌乱，但也说明元代的手工业有较大发展。

明代在元代的基础上完善机构设置，除恢复和完善工部四司体制外，设立了营缮所、文思院、皮作局、鞍辔局、宝源局、颜料局、军器局、节慎库、织染所、杂造局、抽分竹木局、柴炭司等，对营造和工程实行统一管理。清代基本因循明制，但在工部四司之外，提高堂主事、司务厅、制造库、节慎库、硝磺库、铅子库的级别，所辖有宝源局、皇木厂、琉璃窑、木仓、军需局、官车处、惜薪厂、冰窖、彩绸库、炮子库、皇差销算处、料估所等。清代专责管理皇家事务的内务府，设置有名目众多、分工很细的御用作坊，也吸收一些西洋技术和艺术人才参加工作。

明清时期在各地还设有一些场、局，由中央或皇室直接管辖。例如，明代易州山厂由工部派人提督，苏、松、杭、南京等织造由宦官提领，许多矿产所在也由宦官督管；清代各省铁厂、矿山、木场等，也多有中央派人督管，而江宁、苏州、杭州三织造归内务府管理，还有诸多的皇庄、皇店等，其内务府机构庞大，也渗透到各个生产领域，以确保御供。

三、图书管理和研究机构

古文献认为商代有司理、典册、典命等官，职在记载王言，保管典册；

在甲骨文中也有"作册"和"称册"等官的活动记载,可证《尚书·多士》所讲:"惟殷先人有典有册"之不妄。从现存的数以万计的甲骨契刻来看,作册负责保管图书典籍应是确切的。西周也有作册等官,隶于太史寮。自此以后,太史成为掌管历法、记载王言和国家大事,并且汇编成册和储藏保管档案的专职官。

汉代的图书管理,在宫内的图籍由御史中丞掌管,并设有专门的保管机构——兰台;在外的图籍归太常掌管,设有太史令和丞等专门机构和官员。东汉时,始设秘书监一官,专门主管典籍。在东晋时,秘书监(省)发展成为独立的机构,专门负责管理图籍典册和修撰著作。其后各代或称秘书监,或称秘书省,其基本职责变化不大,直到明代才由翰林院接替。

为"弘扬圣德""参正礼仪",古代国家十分重视网罗具有声望和知识的人才,使用他们刊定图籍,修撰国史,厘定典章,并把他们作为重要官员的储备。例如,魏晋时的秘书省(寺)的著作佐郎就成为士人起家之选,有希望成为重要官员,使文翰修撰机关变成储才之地,同时也是高级教育和学术研究的学府。

唐代相继建立的秘书省、弘文馆、集贤院、昭文馆、崇文馆、史馆、翰林院等一系列学术研究机关,延纳了一批知名士人,任命他们为学士。这些馆院学士往往在君主的授意下参与政事,有些人还参与起草制诰和重要机密事务,成为政治上引人注目的人物。宋元之际,凡被加馆阁学士、直学士职名的,均以"得之为荣"。馆阁的学士、直学士虽然没有正式的职任,但在政界享有最高荣誉,如包拯曾经加有龙图阁大学士的职名,"包龙图"便成为人们对包拯的尊称。

明清时期,翰林院、詹事府被认为是"储才之地",科举考试成绩优秀者,可以进入这两个部门工作,经过一段时间的研究和深造,授予中级以上的职官。在当时,进入翰、詹者,无论是本人还是当时社会都以之为荣,因为他们已经步入统治高层的阶梯。

图书管理和修撰机构,历来都具有中央朝廷最高学术机关的地位,因此,对古代文化事业的发展起到促进作用。我国历史上的史书、类书、刑律、典章等,大部分是经过这些机构组织大量人力物力进行校订、编撰和刊行的。

一些较为有名的书籍,如《唐六典》《大唐开元礼》《元典章》《明会典》《清会典》等典章,《北堂书钞》《艺文类聚》《太平御览》《永乐大典》《四库全书》《古今图书集成》等大型类书、丛书等,如果不是国家投入大量人力物力,是绝难编修刊行的。大规模的编书修撰,不但促进文化事业的发展,还造就一批专门人才,如清代的纪昀"久在馆阁。鸿文巨制,称一代手笔"[1]。古代许多有成就的文人、学者,都曾经在馆阁任过职,他们之所以取得成就,除了本人刻苦努力等原因之外,与他们在馆阁中有机会阅读大量图书档案,有条件进行较为长期钻研的环境密不可分。

第二节 文教卫生机构与学校

文教是上层建筑的重要组成部分,古代国家文教制度的基本点在于强化君权,扩大统治基础,加强思想控制,提倡与专制统治相适应的学术文化,培养符合统治需要的人才。

一、文化教育机构

古代国家的文化管理以礼乐制度为中心。在古代,礼被认为是"所以总一海内而整齐万民"[2]的重要制度。"人性有男女之情,妒忌之别,为制婚姻之礼;有交接长幼之序,为制乡饮之礼;有哀死思远之情,为制丧祭之礼;有尊尊敬上之心,为制朝觐之礼"[3]。进而形成吉、丧、嘉、宾、军的"五礼"体系。"乐者,圣人之所乐也,而可以善民心"[4],与礼有共同的效用。"乐由天作,礼以地制"[5],两者有密不可分的关系,管理机构的设置也基本合一。

传说时代的秩宗的主要责任之一就是管理礼乐,西周的太史寮则开始分部门进行管理。《周礼》中的春官是专门管理礼乐和教育的部门,其小宗伯"掌

---

[1] (清)纪昀:《阅微草堂笔记·郑开禧序》,中华书局,1980年。
[2] (汉)司马迁:《史记》卷23《礼书》,中华书局,1959年,第1158页。
[3] (东汉)班固:《汉书》卷22《礼乐志》,中华书局,1962年,第1028页。
[4] (东汉)班固:《汉书》卷22《礼乐志》,中华书局,1962年,第1036页。
[5] (汉)司马迁:《史记》卷24《乐书》,中华书局,1959年,第1191页。

五礼之禁令,与其用等";其大司乐"掌成均之法,以治建国之学政,而合国之子弟焉",主要职责是"以乐舞教国子",且有"禁其淫声、过声、凶声、慢声"之责。

秦汉时的太常(奉常)为九卿之首,"掌宗庙礼仪",还兼管文化教育。属官有大乐、太祝、太宰、太史、太卜、太医等令丞,以及博士等官,机构很庞大,官吏有1500余人。大鸿胪(典客、大行),掌宾礼。东汉以后,尚书事权渐重,部分礼乐文教事务归属尚书,演至北周,出现礼部之名,礼乐文教方面的政令则归属礼部。西晋时置国子祭酒博士,掌管国子学;北齐置国子寺,隋改为国子监。隋唐的礼部职责是掌礼乐、祭享、学校、科举以及外国贡使交聘等政令;太常寺则掌礼乐、郊庙、社稷等祭祀具体事务;国子监则成为管理全国学校的机构。以礼部为主,太常寺、鸿胪寺、光禄寺、国子监为辅的管理体制一直延续到明清,其间各部门职掌略有变化,但总体变化不大,一直是以便于皇帝控制为根本。

与中央设置相适应,各级地方行政区划都设有礼曹(房)和主管本地学校的教职,最高级行政区常常设置由中央委派的提学使、学政等以总领文教事务。例如,明代"凡学政遵卧碑,咸听于提学宪臣提调,府听于府,州听于州,县听于县"①。府设教授、州设学正、县设教谕,各有训导为之佐,以管理本地学校教育事宜,接受提学与地方官的双重领导。

清末改官制,先是成立学部,将国子监并入,专门主管教育;后来将与礼部有关联的太常、光禄、鸿胪三寺也并入礼部;1911年,成立责任内阁时,将礼部改为典礼院,仅主管国家大典礼,以礼部为主的管理体制至此终结。

二、医药卫生机构

先秦时期,负责医药的是巫师,巫虽然多以降神占卜来医治病人,但也能够利用传统的医疗知识和采用一些医药进行诊治,相传神农氏尝百草,说明以中草药治疗病人有悠久的历史。

以太医主管治疗始于战国时代,至秦汉便成为定制:少府属下的太医

---

① (清)张廷玉等:《明史》卷75《职官志四》,中华书局,1974年,第1851页。

令负责宫廷的医疗保健，太常属下的太医令负责百官的医疗保健；与中央相对应，郡县也设有医官，负责地方官吏的医疗保健；中央的太医令秩为六百石，是中级官员，东汉时还有药丞、方丞；地方的医官多不入等级，但也有得到百石或斗食待遇，进入官吏的行列；中央的太医如果有经验良方，即通过行政以颁行与郡国；地方如果有经验良方，也应该呈送到中央以进行检验。由此，构成从中央到地方的医疗管理体系，这种体系基本为魏晋南北朝所承袭。

隋唐的太医署隶属于太常寺，有太医令、丞、府、史等管理官吏，还有主药、药僮、医监、医正、药园生、掌固、医药博士、医药助教、医师、医工、医生、典药、针博士、针助教、针师、针工、针生、按摩博士、按摩师、按摩工、按摩生、咒禁博士、咒禁师、咒禁工、咒禁生等300余名专门医师，医术分科和医务人员分工已有很大的发展，还有考核制度，"医师、医正、医工疗病，书其痊之多少为考课"[1]，作为根据以确定升迁罢免。与中央相呼应，地方州县也设有医药博士，负责地方的医药事务。这种制度，基本为五代、宋所因袭。

元代开始设置太医院，为正二品衙门，而成为独立的机构，"掌医事，制奉御药物，领各属医职"。其下有广惠司，"掌修制御用回回药物及和剂，以疗诸宿卫士及在京孤寒者"；回回药物院，"掌回回药事"；御药院，"掌受各路乡贡、诸蕃进献珍贵药品，修造汤煎"；御药局，"掌两都行箧药饵"；行御药局，"掌行箧药饵"；御香局"掌修合御用诸香"。此外，还统领各地惠民局，"掌收官钱，经营出息，市药修剂，以惠贫民"；医学提举司，"掌考校诸路医生课义，试验太医教官，校勘名医撰述文字，辨验药材，训诲太医子弟，领各处医学"；官医提举司，"掌医户差役、词讼"[2]。进而形成从中央到地方的医疗管理体系，医学分大方脉、杂医、小方脉、风、产、眼、口齿、咽喉、正骨、金疮肿、针灸、祝由、禁等13科，"诸医人于十三科内，不能精通一科者，不得行医"[3]，还有较为严格的考试制度。

---

① （宋）欧阳修、宋祁：《新唐书》卷48《百官志三》，中华书局，1975年，第1244页。
② （明）宋濂等：《元史》卷88《百官志四》，中华书局，1976年，第2220—2222页。
③ （明）宋濂等：《元史》卷103《刑法志二》，中华书局，1976年，第2638页。

明清沿置，为正五品衙门，清代因有特简王大臣管理院事，地位有所提高，但太医院规模缩小。明代医学分大方脉、小方脉、妇人、疮疡、针灸、眼、口齿、接骨、伤寒、咽喉、金镞、按摩、祝由等13科；清代则分大方脉、小方脉、伤寒、妇人、疮疡、针灸、眼、咽喉、正骨等9科。宣统元年（1909年），太医院升为正四品衙门。太医院的独立和级别的提高，反映医药卫生渐渐成为社会生活的重要组成部分。与中央相承应，地方府州县都设有医学部门，府为正科，州为典科，县为训科，医者都是未入流的人员，国家不给俸禄，主要依靠行医维持生计，地方官府可以遴选熟谙医理者咨吏部给札，也有升迁制度。

从分工来看，中央的太医除主管官廷和百官的医疗之外，还负责军营、监狱等处病患者的治疗。历代的太医都附设有医疗教育机构，招收学生，学生学业期满，经过考试，可以入补医官。与中央相应，地方上也设有医学，地方医学生中优秀者可以被推荐升补中央医学。由于医学专业性强，医官多由世传，其升迁亦不离本部门。

中央的太医设有专有药房和药库，医药的来源除自行采办之外，凡出产主要药材的地方官员也有定额定时贡送的义务，并设立相承应的机构和人员，如医曹、采药师等。

中央的太医也是医学研究机关，遇有疑难病症，往往数名太医会诊，他们所制作的药剂验方，多是参照历史上名医著作和处方而定，而且还有亲自尝药的责任，故有一定的疗效和科学依据。中国第一历史档案馆现存有清代太医院的验方和帝王后妃诊治的病历，是很珍贵的医学档案。但太医们制作的验方严禁外传，医疗效果局仅限于宫廷和官府，对医学的发展起到束缚限制的作用。

三、学校教育

随着阶级统治的确立，体力劳动和脑力劳动分工愈见明显，便出现了以传授技能和知识的人，在贵族占统治地位的当时，以教育贵族子弟为中心的教育机构随而出现。

"夏曰校，殷曰序，周曰庠，学则三代共之，皆所以明人伦也。"校、序、庠是当时学校的名称，都是为贵族子弟进行教育而设置的。据甲骨文和古文献记载，自商代起便有层级分明的学校，王族的学校分成大学和小学，子族也有学校设置。西周时，国学和乡学体系得以确立。设在王都和诸侯国都的学校称"国学"，国学又分大学和小学；天子的大学称"辟雍"，诸侯的大学称"泮宫"。国学是培养大贵族子弟的学校，按规定，太子和诸侯世子在8岁时入小学，15岁入大学；公卿大夫子弟13岁入小学，20岁入大学。"乡学"设在各地的邑镇，是一般贵族子弟的学校。

学校教育内容主要是传授宗教祭祀仪式和作战技能，以适应"国之大事，惟祀与戎"的要求，也传授一定的文化知识，"春秋教以礼乐，冬夏教以诗书"，必修科目就是"六艺"，即礼（礼节、仪式）、乐（音乐、舞蹈）、射（射箭、投掷）、御（驾车、骑马）、书（识字和写字）、数（计算）。

担任教师的人，在商代是"祝、宗、卜、史"之类的人物，这些人固然主要从事宗教活动，但因为是当时拥有文化和具有一定专门知识的人，能够观察天文物候，掌握文字，厘定历法，通晓礼制，娴于乐舞，又具有官员身份，使用他们来教育贵族子弟，便成为"学在官府"。除这些专职任教的人员之外，夏商周三代多使用一些年老休致的贵族来担任教师，让他们把自己的统治经验传授给子弟，甲骨文中称"多老"或"多万"；在《礼记·王制》也说："夏后氏养国老于东庠，养庶老于西序。殷人养国老于右学，养庶老于左学。周人养国老于东郊，养庶老于虞庠。"根据这些贵族的不同等级，分配到不同级别的学校从事教育工作。

春秋时代，王室衰落，"礼崩乐坏"，社会政治和经济都发生了急剧的变化，在这种情况下，原来由官府垄断的学校渐渐衰落。由于战争，官府所藏的图书典籍也有流散到民间的，民间聚徒讲学的风气逐渐盛行，出现许多"私学"。

从学在官府到私人办学，使更多的人受到教育，是历史上的进步。例如孔子办学，有弟子3000人，身通六艺的有72人。战国时代，凡著名学者都聚徒讲学，以传播自己的文化知识和政治见解。当时入学的目的主要是为了取得入仕资格，"仕而优则学，学而优则仕"（《论语·子路》）的理论是主导的思想。学优而入仕，正是当时士子梦寐以求的出路。为了控制这些私学，官府也尽力进行管辖。如战国时的齐国,在国都临淄的稷下设置学官,召集各国学者前来讲学,封以"大夫"名号。这些"稷下先生"深受优待,"皆命曰列大夫,为开第康庄之衢,高门大屋以尊宠之"①。一时间,儒家、法家、道家、名家、纵横家、兵家、阴阳家等各家学派的代表都会集在此,生徒也有千余人。私学的发展引起官府的重视,也形成官学与私学相互补充的局面。因此,在战国后期,各国大多设置"博士"等官以管理官学,把官学的管理纳入政权系统,并且走向制度化。

官学教育虽然逐渐衰退,但官学生在学业结束以后应该在国君侍卫亲军和禁卫军中服务若干年的制度却得以保留,并且在一定程度上还得到加强,借以吸引更多的人才。春秋战国时期,各国普遍出现一种郎官制度,即有些官学生和官贵子弟以郎官的名义在国君身边充当侍卫或警卫,他们实际上是候补官员,故必须接受做官的基本知识教育,因此,有许多郎官出身的人能够在政坛上显露头角,如秦国的公孙衍、李斯,就是由郎官出身而逐步上升为丞相的。

夏、商、周三代的官学,主要是只对贵族子弟进行教育,表现出官学教育的狭隘性和封闭性。春秋战国时期的私学兴起,是与各国急于物色人才和改进用人制度紧密结合,以入仕为主要目的的教育,当然会被官府所注意,都着力加强对私学的管理,完善了候补官吏的教育。

秦统一全国,禁止民间私学,实行"以吏为师"的制度,加强思想控制,官学又成为唯一的教育途径。汉武帝罢黜百家、独尊儒术,在中央设立太学,以五经博士教育博士弟子。太学的学习科目是易、书、诗、礼、春秋等所谓"五经",博士定期讲经,弟子听经而自学,每年按甲乙科进行考试,成绩优良者,便可以任用为官。此后,又相继在郡设学,在县设校,在乡设庠,在聚设序,建立起各级地方学校,形成从中央到地方的官学系统,并设置相应机构实行管理。魏晋南北朝基本上承袭汉代这种官学系统。

隋、唐以后实行科举制度,在很大程度上促进了学校教育制度的发展。如唐代的中央设立国子监以掌管训导之政,以祭酒、司业为正副长官;下设

---

① (汉)司马迁:《史记》卷74《荀卿列传》,中华书局,1959年,第2347页。

国子学（学生限于文武官三品以上、国公子孙，二品以上曾孙）、太学（学生限于文武官五品以上及郡县公子孙，从三品曾孙）、四门学（学生限于文武官七品以上及侯伯子男之子）、律学（学生限于文武官八品以下及庶人子）、书学（学生限于文武官八品以下及庶人子）、算学（学生限于文武官八品以下及庶人子）等六学，额定学生员额为1410人。各学均设有博士、助教以主管施教。地方州县也各设有经学和医学博士、助教，主管本州县学生的教育事务。这样就形成了从中央到地方的教育和管理网络。当时世族门阀遗风很盛，对学生的身份限制很严，入学资格存在着难以逾越的等级鸿沟，非仕家子弟不能入学，充分体现官学的狭隘性和阶级特点。中央"六学"的学生在学业期满后，可以直接取得入仕的资格，通过吏部的考选，便可以被铨选为官。

宋代中央仅设国子学、太学、四门学，地方州县则各自设有州县学。由于此时世族门阀政治衰落，世族地主的特权相对削减，对学生的身份限制也比较宽松，本来专为高官子弟设置的太学也可以接收庶民子弟。北宋时期比较重视官学教育，曾经有三次大规模的兴学。第一次是宋仁宗庆历四年（1044年），范仲淹任宰相时，普遍建立州县学，改建国子学和太学，实行"升贡"的办法，学生可以根据学习成绩由州县递次升到太学。第二次是宋神宗熙宁、元丰间（1068—1085年），王安石为宰相时，创立太学三舍法，将太学分为外、内、上三等，初入学为外舍生，经年考月试及格的便能逐渐升为上舍生；上舍生毕业成绩优等的可以免试直接授官，中等的参加殿试，下等经吏部考试再经殿试也可以授官，官学教育与仕进途径衔接。第三次是宋徽宗崇宁间（1102—1106年），蔡京执政时，仿行王安石新法，增加太学学生名额，实行毕业授官，进而出现"天下取士悉由学校升贡"①的局面。随着升贡制度的完善，至南宋时，国子学也并入太学，高官贵族子弟也被纳入竞争的行列。

辽、金、元的官学教育，大体上因循唐宋制度，但加强了本民族学的教育。例如，金代中央设立女真国子学，地方也设立女真学；元代中央设立蒙古国子学、回回国子监，有些地方也设立蒙古学和回回学。本民族子弟受正规教育后，入仕做官可以得到优待。

---

① （宋）马端临：《文献通考》卷43《学校考三》，浙江古籍出版社，2000年。

明、清的官学有所变化,中央的国子监既是教育管理机关,又是培养官僚的最高学府;在地方上设府、州、县学。在入仕上,明初曾经是"府、州、县学诸生入国学者,乃可得官,不入者不能得也",成为当时主要的入仕途径。士子参加科举,必先经过"童试"合格,取得府、州、县学"生员"资格,才能进一步参加科举。所以,明清"科举必由学校,而学校起家可不由科举"[①],官学控制着入仕的道路。

国子监学生通称"监生",其来源有官生和民生两种。官生是品官子弟和土司、外国学生;民生是通过贡、举两途而来的。贡生有岁贡、选贡、恩贡、纳贡等区别。岁贡是府、州、县学每年按定额送诸生入监;选贡是三年或五年考选各地生员中"学行兼优"者充贡入监;恩贡是国有大庆大典时所增加的上贡监生;纳贡是生员出货入监的,也称例监;举是举人会试落榜,择优者送入监就读的人。凡国子监生学业期满,送吏部学习吏事,并由吏部派到各部门"历事"。所谓"历事",就是参加一定的官府事务,借以增加知识、锻炼才干。只有经过"历事",并根据表现评定为优等的,才可以取得铨选资格,通过铨选被委任为官。

历代对官学的管理十分重视,有严格的学规和考试制度,还有升降级和惩罚制度。例如,明清的府、州、县在学生员,在校学习考试不及格,要受到降级、除名或扣除廪粮的惩罚;毕业考试不及格,取消参加科举考试资格;诸生岁贡入监考试不及格,贡举的教官也要受到处分。明清时期,对于府、州、县在学生员均享受食廪待遇,"月廪食米,人六斗,有司给以鱼肉",并且免除个人徭役,是"廪膳生员"。由于要求入学者逐渐增多,先是增加"增生",名额与廪膳相同,没有廪食待遇,但免除个人徭役;接着增加"广生",名额也与廪膳相同,既没有廪食,也不免个人徭役;后来增加"附生",没有名额限制,既不给廪食,也不免除个人徭役,还要缴纳一定学费。凡初入学者均为附生,经过岁、科两试,成绩优秀者,才能依次递补广生、增生、廪生,等于是升等。拥有附、增、广、廪生资格者,都称为"生员",俗称"秀才",可以参加"科考",成绩合格,则可以参加科举考试。

---

① (清)张廷玉等:《明史》卷69《选举志一》,中华书局,1974年,第1675页。

古代虽然是以官学教育为主，但私学教育也普遍存在。私学开创于春秋战国时期，秦代一度禁止，到汉代又发展起来。隋唐以后实行科举，给读书人以博取功名的机会。由于官学名额有限，再加上报考科举的条件放宽，从而使许多自学和私学学生得以通过科举考试而跻身于仕途，这就给私学提供了发展的条件。在五代、宋时出现了"书院"那样的私人教育组织。书院本是唐代藏书和修书的地方，后来一些士大夫把自己治学之所也称为书院。五代以后，有些书院开始聚徒讲学，也就具有了学校的性质。书院多建在名胜之地，老师自由讲学，学生也着重自学。由于学生可以自己选择名师，所以渐渐兴盛起来，乃至名声高于官学，因此引起朝廷的重视，力图将之纳入国家管理范围，对其设立和发展，曾经多次加以限制。明代甚至一度禁止私学，然而，明中叶以后官学废弛，书院又逐渐发展起来，有些书院一时成为高等教育和社会舆论的中心，官学的声望和影响远不如这些著名的书院。

总的说来，私学虽然不由国家直接控制，但所学内容多还是局限于准备科举考试，与官学并无太大的区别。而且开办私学和担任教师的人大多是退职的官僚和士大夫，与官府并无本质上的冲突，所以能够与官学长期并存。

劝之以学，诱之以禄，是古代学校教育的指导思想。早在汉代就有"遗子黄金满籯，不如一经"①的谚语，而在宋代出现《劝学诗》："富家不用买良田，书中自有千钟粟。安房不用架高梁，书中自有黄金屋。娶妻莫恨无良媒，书中有女颜如玉。出门莫恨无随人，书中车马多如簇。男儿欲遂平生志，六经勤向窗前读。"②所有这些说词，都把读书与个人的政治经济利益结合起来。教育与入仕相结合，读书与做官联系在一起，是古代教育的中心思想，也是专制统治的重要手段，在这种前提下，从中央到地方以至村社都建立起学校，"盖无地而不设之学，无人而不纳之教。庠声序音，重规叠矩，无间于下邑荒徼，山陬海涯。此明代学校之盛，唐、宋以来所不及也"③。在朝廷大力推行之下，教育得到普遍发展。

1860年，英法联军攻进北京，逼迫清王朝签订《北京条约》，"朝廷鉴于

---

① （东汉）班固：《汉书》卷73《韦贤传》，中华书局，1962年，第3107页。
② 不著撰人：《绘图解人颐》卷1《劝学诗》，上洋海左书局，1914年。
③ （清）张廷玉等：《明史》卷69《选举志一》，中华书局，1974年，第1686页。

外交挫衄，非兴学不足以图强"，在"自强"的名义下，先后建立了同文馆、广方言馆、福建船政学堂、南北洋水师学堂、武备学堂等新式学堂，以培养当时急需的翻译、制造技术和陆海军人才，并在1868年以后向外国派遣留学生。此后，一些督抚也模仿西式公立学校制度建立了一些新式学堂，1898年，在北京建立了京师大学堂，地方的新式学堂也随之兴起。这种新式学堂吸收西方教育制度和课程设置。学习理、工、农、医等实用学科，开始摆脱了与入仕制度相结合的旧模式，借以培养当时急需的各方面人才。面对这种新的事物，各方面的反映是不一致的，有人甚至称之为"无系统教育时期"。

1901年，清王朝宣布废除八股文，改以四书五经及论述中国历史、政治和西方政治及学术的文章作为取士的标准，与此同时，给予学堂毕业生和留学归国学生以相当科举中的举人、进士资格待遇，这就促使新式学堂迅速发展起来。1902年，清王朝颁布了《钦定学堂章程》，1904年，再颁《奏定学堂章程》，解决了各地兴学无章可依的矛盾，新式学堂教育开始发展起来。1905年，清王朝又宣布废除科举，学堂毕业生直接取得功名，学堂成为当时教育的主流。

按《钦定学堂章程》规定：学堂正规教育分初、中、高三级，7~12岁（虚岁，下同）入初等小学堂，12~16岁入高等小学堂，16~21岁入中学堂，21~24岁入高等学堂，24~28岁入分科大学堂，分别采用升级制，最高可升入通儒院。通儒院和分科大学堂的毕业生授予进士、高等学堂的毕业生授予举人，中学堂和高等小学堂的毕业生授予生员功名，都可以取得入仕的资格。为加强对学堂的管理，1905年12月建立了学部，以之为全国教育行政管理机构。据学部的统计，1904年全国学堂总数为4222所，学生有92169名；1909年全国学堂总数已经有52348所，学生有15602270名。发展之速为前所未有，教育已经开始向近代化迈进。

第十一章

文书玺印符节制度

为保证行政、军事、法律、财政经济等强制手段的贯彻执行，历代都有关于政令文书和玺印符节方面的规定，制定有严格的文书工作和政令运转程序，既加强了各级官府机构的管理，又保证君主和朝廷的政令顺利推行，是行政工作的重要环节。

第一节 文书制度

公文书是国家政令信息往来的重要形式。在古代国家，君主的诏令和臣工的奏章是国家最重要的公文，在各级官府之间，也存在上行、平行、下行等公文。文书运转在国家机器运行中起到血脉流通和承上启下的重要作用。为保证文书工作质量、效率和严谨，国家相继制定出严格的法规。文书制度是各时期政治制度的有机组成部分，是行政运行的重要环节。

一、诏敕与奏章

奏章是一种特定、专用的文书体裁，是臣下通过文书形式向君主奏报请示和反映情况的重要手段。阅读和批示奏章，是君主统理全国政务的主要方法。秦始皇"衡石量书"，明太祖朱元璋和清康熙帝都自诩黎明即上殿"披览章疏"，雍正帝更在奏章上留下数十万言的手书批示，都说明奏章在政治上具有特别的重要性。这种文书形成于各级官府和官员之手，通过一定输送渠道呈递到君主手中，由君主审议批示，再交有关部门执行。

总括历代的奏事文种，主要有章、表、书、启、议、疏、封事、奏、状、记、露布等。不同时期，对不同问题，使用不同的文种，不同的文种具有不同的使用范围和作用。

汉代"群臣上书通于天子者四品，一曰章，二曰奏，三曰表，四曰驳议"。根据不同的事务，应采用不同的文种上奏，不允许混淆使用，并且有严格的书写格式。"章者，称稽首上以闻，谢恩陈事诣阙通者也。奏者，上言稽首言，下言稽首以闻，其中有所谓；若罪法劾案，公府送御史台，卿校送谒者台通者也。表者，上言臣某言，下言臣某诚惶诚恐、顿首顿首、死罪死罪，左方下附曰某官某申上，以诣尚书通者也。公卿、校尉、诸将不言姓，大夫以下皆言姓。报章曰闻，报奏曰可，其表文尚书报所上云已奏如书。凡表章以启封，其言密事得皂囊。其有疑事，公卿百官会议而执异意者曰驳议，曰某主申议，可为如是，下言愚戆议异；其合于上章者，文报曰某官某申议可。"①这一套规制严整的奏事制度为魏晋南北朝所因循，并且增加了文种，如用于军事的露版，用于弹劾的奏劾等。自汉武帝制定群臣"上封事"以来，这类文种也得到普遍使用。封事是将所奏的内容加封，通过专门传递途径送到君主手中，主要用于密奏和揭发告密。

唐代"凡下之通于上，其制有六：一曰奏抄，二曰奏弹，三曰露布，四曰议，五曰表，六曰状"②。"奏抄"用于祭祀，度支国用，授六品以下官，断流罪以下罪，除免官职等事务。"奏弹"是御史弹劾官员的专用文种，有密奏和公开弹劾之别。"露布"用于军事紧急事务，不加封启，以使沿途尽知，多作为报捷、请兵文书，由兵部负责上奏。"议""表"与汉代的驳议和表相同。"状"是官员的行状，即官员的履历书。除此之外，臣下还有一些应制文章和经义解诂等，也可以作为上奏文书送至御前。

宋代基本承袭唐制，但对不同官府的文书使用有进一步分类：从政务上看，三省、枢密院、六部及司、监等上奏称为"奏牍"；京官文武近臣上奏称为"奏疏"；地方诸路监司上奏称为"章奏"；各级衙门常行政务汇报上呈称

---

① （唐）李林甫等：《大唐六典》卷8《侍中》注引蔡邕《独断》，清嘉庆五年（1800年）扫叶山房刻本。
② （唐）李林甫等：《大唐六典》卷8《侍中》，清嘉庆五年（1800年）扫叶山房刻本。

为"案牍"。其文书形式与唐制基本相同,但增加一种"贴黄"。"贴黄"本来始于唐代,因为唐代的诏敕用黄纸,如有更改处,则剪黄纸贴补重写;宋代的贴黄则是宰相对百官奏章内容的补充,将补充内容或建议另写一纸贴于奏章之上进奏①。"贴黄"在明清则成为附在题奏之后的一种提要。例如,清初规定:"将本中大意,撮为贴黄,以便览阅。其贴黄不许过一百字,如有字数溢额,及多开条款,或贴黄与原本参差异同者,该衙门不得封进,仍以违式纠参。"雍正时以"兴利除弊、奖善惩恶等事,正须详明,有裨政治。若限定字数,不许多开款项,必致遗略"②为理由,废去这一规定;此后贴黄仅限一纸,不计字数,用蝇头小楷写就,多者可达千余字。

明代把臣僚的奏事分为题、奏、表、讲章、书状、文册、揭帖、制对、露布、译等十类。"题"是内外衙门的例行公事;"奏"是内外官员的申奏文书;"表"是内外官员陈情、建言文书;"讲章"是上奏御览的经义解诂;"书状"是官员的行状履历;"文册"是有关部门呈送祭祀册文等文稿;"揭帖"是由内阁直达皇帝的机密文书;"制对"是应对皇帝的诗文和所提出问题的对答文书;"露布"是军情捷报;"译"是各种非汉文的翻译文书。清代基本承袭明制,仍保留上述文种,但值得注意的是,明清两代臣僚使用最多的是题和奏,也称为题本和奏本。明代"凡内外各衙门,一应公事用题本,其虽系公事而循例奏报、奏贺、若乞恩、认罪、缴敕、谢恩,并军民人等陈情、建言、伸诉等事,俱用奏本"③。也就是说,有关钱粮、弹劾、兵马、刑名等具体政务都要用题本,钤印署名具题,是正式公文;凡到任、升转、谢恩、请罪、代军民申诉陈情及官员本身的私事用奏本,不用钤印,仅署名具奏,是非正式的公文。题本和奏本的上呈,京官可以直接送至内阁,外官则经由通政使司转送内阁,然后上达皇帝。清代因循此制,也有"大小公事,皆用题本,用印具题"④的规定,但对题本和奏本的使用范围和程式上的区别有了进一步的发展,在雍正时,"迨军机设,题本废,内阁益类闲曹,六部长官数四,各无专事"⑤。

---

① (清)赵翼:《陔余丛考》卷27《贴黄》,中华书局,1963年,第555页。
② (清)官修:《清会典事例》卷13《内阁·职掌·进本》,清光绪二十五年(1899年)刊本。
③ (明)申时行等:《明会典》卷212《通政使司》,中华书局,1989年,第1059页。
④ (清)官修:《清会典事例》卷13《内阁·职掌·进本》,清光绪二十五年(1899年)刊本。
⑤ 赵尔巽等:《清史稿》卷114《职官志一》,中华书局,1977年,第3264页。

清末时，索性废除题本而改为奏折。

清代顺治年间，"有一种叫作奏折的公文出现，比起题本来，它不拘格式，书体自由又无贴黄、票拟那种手续；当然快捷很多；而且毋须经过通政司、内阁，由皇帝亲拆亲行，自然保密性强"①。这种奏折最初是皇帝家奴（包衣）受命在外侦探情报，向皇帝报告时使用的形式，现存有康熙时期的"密缮小折"。到雍正时期，使用范围更加广泛，开始推广到具有一定身份地位或特许人员中去使用。雍正以后，凡文官自布政使、按察使以上，武官自总兵以上以及一些特许的道、府级官员，凡有见闻均可用奏折上奏，并有严格的运转交纳制度，强调保密，成为清代臣僚重要的上奏文书。

明清的题本和奏本都是一种折叠的文本，奏本的形制和奏事内容与奏折基本相似，二者很容易混淆，其区分的标志主要在使用范围和输送渠道上。奏本与题本都是按正常输送渠道，通过通政使司递入宫中的。奏折主要是督抚藩臬等大臣使用，规定应由臣子本人亲笔书写，装在特制的折匣内，派遣亲信家丁直接送到宫城的乾清门，交奏事处收呈；遇有紧急事件则派千总或把总级的军官乘驿专送。这种奏折称为"密折"，可以将其作用归纳为："一、官员间相互牵制，彼此监视。二、督抚等大员不能擅权。三、人人存戒心，不敢妄为，恐暗中被检举。四、露章有所瞻顾，不敢直言，密折无此顾虑。五、有所兴革，君臣间预先私下协议，不率尔具题，有缓冲余地。六、以朱批为教育工具，借此训诲，开导臣工。七、臣工得朱批之鼓励，益自激励上进。八、人材之登进、陟黜，借密折预作安排。九、自奏折中见臣工之居心制作。十、广耳目，周见闻，洞悉庶务。"②密折中的朱批只许大员自己阅读，不许泄露其中内容，若是泄露，哪怕是父母妻儿及同僚，都要予以重处。凡是朱批密折，在一定期限内必须交回宫中保管，不能够私藏，可以说是极端专制的政治产物。

君主通过臣工的奏事了解军政讯息后，通过口头或文书下达制命，称为"诏敕"。其主要形式有诏、令、谕、旨、制、策、诰、戒等，不同的形式用于不同的政务，其中如谕、旨等形式是根据君主口头下达的指示，再加以文

---

① 杨启樵：《雍正帝及其密折制度研究》，香港三联书店，1981年，第156页。
② 杨启樵：《雍正帝及其密折制度研究》，香港三联书店，1981年，第179页。

字整理的；但也有的君主亲自书写的"手谕"或"朱谕"。

秦始皇规定，皇帝的"命为制，令为诏"。汉代则进一步完善，制定皇帝的诏敕分为策书、制书、诏书、戒书四种，各有严格的书写程式和使用范围。

策书，"敕（策）者，以简为之，其制长三尺，短者半之，其次一长二短两编；下附篆书，题年月日，称皇帝曰。以命诸侯三公"。是用于册命高级官员和宗亲贵族的文书。汉代一尺约相当现在的14厘米。

制书，是"帝者制度之命也。其文曰：制诏三公。赦令、赎令之属是也。近道印付使，远道皆玺封尚书令即准。赦、赎令召三公诣朝堂受。制书司徒露布州郡"。是皇帝对全国范围的政治、法律等制度所公开使用的文书。

诏书，共有三种。"其文曰：告某官，某官如故事，是为诏书。群臣有所奏请，尚书令奏下之有制诏。天子答之曰：可；以为诏书。群臣有所奏请，无尚书令奏制，曰：之字；则答曰：已奏如书；本官下所当至，亦曰诏。"是君主处理朝廷常行政务所使用的文书。

戒书，亦称戒策或戒敕，用于"戒敕刺史、太守及三边营官。被敕之曰：有诏敕某官"①。是君主用来指挥军政事务的文书。

汉代的诏敕制度一直为魏晋以后各代所因袭，其间也曾增加一些文种，至唐宋时则形七种诏敕形式，名称和用途也略有变化。

一是册书。隋唐以"立后、建嫡、封树屏藩、命尊贤、临轩备礼则用之"②。宋代则明确规定："立后妃，封亲王、皇子、大长公主，拜三师、三公、三省长官则用之。"③是最尊贵的册命文书。

二是制书。用于大赏罚、大除授、处分军国大事。使用时必须当廷宣布，交付宰相，然后再转交有关部门执行。

三是慰劳制书。用于褒赏勋劳，是恩赏性的文书形式。宋代改为"诰命"，用于文武官员迁改职务及秩品，内外命妇除授及封叙、赠典。

四是发敕。用于废置州县、增减官吏、发兵、除免六品以上官爵。宋代改为"诏书"，只限于内官中大夫、外官观察使以上范围的奏章批答和发布

---

① （唐）李林甫等：《大唐六典》卷9《中书令》引蔡邕《独断》，清嘉庆五年（1800年）扫叶山房刻本。
② （唐）李林甫等：《大唐六典》卷9《中书令》，清嘉庆五年（1800年）扫叶山房刻本。
③ （元）脱脱等：《宋史》卷161《职官志一》，中华书局，1977年，第3783页。

令旨。

五是敕旨。用于百官奏请事务的批复施行。宋代改为"敕书",仅限于内官少卿监、外官防御使以上官员奏事的批复施行。

六是论事敕书。用于布告和戒约臣下。宋代改为"御札",用于布告登封、郊祀、宗祀及大号令。

七是敕牒。用于照章办事的例行公文。宋代改为"敕牓",用于赐酺及戒励百官、晓谕军民,是常行的政务文书。

在唐宋的诏敕文书种类的基础上,金、元又有所增加,至明清时则有诏、诰、制、册文、谕、书、符、令、檄等九种形式。诏用于大政令;诰用于法令、制度、戒约;制用于赏罚、除授;册文用于册立王公及后妃;谕用于常行政务和批复奏章;书用于庆贺表文及臣下酬答诗文;符用于颁行符节玺印式样及规制;令用于颁行更改各种制度;檄用于军事。其常用的主要是诏、制、谕、令等形式,亦称诏敕、制敕、敕谕、谕旨、令旨等。

按照正常制度,皇帝的诏敕文书应通过辅政部门草拟,由皇帝审阅批准后,再由辅政部门按内容分发到各有关部门执行,并登录在案。不通过辅政部门,由皇帝的机要人员草拟,直接下达到有关部门执行的,在唐以前被认为是不正规的诏敕,被称为以"白麻"指挥公事,这在武则天时经常使用,以后则指为"内命"。还有一种"口宣",按规定,"口宣"只用于遣使劳问臣下,不必经过辅政部门,表明皇权不能受到任何约束。"口宣"多由皇帝指派亲信或宦官来担任,其口宣的内容也往往超过劳问的范围,所以往往导致一些人权势过大,以致有些宦官成为"口含天宪"的擅权者。清代则出现一种新的诏敕形式——朱批谕旨,消除了代言代笔可能产生的弊端,把处理国政和驾驭官僚的大权控制在皇帝手中。

朱批谕旨是与密折并行的。密折缄封直达御前,皇帝亲自拆阅,于折后以朱笔手批,不用通过辅政部门,直接发回具奏人。清代自康熙以后各代皇帝都沿袭使用,尤以雍正和乾隆使用最多,他们每天亲阅密折数十甚至上百道,对一折的朱笔批示常常有数千字以上。因此,他们虽然深居大内,却对全国政治、经济、社会的动态及各地官僚的所作所为,能够及时而具体地了解。使用朱批处理公事,要求绝对遵照并确实执行,皇权的发挥也达到前所未有的高度。通过朱批与全国高级官僚建立直接通信联系，有利于加强了解和随时随事地督责指导。皇帝时而严词切责，时而美言嘉奖，不必拘守官场公式，不但大大加强了对官僚的人身控制，而且将以驾驭为主的"君临之术"发挥到淋漓尽致，也达到君主专制的顶峰。

二、国家机关之间的公文

国家机关之间的政务往来十分频繁，产生了种类繁多的大量官文书。从政务往来和隶属关系上看，这些官文书可以分为上行、平行、下行三类。

（一）上行文书

上行文书是下级官吏和官府衙门向上级官员和官府衙门请示、汇报政务的文书，根据事务内容和性质的不同，又形成诸多的文种。诸如向上正式汇报、请示政务的申、详、呈、牒、状等，向上问候和非正式的行文如禀、帖等，以及向上密报揭发的揭帖、呈状等，其中最常使用的申上的文书形式有验、详、禀、册揭等文种。

验文是一种最普通的向上申报形式，主要用于立案备查事件，有一定的固定格式，其文中必有"伏乞照验施行，须至申者"的套话。由于是用于立案，因此不用书册。凡是在下级官府权限之内可决定的，不用等候上级官府批复的事务，均可使用之。

详文是下级官吏和官府衙门经常使用的申上文种。"夫详文者，详言其事而申之上宪者也。贵在源委清楚，词意明切而陈以可否之义，仰候宪裁。"[①] 凡是在下级官府衙门权限之内不能决定的，必须请示上级官府衙门批准的事务，均可使用之。由于是需要得到上峰批复可否实行的事件，因此除要标明"伏乞照详施行，须至详者"的套话之外，还需要附上书册。详文是正式公文，需要备案，而且一经立案便成定规。

禀文是"详文有所不便言与不必见之详文，而乃以禀通之也"[②] 的文种。禀文多用于汇报政务和公事磋商。由于禀文不是正式的公文，也不入公文档案备案，办事也有回旋的余地，因此下级官吏经常使用，进而成为通行的文

---

① （清）黄六鸿:《福惠全书》卷5《莅任部·详文赘说》，康熙三十八年（1699年）种书堂刊本。
② （清）黄六鸿:《福惠全书》卷5《莅任部·禀帖赘说》，康熙三十八年（1699年）种书堂刊本。

书形式。

册揭是对官员考核和对下属官吏的考语和参评，是一种定期向上汇报的文书形式。由于这些考语和参评事涉隐密，故其末尾称："理合具揭，需至密揭者。"本来册揭只是用于考评，而且是需要定期上报的，但由于册揭属于机密文书，所以有些下级官员常常夹入密告的内容。

这些申上文书的写作是需要有一定的写作格式和技巧的。"申上之文必须委曲详明。然申有三：曰验，曰详，曰禀。验止立案。详虽批回，而自道以上皆经承拟批，上官有无暇寓目者。禀则无不亲阅，遇有情节繁琐，不便入详及不必详办之事，非禀不可，宜措词委曲，叙事显明，上官阅之，自然依允。凡留意人才之上官，往往于禀揭审示疏密，惟事尚未定，勿向上官率陈。凡率陈之故有二：一则中无把握，姑恬上官意趣；一则好为夸张，冀博上官称誉。不知案情未定，尚待研求，上官一主先入之言，则更正不易。至驳诘之后，难以声说，势必护前迁就，所伤实多。"① 大凡下级官吏都视申上文书为要务，无不在申上文牍下功夫。下级官吏频繁地使用申上文书，使公文数量巨增，虚文多而实用价值少，弊端百出。正如明人谢肇淛所讲："至于文移之往来，岁时之申报，词讼之招详，官评之册揭，纷沓重积，徒为鼠蠹薪炬之资，而劳民伤财，不知纪极。噫！弊也久矣。"② 更何况"簿书文移，上下所凭以为信者也。然今上之施于下者，非必其尽行也，以应故事而已。下之申于上者，亦非必其尽行也，以应故事而已"③。文牍盛行，也就很难注重实事。

（二）平行文书

平行文书是同级官吏，以及对同级和无隶属关系的官府衙门之间，相互通知、移送、质询等政务往来所使用的文书，诸如关、刺、移、咨、牒、公函、照会等文书形式，在不同场合和事项中应用，而又以牒、关、移、函等的使用比较多。"平行公文以交接，转行，会办商议等事件居多。若过事谨严，固易招侵越之忌，若专图诿卸，亦难免溺职之愆。盖同官相处，惟在和衷共

---

① （清）汪辉祖：《学治续说·事未定勿向上官率陈》，官箴书集成5，黄山书社，1997年，第303页。
② （明）谢肇淛：《五杂俎》卷14《事部二》，上海书店出版社，2001年，第278页。
③ （清）贺长龄等辑：《清经世文编》卷11《治体》陆陇其《治法论》，中华书局，1992年。

济。故属词卑亢，但分之所宜。推敲考量，是在其人，非易言也。"[1]说明平行文书不但要有应用技巧，而且还必须照顾到官场中复杂的人际关系。

牒是公文书的一种，上行、平行、下行均可用之，只是称呼和内容有所不同。如称牒呈，则是下行上的上行文书，文书结尾称"合行具牒呈请，伏乞施行"。单称牒或故牒，则是上行下的下行文书，文书结尾称"照牒文内事理，请勿迟延"；称平牒，则是同级或不相隶属的平行文书，文书结尾称"备去情由，请勿迟滞"[2]。就平行而言，"牒"是主官发给佐贰官的平行文书，"故牒"是没有统属关系部门之间使用的平行文书，"牒呈"是佐贰官给主官的平行文书。

关是平行文书最常用的一种，关文主要是用于同级衙门和官吏之间的政务往来，其格式套话为"合行移关，照验施行，须至关者"。

移文是平行文书的泛称，实际上也是平牒、平关的转称，所不同的是专用于不相统属的官署，以示尊重对方。

函属于私人信件，在文书运转过程中，一些官吏在公文书中夹带一些私人文书，用于商讨尚未定案的事，磋商解决的方法。这类函件可以用于上下行和平行诸种关系，特别在平行之间，是互不统属或是同僚，诸多事件在未定可否之前，也不宜使用公文官话，因此，较便于使用这种不必立案带有征询磋商性的函件。公函则需要加盖官府印信，官府要登记在案，以备随时查照。

同级或互不统属官署的文书往来，虽然顾忌较少，但同级和互不统属官署各自有通上的途径，"稍不留意，径情以行，则怨隙从此生矣"[3]。若被对方持以为凭而上告，或是寻机报复，则难免丢官受累。同僚之间以恭慎之道相处，既有防范之心，又有协同办事之意。"彼此同寅而大小协恭者，非求以免罪而远谤也，盖期以集事而尽人能也。"[4]虽然平行文书是正常政务，但彼此都存有免罪和远谤之心。

---

[1] 徐望之：《公牍通论》，中文出版社，1979年，第98页。
[2] （明）李东阳等：《正德大明会典》卷75《礼部·署押体式》，日本汲古书院，1989年。
[3] （清）黄六鸿：《福惠全书》卷4《莅任部·交接寅僚》，康熙三十八年（1699年）种书堂刊本。
[4] （明）张萱：《西园闻见录》卷98《寮寀·前言》李卓吾《贺同僚序》曰，哈佛燕京学社，1940年。

(三)下行文书

下行文书是上级官吏和官府衙门,向下级官吏和官府衙门布置任务和发布指示的文书,其形式有宣、札、谕、符、帖、移、牌、票、檄、告示等,分别用于不同的等级和不同的政务,其常行的主要有札付、帖付、批付、移付、牌票等文种,告示、禁谕、悬赏通缉等也是常见的形式。

札付是知照下属的公文,其固定的格式是:"某衙门为某事,准某处咨呈,前事(云云)。准此,拟合就行,札付某衙门该管吏,即行(云云)。缴报施行,须至札付者。"[①]这是上级官府下达的命令,带有强制性,其实行的结果要求受札者具状呈报。

帖付是用于催取下属依限承办事务的公文,文中常有"显系该官吏视为泛常,以致违限,本应(云云),姑再行催"等词语,措词较为强烈。帖付与札付一样是上级官府的命令,所不同的是在时间立限上。札付要求下属缴报施行,帖付则要求作速实行并依文内的时限回报。

批付,是对一人一事的命令,既有指令承办,又有委任专责,多用于批给下属吏胥承办某些事务。如批差人递送公文、递解和逮捕人犯、传呼和拘唤人证等。批付是要求交回的,凡承办吏胥人等在办完批付规定的事件后,要到主官那里销批。销批要有回文,即在批上签字注明,如无回文,则不能销批。此外,批付还有期限,违限不交或限内未完事者,要受处罚。例如,《大明律·吏律·公式·官文书稽程》条规定:"凡官文书稽程者,一日,吏典笞一十,三日加一等,罪止笞四十;首领官各减一等。"《大明律·兵律·邮驿·公事应行稽程》条规定:"凡公事有应起解官物、囚徒、畜产,差人管送而辄稽留,及一切公事有期限而违者,一日,笞二十,每三日加一等,罪止笞五十。"清律与此相同,且有处分则例规定,凡是笞杖罪责,以罚俸、降级、革职代之。

移付,又称付子,是官府衙门按事务归属而分类移交各级所属及各直属部门承行办理的公文。交付各直属部门办理者称为"房付",交与各级所属官吏办理者称为"官付"。

[①] (清)黄六鸿:《福惠全书》卷6《莅任部·文移诸式》,康熙三十八年(1699年)种书堂刊本。

牌票与批付的性质大体相同，都是用作命令和凭证的，种类繁多，用于不同的政务，办理完毕要交回官府衙门，称为"销票"。"牌票行于外，所关甚大。郡县奉内部之文，转行闾里，觥觥然震也。或讨债，或争人，有必不可行之牌票。有行提而姓名宜省者，其可斟酌处甚多。"① 故此，有登记存档制度，以便随时查核追责。

告示、禁谕，是官府衙门宣告事情和戒律的公文。告示意在公开，务使人人尽为知晓，影响面也广。因此，一些"新官到任，骋材逞能，先出告示几张，嗣出词状几纸，矫说仁言，虚立清规"②。更有甚者，这些告示是用来禁人而不禁己，非但不能起到实际效用，反而会使人们产生一种逆反心理。禁谕与告示相同，虽然有些禁谕是直接针对下属某人，但内容是公开的③。这正是"上官莅任之初，必有一番禁谕，谓之通行。大率胥曹照袭旧套以欺官，而官假意振刷以欺百姓耳。至于参谒有禁，馈送有禁，关结有禁，私讦有禁，常例有禁，送迎有禁，华靡有禁，左右人役需索有禁，然皆自禁而自犯之，朝令之而夕更之。上焉者何以表率庶职，而下焉者何以令庶民也"④。其实告示多并不能显示做官者的才能，有时还是一种虚弱无能的表现。明人谢肇淛曾讲道："每见郡县吏禁约文告之词布满郊野，条陈利病之议连篇累牍，似自以为伯夷之清，龚、黄之才，而不知大贪大拙者伏于其中也。友人王百谷有言：庖之拙者则椒料多，匠之拙者则锤钉多，官之拙者则文告多。有味，其言之矣。"⑤ 更何况告示往往是套语连连，"谕绅士者少，谕百姓者多。百姓类不省文义，长篇累牍，不终诵而倦矣"⑥。许多官员对此提出看法，认为"告示原不可少，然必其事实有关系，须得指出利弊，与众共喻，或劝或戒，非托空言，方为有益。若书吏视为故纸，士民目为常谈，抄录旧稿，率意涂饰者，尽可不必。非惟省事，亦可积福，每见贴示之处，墙下多有阳沟，及安设粪缸溺

---

① （清）贺长龄等辑：《清经世文编》卷93《刑政》姚文然《咨稿牌票存簿说》，中华书局，1992年。
② （明）张萱：《西园闻见录》卷97《恤民·前言》刘懋《民生疏》曰，哈佛燕京学社，1940年。
③ 如叶春及收录自己在惠安知县任内的禁谕公牍61则当中，就有4则是直接针对儒士、孝子、节义、屯军等个人的。见《石洞集》卷9《公牍二》，文渊阁四库全书。
④ （明）谢肇淛：《五杂俎》卷14《事部二》，上海书店出版社，2001年，第278页。
⑤ （明）谢肇淛：《五杂俎》卷15《事部三》，上海书店出版社，2001年，第301页。
⑥ （清）汪辉祖：《学治臆说·告示宜简明》，官箴书集成5，黄山书社，1997年，第279页。

桶之类，风吹雨打，示纸堕落秽中，亵字造孽，所损正不细耳"①。对于告示的效果，连官员自己都不自信，认为"虽大张告示，严切晓谕，百姓亦唯有甘自隐忍，敢于告吏胥者，百无一二"②。不用说地方官的告示，就是朝廷的禁约，"在外不过行之督抚，督抚行之布政，布政行之道府州县，止有告示一张，挂于署门，遵依一纸，报于上司，州县奉行之事毕矣。原非家喻而户晓也，未几而告示损坏，案卷残缺。官员迁谪，父老凋谢，三十年中之禁约，后生子弟，谁能记忆为何事"③。因此，对告示的作用不能够估计过高，但也不能够忽略其作用。

三、文书管理

文书是国家政令信息往来必不可少的形式，所以，历代都设有专门部门和专职人员管理，有固定的工作程式和严格的法律规定。

国家机关的文书由各机关专门部门进行管理，设有吏、令史等专职文案工作人员以及专门的保管机构，构成从中央到地方，既相互关联，又相对独立的文书工作与保管体系。如甲骨文中的"作册"，乃是双手供奉之形，有保管与提供文书之意；西周的内史录写副本"藏之王室"，小史保管文书"收之于府"；秦汉魏晋南北朝的"兰台""秘阁"及各级官府的主簿；唐宋的通进司、进奏房，三省的开拆房、催驱房、章奏房、主事房等，以及保管文书的甲库；元代的中书省及行中书省的检校所、照磨所、承发司、架阁库；明代的通政使司，内阁的中书科、诰敕房、制敕房等，以及各部院的司务厅等；清代内阁的典籍厅、满汉本房、副本库等，吏、兵部的档房，户部的南档房，礼、刑、工部的清档房，皇宫内的奏事处等；清末官制改革时各部设置的承政厅（司）、总务厅（司）等，都有文书保管之责。与中央相对应，各地方也有相应的部门以管理文书。

文书工作程序和主要内容是拟制誊写、签押用印、负责人判署、照刷磨勘、投递驿传、登记立卷、移交和保管等，每一工作程序都有专人负责，可

---

① （清）汪辉祖：《佐治药言·勿轻出告示》，官箴书集成5，黄山书社，1997年，第321页。
② （清）贺长龄等辑：《清经世文编》卷13《户政》云贵总督鄂尔泰《议覆积谷疏》，中华书局，1992年。
③ （清）贺长龄等辑：《清经世文编》卷13《礼政》魏象枢《请颁礼制书疏》，中华书局，1992年。

以保证文书工作的质量和效率，同时也能够互相监督、完善保密制度。

文书工作制度是受法律的约束和保障的。历代法律都明文规定着文书工作程序、管理和保密制度，如有违反，一般要受刑事处罚。如《唐律·职制》中关于文书工作的律条有：漏泄大事、稽缓制书、被制书施行违者、受制忘误、制书误辄改定、上书奏事犯讳、上书奏事误、事应奏而不奏、事直代判署、受制出使不返、府号官称犯名、指斥乘舆、驿使稽程、驿使以书寄人、文书应遣驿、驿使不依题署、增乘驿马、乘驿马枉道、乘驿马赍私物、长官使人有犯、用符节事迄、公事应行稽留等20余条。明清则明确为《公式律》，有讲读律令、制书有违、弃毁制书印信、上书奏事犯讳、事应奏不奏、出使不复命、漏泄军情大事、官文书稽程、照刷文卷、磨勘卷宗、同僚代判署文案、增减官文书、封掌印信、漏使印信、漏用钞印、擅用调兵印信、信牌等17条。清代除了律文之外，还有诸多的事例、则例，其中《吏部处分例》就有：迎送诏书、遗失制书、积压本章、延搁誊黄、捏造钞报、遗漏行文、修书错误、年号地名官名人名不许率行减写、滥行出结、空白印信、本章违误、漏泄本章、遗失本章、遗失印信、误用印信、印信模糊、盗用印信、妄用印结牌文、给结冒领建坊银、隔属用印买人、挪移年月用印、禁止无印小票等20多项100余条，分别予以罚俸、降级、革职等处分。

唐、宋时期对官吏考核有了"磨勘"之制，宋代审官院设磨勘司，专门主管此事。至元代，磨勘卷宗则成为监察官员的重要责任之一，御史台"岁遣监察御史刷磨各省文卷，并察各道廉访司官吏臧否，官弗称者呈台黜罚，吏弗称者就罢之"①。提刑按察司也有照刷各省文卷之责，对于违制者予以弹劾治罪。

明清将"照刷文卷""磨勘卷宗"写入法律，除了各部门自己照刷与磨勘之外，也是监察官员的要责。照刷与磨勘，将文书分为照过、通照、稽迟、失错、违错、埋没等类。照过是卷内事无违枉，俱已完结；通照是事已施行，别无违枉，未可完结；稽迟是若事已行，可完而不完；失错是事已行已完，虽有违枉，而无规避；违错是事当行不行，当举不举，有所规避；埋没

---

① （明）宋濂等：《元史》卷102《刑法志一》，中华书局，1976年，第2617页。

是钱粮不追，人赃不照之类。察出之后，该责令改正者改正，该督促者督促，该追究责任者追责。如其吏房罢闲官吏文卷，为事罢闲官员起送听用，各种手续齐全，又无迟错事理，则刷尾批云："照过"，也就是审查通过。要是该起解罢闲官员还有没有起解的，已经进行催促，说明此事还没有完结，则批："通照"，也就是要关注以后完结的情况。罢闲官员因为各种原因，提出缓解，称为"事故"，告之本县行文上报之后，或半月、或数日、不行催问，则批："事属稽迟"，也就是办事迟缓，就要追究责任了。如果申报起解的人名与实际解到的人不符，或者是人名错误，则批："事属差错"，除责令改正之外，也要追究责任。要是原申10名，已解6名，外有4名未解，经年歇案不催，就很难说中间有无情弊，因此批为"埋没"，则以追究责任为主了。追究责任除了依照律例承担刑事责任之外，大多数是予以行政处分。

第二节　玺印制度

玺是皇帝的印信，印是官员使用的印信。在古代，无论是君主的诏敕，还是各级官府之间使用的各种公文书，都必须加盖玺印作为凭信。玺印是权力的象征，也是权力的表现形式之一。

一、皇帝玺宝

秦汉的皇帝有六玺，加上传国（受命）玺，实际是7枚；隋以后确立皇帝使用八玺的制度。金、元以后，皇帝的玺（宝）陆续有所增加，至明初皇帝已经增至17枚玺（宝）。清初进一步增至39枚，乾隆时定制，确定为御宝35枚。其中，25枚收于宫中的交泰殿，10枚收于盛京（今沈阳市）。

皇帝的御玺铭文不同，其用途也不同，进而将不同的诏敕区别开来，以保证诏敕内容的严谨。此制从汉代开始，历经发展，形成较为严谨的制度。

汉代受命玺，其文为"受命于天，既寿永昌"，传国用；皇帝行玺，封王公以下，遣使，授职等常行诏敕用；皇帝之玺，发下兵符，征发郡国兵用；皇帝信玺，发下竹使符，征召大臣，行郡国用；天子行玺，封拜外国及征召诸侯王；天子之玺，赐外国书；天子信玺，祭祀及发外国兵用。

隋代神玺，宝而不用；受命玺，封禅用；皇帝行玺，封命诸侯及三师三公用；皇帝之玺，赐诸侯及三师三公书；皇帝信玺，征发国内兵；天子行玺，封命蕃国君；天子之玺，赐蕃国君书；天子信玺，征蕃国兵。

唐代神玺，以镇中国，藏而不行；受命玺，以封禅礼神；皇帝行玺，以报王公书；皇帝之玺，以劳王公；皇帝信玺，以召王公；天子行玺，以报四夷书；天子之玺，以劳四夷；天子信玺，以召兵四夷。

宋代镇国宝，镇国之宝，不常用；受命宝，封禅用；皇帝行宝，常行诏敕用；皇帝之宝，答邻国书用；皇帝信宝，赐邻国书及物；皇帝信宝，封册用；天子之宝，答外国书；天子信宝，举大兵用。

辽代传国宝，宝而不用；玉印，藏随驾库；御前之宝，以印臣僚宣命；书诏之宝，凡书诏批答用之；契丹宝，受契丹册仪；尚有三枚金印，是从后晋缴获的。

金代有御前之宝，书诏之宝，赐宋国书及常例奏目则用之；大金受命万世之宝，宝而不用；宣命之宝，赐高丽、夏国诏并颁诏则用之；宣命之宝，宣一品及王公妃；礼信之宝，岁赐三国礼物缄封用之。

元代皇帝有八宝：受命宝，传国宝，天子之宝，皇帝之宝，天子行宝，皇帝行宝，天子信宝，皇帝信宝，用途大致同于宋代。

明清的玺宝很多，铭文各不相同，用途也不同，其划分更加细致。如明初17枚御宝：1.皇帝奉天之宝，传国玺，祀天地用。2.皇帝之宝，诏令与赦令用。3.皇帝行宝，册封、赐劳用。4.皇帝信宝，诏亲王大臣及调兵。5.皇帝尊亲之宝，上尊号用。6.皇帝亲亲之宝，谕亲王用。7.天子之宝，祭祀山川鬼神。8.天子行宝，封外国及赐劳。9.天子信宝，以招外服及征发。10.制诰之宝，用于诏书。11.敕命之宝，用于敕命。12.广运之宝，奖励臣工用。13.敬天勤民之宝，敕谕朝觐官用。14.御前之宝，文教方面用。15.表章经史之宝，图书文史用。16.钦文之宝（玺），文章辞赋用。17.丹符出验四方，公布祥瑞用。嘉靖皇帝增加7枚，即奉天承运大明天子宝、大明受命之宝、巡狩天下之宝、垂训之宝、命德之宝、讨罪安民之宝、敕正万民之宝，至此共计有24枚。

清代贮藏在交泰殿的25枚御宝，分别是：1.大清受命之宝，以章皇序。2.皇帝奉天之宝，以章奉若。3.大清嗣天子宝，以章继绳。4.皇帝之宝，以布诏敕。5.皇帝之宝，以肃法驾。6.天子之宝，以祀百神。7.皇帝尊亲之宝，以荐徽号。8.皇帝亲亲之宝，以展宗盟。9.皇帝行宝，以颁赐赉。10.皇帝信宝，以征戎伍。11.天子行宝，以册外蛮。12.天子信宝，以命殊方。13.敬天勤民之宝，以饬觐吏。14.制诰之宝，以谕臣僚。15.敕命之宝，以钤制诰。16.垂训之宝，以扬国宪。17.命德之宝，以奖忠良。18.钦文之宝，以重文教。19.表章经史之宝，以崇古训。20.巡狩天下之宝，以从省方。21.讨罪安民之宝，以张征伐。22.制驭六师之宝，以整戎行。23.敕正万方之宝，以诰外国。24.敕正万民之宝，以诰四方。25.广运之宝，以谨封识。至于盛京所藏的大清受命之宝（碧玉）、皇帝之宝（青玉）、皇帝之宝（碧玉）、皇帝之宝（檀香木）、奉天之宝（金）、天子之宝（金）、奉天法祖亲贤爱民（碧玉）、丹符出验四方（青玉）、敕命之宝（青玉）、广运之宝（金）等10枚，仅为收藏和敬祖，是象征意义，别无实用。

二、官员印信

一切官员都必须按照其官品、官衔以区别其用印的型质、轻重、大小和文字，借以区分其地位的高低和规定职权的范围。

自汉代开始，所有的官员都有印信，其质地以金、银、铜为区别。至唐宋时，除王公亲贵的印信使用金银之外，其他各办事部门都使用铜印，根据权能大小而规定印的大小。例如，宋制"诸王及中书门下印方二寸一分，枢密、宣徽、三司、尚书省诸司印方二寸。惟尚书省印不涂金，余皆涂金。节度使印方一寸九分，涂金。余印并方一寸八分，惟观察使涂金"。由于宋代以差遣任职为多，特别制造了奉使印及朱记，这种印不是正方形，"其制长一寸七分，广一寸六分"。此外，还广泛使用"私记"，并规定"诸寺观及士庶之家所用私记，今后并方一寸，雕木为文，不得私铸"。由于伪造印记盗取官物的事件增多，在宋仁宗景祐三年（1036年）出现专门领用物品的圆形印记。印文皆用通篆籀体。赐给臣僚的印应该随葬，以表示所受赐印记已随本人身死而失去作用,"不即随葬因而行用者,论如律"①。

辽代部级以上用银印,其余诸司用铜印,诸税务用石印,还特别有一种"杓印","杓,鸷鸟之总名,以为印纽,取疾速之义。行军诏赐将帅用之"②。金代官印以金、镀金、金镀银、金镀铜、铜来区分级别,其杂职则用"朱记",也是以铜为之,诸印以大小轻重以明等级。元代因循此制,但又加等赐印之制,如原本金印而加赐玉印,银印加赐金印,铜印加赐银印之类。

明代除正二品以上和正三品的顺天、应天二府使用银印以外,正三品以下均用铜印,并根据品级确定官印的方寸和厚度。未入流者和杂职用铜条记,是"阔一寸三分,长二寸五分"的长方形。初期,除官府常规印信之外,还有一些临时使用的印信,如有事征伐时的将军印,"其他文武大臣,有领敕而权重者,或给以铜关防,直纽,广一寸九分五厘,长二寸九分,厚三分,九叠篆文,虽宰相行边,与部曹无异"③。一些佐杂和临时差遣的职务则颁发钤记,这样便形成包括官印、条记、关防、钤记在内的官印体系,再加以各衙门内书史个人的戳记,用印制度更加完善。

清代基本因循明制,不过印文改为满汉合璧,理藩院印还有蒙古文字。清代的官印制度更为具体,"凡印之别有五,一曰宝,二曰印,三曰关防,四曰图记,五曰条记,各辨其质与其文而铸焉,惟钤记不铸"④。凡正式衙门都用官印;佐贰、库仓、局所等官用条记;临时派遣的官用关防(督抚、镇守军职、府同知、府通判、各道等虽然已经是正式职官,但原来是派遣之职,所以也用关防);各驻扎和管理大臣用图记;文职佐杂及无兼管兵马钱粮的武职官,还有地方委派办事的机关和人员使用钤记;此外,需要签署衔名的人员有章记,文书责任人员有戳记,还有比较规范的官印制作、颁发、使用和管理制度。关防与官印的区别在于型制,关防是长方形,所用印泥是紫色的,俗称"紫花大印";官印是正方形的,所用印泥是红色的。在关防中,钦差大臣、督抚、将军等关防的权威最大。

---

① (元)脱脱等:《宋史》卷154《舆服志六》,中华书局,1977年,第3592页。
② (元)脱脱等:《辽史》卷57《仪卫志三》,中华书局,1974年,第915页。
③ (清)张廷玉等:《明史》卷68《舆服志四》,中华书局,1974年,第1663页。
④ (清)官修:《清会典》卷34《礼部·铸印局》,清光绪二十五年(1899年)刊本。

三、玺印的管理

玺印既是权力的凭证，又是权力的象征。因此，历代在保管、使用、发放、制作等方面都有严格的管理制度。

秦汉时期有少府属下符节令，下属有符玺郎中四人，其中二人主管皇帝的玺印，还有符玺御史以监督，除皇帝用玺之外他人是不能够使用的。如霍光专权，曾经召尚符玺郎索要皇帝玺印，尚符玺郎按剑曰："臣头可得，玺不可得也。"① 在太后专权时，皇帝玺印常常由太后掌管，如汉元帝后王氏，在王莽派人索要传国玺时，逼不得已，"乃出汉传国玺，投之地以授"②，致使传国玺崩去一角。对于官印的发放也比较慎重，特别是高官的印绶，常常由皇帝亲自颁发。如汉高帝刘邦曾经"持御史大夫印弄之"③，再三犹豫授予何人。

魏晋以侍中保管皇帝玺印，一旦皇帝出行，侍中"负玺陪乘"。南朝也是由侍中保管，但设置治玺令史以负责收藏。北魏侍中省有符玺郎中，还有符玺郎、掌玺郎。隋代门下省有符玺局，设监、直长掌之。唐门下省属有符宝郎，"掌天子八宝及国之符节，辨其所用。有事则请于内，既事则奉而藏之"④。宋代的符宝郎分为内外，"应合用宝，外符宝郎具奏，请内符宝郎御前请宝、印迄，付外符宝郎承受"⑤。这样做的目的是使内外互相牵制，以防止一些可能发生的弊端。辽代南面官门下省有符宝司，金代殿前都点检司有符宝郎四员，"掌御宝及金银等牌"。元代礼部所辖铸印局，"掌凡刻印销印之事"。典瑞院，"掌宝玺、金银符牌"。明代的尚宝司是独立的部门，虽然仅是五品衙门，但掌管宝玺、符牌和印章，"稽出入之令，而辨其数，其职至近，其事至重也"。然而，"凡请宝、用宝、捧宝、随宝、洗宝、缴宝，皆与内官尚宝监俱"⑥。玺印都由礼部铸印局制作，印成，交付仪制清吏司颁发。清因之，其铸印"字样由内院撰发，金银硼砂于户部移取，物料于工部移取，祭物于光

---

① （东汉）班固：《汉书》卷68《霍光传》，中华书局，1962年，第2933页。
② （东汉）班固：《汉书》卷98《元后传》，中华书局，1962年，第4032页。
③ （东汉）班固：《汉书》卷42《赵尧传》，中华书局，1962年，第2097页。
④ （后晋）刘昫：《旧唐书》卷43《职官志二》，中华书局，1975年，第1854页。
⑤ （元）脱脱等：《宋史》卷154《舆服志六》，中华书局，1977年，第3586页。
⑥ （清）张廷玉等：《明史》卷74《职官志三》，中华书局，1974年，第1804页。

禄寺移取"①。"各印铸成，呈堂验阅，发司封固，钤以司印。在内各部院寺监遣官赍文赴领。在外文职府通判、武职总兵官以上，专差赍文赴领。文知县、武副将以下，发提塘邮寄，于印四角加柱，钤封如前，本官得印，去柱启封，以用印年月日报部存案。凡内外官接到新印，于旧印篆文中加镌缴字，送部销毁。"②制度越来越严格，规定也更加细腻，每一环节都有监督，一旦出现问题就要逐级追究责任。

　　为严格宝玺的使用，在常行诏敕上还要经过辅政部门稽核驳正，加盖辅政印信。例如，汉代加盖丞相印，唐代加盖中书门下印，金代加盖尚书省印，元代加盖中书省印，明清加盖内阁印，都与诏敕御玺并施。为了防止擅权，明清甚至把辅政印信收归"大内"保管，有应用印的文书，要向内请印，用毕即行送归，"凡请印钥必以金牌为质"③。除有严格的请用制度外，辅政机构与内廷在使用玺印时都要分别登录，御史定期监察检核簿册时，要将内外登录相互对照，以防止任何私自启用的行为。

　　官印是官员任职的主要凭证之一，官印拥有者带有委任文书到任，表明是承皇帝之命来接管本部门的工作，拥有钦授的权限。例如，汉代的朱买臣被拜为会稽太守，"衣故衣，怀其印绶，步归郡邸"。当时郡吏们正在饮酒，对原本相识的寒士朱买臣并不给予礼遇，但当他们一见到印绶，便"相推排陈列中庭拜谒"④。东汉以后，换官不换印，官员必须执有皇帝颁发的敕令以及主管部门发给的"官诰"或"告身"文书，才能赴任，到任后与旧任交接印信。只有经过交印、接印手续，才意味着完成了权力的交替。因此，接印、交印、用印，以及年节封印、启印，都有隆重的礼节仪式。例如，清代知县到任受印，"新官肃立，眼同佐贰官、吏房，送匙验封，启袱验封，开锁启匣，请印验封，呈印详看"⑤。不但事先要戒斋焚香礼拜，还要与见证者书写甘结文书存案，实质上是表示已完成了职权的交接。

　　宋代时规定，官印必须由官府保管，官员随身携带铜牌，上刻"牌出印

---

① （清）官修：《清会典事例》卷321《礼部·铸印》，清光绪二十五年（1899年）刊本。
② （清）官修：《清会典事例》卷323《礼部·颁发》，清光绪二十五年（1899年）刊本。
③ （清）梁章钜、朱智撰，何英芳点校：《枢垣纪略》卷13《规制》，中华书局，1984年。
④ （东汉）班固：《汉书》卷64上《朱买臣传》，中华书局，1962年，第2793页。
⑤ （清）黄六鸿：《福惠全书》卷2《莅任部·受印》，康熙三十八年（1699年）种书堂刊本。

入,印出牌入",不许牌印同时在一处,以防印信遗失或滥用。为严格保管制度,官府设置专门的保管人员或机构,如清代各部院的当月处,除主管受事、付事之外,还兼掌堂引。为严格使用制度,历代都规定用印时要长官亲视,并登记用印原由于簿,其簿还分内外两种,长官和保管印者分别各持一簿。

玺印制度的完善,不但使官员的任免有了严格的手续,也加强了文书工作的严谨性,更重要的是确立了权力体系。印章大小、文字不同,代表着不同的权限。一通官印命令,可以决定一些人的生死荣辱;一道玺印圣旨,可以决定国家的大政方针;一张红印诰命,可以决定权力和地位;一纸官印文书,可以证明谁清白谁有罪:玺印是政治权威的体现物。

第三节　符节制度

符是政治和军事的凭证信物,它可以用于身份证明,作为出入国境、关卡、军营、要塞的凭证,又可以作为传达命令、调遣兵将的信物。节是君主派出的使节所持的凭信,用于代表君主出征、节制方面、监察、办理重大案件、出使外国等重大事务的证明。

一、调动符节

调动符节主要分为两类:一是用作调兵,二是用于更换地方长官。这类符节在汉代称为铜虎符和竹使符。铜虎符铸作成伏虎形状,中分为二,以榫相合,左符发给郡守或领兵将领,右符存放在中央。中央调动郡守和军队,派人执右符与执左符者相合,作为传达命令的信物。竹使符用竹制作,用途与铜符相同,但情况没有铜虎符紧急。魏晋以后基本因循此制,只是改为中央存左半而颁右半。

唐代用于调动的有铜鱼符,"所以起军旅、易守长"。还有一种木契,作为皇太子监国,王公大臣镇守地方时调动军队的符信。为了慎重起见,唐代的符制是以右一枚配置左数枚,以便调动命令有所变更时递次传令使用。

宋代军队调动有"铜兵符",发给诸路总管主将,调动300人以上军队和指挥军事时用；另有"传信木牌"，除作为传达军令之外，还可以调动300人以下的军队；此外还有"字验"，是军队主将密定字号的身份证明；符牌使用时，要与"字验"一同参验。

铜兵符之制在元代以后取消，军队的调动主要凭皇帝诏敕和枢密院或兵部所发放的勘验（纸文书押骑缝印，亦称勘合），还有传达命令之人的身份符节。明代在军队内有调发符牌，铁制，上刻两飞龙，下刻两麒麟，上孔系以红丝带，后来带兵将领及督抚等，都被授予王命旗牌，用以调军以行军令。清代因循明代王命旗牌制度，拥有者有"恭请王命，立即正法"的权力。

二、邮传符节

邮传符节是用于通过邮驿传达命令的凭信。主要分两类：一是普通邮传，二是专使邮传。

普通邮传是驿使和官员使用驿站车马和住宿的凭证。例如，汉代的"木传"，用木制而中剖为二，上面加有御史大夫印信，并写明该办事务的缓急和使用车马的等级，一半发给使用者，一半存御史府以备勘验；使用者的一半有各邮传的登记，使用完要交回御史府验证。以后各代除主管部门和形制有所变更之外，使用制度基本相同。例如，明清时期的半印勘合，就是与木传性质相同的凭证。其制是各有关部门从内府领取专门簿册，截为两半，于中缝用印，编成字码，一半给有关部门，一半存于内府，凭此驰驿往来。使用时，上面填写事由，内可以核外，外亦可以核内。

专使邮传除执有普通邮传的凭证之外，还另有特殊明显的标志，以示重要和紧急。例如，汉代的"棨信"，用绢制成，上书文字，用杆挑起，形如旗幡，由专使擎持以为凭信，还有随身携带的"棨"，刻木为合符，以备验证。"棨信"在魏晋时发展为"信幡"，分成五色，"东方郡国以青龙幡，南方郡国以朱鸟幡，西方郡国以白虎幡，北方郡国以玄武幡，朝廷畿内以黄龙幡，亦以麒麟幡"[①]；不同的方位使用不同的信幡以传达命令。唐代改为"传符"，分为左右，太子监国用双龙符，两京用麟符，东方青龙符，西方驺虞（即白虎，

---

① （晋）崔豹：《古今注》卷上，辽宁教育出版社，1998年。

唐人避先祖李虎讳改）符，南方朱雀符，北方元（玄）武符，作为专使传信的凭证。宋以后则称为"符验"或"符信"，即以木牌或金属牌配合文书验证。当时有金字牌、青字牌、红字牌、黑漆白粉牌的区别，统称"檄牌"，均作为传递机密紧急文书的凭信，其中金字牌最为重要，需要以专使直接送达。

明清时期，除宣召王公用金符专使之外，"凡公差，以军情重务及奉旨差遣给驿者，兵部既给勘合，即赴内府，关领符验，给驿而去，事竣则缴"①。一般紧急事务，兵部加发火票（初为火牌），注明传递速度和天数，如日行四百里、六百里、八百里火急及限三日到之类。牌票要与勘合之类的传符一起使用，有时也可以单独使用，乃是"官则给以勘合，役则给以火牌；勘合之廪给按员，火牌之口粮按分"②。根据不同的等级，各驿站给予不同的接待。

三、身份符节

身份符节是作为身份证明和通行的凭证。在汉代有木制和帛制的"传"，称为"符传"，用来证明身份和通行关卡。"符传"由各级官府发放，上面注明使用人的身份和事由，一半交使用人，一半由官府按使用人前去的方向逐关传送，以便前方核对检验，回来时交还所发官府验证。此外，在城市、皇宫、军营、要塞也有这种"符传"。东汉以后，这类"符传"改用纸张，上用官印，注明姓名、面貌、年龄、去往何方、所带物品等事项。汉代的官员还有证明身份的竹节或帛书。

唐代为了"明贵贱，应征召"，发给五品以上官员以随身"鱼符"，上面镌刻有官员的品级，有的还要镌刻上姓名，"以防召命之诈，出内必合之"。因为是身份象征，不断赏赐，以至于"致仕者佩鱼终身，自是百官赏绯、紫，必兼鱼袋，谓之章服。当时服朱紫、佩鱼者众矣"③。

宋代除了因循唐制，还有一种"门符"，用于出入皇城和禁城，以缯裹纸板为之，或方或圆，称为"宫门号"，总计发放1.5万道，以黄纸为之。辽代

---

① （清）张廷玉等：《明史》卷68《舆服志四》，中华书局，1974年，第1663页。
② （清）黄六鸿：《福惠全书》卷28《邮政部·总论》，康熙三十八年（1699年）种书堂刊本。
③ （宋）欧阳修、宋祁：《新唐书》卷24《车服志》，中华书局，1975年，第526页。

有一种木契，"正面为阳，背面为阴，阁门唤仗则用之"①。金代则有金牌、银牌、木牌，分别授予万户、猛安、谋克及蒲辇，后来则成为空名宣头功赏。元代的符也是身份象征，有圆符、虎符之别。其圆符以玉、金、银区分等级。虎符"趺为伏虎形，首为明珠，而有三珠、二珠、一珠之别"②，之后还以金、银区分等级。

明代武臣悬带金牌，有龙、虎、麒麟、狮、云，以区别官的等级；双云龙、独云龙、双虎符、独虎符、素云符，以金银区别等差。其守卫金牌，名之为金，实际上是铜为之，按仁、义、礼、智、信分类，各自顺序编号。此外还有令牌，除禁门以申字排号之外，其五城按木、金、火、水、土排号。尚有铜符，以承、东、西、北排号，另外有铜牌、牙牌、祀牌、圆花牌等，也各有字号，上面注明执事、供事、朝参、入内府，"惟朝参牙牌，得朝夕悬之，非徒为关防之具，亦以示等威之辨也"③。文官用"牙牌"，以勋、亲、文、武、乐、官等字为区别；各卫所营兵有"字牌""勇号"。这些字牌除作为身份证明之外，也兼作为通行证明。鱼符和字牌只在一定区域内使用，如果离开使用区域，则必须与符契、勘合等结合使用。

清代官员兵役出差，发给勘合，"在内由兵部，在外由督抚，核给勘合差牌，其应给夫马廪给，例有确数"④。除此之外，官员要有官照及作为简历的给由，兵丁、差役则要持火牌、火票及官府发放的印纸，以证明身份。

四、专使符节

专使符节是皇帝派出的钦使所持有的信物和标志。凡持有专使符节，在外可以代表皇帝和国家。例如，苏武出使匈奴，持汉节19年而不弃，作为派外专使，以其威武不屈的精神名垂青史。专使符节在国内，有代表皇帝出征、镇守、督领和传宣诏令的特权。

汉代的专使符节是"以旄为之，上下相重，取象竹节，将命持之以为

---

① （元）脱脱等：《辽史》卷57《仪卫志三》，中华书局，1974年，第915页。
② （明）宋濂等：《元史》卷98《兵志一》，中华书局，1976年，第2508页。
③ （清）张廷玉等：《明史》卷68《舆服志四》，中华书局，1974年，第1666页。
④ 《清高宗实录》卷692，乾隆二十八年八月庚寅条。

信"①。汉代初期节用纯红色，汉武帝时，因为戾太子发动宫廷政变，持赤节发兵，所以加黄旄以示区别。明人考证汉代"节柄长三尺，毛三重，以旄牛为之"；而东"汉光武时，以竹为节，柄长八尺，其毛三重"②。汉以后的节则三尺为多，饰以旄，故也称"节旄"。

魏晋南北朝时期，专使符节有4个等级：一是假节，可以在军事行动中专杀犯军令者。二是持节，可以专杀无官位者，在军事行动中则可以专杀二千石以下官。三是使持节，可以专杀二千石以下官，在军事行动中则可以专杀中二千石的官。四是假黄钺，可以专杀持节专使，凡持有此节者，必然是已掌握最重大权力的人，非领方面军事和主持朝政者不能持有。

唐代的专使符节仅有两级，一为旌，二为节，"旌以专赏，节以专杀"。是专门赐给大将出征的，"旌以绛帛五丈，粉画虎，有铜龙一，首缠绯幡，紫縑为袋，油囊为表。节，县画木盘三，相去数寸，隅垂赤麻，余与旌同"③。后来则授予节度使，"得以专制军事，行即建节，府树六纛"。宋初"凡命节度使，有司给门旗二，龙、虎各一，旌一，节一，麾枪二，豹尾二"。在杯酒释兵权之后，则不再授予，在南宋"建炎三年（1129年），表韩世忠之旗曰'忠勇'。绍兴三年（1133年），表岳飞之旗曰'精忠'"④。这仅仅是一种旌表，而没有专赏专杀的权力。虽然还保留了专使之节，但所拥有权力的大小只限于皇帝诏敕规定的范围，节已经不能独立表示其拥有权力的大小了。

明代使节规制："黄色三檐宝盖，长二尺（后改为三尺），黄纱袋笼之。又制丹漆架一，以节置其上。使者受命，则载以行；使归，则持以复命。"⑤由于使者权力大小的不确定性，就给使者以很大的游移空间，如明代派遣出来采办、监差的宦官，一出都门，"则欲快马船只，车辆装载；差去人员，则欲廪给马匹，军民应付。式样不过数纸，器用先如此其奢华；足迹犹未启行，声势先如此其张大；况在途之需索，到彼之供张，其薰天之势，又岂待言而

---

① （东汉）班固：《汉书》卷1上《高祖纪》颜师古注，中华书局，1962年，第23页。
② （清）张廷玉等：《明史》卷68《舆服志四》，中华书局，1974年，第1667页。
③ （后晋）刘昫：《旧唐书》卷43《职官志二》，中华书局，1975年，第1847页。
④ （元）脱脱等：《宋史》卷150《舆服志二》，中华书局，1977年，第3515页。
⑤ （清）张廷玉等：《明史》卷68《舆服志四》，中华书局，1974年，第1667页。

后显哉"①。到万历时，矿使、税使横行，更是害遍天下。

历代还有一种特殊便宜权授予制度，有便宜行事、便宜从事、便宜、从宜等名目，为了明确他们的权力，除了旌节与敕书之外，还授予一些信物。例如，辽代东京留守耶律抹只，被"赐剑专杀"②；尚方剑西南招讨使耶律德威，被"赐剑许便宜行事"③。金代内族完颜襄，被"赐宝剑，诏度宜穷讨"④。内族完颜白撒，被赐剑，"得便宜从事，决东平之策"⑤。灭南宋大将张弘范向忽必烈请赐剑甲，忽必烈说："剑，汝之副也，不用令者，以此处之。"⑥在明万历年间则有"赐尚方剑"制度，这些凭证与敕书相结合，使臣下拥有大小不同的便宜权与专杀权。

明代有旗牌制度，"每旗用阔绢一幅，长四尺，阔一尺九寸，枪连杆长六尺五寸，围二寸三分。每牌连卧虎盖长八寸，厚七分"⑦。这种旗牌授予臣下，也就使之拥有一定的便宜权，故称为"王命旗牌"，在特殊的情况下可以"军法从事"的。在弘治十一年（1498年）有300面，授予内外镇巡等官，至明末，王命旗牌多达数千，总督京营、协理京营、各边总督、挂印总兵、提督、赞理军务、总兵、副总兵、参将、游击及兵备道、分守道、分巡道等都授予，可以说王命旗牌泛滥。清代重新进行规范，其王命旗牌的固定格式："旗蓝色，方广二尺六寸，两面销金，清汉令字各一，清汉令字上各钤兵部印。旗杆一，长如旗，木顶朱纬氂。牌椴木质，通高一尺有二分，圆径七寸五分，厚一寸，朱髹，上刻荷叶形，绿髹。牌两面刻清汉令字各一，悬于枪上，枪长八尺，榆木为之。铁枪枪冒髹以黄，绘龙，垂以朱氂。牌边枪杆，均刻清汉令字第几号，填以金。"⑧乃是"颁发王命旗牌，所以重节镇之权，崇天室之威也"⑨。王命旗牌是官员行使便宜权的凭证，也是一种授权方式，在敕书规定的权限

---

① （明）张萱：《西园闻见录》卷101《内臣中·前言》引解一贯疏曰，哈佛燕京社，1940年。
② （元）脱脱等：《辽史》卷11《圣宗纪二》，中华书局，1974年，第120页。
③ （元）脱脱等：《辽史》卷82《耶律德威传》，中华书局，1974年，第1291页。
④ （元）脱脱等：《金史》卷94《内族襄传》，中华书局，1975年，第2090页。
⑤ （元）脱脱等：《金史》卷113《内族白撒传》，中华书局，1975年，第2490页。
⑥ （明）宋濂等：《元史》卷156《张弘范传》，中华书局，1976年，第3682页。
⑦ （明）申时行等：《明会典》卷193，《工部·战车旗牌》，中华书局，1989年，第978页。
⑧ （清）官修：《清会典事例图·王命旗牌图》，清光绪二十五年（1899年）刻本。
⑨ 《清世宗实录》卷33，雍正三年六月乙亥条。

范围内，可以专征专杀。后来凡是督抚都被授予王命旗牌，拥有了"恭请王命，立即正法"的权力。

诸种符节虽然各有独立使用的性质，但彼此又有一定的联系，往往要诸种符节结合在一起来使用。如果只有调动符节，没有邮传和身份符节，在路上是不能通行的，调令也就归于无效。因为符节到达时，诸种符节要合在一起勘验，缺一不可。历代对符节的发放、使用、保管等，都尽可能地制定一套较完备的管理制度，以保证皇帝诏令和朝廷的政令文书，在承传运转过程中不发生伪冒和泄密，反映出当时文书工作的严谨。

第十二章

职官管理制度

所谓职官管理制度，主要包括明确职责、规定职权范围、选拔任免、教育培养、爵命等级、考核奖惩、退休抚恤等一系列与职官相关的环节，这些环节实际上也是官制的重要组成部分。

第一节　官吏选拔制度

国家机器在运转过程中，需要不断更新其行政人员，以保证统治素质和职能的延续，更新的过程就是官吏的任免选拔，选拔首先关系到国家行政的需要，又关系到统治效能，自然会受到重视，而且会随着政治、经济与社会的发展而进行调整。

一、荐举制度

荐举是古代重要的选官方法之一。从其发展过程来看，主要有制度荐举、私人荐举、官府荐举和自荐等形式。

（一）制度荐举

主要是指按照选贡士制、察举制、九品中正制等制度的规定，通过一定的途径和手续来选拔人才，向君主或有关部门推荐使用。

1. 选贡士制

夏、商、周三代都设有贵族学校，对贵族子弟进行早期教育。人毕竟有智能上的差别，并不是每一个贵族子弟都是俊才，也不是每一个贵族子弟都能够享受世袭特权。在这种基础上，为了维持国家机器的正常运转，一种新的选拔人才的制度便应此需要出现了，那就是在周代出现的从"国子"和诸侯向天子贡献的"士"中选拔人才的制度。

国子是公卿大夫及诸侯的子弟，因为他们不是嫡长子或嫡子，所以没有继承权。但他们经过学校教育，完成学业之后，在王的侍卫亲军或禁卫军中服役若干年，等到40岁以后，便可以取得入仕的资格，这就是所谓的"四十而仕"的根据。其入仕的途径是：先由乡选出"秀士"，乡大夫把他们的履历交到司徒处，便称为"选士"；司徒选中者，则称为"俊士"。也有不经过乡和司徒选举而直接来投考的，称为"造士"。俊士和造士要由司马考辨其才能，司马根据他们的才能，草拟出使用意见报告给王，由王确定官拜何职。上报给王的人才称为"进士"。

贡士是由诸侯选拔的，由诸侯直接贡献给天子，经过天子考试合格者，可以依照他们的才能授予官职，有的还可以得到爵位及封土，跻身于世袭贵族的行列。

这种选拔制度给一些没有继承权的嫡子和庶子提供了入仕的机会，也使国家的统治基础得以扩大。由于这种制度的存在，使春秋战国时期的"士"阶层十分活跃，在社会大变革中，"士"挟其知识和经验才能，发表过许多政纲论说，奔走于各诸侯之间，活跃在政治舞台。

2. 察举制

察举，即经过考察后进行荐举，乃是在先秦乡里荐举选士制度基础上发展起来的选官制度。此制盛行于两汉，中衰于南北朝，而在其后历代王朝都有不同程度的存在。

春秋时代已经有通过基层逐级察举，由地方官向国君推荐人才的制度，正如《国语·齐语》所讲："匹夫有善可得而举也。"在战国时代一些国家规定地方官在年终上计的时候，必须向中央推荐一定数额的人才，经过国君或有关部门的考核而授予官职，后来则演变为察举，也就是察廉举孝。

汉代察举的具体方法是：由皇帝下诏指定荐举的科目，由丞相、诸侯王、公卿和郡国守相等按科目的要求进行考察和荐举；应举者按不同的科目进行考试，或由皇帝出题策问，或由丞相、御史二府（东汉改由尚书）及九卿策试；

根据对策的成绩高下，分别授予官职或选入郎官继续深造；考试地点在京城的太常寺或公车司马署等处。

两汉察举科目繁多，有孝廉、茂才、察廉、光禄四行、贤良方正、贤良文学、明经、明法、至孝、有道、敦厚、尤异、治剧、勇猛知兵法、明阴阳灾异等数十种，但经常举行的科目只有孝廉和茂才两种，并规定主要长官每年应该荐举的名额，这样就使察举仅局限于察廉（官吏廉洁）举孝（民间孝子秀士）。

为了人才的合理使用，察举人员在经过策试之后，还要经过主管部门加试一些熟悉官事和书法的内容，然后按"四科"的不同标准分别授予不同官职。据《汉官仪》讲："四科，一曰德行高妙，志节清白。二曰学通行修，经中博士。三曰明达法令，足以决疑，能案章覆问，文中御史。四曰刚毅多略，遇事不惑，才任三辅令。"与此同时，还实行举者与被举者的连坐制度。

从制度看，国家对察举的管理还是比较重视的，在汉武帝时，"郡举孝廉，又有贤良、文学之选，于是名臣辈出，文武并兴"[①]。由于察举的标准过于笼统，由地方官府掌控，也缺乏严密的考试，长此以往，"今刺史、守相不明真伪，茂才、孝廉岁以百数，既非能显，而当授之政事，甚无谓也"[②]。以至于公卿守相举荐的多是门生故吏，在政治昏暗与权臣当政的时候，其弊病则日益突出，在具体实施过程中，经常出现弄虚作假，以至"窃名伪服，浸以流竞，权门贵仕，请谒繁兴"[③]，造成风气日坏，使虚名伪进之徒经过钻营进入公门。此制在东汉后期已经败坏不堪，民间流传着"举秀才，不知书；察孝廉，父别居；寒素清白浊如泥，高第良将怯如鸡"[④]的谣语，则可见察举制已经败坏不堪。

3. 九品中正制

九品中正制是察举制的发展。公元220年，三国魏文帝曹丕采纳吏部尚书陈群的建议开始实行，亦称"九品官人法"，也是魏晋南北朝时期主要的取

---

① （南朝宋）范晔：《后汉书》卷60下《蔡邕传》，中华书局，1965年，第1996页。
② （南朝宋）范晔：《后汉书》卷3《章帝纪》，中华书局，1965年，第133页。
③ （南朝宋）范晔：《后汉书》卷61《左雄传论》，中华书局，1965年，第2042页。
④ （晋）葛洪：《抱朴子》外篇卷15《审举》，中华书局，1988年。

士制度。具体的做法是：任用"贤有识鉴"的官员，担任本籍州郡的大小"中正"，由他们按上上、上中、上下、中上、中中、中下、下上、下中、下下九品来评定人才等级，然后由小中正上报大中正核查，大中正再上报司徒核实，再交尚书吏部选用。

九品中正制使荐举之责不再属于中央和地方长官，改由专职举士的中正官负责，选用的标准除因循汉代察举所要求的经学、德行、乡间清议之外，又增加了家世、才实等内容。咸熙二年（265年），"令诸郡中正以六条举淹滞：一曰忠恪匪躬，二曰孝敬尽礼，三曰友于兄弟，四曰洁身劳谦，五曰信义可复，六曰学以为己"①。除划分九品之外，还有根据士人德才表现所写成的评语，称为"状"，选用人才要将"品"和"状"结合起来，这样就比汉代较为严密了，曾经"儒雅并进"，收到过一定政治效果。然而，在实施过程中，中正官全由士族豪门所把持，品评人才也着重于门第，而被选用者也限于士族，推荐人与被推荐者之间又在政治、经济及生活等方面有密切的联系，所以，"至中正之法行，则评论者自是一人，擢用者自是一人，评论所不许，则司擢者不敢违其言"②，"台阁选举，徒塞耳目，九品访人，难问中正。故居上品者，非公侯子孙，则当涂之昆弟也"③。在以门阀士族为统治核心的背景下，"不顾才实，衰则削下，兴则扶上，一人之身，旬日异状。或以货赂自通，或以计协登进，附托者必达，守道者困悴。无报于身，必见割夺。有私于己，必得其欲。是以上品无寒门，下品无势族"④。进而出现"百辟君子，奕世相生，公门有公，卿门有卿"⑤的反常格局。官职成为高门华族的垄断物，在人才选用上存在着不可逾越的阶级鸿沟。因此，九品中正制很快便成为维护门阀政治、阻塞寒素人才入仕的壁垒。再加上"士人皆厚结姻缘，奔驰造请，浸以成俗"⑥的社会风气，更促使九品中正制的社会基础日益狭窄，促成政治上的腐败。

隋以后实行科举制度，荐举不再是常行的选拔人才的途径，但仍作为科

---

① （唐）房玄龄：《晋书》卷3《武帝纪》，中华书局，1974年，第50页。
② （宋）马端临：《文献通考》卷28《选举》，浙江古籍出版社，2000年。
③ （唐）房玄龄：《晋书》卷48《段灼传》，中华书局，1974年，第1347页。
④ （唐）房玄龄：《晋书》卷45《刘毅传》，中华书局，1974年，第1274页。
⑤ （唐）房玄龄：《晋书》卷92《文苑王沈传》，中华书局，1974年，第2382页。
⑥ （唐）杜佑：《通典》卷14《选举》，中华书局，1988年。

举制度的补充，以一种辅助的形式存在。由于加强了荐举与被荐举者之间的连坐和考评制度，在实施过程中往往会收到一定的效果。特别是在一个政权初建之时，因人才不足，官吏缺员，往往使用荐举的方法以应急。例如，明初因实行荐举，"以故山林岩穴，草茅穷居，无不获自达于上，由布衣而登大僚者不可胜数"。科举制度恢复之后，在相当一段时期内，也是"两途并用，亦未尝畸轻重"[①]。清代虽然将荐举制度作为"历朝推恩之典，虽如例行，实应者寡"，但还是有不少循吏秀士"被荐膺显擢者，先后踵相接"[②]。在荐举不再是主要选拔官吏途径的情况下，少数被荐举的人才还是能够脱颖而出的，这是由于科举内容僵化死板，限制住一些无意攻读时文八股，而有才识的人入仕，而在政权实际运行中，终究还是需要一些具备真才实学的人才进入仕途，荐举制度遂得与科举制度并存，作为它的补充。荐举并不以时文八股为重点，多试以"时务策"，注意吸纳那些注意时局，关心政治实务并善于思考对策的人物。这类人才一旦受到荐举，往往会在政治上发挥作用。

（二）私人荐举

春秋战国时期的动荡和变革，使各诸侯认识到人才的重要性，选贤任能成为各国国君迫切的共同意愿，私人荐举的方法，往往能为各国国君提供优异人才。这种私人荐举是通过有一定地位的官员向国君推荐，如鲍叔牙向齐桓公推荐管仲，使管仲的卓越才能得以发挥，成为促成齐国称霸的重要人物。私人荐举作为一种选拔人才的重要形式，经常被国君使用，后来则成为大臣们的职责之一，责成他们必须向国君推荐人才，因此出现"外举不弃仇，内举不避亲"（《左传·襄公二十一年》）的荐举原则，要求举贤荐才，不避亲仇，其标准只是才能。

这种私人荐举仅是臣属们以个人名义向君主举荐人才，亦称保举制，是在历史上实行最久而且是制度化的选拔人才方式。具体方法是：要求具有一定资格的大臣，在对下属考察的同时，从中发现人才，定期向君主保荐，由朝廷授以要职或破格升迁。如被荐的人才不符实，或者是日后犯法，荐举人要负连带责任，受到一定的惩处。

[①] （清）张廷玉等：《明史》卷71《选举志二》，中华书局，1974年，第1713页。
[②] 赵尔巽等：《清史稿》卷109《选举志四》，中华书局，1977年，第3185页。

为了严格保举,古代常常是实行层层担保,大官举小官,小官举吏职,同时加强监督和限制。例如,允许控告保举徇私不公,对检举者,如所举属实,有官者给予优升,无官者授官或赏赐金钱;不实者则反坐。举人和被举人都要写具举状,作为君主和上级审定和考核的依据。有些朝代还严格限制保举亲、故、同乡和门生,以期杜绝其中的弊端。

私人荐举是建立在私人的人际关系和个人好恶爱憎基础之上的做法,当然存在着偏见和营私舞弊,很容易形成长官与部属之间的相互利用。部属为取得主官的保举,会使用阿谀奉承,或夸功掩短以邀取荣宠,或奔走行贿以求免缺失,使用走上层的办法以骗取信任;而有些长官也往往利用保举进行笼络和发展自己的势力,有意夸大被荐举人的优长,掩盖其缺失,甚至借保举以纳贿,因而出现"不公不明,十郡而居三四","政以贿成,聚敛无已","或乏廉声而举充廉吏,或素昧平生而举充所知,或不能文而举可备著述"①的现象,加剧了政治的腐败。

从主流来看,保举不拘一格地发现人才,在历史上也确实为国家提供出一部分能承担艰巨,能匡时济世的人才。有些官僚运用其多年的行政和人事经验,对下属进行多方面的考察,保举出的人多有实际的办事能力,有些则操守才能皆备,在政治中发挥过重要作用。这在近代史中,曾国藩、左宗棠、李鸿章等能跃登高层,承担重任,都是受过"伯乐识人"逾格保举。曾经有人认为清代"能以维持其二百年之国祚者,赖有此法以选拔贤才耳"②。此一评价或嫌过高,但此一制度能在古代长期存在而弗替,说明它对历代王朝的统治还是利多于弊,有其存在的必要。

(三)官府荐举

官府荐举是以官府的名义向君主和上级部门推荐人才,被推荐的人要参加一定的考试,若是考试不合格,也要承担一定的责任。这种方法也适用于地方学校向中央学校推荐。例如,《唐律·职制·贡举非其人》条规定:"诸贡举非其人及应贡举而不贡举者,一人徒一年,二人加一等,罪止徒三年。"明洪武二十一年(1388年),朱元璋"命天下府州县学岁贡生员各一人,正

---

① (元)脱脱等:《宋史》卷160《选举志六》,中华书局,1977年,第2754页。
② (清)官修:《清通考》卷58《选举考》,浙江古籍出版社,2000年。

月至京,从翰林院试经义、四书义各一道,判语一条。中试者入国子监,不中者所司论如律,教官、训导停其廪禄,生员罚为吏"①。《大明律·吏律·职制·贡举非其人》条规定:"凡贡举非其人,及才堪时用,应贡举而不贡举者,一人,杖八十,每二人加一等,罪止杖一百。所举之人知情,与同罪;不知者,不坐。若主司考试艺业技能,而不以实者,减二等。失者,各减三等。"这种制度保证当时学校升贡制度的严谨,以至明初"虽兼行科举,而监生与荐举人才参用者居多,故其时布列中外者,太学生最盛"②。制度久则弊生,"旧制,监生止有二途,岁贡、乡贡是也。后增四十岁生员,又增上马纳粟,近增大臣勋戚子孙乞恩,共为五途。自此选期愈远,仕路愈塞矣"③。本来正常的贡举,扩大到四十岁以上生员,再增加以钱粮可以买的捐纳,以高官子孙便可以为之,贡举逐渐被人轻视,真才实学者不愿意走此路,各府州县学往往也是虚应故事,中央考试也是走形式,相关制度与法律,也就成为具文。清代因之,而府州县学亦轻,"若夫学校之官,阘茸猥琐,无一能举其职者,而顽钝嗜利者比比也"④。通过学校荐举者,难以出人头地,也使学校贡举制度虽行,而实效难见。

还有一种官府间接荐举的形式,如秦汉时期的郡国上计吏赴朝廷汇报政绩时,有的便被朝廷留任为官,称为"计吏拜官"。这是因为地方官府所选用的上计吏大都是精明能干的人,既熟悉本地的情况,又能够应付朝廷的质问,故此容易为朝廷看中,渐渐成为一种入仕途径。那时,凡是被委派为上计吏,往往就是被荐举的先兆。计吏拜官是伴随着考核制度而形成的,当考核制度遭到破坏的时候,这种仕途也就随之堵塞。魏晋以后,以计吏步入仕途的情况显著减少。

(四)自荐

自荐是因循战国时代士人游说君主的习俗而形成的入仕制度。游说是士人通过在诸侯国君面前游说或上书,用自我推荐的方式以博得君主信任而被

---

① (清)孙承泽:《天府广记》卷16《设科之制》,北京古籍出版社,1982年,第203页。
② (清)张廷玉等:《明史》卷69《选举志三》,中华书局,1974年,第1679页。
③ (明)王琦撰,张德信点校:《寓圃杂记》卷5《监生五途》,中华书局,1984年。
④ (清)贺长龄等辑:《清经世文编》卷2《学术》张海珊《送张少渊试礼部序》,中华书局,1992年。

授予官职。春秋战国时期，士的阶层十分活跃，他们奔走于诸侯国之间，以自己的政治主张和才能求信于君主，以谋得官职和重用，成为当时常见的入仕途径，诸如孟轲、商鞅、吴起、苏秦、张仪等名人，都是通过此一途径而身登显位的。

汉代对这种游说形式在制度上予以肯定，允许吏民直接上书至公车司马门（皇宫的南阙门），由大臣评判上书内容的质量，以及识见的高低和可行性的大小，然后作出初步评定，有区别地奏告皇帝，"高者请丞相、御史，次者中二千石试事，满岁以状闻，下者报闻，或罢归田里"①。可见游说已经演变成自荐，而自荐必须再经过实际工作的考验，方能决定任用与否或如何使用，借以杜绝自我夸张。汉代许多人以这种方式进入仕途，不过，这种制度非但没有杜绝夸张，反而给污滥下流的人跻身于官场带来机遇，变成了"自炫鬻"。汉武帝时，"四方士多上书言得失，自炫鬻者以千数"②，出现过许多不择手段跑官的江湖骗子。

东汉时，这种自荐式的仕途渐渐为世家所不齿，到魏晋南北朝时，更趋于没落。在世家看来，这些"守门诣阙，献书言计，率多空薄，高自矜夸，无经略之大体，咸糠秕之微事，十条之中，一不足采"，遵守法度的君子"不足与比肩"③。本身的污秽，豪门的鄙视，朝廷的轻视，使这种入仕途径大为堵塞。隋唐以后，上书自荐往往仅作为君主"善政"的点缀，遇有天灾地变，君主下诏求直言，而直言上书的人也未必能够进入仕途，弄不好还会危及身家性命。上书自荐的人数减少，以此得官更不容易，自荐便成为狭窄的险途。

还有一种是以本身有一技之长而投身自荐的。例如，汉武帝"博开艺能之路，悉延百端之学，通一伎之士，咸得自效，绝伦超奇者为右，亡所阿私"④。给一些持有特殊体力、工艺、方术、音乐、杂技等本领的人提供入仕的机会，有些人因此对某些技术、艺术的发展起到促进作用。由于君主追求享乐，梦想长生，又使一些以阿媚取宠的佞幸之徒，以荒诞迷信、声言能求长

---

① （东汉）班固：《汉书》卷78《萧望之传》，中华书局，1962年，第3273页。
② （东汉）班固：《汉书》卷65《东方朔传》，中华书局，1962年，第2841页。
③ （北齐）颜之推：《颜氏家训·省事篇》，湖北崇文书局光绪元年（1875年）刊本。
④ （汉）司马迁：《史记》卷128《龟策列传》，中华书局，1959年，第3224页。

生、能通鬼神和追踪神仙的方士，或诡言有治国安邦之才的江湖骗子，经由此途径进入仕途。这些人无一不以惑君害民，危及政治而告终结。在骗局被揭穿之后，大多被贬斥杀戮，给自荐之途蒙上更多的污垢。

二、科举制度

科举制度是在荐举制度的基础上发展起来的，以考试成绩作为主要标准的选拔制度。

隋炀帝时开始设置进士科，以试策取士，经过唐代的发展，使科举考试确立成为一项重要制度。由于有了定期定额和定考的科目，士人们无须再经荐举，就可以直接报名考试，经过逐级考试，由官府择优录取，再经由吏部试以"身、言、书、判"，就可以被授予官职。

科举制度确立之后，基本上纠正了魏晋以来由世家大族所垄断的用人和掌权的状况，也削弱了荐举的功能，表现出较为公开、较为公正的优越性，为士人入仕开辟出一条新的途径。科举制度的确立，适应了中央集权制度的需要，也有利于更广泛地吸收人才。因此，它一经出现，便成为主要的官吏选拔制度，历代奉行不替，直到1905年才由学校制度所取代。

古代国家根据需要，设立若干科目，诸如秀才、进士、明经、明法、明书、明算等科，举行公开而统一的集中考试，择优选拔人才，名之为科举制度。

唐代科举取士，大体上可以分为贡举和制举两大类。贡举由礼部主持具体工作，常设科目有秀才、进士、明经、明法、明书、明算等六科；武则天时开设武举，由兵部主持具体工作。制举亦名特科，由皇帝临时下诏设定科目，不定期举行。在众多科目中，进士和明经两科最受重视，有唐一代由此两途出身为宰相者有142人，占宰相登录总数的38.6%。当时考试录取的名额很少，进士科最严格，"其进士大抵千人得第者百一二；明经倍之，得第者十一二"[①]。

宋代科举制度基本因袭唐制，但在贡举上仅以进士科为常科，其余诸科

---

① （唐）杜佑：《通典》卷15《选举三》，中华书局，1988年。

则不经常举行。宋代的士人经过科举考试及第便取得做官的资格，不必再经吏部加试身言书判。宋代的科举考试制度比唐代严格，范围和规模都有所扩大。如在省试之后，增加一场由皇帝主持的"殿试"，实行"糊名""誊录"，不许朝廷官员推荐考生，食禄之家的子弟必须复试，对贵戚子弟另设考场和另派考官，实行"锁院"以减少作弊。与此同时，还扩大了录取名额，进一步减少门第限制，更广泛地吸收各阶层的知识分子，以扩大统治的基础。由于不论何等阶层的知识分子，只要进士及第便被委派为官，而且"不数年，辄赫然显贵矣"[1]，科举便成为当时猎取功名的主要途径。宋代已经有了状元、榜眼、探花的名目，是作为高居榜首前三名的荣誉称号。凡中状元、榜眼、探花者，顿时成为当时朝野仰羡的人物，更加引起人们对科举的重视。

辽、夏、金、元虽然是少数民族为主导的政权，但也奉行科举取士制度。这些少数民族为主导的政权，在科举实施过程中有严格的民族界限，从某种意义上讲，重点在笼络汉族地主阶级和知识分子。例如，"辽起唐季，颇用唐进士法取人，然仕于其国者，考其致身之所自，进士才十之二三耳"。金代除依唐、宋实行科举之外，还特设女真进士，故此"终金之代，科目得人为盛"[2]。科举在元代即便是没有得到足够重视，也是"士裒然举首应上所求者，皆彬彬辈出矣"[3]。

明清的科举制度更加严格和程序化，但也进入僵化和衰朽时期。明清基本上是三年一科，故有明一代共开科83次，有清一代共开科112次。其科考的程序大致可以分为四级。

一是童试（府、县试），是科举考试的最初级。因为凡参加举业的读书人，在参加州县级考试时，均被称为"童生"，故这一级考试称为童试。童试由州县长官主考，中试之后称为"生员"，通称"秀才"或"秀士"，也就是取得府、州、县学的学生资格，毕业后可以参加上一级考试。明正统元年（1436年），为了对府、州、县学进行统一管辖，开始设立"提调学校官"，主管一省教育，并由该官主持考试，称为"院试"。此后，凡是通过院试被录取的才能取得生

---

[1] （元）脱脱等：《宋史》卷155《选举志一》，中华书局，1977年，第3611页。
[2] （元）脱脱等：《金史》卷51《选举志一》，中华书局，1975年，第1130页。
[3] （明）宋濂等：《元史》卷81《选举志一》，中华书局，1976年，第2015页。

员资格，否则依然是童生。生员虽不能直接授官，但有时也有从他们中间简拔，授予低级官职。

二是乡试，是省一级的考试，每三年举行一次，称为"大比"，因在八月中旬举行，又称为"秋闱"。乡试在省署（京府在府署）举行，由皇帝派出专门的主考官，以各布政使、按察使为监考官，清代则以巡抚为首席监考官，组成临时机构来主持。乡试共考三场，一场考经义，二场考礼乐论述，三场考经史时务策；三考及格后再面试骑、射、书、算、律等"五艺"。三考中试者称为"举人"，面试"五艺"以后称为"乙榜"，也称"乙科"。乡试第一名称为"解元"，二名称为"亚元"，五名以上称为"经魁"，六名称为"亚魁"，其余称为"文魁"，都有资格进一步参加礼部考试。举人三考进士不中，即九年经过"大挑"可以直接授任为官，并且作为正途出身。乡试录取名额有限，要按中央指定的数目录取，每省多者百余人，少者仅数十人，而考生多的省参加考试的人数盈万，因此，能够取得"举人"，已经是很不容易的了，一旦中举，阖县为之传报，地方官还送花红之礼，对其进京参试也有资助。

三是会试，是中央级的考试，在乡试后的第二年举行，由礼部主持。只有已取得举人身份的人才有参加考试的资格，相当于宋代的省（尚书）试。考试地点在京城，只是清末最后两次考试，因为八国联军烧毁贡院，改在河南开封举行。会试亦考三场，三场中式称为"贡士"。会试第一名称"会元"，俗称"会魁"。会试于春季二月进行，故称"春闱"，因是礼部主持，又称为"礼闱"。被会试录取的都可以参加最高层的殿试考试，并且取得做官的资格。如果没有参加，或没有被殿试录取的，仍然是举人。

四是殿试，凡会试中试者要由皇帝亲策于廷，实际上是由皇帝主持的复试，虽多为形式，但表明选拔权由天子掌握和体现对人才的重视，表明"皇恩浩荡"，所取者都称"天子门生"，以期得到这些新贵们的忠诚和感铭。殿试后分为三甲，一甲只有三人，称为状元、榜眼、探花，赐给荣誉称号为"赐进士及第"。二甲无定额，称为"赐进士出身"。余为三甲，称为"赐同进士出身"。二、三甲第一名称为"传胪"。殿试中进士称为"甲榜"，也称"甲科"，可以被授予较为重要的职官，升迁也比较快。凡是进士都会将他们的姓名、籍贯、排名刻在石碑上，放在京师文庙之内，即今北京市国子监胡同的孔庙，进士题名录碑大多数保存完整。

　　殿试之后，一甲三人授翰林院修撰和编修，二、三甲者则参加"朝考"，一甲三人陪考，也称为"馆选"，俗称"点翰林"。"朝考"成绩好的被派到翰林院、詹事府学习，称为"庶吉士"，虽无实职，但可以参加朝廷的会议，如九卿、翰詹、科道集议，还可以上奏言事。庶吉士三年以后，也就是在下一次科考前，举行一次"散馆"考试，合格者优先授官。庶吉士的考选更加严格，明代"每科所选不过二十人，每选所留不过三五辈"，而且是"非进士不入翰林，非翰林不入内阁，南、北礼部尚书、侍郎及吏部右侍郎，非翰林不任。而庶吉士始进之时，已群目为储相"①。清代虽然增加入选名额，但也不过数十名，庶吉士虽然不再如明代那样享有特殊的待遇，但是在授官时，号称"老虎班"，无论任职，还是升迁，都优于一般进士出身。

　　明清科举考试的纪律和场规可谓至密至严，对考官和应试者的资格都有严格的规定。例如，明代的"科举条格"规定：已入流品的在职官吏和已经科举入仕者不得参加科举，应考不论种族；被罢免的官吏、倡优、皂、隶、居丧及学校训导不得应试；考试未中者不得喧哗取闹，纠缠考官；考官应该遵守"回避"制度，不得担任本人子弟亲属的考务；笔试以后要加面试，因故未参加面试，三年以后要补加；违反条格者，一经查出，即使已经考中也要追查，考官处分，考生除名；等等。考官都要经过严格挑选"明经公正者"充任，乡试主考、同考官都要由京官钦命简放，而监临官则由地方主要长官而具有科第功名者担任。在乡、会试中，"弥封、誊录、对读、受卷及巡绰监门，搜检怀挟，俱有定员，各执其事"②。对作弊及串同者都给予严刑处置。清代的《科场则例》有数万言，对各种细则都有明确的规定。

　　科举制度的实行，鼓励公开竞争，择优录取，确实曾为古代国家输送了大批人才，其中也不乏杰出人士。制度限制徇私舞弊，如清代屡兴科场案，对有舞弊行为的主考、同考官处以严刑，对已录取者进行甄别，甚至全场作废，所以吕思勉正确指出："科举之善，在能破朋党之私。"③但由于古代社会

---

①（清）张廷玉等：《明史》卷70《选举志二》，中华书局，1974年，第1702页。
②（清）张廷玉等：《明史》卷70《选举志二》，中华书局，1974年，第1705页。
③　吕思勉：《中国制度史》，上海教育出版社，1983年，第731页。

制度的局限性，在政治腐败的时候，其弊端总是防不胜防，"其贿买钻营、怀挟倩代、割卷传递、顶名冒籍，弊端百出，不可穷究，而关节为甚。事属暧昧，或快恩仇报复，盖亦有之"①。诸如卖题代笔，夹带小抄，通行贿赂，徇私枉法，有章不循，有法不依等事件也屡禁不止。特别是由于考试内容与格式的日趋僵化、死板，与时代和实际政局脱节，限制着士人的思想，由科举入仕的人往往是一些徒知经籍、不谙世务的迂腐书生，缺乏实际任事的能力。一味地招引广大士子，全部集中在这条狭窄的出路上进行奔走竞争，更限制了人才的全面发展。

三、征辟制度

君主直接选拔人才称为"征"，主要长官直接任用属吏称为"辟"，这也是古代长期实行的一种用人制度。

战国时代，各国国君和一些重要大臣常常以"招贤"的形式公开延聘和招揽人才。例如，燕昭公筑黄金台，"卑身厚币以招贤者"②；齐威王也广招稷下学士。当时各国中的重要大臣，如信陵君、平原君、孟尝君、春申君等，都曾经养士3000余人。由于各级官府的主要长官都有在一定范围内任用下级官吏的权力，往往也通过招贤来笼络人才，招贤渐渐变为辟署。例如，魏冉为秦相国，大小官吏以及王的左右，都安插自己信任的人；像李斯这样的卓异人才，也曾经奔走在相国吕不韦门下以求官职。

征，也称为征召，是君主采取特别延聘的方式。例如，汉代有些君主时常选拔"吏民有明当世之务，习先圣之术者"，以及声名德望著称于当世者，朝廷为他们提供特殊待遇，"县次续食，令与计偕"③。就是说，这些被征召的人才，可以和上计的官员一起进京，沿途地方官负责迎送，有时还用公家的车马直接迎进朝廷。这种被征召的人在汉代被称为"征君"，是一种比较尊荣的仕途。以后各代也有些君主根据政局的需要，在全国范围内征召一些声名卓著的人士入朝做官，或专门指名征召某人来朝任职。从此途入仕的人虽然

---

① （清）张廷玉等：《明史》卷70《选举志二》，中华书局，1974年，第1705页。
② （宋）司马光：《资治通鉴》卷3《周赧王三年（前312年）》，中华书局，1956年。
③ （东汉）班固：《汉书》卷6《武帝纪》，中华书局，1962年，第164页。

不多，但这些人往往对当时的政治产生一定影响。例如，蜀汉的诸葛亮、唐代的李泌、明代的宋濂和刘基、清代的范文程和冯铨等，都对一定时期的政治兴废起过重要作用。然而，却也有不少佞幸之人也因昏君的青睐而跻身显位，并因此危害社会的；也有一些君主只是借以作态，装模作样以表示重视选拔人才。例如，元代"皇帝一番求贤，不过为南人贪酷吏开一番骗局，趁几锭银钞，欺君误国莫大焉"[1]。明代"有司虽数奉求贤之诏，而人才既衰，第应故事而已"[2]。清代"皇上求贤若渴，应诏者寥寥，即有登诸荐牍者，或由他省督抚保举，必待本省给咨，始能赴部，非所以示虚怀延揽之道"[3]。若不是君主直接发现人才，想通过发布求贤诏的方式去发现与挖掘人才，乃是非常困难之事，毕竟这不是正常入仕，君恩在而众臣轻，他们在朝廷很难立足。例如，明崇祯时下诏求贤，黄道周、史可法、冯元飏、陈士奇四人被列入贤才，却得不到重用。黄道周被列入"朋党"而被贬官六级；史可法不能够在北京为官，发到南京为兵部尚书；冯元飏则是依靠其弟冯元飙掌中枢而得宠信；陈士奇"本文人，再督学政，好与诸生谈兵，朝士以士奇知兵。及秉节钺，反以文墨为事，军政废弛"[4]。在政治腐败的情况下，君主很难得到真正的人才，即便是人才也会因不善于察言观色，经营政治关系网，而得不到重用。

辟，也称为辟署、辟除、辟召、辟用等，是主要长官自行任用属吏的制度。在秦汉魏晋南北朝时期，是一种范围广泛而又十分重要的入仕途径。汉代规定：二千石以上的长官可以自辟掾属，可以直接任命百石以下的官吏，百石以上的官吏则须报中央核准。

辟署分为中央长官辟署和地方长官辟署两种，在中央公府辟署的掾属升迁最快。例如，东汉的鲁恭，"在公位，选辟高第，至列卿、郡守者数十人"[5]。按规定，中央长官辟署掾属不限地域，可以在全国范围内选用人才，地方长官则只能在其管辖地区内辟署。选辟的标准类似察举，要求被选者必须是有

---

[1] （南宋）谢枋得：《叠山集》卷2《上丞相留忠斋书》，台湾商务印书馆景印文渊阁四库全书，1983年，第1184册。
[2] （清）张廷玉等：《明史》卷71《选举志三》，中华书局，1974年，第1713页。
[3] 赵尔巽等：《清史稿》卷421《罗惇衍传》，中华书局，1977年，第12164页。
[4] （清）张廷玉等：《明史》卷263《陈士奇传》，中华书局，1974年，第6809页。
[5] （南朝宋）范晔：《后汉书》卷25《鲁恭传》，中华书局，1965年，第882页。

"才能操守者"，一般还需要经过一定的考试或试事。

辟署在隋以前是比荐举的范围更广泛的仕途，因为按规定，公府、卿署、军府、州郡府的掾属佐史的数目一般都在200人以上，即使是县署衙门也有几十甚至上百人，其中大部分是由长官辟召而来的。但人事权力是不容分散的，朝廷也不容许所属官僚们组成自己的势力集团，故在隋代便收回了长官的辟署权，"海内一命之官并出于朝廷，州郡无复辟署之事"①。进入流品的官吏的选用权均收归中央，也就使辟署降为不重要的仕途。然而，对用人权的绝对控制又是不切实际的，所以，各级官署所辟用的"刀笔之吏"和以幕僚身份，以及家人佐政的形式继续保留着，虽然这些人一般不能进入官的行列，但也有从此途步入官宦行列的，有些还名列史传。例如，清代的田文镜、李卫、林则徐等本是书吏出身；近代的左宗棠、李鸿章等都有科举功名，但有过充当幕僚的经历，是由幕僚而逐渐受赏识得升为大臣。为吏为幕的经验和知识，对他们日后掌权办事是有帮助的。

辟署权在主要长官手中，很容易形成私家党派。秦汉时，郡国掾史称守相为"君"，唐代僚属称辟用长官为"主"，关系恍如君臣。例如，东汉益州治中从事陈禅，"时刺史为人所上受纳臧赂"，他作为主要僚佐也被拷问，但在"笞掠无算，五毒毕加"的情况下，依然是"神意自若，辞对无变"②，愿为其主子刺史牺牲一切。又如，凉州别驾从事杨阜，当刺史韦康被马超杀死时，他悲痛欲绝地说："守城不能完，君亡不能死，亦何面目以视息天下！"遂赴疆场与马超决战，"身被五创，宗族昆弟死者七人"③。将刺史尊称为"君"，甘为长官赴死不辞，亦是一时风气。在这种情况下，当出现分裂割据，这些僚佐很容易成为割据势力和军阀的死党。

四、荫袭制度

所谓荫袭，是指勋贵子弟依靠父兄的权位得以进入仕途的制度。古代国家长期保留这种选官方式，实际上是世袭制的一种变态遗留，但它与世袭制

---

① （宋）马端临：《文献通考》卷39《选举十二》，浙江古籍出版社，2000年。
② （南朝宋）范晔：《后汉书》卷51《陈禅传》，中华书局，1965年，第1684页。
③ （南朝宋）范晔：《后汉书》卷72《董卓传》注引《魏志》，中华书局，1965年，第2344页。

有根本上的区别。

夏、商、周三代实行的是世卿制,官员由王任命,官职世代相袭。诸侯国的官员由诸侯任命,官职也是世袭。这种由贵族直接控制、封闭性的人事制度,必然阻塞贤路,带有强烈惰性的家长制和门第观念,反映到政治上则是"大人世及以为礼"(《礼记·礼运》),乃是亲贵合一、官贵合一。在宗法血缘关系下的官员世袭制,不但影响到国家公职人员的正常升贬和合理使用,且容易导致官员素质的低下,妨碍国家行政机能的正常发挥。贵族们只有在出现过失或获罪于王和诸侯,被王和诸侯罢免或诛杀的情况下,才能导致撤免职务的处理,而这种变动也仅是限制在贵族之间的流动,并无更新的意义。

王朝和诸侯国的主要行政长官既然是由至亲贵族充任,亲疏便成为能否胜任职务的标准。因此,当新王和新诸侯即位之后,原有的主要行政长官不再是至亲,便要辞去职务,回到自己的封土,另行起用新的至亲贵族。例如,商代伊尹摄政,当国三年,返政于太甲,退回自己的封地亳国为国君。西周初期周公摄政,待成王年长,便"反政成王,北面就群臣之位"[①],卸任后回到自己的封地鲁国为国君。主要官员的更换,往往导致下面的官员变动,虽然这些变动都不过是在贵族之间的调整,并不影响贵族在原有封地上的政治权益,但毕竟是揭开了新的政局。

春秋战国时期,世卿制逐渐被破坏,世袭也逐渐改为荫袭。荫袭虽然是世卿制的变态形式,但它不同于世卿制,因为荫袭的子弟不是荫袭父兄的原有官职,而是只得到比原有官职低下的职务,甚至只任虚衔职称,或仅仅取得入仕的资格。

汉代除皇室宗亲世袭王侯之外,还规定:"吏二千石以上视事三年,得任(荫)同产若子一人为郎。"后来发展到荫及家人,既不限制视事三年,又不完全限制官秩,退休的官僚也可以享受这种待遇。唐代凡是三品以上官,可以荫及曾孙为七品官;五品以上官可以荫子为八品官,孙、曾孙依次各降一等,死后赠官降正官一等,死事者与正官同。宋代虽然有补荫之制,但要奏请补荫,而不是按照制度直接补荫。元代职官荫子只许一人,其制与唐代略

---

① (汉)司马迁:《史记》卷4《周本纪》,中华书局,1959年,第132页。

同，而"凡军民官阵亡，军官袭父职，民官阵亡者，其子比父职降二等叙，其孙若弟复降一等"，其难荫之制不同于例荫。对于荫袭者还有一定的考核，"诸职官子孙承荫，须试一经一史，能通大义者免傔使，不通者发还习学，蒙古、色目愿试者听，仍量进一阶"①。明初因循元制，凡六品以上官可以荫子一人，以未入流叙用，后来进行限制，"京官三品以上，考满著绩，始荫一子曰官生，其出自特恩者曰恩生"②，仅仅是取得国子监之监生资格，铨选则入荫袭序列，其死于国事者，则不计其品，可以荫其一子为监生。至清代则区分为恩荫、难荫、特荫等三种。恩荫是京官四品、外官三品、军官二品以上，可送一子入国子监学习，或根据其父辈的级别授予一定的官阶或职务。难荫是对因在战争阵亡、公差殉职以及病故于任所的官吏，准许送一子入国子监学习，或酌情授予官职。特荫是从功臣后裔或前世名人后代中选择一些人授予官衔或职务。

由于这种选官方法是为了照顾在职、退休、殉职官僚们的利益，一方面为了换取官僚阶层对现政权的忠诚和支持，所以得到长期保留和发展，曾经起到稳定政权、笼络人心的实效；另一方面也可以避免官僚利用手中的权力，去与普通人争夺科举、荐举、学校等资源。即便是如此，也难以遏制官僚们的贪欲，一些贵阀之家因累代受荫而保持甚至扩大权势，有些人还因为某种机缘受特殊恩宠，并未按照荫袭的规定取得法定的职衔，得到破格的擢升，再加上纳后、选妃、子女婚配和身为显官高爵等原因，形成了一些豪门勋贵家族，以至出现"一门前后七封侯、三皇后、六贵人、二大将军、夫人、女食邑称君者七人，尚公主者三人，其余卿、将、尹、校五十七人"③的现象。"任人及子弟为官，布满天下"④，当权者任人唯亲，即便是较为公正的科举也进行染指。例如，大学士杨廷和为首辅，其子杨慎为状元；张居正辅政，其长子张敬修为状元、次子张懋修为探花。长此以往，不但败坏吏治，而且阻塞正常仕进的道路。这些豪贵子弟，借助家庭的权势而进入仕途，其中绝大

---

① （明）宋濂等：《元史》卷83《选举志三·铨法中》，中华书局，1976年，第2061页。
② （清）张廷玉等：《明史》卷72《职官志一》，中华书局，1974年，第1736页。
③ （南朝宋）范晔：《后汉书》卷34《梁冀传》，中华书局，1965年，第1185页。
④ （南朝宋）范晔：《后汉书》卷54《杨秉传》，中华书局，1965年，第1772页。

多数都是一些纨绔浮薄或庸碌无能之辈,他们占据要津,成事不足而败事有余,甚至酿成变乱。历史上这样的恶例是不少的。

五、其他入仕途径

古代官吏选拔是多种途径并行的,除上述几种主要途径之外,还有几种途径曾经在较长时期实行,简述如下:

(一)博士弟子和国子

这是通过教育系统培养人才,经过考试合格而入仕的途径。西汉武帝"立五经博士,开弟子员,设科射策,劝以官禄"。《汉书》卷88《儒林传赞》注引颜师古曰:"射策者,谓为问难疑义,书之于策,量其大小,置为甲乙之种,列而置之,不使彰显,有欲射者,随其所取而释之,以知优劣。"考试则有学童、博士弟子、明经、明法等区别,合格者分别授以官位。博士弟子初期为50人,至西汉后期曾达到3000人。东汉初年修建太学,校舍和博士弟子员额也不断扩大,"凡所造构二百四十房,千八百五十室"[①],弟子员额最多曾经达3万余人。魏晋南北朝在此基础上加以整顿和完善,经过学校教育的国子、太学生等通过经学、文学、童子、策试、监试等途径,可以进入仕途。此外,设在各地方的学校也培养一些人才,为州郡长官辟署掾属提供大量人选。隋唐以至明清,从中央到地方都有学校,有一整套教育和管理体系,所培养的学生除部分参加科举考试,还有一部分通过学校升贡而进入仕途。

(二)赀选世家

古代统治者认为:有恒产者才有恒心,有恒心者才有恒力,只有拥有一定财产的人才具备为官的条件,也便于承担责任,因此,便根据家世和家庭财产状况作为选拔入仕的资格和条件。例如,秦及汉初都规定做官必须有一定财产,所以韩信虽然具有卓越的军事才能,只是因为"贫无行,不得推择为吏"[②]。以财产多少为入仕的标准,称为"赀选"。汉初规定,家有财产10万以上才能仕宦,汉景帝(前156—前141年在位)时改为财产4万钱为最低标准。以家财多少作为授官条件,理所当然要受到各方面的非议,也缩小了

---

① (南朝宋)范晔:《后汉书》卷79上《儒林传序》,中华书局,1965年,第2547页。
② (汉)司马迁:《史记》卷92《淮阴侯列传》,中华书局,1959年,第2609页。

选拔人才的范围,因此在汉武帝时把"赀选"废除,但没有从根本上改变以家世资财取人的观念。东汉以至隋唐,许多世家大族的子弟"释褐",即脱去平民服装而换上官服,便可以为官,是所谓"世胄之家太优,禄利之资太厚"①。乃是统治集团顽固保持本身的政治特权,阻碍寒门仕进的流毒。

(三)军功

为了适应战争的需要和照顾军人的特殊利益,古代国家一直保留以军功授官的选官方式。军功是根据在战争中战功的大小来选拔官吏的制度,许多军官多是通过这种途径被选拔上来。秦商鞅变法曾经明确规定按军功大小授予爵位和官职,并且成为制度,此后各代奉行不替,尤其是在战争时期,"军功多用超等,大者封侯卿大夫,小者郎"②,成为官兵入仕和跻身于显宦的重要途径。例如,汉代以六郡良家子从军,积功而为将帅的著名人物就有李广、赵充国、傅介子、甘延寿、冯奉世等人,他们都是当时的名将。三国两晋南北朝由寒门而为将帅、三公的,也有张飞、关羽、陶侃、刘裕、高欢等驰名一时的人物。以后各代也是如此,"武职以行伍出身为正途,科目次之"③,在一定条件下可以文武职互换。例如,晚清曾国藩领导的湘军,李鸿章领导的淮军,在镇压太平天国和捻军的过程中屡立军功,那些退役军官多有转为地方官的。这样做,一方面可以鼓励社会上许多有指挥韬略的人投笔从戎,有利于加强军力,提高军队素质;另一方面也有效地鼓舞士气,使军人为立军功而奋身于疆场。

(四)捐纳

亦称纳赀,是用财物向朝廷购买官爵的入仕途径。秦代鼓励入粟拜爵,开纳赀取官的先河,是卖官的先导。汉武帝因用兵匈奴,财用不足,"始令吏得入谷补官,郎至六百石"④。其中有名的如卜式,就因纳赀而升任为御史大夫,成为当时显赫的副丞相。自此以后,各代在国家财政困难时,经常以卖爵、卖生员、卖监生来补充经费,特别时期也出卖实职官以解决一时的

---

① (宋)欧阳修、宋祁:《新唐书》卷45《选举志下》,中华书局,1975年,第1178页。
② (东汉)班固:《汉书》卷24下《食货志下》,中华书局,1962年,第1159页。
③ 赵尔巽等:《清史稿》卷110《选举志五》,中华书局,1977年,第3218页。
④ (宋)王应麟:《西汉会要》卷45《选举下》,上海人民出版社,1977年。

财政危机。例如，清代康熙十三年（1674年），因用兵戡平三藩，宣布开捐纳，仅三年时间，便有500多人捐为实职知县，占全国知县总额的三分之一强。以后规定，除了举人、进士的功名不能出卖之外，国子监生以下，京官各司郎中以下，外官道、府以下，均可以用银捐买。乾隆时曾经定价，道员16400两，知府13200两，甚至还可以打折扣以广招徕。这种做法虽然能解救一时性的财政危机，但也必然会变官场为市场。有些人多方筹措金钱以捐官，然后又借官位官权以捞取更多的金钱。例如，清代有个布商，因经营有道，赚了一些钱，他以这笔钱捐了一个州通判，按例要引见，皇帝问他为什么要捐官，布商回答："窃以为做官较贩布生涯更好。"① 这个布商道出大多数捐官人的心愿，无非是将本求利。政以贿成，供捐得官，官随捐转，必然的恶果是从体制内严重腐蚀吏治。

（五）流外铨和吏员

这是一种各级官府低级办事人员积资累历而进入官员行列的选拔途径。"吏"在古代有两种含义：一是作为大小官员的通称；二是专指在官府司文簿，理庶事的具体工作人员。在秦汉时，这些管理文案的吏大部分不入秩等，称为"斗食""佐史"，由国家按日支给食粮，但他们积累年资，却可以升入官的行列，这种入仕途径则称为"吏道"。由于这些人具有实际行政工作经验，进入官的行列后，往往能够胜任工作，有的还有出色的表现，故在两汉时期，由"吏道"而官至公卿的人很多，有些还成为名臣。魏晋以后，官和吏的身份地位逐渐拉大距离，由"吏道"进入官的行列已经很难，更难指望升到高官。唐宋时期，把这些人归入"流外官"的行列。流外官有30个等级，每年一考，积考可以升入流内官，但宦途狭窄，积考不易，故此，"六十未离一县尉"的现象非常普遍。他们即使有幸进入官阶，大多也在八、九品低官职就结束仕宦生涯，不但升入高官无望，而且为时人所轻。金、元以少数民族入主中原，对重用科举出身和以儒入政的传统不太重视，却比较重视在官府承担具体工作的吏，对吏员出职的规定比较从宽，改为90~120天为一考，积三考就可以除授六品以下各官，况且当时由各种途径选拔上来的人，大都先充任吏职，

---

① （清）朱梅叔：《埋忧集》卷8《捐官》，笔记小说大观21，广陵古籍刻印社，1984年。

因此,"虽名卿大夫,亦往往由是跻要官、受显爵;而刀笔下吏,遂致窃权势,舞文法矣"①。元代社会上普遍流传"我大元与人十等,一官,二吏,先之者,贵之也"②的说法,正说明吏的实际身份地位较历代为高,由吏转为官,甚至升迁为掌权大官的也是常见。明清虽然对吏员升迁有所限制,但吏员积考升迁为官的制度并没有废除,故吏员作为一种出身,仍然是一种入仕途径,虽然这些人升入高官的可能甚少,但在中下级官中仍占相当比例。仅据河北11个县志所载清代487名知县名录来看,吏员出身的就有107名之多,而县丞、典史、巡检、盐、库、闸、坝等官,吏员出身更多。

六、官吏选拔制度的特点

古代长期并存着多种选拔官吏途径,其目的在于扩大政治统治的基础,着眼点是维护统治阶级的长远根本利益,因此,具有鲜明的特点:

第一,笼络各方面人才以收为己用。

历代多种官吏选拔途径并存,从各方面选拔人才,在当时的历史条件下,既有必要,又有可能。其所以必要,是因为国家政权的工作,必然需要经常地吸收和更新各方面的人才,以充实各级统治机构,补充各机构所需要的各种类型和级别的官吏。统治者从多方面选拔人才,把更多人的聪明才智引导到为统治阶级服务方面来,既扩大了统治基础,也易于抵消人们对专制的不满和对立情绪。例如,唐太宗李世民在玄武门城门上看到士人成群结队地进入考场,掩饰不住内心的喜悦说:"天下英雄尽入吾彀中矣!"③清代以少数民族入主中原,不失时机地以各种选拔途径拉拢汉族地主,百年间使全国拥有最低功名生员(秀才)以上的人约达110万众。这些人中的绝大多数都成为清政权的忠实支持者,并在不同层次中成为当时社会秩序的中坚,从而扩大了统治基础,也保证了"盛世"政治的稳定。其所以可能,是因为在历代士人中,都普遍存在着渴求入仕做官的愿望,企图通过入仕在政坛中施展自己的才能,追求"扬名声,显父母",争取封妻荫子,改善自己本人和家庭的经

---

① (明)宋濂等:《元史》卷81《选举志序》,中华书局,1976年,第2017页。
② (南宋)谢枋得:《叠山集》卷2《送方伯载归三山序》,台湾商务印书馆景印文渊阁四库全书,1983年,第1184册。
③ (五代)王定保:《唐摭言》卷1《散序进士》,古典文学出版社,1957年。

济和政治地位。统治集团从多渠道选拔官吏,是与士人的利益和愿望相一致的。

当然,开辟多种选拔途径也存在着一些副作用,产生过一些消极的后果。首先,易于造成官僚机构臃肿,官吏冗滥,素质降低和影响行政效率。其次,增加了国家的财政负担。以明清为例,每个生员每月有六斗廪食,还要免除他们的赋税徭役,百余万众,不但耗费大量资财,还直接影响国家财政收入。再次,助长了侥幸奔竞之风,一途不通则再奔他途。所谓入仕之门太多,实际上是"侥幸之门多,而方正之路塞"①。每逢有缺,"选人猥至,文簿纷杂,吏因得以为奸利,士至蹉跌,或十年不得官,而阙员亦累岁不补"②,更加剧了官场的腐败。

第二,所有的选拔途径都同荐举有一定的关系,以期保证选拔的公正和严谨。

各种选拔途径都要有担保具结,如科举的初试,要由士人的姻亲、朋友或其他关系密切者5人具结保状,才能入考;以后的考试还要由学官和地方官保送,并把"贡举非其人"的处分和撰写保状的规定列入刑律之中,如发现有滥送者,要治保送人的罪。其他选拔途径也是如此,即使是荫袭、捐纳等非正途出身,在承荫、入捐时,也要找当权有地位的人具结担保。这样,就使选拔与一定的人际社会关系紧密地联结起来。

保荐也给世家门阀和权贵大臣们进用私人提供了方便,因为他们的保荐往往能够起到决定的作用。由此也促使一些求仕之人,为了达到跻身于官场的目的,不惜百般巴结送礼,钻营请托,以至"奔竞门开,廉耻道丧,官以钱得,政以贿成"③,甚至"朋比贵势,妨平人道路"④。有才能而无关系的贤良正直之人,往往被排挤出入仕之门;无才能而有关系的庸劣侥幸之辈,却往往因此平步青云。

保荐和连坐在一定程度上又促使通同作弊。因为荐举双方关系不正和荣

---

① (明)宋濂等:《元史》卷85《百官志序》,中华书局,1976年,第2121页。
② (宋)欧阳修、宋祁:《新唐书》卷45《选举志上》,中华书局,1975年,第1179页。
③ (明)朱舜水著,朱谦之整理:《朱舜水集》卷1《原阳九述略》,中华书局,1981年。
④ (宋)王谠:《唐语林》卷3《识鉴》,中华书局,1958年。

辱与共，必然形成一种互相拉拢和互相包庇的同盟关系，甚至狼狈为奸，虚夸成习，故有人认为"吏治之蠹，莫若保举一途"。以清代地方办理河工、军功缉盗、赋税征收等所谓三大政为例，河工成为封疆大吏调剂属员的肥缺；军功缉盗则成为地方官和军官谋取冒功请赏和升官发财的好机会，甚至"工厂之鼓噪，饥民之啸聚，辄浮夸其词曰大张挞伐。耳未闻鼙鼓，足未履沙场，而谬称杀敌致果、身经百战者，比比然也"[①]。至于劝捐赈济，既可以中饱，又可以炫耀成绩。凡此都成为保举选拔的捷径，一案保举常达数百人，其中弊端丛生，成为聚污集秽的环节。

在各种选拔途径中，存在着"名实不相符，求贡不相称，富者乘其财力，贵者阻其势要，以钱多为贤，以刚强为上"[②]的现象，与古代国家机关中长期存在的任人唯亲、唯贵、唯财的现象是成正比的。

第三，选拔权力逐步集中收归中央朝廷掌握，并与教育、考课等制度相结合，使选官制度成为加强中央集权的重要手段。

早期官吏选用权大部分控制在臣下之手，尤其是辟举，纯为长官个人控制，标准不一，选举权力也不集中，被选中的人素质不一，鱼龙混杂，这与中央集权的人事制度是格格不入的，无可避免地要进行改革。其改革是分阶段进行的，"选举之法，一变而为辟举，再变而为限年（东汉时规定年龄40岁以上才能入察举），三变而为中正（九品中正制），四变而为停年（北魏时的停年格，即以年资为选用标准），五变而为科目（科举制度）"[③]。究其规律，无非是把选举用人之权逐渐收归中央。

古代国家的选拔与教育的关系在很大程度上被颠倒了，由各种途径挑选上来的人才，除有些可以直接授官外，更多的是为郎或博士弟子，先入三署郎官署或太学深造一段时间再出仕为官，这是先选士后教育。受过教育的人入仕为高官也不容易，西汉初期担任丞相或相当丞相职务的47人当中，经过官府学校教育的仅4人。汉代以后，逐步演变为将受过教育的人作为优先任职的前提条件，甚至将一些经过科举等途径选拔上来的优秀人才，先送到翰

---

① 赵尔巽：《清史稿》卷110《选举志五》，中华书局，1977年，第3215页。
② （东汉）王符：《潜夫论·考绩篇》，中华书局，1985年。
③ （宋）章如愚辑：《山堂先生群书考索续集》卷38引宋人章俊卿云，中文出版社，1982年。

林院、詹事府、秘书监等部门进行深造"储才"，作为培养高级官僚的阶梯，使选拔与教育紧密结合在一起。

最初察举与考课没有明显的区别，察举的项目往往也是考课的项目。随着国家制度的完善，察举逐渐与考课分开，考课成为对在职官吏的要求和标准，选举则成为对被选人的资历和才能；考选分开而又紧密结合在一起，实行择优录取和知人善任的原则。

古代选拔官吏制度有其合理的内核，在维护社会稳定，扩大统治基础，以及巩固中央集权制度等方面曾经起到过重要作用。然而，在权力私有和政治权力决定一切的条件下，其合理性又十分有限。实际情况是因循着："官不与势期而势自至，势不与富期而富自至，富不与贵期而贵自至，贵不与祸期而祸自至"（《说苑·敬慎》）的发展规律，以私家权益计而求仕，以君主家天下计而选官，无论是有多么严密的制度，最终都会被家天下和私家权益所破坏，以致贤能戮辱，便孽党进，妨平人道路等非正常现象与古代选拔官吏制度相始终。

第二节　任用制度

经过选拔，有些人员便取得了做官的资格，可以选用为官，称为铨选。任官又有任期，任满之后是升是降，都存在任用的问题。对这些人如何使用，是临时使用还是长期使用，是试用还是实用，委任其担任何种职务，给予什么级别待遇，等等，都是任用的范畴。

一、任用种类

古代对官吏的任用根据不同的种类、层次，不同职权范围、等级，有严格的区别。见于史册记载的名目主要有：守、拜、领、录、平、兼、行、假、试、权、知、监、参、掌、典、署、督、护、待诏、检校、勾当、候补等。虽然名目繁多，但按照任用差等，可以分为如下几种类型：

一是候补之类，主要有待诏、郎选、听选等任用方式。待诏是汉代的候补官制度，待诏人员有待诏于金马门、公车、殿中、黄门、宦者署等宫廷官署的，也有待诏于丞相、御史府的。他们在这些官署等待补官，有时也承担本署内的一些事务。郎选是从三署官署的诸郎中选官，三署官署实际上是汉代的官吏储备学校，被选拔上来的人才中有许多是取得郎官的资格，在三署经过一段时间的历练，然后再出补为官。听选是将选人区分不同类别，让他们等待缺员补官。隋唐以后的听选人员按文、武分别于吏、兵二部候选。明清因候选人多，便把一些官分发到某一部或某一省去听候委用，称为候补，这些候补官有些也奉部、省差委去办理某些事务，但不是实缺，以至出现非常臃肿的反常状况，在候补官行列中，还有许多因父母丧守制、病休和其他原因去职的人员，在期满以后等待复职。所以出现"各省之需次人员，自道府以逮佐杂，多至数千人，每逢朔望，例有衙参，其情形大可发噱"的现象。这正是："候缺无期，补缺无期"①，滥授官额与实际需要脱节，乃是当时被目为官场怪现象之一。

二是试用之类，主要有行、守、试、假、权、除等任用方式。试用有一定期限，一般是以一年为限，多者长达三年。试用期间，俸禄稍低于实授官。试用期满，称职者转为实职，称为"真除"或"实授"，不称职者则罢归。试用官必须在试用期内不出重大的差错，才能保住官职，争取实任，这在一定程度上可以促进官员忠于职守和认真办事，故大多数朝代保留这种任用方式。

三是拜授之类，主要有拜、授、遗诏等任用方式。经过拜授的官员即是正式任命的实职官。拜有召拜、征拜、策拜等区别，召拜是君主特召，征拜是由外官转入朝官，策拜是任用重要大臣，都是比较高级的任用。授有铨授、敕授、制授、特授等区别，铨授是由人事管理部门任命的低级官员，敕授是报请君主批准任命的中级官员，制授是由君主批准任命的较为高级的官员，特授是君主直接任命的高级官员。遗诏是指新旧君主交替时期，由老君主在去世前遗命任命的辅政大臣，也称顾命大臣。

四是兼领之类，主要有兼、行、权、判、带、领、护、录、典、都、督、掌、监、护理、署理等任用方式。在某些官位缺员或某些重要事务需要重臣

---

① 徐珂：《清稗类钞·诙谐类》，中华书局，1986年，第1806页。

负责的时候，多采用兼领的方式。兼和领都是表示一身肩负两职以上，但内容和含义又完全不同。兼是兼职，有长兼和权兼之别，可以低官假行护理，也可以高官督领或同级判带，这都是权宜的办法，主要是避免官位缺员时耽误工作。领是主管，有一定的实际权力，能够起到主要负责人的作用，如领尚书事、领城门兵、领盐铁事等。此外，凡带有典、护、都、督、录、监等名者，一般都拥有实际权力，因此，有些兼职便直接转变为正式官名，如典军、护军、总督、都监等。

五是参知之类，主要有参、知、平、议等任用方式。有些重要的职事，往往任命一些参、知官去参加共同议事，这样做，一是为了加强集议，使工作更加严谨；二是为了相互牵制，以加强君权。这类官虽然不能起主导作用，但有时也可以负责某项事务，如左将军知殿内文武事、御史中丞参礼仪事等，实际负责所参知的事务。知有参知、兼知、权知、总知等区别，议有参议、专议、领议、平议等区别。不同的名称，地位和权限也有所不同。这类任命逐渐成为正式职官，具有实际职权，如知府、知州、知县、参知政事、平章政事等。

上述的任用方式在实际运用上是有变化的，有些变为正式的官名，有额定的编制；有些则变换了名称，但实在职任未改变；也有些虽然保留原衔，但职权已被抽换。故此，对这五种曾经长期并存的任用形式，必须结合该时期历史和政局的实际进行考察。

二、任用方法

古代官吏有严格的等级，对不同的等级采用不同的委任方式，如唐代，三品以上临轩册授，五品以上制授，六品以上敕授，六品以下旨授，九品及流外官判补。

一般高级官员由主管官吏人事部门提出候补名单，交朝廷大臣集议推选，称为"会推"或"廷推"，然后交君主最后裁决。清代废除会推制度，由主管官吏人事部门开列名单上报皇帝裁决，称为"开列具题""请旨定夺"。也有皇帝直接提名选授的，或大臣保荐的。不同的入选渠道形成不同的任用方法，诸如特简、特任、特拜、特召、召拜、征拜等等。

中高级官员由主管官吏人事部门选注拟定，开列名单呈报君主批准，并负责将名单上的人选开具履历，注明功过，依次引见给君主。君主接见之后，或批准或否决主管部门的注拟。得到批准的便由主管官吏人事部门按程序任命，否决的则要重新注拟更换新的人选。清代皇帝对用人权控制很严，中高级官员也要开列引见或推荐数人供皇帝选定，由皇帝直接选用。

中级官员由主管官吏人事部门拟定，报请君主批准，称为敕授或请旨。大部分的中级官吏不由君主直接面见，便可以赴任，清代则规定要由皇帝面见，才能赴任，称为"按例引见"。

低级官员有由主管官吏人事部门直接任命的，其名单则具题上奏，称为"题授"。有由各级官府衙门拟定的，交主管官吏人事部门核准备案，称为"咨授"。有由主管官吏人事部门选定，不用上奏，称为"部选"。隋以前，各级官府主要长官任命一般掾属，仅由本官府备案即可，进入秩品的掾史才上报中央主管官吏人事部门备案。隋以后，各级官府任用流外佐吏，除依次上报上级主管部门备案，还要得到上级的核准。

主管官吏人事部门，在西汉是丞相、御史二府，在东汉是尚书台，在魏晋南北朝是尚书吏部，隋唐以后文官归吏部、武官归兵部。历代的辅政部门也有一定的人事权，有权核定主管官吏人事部门注拟的人选，推选重要的官员。

主管官吏人事部门的职责是：制定内外各级官府衙门官吏的员额，办理各种任免手续；区分流品，按规定对官吏进行选授和考铨；管理官吏档案，进行考功稽过、升降、赏罚和官吏任期升补缺额事宜。主管官吏人事部门虽为人事管理机关，但用人行政的权力却十分有限，高级官员的选用操于君主之手，中级官员的确定由辅政部门掌握，下级官吏的任免又决定于各级官府大员，因此，主管官吏人事部门大多只是办理任免手续，备案稽考而已。如唐代规定：选官要经过"三铨三注三唱"，即由吏、兵部司官（郎中或员外郎）、侍郎、尚书三次判卷铨衡，再由郎中或员外郎、侍郎、尚书分三次注拟官位，三次唱名；但最后决定权却不在吏、兵二部，要先"上于仆射，乃上门下省，给事中读之，黄门侍郎省之，侍中审之，然后以闻"[①]，听候皇帝的裁决，再由

---

① （宋）欧阳修、宋祁：《新唐书》卷45《选举志下》，中华书局，1975年，第1177页。

中书省草拟制敕，由门下省封驳转尚书省，由吏、兵部按制敕发给告身，然后将选官引进宫廷谢恩。整个过程，吏、兵部一直是办理具体事务，并无决定权。历代王朝对人事任免权抓得很紧，在提名铨拟过程中，不允许越级逾限，违反者要受到严厉的处罚。例如，南朝宋大明七年（463年），吏部举寒人张奇为公车令，这是中级官员的缺额，需要得到皇帝的敕旨批准，而孝武帝刘骏以为张奇资品不当，敕令另换人选，改张奇为市买丞；但其后发现吏部令史并未遵照敕令，暗底下"使（张）奇先到公车，不实行奇兼市买丞事"①。这是公然顶抗君主的人事任免权，故事发后，尚书令史2人弃市受极刑，6人受100鞭杖，吏部尚书坐免官，尚书右仆射降职。

君主用人权一直不受限制，他既可以否定人事部门拟定的人选，也可以直接任命，令人事部门执行。例如，汉武帝刚刚即位，丞相田蚡"入奏事，语移日，所言皆听"，而当他"荐人或起家至二千石，权移主上"时，汉武帝则不无恼怒地说："君除吏尽未？吾亦欲除吏。"②朱元璋让帐前亲军王兴宗为知县，当时丞相李善长及大将李文忠都认为不可以，朱元璋则说："兴宗从我久，勤廉能断，儒生法吏莫先也。"③还是任命王兴宗为知县，后来升为布政使。乾隆帝自称："朕临御以来，用人之权，从不旁落。"④由君主掌握用人大权，这乃是君主专制中央集权制度所决定的。

三、任用限制

为保证对官员的任用得当，保持官阶品秩大体升迁有序，照顾到官僚群体中各种政治势力及各阶层的平衡，对官员的任用有许多限制。

秦汉以来，实行重农抑商政策，限制商人为官；魏晋南北朝时期，限制寒族为高官；历代都限制所谓的倡优皂隶之家不得为官，这些都是以贵贱为区分基础的阶级身份限制。在少数民族为主导的政权中，还有一定的民族限制。

---

① （梁）沈约：《宋书》卷77《颜师伯传》，中华书局，1974年，第1995页。
② （东汉）班固：《汉书》卷52《田蚡传》，中华书局，1962年，第2380页。
③ （清）张廷玉等：《明史》卷140《王兴宗传》，中华书局，1974年第4005页。
④ 《清高宗实录》卷114，乾隆五年夏四月甲戌条。

在等级森严的官僚队伍中，出身和资历是任官优先考虑的条件之一，官僚制度越完善，出身和资历的限制就越严格。例如，明代把选人分为进士、举贡、吏员三途，号称"三途并用"，但在实际任用上，京官六部主事、中书、行人、评事、博士，外官知州、推官、知县，都先由进士选用；其余佐贰副职和低级正官才可以按举贡（含举人、贡生、官生、恩生、功生、监生、儒士等）名目分别选用；而吏员（含承差、知印、书算、译字、通事等诸杂流）只能选为外府主管文案的"首领官"（经历、录事、吏目、典史等）和中外杂职。虽然在任职以后还有升迁的机会，但升迁时也重视出身，吏员出身的官员，很少能升为正印官。再如，清代规定：顺天府、京县及外官从六品以下佐贰官不授满洲，刑部司官不授汉军，道员以下不授宗室。在选缺时，要按满洲、蒙古、汉军、汉等缺额递补。在选班中，则按服满（守丧期满）、假满、俸满（规定任期已满）、开复（因罪免官又复职）、应补、降补、散馆庶吉士、进士、举人、贡生、荫生、议叙、捐纳、推升等顺序排列，位在前者优先选补。

任官之中，"身家清白"是重要条件，人事主管部门的重要职责也是"厘其流品"。例如，清代吏部审查任官条件有别其流品、观其身言、核其事故、论其资考、定其期限、密其回避、验其文凭等七项标准。所谓"别其流品"，即家奴、长随、倡优、隶卒、八旗户下人，非经三代不得为官，三代以后也不得为三品以上官。"观其身言"，即验看行止、出身、年龄、身体状况、家庭关系情况。"核其事故"，即检查考任前有无犯罪处分情况，在前任有无未结事件。"论其资考"，即检查他的资历，是否符合升迁、降调、补缺的条件。"定其期限"，即检查其出身获得时间，为官任职的期限。"密其回避"，即检查其所要任职官府和地方，有无亲属、籍贯、师生关系等应回避的情况。"验其文凭"，即检查其履历证明有无假冒不实之处。七项标准全部合格，方能够任官，其中一项不合格，即便有了任命，也需要更改或申明。

自东汉实行"三互法"以来，对官员的任用又增加了籍贯和亲属的回避限制。"三互法"的基本内容就是本地人不得为本地长官，目的是防止这些人在家乡徇私舞弊；婚姻之家不得相互监临，兄弟子侄及有婚姻戚属关系的人，不得在一个部门或地区为官，如果选在一个部门或地区为官，其中一人要申明回避，一般是职级低者回避职级高者，辈分晚者回避年尊者。自此以后，历代不断完善回避制度，除涉及回避籍贯、亲属之外，还包括师生、同乡等。

任用官员是体现国家权力如何分配和依靠什么人的大问题，也是关系到政权结构和素质的大问题。因此，历代统治者对此都非常重视，先后制定过许多制度，做出许多规定，以期用人得当，使他们有效地贯彻执行统治意图，发挥统治功能，并保持各种政治势力的利益均衡。然而，任用官吏权是统治阶级内部各种政治势力角逐的中心，一时得势的派别，总是根据自己的利益来权衡用人，也无不以"附顺者拔擢，忤恨者诛灭"[1]为根本。外戚专权，"父子并为卿校，亲党充斥朝廷"[2]；宦官专权，任用群小，奢侈僭侣，唯贿是图；权臣当道，"虐用百姓，奢侈僭侣，诛戮无罪，肆心自快"[3]，其"门生宾客布在诸县"[4]；士族门阀把持朝纲，"上品无寒门，下品无势族"[5]。各方面的人为猎取官职，货赂公行，请托成风，在权贵门前，"吏人赍货求官请罪者，道路相望"[6]，他们"居权日久，天下辐辏，游其门者，爵位莫不逾分"[7]。即使是在极端专制的清代，官僚们也依然是"全不恪勤乃职，惟知早出衙署，偷安自便，三五成群，互相交结，同年门生，相为援引倾陷，商谋私事，徇庇私党，图取货赂，作弊营私"，朝廷虽然再三申谕严禁，但"大小官员，背公徇私，交通货贿"[8]。如此积弊，难以革除，而且是愈演愈烈。由于地主、贵族和官僚们的共同本能都是离不开私利，他们往往通过用人权以扩大本身的权势。所以，统治阶级所制定的任官制度，往往都是由自己率先破坏，难以自我约束。

第三节 考课制度

考课也称考绩、考核、考查，是对在职官吏的官箴政绩和功过的考核。

---

[1] （东汉）班固：《汉书》卷99下《王莽传》，中华书局，1962年，第4045页。
[2] （东汉）班固：《汉书》卷98《元后传》，中华书局，1962年，第4018页。
[3] （南朝宋）范晔：《后汉书》卷43《何敞传》，中华书局，1965年，第1485页。
[4] （晋）陈寿：《三国志》卷21《魏书·满宠传》，中华书局，1959年，第722页。
[5] （唐）房玄龄：《晋书》卷45《刘毅传》，中华书局，1974年，第1274页。
[6] （南朝宋）范晔：《后汉书》卷34《梁冀传》，中华书局，1965年，第1181页。
[7] （梁）沈约：《宋书》卷77《颜师伯传》，中华书局，1974年，第1995页。
[8] 《清圣祖实录》卷133，康熙二十七年二月壬子条。

通过考核，分出优劣加以奖惩黜陟，乃是历代统治集团约束内部成员的基本手段。

一、考课期限

如何对官吏群实行严密的监督和控制，是历代统治者驾驭统治机器的方略所在。《尚书·舜典》说："三载考绩，三考黜陟幽明，庶绩咸熙，分北三苗。"认为在舜时就有考核制度，而且远及三苗地区。这当然还不能说在舜时就形成严格的考核制度，但它却反映了统治阶级要求建立健全考核制度的愿望，而三年一考，三考定成绩的方法也影响深远。

商周时，王朝对诸侯和地方官的考查，主要通过王本人的"巡狩"和诸侯的"朝觐"来实现。

王的巡狩一般是在农闲时进行，名义上是进行田猎活动，是所谓的"春蒐、夏苗、秋狝、冬狩，皆于农隙以讲事也"（《左传·隐公五年》）。巡狩的规模很大，随行的车马、辎重、官吏、武装和侍从人员，相当于一次出征。巡狩并不是完全为了游玩享乐，捕获禽兽，而是一种经常性的军事训练，并寓有巡视考察地方政绩的意义，《礼记》所讲天子五年一巡狩，仅是理想，实际上是没有固定的时间。

在周代有诸侯朝觐述职的制度，按规定，诸侯定期要到王朝请安和汇报工作，所汇报的内容与王巡狩考查的标准大致相同，主要是土地垦殖和人口数目，社会治安和政治情况。"诸侯之于天子也，比年一小聘，三年一大聘，五年一朝"。如果诸侯不定期朝觐，"一不朝则贬其爵，再不朝则削其地，三不朝则六师移之"（《孟子·告子章句下》）。以爵位、封土和军事征伐等来维持"朝觐"制和加强王朝对诸侯的控制。应该说明，巡狩和朝觐，作为了解下情和考查官吏的方式，则是比较粗浅的，限于当时王朝力所能及的范围。

春秋时代，因王朝衰落，巡狩和朝觐制度实际已经不复存在。然而，各诸侯国为加强对官吏的监督控制，采取了一些考查官吏的措施，如派遣亲信去各地巡视，监管某个地方，向君主汇报文武官员的情况，听凭君主处置，没有固定的时间。

战国时代，对官吏的考核仍保留有君主巡狩和诸侯朝觐的形式，但因君主出巡规模庞大，劳师动众，耗资甚巨，再加上从君主安全方面上的考虑，出巡明显减少。这并不意味君主放松对官吏的监控，因为君主可以经常派遣使者代替自己巡查地方，并出现负责监督各级官吏的监察官，形成初具规模的监察制度。诸侯朝觐则在中央集权的基础上成为固定的考核制度，称为"上计"，也就是地方主要长官每年要对所属进行考核，把情况汇编起来，写在木简上，称为"计书"，派遣专门人员送到中央，接受君主和朝廷的检查考核。计书涉及的范围较为广泛，通常包括户口赋税，盗贼多少，所属官吏执行政令的情况，监狱在押人犯和司法执行情况等有关地方官权责范围的事务。上计是诸侯朝觐述职制度的发展，但与朝觐有本质上的区别，因为这时的官吏是雇用的，没有诸侯那种相对独立的统治权，只有治理权，职务也不固定。官吏们"岁终奉其成功，以效于君，当则可，不当则废"（《荀子·王霸》），考课制度已经逐渐完备。

秦汉实行一年一考，三年一次总评定的办法。年考从秋天开始进行，至年底，各级官府将考课簿册集中到中央，于次年正月初一的群臣朝会时举行考课大典，然后按分工分别进行考课。魏晋基本因循此制，但由于战乱频繁，往往不能正常实行，于是改由皇帝不定期地下诏考课百司。东晋南朝把考课与任期结合在一起，以三年为小满，六年为秩满。北魏孝文帝改革之后，实行三载考绩，三考黜陟的考课制度，并与官吏任用相结合，按在官年月长短而定任用先后，年资成为考课的重要依据之一。唐代实行一年一小考，四年一大考，大考按九等定黜陟的制度。宋代改为一年一考，三年大考，文官三年一任，武官五年一任的考任制。辽、夏没有定期的考课，经常是皇帝下诏实行大考。金代实行循资考课，称为"资考"，资考三十个月为期满。元代也实行资考，不同的是官和吏实行不同的考期，官一般三年一考，吏只有九十天一考。明清实行三年一考，九年考满的大计制，六年或三年一考的京察制，武官五年一考的军政制。

二、考课内容和标准

考课的内容和标准是根据官吏不同的职务而分别制定的，历代根据本朝的具体情况也有所更改变化。

周代巡狩成为定制,巡查地方的意义加强,所以每当王"入其疆,土地辟、田野治,养老尊贤,俊杰在位,则有庆,庆以地。入其疆,土地荒芜,遗老失贤,掊克在位,则有让"(《孟子·告子章句下》)。也就是说,王在巡狩时考查诸侯卿大夫的治绩,以土地开垦、地方治理、养老尊贤等为标准,符合标准则加庆赏,最高的可以赏给土地;不符合标准的则加让罚,严重的则削夺爵位和封地。

《周礼》中出现的"太宰之职",就是春秋战国时期对官吏考核的经验总结和设想。《周礼·天官·太宰》:"掌建邦之六典,以佐王治邦国。"所谓六典:"一曰治典,以经邦国,以治官府,以纪万民;二曰教典,以安邦国,以教官府,以扰万民;三曰礼典,以和邦国,以统百官,以谐万民;四曰政典,以平邦国,以正百官,以均万民;五曰刑典,以诘邦国,以刑百官,以纠万民;六曰事典,以富邦国,以任百官,以生万民。"此外,以官属、官职、官联、官常、官成、官法、官刑、官计等"八法治官府";以祭祀、法则、废置、禄位、赋贡、礼俗、刑赏、田役等"八则治都鄙";以爵、禄、予、置、生、夺、废、诛等"八柄诏王驭群臣"。另外,在"小宰之职"内,还详细规定了奖惩的具体内容,诸如治职、教职、礼职、政职、刑职、事职等"六职"的职责;祭祀、宾客、丧荒、军旅、田役、敛弛等"六联"之间的关系;还有作为听取各级官府汇报内容的政役、师田、闾里、称责、禄位、取予、买卖等"八成";作为考课官吏标准的廉善、廉能、廉敬、廉正、廉法、廉辨等"六计"。当然,在当时还不可能按照所谓的六典、八法、八则、八柄、六职、六联、八成、六计这样详细的标准来考核官吏,但也反映出人事工作由浅入深、从粗到细的总趋势。

历代王朝的所有官吏都要接受考课,考核的内容大体可以分为三类:一是对各级一般行政官吏的政务考核,主要是考核所属部门和地区的户口增减、垦田多少、钱谷出入、漕运水利、盗贼狱讼、教育选举、社会治安、督察下属等内容。二是对其他担任专门业务官吏的要求,考核的内容则根据不同的职事制定不同的标准。三是对所有官吏行为及道德的考核,其标准是统一的,在隋以前,以所谓的清正、治行、勤谨、廉能;唐、宋则以德义有闻、清慎明著、公平可称、恪勤不懈;明清是清、慎、勤。这些是被认为是所有官吏应该具备的品德,也是考核的基本内容。

明清以前,对负责各种业务的考课标准规定得非常具体,如唐代的"二十七最",宋代的"监司七事考",金代的"十七最"等。

唐代二十七最是:1.献可替否,拾遗补阙,为近侍之最。2.铨衡人物,擢尽才良,为选司之最。3.扬清激浊,襃贬必当,为考校之最。4.礼制仪式,动合经典,为礼官之最。5.音律克谐,不失节奏,为乐官之最。6.决断不滞,与夺合理,为判事之最。7.统部有方,警守无失,为宿卫之最。8.兵士调习,戎装充备,为督领之最。9.推鞫得情,处断平允,为法官之最。10.雠校精审,明于刊定,为校正之最。11.承旨敷奏,吐纳明敏,为宣纳之最。12.训导有方,生徒充业,为学官之最。13.赏罚严明,攻战必胜,为军将之最。14.礼义兴行,肃清所部,为政教之最。15.详录典正,词理兼举,为文史之最。16.访察精审,弹举必当,为纠正之最。17.明于勘覆,稽失无隐,为句检之最。18.职事修理,供承强济,为监掌之最。19.功课皆充,丁匠无怨,为役使之最。20.耕耨以时,收获成课,为屯官之最。21.谨于盖藏,明于出纳,为仓库之最。22.推步盈虚,究理精密,为历官之最。23.占候医卜,效验多者,为方术之最。24.检察有方,行旅无壅,为关津之最。25.市廛弗扰,奸滥不行,为市司之最。26.牧养肥硕,蕃息孳多,为牧官之最。27.边境清肃,城隍修理,为镇防之最。

宋代监司七事考是专门考核路一级所设的"帅、漕、宪、仓"等司的标准,即举官当否;劝课农桑;增垦田畴;户口增损;兴利除害;事失案察;校正刑狱;盗贼多寡。

金代十七最是:1.礼乐兴行,肃清所部,为政教之最。2.赋役均平,田野加辟,为牧民之最。3.决断不滞,与夺当理,为判事之最。4.钤束吏卒,奸盗不滋,为严明之最。5.案簿分明,评拟均当,为检校之最。6.详断合宜,咨执当理,为幕职之最。7.盗贼消弭,使人安静,为巡捕之最。8.明于出纳,物无损失,为仓库之最。9.训导有方,生徒充业,为学官之最。10.检案有方,行旅无滞,为关津之最。11.堤防坚固,备御无虞,为河防之最。12.出纳明敏,数无滥失,为监督之最。13.谨察禁囚,轻重无怨,为狱官之最。14.物价得实,奸滥不行,为市司之最。15.戎器完备,捍守有方,为边防之最。16.议狱得情,处断公平,为法官之最。17.差役均平,盗贼止息,为军职之最。

明代认为上述考课标准本来是各官职责分内的事，具体功过按职责考核，完全有案可查，因此，就不再规定不同业务官吏的考课标准，而制定称职、平常、不称"三等"和贪、酷、浮躁、不及、老、病、罢、不谨等"八法"。"三等八法"的确立，乃是从实际出发的，是考课制度的一大进步。首先，一反前代仅重视虚文和仅以一二评语确定考课等级的办法，而重视对官吏本身状况和工作能力的考察。其次，三等八法比较简单易行，重视现实表现，评定是根据事状，将事状造册上报，由主考长官评定等次。这样既重视到官吏实际工作的效果，又结合官吏本身工作能力，考核的基准较为明确。

清代在"三等八法"的基础上确定了"四格八法"。"四格"，即守（操守）、政（政绩）、才（才能）、年（年资），守分廉、平、贪，政分勤、平、怠，才分长、平、短，年分青、中、老，以守廉政勤才长年青为一等，守平政平才平年中为一等，以守贪政怠才短年老为一等。"八法"，即贪、酷、罢软无力、不谨、年老、有疾、浮躁、才力不及，涉及违纪违法或不称职，按情节给予惩处和降调处分。

三、考课行政

两汉时期，由皇帝考核三公，如果皇帝不亲政事，考核则由尚书负责，交皇帝核准。东汉光武帝和明帝，"躬好吏事，亦以课覆三公"①。此外，尚书考核列卿；御史中丞考核刺史；丞相、三公、刺史考核郡国守相；郡国守相考核县令长、丞、尉；县令长考核乡三老、啬夫、游徼；实行分级负责，层层考核。另外，各级官府的官吏由本部门负责人事工作的功曹负责考核，由该官府主要长官核准。除此之外，中央各部门还按职能向全国实行单项考核，诸如民事、军事、农事、工程漕运、司法断狱、学校礼仪等方面，均制定有切合业务特点的考核条例，由列卿负责；有时还由列卿的副职分赴地方进行考核，如大司农就有部丞13人，专门主管全国各地的农事考核。推行这种纵横有序、层层考核的制度，其目的在于使"抱功修职之吏无蔽伤之忧，比周

---

① （南朝宋）范晔：《后汉书》卷33《朱浮传》，李贤注："课其殿最，覆其得失。"中华书局，1965年，第1147页。

邪伪之徒不得即工,小人日销,俊艾日隆"①,以期人尽其能,赏罚分明,发挥振颓起衰的积极作用。然而,在实际执行中,考核的事权分散,执行又多流于形式,使考课权仅及长官而不及吏。于是,"郡国择便巧史书,习于计簿,能欺上府者,以为右职"②。这样,郡国的"上计簿具文而已,务为欺谩,以避其课"③。每个考课单位都是一个群体,分别对本长官负责,主持人多不能秉公执法,破除情面,正如东汉人王符在《潜夫论》中所讲:"尚书不以责三公,三公不以责州郡,州郡不以讨县邑,是以凶恶狡猾易相冤也。"考课制度的陋弊几乎是与该制度本身同步发展起来的。

魏晋南北朝时期,逐步集中考课权,由尚书和侍中统一负责考课,五品以上的官由皇帝和公卿评议,地方官的考课仍以上计和分层考核为主。但由于战事频繁,士族门阀把持大权,考课之法受到很大的破坏,虽然有些君主也曾三令五申,要求认真考课,并且一再增加课目,如南朝梁就有考课课目58种。但案牍虽多,公文上下,很难收到实效。而当时又崇尚玄学清名,如《颜氏家训·涉务篇》所讲,士族之家"多迂诞浮华,不涉世务,纤微细过,又惜捶楚,所以处于清名,盖护其短也"。以清谈为时尚,以庇纵为宽厚,以严于督责为庸俗,考课制度仅具躯壳,很少有实际意义。

唐代的考课,三品以上的官员由皇帝亲自进行考核,四品以下官员分京官、外官两大类。每到考课时,"定京官望高者二人,分校京官、外官考,给事中、中书舍人各一人莅之,号监中外官考使。考功郎中判京官考,员外郎判外官考",号为"知中外考使"。考课按"四善二十七最"进行评定,并当众宣读考评结果,然后归入官甲(本人档案)作为升迁奖惩的依据。这样的做法,标准比较划一,而且权力集中,与魏晋相比,当然有很大的改进。不过,考课仅凭簿书,很容易使"考簿朱书,吏缘为奸"④。单凭长官印象定评,也难以做到准确公正。例如,总章(668—670年)初,吏部尚书卢承庆主管考课,"有一官督运,遭风失米,卢考之曰'监运失粮,考中下'。其人容止

---

① (东汉)班固:《汉书》卷85《谷永传》,中华书局,1962年,第3448页。
② (东汉)班固:《汉书》卷72《贡禹传》,中华书局,1962年,第3077页。
③ (东汉)班固:《汉书》卷8《宣帝纪》,中华书局,1962年,第273页。
④ (宋)欧阳修、宋祁:《新唐书》卷46《百官志一》,中华书局,1975年,第1192页。

自若，无一言而退。卢重其雅量，改注曰'非力所及，考中中'。既无喜容，亦无愧词。又改曰'宠辱不惊，可中上'"①。只因主考官先后观感不同，便一再改变等级。也有因关系亲疏而评价有异的，这就必然会使许多规定成为虚文。此外，唐代考课还有所谓的"旧例"，就是清高的官职给上考，考级也按官职高低，在太常寺担任太祝的裴充，在考课时曾经争执说："本设考课，为奖勤劳，则书岂系于官秩？若一一以官高下为优劣，则（太常）卿合书上上考，少卿当合上中考，丞合中上考，主簿合中考，协律合下考，某等合吃杖矣！"②裴充个人虽然因此争得上考，但这种旧例并没有改。考课按官职地位，实际上已经失去考课的真正意义。

宋代京官的考课由差遣院进行初考，磨勘院进行复核，审官东西院分别主管文武考课的具体事务。外官由考课院负责初考，由吏部侍郎主管的左右选主管外官文武考课的具体事务。五品以上的文官由宰执负责，五品以上的武官由枢密院负责，三品以上由皇帝与宰臣裁决。宋初考课还有评语判词，元丰改制后除去判词，并全面确立磨勘制度。所谓磨勘，即指审核、推究。磨勘作为考课和铨选的一项制度，则包括审核、推究、勘验簿历文状等一系列工作和程序。簿历文状中有解状（又称解由，是选人解发赴阙的证明）、举状（推举者的荐举书）、家状（个人履历）、考状（功过成绩簿）等。对于官员的循资、转官也有明确的规定，如文臣京朝官三年一磨勘，选人三任六考循资，武臣五年一磨勘等。这样，考课注重磨勘，从簿状中查找是否有失职违纪事情，实际的依据只有年限，只要是在任内不出现大的过失，到了年限便可以升迁，使许多官员不求有功，但求无过，以老成持重相标榜，唯恐承担责任，也使考课变成一种保护庸碌无能的环节，以至于"法令废弛，能否无辨，有善最者不赏，有过恶者无罚。吏治之不良，亦无足怪者"③。考课不公，或者成为具文，也就没有考课的真正意义了。

考课行政至明清有了较大的变化，考课层次更加分明，制度也日趋严格。明代京官四品以上，地方布、按五品以上；清代京官三品以上，地方督抚大

---

① （宋）李昉等：《太平广记》卷176引《国史异纂》，中华书局，1961年，第1310页。
② （唐）赵璘：《因话录》卷3《商部下》，文渊阁四库全书。
③ （宋）李心传：《建炎以来系年要录》卷100，绍兴六年夏四月庚子条，中华书局，1956年。

员，都要"自陈"政事得失，所谓"自陈"，就是由官员本人自述功过得失，以候上裁；其余京官由吏部、都察院，外官在明代由布政使，清代由督抚负责注考。京官考课称"京察"，先由各部院的长官对所属进行考核，写出评语，按考课的标准评定等级。加注考语以后呈送吏部，由都察院监察，吏部复核，然后依例黜陟。京察明代六年一次，清代三年一次，武官为五年一次，按部院长官历年评考等级分别等差。外官考课称"大计"，明代由布政使考核府，府考核州县，按年月定考，逐级呈上，至三年，布政使依据考簿事状，按照"八法"评定等差，由按察使核考，再由巡按查核，然后造册申报吏部，依例题奏等待处置。清代基本如明制，只是规定布政使、按察使、提督、总兵等地方文武大员应"自陈"政事，由督抚复查定考，综汇申报吏部转奏。为严格考课，地方考课总是先从高级官开始，这些"方面官"经过考课，"贤者留，否者黜，然后可以责令考察"①，以期做到正人先正己。这种长官负责考核下属，层层上报核准，自陈与长官考评相结合的考核制度，还辅以科道官的监察"拾遗"，对考评不公者实行纠劾，故称"察典"，本意是为起到澄清吏治、激励官吏的作用，使"士大夫廉耻自重，以挂察典为终身之玷"②。即便如此，也没有从根本上解决"徇情钻营，章奏繁扰"③的弊端，乃至"群臣水火之争"，往往以京察大计为"互相报复"④的手段。视考课为具文，通过考课以树党营私的现象，也始终伴随着本制度而发酵滋长。

第四节　奖惩制度

按照有功必赏，有过则罚的原则，战国时代各国针对各级官吏，采取了不同的奖惩手段。在奖励上多采用加禄、赏爵、赐金、升职等形式，减少了裂土分封，并且尽量避免加封世袭的封君。在惩罚方面，采用夺禄、贬爵、

---

① （清）龙文彬：《明会要》卷46《职官·考课》，中华书局，1956年，第855页。
② （清）张廷玉等：《明史》卷71《选举志三》，中华书局，1974年，第1724页。
③ 赵尔巽等：《清史稿》卷111《选举志六》，中华书局，1977年，第3222页。
④ （清）张廷玉等：《明史》卷71《选举志三》，中华书局，1974年，第1724页。

罚金、降职、收回封土、剥夺世袭权,严重的要加以刑罚,甚至处死。这就初步形成沿革清晰、层次分明而又相互联系的奖惩制度。

一、惩处规制

所谓对官吏的惩处,系指国家政权对在职官吏中有违反政纪、法纪、纲常、伦理等方面的罪行和过失的惩罚和处置。历代王朝为了维护本王朝的根本利益,曾经陆续颁行过一系列以律、令、格、式、例等为主的法规,具体规定官吏不得违犯的规章条例。如果违犯,就要视情节轻重,给予行政、法律、经济等方面的处罚。这些规章条例及其执行的情况,称为官吏惩处制度。

从历代的法规以及事涉官吏的惩处条文来看,对官吏的惩处,主要以职责政务、官纪文风、道德品行为主;其中对于玩忽职守、贪赃枉法方面的惩处最为严厉。这些法规涉及官吏们的各种行政和社会活动,目的在于整饬吏治,提高统治机器的运转效能。

从历代官吏犯罪种类来看,主要有公罪和私罪两种;从惩处上来看,主要有行政和刑事两个方面。

公罪,是指因"公事失错";私罪,是指"不因公事己所自犯"[①]。正因为公私犯罪的"失"与"犯"的区别,所以在惩处上也有一定的区别。所谓公罪"处分以励官职",私罪"处分以儆官邪"。基于公私罪的区别,故此在处分上也存在着明显的差异。原则上公罪只以行政处分来惩处,其具体事宜由人事主管部门负责,实际执行和定罪则由各上级主管官员来决定。私罪则以刑事处分来惩处,其具体事宜由刑罚部门负责,实际执行和拟定罪名是上级的主管官员。

以行政处分而言,历代官吏的行政处分由各级主管长官拟定,由人事主管部门负责审核注拟,按级别大小,分别以请旨、部议、奏请、拟闻、提问等方式加以处置。在执行过程中,又有特旨、参奏、陈请、察议、议处、严加议处等区别。在处分中还注意到现任官、兼任官、借补官、出师官、候补官、休致官、宗室官、土官的区别。不同的情况在处分过程中有轻重之别。

[①] (明)申时行等:《明会典》卷160《刑部·名例上》,中华书局,1989年,第825页。

以刑事处分而言,历代官吏定罪主要依据"律""律例""令"等法律条文。如明代"凡京官、及在外五品以上官有犯,奏闻请旨,不许擅问;六品以下,听巡按御史、按察司、并分司,取问明白,议拟奏闻区处"①。其具体处置事宜由刑罚部门所属各部门按分工负责。因为是官吏,所以在定罪时,人事主管部门也要依据罪行轻重,进行相应的降调罢免事宜。

历代的法规形式主要有律、令、格、式、例、诰、敕、令、则例、事例等。这些法规有广泛的兼容性,它不但有惩治刑事犯罪的内容,还登载有关国家体制和行政管理方面的条款,也包括文武官吏的职责;不但详列了判决量刑标准,还包括具体处理诉讼、办案断狱的程序。正因为这种兼容性,所有的法规都与官吏的惩处相关联。

综观历代法规中有关官吏的惩处规定,主要围绕如下几个方面:

第一,政治方面的惩处。这是指威胁到王朝统治方面的罪行,如谋反、谋逆、谋叛等。这类罪责按律是处绞、斩二等死刑,但在具体实施上,还有赐死、赐自尽、监毙、枭首、剥皮、凌迟、戮尸、锉骨扬灰等手段。一般来讲,这类犯人除本人处死之外,还要伴以抄家、家族充军、妇女入官、子孙充军戍边、诛连家族等附加刑。

第二,对不法行为的惩处。贪赃枉法是官吏不法行为的主要方面,被列入严惩不贷的范围。贪赃枉法严重的要处以死刑,尤其是在重典治吏的时候,往往要处以极刑,至于凌迟、车裂,锉骨扬灰等酷刑也时有使用。除死刑之外,这类犯罪也要伴以抄家、罚没家私、追比赃款、家属充军发卖等附加刑。罪责稍轻的,除交刑罚部门议定刑事处罚之外,在行政上也要给予降罚、革职,乃至永不叙用、子孙不得为官等处罚。

第三,对道德品行方面的惩处。在儒家思想体系中,"德治"和"操守"占有重要的地位,也是古代考核官吏的重要标准。对那些操守不佳,声名狼藉者,在行政上给予革职,乃至永不叙用的处罚;对失察和隐忍不报的上级和同僚,也要给予一定的处分。对凡犯有恶逆、不道、不孝、不睦、不义、内乱等"十恶"罪行者,除绳之以法之外,有时还要榜示天下,增加一些附

---

① (明)申时行等:《明会典》卷160《刑部·名例上》,中华书局,1989年,第824页。

加刑。

第四，对职务工作方面的惩处。官吏在本身工作中出现的失误，称为"公罪"。按规定，公罪处罚要减私罪一等。公罪处罚以行政上的罚俸、降级、革职等为主。对于因工作失误而造成重大危害和影响的，也要追究刑事责任；对造成官府经济损失的，除勒令赔补之外，还要牵连家族；赔补不上，子孙后代继续承担赔补责任，直至"勾补尽绝"为止[①]。

第五，对诬告和包庇方面的惩处。历代在惩处时实行连坐，知情不举则与犯人同罪，诬告不实则实行反坐。为加强官吏之间的相互监视，在法律上鼓励揭发检举。例如，《大明律·名例·公事失错》条规定："凡公事失错，自觉举者免罪；其同僚官吏应连坐者，一人自觉举，余人皆免罪。"鼓励检举揭发，但对挟私报复，尤其是"诬告故入人罪已决者"[②]，也严惩不贷，最重可处死刑。对包庇容隐，尤其是"交结安置"者，也绝不宽容。

从历代官吏受到惩处的原因来看，有着各种各样的案情和千变万化的情节。在惩处过程中，经常比附律例，去轻从重，乃至奏请皇帝降旨，或九卿及部议，成为新的案例。有一点应引起注意的是，在实行惩处的过程中，人为的因素往往起到至关重要的作用。这与中国传统的"人治"社会密切相关，也说明政治斗争的复杂性，同时，也使惩处制度在实行过程中变幻离奇。

二、奖励规制

所谓对官吏的奖励，系指国家政权对在职官吏中政绩突出、有特殊贡献、遵守政纪、法纪、清廉有声、谨慎供职等方面的功绩和劳绩给予奖赏和鼓励。历代王朝多把奖励与考课制度相结合，通过对官吏的考核，视其功劳大小，给予升职、加级、礼仪，赐给金钱、物质等方面的奖赏。这些规制和实施，称为奖励制度。

扬善惩恶是对立统一的孪生兄弟，所起的作用也是相同的。对一些官吏实行奖励，不但对所有的官吏有激励作用，还可以起到行政督责的效应，而奖励所起到的鞭策激励作用，往往比重典苛责更容易见到成效。

---

① （明）申时行等：《明会典》卷161《刑部·名例下》，中华书局，1989年，第829页。
② （明）申时行等：《明会典》卷175《刑部·罪名三》，中华书局，1989年，第882页。

历代的法规都开列有关乎奖励的条文，但实行起来却有一定的规制和条例。如在考课上有称职、平常、不称之分，称职则在奖励之列。《大明令·吏令》规定"凡在流品人员，果有文武长才，通晓治体，廉洁者，台宪官具实迹奏闻"，凭以奖励。在县考于州，州考于府，府考于省，省考于中央的上下监临的考核体制中，上有上级的贤否考语，作为奖劝的依据；中有同僚的菲然谤议，以事相评；下有吏民上书言美政，颂德政，上下左右都有可能影响到朝廷对官吏的奖励。

从历代对官吏奖励的形式来看，主要有行文或口头褒奖、加俸增秩、加封父母、遣使劳慰、保荐推升、授阶加敕、赏赐物品、恩荫后代、升职迁官等，其中以升职迁官为最大最实在的奖赏。这些奖励可以单独使用，也可以数种同时使用。

纵观历代对官吏奖励的原因，主要围绕如下几个方面：

第一，对官吏政治劳绩方面的奖励。对政绩突出的官吏进行奖励以鼓励更多的官吏尽职尽责，这是奖励的最大目的。这种奖励一般与考课制度相结合，也有不与考课相结合的。与考课相结合，就是对考课中成绩特别优异者给予重奖，其余则按优劣编排名次。对成绩优良的奖励大体上是按口头褒奖、行文褒奖、增加俸禄、赏赐财物奴婢、提升职务、赐爵封侯的顺序，由低到高地执行。例如，唐代的考课成绩分为九等，对称职及优异者给予晋等加俸，"中上以上，每进一等，加禄一季"①，四考以后，总评中中的进一阶，中上的进二阶，依次类推。又如，清代京察一等、大计卓异者予以重赏，优先提升；对称职者，一等称职纪录，二等称职赏赉，平常者留任。在必要的时候，往往采用数奖并行的办法。例如，西汉南阳太守召信臣，在郡"其行大化，郡中莫不耕稼力田，百姓归之，户口增倍，盗贼狱讼衰止"②，被认为各项考课皆优，成为全国之最，因此，被厚赐金钱，提升为河南太守，并将其事迹通报全国。不与考课相结合的是对平常工作中成绩突出者的不定期定规的奖赏。例如，明成祖朱棣对山东汶上知县史诚祖的奖赏，不但亲赐玺书，而且擢为

---

① （宋）欧阳修、宋祁：《新唐书》卷46《百官志一》，中华书局，1975年，第1192页。
② （东汉）班固：《汉书》卷89《循吏召信臣传》，中华书局，1962年，第3642页。

济宁知州,"并赐内酝一尊,织金纱衣一袭,钞千贯"①。诸赏并行,还通行全国予以表彰,以达到劝善的目的。

第二,对官吏特殊行为和贡献方面的奖励。对某些官吏做出非同寻常的事,或在某些方面有特殊的贡献,往往要特别奖赏。例如,明天顺六年(1462年),"知县李旺,系文职官员。当蛮贼猖獗之时,锋刃交接之际,乃能奋不顾身,与贼对敌,死于锋镝。比之世袭军职,尤为可嘉"。正因为这种行为超乎一般知县所能为,才给予特殊的奖励。为鼓励将来,在成化元年(1465)定例:"以后文职官员,有能奋勇杀贼,没于阵战者,不计职之大小,查照是实,一体褒赠录用,著为定例,庶使存没霑恩,人知激劝。"②清代对官吏"或死守土,或死临阵,备载出身、官阶、殉难时地,及予谥、建祠、赠官、荫后"③,其事迹都交送翰林院,编入《忠义传》。

第三,对官吏道德操守方面的奖励。道德操守是考课的重要内容,而廉洁奉公是对官吏的最基本要求。倘若官吏都能达到这种要求,对于这方面的奖励则是多余的。正因为有些官吏"在任不以生民为意,恣肆为恶,惟务赃贪害民"④,这种奖励才显得十分必要。若是真以廉洁获奖,对吏治当然会有一定促进作用。例如,明成祖朱棣嘉奖山东汶上知县史诚祖,不但为全国树立榜样,也使"诚祖得旌,益勤于治,土田增辟,户口繁滋,益编户十四里"⑤。清康熙时因为靳让言及州县治理要点,康熙帝特命他为通州知州。靳让"布衣羸马之官,皇庄、旗庄恣肆病民,绳以法,不少贷"。其功绩一直为康熙帝所关注,不但亲自推举,并褒奖他说:"汝不负朕举,朕将用汝为巡抚。"⑥不但使靳让鞠躬尽瘁,而且起到澄清吏治的效用。这些廉能的官吏中有的政绩突出,在任时就博得"青天"之名;有的被作为公案小说的传主,其事迹在普通民众中流传不衰,成为无所不能、群黎爱戴的理想清官,因此得到皇帝

---

① (清)张廷玉等:《明史》卷281《循吏史诚祖传》,中华书局,1974年,第7192页。
② 齐钧点校:《皇明条法事类纂》卷7《文职奋勇杀贼没于战阵者本身褒赠行取子男或弟侄一人入监读书录用例》,中国珍稀法律典籍集成乙编4,科学出版社,1994年,第292页。
③ 赵尔巽等:《清史稿》卷487《忠义传序》,中华书局,1977年,第13452页。
④ (明)朱元璋:《大诰三编·有司逼民奏保第三十三》,科学出版社,1994年。
⑤ (清)陈梦雷等:《古今图书集成·官常典》卷647《县令部名臣列传·史诚祖》,上海中华书局,1934年。
⑥ 赵尔巽等:《清史稿》卷476《循吏靳让传》,中华书局,1977年,第12992页。

的特殊褒奖，被树立为廉能的楷模。能够融合上述情况于一体的，当属于成龙、彭鹏、陈瑸、陈鹏年、施世纶等五人，他们都是从州县官而升迁为主管一省或数省的方面大员，都得到"青天"的传名，而且是上为康熙皇帝赞许，下为百姓传扬，成为《于公案》《彭公案》《施公案》等公案小说的传主，故此"里巷咏其绩，久而弗渝"①，其影响也是深远的。

  第四，对考课成绩为善最，考查为卓异者予以特殊礼遇及奖励。如西汉宣帝时，黄霸在扬州刺史任上被评为治行天下第一，汉宣帝下诏曰："制诏御史：其以贤良高第扬州刺史霸为颍川太守，秩比二千石，居官赐车盖，特高一丈，别驾主簿车，缇油屏泥于轼前，以章有德。"刺史在当时是六百石官，加至比二千石，等于是连升五级。其在颍川太守任上又被评为治行天下第一，汉宣帝再发诏书云："颍川太守霸，宣布诏令，百姓向化，孝子弟弟贞妇顺孙日以众多，田者让畔，道不拾遗，养视鳏寡，赡助贫穷，狱或八年亡重罪囚，吏民向于教化，兴于行谊，可谓贤人君子矣。《书》不云乎？'股肱良哉！'其赐爵关内侯，黄金百斤，秩中二千石。"太守是二千石，加秩中二千石还不算，还封爵赐金。历代都有这样的特殊嘉奖，而明代从朱元璋对考查称职者赐宴于礼部，永乐帝赐敕褒谕，到正统时"各布政司、按察司及府州县等衙门朝觐官，治行超卓，即行褒赏，甚盛典也"②。自此以后，朝觐考查表彰贤能卓异，也成为常典。清代大计卓异有定额，"道、府、厅、州、县十五而一，佐杂、教官百三十而一，以是为率""卓异官自知县而上，皆引见候旨"③。被引见者大多数都能够予以不秩升迁。褒奖所收到的效果，往往比惩处更有效，不但有澄清吏治之功效，也会促进社会的发展。

  历代对官吏奖励的事例很多，在奖励过程中，有的大张旗鼓，有的旌表乡里，也有的通告全国，总的是在尽力张扬，以使这种褒勤赏廉劝善行为发挥出最大的效能，这也是奖励所要达到的目的。有一点应该注意，若是奖非其功，这种张扬也将起到相反的作用。官吏受奖的原因很多，但是否公正，是否奖得其所、奖得其人，在君主专制政体下则有着很大的折扣。在追求个

---

① 赵尔巽等：《清史稿》卷277《于成龙等传论》，中华书局，1977年，第10098页。
② 《明英宗实录》卷125，正统十年春正月癸巳条。
③ 赵尔巽等：《清史稿》卷111《选举志六·考绩》，中华书局，1977年，第3222页。

人私利，谋求升迁和奖励的情况下，"各官无不先期谋及，先期讲定行取，两衙门未判，争论纷然，市朝真同市井，臭秽万状"。还能有什么公正可言？也就无怪乎有人认为"普天之下，伶俐人也吃饭，痴呆人也吃饭"[①]。廉贪不分，好坏混为一体，就使原本为奖勤劝善而设的奖励制度失去其应有的功效。

三、历代奖惩制度的特点

在中国古代社会，官吏是进入特权等级的特殊阶层，虽然在当时曾经追求"王子犯法与庶民同罪"，但在实际上还是有所区别，所以在律例中明确规定有官可抵罪的条文。正因为如此，官吏无论是犯公罪还是犯私罪，与庶民百姓都有着很大的区别。这种区别在于：官吏犯罪，首先可以用处分当之，其次可以用官职抵之，再次可以用金钱赎之。官吏有此特权，在惩处问题上也必然会存在着很大的伸缩性和可变性。奖励本来是奖勤劝善的手段，与惩处有相同的效用，若赏非其人，与罚不当罪的效果一样。在中国古代政治中，常常存在因各种利益而结合的集团和帮派势力，通称为"朋党"，这种现象再结合传统的"人治"因素，体现到奖惩制度中，则不可避免存在着许多人为因素。这种人为因素，则使历代奖惩制度包含着许多复杂而又难以理喻的特点。

第一，历代奖惩制度与考课制度相结合，在澄清吏治，严肃政纪法纪，维持官吏正常工作秩序等方面曾经起到重要作用。

在考课中，成绩最差的被称为"殿"，明清称为"不称"。对那些被评为"殿"与"不称"者，要追究其刑事责任。例如，汉代的"吏有罪"为"七科谪"之首。明清把"贪、酷"列入严惩之列，处罚相当严厉。对其他不称职守或违反朝纲法纪者，则视情节轻重给予不同的处分。处分是按申诫、鞭杖、罚金、降秩、降职、罢官、判刑、抄家、处死、诛连家族等顺序，由轻到重地执行，有时还数罪并罚。例如，清代对不谨、罢软者革职；浮躁、才力不及者降调；年老、有疾者休致；而贪、酷者题参之后，要交司法部门处置，严重者判刑、抄家、处死，甚至诛连家族。在处罚中，一般是轻不兼重，重则

---

① （明）李乐：《见闻杂记》卷10之百六则，上海古籍出版社，1986年，第925页。

兼轻,如鞭杖总是兼有申诫,处死又兼及抄家。

为使奖惩不至于过滥,历代都规定考课评定应有监察部门参加,对考课不实和被监察人员指控的官员,职位高者由皇帝亲自派人核实,允许当事人辩白申诉,一般的官吏则由监察部门核实。情况属实者,奏请皇帝或交主管官吏人事部门和司法部门,依旨按例进行升赏黜罚;情况不实者,拟考和指控者要受处分。

第二,古代的奖惩制度在很大程度上依赖于长官意志,因此存在着许多不稳定的因素,也缺乏明确的标准。

家长制的君主专制统治,将奖惩制度自囿于狭窄的统治阶层之内,缺乏社会上的广泛监督和支持。因此,在对官吏进行奖惩时,既难正常实行,又难惩当其罪,处当其责;更难奖当其劳,赏当其事。由于受到君主和长官的主观意志影响,必然带有许多感情上的因素,法规执行起来也具有很大的伸缩性。

以君主而言,他们虽然知道"各处有司,惟务奸贪,不问民瘼,政声丑陋"[1]。为此也曾经施行重典加以惩治,但却拿不出真正有效的办法,不但使严惩难以持久,就连制定的法规也变得难以正常持久实行,以至于出现讨债还债说[2]。他们虽然知道"此皆地方官吏,谄媚上官,苛派百姓,总督巡抚司道,又转而馈送在京大臣,以天生有限之物力,民间易尽之脂膏,尽归贪吏私橐,小民愁怨之气,上干天和,以致召水旱、日食、星变、地震、泉涸之异"[3]。反而采取"凡事不可深究者极多,即如州县一分火耗,亦法所不应;寻常交际一二十金,亦法所不应受。若尽以此法,一概绳人,则人皆获罪,无所措手足矣"[4]。采取这种姑息态度,又如何分辨寻常交际与贿赂请托呢?

严惩不能持久,姑息无异养奸,养奸则必成患,成患又必危及君主的自

---

[1] (明)朱元璋:《大诰初编·吏殴长官第十六》,科学出版社,1994年。
[2] (明)陆容:《菽园杂记》卷2中讲:"洪武间,秀才做官吃多少辛苦,受多少惊怕,与朝廷出多少力?到头来,小有过犯,轻则充军,重则刑戮。善终者十二三耳。其时士大夫无负国家,国家负天下士大夫多矣。这便是还债的。近来圣恩宽大,法网疏阔。秀才做官,饮食衣服,舆马宫室,子女妻妾,多少好受用,干的几许好事来?到头全无一些罪过。今日国家无负士大夫,天下士大夫负国家多矣。这便是讨债者。"中华书局,1985年,第16页。
[3] 《清圣祖实录》卷82,康熙十八年秋七月壬戌条。
[4] 《清圣祖实录》卷240,康熙四十八年十一月丙子条。

身统治,更会影响到社会的治理。在奖赏上更是体现出君主的好恶。例如,朱元璋重典治吏,但一遇到"州县父老有诣阙上县官善政,当罢任而保留者",便"手敕奖励复职,加赐衣币"。这种做法本来就缺乏明确的是非标准,而其自己又率先破坏既定的法规。如"有国子生初任陕西知县,或告其尝受民财。刑部逮问之"。朱元璋却推翻刑部所拟定的罪名,召见该人面谕云:"尔以书生受民社之寄,不能廉洁律己,受污辱之名,为父母羞。朕念年少,更事未多,特宥还任,尔其改过自新,力行为善,庶有立于将来。"①严刑酷法曾为之,不秩封赏也为之,时而许人自新,时而不容悔恨②。是赏、是罚,是奖、是惩,本身就在自我矛盾中,更不能期望能拿出什么有效措置。

以长官而言,"官益久则气愈媮,望愈崇则谄愈固,地愈近则媚益工"③。在"上官之诛求,自府、道,而司、而抚、而按、而过客、而乡绅、而在京之权要,递而进焉,肆应不给"④的情况下,"不肖州县,专事逢迎,于上司过境预备供给,车马则有科派,食物则有官价,一切扰累地方"⑤。京官视外官为利薮,外官视京官为内援,彼此相互利用,非遇祸害临头,很难各自分飞。长官如此,府州县官则全凭金钱为孔道,一次进京无万两白银难以交代。长官既然得到好处,在对府州县官的题参时,不能没有顾虑,大多数还会看在金钱的面子上给予保荐。这就是府州县官所谓的寻靠山的方法。"这靠山第一是财,第二才数着势。就是势也脱不过要财去结纳;若没了财,这势也是不中用的东西。所以这靠山也不必要甚么着己的亲戚,至契的友朋,合那居显要的父兄伯叔,但只有财挥将开去,不管他相知不相知,认识不认识,也不论甚么官职的崇卑,也不论甚么衙门的风宪,但只有书仪送进,便有通家侍生的帖子回将出来,就肯出书说保荐,说青目。同县的认做表弟表兄,同省的认做敝乡敝友,外省的认年家故吏,只因使了人的几两银子,凭人在那里

---

① (明)徐学聚:《国朝典汇》卷81《府州县》,书目文献出版社影印明刻本,1996年。
② (明)朱元璋:《大诰续编·秦升等怙终第八十三》,科学出版社,1994年。
③ (清)龚自珍撰,王佩诤校:《龚自珍全集》卷2《明良论》,上海古籍出版社,1975年,第31页。
④ (明)刘宗周:《刘子文编》卷4《敬修职掌疏》,清道光二十八年(1848年)袁江节署求是斋刊本。
⑤ 《清仁宗实录》卷197,嘉庆十九年九月己酉条。

扯了旗号，打鼓筛锣的招摇于市。"① 至于那些会来事的府州县官，表面上对上司毕恭毕敬，钱财使用不少，但内心却是"道府收我节寿陋规，不为我弥缝罅漏，我之馈送究从何来？"把这些贿赂记录在案，"执有书信，故为切据"②，将上司各种劣迹私记在册，一旦遇上司题参，以据相抗，迫使上司不得不息事宁人。这也是史料中所见题参事例中，丁忧、病故、勒休府州县官占大多数的重要原因，因为他们已失去抗争的本钱。至于保荐的多是进士、高官子弟、世家巨富的府州县官，是因为这些人不是有前程，便是有钱势。奖强罚弱的做法，不但是虚应奖惩故事，而且体现出私利，欲使奖惩制度公正，则万般其难。

在奖惩过程中，许多长官毫无公道可言。"所劾者，纵非小官，则必负气倔强与为人快忿者也。所举者，纵非大官，则必多援善钻与亲且故也。然则人心又奚而得劝惩，公道又奚而得不塞也。"③君主们深知其弊，也曾多次申戒，因明代大多数君主不亲政事，很难亲自督责，致使"风尚日非，仕路秽浊"④。清代君主虽然号称"稍暧昧之处皆洞悉之，人不能欺朕，亦不敢欺朕"⑤，大权从不旁落；但也制止不住"钻营奔竞，以图侥幸"的官场风气，因为他们"每因仍旧习，借端科派，大小相循，私通交际。是察吏本以安民，而反以扰民"⑥。这样欲使奖惩制度正常实行，只能是可望不可得。

第三，奖惩制度本身也受到多方面的制约，这也是由主客观原因所造成的。在古代社会，宗法等级观念、传统的等级名分结构和人治政治，都会从不同角度侵蚀奖惩制度。

君主可以言立法，也可以言废法；宗法等级是君主专制政体的支柱，也形成了各种体现共同经济和政治利益的团伙；等级名分结构则是维系官僚制的纽带，也造成大小不同的特权阶层和政治势力。这些权益的交错，构成在

---

① （明）西周生：《醒世姻缘传》第94回，上海古籍出版社，1981年，第1335页。
② （清）张集馨撰、杜春和、张秀清整理：《道咸宦海见闻录》，中华书局，1981年，第54页。
③ （明）唐顺之：《荆川集》卷5《答李中溪御史书》，文渊阁四库全书。
④ （明）魏大中：《藏密斋集》卷4《肃计典以励官常疏》，四库禁毁书丛刊，北京出版社，1997年。
⑤ 《清圣祖实录》卷275，康熙五十六年十一月丙子条。
⑥ 中国第一历史档案馆编：《康熙起居注》康熙二十五年二月，中华书局，1984年，第1430页。

利害上有同有异的关系网络。这种网络在利益相同时,会绞结在一起;在利益不均时,也会彼此纠缠不休;在祸患来临时,又会各自解脱。这种只是为自己私利所构成的网络,或直接,或间接地干扰着奖惩制度,破坏其准则,损害其连续性和稳定性,甚至使制度成为拉帮结派、打击报复的工具。

历代奖惩制度,以严格细密而著称,曾在多方面发挥过积极有益的作用。它既保证了皇权统治渗透到各个领域,也起到协调国家管理活动,强化运行机制的作用;又在一定程度上澄清吏治,起到促进官吏工作,提高行政功效的作用。"朝廷黜陟,以昭劝惩",果真惩当其罪,处当其失,就会收到"摈斥贪残",使之"不敢纵肆"[1],也会收到实际效果。果真奖当其事,赏当其实,也会收到贤者自励,廉者吐气,使他们"殚公心以体国"[2],从而使官风和官纪在一定程度上得到改善。但是,奖惩制度与政治现实之间,经常存在着差距和矛盾,有时甚至截然相反。奖惩制度有时因过时而不再有效地促进官风官纪,只残存着表面的躯壳;而政治现实却因不断破坏,乃至于嘲笑奖惩制度,也使有关奖惩的条文规定,相当一部分只具有装潢的价值。

由于影响奖惩制度的诸多因素存在,就使正常制度不能正常实行,其积极作用也不能正常发挥。尤其是官吏自身的保护网,在"口叙寒暄,两手授受"当中,将制度变为虚文。如"明代士大夫,师生结党,风俗相沿,徒顾私恩,而忘国义,大为恶习"[3]。清雍正帝则认为:"今之居官者,钓誉以为名,肥家以为实,而云名实兼收,不知所谓名实者,果何谓也。"[4] 乾隆帝也认为:"外省上下和同,官官相护,积习最为恶劣。"[5] 在这种政治局面下,再加上立法方面的混乱,"因律起例,因例生例,例愈纷而弊愈无穷"。最终导致"因循日久,视为具文",实际上由掌权者"任意轻重""任情生杀"[6],使本来就不健全的制度更加百弊丛生。

第四,任何一项制度都是由人创造的,更需要由人来执行。奖惩制度本

---

[1] (清)赵翼:《廿二史札记》卷32《明祖晚年去严刑》,中国书店,1987年,第469页。
[2] (清)张廷玉等:《明史》卷153《周忱等传赞》,中华书局,1974年,第4217页。
[3] (清)姚莹撰,黄季耕点校:《识小录》卷7《门生名刺》,黄山书社,1991年。
[4] 《清世宗实录》卷3,雍正元年春正月辛巳朔条。
[5] 《清高宗实录》卷775,乾隆三十一年二月辛酉条。
[6] (清)张廷玉等:《明史》卷93《刑法志一》,中华书局,1974年,第2280页。

来是为了督责官吏的,使之遵纪守法,按照朝章典则行事。但这一制度能否有效执行,却取决于社会环境和执法者的政治素质。在政治清明,社会风气良好的情况下,奖惩制度实行起来的阻力较小,也容易收到预期的效果;在政治昏暗,社会风气败坏的情况下,奖惩制度实行起来的阻力很大,非但收不到实际的效果,反而会给社会带来恶劣的影响。

君主专制政体使权力本身蕴藏着许多政治副产品、附属物和潜在效应。权力在实现其自身的多元、多重、多层次、多侧面的价值和社会政治裂变作用时,又具有等级性、变更性和竞争性的特点。官吏说不上有无上的权力,但也拥有一定的特权,而权力的等级性,使他们在保住自己权力的同时,要千方百计地争取更大的权力。权力的唯上性,不仅表明君臣之间的主奴关系,而且加深了各级官吏对君主、下级官吏对上级官吏的依附关系。权力的变更性,既说明官吏自身权力在分布的秩序内经常流动,也表现出宦海沉浮、仕途叵测的恐惧和危机。权力的竞争性则包含着权力的独占性和排他性,进而表现出许多令人瞠目的激烈、残酷、奸诈、虚伪、苟且、曲从等现象。可见,这些特点实际上又是由权力圈层本身的构建、"能源"的获得与补充、发展变化与运转的特定方式诸因素,所导致和决定的。

历代奖惩制度本身即存在利弊,兼有正负两方面的作用。因此,作为被制约、警戒、惩治、督促对象的官吏,一方面有着被动接受的消极心理,另一方面则有着寻求制度上的不足以自我解脱而谋求私利的心理。例如,明正德三年(1508)朝觐考查,"荆州知府王绶、武昌知府陈晦俱在黜列",为了保官升职,便贿赂权宦刘瑾,因此没有被黜免,却"皆升参政,仍掌府事"。当时"各官皆贷于京师巨家,及回任,括敛民财倍价之。上下交征,莫有纪极"①。谢肇淛"每见贪官酷吏,剥民膏脂,以自封殖,而复峻刑法以钳其口,使百里之内,重足一息,重者亡身破家,轻者形残毁体,即洪水猛兽未足喻其惨也"②。这些贪酷之官之所以得不到惩处,乃是因为他们善于抓制度的空子,致力于逢迎。又如,清嘉庆初年,福建晋江县知县是进士出身,"贪与酷兼而才复足以济之",因此善于逢迎,"适大吏以巡阅过境,距县尚数十里,

---

① (明)陈洪谟撰、盛冬铃点校:《继世纪闻》卷2,中华书局,1985年。
② (明)谢肇淛:《五杂俎》卷15《事部三》,上海书店出版社,2001年,第311页。

即有村间民妇提筐跪献道左者"，这些民妇献上蔬菜瓜果，无不声称知县是个好官，而好官乃是大吏的恩赐。如此在路上有数十起，使大吏颇受感动，让这些村妇随同到县领赏。到县署之后，该知县"已代备银牌百面，随传命分给之，各欢声雷动而去，大吏又大称快，而不知皆此令所预为之也"①。这样的逢迎立见成效，很快就升官进级，得到令人艳羡的优缺。更有甚者以之作为打击报复、作恶犯法、追求名利的工具。例如，嘉靖末年，崇德县丞汪炎，"性迂癖，与同僚不协，被其构于上台，因得罪"。上司指派嘉兴知府徐必进审理，因为徐知府"素憎其倨，立意罗织之"。汪县丞儿子是汪雅堂，是个生员，要替父领罪，反而被徐知府凌辱。没有想到汪雅堂考中进士，被任命为嘉兴府推官，成为同僚，徐知府只好殷勤接待，汪雅堂则"伪与周旋，久之自谓忘故隙，且欢好矣"。表面上卿卿我我，实际上汪雅堂一直在收集证据，"潜瞰其簠簋，默籍日月，纤毫不爽，及用事之司狱与衙役，俱备侦详记"，然后将这些证据送交巡按，上疏弹劾。徐知府已经升福建海道副使，还是被抓回来"提问追赃"，在证据面前，当然无以自辩，"久之赃完始发遣"②。随着社会政治环境的日益恶化，奖惩制度的负面效应越来越明显，不但其公正已令人怀疑，即便是不公正也难以令人置信。原本应是公正尺度的奖惩制度，却变成不公正的渊薮，这是制定这一制度的统治者所始料不及的，也是与统治者的初衷相背离的。

第五节 等级和俸禄制度

等级森严是中国古代社会最基本的特点之一，这在官阶上反映得尤为明显。大量的典章明文规定，不同的官阶等级应享有不同的政治和经济待遇，拥有不同的权力，绝对不允许僭越，亦不允许假借。统治者的意图是：通过严格的官阶等级划分，从制度上保证上下有别、高低有序、主从有分的严格

---

① （清）梁恭辰：《北东园笔录初编》卷4《贪酷吏善逢迎》，笔记小说大观29，广陵古籍刻印社，1984年。
② （明）沈德符：《万历野获编补遗》卷2《汪徐相仇》，中华书局，1959年，第907页。

统属关系，从而责令不同等级的官吏各守其责，各行其权，各尽其责。俸禄大体上是依据官阶等级的高低来区分多寡的。俸禄既是一种报酬标准，也是官阶等级的标志。

一、等级制度

古代官吏的等级划分非常明确，其具体的差别和区分主要体现在政治荣誉和各种礼遇之上，主要有以下几种：

（一）官职事

职事是官吏的实在职务，即有实际职权的职官，诸如尚书、侍郎、寺卿、郎中、员外郎、督、抚、藩、臬、知府、知县等。职事与本人原来已具有的官品、荣誉称号等有一定的联系，但并不因此影响其任职。如某部尚书，自身有一定的秩品、班位，也可以得到一定的勋赐、爵位、封号，但没有这些品位和封号也不影响他得到实际的任用和职权。

同等的职事有上下的区分，如事繁者从上，事平者从中，事简者从下。一个部门设两名以上的同级官吏时，则有前后位置的区别。如清代地方缺分制中便分为冲（地当孔道）、繁（政事纷纭）、疲（多逋欠赋税者）、难（民刁俗悍、命盗案多者）的所谓四字分缺，四方面都具备的划为最要缺，兼有三字者为要缺，兼有二字者为中缺，仅有一字及无字者为简缺，缺分虽不同，品级却是一样。职事繁简不同，补授的方式也不同，有拣（拣选有才能者）、有题（题请皇帝批准）、有调（调政绩突出者）、有留（继续留任），余则选（吏部铨选）。

（二）官秩品

《说文》："秩，积也。品，众庶也。"秩品是一种秩序和等级的区别，也是不同官吏各自具有的基本等级。西周时，以"九命"划分内外官的等级。九命是在任命的基础上划分的，如《周礼·春官·大宗伯》云："一命受职（职事），再命受服（官服），三命受位（列于臣位），四命受器（祭器），五命受则（有封地），六命赐官（自设官属），七命赐国（封侯），八命作牧（得专征伐），九命作伯（为一方诸侯长）。"称为"以九仪之命，正邦国之位"。这样，在内分为公、侯、伯、子、男、公卿、大夫、上士、中士等九级；在外分为大国君、次国君、小国君、大国卿、次国卿、小国卿、大夫、上士、中士等九级,也称为"级品"。战国时代,各国相继出现以谷物多少作为官吏的报酬,并以谷物多少区分若干秩等。秦汉因循,其秩从万石至斗食分成 16~18 个等级。曹魏时以九品定官级,一品至九品共九级。南北朝时逐渐改为正从九品十八级。以后除唐代实行九品正从上下阶 30 阶制度之外,正从九品十八级是基本的官秩品级,一直延续到明清。

(三) 官勋赐

勋赐是对有功和特定官员给予的一种荣誉性政治待遇。汉代对一些资深年老的大臣和姻亲势重的权贵,往往加上一些特别的封号,如给事中、奉朝请等,并给予一定的政治待遇,如诏书不名、剑履上殿等。至南北朝时,渐渐分出勋位和加赐两种等级。唐宋时则制定上柱国、柱国、上护军、护军、上轻车都尉、轻车都尉、上骑都尉、骑都尉、骁骑尉、飞骑尉、云骑尉、武骑尉等 12 勋级。宋代则明确规定剑履上殿、诏书不名、赞拜不名、入朝不趋、紫金鱼袋、绯鱼袋为加赐的 6 个等级。明代有左右柱国、柱国、正治上卿、正治卿、资治尹、资治少尹、赞治尹、赞治少尹、修正庶尹、协正庶尹等文勋 10 级,分别授予五品以上的官员。左右柱国、柱国、上护军、护军、上轻车都尉、轻车都尉、上骑都尉、骑都尉、骁骑尉、飞骑尉、云骑尉、武骑尉等武勋 12 级,分别授予从六品以上的武官。清代把勋级归入爵位,其加赐的黄马褂、花翎、顶带、准在紫禁城乘轿、准在紫禁城骑马等,虽没有明确规定等级,但都表示享有一定的特殊荣宠。

勋和赐与官员的秩品有一定的关系,几品官授予几等勋也有严格规定,但也不完全受秩品的限制,低品可授高勋,高品也有授低勋的。拥有勋级者,享受本勋的品级待遇。例如,唐代一般州的刺史为正四品,护卫仪仗为三骑,如加勋为上护军,则视为正三品,享受三品的护卫仪仗,仪从增至五骑;但不加俸禄,在申报官职时,还应注明正四品某某州刺史,不过勋名可列在官衔之前,待遇也就高不就低。明代则几品官为几级勋,是与官品相结合的,但获得勋级必须经过两次考课,故勋级也表示该官的资历。赐则是既与品级相结合又与品级相脱离的政治待遇,随君主旨意而定,被认为是一种特殊的荣宠。

勋赐既作为一种政治待遇，又作为一种资历，获得者在平时各种活动中可以用一定的形式表现出来。例如，在上下行文书中注明勋级，在出行时的行路牌上标注勋名，就是在死后的墓碑上也可以将这些勋赐用抬头（提格或提行书写）的方式显示出来。

（四）官散阶

散阶是一种旨在提高官吏的等级，而与实际职务无关的官阶划分，实际上只是一种资历。汉代设一些大夫、议郎，掌侍从左右，顾问应对，只是作为朝官的加官，没有实际职务，但有荣宠之意。魏晋时因军事频繁，大小官员都加将军、校尉、中郎将、都尉等军职名号，实际是一种武散阶；文散阶有特进、光禄大夫等诸多名号。南北朝时逐渐区分出文、武散官，顺序排列多达百余名号。唐代对这些名号加以厘正，从开府仪同三司到将仕郎为文散官29阶，从骠骑大将军到陪戎副尉为武散官45阶。宋代文散官29阶，武散官31阶。金、元文散官42阶，武散官34阶。明清文散官42阶，武散官30阶。文、武散官阶都是按九品定高下，每品有一至三阶不等。

散官既与考课相关，又与品级有密切的关系。按规定，凡入品之官均授予散阶，初入品或升品者开始授一阶，待考满或有功劳则升授一阶，职事不变，散阶可升。这种散阶的授予要经过吏部核准，赐有正式敕书，由官方和个人各自保存。这种敕书除作为被授阶之人的凭证之外，还对获得人有简单的评价，以作为将来考核和升迁的凭证，故官吏对此非常重视。

散阶有特授、考绩授、覃恩授、请授等区别。特授和覃恩授是官在本品而受上官推荐的一种旌典；考绩授是官在本品的最普遍升阶方法，即在考绩合格之后授予；请授是授予本人已不在本品级而仍有升品可能的特例，需要提出申请。

（五）官爵位

"爵者秩也，位者威也"，秩是执序、等级，威是权威、地位。最早的爵位与政治权力紧密相连，以后逐渐与实际权力相脱离，仅反映出一定的政治地位。

按照一般说法，夏代有公、侯、伯、子、男五等爵位，因无实据，难以窥其详。商代也有公、侯、伯、子、男的爵称，分为三等；一等为公、侯，他们是王族或亲族,直属于商王朝;二等为伯,是远方部族的首领,如周王曾经为商的西伯,统辖210个小国;三等为子、男,在公、侯、伯之下,并分别隶属于王、公、侯、伯。商代虽有等级的划分,但制度并不健全。王国维考证认为:"自殷以前,天子诸侯之分未定也。""盖诸侯之于天子,犹后世诸侯之盟主,未有君臣之分也。周初亦然。"① 从侧面说明了当时的爵位等级制度还处在分散向比较集中的过渡阶段。然而,依据血缘宗族关系和自身实力确定爵位等级,与实际的政治地位和经济权益是结合在一起的。各级贵族的爵位高低与实际占有的土地和拥有的实力成正比,他们在所辖地区拥有统治权,只是向王朝纳一些贡赋。

周代的爵也分五等,有较大功劳而且是王的嫡亲的封为公;庶亲而有功劳和非亲的功勋辅臣,则封为侯、伯;庶亲贵族及边远各族首领,则封为子、男。

春秋战国时期,由于官僚制的逐渐形成,冲击着旧的爵位制。秦国自商鞅变法之后便确立了20等军功爵:1.公士,言异于士卒,为国君列士,有爵之步卒。2.上造,言有成命于上,乘兵车(一说为步卒)。3.簪袅,以组带饰马,御驷马车。4.不更,不豫更卒之事,主一车,为车右(持矛)。5.大夫,列位从夫,主一车,属三十六人,在车左(持弓)。6.官大夫,加官示尊,领车马。7.公大夫,加公示尊,领行伍兵。8.公乘,得乘公家之车。9.五大夫,有大夫之尊,可为官长、将率,有税邑三百家。10.左庶长,为众列之长。11.右庶长。12.左更,主领更卒,部其役使。13.中更。14.右更。15.少上造,主上造之士。16.大上造,有赐邑三百家,赐税三百家。17.驷车庶长,乘驷马之车而为众长。18.大庶长,更尊,为大将军,将庶人和更卒。19.关内侯,有侯号,尤国邑向居京师。20.列侯,一为彻侯,其爵位上通于天子,有国邑。这些爵位无论在内容还是在形式上,都与原来的旧爵不同,它主要用于奖励军功,同时又与官职、政治和经济权益相结合,而且不是世袭,从根本上否定了世卿世禄制。

汉代在秦20等爵基础上增加诸侯王一级,作为奖赏有功人物和提高官吏

---

① 王国维:《观堂集林》卷10《殷周制度论》,中华书局,1959年,第461页。

等级待遇的依据，高等爵位还享有一定的食邑和世袭待遇。汉武帝时又增加武功爵17级，今可考的只有11级，即造士、闲舆士、良士、元戎士、官首、秉铎、千夫、乐卿、执戎、政庆庶长、军卫。武功爵可以买卖和顶替，使爵位在一定程度内可以与政治权力相分离。

魏晋以后，爵制逐渐改革，除王以外，还有公、侯、伯、子、男五等，每等再以郡、县、乡、亭来划分等级，带有封邑的则加"开国"之衔，如开国郡公、开国县公等。唐代制定九等爵，王为正一品，食邑万户；郡王为从一品，食邑五千户；国公为从一品，食邑三千户；郡公为正二品，食邑二千户；县公为从二品，食邑千五百户；县侯为从三品，食邑千户；县伯为正四品，食邑七百户；县子为正五品，食邑五百户；县男为从五品，食邑三百户。所谓的食邑，是被封的人只能够得到封邑指定人口的租税，但不能统辖这些人户，若无职任，则更与政治权力不相关，爵位与政治权力完全分离了。宋代的爵增至12级，即王、嗣王、郡王、国公、郡公、开国公、开国郡公、开国县公、开国侯、开国伯、开国子、开国男。元代改为8级，即王、郡王、国公、郡公、郡侯、郡伯、县子、县男。明代的宗室爵有亲王、郡王、镇国将军、辅国将军、奉国将军、镇国中尉、辅国中尉、奉国中尉，凡8等；功臣爵分为公、侯、伯、子、男5等，后改为公、侯、伯3等。清代宗室爵有和硕亲王、多罗郡王、多罗贝勒、固山贝子、奉恩镇国公、奉恩辅国公、不入八分镇国公、不入八分辅国公、镇国将军、辅国将军、奉国将军、奉恩将军，凡12等；功臣爵有公（分3等）、侯（分4等）、伯（分4等）、子（分4等）、男（分4等）、轻车都尉（分4等）、骑都尉（分2等）、云骑尉、恩骑尉，凡9级27等。

（六）官班位

汉代百官朝贺时分班上下，这种上下之分基本上是依照官秩的高低，但在同等官秩之内也有上下。例如，九卿同为中二千石，朝会时，太常卿在前，其他诸卿依次排列。汉武帝时增设了"加官"，得出入宫禁，朝会时又增加"独坐"，这是赐予有特殊身份或有功人员的特别优待，在朝会时，所在班位往往高于原来的秩等。南北朝时，在品级之外加上一种班秩，如南朝梁制定十八班，"以班多者为贵，同班者则以居下为劣"，"班即阶也，同班以优劣为前后"，在升转贬降上,"转则进一班,黜则退一班"①,实际上也是一种升迁排位顺序。唐宋以后,按与皇帝的远近,分成文、武、内侍等阶,不同的阶在朝会时的位置也不同。朝会时的行立顺序,先以职位,后以爵位,职、爵相同则以班位,职、爵、班相同则以年龄,有着严格的等级界限。

班位还是对现行官制中的官员位置排列。例如,汉代九卿官秩地位相同,因"国之大事,在祀与戎",故以主持祭祀的太常卿为首,班位也在前;少府卿因是皇帝的"小府",所以班位在后;在升转上,少府卿要经过几次升迁才能够当上太常卿,而太常卿改为他卿,则称为"左迁",即降职。又如,吏、户、礼、兵、刑、工六部,吏部为六部之首,班位在前,工部为六部之末,班位在后,工部尚书要经过多次升转才可能当上吏部尚书。

(七) 官封赠

封赠可以包括食封、封号、诰命、官衔等内容,通常加于皇族勋戚及有功、退休、殉职的官员及亲属。

食封是对拥有爵位和有功人员的一种特殊奖赏。例如,唐代有食封和食实封两种,食封者可以得到受封户数的2/3租税,食实封者才能得到受封户数的全部租税。宋代曾经规定食封有:万户、八千户、七千户、六千户、五千户、四千户、三千户、二千户、千户、七百户、五百户、四百户、三百户、二百户,共计14等;食实封有:千户、八百户、五百户、四百户、三百户、二百户、百户,共计7等。这种食封制通常与爵位相结合。

封号是褒奖有功的名号,原本没有详细的等级规定,直到宋代才确定加赐中书、枢密两府臣僚分为推忠、佐理、协谋、同德、守正、亮节、翊戴、赞治、崇仁、保运、经邦等11种称号,加赐皇亲及文武臣僚的推诚、保德、翊戴、守正、亮节、同德、佐运、崇仁、协恭、赞治、宣德、纯诚、保节、保顺、忠亮、竭诚、奉化、效顺、顺化等19种称号,加赐禁军将士的分为拱卫、翊卫、卫圣、保顺、忠勇、拱极、护圣、奉庆、果毅、肃卫等10种称号,共40种功臣号;通常是在官员经过考课以后而加封,故当时的官员普遍有这些功臣号,初次加两字,可以依次增加,其称号越多,荣宠越高。明代

---

① (唐)魏徵:《隋书》卷26《百官志上》,中华书局,1973年,第738页。

以奉天靖难推诚、辅运推诚、宣力、守正为四等功臣号,只加封给功臣。清代则有忠勇、果毅及巴图鲁(勇士)等功臣号。得到这些功臣号的人,虽然并未因此而改变原有的等级,但享有特殊荣誉,还可以用之抵罪。

诰命是对官员母妻的册命,一般分为九等。例如,唐宋除皇亲之外,外命妇则有国夫人、郡夫人、淑人、硕人、令人、恭人、宜人、安人、孺人等。明代命妇的九等顺序为公国夫人、侯国夫人、伯夫人、一品夫人、二品夫人、三品淑人、四品恭人、五品宜人、六品安人、七品孺人,因子孙封者各加"太"字以区别。凡是进入七品以上等级官员母妻都可以享受到本品的册封,但必须要等到第一次考满之后请封,其顺序是先嫡母后生母,然后才是妻。

官衔是对休致、殉职或死去官员的赏赐。这种官衔没有实职,只是一种名义。休致人员于官衔前加"赐",殉职或死去的则加"赠"。有殊特贡献或达到一定级别的官员去世,可报朝廷请恩赐谥号。这种官衔对死去的官员已经是没有什么意义了,但对其家属则有很大的用处。官衔虽没有实职,但可以用之抵罪,若是犯法,无论生死,均予追夺。

在官员的各种等级之外,还有吏属等级。例如,汉代百石至佐史为吏属等级;魏晋以降,九品之外有内外诸色职掌人的等级;隋唐官在九品为"流内",九品以下有"流外"等级,其职务是以书、计、时务来区分,考满可以授官。宋以后有未入流的等级,是一些杂职官员的等级,在级别上附属于九品。值得注意的是,未入流也是官,与吏有根本区别。

不同的等级应享有不同的权力和待遇,这是一般的常规。国家试图通过等级划分,在制度上保证上下有别、高低有序、主从有分的严格统属关系,从而责令不同等级的官吏各守其职、各行其权、各尽其责。

在专制王朝,只有一个最高主宰——君主,围绕着这个主宰形成的统治阶层,按一定秩序各自排列在一定的等级。编序的原则:一是要看他们和君主的血缘姻亲及亲疏关系的远近。二是要看他们在国家政权创建和运转过程中的贡献和职权大小。这样,各种成员之间以权力为中心,在政治和经济地位上拉开档次,形成严格而细密的等级系列。这个等级系列自官僚群体而及全社会和国家政权,运用行政、礼仪、宗法、习俗等方面的综合强制,把人们的衣食住行、称呼用语、婚丧嫁娶、交接仪式等一切社会生活内容,统统地按照身份地位的差异，用法律的手段严格规范起来。"天有十日，人有十等"（《左传·昭公七年》）的等级观念，长期牢固地支配着中国古代社会，规范着多少代人的生活。等级制度经过历代统治者不断修订完善，制定成为各种典章制度，竭力维护和不断加强，构成了当时社会的等级结构，也成为官制的重要方面，曾经起到过不容忽视的作用。

二、章服乘舆制度

古代为了严格等级制度，还对不同级别官吏的服饰、住宅、轿舆、导从、称呼、礼节以及用具等，有烦琐而严密的规定。

章服是官吏的服饰和所佩带的标志，意在"见其服而知其贵贱，望其章而知其势"[1]。章服主要是以材质、颜色和装饰来区别高低贵贱。例如，唐代三品以上官员服紫色，四品服绯色，五品服浅绯色，六品服深绿色，七品服浅绿色，八品服深青色，九品服浅青色，流外官及庶人服土黄色。明代的公服：一品至四品绯色，五品至七品青色，八品以下绿色。公服的花饰：一品大独科花，二品小独科花，三品散答花，四品、五品小杂花纹，六品、七品小杂花，八品以下无纹。文官公服装饰有补服，俗称补子，其一品仙鹤，二品锦鸡，三品孔雀，四品云雁，五品白鹇，六品鹭鸶，七品鸂鶒，八品黄鹂，九品鹌鹑，杂职练鹊。清代略有变化，武官一品、二品狮子，三品、四品虎豹，五品熊罴，六品、七品彪，八品犀牛，九品海马。清代文官一品鹤，二品锦鸡，三品孔雀，四品雁，五品白鹇，六品鹭鸶，七品鸂鶒，八品鹌鹑，九品及未入流练雀。武官一品麒麟，二品狮，三品豹，四品虎，五品熊，六品彪，七品、八品犀牛，九品海马。文官补服绣禽，武官补服绣兽，寓意"禽兽"，要官员们别禽兽不如。这些在历代的礼典中有明确的规定。有一点应该加以注意，那就是"服色准散官，不计见职，于是所赐袍带亦并如之"[2]。由于这种规定的存在，一些官的章服被准高于本职应有的等级，便成为引人注目的政治殊荣。章服还包括冠、带、珠、伞等，形制和材质都有严格的规定，任何人都不能违反。例如，明嘉靖十六年（1537年），兵部尚书张瓒身着蟒服（诸

---

[1] （汉）贾谊：《新书》卷1《服疑》，中华书局，1912年。
[2] （清）张廷玉等：《明史》卷67《舆服志三》），中华书局，1974年，第1633页。

王所服),嘉靖皇帝便怒责阁臣:"尚书二品,何得蟒服!"当时阁臣夏言回答:"瓒所服,乃钦赐飞鱼服,鲜明类蟒耳。"嘉靖皇帝大怒道:"飞鱼何组两角?其严禁之。"①导致礼部重新更定服色,而张瓒也被免官。

"天子车曰乘舆,诸侯车曰乘舆,乘舆,等也。"②原来乘舆也是区别等级的重要标志之一,历代都有严格的规定。"天子以之表式万邦,而服车五乘,下逮臣民。"按照这种制度,除君主特制的车辂之外,各级官吏到庶民的车轿都有严格规格。例如,《大明集礼》中规定:京官三品以上乘轿,四品以下不许乘轿,车饰与鞍辔都有规制,违反者要受惩处。隆庆二年(1568年),"给事中徐尚劲应城伯孙文栋等乘轿出入,骄僭无状。帝命夺文栋等俸"③。清代规定:"汉官三品以上京堂舆顶用银,盖帏用皂。在京舆夫四人,出京八人。四品以下文职,舆夫二人,舆顶用锡。直省督抚,舆夫八人。司、道以下,教职以上,舆夫四人。杂职乘马。"④违反制度者除要受处分外,还要捣毁其轿。

仪从导引是官员在活动中的仪仗护卫制度。历代都规定不同级别的官吏享有不同的仪从导引。例如,明代的仪从:一品至三品6人,四品至六品4人,七品至九品2人。导引:京官四品以上出外用锡槊、钢叉、藤棍对仗为三对,七品以上用锡槊、藤棍对仗为两对,八品以下不许用;在外方面官引导与京官四品以上同,四品以上与京官七品以上同,七品以上则仅用藤棍一对,八品九品用竹篦,杂职不许用;外官有特例,府州县官外出执行公务可以用竹篦、荆杖对仗,巡捕官外出执行公务可以用叉刀之类对仗为导引。这种仪从导引不仅是为了保护官员的安全,主要还是为了突出官员的威仪。例如,清代知县出行鸣锣开道敲七声,寓意"闲杂人等,快闪开";知府敲九声,即"官吏闲杂人等,快闪开";督抚敲十一声,即"文武官吏闲杂人等,快闪开";皇帝出行则十五声,即"王公贵族文武官吏闲杂人等,快闪开"。为此,朝廷还规定了相遇回避等第,基本上是以低官让高官、属官让上司官、同官均礼为原则。

---

① (清)张廷玉等:《明史》卷67《舆服志三》,中华书局,1974年,第1640页。
② (汉)贾谊:《新书》卷1《等齐》,中华书局,1912年。
③ (清)张廷玉等:《明史》卷65《舆服志一》,中华书局,1974年,第1612页。
④ 赵尔巽等:《清史稿》卷102《舆服志一》,中华书局,1977年,第3030页。

三、俸禄制度

俸禄是古代国家给予在职官吏的固定报酬,在一定的时期内,以物质和货币形式支付,旨在满足官吏个人和家庭生活的需要。在不同的历史时期内,还采用过免赋役、给力役、赐田土等形式作为补充。俸禄除了对官吏职务给予报酬以外,还表明受俸人已经成为公职人员,也是对其具有官方身份的认可。俸禄不是世袭待遇,而是随着职务的变动随时升降,其数额多寡也是根据职务的高低而定的。

俸禄制度是在早期国家的"世禄制"基础上发展起来的。早期国家按照等级高低,分别享有不同数额的封邑,也称"采邑"。采邑的土地和各种赋税收入作为本等级的"禄",因此也称"食邑"。这种食邑是世袭的,所以称为"世禄制"。周代曾经规定采邑额按人口数目为计算单位,九命(诸侯长)为2880口,一命(职事)为18口,最高和最低差额为160倍。这种食邑制是在人口和人均土地数额固定的情况下规定出来的固定赋税额,实际上是对各级官员的经济收入作了原则的界定,由于封户的人身依附于被封者,故此,食封者对所封采邑也有统治权。战国时,各国对这种分封的"采邑"制进行根本的改革。首先,收回封君在自己封邑的统治权,封邑同郡县一样,必须奉行国家统一的法令,由国君派官吏进行管理,封君仅享有封邑的赋税的部分收入。其次,削减封邑的规模,早期的封君多以都邑、城市或郡县为封邑,以后逐渐改为以征税户数为单位,使封君失去固定的势力范围。再次,减削封君的世袭权,在受封时明文规定是否世袭,限定世袭几代。

春秋战国时期,由于官僚制逐渐取代世卿制,俸禄制也就逐渐取代了世禄制。由当时社会经济状况所决定,这种俸禄主要是以粮食多少作为等差。秦汉相因,从丞相、太尉的万石到最低的佐史,分成若干等级,根据不同的等级,享受不同数目的"粟谷"。等级和粟谷数目是随着社会政治和经济状况而经常变化的。这些等级大体分为三个级差:即万石至比二千石,级差在20斛(每斛约14公斤)以上;比二千石至四百石,级差为10斛;四百石以下,级差为7~3斛;最高俸禄是最低俸禄的97倍之强。自西汉起,俸禄支付物和级差就不断变化,支付物有钱、布帛、谷物等,逐渐集中到流通的货币。唐武宗会昌年间（841—846年），以月俸钱为官俸，而除去各项杂给，试图以钱统一俸给，最高俸禄是最低俸禄的700余倍，低官俸薄，则增加各种补贴，以使差距不会太大。补贴制在宋代发展到极致，官员俸禄除因循唐代之外，还有匹帛、职钱、禄粟、傔人衣粮、厨料、薪炭诸物、增给、公用钱、给券、职田等诸多名目，俸禄虽然不高，但这些杂项却很可观，特别是增给，凡是兼职及有宫观衔者都给俸，而兼职与宫观衔在当时是常态，但官小则杂项少，故称官小禄薄，最高与最低之间差距明显。金代与宋代大略相同，除了俸禄之外，杂项更多，但最高级与最低级的差距也就在30倍左右。元代仅就俸银而言，最高与最低差距已经不足9倍，明代恢复到17倍以上，清代京官一品与从九品的俸禄差额已经不足6倍。级差的缩小，并不意味着高官与低官收入差不多，却显示出权力的作用，有实权的官与无实权的官收入差距也是天壤之别。例如，明代一个知县，在任仅仅一年半，就带回家20余万两银，逢人便诉说自己所得太少，而一个府学教授，在任三十年，带回家600两银，逢人便诉说自己所得很多。故事的最终结果是知县儿子吃喝嫖赌抽，败光家产而成为乞丐，府学教授用有限的银子培养儿子读书，儿子考上进士，当了大官，知县儿子的财产都卖给府学教授家。由此可以看出有实权与无实权的实际收入情况。

从历代俸禄额的发展变化来看，额定的俸禄是不断减少的，但官吏们的生活却越来越奢侈。汉代的县令，"一月之禄，得粟二十斛（约280公斤），钱二千"，县令至少需要有从者一人，是县令出钱自雇的，"客庸一月千刍，膏肉五百，薪炭盐菜又五百，二人食粟六斛，其余才足给马"[①]。县令即使不带家属赴任，已经很难维持生活。清代的知县月俸银不足四两，按当时的物价，只能买两担白米。实际上，这些县太爷不但要供养父母妻子，还要支付幕宾的薪水、家人的用度、亲故的周济，更要置买产业。除此之外，还有送往迎来、孝敬上司、贿赂权贵等难以估算的开支。这些开支是从何而来的呢？

如果把历代官吏的俸禄和当时的物价及他们的消费水平作一比较，就可以看到所有官吏都不可能单纯依靠俸禄生活，必然要有其他收入，而这些收

---

① （清）严可均辑：《全后汉文》卷46崔寔《政论》，中华书局，1958年。

入又必远远超过俸禄。清代有人专门为当时的首府首县填了一首词云:"红,圆融,路路通,认识古董,不怕大亏空,围棋马吊中中,梨园子弟殷勤奉,衣服齐整言语从容,主恩宪眷满口常称颂,坐上客常满樽中酒不空。"①从这首词中,可以看出三个问题:一是官吏在俸禄之外另有额外的补充,二是官吏可以把部分公费作为自己应酬和生活开支,三是依靠贪污受贿和敲诈勒索。

历代官吏在俸禄以外的收入是相当可观的,这些收入可以分为两大部分:一部分是国家承认的各种补贴,另一部分是国家默许而听任官吏们赚取的"陋规"。

国家补贴是很多的,如汉代的官员,除了官供衣食之外,还有餐钱,以及四时杂缯、绵絮、衣服、酒肉、诸果物等,基本上没有生活费用开销,还有官府的公廨钱可以生息,公廨田可以收租。此后各朝代不断增加各种供给,如宋代的官员有傔人②衣粮、傔人餐钱、茶、酒、厨料、薪、炭、蒿、盐、马料、纸笔、差费等诸多名目,对高级官员还有其他"增给"钱物的名目,这些收入实际上已经超过俸禄数倍,多者数十倍,还有专项的公用钱供官府借贷收息,专门的职田供官府收租,这些利息和租粮除由各级官府长官特殊支用之外,大部分发放给本部门的官吏,实际上也是官吏收入的重要补充。这种补充是国家认可的,在没有职田和放贷利息的情况下,朝廷也给官吏一些补助。例如,明代的知县月俸七石五斗(内有食米二石,余每石折钞十五贯),钦给马一匹,柴薪皂隶四名(每名折银十二两);县丞月俸六石五斗(内食米二石,余折钞),钦给马一匹,柴薪皂隶二名;主簿月俸五石五斗(内食米二石,余折钞),钦给马一匹,柴薪皂隶二名;典史月俸三石,钦给马一匹,柴薪皂隶一名;教谕、训导月俸各二石,廪馔米各一石,斋夫各二名(每名折银十二两)③,这些补贴已经超过俸禄的收入,属于国家承认的。清代官俸之外发放养廉银和恩俸,京官一品的年俸是180两,恩俸则是270两;外官总督的年俸也是180两,养廉银则多至1.5万两,养廉银竟是年俸的80多倍,也

---

① (清)独逸窝退士:《笑笑录》卷5《十字令》,笔记小说大观23,江苏广陵古籍刻印社,1983年,第232页。
② 杂役奴仆。
③ (明)李宗元等:《嘉靖沈丘县志》卷2《官制类》,天一阁藏明代方志选刊续编58,上海书店,1990年。

是朝廷承认的补贴。各地方的补贴更是难以统计。例如，清康熙年间，曾任偏沅巡抚的赵申乔曾经罗列羡余、火耗、解费、杂徭、米蔬、供应、器具、案衣、兴修、盖造、席面、酒肴、铺陈、供奉、小饭、下程、打发、差钱、抽丰、供给、贺庆、礼仪、帮贴、工食、纸扎、心红、人夫、答应、喂养官马、走差、保甲牌籍、刊刷由单、报查灾荒、编审丈量等34项。此外还有新添津贴、月费、寿礼、差平色、帮贴公费等34项①。这些补贴已经可以让官员及其家族过上比较富足的生活，故明人谢肇淛认为："官至九卿，俸禄自厚，即安居肉食，有千金之产，原不为过，盖不必强取之民，而国家养廉之资，已不薄矣。今外官七品以上，月俸岁得百金，四品以上倍之，糊口之外，自有赢余。"②但他们还是口口声声说自己俸禄低薄，希望得到更高的薪酬。

官员陋规收入更多，这些不在典章规定范围内的收入，则成为他们主要经济收入。例如，西汉安定太守王尊曾经讲："今太守视事已一月矣，五月掾张辅怀虎狼之心，贪污不轨，一郡之钱尽入辅家，然适足以葬矣。"③这是按贪污予以治罪，而实际上朝廷默许的陋规名目繁多。以明清而言，地方官府派人赴京到有关部门办事用印，京城各部门都各出窍门、巧立名目以收取一定费用，称为"印规"；学官收取士子定期送礼，称为"学规"；狱官收取犯人家属探监钱，称为"监规"；本地商贾给地方官送礼，下级给上级送礼，称为"年规""节规"，涉及范围相当广泛，凡是涉及权力问题，都有金钱收入。以明代的州县来说，各以其地处肥瘠不同，存在一些"公事""羡余""规礼""罚赎"等非国家规定而又为国家默许的收入，这些收入不但远多于俸禄，而且成为州县的主要经济来源。例如，明代长洲知县俞集在任时，"首除税外羡银千余两"④；海瑞在淳安任上一次革去各项不正当收入1.7万余两⑤。仅革除部分就如此之多，其未革者不知凡几。以地方征收钱粮加耗来说，"正额五升，若加六则正耗总八升。今一亩加耗一斗，则是纳一斗五升，已增一半矣，夫耗

---

① （清）贺长龄辑：《清经世文编》卷20《吏政》赵申乔《禁绝火耗私派以苏民困示》，中华书局，1992年。
② （明）谢肇淛：《五杂俎》，上海书店出版社，2001年，第301页。
③ （东汉）班固：《汉书》卷76《王尊传》，中华书局，1962年，第3228页。
④ （明）李化光等：《万历新昌县志》卷11《乡贤》，天一阁藏明代地方志选刊19，上海书店，1982年。
⑤ 参见陈义锺编校：《海瑞集》上编《兴革条例》，中华书局，1962年，第39—145页。

米反多于正额，其理已自不通"①。至于那些"八分纸价、赎罪、赃罚银钱、香钱、引契、鱼盐、茶酒等税，不系解库者"②，更是地方官吏的重要经济来源。他们"征收有羡余，又有额外之征；罚赎有加耗，又有法外之罚；扣差役工食，月赏牌票；减驿所站价，坐派里甲行户，无物不取，却一钱不给；市税私给行帖，又帖上加银"③。名目繁多，额度可观。

　　正因为各地方有不成文的陋规收入，有权有势的权臣、朝官、宦官等便经常"横索外官钱无计"④；地方官的上司们勒索常例，巧取"无实之费"；地方官却并未因这些横索而倾家荡产，只不过将借陋规刮削而来的不义之财，"三分归自己，七分孝敬人"，与有权势者分润，借此以为倚靠和保护伞，是"州县之陋规则取给于百姓，而道府之陋规取给于州县"⑤，这七分自道府，到督抚藩臬，以及中央部院各衙门都要分润的。即便是三分归自己，也可以"初试为县令，即已买田宅，盛舆贩金玉玩好，种种毕具"⑥。这种收入与享乐，如果靠固定的俸禄及多于俸禄10余倍的养廉银，是不可能达到的，必须有额外收入。"很明显，官员的额外收入通常比固定收入要高很多，但额外收入的实际数字却没有记录下来。"⑦张仲礼认为，只要正常为官，州县官的年收入平均在3万两白银，缺分好的州县更多，道府官比州县官要多，藩臬比道府官多，督抚则最多。这些额外的收入，主要来自于陋规，而陋规的名目见于典籍者则难以统计，也使研究者望而却步。

　　历代官吏把公费开支化为己用是很普遍的。在当时，这种公费开支只要不直接转入私囊，就不算贪污，因此，所有的官吏对于挥霍公款都是内行。例如，唐代宰相在政事堂供膳，"供馈珍美"，有人认为此费太多，商议酌减，当时东台（中书）侍郎张文瓘却认为："不可减削公膳，以邀求名誉也，国家

---

① （明）何良俊：《四友斋丛说》卷13《史九》，中华书局，1959年，第110页。
② （明）陈子龙等辑：《明经世文编》卷197潘潢《覆积谷疏》，中华书局，1962年。
③ （明）张萱《西园闻见录》卷97《恤民》，哈佛燕京社，1940年。
④ （清）查继佐：《罪惟录》卷29《宦寺刘瑾传》，浙江古籍出版社，1986年，第2626页。
⑤ 中国第一历史档案馆藏《朱批奏折》，内政类，嘉庆二十五年十月十二日，山西学政陈官俊奏。
⑥ （明）程三省等：《万历上元县志》卷10《名宦传序》，天一阁藏明代地方志选刊19，上海书店，1982年。
⑦ 张仲礼著，费成康、王寅通译：《中国绅士的收入》，上海社会科学出版社，2001年，第26页。

之所以费，不在于此。"[①]削减公费开支被认为是邀名求誉，谁人还敢议减公费哪！公家之费可以糜费，因此，许多官吏借此以谋私。以明清而言，官吏们吃喝成风，大量糜费公款，已经成为官场痼疾。他们以为公家之费可以糜费，因此，许多官吏借此以谋私，凡有上司过署，差官经由，必然是美酒佳肴，大肆铺张，"上司一到，有饮食矣，有日廪矣；又办下程，备极水陆"[②]。这种"梨园子弟殷勤奉""坐上客常满，樽中酒不空"的开销，实际上是以公用为名而谋私人享乐，借"公宴"为由而谋升官保职，所以"不怕大亏空"。为了限制官吏挥霍公费，清代一度将蔬菜烛炭、心红纸张、案衣什物、柴薪等四项规定了数额，折成银两，直接发给官吏，禁止他们另外需索，以后又发觉领款之后，需索如故，所以又革除之。在公费开支各项，地方官的膳食开支占很大部分。如清代地方官上任，要带去幕友、长随、家人乃至亲戚等前往，少者数十口，多者数百口，他们的吃喝拉撒睡都要由地方衙门负责，其开支已经可观，再加上这些人在消费的过程中，不遵守价值规律，甚至强行摊派，更加大人民的负担。例如，明人何良俊所见："南京有印差道长御史五人，与巡视京城道长俱与上江二县有统属。凡有燕席，俱是两县坊长管办。有一道长请同僚游山。适坡山一家当直，是日十三位道长，每一个马上人要钱一吊，一吊者千钱也，总用钱一万三千矣。尚有轿夫抬扛人等，大率类是。"[③]地方官把公费开支化为己用也是很普遍的，因为这种公费开支只要不直接转入私囊，就不算贪污。如明代"各上司按临，例有迎风饭、下马饭、阅操酒、送风饭，动以数金计。"这仅仅是常规，若是地方官别有用心，也会提高规格，以至于"每席用嗄饭四十味，糖食四十味，果品四十味，而攒盒暖盏之类无算"。按照古代制度，天子用膳120道膳食，宰相81道膳食，尚书、侍郎及地方大员40道膳食。这里每次40道，前后120道，既不违反制度，还使之有天子的感觉。明万历十八年（1590年），华亭知县杨东野首创宴客动辄百金之例，"时五月，有肥紫蟹重斤余，鲜鲥鱼五六斤者"。这种超规格的招待，风宪官们不但吃得坦然，而且"按院啧啧叹赏曰：'两年兄莅兹土，不可谓福人哉！'"他

---

① （宋）王溥：《唐会要》卷53《崇奖》，商务印书馆，1935年。
② （明）张萱：《西园闻见录》卷96《政术·前言》张涛曰，哈佛燕京学社，1940年。
③ （明）何良俊：《四友斋丛说》卷12《史八》，中华书局，1959年，第99页。

们当然是"争以杨令为能"①。吃吃喝喝已经所费不赀,问题是还要行贿。李乐巡按南直隶,在松江府,知府、同知、通判、推官除了一起宴请他,还分别宴请,"凡为盛筵者十,以一倍十,所费不赀。每送下程,用燕窝菜二斤一盘,郡中此菜甚少,至赂节推门子,市出而成礼焉"②。为了限制官吏挥霍公费,清末曾经规定各官的公费银,每年军机大臣2.4万两,尚书1万两,各部院司官员,从2400两至180两,共分7等,结余归该官所有。这种形式上为了控制公费开支的数目,实际上使公费开支转化为个人所有合法化。

历代官吏贪污受贿和敲诈勒索的门道甚多,"凡百姓上仓交粮,正粮之外,有加耗,有茶果,有仓书、斗级、纸张、量斛、看仓诸费。及起运水次,又派有水脚、垫舱、神福等费","又有仓胥积恶,指称米色杂碎,揹勒不收。或串同斗级,踢斛淋尖,指称欠数,停阁仓收,此仓蠹之为害也。甚至粮官不肖,轻信奸书受贿,不事晒扬,宽徇势豪面情,责偿良懦。种种弊陋,不可枚举"③。地方官吏利用手中的权力强占勒索,在征收钱粮时上下其手,大称小量,每逢夏、秋两次征收赋税,便认为是发财机会。在考课之年,则是京官发财的绝好机会,因为各级地方官为求取上考,或为顺利报销经费,求批准上报待批案件,等等,无不需要向中央有关部门的主管官吏送礼,进行疏通和拉关系。京官们"以外官为府库",除按例的"冰敬""炭敬""节敬"之外,还广收贿赂,甚至敲诈索贿。各级官吏在国家财政支出和管理上,更是营私舞弊。诸如,修河者虚报费用,放赈者假造民册,管军者侵吞空额兵饷,监仓者谎报糜坏,发放费用者收取回扣,他们假公济私、侵吞财物的手段和疯狂的程度令人瞠目。以清代工部和内务府承建的工程为例,一般只有30%的款项用到工程上,其余都被层层克扣和瓜分了。在当时,凡是有权的官吏,都有办法收受贿赂,尤其是掌有实权的高级官员和权臣,收受贿赂更是公开的秘密,"是可知贿随权集,权在宦官,则贿亦在宦官;权在大臣,则贿亦在大臣。此权门贿赂之往鉴也"④。谋求升迁者,求实缺者,打官司者,要报销账

---

① (明)范濂:《云间据目钞》卷4《纪赋役》,笔记小说大观13,广陵古籍刻印社,1984年,第123页。
② (明)李乐:《见闻杂记》卷8之三十五则,上海古籍出版社,1986年,第691页。
③ (清)黄六鸿:《福惠全书》卷8《钱谷部·仓收陋弊》,康熙三十八年(1699年)种书堂刊本。
④ (清)赵翼:《廿二史札记》卷35《明代宦官》,中国书店,1987年,第512页。

目者，要经营工商矿业者，几乎所有事务都要使用行贿的手段以成其事。政以贿成，难有不贪之官。

历代官员都享有免除赋税徭役的待遇，以明代而言，其《优免则例》规定："京官一品免粮三十石，人丁三十丁；二品免粮二十四石，人丁二十四丁；三品免粮二十石，人丁二十丁；四品免粮十六石，人丁十六丁；五品免粮十四石，人丁十四丁；六品免粮十二石，人丁十二丁；七品免粮十石，人丁十丁；八品免粮八石，人丁八丁；九品免粮六石，人丁六丁。内官内使亦如之。外官各减一半。教官、监生、举人、生员，各免粮二石，人丁二丁。杂职、省祭官、承差、知印、吏典，各免粮一石，人丁一丁。以礼致仕者免十分之七，闲住者免一半。其犯赃革职者不在优免之例。如户内丁粮不及数者，止免实在之数；丁多粮少，不许以丁准粮；丁少粮多，不许以粮准丁。"①因为有了这些优免，官吏们就可以荫蔽户口，虚占田土。《儒林外史》所讲的范进中举以后，"有许多人来奉承他：有送田产的，有人送店房的，还有那些破落户，两口子来投身为仆，图荫庇的。到两三个月，范进家奴仆丫鬟都有了，钱米是不消说了"②。送房、送地、投身，都是为了免赋役，使官吏们增加许多额外收入。

从理论上讲，俸禄是建立在"主卖官爵，臣卖智力"的特殊雇用形式之上，君主可以赏赐给臣下官禄，如不合意，也可以随时另赏别人，这就决定官僚的地位并不稳定。在权力支配一切的情况下，官吏们从君主那里得到暂时的权力，必然是尽最大可能发挥其效能，攫取最大的政治和经济利益。官吏们深知官场风高浪险，荣辱无常，升迁有望而机遇不多，任期有限而难保长久，当然是不会坐失在职捞钱的权益，也就"无惑乎清白之吏不概见于天下也"③。

---

① （明）申时行等：《明会典》卷20《户部·赋役》，中华书局，1989年，第134页。
② （清）吴敬梓：《儒林外史》，人民文学出版社，1977年，第47页。
③ （清）张廷玉等：《明史》卷226《丘橓传》，中华书局，1974年，第5936页。

附 录

西汉官月俸禄： 万石谷350斛，中二千石180斛，真二千石150斛，二千石120斛，比二千石100斛，千石90斛，比千石80斛，八百石月俸钱9200，比八百石阙载，六百石70斛，比六百石60斛，五百石阙载，四百石50斛，比四百石45斛，三百石40斛，比三百石37斛，百石16斛，比百石11斛，斗食3.6斛，佐史阙载。西汉成帝阳朔二年（前23年），除去八百石及五百石。以谷为计却不完全以谷支付，如东方朔待诏公车，为八百石，月俸一囊粟，240钱；贡禹秩二千石，俸钱月万二千。汉代一斛相当于14公斤左右。

东汉官月俸禄： 万石350斛，中二千石180斛、给72斛、9000钱，二千石120斛、给36斛、6500钱，比二千石100斛、给34斛、5000钱，千石80斛、给30斛、4000钱，比千石阙载，六百石70斛、给21斛、3500钱，比六百石55斛，四百石50斛、给15斛、2500钱，比四百石45斛，三百石40斛、给12斛、2000钱，比三百石37斛，二百石30斛、给9斛、1000钱，比二百石27斛，百石20斛、给4.8斛、800钱，比百石16斛，斗食11斛，佐史8斛。东汉支钱与支谷往往视国家税收而定，丰年支谷，歉年支钱，平常钱谷各半。

两晋南朝官俸概数： 一品年俸粮1800斛，绢300匹，绵200斤，菜田10顷，占田50顷，禄力50人，总折粮19800斛；二品年俸粮1400斛，绢200匹，绵150斤，菜田8顷，占田45顷，禄力50人，总折粮12230斛；三品年俸粮1080斛，绢150匹，绵100斤，菜田6顷，占田40顷，禄力10人，总折粮10260斛；四品年俸粮862斛，绢120匹，绵70斤，菜田5顷，占田35顷，禄力7人，总折粮8752斛；五品年俸粮648斛，绢90匹，绵50斤，菜田4顷，占田30顷，禄力5人，总折粮7678斛；六品年俸粮432

斛，绢60匹，绵30斤，菜田3.5顷，占田25顷，禄力3人，总折粮5892斛；七品年俸粮324斛，绢45匹，绵20斤，菜田3顷，占田20顷，禄力2人，总折粮4604斛；八品年俸粮216斛，绢30匹，绵15斤，菜田2.5顷，占田12顷，禄力1人，总折粮3531斛；九品年俸粮96斛，绢15匹，绵10斤，菜田2顷，占田10顷，禄力1人，总折粮2346斛。当时北方农作物主要是粟、麦、菽、秫、稻等，南方主要是粟、麦、秫、稻等，官俸视税收而定，故以粮为计。在正常年景，匹绢折粮四斛，斤绵折粮三斛，匹帛折200—300钱，平均250钱，粮斛30~100钱，平均60钱。

北魏官俸概数：一品年俸帛1300匹，折粮5200斛，折钱26万文；二品年俸帛800匹，折粮3200斛，折钱16万文；三品年俸帛600匹，折粮2400斛，折钱12万文；四品年俸帛400匹，折粮1600斛，折钱8万文；五品年俸帛300匹，折粮1200斛，折钱6万文；六品年俸帛200匹，折粮800斛，折钱4万文；七品年俸帛80匹，折粮320斛，折钱1.6万文；八品年俸帛60匹，折粮240斛，折钱1.2万文；九品年俸帛45匹，折粮130斛，折钱9000文。北魏太和八年（484年）开始实行官俸制，匹帛折粮四斛，折钱200文，在通常情况下，三者平均供给，一般则视年景而定。

北齐京官俸：一品年俸帛800匹，事力俸帛472匹；从一品俸帛700匹，事力俸帛413匹；二品年俸帛600匹，事力俸帛472匹；从二品俸帛500匹，事力俸帛295匹；三品年俸帛400匹，事力俸帛236匹；从三品俸帛300匹，事力俸帛177匹；四品年俸帛240匹，事力俸帛142匹；从四品俸帛200匹，事力俸帛118匹；五品年俸帛160匹，事力俸帛94匹；从五品俸帛120匹，事力俸帛71匹；六品年俸帛100匹，事力俸帛59匹；从六品俸帛88匹，事力俸帛47匹；七品年俸帛60匹，事力俸帛44匹；从七品俸帛40匹，事力俸帛35匹；八品年俸帛36匹，事力俸帛21匹；从八品年俸帛32匹，事力俸帛19匹；九品年俸帛28匹，事力俸帛17匹；从九品俸帛24匹，事力俸帛14匹。北齐京官每品分繁、平、闲三个秩等，俸也有等差。如一品繁为1000匹，平为800匹，闲为600匹。事力是用来充当职田等劳动者和供职官个人或家庭役使，由国家支付费用，而事力劳动收入所得归职官所有。俸禄发放折合帛、钱、粮各一份。北齐州郡县分为九等，其上上州刺史年俸帛

800匹，依次递减，下下州刺史年俸帛300匹；上上郡太守年俸帛500匹，依次递减，下下郡太守年俸帛220匹；上上县令年俸帛150匹，依次递减，下下县令年俸帛50匹。

北周官俸： 正九命年俸粮繁秩10120石，平秩1万石，闲秩9880石；正八命年俸粮繁秩8100石，平秩8000石，闲秩7900石；正七命年俸粮繁秩6100石，平秩6000石，闲秩5900石；正六命年俸粮繁秩4080石，平秩4000石，闲秩3920石；正五命年俸粮繁秩2080石，平秩2000石，闲秩1920石；正四命年俸粮繁秩1060石，平秩1000石，闲秩940石；正三命年俸粮繁秩560石，平秩500石，闲秩440石；正二命年俸粮繁秩290石，平秩250石，闲秩210石；正一命年俸粮繁秩165石，平秩125石，闲秩85石。俸禄按年景发放，上年全颁，中年半颁，下年一成，凶荒年不颁。

隋开皇年间京官俸： 正一品年俸粮900石，职分田5顷；从一品年俸粮800石，职分田5顷；正二品年俸粮700石，职分田4.5顷；从二品年俸粮600石，职分田4.5顷；正三品年俸粮500石，职分田4顷；从三品年俸粮400石，职分田4顷；正四品年俸粮300石，职分田3.5顷；从四品年俸粮250石，职分田3.5顷；正五品年俸粮200石，职分田3顷；从五品年俸粮150石，职分田3顷；正六品年俸粮100石，职分田2.5顷；从六品年俸粮90石，职分田2.5顷；正七品年俸粮80石，职分田2顷；从七品年俸粮70石，职分田2顷；正八品年俸粮60石，职分田1.5顷；从八品年俸粮50石，职分田1.5顷；正九品年俸粮不给，职分田1顷；从九品年俸粮不给，职分田1顷。俸粮以春秋两季发放，各官署另有公廨钱与公廨田，利息及田土收入为本官署公用。州郡县分为九等，其上上州刺史年俸粮620石，依次递减，下下州刺史年俸粮300石；上上郡太守年俸粮340石，依次递减，下下郡太守年俸粮100石；上上县令年俸粮140石，依次递减，下下县令年俸粮60石。

唐开元年间官俸： 正一品月钱8000文，食料钱1800文，杂用钱1200文，防阁钱2万文，年禄米700斛，职分田12顷，永业田60顷；正二品月钱6500文，食料钱1500文，杂用钱1000文，防阁钱1.5万文，年禄米500斛，职分田10顷，永业田50顷；正三品月钱5000文，食料钱1100文，杂用钱900文，防阁钱1万文，年禄米400斛，职分田9顷，永业田25顷；

正四品月钱3500文，食料钱700文，杂用钱700文，防阁钱6667文，年禄米300斛，职分田7顷，永业田12顷；正五品月钱3000文，食料钱600文，杂用钱600文，防阁钱5000文，年禄米200斛，职分田6顷，永业田8顷；正六品月钱2300文，食料钱400文，杂用钱400文，庶仆钱2200文，年禄米100斛，职分田4顷，永业田2.5顷；正七品月钱1750文，食料钱350文，杂用钱350文，庶仆钱1650文，年禄米80斛，职分田3.5顷，永业田2.5顷；正八品月钱1300文，食料钱300文，杂用钱250文，庶仆钱625文，年禄米67斛，职分田2.5顷，永业田2顷；正九品月钱1050文，食料钱250文，杂用钱200文，庶仆钱417文，年禄米57斛，职分田2顷，永业田2顷。唐防阁庶仆是给役人员，平均每人给钱208.33文，从品较正品减少，其等差介于上下之间，高品差额大，低品差额小。

唐会昌年间官俸： 按职事分为45级，分别是：200万文、160万文、150万文、140万文、100万文、30万文、15万文、10万文、8万文、7万文、6.5万文、6万文、5.5万文、5万文、4.5万文、4万文、3.7万文、3.6万文、3.5万文、3.2万文、3万文、2.5万文、2.3万文、2万文、1.8万文、1.735万文、1.7万文、1.6万文、1.5万文、1.38万文、1.3万文、1.2万文、1.1万文、1万文、8千文、7.9千文、6.174千文、6千文、5.05千文、4千文、3.712千文、3千文、2.85千文，除此之外，还有一些杂给，而废除职分田及永业田，以货币为官俸，对后世影响甚大。

元代官俸： 正一品不录，从一品以下各有月俸银，从一品上300两，从一品中250两，从一品下225两；正二品上225两，正二品中215两，正二品下200两；从二品上200两，从二品中185两，从二品下175两；正三品上175两，正三品中165两，正三品下150两；从三品上150两，从三品中135两，从三品下125两；正四品上125两，正四品中115两，正四品下100两；从四品上100两，从四品中95两，从四品下90两；正五品上90两，正五品中85两，正五品下80两；从五品上80两，从五品中75两，从五品下70两；正六品上70两，正六品中68两，正六品下65两；从六品上65两，从六品中63两，从六品下60两；正七品上60两，正七品中58两，正七品下55两；从七品上55两，从七品中53两，从七品下50两；正八品上50两，正八品中48两，正八品下45两；从八品上45两，从八品中43两，从八品下40两；正九品上40两，正九品中38两，正九品下35两；从九品上35两，从九品中32两，从九品下30两。至元二十三年（1286年），在此基础上增加50%。大德七年（1303年），改银米两给。至大二年（1309年），改给元钞。延祐七年（1320年），改银七分、米三分。外官有职田1~16顷，分为12等，无职田者给麦粟。

明代官俸：正一品岁俸1044石，本色331.2石，折色712.8石，折银266两，折绢53.2匹，折布356.4匹，折钞7128贯；从一品岁俸888石，本色284.4石，折色603.6石，折银227两，折绢45.4匹，折布301.8匹，折钞6036贯；正二品岁俸732石，本色237.6石，折色494.6石，折银188两，折绢37.6匹，折布247.2匹，折钞4944贯；从二品岁俸576石，本色190.8石，折色385.2石，折银149两，折绢29.8匹，折布192.6匹，折钞2852贯；正三品岁俸420石，本色144石，折色276石，折银110两，折绢22匹，折布138匹，折钞1760贯；从三品岁俸312石，本色111.6石，折色200.4石，折银83两，折绢16.6匹，折布100.2匹，折钞2004贯；正四品岁俸288石，本色104.4石，折色183.6石，折银77两，折绢15.4匹，折布91.8匹，折钞1836贯；从四品岁俸252石，本色93.6石，折色158.4石，折银68两，折绢13.6匹，折布79.2匹，折钞1584贯；正五品岁俸192石，本色75.6石，折色116.4石，折银53两，折绢10.6匹，折布58.2匹，折钞1163贯；从五品岁俸168石，本色68.4石，折色99.6石，折银47两，折绢9.4匹，折布49.8匹，折钞996贯；正六品岁俸120石，本色66石，折色54石，折银45两，折绢9匹，折布27匹，折钞540贯；从六品岁俸120石，本色56.4石，折色39.6石，折银37两，折绢7.4匹，折布19.8匹，折钞396贯；正七品岁俸90石，本色54石，折色36石，折银35两，折绢7匹，折布18匹，折钞360贯；从七品岁俸84石，本色51.6石，折色32.4石，折银33两，折绢6.6匹，折布16.2匹，折钞324贯；正八品岁俸78石，本色49.2石，折色28.8石，折银31两，折绢6.2匹，折布14.4匹，折钞288贯；从八品岁俸72石，本色46.8石，折色25.2石，折银29两，折绢5.8匹，折布12.6匹，折钞252贯；正九品岁俸66石，本色44.4石，折色21.6石，折银27两，折绢 5.4 匹，折布 10.8 匹，折钞 216 贯；从九品岁俸 60 石，本色 42 石，折色 18 石，折银 25 两，折绢 5 匹，折布 9 匹，折钞 180 贯。明代官俸以粮米计算，支付则米物兼给，给米为本色，给物为折色。由于折色物品及纸钞日贱，官俸比例不变，故官员实际所得越来越少，以至于《明史·食货志六》称："自古官俸之薄，未有若此者。"这仅仅是官俸，实际上官员各种补贴名目甚多，高于官俸数倍，甚至成百上千倍。

清代京官文职俸禄：一品官年俸银 180 两，禄米折银 90 两，恩俸银 270 两；二品官年俸银 155 两，禄米折银 75 两，恩俸银 230 两；三品官年俸银 130 两，禄米折银 65 两，恩俸银 195 两；四品官年俸银 105 两，禄米折银 52 两，恩俸银 157 两；五品官年俸银 80 两，禄米折银 40 两，恩俸银 120 两；六品官年俸银 60 两，禄米折银 20 两，恩俸银 60 两；七品官年俸银 45 两，禄米折银 22 两，恩俸银 67 两；八品官年俸银 40 两，禄米折银 20 两，恩俸银 60 两；九品官年俸银 33 两，禄米折银 16 两，恩俸银 49 两；从九品及未入流官年俸银 31 两，禄米折银 15 两，恩俸银 46 两。

清代外官文职俸禄：总督年俸银 180 两，养廉银 1.5 万两；巡抚年俸银 155 两，养廉银 1 万两；布政使年俸银 155 两，养廉银 8000 两；按察使年俸银 133 两，养廉银 6000 两；道员年俸银 105 两，养廉银 4000 两；知府年俸银 105 两，养廉银 2500 两；知州年俸银 80 两，养廉银 1500 两；府同知年俸银 80 两，养廉银 1000 两；京府通判年俸银 60 两，养廉银 600 两；知县年俸银 45 两，养廉银 1000 两；通判年俸银 45 两，养廉银 500 两；县丞年俸银 40 两，养廉银 150 两；儒学训导年俸银 40 两，养廉银 40 两；县主簿年俸银 33 两，养廉银 60 两；司狱年俸银 31 两，养廉银 40 两。

第六节 休假退休和抚恤制度

古代官员有休假制度，称为"休沐"；父母去世应该遵制守孝，称为"丁忧"；到一定年龄或有疾病要退休，称为"致仕"；对因公伤病、殉职及退休人员有抚恤，称为"恤典"。

一、休假制度

历代都规定官吏可以享受定期休假和年节休假，除此之外，还有特别休假，官吏因事因病也可以请假，也有严格的请假和销假制度。

定期休假：两汉魏晋南北朝的官吏基本上是五日一休沐，即五天休息一天。隋唐宋的官吏则改为旬日一休沐，时间上基本是旬末，即每月10、20、30日。元代改为每月初一、初八、十五、二十三，以及每60日一干支的乙亥日休沐；乙为"旃蒙"，亥为"大渊献"，元武宗时有术者推算"旃蒙作噩者长久"，又是元仁宗的"年干"[①]，所谓"年干"，就是干支的有关日，不利于君上，所以在这一天休息，有避凶就吉之意。明代改为初一、十五休沐，一月仅休假两天；清代因之。

年节休假：秦汉在正旦（正月初一）、立春、社日（二月和八月初一）、夏至、伏日（初伏）、十月旦（秦及汉初以十月为岁首，汉武帝改以正月为岁首后，依然有庆贺）、冬至、腊日等都有1~3日休假。隋唐时的元正、中和（正月晦日，后改二月初一）、寒食、清明、端午、七夕、重阳、冬至以及皇帝和太后诞辰、忌日等都休假1~3日。宋代元日、寒食、冬至、上元节（正月十五）、天庆节（皇帝诞辰）各有7天假，官府休务5天；天圣节（太后诞辰）、夏至、先天节（七月初一，宋祖先赵玄郎诞辰）、中元节（七月十五）、下元节（十月十五）、降圣节（皇太子诞辰）、腊日，各放假3天，官府休务1天；立春、人日（正月初七）中和节、春分、上巳（三月三）、天祺节（三月二十八，东岳圣帝诞辰）、立夏、端午、天贶节（六月六，天书降，崔府君诞辰）、初伏、中伏、立秋、七夕、末伏、社日（立春、立秋后第五个戊日）、秋分、授衣（霜降）、重阳、立冬，各放假1天；大忌日放假15天、小忌日放假4天，总共有76天休假[②]。元代天寿（皇帝诞辰）、冬至，各休2日；元旦、寒食，各休3日；中元、十月初一、立春、重午（端午）、立秋、重九，各休1日。明清元旦给假五天，冬至给假3天；明永乐七年（1409年）曾经赐元宵节假10天，弘治四年（1491年）取消。

[①] （清）赵翼：《陔余丛考》卷34《干支》，中华书局，1963年，第721页。
[②] （宋）庞元英：《文昌杂录》，中华书局，1958年，第4页。

特别休假：两晋南北朝曾经在五月给田假 15 天，九月给受衣假 15 天，父母在者三年给省亲假 30 天，父母不在者每五年给拜墓假 10 天，婚假 9 天。隋唐婚假 9 天，路程另计；周亲给婚假 5 天，大功亲 3 天、小功亲 1 天，不给路程；田假和授衣假各 15 天；父母在三千里外，三年一次省亲假 30 日，路程另计；父母不在，墓在五百里外，五年一次扫墓假 15 天，路程另计；凡省亲、扫墓，五品以上官须奏闻请旨。宋代非父母丧：期亲给假 5 天、闻哀（哭丧）2 天；大功、小功给假 3 天，闻哀 1 天；缌麻亲给假 1 天。元代凡祖父母、父母丧给假 30 日，迁葬给假 20 日，路程以七十里为一日；汉官后来实行丁忧制度，实际上是不能够享受这种假期的。明清将这种特别休假都归入请假之列，不再享受带俸的特别休假。

请假：基本上有两类，一是事故假，是官吏因为个人私事请假；二是病假，是官吏因病请假。汉代"吏二千石告，过长安谒，不分别予赐"。因事请假乃是吉事，故称为"告"，因凶事称为"宁"。"汉律，吏二千石有予告，有赐告。予告者，在官有功最，法所当得也。赐告者，病满三月当免，天子优赐其告，使得带印绶将官属归家治病。至成帝时，郡国二千石赐告不得归家。至和帝时，予赐皆绝。"赐告与予告的区别在于是否有功最，"三最予告，令也；病满三月赐告，诏恩也"[①]。例如，汉宣帝时，杨恽为中郎将，"其疾病休谒洗沐，皆以法令从事"[②]。无论官吏因为什么事情请假，为期不能超过三个月，若是违反则要追究责任，后来改为百日。例如，蔡邕遭人谗毁，其罪名就有其在河平县长任内，"属吏张宛长休百日，合为司隶"[③]，而蔡邕没有处置。曹魏时则病假以百日为限，超过百日，停发俸禄。晋以后则规定，凡是事、病假满三月免官，年累计请假不得过 60~100 天。隋唐以后，在一般情况下，官吏每月只许请假 3 天，超过 3 天就要罚俸；请假一月要奏请别人替代自己的工作；无论何种原因，请假满百日者停官，由他官递补，假满后再到主管部门听候重新安排职务，一般还要降级使用。请假必须有"状"，不能空口无凭；无故不上班，则按日扣薪俸，三次无故，则要受处分。请假必须要得到批准。明

---

① （东汉）班固：《汉书》卷 79《冯奉世传》，中华书局，1962 年，第 3304 页。
② （东汉）班固：《汉书》卷 66《杨恽传》，中华书局，1962 年，第 2890 页。
③ （南朝宋）范晔：《后汉书》卷 60 下《蔡邕传》，中华书局，1965 年，第 2001 页。

清时还规定京官及进士请假完婚,要有同乡官员具结担保,勘问明白,才予以准假,对因祭墓、省亲、迁葬等事请假还有资格规定,祭墓要为官10年以上,省亲要为官6年以上,迁葬要为官5年以上,除给假之外,还给一些赏赐钱,违例者则要受到严厉的处分。清代对满族官员有特殊照顾,有病可以带职在家调治6个月,汉官则是病假3个月以上解职,特例也准带职调治。

官吏的父母去世,应立即奏报皇帝和上官,并离任守制,称为"丁忧"。所谓丁忧,即遵照礼法的规定,在一定时间内不应担任官职,居家守墓以申孝思,具有一定强制性。丁忧时间历代规定不一,汉初官吏父母丧,给丧假,守制时间很短,如丞相翟方进"及后母终,既葬三十六日,除服起视事,以为身备汉相,不敢逾国家之制"①。这是后母,生母则要时间长一些。西汉末年虽行父祖三年终丧之制,但母亲"终汉之世,行丧不行丧迄无定制"②。魏晋南北朝以至隋唐五代虽然也有终制三年的规定,但要求并不严格。宋代终制三年(实际27个月,以后各代同),只限于文职官员。元代在大德八年(1304年)确定终制三年制度,实际上只限于汉人官吏。明清丁忧制度实行非常严格,明初规定百官闻父母丧,不待报即可奔丧,服制三年,后来改为闻丧以后即呈报主管上司,然后素服视事,待接替官员到任再启程赴丧。明清钦天监官生、太医院医官及清代的满员,只服丧百日。守制有给半禄者,也有给全禄者,视劳绩而定。丁忧期满后,归人事主管部门重新铨选安排。如果工作需要或特殊情况,大臣得到皇帝的特许,一般官吏得到上级或主管部门的核准,允许"夺情"继续任职,不过这很难做到,因为被"夺情"者不但要承担舆论上非议的压力,而且会在很大程度上失去威信。正如康熙时期的给事中彭鹏弹劾顺天学政李光地时所讲:"数日之内,长安道上无不指光地为贪位而忘亲,斯文丧行,大损其生平。"③

按照古礼,父母80岁以上可以"终养",至晋代则逐渐形成制度,凡是父母80岁以上,官员可以自请终养。西晋初,太子洗马李密,因为"祖母刘氏,躬自抚养",且年纪96岁,便"愿乞终养",得到晋武帝的批准,且表彰

---

① (东汉)班固:《汉书》卷84《翟方进传》,中华书局,1962年,第3417页。
② (清)赵翼:《陔余丛考》卷16《汉时大臣不服父母丧》,中华书局,1963年,第305页。
③ 王锺翰点校:《清史列传》卷10《彭鹏传》,中华书局,1987年,第710页。

云:"士之有名,不虚然哉。"① 此后凡是终养,都必须自己提出申请,称为"自请终养",批准与否也全凭君主上司的意志。例如,梁文贞"少从征役,比回而父母皆卒。文贞恨不获终养,乃穿圹为门,磴道出入,晨夕洒扫其中。结庐墓侧,未尝暂离"②。而刘祎之"以母老固辞,太宗许其终养"③。礼部侍郎鱼崇谅,"以母老病乞终养,优诏不允"④。宋代以后,终养成为制度,也称为"侍亲",允许官员因父母或祖父母年老,请假回家侍养奉亲。例如,明代规定:"凡官员父母年七十之上,许令移亲就禄侍养。如果父母老疾,去官路远,户内别无以次人丁者,方许亲身赴京面奏,揭籍定夺。及吏员人等,父母年老别无人丁者,务要经由本部移文体勘是实,明白奏准,方令离役。俱候亲终服满、起复赴部听用。"⑤ 后来即便是有兄弟,只要父母年 80 以上,也可以申请终养。清代则父母年 70,家无次丁,可以终养;父母年 80 以上,即便是有次丁,也可以终养。凡是终养,不给俸禄,也有特例,给予半俸在家养亲者,但终究是少数,此类人保留有原官资格,终养之后,按原级别进行铨选。

请假、丁忧、终养等制度关系到尊亲孝道、哀痛怜病、纲纪人伦等礼制,也照顾到官吏的个人利益,既基于当时的社会风气和生活习惯,也维护着朝廷的纲纪,即便有些规定看似不尽合理,但在总体上是符合当时人之常情的。那么,违反请假、丁忧、终养规定,除违背当时常情之外,个人的利益和政治的问题应该是主要原因。比如说,有些官员贪污受贿"囊橐丰厚,冀娱晚景",或因任职部门不好而希望转职,或畏惧临时监督考察,"又有借名告病,而巧为规避者"⑥。在丁忧守制问题上,有些官员因为正任肥缺,或者有望升迁,或者爱惜俸禄,便"夤缘请托""匿丧不报""混称出继",希望能够得到"夺情"或逃避,各种卑鄙恶劣行径屡见不鲜。尤其是"夺情"的背后,常常与政治斗争联系在一起。例如,明代张居正的"夺情",虽然万历皇帝对他"赐赉慰谕有加礼",但内心的怨恨却与日俱增;张居正也认为自己的做法有违礼制,所以"自夺

---

① (唐)房玄龄:《晋书》卷88《孝友李密传》,中华书局,1974年,第2275页。
② (后晋)刘昫:《旧唐书》卷188《孝友梁文贞传》,中华书局,1975年,第4934页。
③ (后晋)刘昫:《旧唐书》卷87《刘祎之传》,中华书局,1975年,第2846页。
④ (元)脱脱等:《宋史》卷269《鱼崇谅传》,中华书局,1977年,第9248页。
⑤ (明)申时行等:《明会典》卷11《吏部·侍养》,中华书局,1989年,第69页。
⑥ 《清世宗实录》卷157,雍正十三年六月庚寅条。

情后,益偏恣。其所黜陟,多由爱憎"[1]。张居正死后,罗织他的罪名时,违制便是其中之一。侍亲终养要官员自己申请,其中也难免徇私舞弊,如一些官员因为缺分不好,申请侍亲终养,"将来即可铨补他缺,借以自便其私,是特为巧于规避者开捷径矣"[2]。规避者有之,避祸者有之,在官府难以出头者有之,宦海风波险恶、政治复杂多变,在请假、丁忧、终养上也有明显的表现。

二、退休制度

退休也称致仕、致事、致政,即"致其事于君而告老"的意思,表示把手中的权柄交还给君主,请君主另选人替代。这种致仕制度早在夏、商时就已经存在,即所谓的"养老"。老是指70岁以上的人,当时卿大夫以上称"国老",大夫以下称"庶老",至老时就应该致仕。致仕以后,有一部分人可以到大学和小学任教,以保证他们的终身爵位。对功劳大及德高望重者,在政治上给予较高的待遇。例如,《礼记·文王世子》讲:"设三老五更、群老之席",让他们参与国家或地方上的祭祀礼仪活动及谋议。据《尚书·伊训》记载,商初的三朝元老,太宰伊尹在"复政厥辟"后"将告归"。讲的是伊尹在太甲恢复王位以后,即致政告老还乡了。有关伊尹是否致政的问题,史学界尚存在分歧,但无论是伊尹篡夺王位,还是伊尹教育太甲三年而返政,伊尹最后回到自己的封地,这在甲骨文中是可以证实的。由此可见,那时的官员一旦致政于王,都回到自己的封地,这是以血缘为纽带的宗法关系所决定的,亲者入朝辅佐王,疏者离朝回封地,就成为王朝官员的主要更新方式,年老致政只不过是一种更新方式而已。

《礼记·曲礼》:"大夫七十而致事。"《礼记·王制》:"五十而爵,六十不亲学,七十致政。"郑玄注:"五十而爵,命为大夫也;致政事,以其不能亲职任之劳也。"致事、致政的年龄定为70岁,这应该是先秦已经形成习惯的"礼",乃是贯穿整个中国古代社会的一种社会现象。有关礼的观念和学说是中国传统文化的核心,它影响到社会生活的各个领域,调整着各种社会关系,成为人们生活的准则,同时也是国家设法立制的方针和原则,致仕就是

---

[1] (清)张廷玉等:《明史》卷213《张居正传》,中华书局,1974年,第5650页。
[2] 《清高宗实录》卷352,乾隆十四年十一月戊午条。

根据礼所制定的制度。首先，从年龄上看，礼制中的退休规定了"老"的标准。70岁致仕，还政告归，这不仅是基于政务上的考虑，也是顺应了人的自然生理。其次，规定了"病"的标准。礼制中的退休规定了"病"的轻重，是以病休的时间为限。《礼记·丧服大纪》："君于大夫疾，三问之；在殡，三往焉。士疾，壹问之；在殡，壹往焉。"也就是说，大夫得病不能从政，一般病休以三个月为限，三月不能起而从政，便可以"礼而归之"；士则一月为限，一月不能起而办事，便要"免其事"。再次，礼制中的退休确立了"孝"的标准。《礼记·中庸》："仁者人也，亲亲为大。"尊亲是仁中最大要事。亲亲之仁，尊贤之意，要在敬老尊贤的基础上奉老养亲。所以"八十者，一子不从政；九十者，其家不从政；废疾非人不养者，一人不从政"。在肯定以孝治天下的基础上，将奉亲养老纳入退休的范围。此外，礼制中的退休明确了"等级"的标准。不同等级的官员，退休的年龄也有明显的区别，这是以尊卑等级差异为核心价值的礼制特点。《礼记·王制》中针对普通人采取"五十不从力政"的原则，而大夫则"七十致政"。大夫以上是世袭的，他们"七十曰老，而传"，即到70岁可以致政而传其子孙。

礼制对中国古代社会产生了深远的影响，历代各种典章制度的建立与实施无不以礼为准绳。在礼治视野中的自请退休，乃是一种自发、自为、自修的道德品行，被统治者认为是道德高尚的行为而加以赞扬和鼓励。在官僚制度中，仅靠官员道德自律来规范的政治行为，就会暴露其局限性，以礼入法也就成为带有强制性的制度。

官僚制出现以后，退休制度成为职官管理的重要内容之一。官僚不是世袭，退休就意味着辞去自己的职务，并随之放弃相应的权力和利益。退休是非常必要的，否则就无法解决官员的老化问题，也会影响统治的效能。如果对退休官员缺少相应的政治和经济待遇，势必影响到退休官员的利益，也会给在职官员带来后顾之忧，更会影响到正常的新老交替。例如，秦王嬴政派将军王翦率60万大军伐楚，王翦说："为大王将，有功，终不得封侯，故及大王之向臣，以请田宅为子孙业耳。"[①] 这固然是王翦为消除秦王对他拥兵自重

---

① （汉）司马迁：《史记》卷73《王翦列传》，中华书局，1959年，第2340页。

的疑虑，但也反映出在职官员的后顾之忧。所以，退休制度的完善与否，关系到官僚队伍是否能做到新有所进、壮有所用、老有所养，是保证国家机器正常运转和官员正常更新而不可回避的问题。

古代官员退休以后的待遇是根据不同情况而有不同安排的。西汉初期，因为做官者本身必须要拥有一定的资产（家赀十万钱，后改四万钱），所以退休之后不给官俸，仅根据情况给一些赏赐，也属于特例。例如，汉宣帝时丞相韦贤以"老病乞骸骨"得到优礼，"赐黄金百金"，并"加赐第一区（房屋）"①；太子太傅疏广，太子少傅疏受，在告老还乡时，"加赐黄金二十斤，皇太子赠以五十斤"②。汉成帝时丞相张禹，"以老病乞骸骨"，天子赐"安车驷马，黄金百金"，并以"列侯朝朔望，位特进，见礼如丞相。置从事史五人，益封四百户，天子数加赏赐，前后数千万焉"③。公卿大臣老病退休，朝廷均有优厚待遇，除了一次性的赏赐，或钱，或黄金，或粮谷，或牛、酒，或房屋，或车马，或给部属之外，还让地方官吏定期派人前往慰问，一些德高望重的退休老臣还可以参加大朝会，享受朝廷的最高礼遇。

官僚制不同于贵族世袭制，官僚没有世袭罔替的特权，只能是君主的臣仆，自跻身于宦途之日，就开始在君主那里合法地分享到一定的政治权力和经济利益，拥有一定社会地位和身份，并且随着升迁不断扩大，一旦退休，丢掉官位，就意味着失去巨大的政治和经济利益。高级官僚可以得到一次性赏赐，退休以后有病也可以得到特殊照顾。例如，汉昭帝时御史大夫杜延年退休以后，"天子优之，使光禄大夫持节，赐延年黄金百金、牛酒、加致医药"④。得到这种特殊照顾者，毕竟是少数，即便有一次性的赏赐，但只出不进，若家庭没有财产，生活未免难以为继，退休官员的身后之忧是不可避免的。西汉元始元年（1年），王莽假汉平帝的名义下诏："天下吏比二千石以上年老致仕者，参分故禄，以一与之，终其身。"⑤王莽高举"复礼"旗帜，虽然是邀买人心，但毕竟是将退休制度化了。清代史学家赵翼认为："其时王莽专

---

① （东汉）班固：《汉书》卷73《韦贤传》，中华书局，1962年，第3017页。
② （东汉）班固：《汉书》卷71《疏广传》，中华书局，1962年，第3040页。
③ （东汉）班固：《汉书》卷81《张禹传》，中华书局，1962年，第3349页。
④ （东汉）班固：《汉书》卷60《杜延年传》，中华书局，1962年，第2666页。
⑤ （东汉）班固：《汉书》卷12《平帝纪》，中华书局，1962年，第349页。

政，欲以收众心，故有此举也。"① 自王莽初步确立官员退休制度之后，围绕着退休的年龄、等级、待遇等问题，也开始出现制度规定。

东汉魏晋南北朝时期，"七十悬车"已成惯例。一般官员在五品以上，退休以后基本上可以享受半禄，一般还会在原品级的基础上进秩一等。对于功臣和特别大臣，可以加"恩赐"，既可以得到全禄，又能够保留原有的散官勋爵，特殊的还可以另加恩给。对于功臣和一些老大臣的特别加恩，是可以荫其子侄入学或为官，给予各种荣誉称号。已经退休的官员可以回原籍，本人和家庭享有优免赋税的待遇，他们当中多数成为地方缙绅阶层。有些退休官员还可以保留穿戴退休前官品的衣冠服饰，个别人还保留有朝参和上奏的权力。

隋唐时期，官员退休纳入令典。《大唐令》规定："诸职事官七十听致仕。"除年龄条件外，身体健康状况也是退休的重要条件。"年虽少，形容衰老者，亦听致仕。"② 此外，还有侍亲养老的规定，即至亲亲属中有年80岁以上及有重病在身者，可享受"侍丁"的待遇，即离职养亲，称为"归侍"或"终养"。唐代五品以上官员退休要由皇帝批准，六品以下官员退休则由尚书省吏部统一登记向皇帝奏闻。在退休待遇方面，保留散官阶或加一级，五品以上官员退休给半禄和一次性的"赐帛"；六品以下官员退休原来只给半禄四年，天宝九载（750年）以后，享受生前半禄，由居住所在地官府发放。唐德宗贞元五年（789年）以后，还支给退休官员食料，即供给米、肉、调味料、蔬菜、薪炭等物，减现任官一半供给。唐代初期实行均田制，规定有永业田、口分田，永业田可以传子孙。按照规定：官员的永业田一品60顷，从一品50顷，从二品35顷，三品25顷，从三品20顷，四品12顷，五品8顷，从五品5顷，六品、七品2.5顷，八品、九品2顷。总的说来，隋唐时期退休官员的待遇还是较为优厚的。

宋代文臣年满70岁，除少数勋臣元老可以留任外，都应主动申请退休。因昏老不能任事或自愿请退者，可奏请朝廷，准予提前退休，称"引年致仕"。在程序上，一般官吏到了退休年龄，应撰写表札，通过所在州府，向朝廷提出申请，获准后领取退休告敕，作为证明文书。宋代中高级官员退休的待遇

---

① （清）赵翼：《陔余丛考》卷27《致仕官给俸》，中华书局，1963年，第550页。
② （唐）杜佑：《通典》卷33《职官十五·致仕官》，中华书局，1988年。

更为优厚，除了按制给俸之外，还可增秩或为宫观官，甚至恩加子孙。宋真宗咸平（998—1003年）以后，文武官告老，皆升一级，授朝官并给半俸。宋仁宗景祐三年（1036年）以后，还赐予节料，即羊二口、米一石、面一石、酒二瓶，并且规定郎中（五品）以上致仕赐子官。

宋代出现强制退休的规定。建隆四年（963年），年过70岁而尚无退意的大理卿剧可久，被宋太祖赵匡胤下诏勒令致仕。景祐三年（1036年）规定，年到70岁者，如果不主动请退，御史台进行纠劾，特令退休而不给子弟官职和本人全俸。到龄不退，官员的切身利益受到损失，这算是比较严厉的制度了。此外，"文武官七十以上未致仕者，更不考课迁官"[1]。这些规定乃是退休由礼制向法制转变的重要标志，故王安石称："大夫七十而致仕，其礼见于经，而于今为成法。"[2] 退休官员的子孙可以荫补散官阶，经过考课可以取得实官的任命资格。

金、元确立了勒令退休的制度，金世宗大定二十八年（1188年），命"应赴部求仕人，老病昏昧者，勒令致仕，止给半俸，更不迁官"[3]。元代"职官年及七十者，合令依例致仕"[4]，如果不按例致仕，则采取强制的措施。值得注意的是，在元代一些特殊的职官是不准退休的。如天文学家郭守敬，当时任职于太史院，年72岁，按例请求致仕，不准。元代"翰林、太史、司天官不致仕者，咸自公（郭守敬）始"[5]。这些专门人才不受退休年龄的限制，是他们学有所长，非一般官员所能够具备。

明清是官员退休制度日益成熟和完善时期，有比较完整的制度规定，举凡退休条件、待遇，以及安置与管理，都有明确的规定。在年龄方面，除了遵循礼制七十而致仕的原则之外，根据当时的具体政治情况与实际政务，也进行过一些调整，文武官退休年龄出现区别。退休官员的待遇主要有半俸、岁米、免徭役、升等、冠带、给诰敕，以及原籍所在地方官的年节存问等。除了正常退休之外，在对官员进行考察时，凡是年老、有疾、罢软、不谨者，

---

[1] （元）脱脱等：《宋史》卷12《仁宗纪》，中华书局，1977年，第232页。
[2] ［北宋］《王安石全集》卷53《外制·孙庚太子中允致仕制》，上海九州书局印社，1912年。
[3] （元）脱脱等：《金史》卷8《世宗纪下》，中华书局，1975年，第200页。
[4] （元）官修：《元典章》卷11《吏部五·七十致仕》，北京法律学堂，1908年。
[5] （元）陶宗仪：《南村辍耕录》卷1《官不致仕》，中华书局，1959年。

均采取勒令致仕,对已经退休官员还有一定的管理制度。

从先秦的以礼致仕,到明清官员退休制度的完善,这种旨在规范和管理官员退出行为的制度也成为职官管理制度的重要内容,与其他职官管理制度构成一个整体,犹如人体一样,不管是哪一部分,都应该是一个有机的统一体,而哪一部分出现问题,都会对整体产生影响。在职官管理制度中,退休制度主要是职官的退出,但没有退出就没有新进,没有新进也就没有选拔,没有选拔就没有铨选,没有铨选也就没有任用,没有任用就没有考核,没有考核也就没有奖惩,没有奖惩就没有功过,没有功过也就没有善恶,每一个环节都是互相联系的。

古代官员基本上是年满70而退休,但没有明确的法律规定,仅是礼制上的规定,也就不具有强制性。"世固有未七十而即须致仕者,即有已七十而不必致仕者。若元魏世祖时,侍中罗结,年一百七岁,除长信卿,年一百一十,听归老,年一百二十乃卒。""本朝乾隆初,沈归愚(沈德潜)先生以六十六岁中戊午(1738年)省试,六十七岁中己未(1739年)会试,馆选,七十岁散馆授编修,七十一岁以大考二等,晋侍读学士,七十二岁典试湖北,七十四岁乞假归里,七十五岁还朝,直上书房,晋礼部侍郎,七十六岁为戊辰(1748年)会试总裁,七十七岁患噎疾,奉命许其归里,享林泉之乐(活到98岁)"[1]。再如,明代"文臣京职七十、方面以下六十五致仕",但从永乐到万历年间"过期而留任者",其有名的就有20多人,最高年龄达86岁[2]。虽然有些特例,但为了官吏的正常更新,历代还是不断加强和完善官员退休制度。唐宋以后的官员退休制度主要有以下几种规定:

一是以礼致仕,即年满70岁(金代60岁,明清外官65岁、武官60岁),就可以正常退休,享受半俸或特例全俸待遇以及各种对退休官员的加恩之典。这种依礼制退休,高级官员要本人提出来,奏请皇帝批准,除了按照制度规定予以退休待遇之外,皇帝往往会格外加恩,给予各种政治礼遇与经济待遇。中级以下的官员也要本人提出,由吏部核准,按照制度规定予以退休待遇,在一定时期内汇总奏闻,乃是正常制度。

---

① (清)梁章钜撰,于亦时点校:《归田琐记》卷6《文人奇遇》,中华书局,1981年。
② (明)王世贞撰,魏连科点校:《弇山堂别集》卷5《见任高年文臣》,中华书局,1985年。

二是自请致仕,即因为疾病及父母年老而请"终养"等原因自己提出退休,则不限定年龄,称为"乞致仕"。例如,明代规定"乞致仕"者,55岁以上者可以冠带致仕,享受退休的基本待遇;55岁以下者冠带闲住,不享受退休的基本待遇;自请"终养"者保留原级别,待父母去世后,可以重新任命为官。凡是自请退休者,一般都可以复出任职。例如,梁章钜"于道光壬辰(1832年,58岁)引疾解组,虽归田而实无田。越四年,奉命复出。又七年,复以疾引退"[1]。乃是58岁以病乞致仕,62岁再度为官,69岁再次以病乞致仕,75岁病死,这里"虽归田而实无田"则涉及退休官员自身的生活。

三是老疾致仕,是在考查过程中发现官员年老有病,令其致仕。如明清考查有贪、酷、素行不谨、浮躁浅露、才力不及、年老、有疾、罢软无为,称为"八法",其中考查为年老、有疾者致仕,乃是带有一定的强制性,可以享受冠带退休待遇,但没有退休半俸、岁米、食料等经济待遇。值得注意的是年老,并没有硬性规定年龄,其中有30多岁就被称为老者,一般都有政治原因,特别是在政治腐败时,如果不会贿赂和奉承上官,"失于阿附者,发须微白,即目为老疾"[2]。有的官员已经超过70岁,可以"特旨""特例"留用,即便是终生为官也是见怪不怪的。

四是勒令致仕,亦称"勒休",带有惩罚性质,主要是不胜任职务、遭受弹劾、朝廷党争等原因,年龄和身体不是主要条件。以明清"八法"考查而言,凡是罢软、不谨者,均令致仕冠带闲住;监察官员弹劾百官,经过核实而罪责不足以追究刑事责任者,往往也被勒休;在朝廷党争、官府派系林立时,以各种理由打击对方,勒休往往是手段之一。这种勒令致仕乃是"解退回籍",当然也不能享受退休的经济待遇,其冠带闲住也不过是承认退休前的级别,不能够参加朝廷及地方各种典礼祭祀活动。

退休制度取消了世袭特权,也取消了一旦为官而终身为贵的特权,这是人事制度的一大进步。面对这样的退休制度,被规范的官员心理与行为异常复杂,其退休原因、动机和目的是诡秘难测,而且有纷纭复杂的政治因素。在退休的官员群体中,有功成身退,知止告归以避祸者;有老病难支,以悬

---

[1] (清)梁章钜撰,于亦时点校:《归田琐记》卷1《归田》,中华书局,1981年。
[2] (明)陈子龙等辑:《明经世文编》卷122范琮《修政弭灾疏略》,中华书局影印本,1962年。

车为名而求退者；有侍亲归养，以彰孝道为名而希进者；有志不得伸，愤怒无奈而求归隐者；有图谋再起，以退为进而迫人者；有人情不协，不能逢源而黯然求去者；有身被弹劾，以避嫌为名而无奈乞退者；有为避灾祸，委曲求全以求自保者；有邀宠显功，以引咎为名而窥探上恩者；有被逼无奈，官场难留而被驱逐归里者。无论是自愿，还是被迫；无论是出自本心，还是出自无奈；无论是使用权谋，还是利用制度，这里面蕴含着错综复杂的人际关系，反映着瞬息万变的政治斗争，不但与政治有密切的关系，而且与社会、经济、文化等也有千丝万缕的联系。分析古代官员退休的利益行为、权力行为、个体心理行为，可以了解官员退休制度的实际运作。

从官员的利益行为来看，政治主体所处的具体条件不同，其利益愿望、追求、实现的方式也不同。作为即将退休的官员群体，其利益期望与追求，与正在掌握权力官员群体有很大的区别。基于生理的利益而请求退休的官员，多是在边远繁剧地区供职，虽然有些的确是在老病难支的情况下请退，但避难求易，躲祸求福的意图也较为明显。基于安全利益而请求退休的官员，在宦海风波险恶，君主上峰恩威难测，左右同僚争权夺利，稍有不慎，即身败名裂的险象环生情况下，以求退休而保全自身，也不失为一种理性的选择。基于尊重的利益而请求退休的官员，一般深受儒学熏陶，看中自己的威望与声誉，他们请求退休，既有礼制的因素，也有自己的政治抉择。

从历代官员退休的权力行为来看，在权力的作用下，官员退休行为有不同的表现形式。畏避权力迫害的逃避行为，最明显地体现在功臣身上。鸟尽弓藏，兔死狗烹，知止告归，确实保证了一些人远离权力的迫害，安享荣华。但在君主专制的政治高压下，即使退出官场，也无法彻底摆脱政治的身份和影响，能否远权避祸，也不是官员退休制度所能够保障的。利用权力的施暴行为则集中表现为外戚干政、宦官专权、权臣当道，他们的权力膨胀，往往导致官员退休制度的异化，不仅制度无法正常实施，而且成为他们施暴的工具。追逐争取权力的自我实现行为，是官员政治生命的表现，特别是精英人物在对权力的追逐和支配的过程中，不仅影响到其他官员的利益，也直接影响着制度的制定与实施。从这种意义上讲，官员退休对个人是离开权力，对他人则是剥夺权力，以剥夺他人权力的方式实现自我，在官员退休的政治行为中并不少见。

从官员退休的个体心理行为来讲，不同个性、心理的官员，对退休的看法和态度是不一样的，因此，导致了他们行为的各异，大体可以分为主动积极、主动消极、被动积极、被动消极、混合复杂等五种类型。

主动积极型官员，热衷于追求权力，政治手腕高超，在官场上如鱼得水。他们乞求退休，只是一种试探君主与上司意图的政治谋略，目的是为了保官和升迁，并不是真想退出官场。退休制度对于他们来说是一种可以利用的工具。

主动消极型官员，尽管积极进取地追求权力，但并不觉得做官是件容易的事，对人生感到悲观。他们一方面为了家族及自己的社会关系利益，主动争取保官升迁；另一方面由于不信任和厌倦身边的人，又使他们处于以退为进、消极防御的境地，以退休的方式退出官场，不失为一种精神的解脱。他们在遵循制度的同时也利用着制度。

被动积极型官员，身处被动的地位，用积极的态度去争取权力和利益。在这种情况下，庸碌之官往往会在争得利益的前提下争取平安退休；卫道之官，在被动的境遇中，舍生取义，却不能全身而退；为民之官，积极履行职责，即使全身而退，不是生活困苦，便是黯然终此一生。他们受到制度的制约，在制约的前提下，也可以选择有利于自己的制度。

被动消极型官员，一般是性格内向、保守，遇事容易后退，希望承担的责任越少越好。身处被动的地位，消极地对待权力，面对强权，他们有怨恨和不满，但更多的是无奈。一旦受到打击，在制度不允许他们公开辩白的情况下，只能成为政治的牺牲品。他们遵守制度并受到制度的制约，但不敢也没有能力利用制度，往往会成为制度的牺牲品。

混合复杂型的官员，没有显著特征的行为表现，往往随着政局、环境、条件的变化而不断调整。在制度、权力、道德的纠缠中，他们退休政治行为的表现形式多种多样。在他们看来，制度有时是依据、有时是手段，有时必须遵守，有时又废置不用，有时可以利用，有时又被利用，这都要依据不同的情况来判定。应该说，这种类型的官员在官场中占多数，也使官员退休制度容易出现变异。

孟德斯鸠认为："在专制国家里，法律仅仅是君主的意志而已。即使君主是英明的，官吏们也没法遵从一个他们所不知道的意志！那么官吏们当然遵从自己的意志了。"① 应该承认古代官员退休制度有许多合理内容存在，但在君主专制与官僚政治的影响下，其合理的部分往往被遮掩起来，不合理的部分却得以恶性发展起来。在君主专制体制下，有官位就意味着有特权，一旦失去则意味着要失去许多既得利益，以至于受世人白眼。例如，梁章钜在署理两江总督任上引病致仕，因英军攻打镇海，决定北上避难，"渡扬子江，抵邗上，沿途官吏，毫无见闻"，而这些原来都是他的属下，曾经奉承百至，现在因为已经致仕，就再也无人关心他了，足见人情冷暖，一切官场应酬，无非是从功利考虑和利益交换的表演，故此，梁氏亦不胜浩叹："盖至此始愈信宦场之无味矣。"② 对于那些不肯放弃权位的官僚们，国家虽然使用了政权的强制力，礼教和伦理道德的约束力，以及在政治和经济利益方面给予一定照顾的办法，但那些"何乃贪荣者，斯言如不闻。可怜八九十，齿堕双眸昏。朝霞贪名利，夕阳忧子孙。挂冠顾翠缕，悬车惜车轮"（白居易：《秦中吟》之一《不致仕》）的老官僚们，有人仍然是贪恋权位，不肯致仕，不但造成人员老化，难称其职，而且阻碍了官吏的正常更新。

三、抚恤制度

历代的抚恤被称为"恤典"，是国家对因公死伤在职官吏和死亡致仕官员给予的救济和抚慰。历代根据不同情况和官吏等级，采用不同的抚恤方法。

对于在职死亡的官吏，一般可以追赠官衔，取得比原品高一级或数级的丧葬待遇。对于殉职的官吏，除追赠官衔之外，还要抚慰其家属，有些可以荫子入学或为官；对那些功勋卓著的殉职人员，还可以建庙立祠，接受官方的祭祀。例如，清代规定："凡官员殁于王事者，均照本官应升品级加赠，并荫一子入监读书。"对一些全节公正大臣，还"特立贤良祠"以"永享禋祀"③。伤残的官吏可享受全部的俸禄，有时还发给一次性的经济补偿。对在职死亡的官吏，国家提供送归家乡治丧的方便和一定的经济补贴。已致仕官员的死

---

① ［法］孟德斯鸠著，张雁深译：《论法的精神》，商务印书馆，1961年，上册第66页。
② （清）梁章钜撰，于亦时点校：《归田琐记》卷1《归田》，中华书局，1981年。
③ （清）官修：《清会典事例》卷144《吏部·荫叙》，清光绪二十五年（1899年）刊本。

亡，在一定级别以上的，礼仪部门可以根据其生平事状奏请赐予谥号，其余官员则给予一定的丧葬补贴，称为"赠赙"。赠是官衔、名号、墓葬等；赙是给予金钱、衣帛等财物。凡此这些，都被称为"恤典"，其厚薄则历代不一，所收到的实际政治效果也不一。

《左传·僖公四年》讲："凡诸侯薨于朝会，加一等；死王事，加二等。"这是针对诸侯卿大夫的抚恤，在世袭制的情况下，不但有利于其后人，对在位之人也是激励。商鞅变法，将这种具有激励作用的抚恤与严刑峻法相结合，在很大程度上提高了秦军的战斗力。以攻城来说，"陷队之士知疾斗，得斩首队五人，则陷队之士，人赐爵一级。死，则一人后；不能死之，千人环睹，黥劓于城下"（《商君书·境内第十九》）。对于死于战阵者赐其后人爵位，则享受该爵位的政治经济待遇，而不能死斗者，则当着众人的面施以肉刑。故此，秦军谓之虎狼之师，为吞并六国奠定基础。

西汉初因循秦制，凡作战有功可以封爵裂土以封诸侯，死亡也有较厚重赠赙，随着局势的稳定，抚恤制度实施也日趋严格。正如郎中署长冯唐对汉文帝讲，古者派遣将领，有制书云："以内寡人制之，以外将军制之；军功爵赏，皆决于外，归而奏之。"如今将领军士在外，"终日力战，斩首捕虏，上功莫府，一言不相应，文吏以法绳之。其赏不行，吏奉法必用"，乃是"法太明，赏太轻，罚太重"[①]。将领军士立功尚且严格审查，若是死伤请求抚恤，则更加难上加难，汉军威武不再，与此应该有些关系。汉武帝征匈奴，"恤录军功，裂三万户以封卫青，青子三人，或在襁褓，皆为通侯"[②]。另设武功爵17等，军士有功可得爵位，死伤则授其子弟，汉军所向皆捷，重振威武。因为战争而导致财政匮乏，武功爵成为朝廷出卖的商品，"诸买武功爵'官首'者试补吏，先除；'千夫'如五大夫；其有罪又减二等；爵得至'乐卿'。以显军功"[③]。这样一来，武功爵势必贬值，"受爵赏而欲移卖者，无所流貤"[④]。受赏者将武功爵出卖，尚且可以再立军功，而死伤者出卖，所得有限，以至于伤无

---

① （东汉）班固：《汉书》卷50《冯唐传》，中华书局，1962年，第2314页。
② （东汉）班固：《汉书》卷99上《王莽传》，中华书局，1962年，第4061页。
③ （东汉）班固：《汉书》卷24下《食货志下》，中华书局，1962年，第1159页。
④ （东汉）班固：《汉书》卷6《武帝纪》，中华书局，1962年，第173页。

以养，死者家属生活难以为继，民从尚武而转向尚文，军人不再是受人尊重的职业，逃避军役者比比皆是。对于在官死亡而廉洁勤政者，则在原有的抚恤基础上以特例的形式予以优恤。例如，大司徒宣直宣秉，"所得禄奉，辄以收养亲族。其孤弱者，分与田地，自无担石之储"，在官去世，汉光武帝"敏惜之，除子彪为郎"①。号称强项令的董宣在任去世，汉光武帝以其廉洁，"赐艾绶，葬以大夫礼，拜子并为郎中"②。侍中戴凭在职十八年，在任去世，汉光武帝"诏赐东园梓器，钱二十万"③。治平重官守，乱世思循吏，褒功奖勤，历代王朝都比较重视对功勋卓著、勤于王事、廉洁奉公的官员优加抚恤，与之相关的抚恤制度也就逐渐建立与完善了。

存恤死伤乃是确保军队战斗力，使官吏将领能够尽心王事的重要举措。国难思良将，战阵重勇士，历代抚恤制度往往根据政治形势而不断变化。例如，东汉顺帝永和六年（141年），征西将军马贤率军征西羌，兵败与二子皆战死，"顺帝愍之，赐布三千匹，谷千斛，封贤孙光为舞阳亭侯，租入岁百万。遣侍御史督录征西营兵，存恤死伤"④。这种措施果然见效，之后征西军接连获胜，基本上稳定西羌的局势。东汉桓帝永寿三年（157年），九真蛮夷叛，"九真太守儿式战死。诏赐钱六十万，拜子二人为郎。遣九真都尉魏朗讨破之，斩首二千级"⑤。存恤死伤，能够稳定军心，即便是战败，也还有战斗力。三国时，蜀国姜维兵出岐山，在洮西大败魏军，司马懿矫诏抚慰，"令所在郡典农及安抚夷二护军各部大吏慰恤其门户，无差赋役一年；其力战死事者，皆如旧科，勿有所漏"⑥。能够这样抚恤，使将领军士减少后顾之忧，三国归晋也势在必然。南朝宋在与北魏对垒时，文武官员死伤很多，孝武帝刘骏下诏云："近北讨文武，于军亡没，或殒身矢石，或疠疾死亡，并尽勤王事，而敛椁卑薄。可普更赙给，务令丰厚。"⑦北魏孝文帝"诏隐恤军士，死亡疾病

---

① （南朝宋）范晔：《后汉书》卷27《宣秉传》，中华书局，1965年，第928页。
② （南朝宋）范晔：《后汉书》卷77《酷吏董宣传》，中华书局，1965年，第2490页。
③ （南朝宋）范晔：《后汉书》卷79上《儒林戴凭传》，中华书局，1965年，第2554页。
④ （南朝宋）范晔：《后汉书》卷87《西羌传》，中华书局，1965年，第2896页。
⑤ （南朝宋）范晔：《后汉书》卷86《南蛮西南夷传》，中华书局，1965年，第2839页。
⑥ （晋）陈寿：《三国志》卷4《三少帝纪》，中华书局，1959年，第134页。
⑦ （梁）沈约：《宋书》卷6《孝武帝纪》，中华书局，1974年，第124页。

务令优给"①，并且"亲行营垒，隐恤六军"②。这些措置使双方在战争中基本上能够势均力敌，故历代统治者在非常时期无不加大抚恤力度。

抚恤制度化，若不随着社会经济发展而进行调整，也必然陷入僵死，非但收不到抚恤的效果，反而会影响到整个官场，甚至导致政治与军事危机。如辽代，凡是"有殁于王事者官其子孙"③，即便是年幼也不例外，如耶律那也，"以其父斡死王事，九岁加诸卫小将军，为题里司徒，寻召为宿直官"④。金代也如此，凡是"殒身行阵，没于王事者，厚恤其家，赐赠官爵务从优厚"⑤，以至于时人认为"身没王事，利及子孙"⑥。元代在战阵死伤者，除了给予金、银、钞、币、帛等钱物之外，"凡军民官阵亡，军官袭父职，民官阵亡者，其子比父职降二等叙，其孙若弟复降一等"⑦。其"军官阵亡者，其子袭职，以疾卒者，授官降一等"⑧。宋王朝也很重视抚恤，几乎每个皇帝都曾经发布诏令，赒恤战死军人，将校阵亡者，其妻女无依者养之官中，录其后人予以封爵，父母妻子赡养终身等，而实际上却是一种僵死的制度。如金军攻下开封，各地勤王之师纷纷前来，而朝廷并没有抚恤措施，故李纲提出："勤王之师在道路半年，擐甲荷戈，冒犯霜露，虽未效用，亦已劳矣。加以疾病死亡，恩恤不及，后有急难，何以使人乎。"⑨即便是有抚恤，其额度也有限。如四川总兵余玠在战胜金军之后，提出优恤，"其中创人各给缗钱百，阵没者趣上姓名，赠恤其家"⑩。要知道宋军的主力乃是召募的禁军，军饷很高，禁军士兵月给五百钱，一年就是六缗，召募者更高，年至少十缗，负伤以后给缗钱百，这是特殊优待，而一般也就给缗钱四五十。特例给十年军饷，非特例仅给四五年军饷，而伤残之人无以为生，坐吃山空，也未免沿街乞讨。军士死亡者可以收其子孙弟侄为兵，若不为兵，仅给粮饷两个月，其父母年在70岁以上，才

---

① （北齐）魏收：《魏书》卷7下《高祖纪下》，中华书局，1974年，第173页。
② （北齐）魏收：《魏书》卷7下《高祖纪下》，中华书局，1974年，第183页。
③ （元）脱脱等：《辽史》卷13《圣宗纪四》，中华书局，1974年，第141页。
④ （元）脱脱等：《辽史》卷94《耶律那也传》，中华书局，1974年，第1384页。
⑤ （元）脱脱等：《金史》卷74《宗翰传》，中华书局，1975年，第1679页。
⑥ （元）脱脱等：《金史》卷128《循吏王政传》，中华书局，1975年，第2760页。
⑦ （明）宋濂等：《元史》卷83《选举志三·铨法中》，中华书局，1976年，第2060页。
⑧ （明）宋濂等：《元史》卷12《世祖纪九》，中华书局，1976年，第240页。
⑨ （元）脱脱等：《宋史》卷358《李纲传上》，中华书局，1977年，第11255页。
⑩ （元）脱脱等：《宋史》卷42《理宗纪二》，中华书局，1977年，第826页。

给衣廪之半，终其身。与辽、金、元的抚恤相比，厚薄完全不同，也就无怪乎装备精良，后勤补给强大的宋军屡战屡败了，毕竟保命要紧，有命就有钱。你惩处逃兵，我就更改姓名，到另外的军队去应募，还是能够拿高军饷。也可见一个不起眼的制度，往往会影响到整个国家，甚至左右战争的走势。

明清时期的抚恤已经完全制度化了，所有应该予以抚恤者，均在国家典制之内。例如，《大明律·兵律·军政·优恤军属条》规定："凡阵亡病故官军回乡，家属行粮脚力，有司不即应付者，迟一日笞二十。每三日加一等，罪止笞五十。"还有专门的《优给则例》及《优养则例》，"凡故官子孙妻女，皆送入优给，后乃分子孙应袭、年未及者，曰优给。子孙废疾故绝，止遣母、若妻、若女及年老无承袭者，曰优养"。以军人而言，"军职阵亡，无子弟而有父母若妻者，给全俸，三年后给半俸。有子弟而年幼者亦同，候袭职，给半俸"；"军士阵亡，有妻者，月粮全给，三年后守节无依者，月给米六斗终身。病故，有妻者，初年全给，次年总小旗月给米六斗，军士给月粮一半，守节者给终身。将士守御城池，战没病故，妻子无依者，守御官计其家属，有司给行粮，送至京优给。愿还乡者，亦给粮送回。愿留见处者，依例优给"①。至于文武官员阵亡、殉职、在任亡故，都有相关的细则规定。从各项规定上看，可谓是具体细致，优给、优养、封赠、因袭、赠谥、丧葬等，关注到方方面面，而且也相当优厚。清代因袭，纳入各部门相关则例之中，规定更加具体。不能够说规定不完善，但相关程序的规定，往往会导致抚恤不能够落在实处。如无论是军职、文职，还是军士、小吏，阵亡与殉职，都必须要由该管卫所、旗营、地方造册，出具五人以上担保结状，逐级上报到中央各部，由各部再造册具奏，得到皇帝核准，再行移该管卫所、旗营、地方付诸执行。若是造册有不清楚或失误，被上司或监察官员磨勘出来，还要被驳回重造，并且承担失误的责任。故此，要得到抚恤，不但要经过漫长的等待，而且各级衙门都有可能因此受到处分或追究刑事责任，拖延则是在所难免，而不能够及时得到抚恤的人，伤者难以得养，死者家属无以为生。为此明代曾经进行过一些修订，如嘉靖三十年(1551年)题准"凡阵亡者，免行勘"；

---

① （明）申时行等：《明会典》卷122《兵部·优给》，中华书局，1989年，第627页。

嘉靖三十一年（1552年）题准"哨探被杀夜不收子孙，不愿升者，赏银三十两"①。这样便可以减少烦琐的程序，使死亡者家属尽快地得到抚恤。作为明军精锐，负责侦防任务的夜不收军，被敌人杀害之后，家属只能够得到三十两银的抚恤，也难怪这些夜不收军收集不到敌方情报，却把情报送给敌方，明军屡次作战失利，也应该与抚恤制度有所关联。

朝廷实行抚恤制度目的在于笼络抚慰在职的文武官吏兵丁胥吏，减少他们的后顾之忧，以期使他们善始善终地为朝廷效力。然而，被抚恤的对象多是已经没有权势的人，因此，在实施过程中往往不太认真，甚至被有关部门故意刁难。例如，明宣德二年（1427年），在征讨交趾之役中，安远侯柳升、礼部仪制郎中史安、祠祭主事陈镛，都战死疆场；正统十四年（1449年），按察司佥事王晟也死于征讨。这些人按照抚恤规定，除了给予一定抚恤之外，还应该立祠，故在景泰年间（1450—1457年），"给事中叶盛，御史林廷举奏立祠以祀之，不果行，亦至泯没"。郎瑛为此感叹道："使四公之子孙有高官大爵者，吾知其叶、林之奏必行。"正因为这些死去的人，即便是功勋卓著，而子孙无权无势，也得不到应有的抚恤，"人心果无忠孝者耶？果专于势利也耶？"②中高级官员尚且如此，小官及士卒胥吏想要得到抚恤则更难了，因为层层申报，处处审核，主管官吏也难免借机对抚恤对象或其家属进行敲诈勒索，以至于清代出台条例云："其有书吏舞弊索费者，准该故员之子孙指名控告，照例惩办。"③这不但说明无权无势的官员与士卒胥吏难以得到法定的抚恤，而且这原本不太优厚的抚恤，还要被敲诈勒索。应该得到抚恤却常常得不到，还需要用不正常的手段去争取，不但达不到抚恤以劝在职的目的，而且使更多的人因为抚恤难得而不愿意为朝廷效力，"一旦有事，可献城则献城，可从贼则甘心从贼，计不反顾也"④。历代王朝最后覆亡，都与抚恤制度不能够落实有一定的关系，因此，不能够忽略抚恤制度在政治、军事上所发挥的作用。

---

① （明）申时行等：《明会典》卷123《兵部·功次通例》，中华书局，1989年，第633页。
② （明）郎瑛：《七修类稿》卷17《史陈脱王失传》，中华书局，1959年。
③ （清）官修：《清会典事例》卷144《吏部·荫叙》，清光绪二十五年（1899年）刊本。
④ （明）刘宗周：《刘子文编》卷4《敬修职掌疏》，清道光二十八年（1848年）袁江节署求是斋刊本。

后 记

根据古文献记载与考古发现,中国具有国家雏形的社会组织应该在五六千年前就已经出现了,而有确凿记载的官制也存在约五千年,其后随着社会政治形态发展变化,不断进行调整和变革。自先秦迄明清,历代统治者无不重视职官制度建设,不但在官制结构上进行调整,而且完善相关的制度。中国历史上有关官制及相关制度的典章、法规、条例、规则等,浩如烟海,还有许多针对官制兴革利弊进行评议的著作,不但涌现出许多政治家、政论家,而且还有许多帝王将相、王公贵族、官僚、士大夫的从政实践,更有在野文人的客观评议。

中国官制史就其内容而言,除了国家行政制度、职官制度之外,举凡中央和地方各级官府的设置、调整、兴革,以及文武官员的选拔任用、考核奖惩、司法监察、等级待遇,还有官府内大小官吏的职、权、责、利的划分与运用,各个时期的国家体制及行政、立法、司法、监察、军事、人事、财政、文教、民族区域管理等各种典章制度的形成和实际运作情况,制度兴革演变对社会政治、经济、文化、风俗习惯等方面的影响和在当时政治生活中所起的作用等方面,无不涵盖其中。中国官制史是中国历史和中国传统文化不可分割的基本组成部分,既是历史学研究领域一门重要的专门史,也是政治学、法学、行政管理学等学科的重要分支,不但具有学术价值,而且也是各个学科应该了解的知识。

传统意义上的官制史,一般包括三个方面:一是官职、官品、官禄的规定;二是官吏的权责的划分;三是对官吏的监督、任免程序的规定。这种官制史仅能够表述出职官制度的体系结构和典章法规方面的内容,却难以反映和体现历代统治者对官制的具体操纵运用,以及上层建筑对当时国计民生曾经产生过的正负方面影响。因此,官制史的精髓应该是分析、考察和阐述官制的实际运用方式及其内在权力的制约机制。如果离开这些，也就难以理解真正的官制。

大多数官制史是对前此各个朝代的《职官志》《百官志》《会典》《会要》《则例》等官书的摘编综述，看似体系完整，却难以理解。作为中国官制史，当然要重视各个时期国家机器的形成和发展模式，还要探讨其所以设废和变迁的原因和效果。某些制度何以前后所起的作用截然不同？某些官府和官职何以曾权倾一时，其后竟然又被剥夺实权，仅存留框架虚名，流为摆设？另外一些职官或机构，在其创设之初，虽然地位低微，并未具有法定的职权地位，却为何能够逐步掌握控制军国大权，成为枢垣重镇？或职衔虽高而被架空，或职分未定却已经声势显赫，历代官制实际上一直处于新陈代谢的发展过程之中。在漫长的王权和皇权专制统治下，对官制的运用往往是因人而异，因时而异，因事而异，名与实脱节，体与用悖离。有鉴于此，既要较为准确地阐明历代各种类型和级别的官制架构形式和权责规范，也要了解实际运行状况和所起的作用，更要关注对当时及后世的影响。

中国文明史发展有其独特之处，王权专制与皇权专制时间很长，特别是在秦始皇统一全国，称号皇帝，中央朝廷设丞相、太尉、御史大夫，地方划分郡县之后，大体上奠定了此后官制的框架与规模。梁启超讲："二千年之政制，秦制也。"历代官制存在着明显的继承关系，从"汉承秦制"，到"清沿明制"，如实地反映历史存在过的事实。有些朝代的官制因袭前代成法多一些，是大同小异；也有一些朝代变革幅度大一些，但也是异中有同。一是因为篇幅限制，若是每个朝代都叙述一番，显然增大篇幅；二是基于官制发展的沿革，有必要了解创制及消亡的始末；三是有利于深入理解每项制度的发展过程及变化原因。故此，没有按朝代顺序对官制逐一论述，而是采取纵切专题论述的体裁，将王权与皇权、王位与皇位继承、王权与皇权的变态形式、辅政机构、中央和地方机构、司法、监察、军事、财政、经济、文教、科举、职官管理等制度，各自分别列为专题，进行跨越朝代的综合叙述，从这些专门问题的演变过程，凸显各自发展脉络和在不同时期的特点。在叙述中着重存同述异，既不低估朝代之间传承因袭而留下的"同"，因为所有这些专门制度的发展变化，是不可能脱离所处的历史环境，也是官制史不可分割的组成部分，也不能够对有所创新的"异"予以完全肯定，乃是从实施效果及对当时及后世影响的角度进行分析。

官制史是代有沿革，而且相互联系与制约的整体，不是一套僵死、孤立和停滞的板块，因此不能够仅以官方典章制度记载的官府与官员为限，而是放眼于官府运作，从社会治理层面去理解。官府运作离不开官员，更离不开辅助人员，二者乃是不可分割的政务运作主体，诸如书吏、衙役、幕府、幕友，以及家人、长随等。这类在典章制度中叙述简略而发挥重要作用的人物，虽然没有纳入官的序列，却参与处理各级官府衙门的日常事务，乃至于机要政务，能量颇大，常常恃官之势，仗官之威，夺官之权，威临百姓之上，却也补官之短，解官之困，助官之成，在政务运作上不可或缺。他们或是在官之人，或是在役之人，身在官府，也就办官府之事。中国自国家出现之日起，以血缘形成的宗法关系，以婚姻为纽带的裙带关系，就一直没有脱离过政治，官亲涉政，乃至把持官府，也是常见的事情。将行政辅助人员及幕友、家人、官亲纳入官制史的范畴，乃是基于官府政治运作方面的考虑。

本书原本是我和业师韦庆远先生合作，由东方出版中心于2001年出版，至今已经二十年，业师于2009年5月11日去世，生前曾经与我多次谈及修订《中国官制史》之事，而当时忙于教学与研究，且指导硕士、博士研究生、博士后甚多，一直没有时间关注此事。2018年暑期，在广州参加图书首发式时，见到时任万卷出版公司刘一秀社长，当谈及此事时，一秀社长当即允诺，修订以后交该公司出版，此后一直关注，时常联系，虽无催促之意，却有渴望之心。在此盛情之下，难以推辞，不知道又经过了多少不眠之夜，终于完成此书，较2001年版《中国官制史》增加了近一倍内容。官制历来都是比较晦涩难懂的，而学术性与通俗性也决定了官制史的生命力，因此，可读性与准确性相统一，深入浅出，雅俗共赏，乃是写作的宗旨，以期对中国传统文化的研究和普及有所裨益。在此祭奠业师韦庆远先生，感谢刘一秀社长及编辑徐茂彧、张洋洋的辛勤付出。